DIE POLYTECHNISCHE WELT
WISSENSORDNUNG UND BAUIDEAL

Planmaterialien zum Zürcher Polytechnikum

Uta Hassler & Korbinian Kainz

Wer mit dem Tram über die Leonhardstrasse zur ETH hochfährt, blickt auf eine Wand mit Sgraffito-Dekorationen: Ruhmreiche Persönlichkeiten der abendländischen Wissenschafts- und Kulturgeschichte sind mit Emblemen neuer Disziplinen und Beschwörungsformeln wissenschaftlicher Epistemologie auf der Nordfassade des Polytechnikums abgebildet. Der Architekt Gottfried Semper formulierte hier das Programm einer künftigen Wissenschaftswelt, das Aufbruch und Rückbesinnung auf abendländische Wurzeln zugleich symbolisiert: den Glauben an Fortschritt durch neues wissenschaftliches Wissen und Rückbezug auf humanistische Tradition. Das frei zitierte Seneca-Motto im Zentrum der Fassade beschwört den selbstbewussten Anspruch neuer Wissenschaften: *non fuerat nasci nisi ad has* (gemeint: *scientiae et artes*) – es lohne nicht, geboren zu werden, wenn nicht um der Wissenschaften und Künste willen.

Vor 150 Jahren nahm das Zürcher Polytechnikum den Lehrbetrieb auf, erste Studierende und Dozenten füllten den Bau mit Leben. Die vom jungen Schweizer Bundesstaat so dringend benötigten Ingenieure und Naturwissenschaftler hatten ihre Ausbildungsstätte erhalten. Im Umfeld des Hauptgebäudes entstanden die Sternwarte und die Materialprüfungsanstalt. Sempers großzügiger architektonischer Gestus erscheint aus heutiger Sicht kühn und weitsichtig zugleich, die konstruktiven Lösungen sind gewagt, bereits den ingenieurwissenschaftlichen Theorien und Modellen geschuldet. Retrospektiv bleibt ein gewisses Staunen darüber, wie es der Professor für Architektur und erste Direktor der Bauschule schaffte, Eidgenossenschaft und Zürcher Kantonsregierung für ein Projekt zu gewinnen, das erheblich über den ursprünglichen Kostenrahmen hinausging und eine ganz neue bauliche Dimension in der Stadt Zürich etablierte.

Uta Hassler und Korbinian Kainz erläutern die Geschichte des Hauptgebäudes der ETH Zürich nicht nur im Sinne einer komplexen Baugeschichte des Gründungsbaus. Sie zeigen auf, wie und warum die Zürcher Gründung zum Vorbild einer Schultradition wurde, die bis heute europäische Wirkung hat. In ihrem zweibändigen Buch *Die Polytechnische Welt – Wissensordnung und Bauideal* wird der Bau in seinem Wachsen, seinen Veränderungen und seiner Lebensgeschichte verständlich gemacht – eine exemplarische Baugeschichte über zwei Jahrhunderte hinweg.

Die großen Ausbauten durch Gustav Gull zu Anfang des 20. Jahrhunderts werden hier erstmals systematisch erforscht, der Umbau des Semperbaus zu einem repräsentativen Zentrum der Schule detailliert untersucht, wie auch die späteren Modernisierungen durch die Architekten der Boomjahre des 20. Jahrhunderts. Die Ansiedlung der naturwissenschaftlichen Institute auf den Campus Hönggerberg brachte in den 1970er Jahren auch für das alte Hauptgebäude den Wunsch nach Veränderung; Verdichtungen und Ausbauten veränderten den Charakter des Baus erneut tiefgreifend. Die Baumonographie kommentiert jenen Aufbruchsgeist mit kritischer Distanz, die Aufarbeitung der Umbauten während der 1960er und 1970er Jahre ist dennoch wichtig für das Verständnis der heutigen Situation und für künftiges Planen.

Jenseits der architekturkritischen Diskussion über seine Umbaugeschichte bildet das ETH-Hauptgebäude noch heute, zusammen mit der 1914 eröffneten Universität, eine großartige städtebauliche Dominante, der sich kein Besucher Zürichs entziehen kann. Jede Zeit hat ihre Fragen, die nach spezifischen Antworten verlangen. So kann der künftige Umgang mit der historischen Bausubstanz ebenso wenig alleine aus der Vergangenheit abgeleitet werden, wie sich die Situation der Hochschule im heutigen Kontext eines globalisierten Forschungs- und Bildungsmarktes mit derjenigen vor 150 Jahren vergleichen ließe. Dennoch bleibt das Bewusstsein für die eigenen Wurzeln wichtig für eine umsichtige und kluge Weiterentwicklung sowohl des Hauptgebäudes wie auch der Hochschule insgesamt. Es ist das große Verdienst des vorliegenden Werkes, die Genese des Semperbaus und dessen historische Wurzeln dokumentiert zu haben.

Der Präsident der ETH Zürich
Prof. Dr. Lino Guzzella

BAND I

6 Ein polytechnischer Pionierbau in zwei Jahrhunderten

DER GRÜNDUNGSBAU ENTSTEHT ZWISCHEN 1860 UND 1864 NACH PLÄNEN GOTTFRIED SEMPERS

40   Der Bau über der Stadt
166 Der Antikensaal als Repräsentationskern
184 Die Aula als gebauter Außenraum
214 Die Sgraffito-Fassade
228 Die polytechnischen Figuren

GUSTAV GULL BAUT ZWISCHEN 1914 UND 1925 EINE NEUE HOCHSCHULE – SEMPERS BESTAND WIRD ÜBERFORMT

240 Der ›wissenschaftliche‹ Hochschulbau und das Hochschulquartier in Zürich
270 Der Kuppelbau und die großen Räume
312 Auditorium Maximum
344 Das Zentrum des Baus wird dreigeschossig
380 Ausrichtung nach Nordosten: Flügelbauten und Säulenhof

BAND II

GUSTAV GULL BAUT ZWISCHEN 1914 UND 1925 EINE NEUE HOCHSCHULE – SEMPERS BESTAND WIRD ÜBERFORMT

404 Hoffnung auf ›neue Technik‹ – Kunststein, Eisen, Wasserheizung und Ventilation
448 Schulzimmer und Sammlungsräume bleiben bescheiden

DIE UTOPIE DER INNEREN ERWEITERUNG: HOFMANN, GEISENDORF UND ROTH

474 Wachstumsglaube und Funktionsform
568 Die Purifizierung der großen Räume
620 Die Polyterrasse als Gebäude

661 TEXTE

771 BAUCHRONIK

781 FÜNF ARCHITEKTENBIOGRAPHIEN

1 Blick auf die Westfassade des Eidgenössischen Polytechnikums in Zürich, um 1864. Im Vordergrund die Limmat mit der Bahnhofbrücke. (ETH-Bibliothek Zürich, Bildarchiv)

EIN POLYTECHNISCHER PIONIERBAU IN ZWEI JAHRHUNDERTEN

Schicksale ›grosser‹ Häuser

Die Baugeschichte des ersten Zürcher Polytechnikums ist vielfach erforscht: Der Gründungsbau nach Plänen Gottfried Sempers ist, wie die Wiener Hofmuseen, ein Referenzpunkt der Baugeschichte des 19. Jahrhunderts, er wird Vorbild für den Bau neuer Hochschulen bis zum Ersten Weltkrieg (**Abb. 1–9**).[1] Martin Fröhlich wies in den 1970er Jahren in Aufsätzen und Buchpublikationen auf den Rang der Semperschen Planungen hin,[2] die Ausstellung zu Semper (Zürich und München) in den Jahren 2003/04 brachte wichtige Ergänzungen,[3] der Jubiläumsband *Hochschulstadt Zürich* systematische Aufarbeitungen und neue Thesen zur Baugeschichte;[4] die Dissertation von Dieter Weidmann trug zur Vorlage vielfältigen Quellenmaterials der ersten Bauzeit des Hauptgebäudes bei.[5]

Die heterogene Umbaugeschichte des Semperschen Polytechnikums ist in der Forschung weit zögerlicher als der Gründungsbau debattiert, Fröhlich hat auch hier zentrale Quellen vorgelegt, zeitgenössische Publikationen ausgewertet und die ›Hauptumbauten‹ des 20. Jahrhunderts diskutiert – beginnend mit Gustav Gulls großer Neuinterpretation des Baus in den Jahren 1914 bis 1925.[6] Ein Bericht zu den fortschritts- und technikoptimistischen Maßnahmen der zweiten Hälfte des 20. Jahrhunderts wurde 1969 durch die Architekten Charles-Edouard Geisendorf und Alfred Roth publiziert,[7] der »Ausbau« erhielt damals Lob wegen der Erhaltung der »ehrwürdige[n]

---

[1] Vgl. u. a.: Mallgrave, Harry Francis: Gottfried Semper. Ein Architekt des 19. Jahrhunderts. Zürich 2001; Franz, Rainald; Nierhaus, Andreas (Hg.): Gottfried Semper und Wien. Die Wirkung des Architekten auf »Wissenschaft, Industrie und Kunst«. Wien/Köln/Weimar 2007. Allgemein zum Hochschulbau: Marschall, Sabine: Das Hauptgebäude der deutschen Universität und technischen Hochschule im 19. Jahrhundert. [Tübingen] 1993; Nägelke, Hans-Dieter: Hochschulbau im Kaiserreich. Historistische Architektur im Prozess bürgerlicher Konsensbildung. Kiel 2000. Zu den Wiener Bauten: Bischoff, Cäcilia: Das Kunsthistorische Museum. Baugeschichte, Architektur, Dekoration. Wien 2008.

[2] Fröhlich, Martin: Sempers Hauptgebäude der ETH Zürich (Schweizerische Kunstführer, Bd. 256). Basel 1979 (Nachdruck 1990); Fröhlich, Martin: Gottfried Semper. Zeichnerischer Nachlass an der ETH Zürich. Kritischer Katalog (Geschichte und Theorie der Architektur, Bd. 14). Basel/Stuttgart 1974; Fröhlich, Martin: Zürcher Bauten Gottfried Sempers, in: Fröhlich, Martin; Reble, Christina; Vogt, Adolf Max (Hg.): Gottfried Semper und die Mitte des 19. Jahrhunderts (Geschichte und Theorie der Architektur, Bd. 18). Basel/Stuttgart 1976, S. 83–94; Fröhlich, Martin: Formzitate und ihr Sinn im Werk Sempers, in: Technische Universität Dresden (Hg.): Gottfried Semper 1803–1879. Sein Wirken als Architekt, Theoretiker und revolutionärer Demokrat und die schöpferische Aneignung seines progressiven Erbes. Dresden 1980, S. 75–80. Kritisch dazu: Hauser, Andreas: Das öffentliche Bauwesen in Zürich, T. 1: Das kantonale Bauamt 1798–1895 (Kleine Schriften zur Zürcher Denkmalpflege, Bd. 4). Zürich/Egg 2001, S. 101–115; 154–157. Vgl. hier auch das 1969 in der Schweizerischen Bauzeitung publizierte Literaturverzeichnis zur ETH: Risch, Gaudenz: Schriftenverzeichnis, in: Schweizerische Bauzeitung 87 (1969), S. 762–763.

[3] Hauser, Andreas: Gottfried Semper in Zürich. Republikanische Bauformen, in: Nerdinger, Winfried; Oechslin, Werner (Hg.): Gottfried Semper, 1803–1879. Architektur und Wissenschaft. München/Zürich 2003 (Ausstellung Architekturmuseum der Technischen Universität München, Museum für Gestaltung Zürich 2003–04), S. 299–305; Weidmann, Dieter: Eidgenössisches Polytechnikum in Zürich, ebd., S. 342–351. Zu Dresden vgl. auch: Karge, Henrik (Hg.): Gottfried Semper – Dresden und Europa. Die moderne Renaissance der Künste. Akten des Internationalen Kolloquiums der Technischen Universität Dresden aus Anlass des 200. Geburtstags von Gottfried Semper. München/Berlin 2007.

[4] Oechslin, Werner (Hg.): Hochschulstadt Zürich. Bauten für die ETH 1855–2005. Zürich 2005; darin bes.: Tonnesmann, Andreas: Schule oder Universität? Das Hauptgebäude der ETH, S. 64–79; Oechslin, Werner: Die Bauten der ETH und die Stadt, S. 18–63.

[5] Weidmann, Dieter: Gottfried Sempers ›Polytechnikum‹ in Zürich. Ein Heiligtum der Wissenschaften und Künste. Diss. ETH Zürich 2010.

[6] Fröhlich, Martin: Die Hauptetappen der Baugeschichte des ETH-Hauptgebäudes zwischen 1858 und 1930, in: Schweizerische Bauzeitung 87 (1969), S. 751–756; siehe auch den bis heute gut zusammenfassenden kleinen Kunstführer: Fröhlich 1979 (wie Anm. 2).

[7] Geisendorf, Charles-Edouard: Die zweite Erweiterung des ETH-Hauptgebäudes, in: Schweizerische Bauzeitung 87 (1969), S. 757–762.

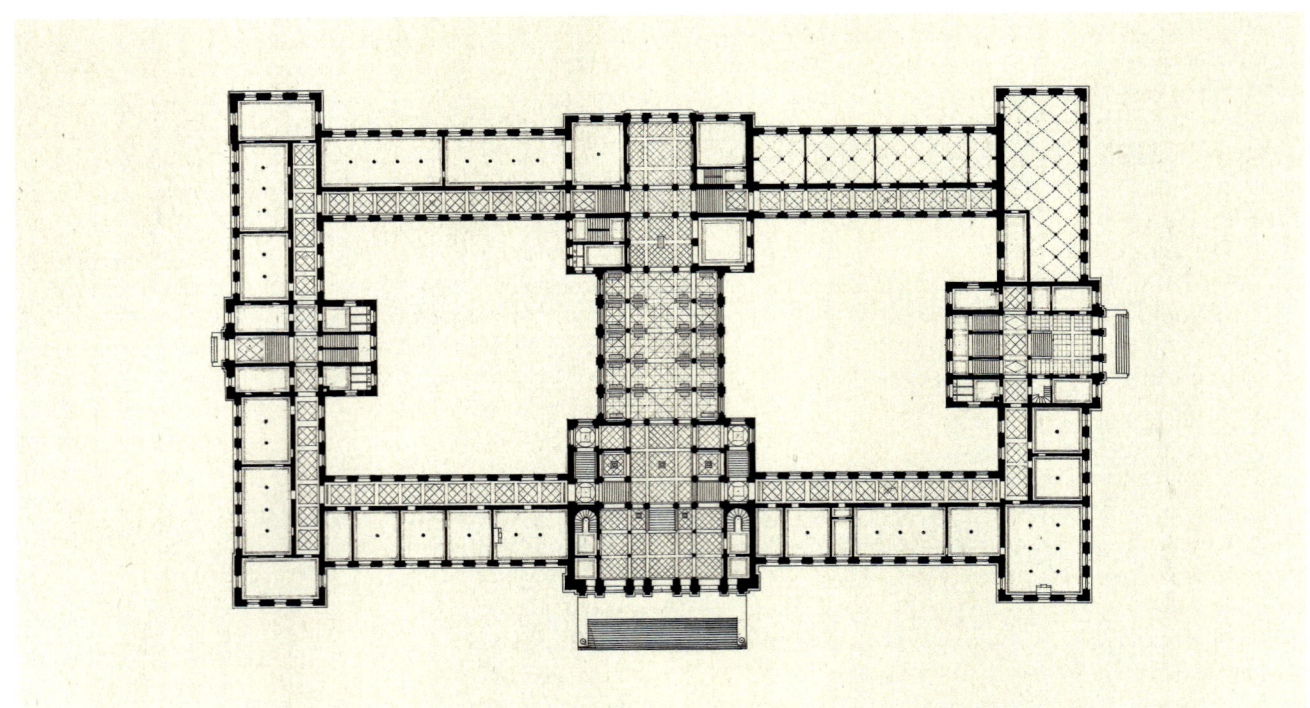

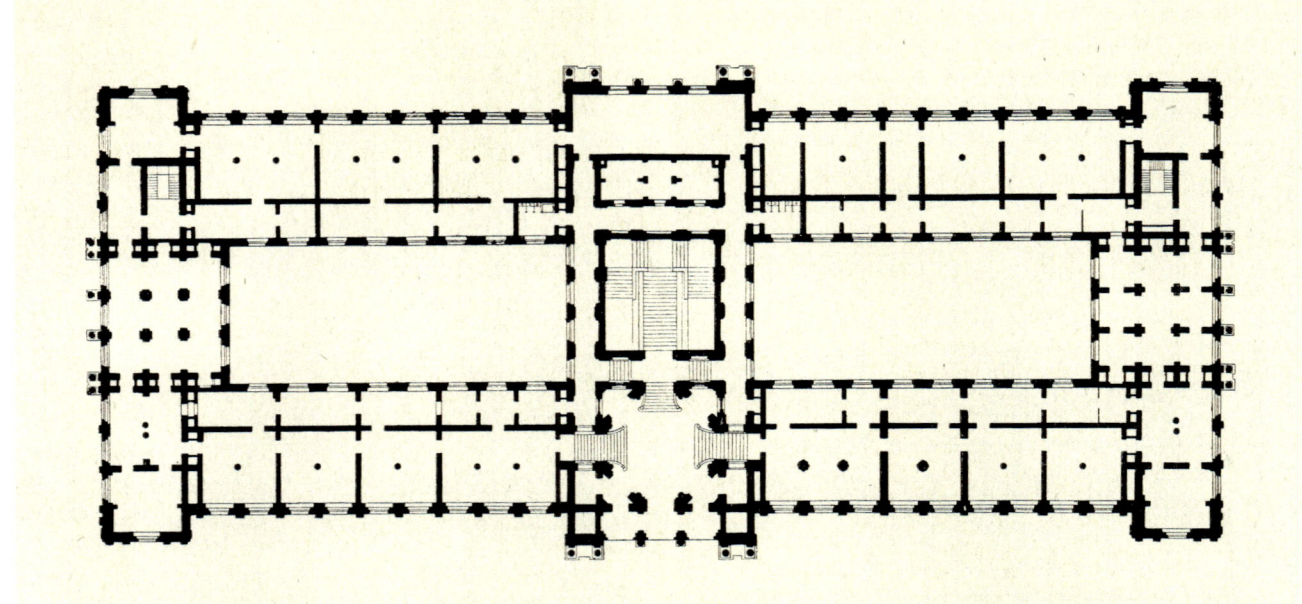

2 Grundriss des 1860–64 erbauten Eidgenössischen Polytechnikums mit dem zentralen Saal der Antikensammlung und den Zeichnungssälen, Auditorien, Sammlungsräumen und Werkstätten der unterschiedlichen Schulen in den vier Flügeln. (gta Archiv / ETH Zürich)

3 Grundriss des Kunsthistorischen Museums in Wien, erbaut 1871–91 nach den Plänen Gottfried Sempers.

4 Carl Hasenauers überarbeiteter Entwurf für das Kunsthistorische Museum in Wien von 1868 zeigt bereits ein Gebäude mit zwei Höfen und einem zentralen Treppenhaus, wie es später von Semper realisiert wurde. (gta Archiv / ETH Zürich)

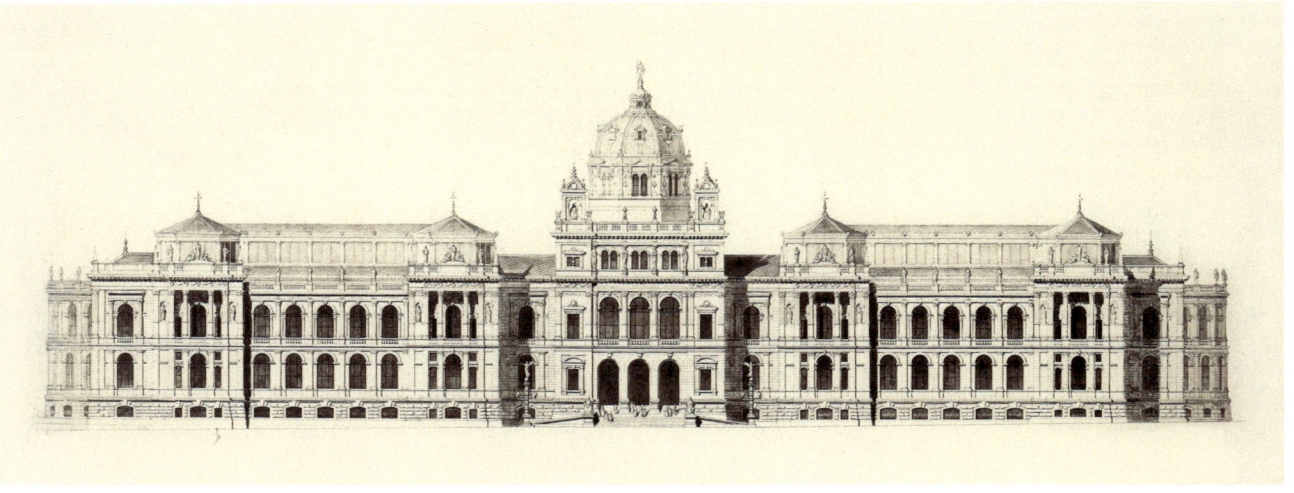

äussere[n] Erscheinung des Poly«. Es wird betont, auf »experimentelle Manifestationen moderner Architektur« sei verzichtet worden.[8]

Die Würdigung architektonischer Qualitäten und eine kritische Diskussion der Folgen der großen Umbauphase der 1960er Jahre (wie auch konservatorischer Konsequenzen) steht bislang trotz bereits kritischer zeitgenössischer Stimmen im wesentlichen aus, ebenso die Dokumentation jüngerer Verluste des fragmentarischen Bestands des Gründungsbaus. In einem Gespräch über »drei exponierte Schweizer Bauveränderungen« verteidigte der Architekt Geisendorf im Jahr 1978 seine Planung: »[Die ETH ist] ein Körper, der sich in alle Richtungen ausdehnt, ohne dass der Kopf entsprechend mitwächst: eine physische Situation, die nicht stimmt. Die einzige Möglichkeit, diesem Kopf seine Bedeutung zu erhalten, ist, im Inneren weiterzumachen.«[9] Fröhlich hielt dagegen: »Wenn Sie sich vorstellen, dass mit dem Grossmünster in Zürich derart hätte umgegangen werden können, wie mit der ETH umgegangen wurde: wir würden alle kopfstehen. Das kommt in etwa dem Versuch gleich, dem Grossmünster eine Autogarage einzubauen. Denn von dem, was ehemals als lebendiger Baukörper vorhanden war, ist nun nichts mehr als ein bisschen Fassade und zwei, drei Räume übriggeblieben. Ich weiss nicht, wessen Schuld das ist, aber das ist ein Verbrechen, was hier passiert ist.«[10]

Das Schicksal des Zürcher Polytechnikums im 20. Jahrhundert ist kein Einzelfall; lediglich der Umstand, dass der Schweizer Bau nicht wie viele der Großbauten des 19. Jahrhunderts in Deutschland kriegszerstört wurde, macht die tiefgreifenden Eingriffe in die Substanz des 19. Jahrhunderts besonders schmerzlich. Verluste an universitären und polytechnischen Schulbauten gaben vielerorts im deutschsprachigen Raum bereits in den 1950er Jahren Anlass für Wiederaufbaumaßnahmen, die die Häuser und ihre Ausstattungen ›modernisierten‹ – Beispiele sind etwa die Technische Universität in Charlottenburg,[11] Constantin Uhdes Braunschweiger Bau[12] und Josef Durms Aulagebäude in Karlsruhe (**Abb. 10–12**). Auch Museen, Verwaltungsgebäude und ›Staatsbauten‹ des 19. Jahrhunderts teilen das Schicksal tiefgreifender Umbauten nach Teilzerstörungen – in Wien wurde der große Saalbau Theophil Hansens für das Parlament in den 1950er Jahren in ähnlich vereinfachten Formen wiederaufgebaut,[13] wie wir sie dann in den 1960er Jahren im Zürcher Auditorium Maximum realisiert sehen (**Abb. 13–16**). Die 1960er Jahre waren an den europäischen Universitäten eine Zeit optimistischen Aufbruchs, Bildungsreform und Wachstumseuphorie (**Abb. 17**) stützten die Hoffnung auf Planbarkeit aller Lebensumstände, neue Gründungen entstanden als ›Campus-Planungen‹[14] – Wissenschaft

5/6 Sgraffitodekorationen am Eidgenössischen Polytechnikum und am Kunsthistorischen Museum in Wien. (ETH-Bibliothek Zürich, Bildarchiv)

---

8 Risch, Gaudenz: Nachwort [zu: Geisendorf 1969 (wie Anm. 7)], in: Schweizerische Bauzeitung 87 (1969), S. 762. Vgl. auch: Schaefer, Dieter: ETH Zürich: Hörsaalzentrum im Hauptgebäude, in: Werk 58 (1971), S. 345–349; für eine Übersicht der baulichen Entwicklung der ETH nach Gull bis Geisendorf und Roth: Risch, Gaudenz: Beginn der grossen Ausbauphase, in: Schweizerische Bauzeitung 87 (1969), S. 756–757; weitere Zeugnisse der Architekten selbst: Sydler, Jean-Pierre; Willy, Walter; Roth, Alfred: Die neue Hauptbibliothek der ETH Zürich, in: Schweizerische Bauzeitung 92 (1974), S. 591–594; Peverelli, Diego; Geisendorf, Charles-Edouard: Bauchronik. Um- und Erweiterungsbauten des ETH-Hauptgebäudes in Zürich, in: Werk – Archithese 64 (1977), Nr. 10, S. 68–82.

9 Camenzind, Alberto; Geisendorf, Charles-Edouard; Fröhlich, Martin; u. a.: »Hosianna« – oder Barbarei? Bruchstücke eines Gesprächs über drei exponierte Schweizer Bauveränderungen, in: Werk – Archithese 66 (1979), Nr. 25/26, S. 37–47, Zitat S. 37.

10 Ebd., S. 39. In seinem Führer *Sempers Hauptgebäude der ETH Zürich* resümiert Fröhlich: »nach diesen Umbauten blieben vom ursprünglichen Bau nur noch übrig: Die Nordfassade mit dem Sgrafitto [sic], ein Teil der Stutzmauern der Westseite über der Durchfahrt unter der Polyterrasse und die allerdings ›redimensionierten‹ Kandelaber, daneben die West- und Sudfassade des Aussenbaus [...]« (Fröhlich 1979 [wie Anm. 2], S. 3). Freilich hatte bereits Gustav Gull die Steinverkleidungen der Außenfassaden ausgetauscht und das Sgraffito von 1863 war mehrfach überarbeitet und erneuert worden.

11 Vgl. Schwarz, Karl (Hg.): 1799–1999. Von der Bauakademie zur Technischen Universität Berlin. Geschichte und Zukunft. Berlin 2000 (Ausstellungskatalog Berlin 1999–2000).

12 Vgl. Krafczyk, Christina: Constantin Uhde. Bauen in Braunschweig. Diss. TU Braunschweig 2013.

13 Zu den Umbauten vgl.: Parlamentsdirektion (Hg.): Der Baumeister des Parlaments. Theophil Hansen (1813–1891). Sein Leben – seine Zeit – sein Werk. Schleinbach 2013, bes. S. 122–139; Parlamentsdirektion der Republik Österreich (Hg.): Das österreichische Parlament. Zum Jubiläum des 100jährigen Bestandes des Parlamentsgebäudes. Wien 1984.

14 Dazu u. a.: Hassler, Uta: Offene Fragen, in: Hassler, Uta; Dumont d'Ayot, Catherine (Hg.): Bauten der Boomjahre. Paradoxien der Erhaltung. Zürich 2009, S. 8–17.

sollte ebenso planend neu strukturiert werden wie bauliche Anlagen. Der Umbau des Zürcher Hauptgebäudes wurde parallel zur Erweiterung der Schule auf dem Hönggerberg betrieben,[15] Argumentationslinien einer ›Erfüllung von Planzahlen‹ ziehen sich durch alle Zeugnisse,[16] der Architekt spricht nicht von architektonischen Überlegungen, sondern trägt vor, wie wachsende Flächenansprüche befriedigt werden sollen.[17] Die Hoffnung auf neue Technik ließ innenliegende Ausbauten möglich erscheinen, statt eines natürlich belichteten Baus entstanden nach innen gerichtete klimatisierte Dunkelräume und große Tiefkeller.[18]

Die weitgehende Aufgabe der architektonischen und räumlichen Qualitäten des Gründungsbaus geschah nicht durch die großen Maßnahmen zu Beginn des 20. Jahrhunderts. Gustav Gull legte zwar wichtige Bauteile (wie die zentrale Antikenhalle oder auch den Chemiebau auf der Bergseite) nieder, fügte neue Flügel hinzu und griff stark in das konstruktive Gefüge des Altbestands ein, sein architektonisches Anliegen leitete sich aber noch vom Semperbau ab, dessen Weiterführung und Vollendung er in einer Fortschreibung der architektonischen Lösungen des Gründers sah (ähnlich anderen Universitätsbauten der Wende zum 20. Jahrhundert, wie etwa dem Hauptbau der Münchner Technischen Hochschule). Die Umbauten der 1960er Jahre sind dagegen ein Bruch mit der Tradition der Anfangsjahre, gewollte Vernichtung historischer Substanz und Verunklärung eines kanonisch gewordenen Vorbilds prominenter Schulbauten des ausgehenden 19. Jahrhunderts.

Zürich als Vorbild: Der Gründungsbau als Idealbild des ›polytechnischen Hauptgebäudes‹

Die französischen Anfänge der *Ecole polytechnique* sind nicht als Bauten prominent geworden;[19] erst Heinrich Hübschs Bau für Karlsruhe verband die Ambition der polytechnischen Denkschule mit architektonischem Ausdruck (**Abb. 18–19**). Hübsch, zweite Lehrergeneration nach den Schulgründern Friedrich Weinbrenner (einem Baumeister-Architekten) und dem Ingenieur Johann Gottfried Tulla,[20] baute eine Demonstration polytechnischer Tugenden: Der Schulbau ist Ausdruck früher Konstruktionstheorie und gleichermaßen Ausdruck baugeschichtlichen Anspruchs.[21] Noch vor dem Explizieren einer förmlichen ›Ingenieurstatik‹ erreichte Hübsch eine experimentell abgestützte Methode der Formfindung von Wölbkonstruktionen über Versuche mit Kettenlinien,[22] in der Folgegeneration wird in Zürich der Bauingenieur Karl Culmann,

---

15 Vgl. dazu die Botschaft des Bundesrates an die Bundesversammlung vom 9. Juli 1965 über den weiteren Ausbau der Eidgenössischen Technischen Hochschule und der mit ihr verbundenen Anstalten, in: Schweizerisches Bundesblatt 117 (1965), Bd. 2, S. 889–997.

16 Etwa des Redaktors der Schweizerischen Bauzeitung, Gaudenz Risch: »Nach Kriegsende setzte die Ausdehnung der Wissenschaft explosionsartig ein«. Man spricht von einer »künftigen Gesamtzahl von 10.000 Studierenden«. Für den Ausbau des Hauptgebäudes seien rund 52 Millionen Franken beantragt, 153 Millionen für die Errichtung neuer Physikinstitute und Unterrichtsgebäude »in der Aussenstation Hönggerberg« (Risch [Beginn der Ausbauphase] 1969 [wie Anm. 8], S. 756).

17 »Seit 15 Jahren hat sich die Zahl der Neueintretenden der ETH vervierfacht. [...] Dieses verlangte neben dem Ausbau der verschiedenen Abteilungen im Zentrum oder in Aussenstationen vordringlich die *räumliche Erweiterung des ETH-Hauptgebäudes für folgende zentrale Funktionen [...]*« (Geisendorf 1969 [wie Anm. 7], S. 757; Hervorhebungen im Original).

18 Allgemein dazu: Hassler, Uta; Aksözen, Mehmet: Systemwechsel zur kurzen Haltbarkeit im Bauwesen: Die Boomjahre des 20. Jahrhunderts, in: Forum Stadt 42 (2015), H. 1, S. 7–20, hier S. 17–20: *Der Umgang mit dem Alten – Erhaltungspflicht für Modernisierungsutopien? Der Umbau des Semper-Baus der ETH Zürich als Beispiel.*

19 Die *Ecole polytechnique* in Paris war in unterschiedlichen Stadtresidenzen der untergegangenen Königs- und Adelsfamilien sowie alten (universitären) Schulbauten untergebracht. Anfangsjahre: 1794–95 *Palais Bourbon*, 1795–1805 *Hôtel de Lassay*, ab 1805 *Colléges de Navarre*, *Tournai* und *Boncourt.*

20 Vgl. Valdenaire, Arthur: Das Leben und Wirken des Johann Gottfried Tulla, in: Zeitschrift für die Geschichte des Oberrheins NF 42 (1929), S. 337–364; 44 (1931), S. 258–286. Vgl. auch: Tulla, Johann Gottfried: Über die Rektifikation des Rheins von seinem Austritt aus der Schweiz bis zu seinem Eintritt in das Großherzogtum Hessen. Karlsruhe 1826.

21 Die Berliner Traditionslinie mit Schinkels Bauakademie ist eigenständig.

22 Vgl. etwa: Hassler, Uta: Die Kunsthalle als Kunstwerk. Bilder aus ihrer Baugeschichte. Stuttgart 1993, S. 86.

7 Die Ausstattung des zentralen Treppenhauses des Kunsthistorischen Museums in Wien zeigt ein großzügiges Nebeneinander von natürlichem Marmor und exzellentem Kunstmarmor, viele der architektonischen Lösungen entsprechen den für Zürich konzipierten Details. (Fotografie von Massimo Listri)

8 Zeichnung Gottfried Sempers für das westliche Vestibül des Zürcher Polytechnikums. (gta Archiv / ETH Zürich)

9 Saal der ›Ägyptischen Alterthümer‹ im Kunsthistorischen Museum in Wien. In der Ausstattung sind historische Originale mit dekorativen Reproduktionen verbunden. Die Papyrusbündelsäulen stammen aus Alexandria, die Wanddekorationen wurden bereits auf der Wiener Weltausstellung 1873 gezeigt. (Österreichische Nationalbibliothek, Bildarchiv und Grafiksammlung)

10 Technische Universität in Braunschweig. Im Vordergrund der weitgehend nur noch als Fassade erhaltene Bau Constantin Uhdes (1874–77 mit Karl Körner). Im Inneren wurde in den Nachkriegsjahren bereits ein Zugang zum Hochhaus angelegt.

11 Aulagebäude der Großherzoglichen Badischen polytechnischen Schule in Karlsruhe. Nachkriegswiederaufbau des von Josef Durm in den 1890er Jahren errichteten Vierflügelbaus, auch hier blieb die ursprüngliche Ausstattung nicht erhalten.

12 Modellfoto des geplanten Nachkriegswiederaufbaus der Technischen Universität in Berlin-Charlottenburg. Der Gründungsbau entstand 1878–84 nach Plänen von Richard Lucae, Friedrich Hitzig und Julius Raschdorff. Kurt Dübbers und Karl-Heinrich Schwennicke realisierten 1963–68 den Wiederaufbau und die Erweiterung. (Architekturmuseum TU Berlin)

13 Sitzungssaal des Herrenhauses im Parlamentsgebäude in Wien (Theophil Hansen, 1874–83) vor der Zerstörung. Die halbrunde Anlage zeigt in vielen Einzelheiten Parallelen zu Gustav Gulls großem Auditorium für die ETH. (Österreichische Nationalbibliothek, Bildarchiv und Grafiksammlung)

14 Moderner Wiederaufbau durch die Architekten Max Fellerer und Eugen Wörle 1954–57. (Fotografie von Johanna Fiegl)

15 Auditorium Maximum der Eidgenössischen Technischen Hochschule, erbaut 1917–20 nach den Plänen von Gustav Gull. (ETH-Bibliothek Zürich, Bildarchiv)

16 Umbau des Auditoriums durch Alfred Roth 1971–73. (ETH-Bibliothek Zürich, Bildarchiv)

Zeitgenosse Sempers, die grafische Statik vervollkommnen und zu selbstverständlicher Anwendung führen.[23]

Zürich wurde im Gegensatz zum Karlsruher Polytechnikum, das als experimentelle, aber auch idealistisch-romantische Sonderlösung in der Baugeschichte des 19. Jahrhunderts eine besondere Stellung einnimmt, Muster und Idealbild der Bauaufgabe ›Hochschule‹. Das Vorbild Zürich definierte den Typus: Kanonisch wurden repräsentative Steinbauten mit zwei Hauptgeschossen und darunter Rustikageschossen, mit Mittel- und Eckrisaliten (**Abb. 20**). Im Zentrum der meisten Folgebauten liegen Festräume, innen umlaufende Flure umschließen symmetrisch angelegte Innenhöfe,[24] die Anzahl von Fensterachsen und der Bauschmuck variieren, dennoch bleiben die Formen italienischer Renaissance und die Muster von Raumhierarchien und Erschließung weitgehend verbindlich. Das Grundmuster Zürichs war in der Baugeschichte bereits etabliert,[25] Jean-Nicolas-Louis Durands *Leçons d'Architecture*, die als polytechnisches Lehrbuch seit 1817 Architektenlektüre waren, zeigen vergleichbare Konzepte (**Abb. 21**).[26] Bei Durand finden sich systematische Anleitungen für den Entwurf neuer Staatsbauten, von den Bibliotheken über die Museen bis zu den Observatorien, Bädern und Kasernen.[27] Durands Entwurfslehre ist bestimmt durch die Kombination geometrischer Körper und die systematische Gliederung großer Gebäudevolumina durch Höfe, Risalite und Bogenstellungen; kassettierte Kuppeln überspannen Auditorien und Versammlungsräume, ganz ähnlich den späteren Lösungen Gulls für das Polytechnikum. Stark beeinflusst von Durands Vorlesungen, veröffentliche Friedrich Weinbrenner zwischen 1810 und 1825 ein dreiteiliges Lehrbuch, das neben Zeichnungslehre und Säulenordnungen auch Hinweise zur »Eintheilung, Anordnung und Ausfuehrung der Gebaeude« enthält.[28] Basierend auf Durands quadratischem Raster zeigt Weinbrenner etwa ein idealtypisches Schlossgebäude mit zentraler Treppe zwischen den beiden symmetrischen »Schloß Höfe[n]« (**Abb. 22**).[29]

Im *Handbuch der Architektur* wurden 1888, 1893 und 1905 die damals verbindlichen Bauprogramme für »Hochschulen […] und naturwissenschaftliche Institute« in Varianten vorgestellt und Beispiele von Vorläufer- und Nachfolgebauten Zürichs gezeigt – wie auch Gebäude für Sammlungen und Ausstellungen:[30] Hier wird deutlich, wie stark der Charakter des Zürcher Gründungsbaus als Sammlungsbau und dessen Architektur und Raumkonzeption spätere Lösungen beeinflussten.[31] Die

23 Zu Karl Culmann vgl.: Lehmann, Christine; Maurer, Bertram: Karl Culmann und die graphische Statik. Berlin 2006. Das heute noch an der ETH vorhandene Denkmal Culmanns entstand nach Entwurf Alfred Friedrich Bluntschlis 1884 (vgl. Anonym: Denkmal und Stiftung zu Ehren des verstorbenen Dr. Culmann, in: Centralblatt der Bauverwaltung 4 [1884], S. 442).

24 François Debret hatte bereits 1819 in einem Projekt für den *Palais des Études* der École des Beaux-Arts in Paris eine ähnliche Disposition mit zentralem Antikensaal vorgeschlagen. Vgl. Tschanz, Martin: Die Bauschule am Eidgenössischen Polytechnikum in Zürich. Architekturlehre zur Zeit von Gottfried Semper (1855–1871). Zürich 2015, S. 268.

25 Beispielsweise in Rathausbauten oder Ministerien, das *Handbuch der Architektur* zeigt auch spätere Wettbewerbe, wie etwa für Washington und Tokio: Bluntschli, Friedrich; Lasius, Georg: Stadt- und Rathäuser (Handbuch der Architektur, T. 4, Halbbd. 7, H. 1, Kap. 1). 2. Aufl. Stuttgart 1900.

26 Durand, Jean-Nicolas-Louis: Précis des leçons d'architecture données à l'école polytechnique. 2 Bde. Paris 1802–05.

27 Semper kannte Durands Arbeit durch seine Pariser Jahre, offenbar stand er dem »Schachbrettkanzler für mangelnde Ideen« zunächst kritisch gegenüber. Vgl. Neumeyer, Fritz: Der lange Schatten der Polychromie. Gottfried Semper, Richard Wagner, Friedrich Nietzsche, in: Hassler, Uta (Hg.): Maltechnik & Farbmittel der Semperzeit. München 2014, S. 320–327, hier S. 326. Später lernte Semper Durands strenge Methodik etwas schätzen, eine rein »mechanische« Entwurfsmethode lehnte er nach wie vor ab. Vgl. Nerdinger, Winfried: Der Architekt Gottfried Semper. »Der notwendige Zusammenhang der Gegenwart mit allen Jahrhunderten der Vergangenheit«, in: Nerdinger/Oechslin 2003 (wie Anm. 3), S. 8–51, hier S. 22.

28 Weinbrenner, Friedrich: Architektonisches Lehrbuch. 3 Bde. Tübingen/Stuttgart 1810–25.

29 Ebd., Bd. 3, Taf. XLIII. Im Rathaus der Stadt Karlsruhe hat Weinbrenner ähnliche Lösungen umgesetzt.

30 Eggert, Hermann; Junk, Carl; Körner, Carl u. a.: Gebäude für Erziehung, Wissenschaft und Kunst, H. 2: Hochschulen, zugehörige und verwandte wissenschaftliche Institute (Handbuch der Architektur, T. 4, Halbbd. 6). Darmstadt 1888 (2. Aufl. Stuttgart 1905); Kerler, Adalbert; Kortum, Albert; Lindheimer, Otto u. a.: Gebäude für Erziehung, Wissenschaft und Kunst, H. 4: Gebäude für Sammlungen und Ausstellungen (Handbuch der Architektur, T. 4, Halbbd. 6). Darmstadt 1893.

31 Zum Zürcher Bau als Sammlungsbau vgl.: Hassler, Uta; Meyer, Torsten (Hg.): Kategorien des Wissens. Die Sammlung als epistemisches Objekt. Zürich 2014; darin bes.: Hassler, Uta; Wilkening-Aumann, Christine: »den Unterricht durch Anschauung fördern«: Das Polytechnikum als Sammlungshaus, S. 75–95.

17 Entwicklung der Studierendenzahl an der ETH Zürich zwischen 1855 und 2015. (Daten nach: Gugerli/Kupper/Speich, Die Zukunftsmaschine, 2005 und Finanzen & Controlling der ETH Zürich; Grafik: IDB, 2015)

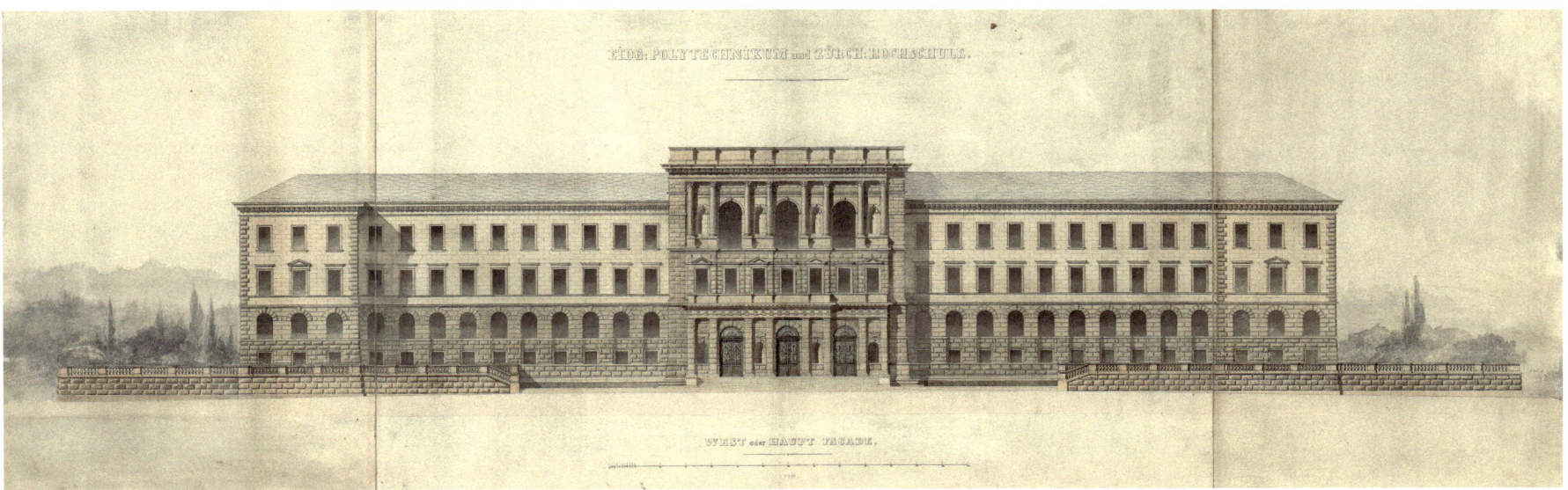

18/19 Der Gründungsbau der »Polytechnischen Schule zu Carlsruhe« von Heinrich Hübsch, 1833–36, ist programmatisch für die Konstruktionstheorie des Architekten, die Wölbkonstruktionen folgen Formfindungsmethoden durch Anwendung der Kettenlinie, die Natursteinfassade bleibt ohne Putzhaut. (Generallandesarchiv Karlsruhe, G Karlsruhe 547 / G Karlsruhe 548)

20 Gottfried Sempers Bau für das Zürcher Polytechnikum ist im Vergleich zu Karlsruhe in Anspruch und Größe gesteigert. Erhöht im Mittelrisalit und durch große Rundbogenfenster akzentuiert liegt der Festsaal für die akademischen Rituale, die Aula. (gta Archiv / ETH Zürich)

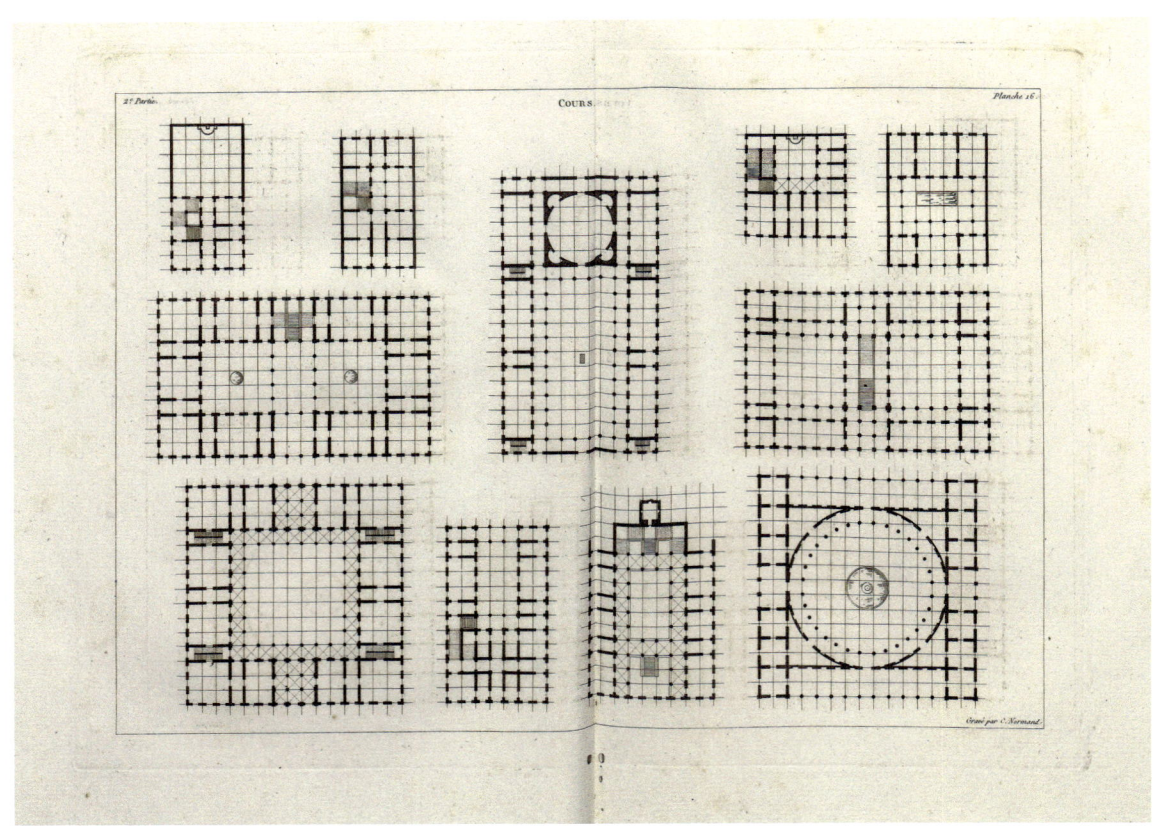

21 Tafel 16 aus Bd. 1 von Jean-Nicolas-Louis Durands *Précis des leçons d'architecture* (1802), einer Entwurfslehre für die Ausbildung an der Pariser *Ecole polytechnique*. Durand gibt Standardgrundrisse für öffentliche Bauaufgaben, in der Mitte rechts ein Konzept für einen Rechteckbau mit zwei Höfen. (Universitätsbibliothek Heidelberg)

22 Auch der Karlsruher Schulgründer Friedrich Weinbrenner veröffentlichte ein *Architektonisches Lehrbuch* mit Vorbildern für öffentliche Bauaufgaben (1810–25), hier Taf. XLIII »Grund, Aufriß und Durchschnitte zu einem Schloß-Gebäude«. (Zentralbibliothek Zürich)

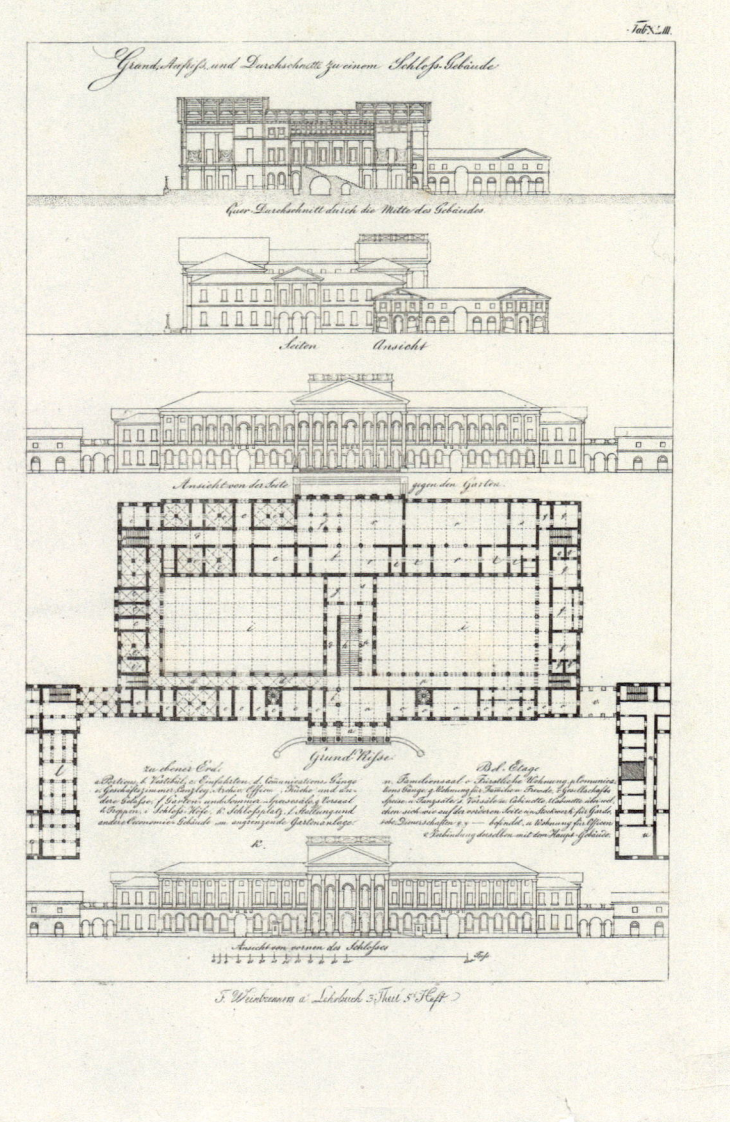

symmetrische Anlage mit zwei Innenhöfen findet sich zudem in staatlichen Bauten des ersten Drittels des 19. Jahrhunderts, im *Handbuch* werden beispielsweise Friedrich von Gärtners Münchner Reichsarchiv und die Staatsbibliothek diskutiert.[32] Leo von Klenzes Großbau der Neuen Eremitage in St. Petersburg (1839–51) war Referenzobjekt, Sempers eigene spätere Wiener Pläne für das Kunst- und das Naturhistorische Museum führten das Zürcher Konzept in monumentaler Weise fort (mit Carl von Hasenauer in den 1870er und 1880er Jahren).[33] Das Gebäude des Eidgenössischen Polytechnikums wurde ursprünglich auch von der (ab 1914 im benachbarten Neubau untergebrachten) Universität mit genutzt, es vereinigte Sammlungs- und Institutsräume mit Lehrsälen; die Flügel waren bei ähnlicher Gesamtanlage im Bauschmuck differenziert, repräsentativer Kern waren eine zentrale Halle für die Antikensammlung[34] und die Aula (mit den zugehörigen Vestibülen). Nur das Chemielaboratorium und die Sternwarte waren Solitäre, wiewohl Teil des Ensembles.

Der Hochschulbau des ausgehenden 19. Jahrhunderts wird zunächst das Konzept des Multifunktionsbaus weiterführen – so etwa in Stuttgart, Aachen, Dresden, Braunschweig und Berlin; in der Zeit von 1870 bis 1895 herrschte »Neorenaissance als Konsens in der Stilfrage«.[35] Ab den 1890er Jahren wurden naturwissenschaftliche Institute und technische Laboratorien in separate Gebäude ausgelagert, Beispiele finden sich etwa in Darmstadt, Danzig und Breslau. Der Zürcher Gründungsbau wurde folgerichtig mehrfach zum Vorbild: zunächst der Multifunktionsbauten, später der repräsentativen ›Hauptgebäude‹[36] der Hochschulen. Beispiele sind vielfältig, sogar die Universitäten von Straßburg und Wien variieren entsprechende Muster, vor allem aber die polytechnischen Schulen im deutschen Kaiserreich (**Abb. 23–34**).

Hans-Dieter Nägelke diskutiert den Hochschulbau im Kaiserreich als Aufgabe »bürgerlicher Konsensbildung«, er erläutert »Einheitsdogma und Differenzierungszwang« als Folge »diskontinuierlichen Wachstums der Einzeldisziplinen« und der Trennung von »experimentellen und theoretischen Fächern«.[37] Der ab den 1890er Jahren eigenständig neu definierte Typus ›Hauptgebäude‹ nahm neben den Räumen für akademische Festveranstaltungen (Aula und große Versammlungssäle) »Verwaltungs- und Diensträume«[38] auf, eigenständige ›Seitenpavillons‹[39] beherbergten Institute, immerhin blieben Sammlungen weiterhin Teil der Repräsentation. Lage und Bedeutung der Aula im Zentrum der Obergeschosse der Eingangsseiten blieben weitgehend verbindlich, in Karlsruhe errichtete Josef Durm ein eigenständiges »Kollegiengebäude« mit anspruchsvollem Festraum, das Bildprogramm der dortigen Aula zeigte »den Werdegang und die Wandelungen der Technik und der Kunst an Werken der Architektur« (**Abb. 35–38**).[40] In Sempers erstem Zürcher Konzept dienten die wissenschaftlichen Sammlungen als Mittler zwischen Hochschule und

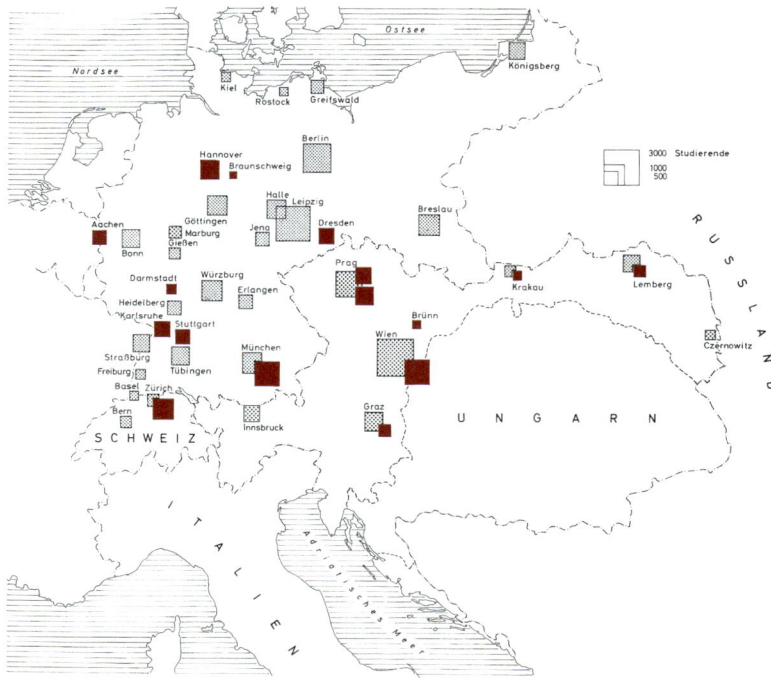

23 Technische Hochschulen (braun) und Universitäten (grau) in den im Reichsrat vertretenen Königreichen und Ländern der österreichischen Reichshälfte, Deutschland und der Schweiz 1870/71. (Bearbeitete Grafik nach: *150 Jahre Technische Hochschule in Wien 1815–1965*)

---

32 Opfermann, Rudolf: Archive, in: Kerler/Kortüm/Lindheimer 1893 (wie Anm. 30), S. 4–40, hier S. 35; Kortüm, Albert; Schmitt, Eduard: Bibliotheken, ebd., S. 41–172, hier S. 55.

33 Zur Mitte des 19. Jahrhunderts findet keine typologische Unterscheidung zwischen Museumsbauten und polytechnischen Schulgebäuden statt – beide folgen dem Prinzip eines Sammlungsbaus.

34 Bereits im 1841–55 nach Plänen August Stülers errichteten Neuen Museum in Berlin war das zentrale Treppenhaus Ausstellungsraum der Gipssammlung.

35 Nägelke 2000 (wie Anm. 1), S. 94–142.

36 So der bis heute an der ETH gebräuchliche Name für den umgebauten Gründungsbau.

37 Nägelke 2000 (wie Anm. 1), S. 22.

38 Ebd., S. 23. Die Autoren des *Handbuchs der Architektur* sehen für das ideale Raumprogramm eine Vielzahl weiter Nutzungen vor: Dienstwohnungen, Räume für Pförtner, Räume für Heizungs- und Lüftungsanlagen, Kleiderablagen, Kistenmagazin, Aborte und Pissoirs, bis hin zu Gesangssaal, Räumen für akademische Vereine, Erfrischungsräumen und dem »Karzer« (Eggert/Junk/Körner 1905 [wie Anm. 30], S. 52–53).

39 Karl Friedrich Schinkel fragt anlässlich des Neubauvorhabens in Königsberg, ob es nicht besser sei, »eine Gruppe von Gebäuden verschiedener Charakteristik [zu errichten], welche zweckmäßig unter sich verbunden und schon geordnet auf dem Bauplatze stehen würden« (zit. nach: Diesch, Carl: Friedrich Schinkel und der Bau der Königsberger Universität, in: Verein für die Geschichte von Ost- und Westpreußen [Hg.]: Altpreußische Beiträge. Königsberg 1933, S. 127–144, hier S. 135; wiederabgedruckt in: Nägelke 2000 [wie Anm. 1], S. 23).

40 Eggert/Junk/Körner 1905 (wie Anm. 30), S. 49 (der Band erschien unter der Mitherausgeberschaft Durms). Auch die Justizbauten des ausgehenden 19. Jahrhunderts zeigen vielfach ähnliche Baustrukturen, München, Wien und Stuttgart sind prominente Beispiele.

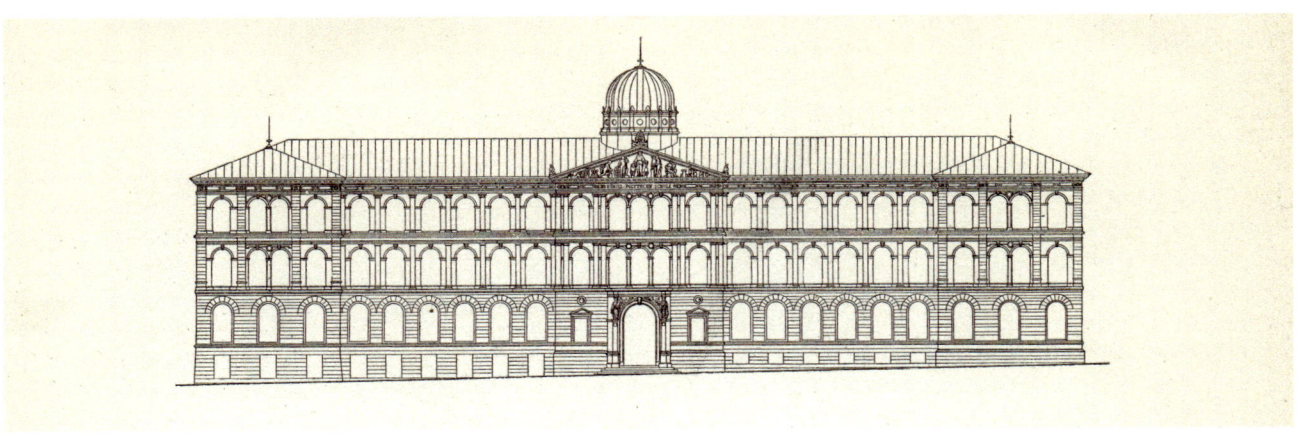

24–28 Viele Hochschulneubauten des ausgehenden 19. Jahrhunderts variierten das Vorbild des Zürcher Polytechnikums: Stuttgart, Königliche polytechnische Schule (Joseph von Egle, 1860–63); München, Königlich Bayerische Technische Hochschule (Gottfried von Neureuther, 1865–68); Aachen, Königlich Rheinisch-Westphälische polytechnische Schule (Robert Ferdinand Cremer und Ferdinand Esser, 1865–70); Dresden, Königliche polytechnische Schule (Rudolf Heyn, 1872–75); Lemberg, Technische Akademie (Julian von Zachariewicz, 1873–77). (Handbuch der Architektur / Architekturmuseum TU Berlin / Architekturmuseum der TU München. Abbildungen hier nicht im selben Maßstab)

29–33 Braunschweig, Polytechnische Schule (Constantin Uhde und Karl Körner, 1874–77); Berlin-Charlottenburg, Königlich Technische Hochschule (Richard Lucae, Friedrich Hitzig und Julius Raschdorff, 1878–84); Straßburg, Kaiser-Wilhelms-Universität (Otto Warth, 1879–84); Graz, K. K. technische Hochschule (Josef Horky und Johann Wist, 1884–88) Darmstadt, Großherzogliches Polytechnikum (Heinrich Wagner, 1893–95). (Universitätsbibliothek der TU Braunschweig / TU Berlin / Handbuch der Architektur / Sammlung J. W. Wohinz / Universitätsarchiv der Technischen Universität Darmstadt)

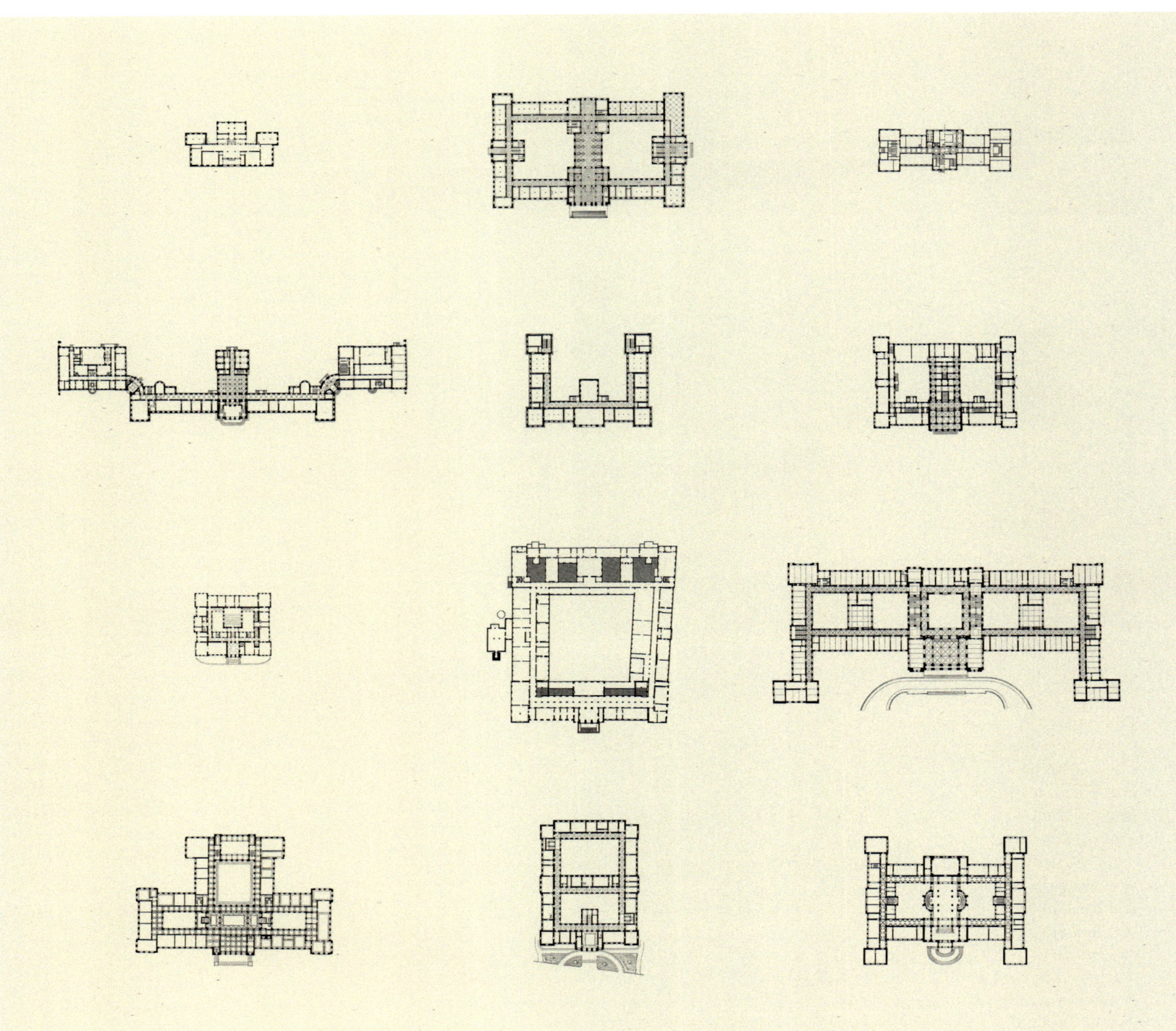

34 Größenverhältnisse der Hochschulneubauten des ausgehenden 19. Jahrhunderts in der Reihenfolge ihrer Erstellung: Karlsruhe, Zürich, Stuttgart, München, Aachen, Dresden, Lemberg, Braunschweig, Berlin, Straßburg, Darmstadt, Danzig. (Handbuch der Architektur / Universitätsbibliothek Heidelberg / gta Archiv / ETH Zürich)

Öffentlichkeit, alle Sammlungen waren zunächst für das Publikum zugänglich. Der differenzierte Ausbau begann in Zürich mit Johann Jakob Müllers Land- und forstwirtschaftlicher Schule 1872 und Alfred Friedrich Bluntschlis und Georg Lasius' Chemischem und Physikalischem Institut (1886 und 1890).

Mit dem Umbau Gustav Gulls veränderte sich der Charakter des zuerst noch ›hybriden‹ Gründungsbaus von einem Schul- und Sammlungsbau hin zum repräsentativen Zentrum der Schule. Gull kannte die Bauten der späten Jahrzehnte des 19. Jahrhunderts – er gewann den Wettbewerb mit eben jenem an den deutschen Hochschulen bereits etablierten Konzept einer Auffächerung von Institutsgebäuden und der Idee der Rückführung auf einen repräsentativen Hauptbau der Schule.[41] Gulls Beitrag plante deshalb Sammlungs- und Ausstellungsstrukturen im Hauptgebäude und lagerte ein »Sammlungsgebäude« in den Bereich der Sonneggstrasse aus. Für den Umbau des Semperschen Gründungsbaus schlug Gull dagegen den Typus des jüngst kanonisch gewordenen Verwaltungs- und Repräsentationsbaus vor, er führte eine neue Mittelerschließung senkrecht zum Hang ein, gab die Antikenhalle auf und verband den Bau mit den projektierten und bereits realisierten Hochschulgebäuden entlang der Rämistrasse. Nur ein Teil der Treppenräume und die Aula blieben bestehen, die Brunnenhalle, ein neues großes Auditorium Maximum und ein halbrunder Bibliothekslesesaal liegen unter der neuen Kuppel, halbrunde Hörsäle entstanden um eine zentrale Halle, zum Programm der ›Hauptgebäude‹ gehörten ab der zweiten Jahrhunderthälfte repräsentative Bibliotheken und Lesesäle (**Abb. 39–40**).[42]

Gustav Gull stand zu Beginn des 20. Jahrhunderts mit seinem Konzept einer ›Erneuerung und Vollendung‹ des Semperschen Baus noch in der Tradition des handwerklich und wissenschaftlich denkenden idealistischen 19. Jahrhunderts: Seine Herangehensweise war freilich ideologisch überhöht durch die Hoffnung auf Verbesserung aller Verhältnisse (der Kunst wie der Bauindustrie) durch wissenschaftlichen Fortschritt, verankert in historischen Traditionslinien. Gulls Denken stand in der Zeit vor dem Ersten Weltkrieg im Kontinuum der Zürcher und der europäischen Stadtbaugeschichte: Der Architekt griff Lösungen auf, die in den Großbauten für Technische Hochschulen des deutschsprachigen Raums im ausgehenden 19. Jahrhundert formuliert worden waren – Lösungen, die Sempers Bauideale bereits weitergeschrieben und variiert hatten, auch Konzepte, die für die großen Museumsbauten des ausgehenden 19. Jahrhunderts realisiert worden waren. Selbstverständlich kannte Gull die Bauten Theophil Hansens in Wien und Athen (**Abb. 41–42**), ebenso die großen Sammlungshäuser der Museen in den europäischen Hauptstädten.

Gull griff aber auch eigene ältere Entwurfskonzepte auf und führte sie weiter: Die Bauten der Amtshäuser und der Sternwarte Urania hatten, weit mehr als der Bau des Landesmuseums, Vokabulare und architektonische Grammatik des ›akademischen Städtebaus‹, die auch auf die Bauaufgabe ›Schulbau‹ und Polytechnikum anwendbar waren, durchgespielt – sie verstanden sich als Fortschreibungen der Semperschen Architektur (**Abb. 43–44**). Gull sah sich in einem Kontinuum akademisch-polytechnischer Bauideale, die seine Großbauten für die Stadt, aber auch generell Regierungsbauten und das ›ideale‹ Staatsbauvorhaben des ausgehenden 19. Jahrhunderts noch geprägt hatten.

In allen baulichen Formulierungen und in der Planung der Ausstattung von Gulls Polytechnikums-Umbau ist sichtbar, wie direkt er an der Programmatik Sempers anknüpfte und sie weiterzuführen bemüht war: Bezug auf die Antike (**Abb. 45**), historisches Denken, Idealisierung der Geschichte, Inszenierung der akademischen

---

[41] Vgl. Perrier, Louis; Bonjour, Charles; Flükiger, Arnold u. a.: Wettbewerb zu Um- und Neubauten für das Eidg. Polytechnikum in Zürich, in: Schweizerische Bauzeitung 55 (1910), S. 45–54; 64–69.

[42] Vgl. Nohlen, Klaus: Construire une bibliothèque au 19ᵉ siècle: Strasbourg et son contexte européen, in: Didier, Christophe; Zeller, Madeleine (Hg.): Métamorphoses. Un bâtiment, des collections. Straßburg 2015, S. 28–43.

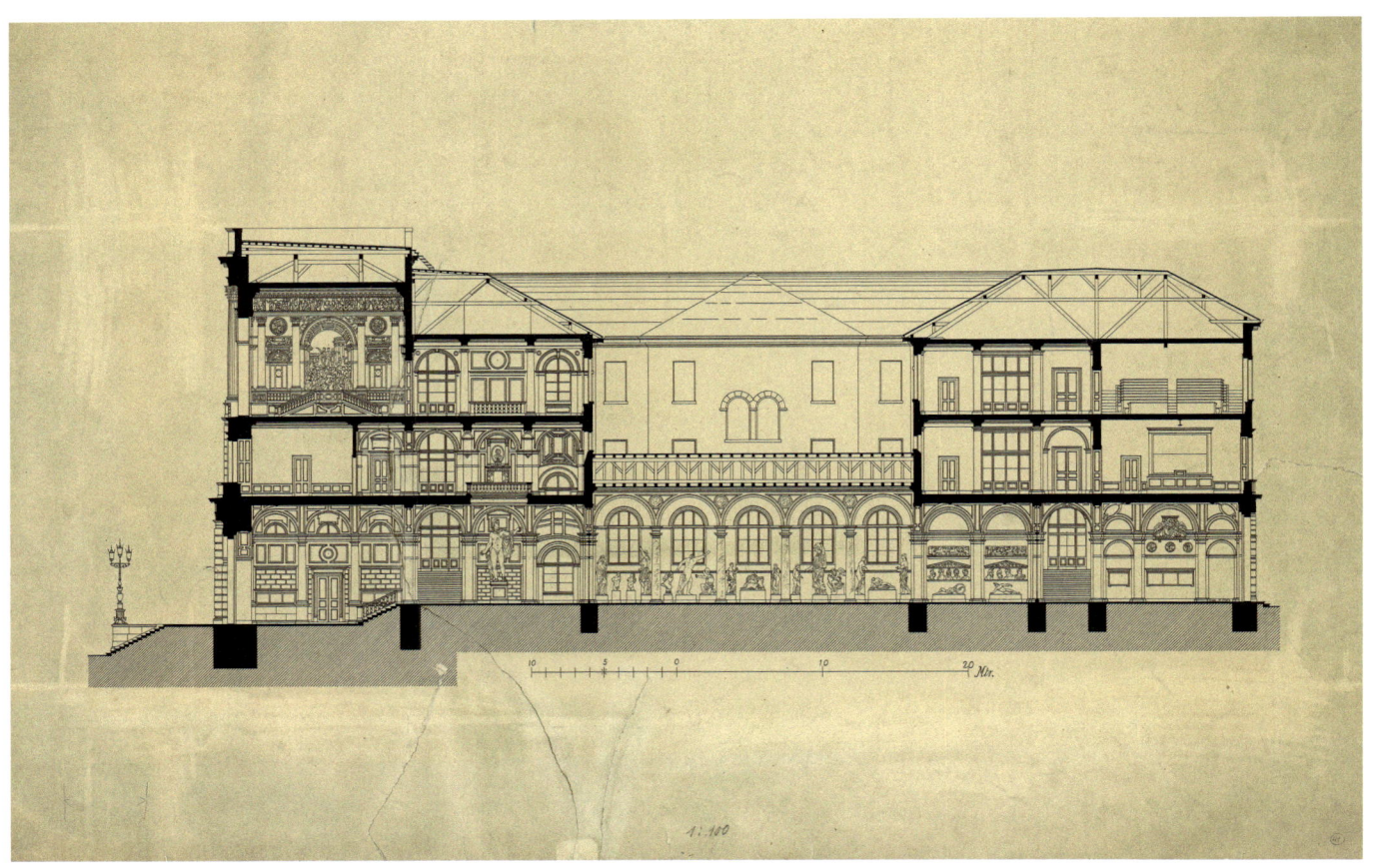

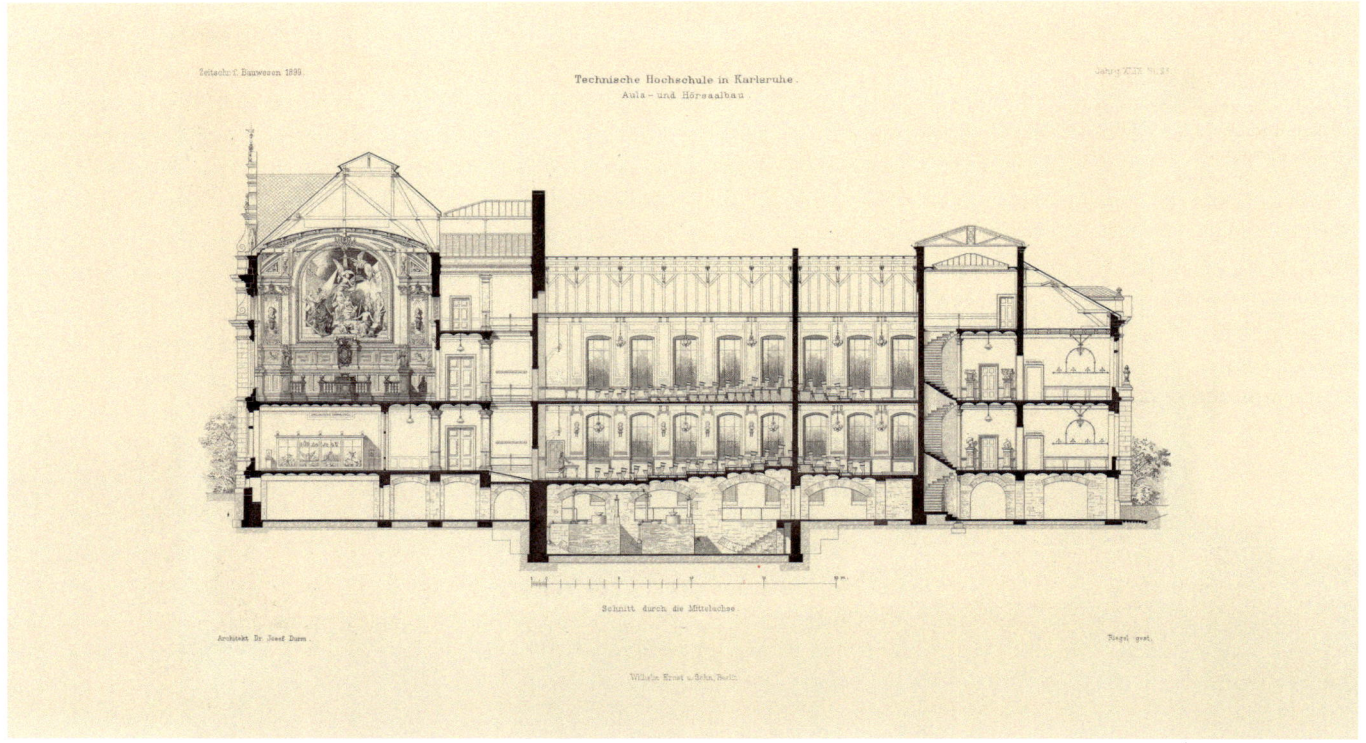

35 Der Schnitt durch die Mittelachse des Zürcher Polytechnikums zeigt erhöht die zweigeschossige Aula mit Blick über die Stadt. (gta Archiv/ETH Zürich)

36 Schnitt durch die Mittelachse des neuen Aula- und Hörsaalbaus der Technischen Hochschule in Karlsruhe, erbaut nach Plänen Josef Durms 1895–98 (Architekturmuseum TU Berlin)

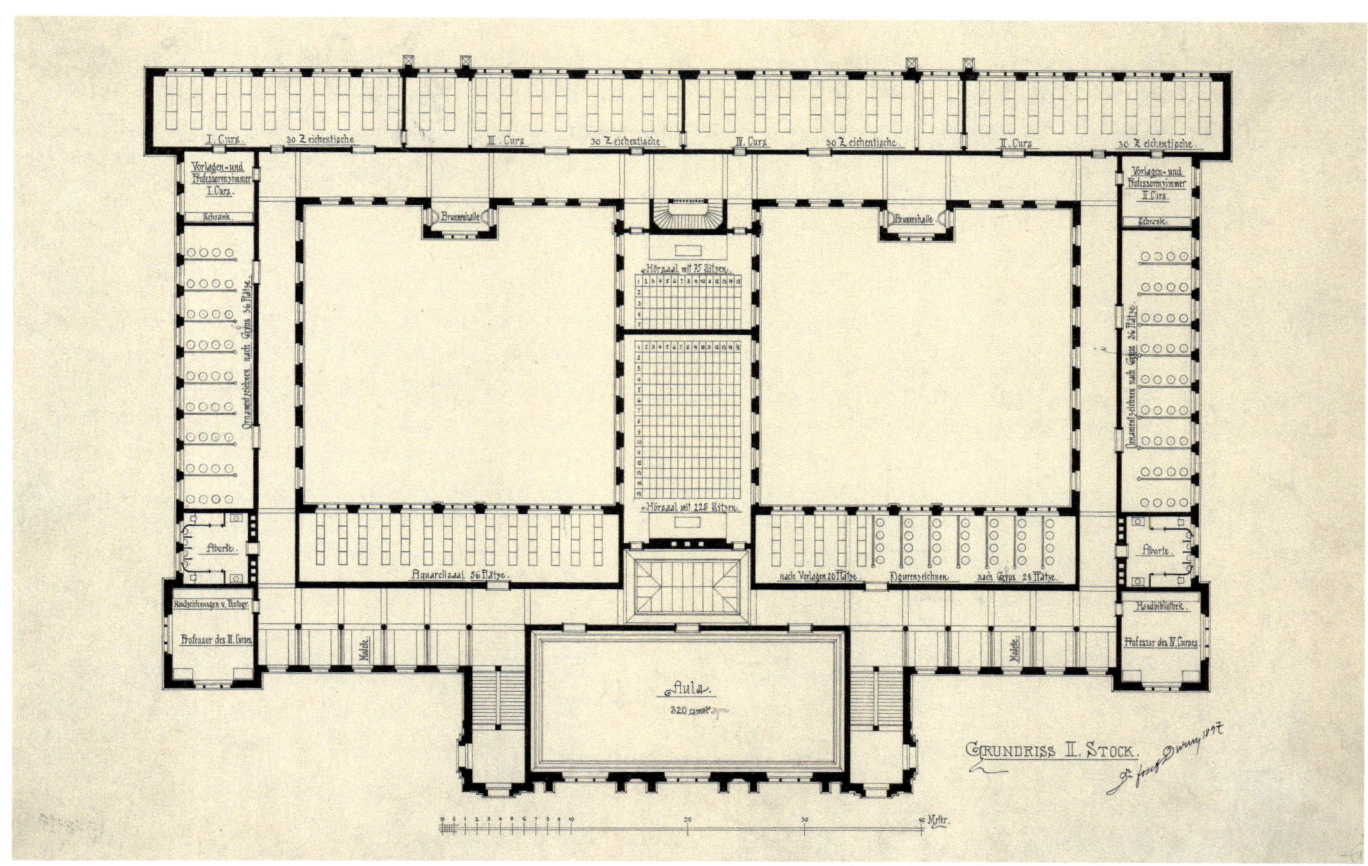

37/38 Obergeschoss-Grundriss und »Aulawand gegen den Korridor zu« des neuen Aulabaus in Karlsruhe. Die reich verzierte Wandpartie zeigt unter anderem Veduten italienischer Städte und Darstellungen der Unterrichtsfächer der Technischen Hochschule. Josef Durm, Mitherausgeber des *Handbuchs der Architektur*, entwarf 1886 auch die neue Aula für die Heidelberger Universität. Im *Handbuch* ist zu lesen: »Die Aula bildet den idealen Mittelpunkt des akademischen Lebens und muß daher würdig und mit angemessenem künstlerischen Schmuck ausgestattet sein«.

39 Lesesaal des *British Museum* in London, erbaut 1854–57 nach Plänen von Sydney Smirke.

40 Lesesaal der Kongressbibliothek in Washington D. C., errichtet von John L. Smithmeyer, Paul J. Pelz und Edward Pearce Casey 1890–1897. (Fotografie von Will Pryce)

Welt, entwicklungsgeschichtliches Denken, Interesse für die Konstruktion als ›Wissenschaft‹, Materialinszenierung und Demonstration ›neuer Möglichkeiten‹ – alle diese Punkte ließen sich für Sempers Bauprogramme ebenfalls finden. Das Polytechnikum als Sammlungsbau und ›Hybrid‹ wurde von Gull in seinem Entwurf neuinterpretiert, gleichzeitig aber seines ursprünglich idealistischen Inhaltes recht eigentlich ›entleert‹: Mit dem Entscheid, einen eigenen Sammlungsbau abseits des Hauptgebäudes in der Sonneggstrasse zu erstellen, wurde das Hauptgebäude zum Lehr- und Lernort, die öffentliche Darstellung der Schule veränderte sich in Richtung einer Inszenierung akademischen Lebens.

Die technische Ausstattung – Beleuchtung, Heizung, Haustechnik – orientierte sich an neu entwickelten Standards. Die Bautechnik war ambitioniert im Sinne polytechnischer Entwicklungen – von Kunststeintechniken (als Ersatz für die von Semper verwendeten Natursteinqualitäten), Rabitzkonstruktionen und Betonteilen bis hin zum Einbau von Licht- und Glasdecken war die Beherrschung neuester Verfahren selbstverständlich. Gull demonstrierte mit dem Umbau des Hauptgebäudes und der Wahl der Betonkonstruktionen neue Bautechnik des Jahrhundertbeginns. In München etwa war 1907 mit der Anatomie ein Betonbau in ähnlichen Formen und vergleichbaren Spannweiten entstanden (**Abb. 46**), die neuen Bahnhöfe in Leipzig, Karlsruhe oder Basel zeigten betonierte Tonnen mit Kassettenmustern, Schulhäuser in Freiburg, Dresden oder Jena lieferten Beispiele für Treppenhäuser und Deckenkonstruktionen. 1913 erschien im Auftrag des Betonvereins die schöne Publikation *Betonwerkstein und künstlerische Behandlung des Betons,* worin großzügige Hofräume mit Balustergeländern und doppelgeschossigen Hofarkaden sowie Betongüsse für Skulpturen, Brunnen und Brückenbauwerke vorgeführt und auch Vorschläge für Kunststeinreparaturen beschädigter Natursteinbauten gemacht werden (**Abb. 47**).[43]

Gull folgte mit seinen Baukonstruktionen jüngsten Entwicklungen der Bauindustrie, sein neues Hauptgebäude blieb aber im Ausdruck tektonisch: Es steht in der Tradition des Steinbaus als ›geschichtetem Gliederbau‹, die Kunststeinquader sind als Einzelteile gefertigt. Karl Mosers benachbartes Universitätsgebäude ist Reform (der Karlsruher Gruppe um Hermann Billing und Max Laeuger verpflichtet)[44] und hatte sich früher schon von tradierten akademischen Regelwerken freigemacht: asymmetrisch, die Baukörper am Hang gestaffelt, Details künstlerisch gestaltet, Formenzitate kühn neu proportioniert, opulent, aber nicht streng (**Abb. 48**). Mosers Bau ist aus Naturstein, dennoch monolithisch in Formwillen und Ausdruck, der Bau Gulls in der Formensprache traditionell. ›Neuerung‹ wurde für die ETH nicht über Form, sondern durch ›wissenschaftlich überprüftes‹ Material und ›fortschrittliche‹ Bautechnik vorgeführt.

---

[43] Petry, Wilhelm: Betonwerkstein und künstlerische Behandlung des Betons. Entwicklung von den ersten Anfängen der deutschen Kunststein-Industrie bis zur werksteinmäßigen Bearbeitung des Betons. München 1913. Die technisch exzellenten Betongüsse der Ulmer Firma Schwenk für neue Giebelfiguren der Stuttgarter Residenz sind darunter, auch die Dokumentation von Betonreparaturen am Königsbau in Stuttgart. Die steinmetzmäßige Bearbeitung von Betonoberflächen war bis in die späten 1930er Jahre üblich, dazu etwa: Deutscher Beton-Verein (Hg.): Neues Bauen in Eisenbeton. Berlin 1938, S. 78–79. Zum frühen Betonbau in München vgl.: Schmidt, Hartwig: Vom Hofbräuhaus zum deutschen Museum. Münchner Bauten aus Eisenbeton 1890–1914, in: Bautechnik 85 (2008), S. 769–781; 855–863.

[44] Das Büro von Karl Moser und Robert Curjel hatte enge Kontakte mit den Reformern der Karlsruher Kunstgewerbeschule und stand in Konkurrenz zu den älteren, akademisch orientierten ›Polytechnikern‹ um Josef Durm. Zu Curjel und Moser vgl.: Krimm, Konrad; Rößling, Wilfried; Strebel, Ernst: Curjel & Moser. Städtebauliche Akzente um 1900 in Karlsruhe. Karlsruhe 1987; Oechslin, Werner; Hildebrand, Sonja (Hg.): Karl Moser. Architektur für eine neue Zeit, 1880 bis 1936. Zürich 2010.

41 Aula der Akademie der Bildenden Künste in Wien von Theophil Hansen, 1872–76. Sie steht typologisch zwischen Sempers Antikenhalle und Gustav Gulls Zentralhalle im Zürcher Bau. (Kupferstichkabinett der Akademie der Bildenden Künste, Wien)

42 Zum Bauprogramm der frühen polytechnischen Schulen gehörte das Observatorium. Theophil Hansens Athener Sternwarte auf dem Lykabettos-Hügel (1842–46) ist axialsymmetrisch, ähnlich den Bauten für Nationalbibliothek, Akademie und Universität im Zentrum Athens. (Bildarchiv Foto Marburg)

43 Sempers Zürcher Sternwarte liegt etwas oberhalb des Polytechnikumbaus. Ein rustiziertes Sockelgeschoss trägt eine Terrasse und Obergeschosse, die ursprüngliche Sgraffito-Dekoration ist nicht erhalten geblieben. Die Fotografie von Johannes Barbieri wurde auf der Weltausstellung 1889 in Paris gezeigt. (ETH-Bibliothek Zürich, Bildarchiv)

44 Gustav Gulls Bauten am Werdmühleplatz im Zentrum Zürichs. Im Vordergrund links das Amtshaus IV, oben der Turm der Sternwarte Urania (1905–14). (Zentralbibliothek Zürich, Graphische Sammlung und Fotoarchiv)

Materielle Überlieferung – der Bau und die Quellen

Die Materialien zum Hauptgebäude sind in vieler Hinsicht überwältigend. Der aus der Semperzeit erhaltene Planbestand beträgt 818 Blätter, von den eindrucksvollen Schauansichten bis hin zu den Details für Sockelprofile und Steinschnitte, aus der Um- und Neubauphase unter Gustav Gull blieben über 1 200 Blätter und eine Vielzahl von Fotografien erhalten. Beide Bestände werden im Archiv des ETH-Instituts für Geschichte und Theorie der Architektur (gta) sorgfältig verwahrt,[45] die umfangreichen Schriftquellen zur Semperzeit sind am gta und im Staatsarchiv Zürich einsehbar. Die Planungen der 1960er Jahre sind gegenwärtig noch nicht systematisch archiviert und liegen an verstreuten Orten,[46] viele Kisten und Aktenordner wurden seit mehr als drei Jahrzehnten nicht geöffnet. Über die Maßnahmen der späten Jahre des 20. Jahrhunderts finden sich vereinzelt Materialien in den Archiven der Immobilienabteilung, nicht alle Akten waren hier für uns zugänglich. Die Umbauten des späten 20. Jahrhunderts sind deshalb schwierig nachzuvollziehen; am gta und im Eidgenössischen Archiv für Denkmalpflege befinden sich Korrespondenzen, ebenso im Bundesarchiv in Bern, systematische Aktenführungen sind allerdings vor allem in der zweiten Hälfte des 20. Jahrhunderts eher nicht die Regel.

Die komplexe Baugeschichte des Hauptgebäudes über die Diskussion ›großer Umbauphasen‹ zu erklären, erscheint aus Überlegungen von Didaktik und Vermittlung naheliegend, die erhaltenen Konstruktionen sind freilich zu keinem Zeitpunkt umfassend im Blick auf die Eingriffe in der jeweilgen Umbauzeit festgehalten, vom Baubestand der Gründungsjahre überlebte nur sehr wenig Substanz.[47] Eine vereinfachte Darstellung nach Bauphasen ist kaum möglich und nicht in der Lage, die Befunde differenziert genug abzubilden. Die Bauforschung am Objekt stößt nicht nur auf Grenzen leistbaren Aufwands und auf Grenzen der ›Analyse ohne Zerstörung‹ – es ist auch der außerordentlich große, räumlich verschachtelte und heterogene Bestand, der Grenzen des Verstehens setzt: Zu oft wurde umgebaut, zu oft halbherzig dokumentiert, zu oft wurden provisorische Zustände toleriert. Ein Raumbuch, das nur die genutzten Räume dokumentiert, kommt auf mehr als 1 000 Zimmer.[48] Auch hier stellt sich die Frage nach dem Einsatz der Mittel für Verstehen und Steuerung künftiger Eingriffe.

Planüberlieferung und die Techniken des Planens und des Zeichnens

Ein Blick auf Zahlen materieller Überlieferung könnte zunächst die Überlegung stützen, ›alte‹ Quellen, Pläne und Bestände hätten die Wirren der Zeiten weniger vollständig überlebt als die jungen, je näher die Planungs- und Bauzeiten daher an der Gegenwart liegen, desto reicher müssten Quellenbestand und Dokumente erhalten sein: Freilich gibt es viele Hinweise darauf, dass die Verhältnisse umgekehrt sind. Die jüngsten Eingriffe am Objekt sind am schwierigsten und aufwendigsten über Dokumente nachzuvollziehen, die ältesten Aktenlagen trotz der Distanz überzeugend. Nun überlagert sich mit dem Phänomen physischer Alterung und Erhal-

---

[45] Wir sind der Leitung des Instituts und des Archivs – insbesondere Bruno Maurer, Daniel Weiss und Filine Wagner – für die Zugänglichmachung der Bestände zu großem Dank verpflichtet.

[46] Einige Materialien befinden sich im Archiv des gta, dem wir für die Erlaubnis danken, die Pläne einsehen und katalogisieren zu dürfen.

[47] Massen-, Volumen- und Flächenberechnungen des ETH Hauptgebäudes, vorgenommen vom Institut für Denkmalpflege und Bauforschung der ETH Zürich, 2013.

[48] Erstellt vom Institut für Denkmalpflege und Bauforschung der ETH Zürich, 2013.

tung von Dokumenten eine planungshistorische Entwicklung: Die Techniken und Möglichkeiten des Zeichnens von Bauplänen, die Methoden des ›Konstruierens‹ im Sinne einer Vorausüberlegung und Festlegung konstruktiver Bauentscheide, wie auch die Codes der Weitergabe von Planungsentscheidungen an die beteiligten Akteure der Ausführung wandeln sich über die Zeit.

Zur Mitte des 19. Jahrhunderts, als Semper Pläne für das Hauptgebäude zeichnete, gab es verbindliche Darstellungsmethoden und auch Standards für grafische Festlegungen gedachter Konstruktionen: Semper fertigte, wie die meisten seiner Zeitgenossen, zunächst aufwendig aquarellierte Präsentationspläne des Gesamtbaus als große Orthogonal-Ansichten und Perspektiven, dann Grundrisse und Schnitte, in denen die wichtigsten Raumüberlegungen (maßstäblich aufgetragen) lesbar waren, schließlich gab es einige wenige perspektivische Innenraumbilder, die die Opulenz der geplanten Ausstattungen und die erhofften Raumstimmungen vermittelten. Details des Ausbaus und der Steinkonstruktionen wurden bis hin zur wirklichen Größe festgelegt (Wandansichten, Überlegungen zu Bildprogrammen, konstruktive Details der Bauteile wie Fenster und Türen, Wandverkleidungen, Steinschnitte und Einzelheiten von Kapitellen, Profilen, Stufen und Balustraden, bis hin zu Kandelabern, Metallgüssen und Ornamententwürfen). Es gibt unterschiedliche ›Klassen‹ von Plänen – Pläne für die Bauherrschaft sind ausgearbeitete Blätter, Pläne für die Umsetzung der Einzelentscheide dagegen oft sparsam ausformuliert; sie sind zum Teil nach Gewerken getrennt, es gibt Pläne für Schreiner, für Stuckateure, für Steinhauer, für Maurer, es finden sich auch Pläne für den Architekten selbst (und seine Mitarbeiter), in denen Varianten probiert und skizziert, Planungsentscheide geprüft und gestützt wurden. Die Blätter variieren folglich im Ausarbeitungsgrad und im Anspruch: die Zeichnung für die Fachleute (nicht selten schwierig zu lesen wegen der Schnittführungen und Projektionen) und die Zeichnung für den Laien.

Wir müssen uns vor Augen führen, dass das mittlere 19. Jahrhundert zwar bereits großartige Qualitäten handgeschöpfter Bütten- und Velin-Papiere am Markt hatte,[49] dennoch aber hochwertige Zeichenpapiere teuer und nicht in beliebigen Größen verfügbar waren.[50] Der Prozess der Konstruktion der Zeichnungen war zudem aufwendig, da alle Zeichnungen Unikate blieben. Die Möglichkeiten der Vervielfältigung waren bis zum 20. Jahrhundert sehr begrenzt, Kopien entstanden unter anderem über Stechzirkel und das Durchstechen zentraler Punkte; Bleistiftzeichnungen wurden mit Tuschfedern (erst in den 1880er Jahren als Stahlfedern üblich) besser lesbar gemacht, Beschriftungen waren immer ›Handschrift‹. Erst mit dem ausgehenden 19. und beginnenden 20. Jahrhundert waren Papiere wie Reproduktionsverfahren (von den Ölpapieren bis hin zu den späteren ›Paustechniken‹, den Blau- und Lichtpausen) in neuen Mengen und Qualitäten verfügbar.

Wie wertvoll die Bauzeichnung für das 18. und 19. Jahrhundert war, verstehen wir, wenn wir erhaltene Bestände fürstlicher und musealer Plankollektionen prüfen:[51] Architekturfantasien und Pläne gebauter Architekturen wurden als Anregungen und intellektuelles Vergnügen versammelt, viele der Architekturbücher des 17., 18. und 19. Jahrhunderts trugen in Kupfertafeln oder (später) Stahlstichen Architekturbilder oder Konstruktionsvorlagen als Vorbilder gebauter Architektur zusammen.[52]

49 Vgl. zu den Papieren und Zeichenverfahren des mittleren 19. Jahrhunderts: Meyer, Fabienne: Die Zeichnung. Labor der Kunst, Labor der Wissenschaft, in: Schulze Altcappenberg, Hein-Th.; Johannsen, Rolf H.; Lange, Christiane (Hg.): Karl Friedrich Schinkel. Geschichte und Poesie. München 2012, S. 283–290. Meyer erläutert Malmittel, Papiere, verfügbare Zeichentuschen und Tintenvarietäten; vermutlich hat Semper Rußtinte verwendet. Während der letzten 150 Jahre dunkelten die Pläne nach, der heutige Zustand zeigt starke Gelb- oder Brauntone der Papiere.

50 1867 betrug die maximale Siebbreite 150 cm bei einer Arbeitsgeschwindigkeit von 30 m/min. Vgl. Bartels, Klaus B.: Papierherstellung in Deutschland. Von der Gründung der ersten Papierfabriken in Berlin und Brandenburg bis heute. Berlin 2011, S. 125–166. In der Schweiz lieferten Fabriken in Basel oder Zürich Papier.

51 Vgl. allgemein: Nerdinger, Winfried (Hg.): Die Architekturzeichnung. Vom barocken Idealplan zur Axonometrie. München 1986.

52 Etwa: Schübler, Johann Jacob: Synopsis Architecturae Civilis Eclecticae [...]. 3 Bde. Nürnberg 1732–35; Gilly, David: Handbuch der Land-Bau-Kunst, vorzüglich in Rücksicht auf die Construction der Wohn- und Wirthschafts-Gebäude für angehende Cameral-Baumeister und

Der Bauplan für das als Unikat entstehende Einzelgebäude konnte Vorbild und Vorlage dieser Werke sein, seine erste Bestimmung war freilich die Anleitung zum Bau – und die Vermittlung der Planungsentscheidungen an die ausführenden Kräfte. Die Planbestände, die in den Archiven erhalten blieben, haben daher entweder den Gebrauch durch die Baustelle überlebt – oder sie blieben erhalten, weil sie niemals dort Verwendung fanden. Wir können deshalb damit rechnen, dass Vorstudien oder verworfene Planungen höhere Überlebenswahrscheinlichkeiten besitzen als die Zeugnisse des ›gebauten Programms‹.[53]

Die Pläne des 19. Jahrhunderts (und natürlich ihre älteren Vorläufer) sind nicht selten kaschiert mit wunderbar gewebten Leinwandrücken, diese Vorsorge schützte die auf der Baustelle benutzten Pläne vor zu großem Verschleiß.[54] Mit der Wende zum 20. Jahrhundert und der Möglichkeit, Pläne als Drucke oder Lichtpausen zu reproduzieren, änderten sich Rolle und Bedeutung des ›Originals‹. Die Tuschezeichnung blieb – auch wegen der Reproduktionsmittel – weitgehend schwarzweiß, Maßstäbe und Darstellungscodes wurden weiter systematisiert; alle Akteure der Baustelle konnten jetzt mit Planunterlagen versorgt werden, die auf ein archivierbares Original zurückverfolgt werden können. Die große Zahl erhaltener Planunterlagen zur ETH aus den 10er und 20er Jahren des 20. Jahrhunderts (das Projekt unter der Leitung von Gustav Gull) belegt diese Entwicklung eindrücklich. In den Planungen Gulls begegnen sich die Traditionslinien des ausgehenden 19. Jahrhunderts – große Zeichenkunst, Opulenz der Erfindung, Reichtum darstellerischer Fähigkeiten – und die Neuerfindungen der beginnenden Moderne, wir finden daher eine grandiose Mischung künstlerischer Zeichnungsunikate, von Skizzen, Werk- und Detailplänen (weitgehend als lichtpausbare Konstruktionszeichnungen), eine Trennung von Materialien zur Demonstration ›künstlerischer (Raum-)Erfindung‹ und rationaler Anleitungen zum Bauen.

In den Boomjahren des ausgehenden 20. Jahrhunderts (der Zeit der großen Modernisierung und Erweiterung der Anlage durch Charles-Edouard Geisendorf) wurde der Plan, wie auch Teile der Architektur, zum Massenprodukt. Die halbtransparente ›Mutterpause‹ ermöglichte eine weitverzweigte Änderungspraxis, das Aquarellieren geriet außer Mode, kräftige Kolorite wurden durch ›Edding‹-Stifte einfach erzeugt, einheitliche Schriften über Schablonen aufgebracht, Papiere waren nun dünn, gefaltet und nicht sehr gut haltbar. Das Denken in Rastern und Maßsystemen bestimmte die (auf künftige Studierendenzahlen bezogene) Planung, Hochrechnungen steuerten Planungsentscheide und Prozesse der Umsetzung. Funktionalistisches Denken prägte den (groben) Umgang mit dem Baubestand, wie auch ›Art‹ und Ästhetik der Planzeichnungen sowohl des vorgefundenen Bestandes wie der ›Modernisierung‹ (im Sinne einer beabsichtigten ›Vereinfachung‹ und Überformung). Es zeigt sich schließlich auch in veränderten Planungsprozessen, deren Zeugnisse wir in Ringordnern abgeheftet und in Planrollen verstaut vorfinden.

Oeconomen. 3 Teile. Berlin/Halle 1797–1811; Schinkel, Karl Friedrich: Sammlung architectonischer Entwürfe. Enthaltend theils Werke, welche ausgeführt sind, theils Gegenstände, deren Ausführung beabsichtigt wurde. 28 Hefte. Berlin 1819–1840; Semper, Gottfried: Der Stil in den technischen und tektonischen Künsten, oder Praktische Aesthetik. Ein Handbuch für Techniker, Künstler und Kunstfreunde. 2 Bde. Frankfurt (Main)/München 1860–63; Mauch, Johann Matthäus von: Die architektonischen Ordnungen der Griechen und Römer und der neueren Meister. 4. Aufl. Berlin 1855; Bühlmann, Josef: Die Bauformenlehre (Handbuch der Architektur, T. 1, Bd. 3). Darmstadt 1896. Vgl. auch die Beiträge in: Hassler, Uta (Hg.): Der Lehrbuchdiskurs über das Bauen. Zürich 2015.

53 Vgl. dazu: Hassler, Uta; Stockhammer, Daniel: Aus der Entwicklungsgeschichte des Bauplans. Wissenstransfer, Demonstration einer Bauidee oder Anleitung zum Bauen?, in: Spiro, Annette; Ganzoni, David: Der Bauplan. Werkzeug des Architekten. Zürich 2013, S. 284–293.

54 Vgl. etwa die Präsentations-, Werk- und Detailpläne unterschiedlichen Erhaltungszustands aus dem 18. und 19. Jahrhunderts in der Plansammlung des Schlosses Bruchsal; dazu Hassler, Uta: Die Baupolitik des Kardinals Damian Hugo von Schönborn. Landesplanung und profane Baumaßnahmen in den Jahren 1719–1743. Mainz 1985.

45 Die Rekonstruktion der Basilica Ulpia auf dem Traiansforum in Rom von Luigi Canina von 1848 zeigt ein mehrgeschossiges Mittelschiff mit Lichtgaden. (Arachne)

46 Die von Max Littmann geplante Neue anatomische Anstalt in München (1905–07) mit ihrer Eisenbetonkuppelkonstruktion. (Postkarte, 1910er Jahre)

47 Ersatz von Säulenbasen durch Betonwerksteine am Stuttgarter Königsbau. Die Originale aus Sandstein wurden zurückgespitzt und in Kunststein ähnlicher Farbigkeit nachgebildet. (*Betonwerkstein und künstlerische Behandlung des Betons*, 1913)

48 Zugang zum Kollegiengebäude der Universität Zürich an der Rämistrasse (Karl Moser, 1911–14). Im Obergeschoss der Rotunde befindet sich – ähnlich wie in Gulls späterer Erweiterung der ETH – das große Auditorium. (gta Archiv / ETH Zürich)

Überleben von Konzept und Detail

Gustav Gull hatte in seinem Wettbewerbskonzept von Möglichkeiten der ›Vollendung‹ eines Gründungsgedankens, einer Weiterführung der Architektur ›im Geiste des Gründers‹ geträumt.[55] Die substanzbezogenen Vorstellungen der ›modernen‹ Denkmalpflege des 20. Jahrhunderts[56] waren Gull noch fremd, das historische Original erschien weniger materiell wichtig, war eher als Zeugnis eines Entwurfsgedankens und als architektonische Form zu respektieren. Erhaltene Planunterlagen geben dennoch Zeugnis davon, dass Gull, bevor er seinen (ebenfalls tiefgreifenden) Eingriff in den Semperschen Bau durchführte, immerhin in Bauaufmaßen und Plandokumentationen sehr sorgfältig konstruktive Lösungen, Maßverhältnisse und Details studierte und zum Teil wörtlich reproduzierte – die Kollegen des späteren 20. Jahrhunderts dagegen behaupteten zwar ein Interesse für den (jetzt als prominent begriffenen) Gründungsbau, in der Überlieferung der Arbeiten zum Objekt wird aber offenbar, dass keine präzisen Studien betrieben wurden.[57]

Bauen im Bestand galt der Moderne als minder bedeutende Arbeit, dem Architektengenius der Avantgarde kaum zumutbar; die Erhaltung des Altbestands schien meist als mühevolle Pflicht, vor allem ökonomischen Zwängen geschuldet. Das Gebäudeschicksal des Polytechnikums gibt von dieser Entwicklung in exemplarischer Weise Zeugnis – Charles-Edouard Geisendorf und Alfred Roth veränderten den Gründungsbau so tiefgreifend, dass zu Beginn des 21. Jahrhunderts nur noch ganz fragmentarisch Baubestände der Semperjahre überlebt haben. Lediglich in der Aula und den Vestibülen blieben Räume und Fassungsbestände erhalten, die materielle Substanz des Ursprungsbaus macht heute insgesamt nur rund 13 Prozent der Baumasse aus (**Abb. 49**). Der Gründungsbau mit seinem Konzept einer Vierflügelanlage mit symmetrisch angeordneten Innenhöfen und umlaufenden Fluren wurde im Typus verändert: Nach den Umbauten des späten 20. Jahrhunderts ist die Bausubstanz des 19. Jahrhunderts weitgehend verloren, aber auch der Grundgedanke eines langgestreckten Baukörpers mit symmetrisch angelegten offenen Lichthöfen, die von breiten Fluren begleitet werden. Im Großbauvorhaben der 1960er Jahre glaubte man, den Bau im Inneren auf Rohbaustrukturen zurückführen zu sollen: Diese Modernisierungen haben wiederum den Weg geebnet für viele weitere unglückliche, anonyme Eingriffe in den Bestand in den Folgejahren.

Geisendorf behauptete in seinem Text *Die zweite Erweiterung des ETH-Hauptgebäudes* (1969), der »Altbau aus der Semperzeit« sei »in architekturhistorischer Hinsicht« möglichst erhalten geblieben; »wo es die neuen Funktionen des Hauptgebäudes zuliessen«, sei der Bau »in seinem charakteristischen Bestand unterstützt« worden.[58] Bemerkenswerterweise schreibt der Architekt des späten 20. Jahrhunderts vor allem vom Semperbau, den er würdigen wollte, die »rund 50 Jahre jüngeren Bauteile von Prof. Gull« seien aber ebenfalls »pfleglich respektiert« worden. Es wird in den zugänglichen Quellenbeständen allerdings in keiner Weise deutlich, ob und inwieweit die Maßnahmen der 1960er Jahre unter konservatorischer Sicht oder auch als Aufgabe einer Bauforschung am Objekt überhaupt diskutiert wurden – vielmehr wurde ›Denk-

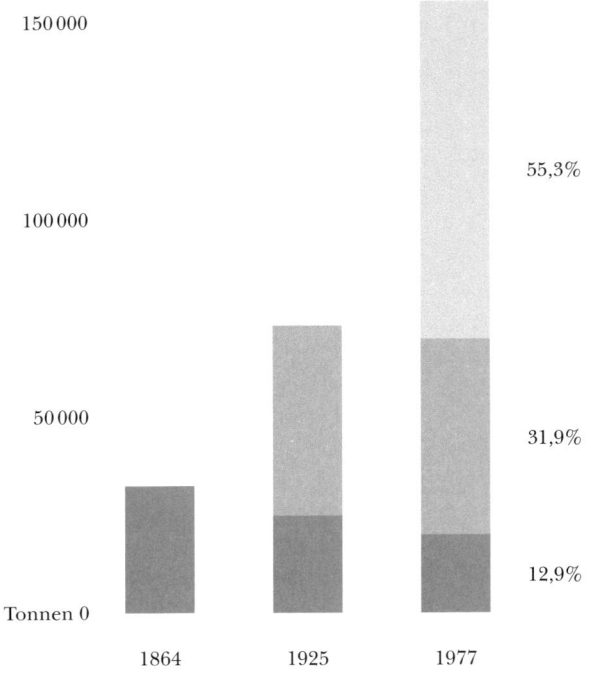

49 Die Gebäudemasse des Hauptgebäudes der ETH Zürich nach den drei großen Bauphasen. Deutlich ist der geringe Rest erhaltener Substanz des Semperschen Gründungsbaus. (Grafik: IDB, 2015)

---

55 Eine Prüfung der erhaltenen Wettbewerbsbeiträge vermittelt freilich den Eindruck, dass das Konzept Gulls tiefer in die Struktur des Semperbaus eingreift als andere Beiträge, etwa von Johannes Bollert und Hermann Herter oder von Albert Frölich. Vgl. dazu: Hassler/Wilkening-Aumann 2014 (wie Anm. 31) S. 75–95.

56 Alois Riegl verfasste 1903 einen Kommentar zum Entwurf des ersten österreichischen Denkmalschutzgesetzes, der erste Teil des Textes erschien zeitgleich als Buch: Riegl, Alois: Der moderne Denkmalkultus. Sein Wesen und seine Entstehung. Wien 1903. Riegl gilt zusammen mit Georg Dehio und Max Dvořák als Vordenker der ›modernen‹ Denkmalpflege. Denkmalpflegerische Konzepte des 20. Jahrhundert basieren maßgeblich auf den Grundlagentexten der Jahrhundertwende, auch die 1931 verabschiedete *Charta von Athen zur Restaurierung von historischen Denkmälern* und die *Charta von Venedig* von 1964 führen noch diesen Gedanken fort.

57 Wie die Pläne sind auch die Detaillösungen am gebauten Objekt im ausgehenden 20. Jahrhundert vergleichsweise grob – bis heute gibt eine kleine Bodenschräge am Übergang des Vestibüls zur Haupthalle den Umstand preis, dass den Bauleuten der 1960er Jahre ein Vermessungsfehler unterlief, der durch eine exakte Baudokumentation leicht hätte vermieden werden können.

58 Geisendorf 1969 (wie Anm. 7), S. 760.

malschutz‹ als bloßer Erhalt des Außenbildes des Semperbaus interpretiert. Die zuständige Denkmalpflege war offenbar zumindest nicht umfassend informiert worden, in einem Brief des Baukreisdirektors Hans Ulrich Hanhart an den Direktor der eidgenössischen Bauten Jean-Werner Huber von 1975 lesen wir: »Prof. Geisendorf als beauftragter Architekt wurde von uns […] seit etwa 1966 wiederholt angewiesen, im Hinblick auf die vorgesehenen Eingriffe in die Bausubstanz rechtzeitig Kontakte mit der Denkmalpflege herzustellen. Dabei ist uns allerdings aufgefallen, dass diese Kontakte sehr einseitig mit Prof. Hofer[59] aufgenommen wurden und, obwohl Prof. Geisendorf jeweils angab, die Projekte mit den Denkmalpflegern besprochen zu haben, einzelne Denkmalpfleger sich heute von den vorgenommenen Eingriffen distanzieren. […] Zum künstlerischen und denkmalpflegerischen Gralshüter hat sich Prof. Geisendorf ohne Auftrag selbst aufgeschwungen«.[60]

Im Gegensatz zu den ›Verbesserungskonzepten‹ Gulls gründeten die Eingriffe Charles-Edouard Geisendorfs und Alfred Roths im Wunsch nach neuer Form: Wiederum wurden nur Fragmente des bestehenden Baus als wertvoll erkannt, die Großform weitgehend respektiert – die Modernisierungsbemühungen betrafen aber nun nicht lediglich Zubauten und Ergänzungen (mehrgeschossige Innenhofhörsäle, Tiefgarage an der Rämistrasse, Tiefkeller unter allen Flügelbauten, Polyterrasse, ›MM-Gebäude‹ unter der Terrasse, GEP-/Alumni-Pavillon, Aufbauten auf dem Dach); die Architekten überformten den Großteil der Räume und der Oberflächen durch ›neutrale, moderne‹ Einbauten. Die historischen Vitrinen der Gull- und Semper-Jahre wurden ersetzt durch Aluminiumteile, die vormals offen Flurbereiche erhielten Glasabschlüsse und weitere Einbauten. Wandoberflächen wurden – mit Ausnahme der Aula – durch grobe grün-beige-farbene Kunststoffputze vereinheitlicht, Böden im Bereich der alten Flügel in Sandstein und Graniten fast sämtlich erneuert, neue Bauteile erhielten Natursteinbeläge aus Granit und Gneis.[61] Vor allem aber das Gullsche Auditorium Maximum[62] und der große Bibliothekslesesaal wurden nun durch Einbauten, Zwischengeschosse, abgehängte Decken und den Zubau der vormals offenen Fenster zu fast gänzlich abgeschlossenen Innenräumen umdefiniert, alle Reste der Gull-Jahre verschwanden unter ›modernen‹ Einbauten oder wurden vollends entsorgt.

Die noch erhaltenen Treppenräume der Semperzeit verloren ihren historischen Bestand: Sowohl das Süd-Treppenhaus (zur Universität hin) wie das Nord-Treppenhaus (zur Tannenstrasse hin) wurden vernichtet, nur der Vorraum der Sempertreppe auf der Südseite blieb, wenn auch verändert, in Teilen bestehen. Die Eingriffe in die Treppen gehören zu den schwerstwiegenden Unglücksfällen, die dem Bestand zugefügt worden sind – und tragischerweise haben die Maßnahmen nicht wirklich funktionsfähige neue Treppenhäuser anstelle des Altbestandes geschaffen. Sogar das Sempersche Haupttreppenhaus nach Westen hin verlor seinen architektonischen Charme, durch Zubauten und den Einbau von Liften in den Treppenaugen, aber auch durch unglückliche Oberflächenbehandlung und die Aufgabe der ursprünglichen Lichtführung. Semper hatte in der Decke über dem Vestibül des Eingangsbereichs der Westseite eine Lichtöffnung gebaut, die Höhe des Antikensaals im Zentrum des Baus war großzügig, alle Flure und die großen Treppenräume waren durch die offenen Höfe direkt und gut belichtet gewesen, auch noch nach dem Umbau durch Gull.

59 Der Kunsthistoriker Paul Hofer war 1964–80 Inhaber des Lehrstuhls für Städtebaugeschichte und Restaurierung an der ETH Zürich.

60 »Zürich-ETH: Hauptgebäude/Gestaltung Polyterrasse (Bassin). Schreiben Geisendorf/Denkmalpflege vom 24. Mai 1975«, Brief von Baukreisdirektor Hans Ulrich Hanhart an den Vorsteher der Direktion der eidg. Bauten, Jean-Werner Huber, 9. Juni 1975 (Bundesarchiv Bern, CH-BAR#E3240A#1985/87#100*, Az. 2-05)

61 Rechnungen zu den Hofausbauten blieben bei A. Eckardt & Co. Natursteine Zürich erhalten (Bollinger und Schmeriker Sandstein, Dalquarzit, Iragna-Granit). Der Gneis kam aus Cresciano, weiter wurde Kirchheimer Muschelkalk verwendet.

62 Alfred Roth rechtfertigt den Umbau durch betriebliche Anforderungen. Vgl. Redaktion: Eingriffe. Eine Typologie, 5.: Innenrenovation, Neunutzung: ETH-Zentrum, in: Werk – Archithese 66 (1979), S. 53–54.

Die Bestände der Gründungsjahre – und auch die qualitätvollen Lösungen des beginnenden 20. Jahrhunderts – sind heute nur noch über das Studium der erhaltenen Planbestände rekonstruierbar, die verlorene Architektur ist in unterschiedlich guten Dokumentationen, die wir hier vorlegen, zumindest teilweise noch zu verstehen. Frühe Ausstattungen, erste Haustechnik, Details der Konstruktionen sind nur noch über Plandokumentationen, kaum über erhaltene Reste zu belegen.

Historismusfeindschaft und Folgen des ›Modernen Denkmalkultus‹

Die großen Eingriffe in den Baubestand des ersten Zürcher Polytechnikums in den 1910er und 1920er Jahren sind bisher – auch in der Literatur – mit dessen schlechtem Zustand gerechtfertigt worden: Fundamente seien nicht ausreichend gegründet gewesen, Stützen in den Sammlungs- und Schulräumen zu schwach dimensioniert, die Natursteinqualitäten zu schlecht.[63] Tatsächlich finden sich in der fotografischen Dokumentation, die Gustav Gull begleitend zu seinen Baumaßnahmen anfertigen ließ, immer wieder Belege von eher sparsamen Vermörtelungen der Gründungs- und Wandkonstruktionen und von heterogenen Natursteinmaterialien. In den Durchfahrten zu den später angelegten Tiefgaragen bei der Rämistrasse haben sich einige gefestigte Sandsteine des ersten Baus erhalten (dorthin offenbar aus Pietät versetzt). An anderen Semperbauten, zum Beispiel dem Haus Fierz an der Zürichbergstrasse, haben sich (wenngleich auch hier restaurierte)[64] Natursteinfassaden erhalten. Die Fotodokumente des Semperbaus belegen, dass die Ursprungsfassaden freier im Duktus, vielfältiger im Hinblick auf die Oberflächenbehandlung, insgesamt künstlerischer und lockerer waren als die späteren Zementsteinkopien. Die Möglichkeit, im Äußeren und Inneren des Baus die neu entwickelten Betonkonstruktionen zur Anwendung zu bringen und damit den Bezug zu neuer Materialwissenschaft und polytechnischen Wissenschaften zu demonstrieren, war offenbar für den schon prominenten Architekten Gull ein starker Anreiz, wichtiger als die Erhaltung der Konstruktionen selbst. Nur einzelne ›Inseln‹ blieben (wie die Themenzimmer im Landesmuseum) als Reste und Belege der Baugeschichte. Im Inneren weisen Kassettierungen und Bogenmotive auf die römischen und antiken Vorbilder der ›neuen Bauteile‹. Bis hin in die Wandfassungen verfolgte Gull das Ideal eines ›Steinbaus‹, die Tupfenmuster der Wandflächen imitieren das Konzept des monolithischen Bauens ebenso wie die Betonoberflächen, die wie Natursteine bearbeitet sind. Die neue Kuppel,[65] die nach den Plänen Gulls im Äußeren als Kassettenkuppel wirken sollte, blieb freilich nicht lange sichtbar, die Betonteile waren nicht wasserdicht.

Die Architektur des 19. Jahrhunderts ist in der architektonischen Praxis des 20. Jahrhunderts lange kaum geschätzt worden, in der Forschung erreichten erst

---

63 In einem Rechtfertigungsbericht an die Direktion der eidgenössischen Bauten begründet Gull die eingetretenen Kostenüberschreitungen mit bautechnischen Schwierigkeiten (»Hauptbau der eidg. Technischen Hochschule Zürich. Bericht betreffend die bisherigen Ausgaben und die Kosten der Vollendungsarbeiten«, 15. März 1923 [Bundesarchiv Bern, CH-BAR#E3240A#1000/745#40*, Az. 2-05]) und auch in seinem großen Baubericht in der Festschrift zum 75jährigen Bestehen der Eidgenössischen Technischen Hochschule ist die schlechte Bauqualität des Polytechnikums von Semper und Wolff wichtiger Bestandteil der Argumentation (Gull, Gustav: Baubericht, in: Eidgenössische Technische Hochschule (Hg.): Festschrift zum 75jährigen Bestehen der Eidgenössischen Technischen Hochschule in Zürich. Zürich 1930, S. 58–95). Auch Martin Fröhlich betont mehrfach die bautechnische Unzulänglichkeit des Gründungsbaus (vgl. etwa: Fröhlich 1979 [wie Anm. 2], S. 2).

64 Vgl. dazu: Kunz Bolt, Charlotte; Müller, Thomas: Zürich, Hottingen, Zürichbergstrasse 8, 2, Romanisches Seminar der Universität Zürich, ehem. Wohn- und Geschäftshaus Fierz mit Nebengebäude Vers. Nrn. 1264, 1262, in: Baudirektion Kanton Zürich, Amt für Raumordnung und Vermessung, Archäologie und Denkmalpflege, Kantonale Denkmalpflege (Hg.): Zürcher Denkmalpflege. 17. Bericht 2003–2004. Zürich/Egg 2008, S. 318–327.

65 Erste Planungen im Wettbewerb zeigen noch ein Kegeldach. Vgl. dazu: *Der Kuppelbau und die großen Räume*, S. 270–311.

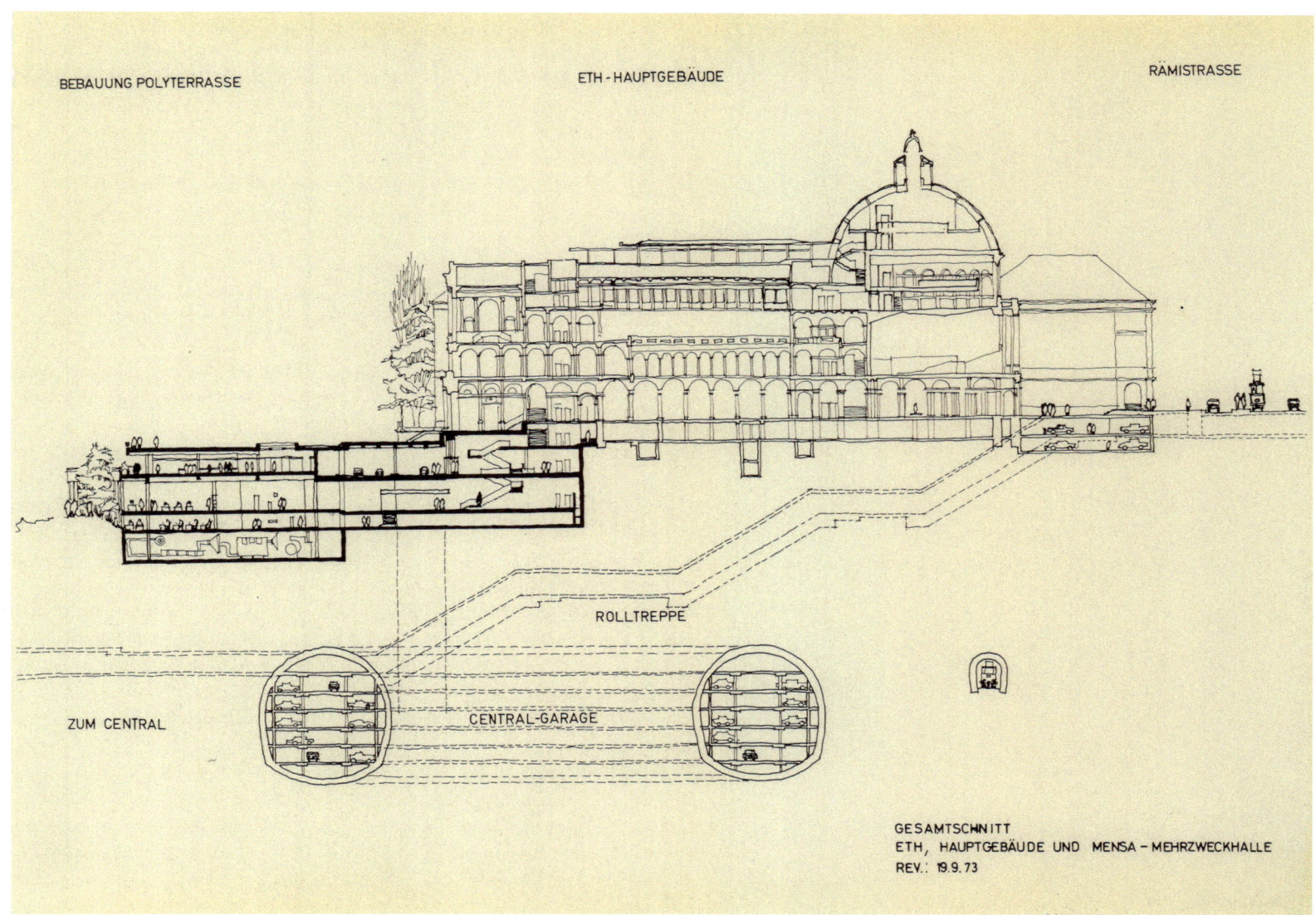

50 Charles-Edouard Geisendorfs Planung für eine Tunnel-Ringerschließung mit Zentralgarage unter dem Hauptgebäude der ETH Zürich (1973).
(gta Archiv / ETH Zürich)

die 1970er Jahre (Thyssen-Reihe)⁶⁶ neue ›Gerechtigkeit‹ für das 19. Jahrhundert. Die Generation der Semperschüler und die Architektenwelt des ausgehenden 19. Jahrhundert brachten ihren Vätern und Großvätern noch Wertschätzung entgegen, die Historismuskritik der Reformer des beginnenden 20. Jahrhunderts ließ dagegen nur die Klassizisten und die Werke des mittleren 19. Jahrhunderts noch gelten, nicht aber die im historischen Denken verankerten späten Jahrzehnte des langen und wirkmächtigen 19. Jahrhunderts. Für das Schicksal des Polytechnikums war daher der im Denken des 19. Jahrhunderts verankerte, in diesem Sinne aber späte Großumbau durch Gustav Gull wiederum von einigem Nachteil – die frühen Bestände des Gründungsbaus waren erst seit kurzem respektiert, die Umbauten des beginnenden 20. Jahrhunderts nicht verstanden und noch weniger als Wert begriffen. Der Bau blieb allein als Gründungsmetapher präsent, nur sehr eingeschränkt als lebendige Überlieferung.

Nach dem Umbau der 1960er Jahre, der auf zentrale Technik (Klimaanlagen und neue elektrische Beleuchtung) setzte, ist das Zentrum des Hauptbaus zum ›Innenraum‹ umdefiniert. Der ernste Bau schließt sich heute nach außen ab und imitiert die Funktionsweise einer großen Maschine: Funktionsüberlegungen beherrschen die untertunnelte Zufahrt, der Besucher steigt unter der Polyterrasse aus den Zubringerbussen, erreicht über eine ›Erschließungsebene‹ vielfach verzweigte Flure, schräggestellte Treppen und Liftkerne. Geisendorfs Vision von weiteren Tiefgaragengeschossen und einer unter dem Haus geführten Tunnel-Ringerschließung blieb zum Glück ungebaut (**Abb. 50**). Mit der wachsenden Mitarbeiterzahl stieg die Nachfrage nach Einzelbüros – die wohlproportionierten Räume des Ursprungsbaus wurden mehrfach unterteilt, innere Flure gebaut und Zwischendecken eingezogen.⁶⁷ Selbst neben der Kassettendecke über der zentralen Halle wurden die letzten Außenfenster durch zusätzliche Arbeitsräume für die Bibliothek zugesetzt. Die Großzügigkeit der Raumlösungen des Semperbaus (und noch der Gullschen Umbauphase) ist kaum mehr zu spüren.

Am Ende des 20. Jahrhunderts blieben die Konzepte der bauenden Architekten ganz dem Denken der Moderne geschuldet, auch manche der konservatorischen Theorien des 20. Jahrhunderts fanden, obschon vergröbert und vereinfacht, Niederschlag im Handeln: Die neuen Teile wurden jetzt ›modern‹-eigenständig gestaltet, man suchte Abstand zu den Lösungen der Vorgänger, Gespräche mit der kantonalen Denkmalpflege vermied man so weit wie möglich. Im Auditorium Maximum und in vielen angrenzenden Räumen wurden die historischen Möbel und Innenausbauten vernichtet, überlebende Bauteile und Oberflächen (in den Semper-Vestibülen und Treppen) vergröbert nachgestellt, die soliden Türen und Fenster bestenfalls schlecht repariert oder durch schlechtere Nachbauten ersetzt, Täferkonstruktionen vereinfacht wiederholt. Architektonische Qualität findet sich immerhin im Neubau an einigen Stellen (zum Beispiel in hochwertigen Teilen des Dozentenfoyers mit den Flugdächern). In der Aula wurden 1999 Reinigungsarbeiten vorgenommen, dort konnte der Verlust der Ausstattung vermieden werden.⁶⁸

---

66 Forschungsunternehmen Neunzehntes Jahrhundert. Arbeitskreis Kunstgeschichte (Hg.): Studien zur Kunst des 19. Jahrhunderts. 46 Bde. München 1965–86; Forschungsunternehmen Neunzehntes Jahrhundert. Arbeitskreis Kunstgeschichte (Hg.): Materialien zur Kunst des 19. Jahrhunderts. 33 Bde. München 1971–85.

67 Geisendorf kritisierte in seinem Baubericht die segmentierte Ausführung durch mehrere Parteien, einige der Arbeiten wurden ohne sein Einvernehmen ausgeführt. Vgl. dazu: *Wachstumsglaube und Funktionsform*, S. 474–567.

68 »Zürich ETH Zentrum Hauptgebäude, Renovation Aula«, Bericht von Beate Schnitter, 26. Juli 1999 (Archiv der Kantonalen Denkmalpflege Zürich, Zürich, Vers. Nr. g 666, Rämistr. 101, ETH-Hauptgebäude Aula).

Scheitern als Programm?

Größe, Heterogenität und Unübersichtlichkeit des Hauptgebäudes machen planerische Leit-Entscheidungen schwer, der klassische ›Architektenwettbewerb‹ ist als Mittel der Steuerung wegen der Komplexität des Bestands nicht mehr zielführend, erneute Inselentscheidungen in längerfristiger Konsequenz riskant. Vergabe- und Wettbewerbsverfahren könnten von einer qualifiziert agierenden Baubehörde im Rahmen eines vorausschauend formulierten Gesamtkonzeptes vorangebracht werden, für alternative Vergabeverfahren sind freilich Voruntersuchungen anspruchsvoll, Konsequenzen von Ad-hoc-Eingriffen nur mit Vorwissen abzuschätzen. Ein in den 1990er Jahren durchgeführter Wettbewerb zielte primär auf neue Gestaltung, Detaillösungen in der Folge führten die Überformungsaktivitäten fort. 2015 wurden mehrere (Teil-)Wettbewerbsverfahren ausgeschrieben, die erneut kein Langfristkonzept anstreben (Tiefgaragenhof Rämistrasse, Sanierung MM-Gebäude und Thomas-Mann-Archiv). Durch großes Engagement aller Verantwortlichen kann die strategische Ausrichtung mittel- und langfristiger Investitionen noch immer gelingen, können Kenntnisse über die Zeugnisse früherer Mühen in die Planung ebenso einfließen wie Abwägungen zu langfristigen Nutzungskonzepten und Vorschläge behutsamer und bescheidener Erneuerung; diese Planedition versteht sich als Basis eines solchen Engagements.

Eine Planedition?

Die Planedition zum Zürcher Polytechnikum wirft vielfältige Fragen auf:

– Es ist zu bedenken, ob der erhaltene Baubestand eine breit angelegte Planungsdokumentation aus historisch-konservatorischer Sicht überhaupt noch rechtfertigt – und ob die Bedeutung des gegenwärtig am Bau erhaltenen materiellen Bestands eine aufwendige baugeschichtliche Dokumentation über die gesamte Bau- und Umbaugeschichte begründet.

– Es ist zu überlegen, ob das (aus der Sicht des beginnenden 21. Jahrhunderts) sehr unterschiedliche Niveau von Planungen, Um- und Ausbauarbeiten in der Geschichte des Polytechnikums wiederum unterschiedliche Reflexionstiefen von Dokumentation und Analyse rechtfertigt und nahelegt; ob mithin baugeschichtliche Bedeutung Leitgedanke der Geschichtsschreibung zum Objekt sein kann.

– Es ist zu prüfen, ob und inwieweit eine Dokumentation des verlorenen Bestands überhaupt noch geleistet werden kann – und ob eine Geschichte des ›Scheiterns‹ bisheriger Umbaukonzepte zu schreiben ist.

– Schließlich wäre zumindest im Ansatz auszuformulieren, wie die von uns selbst und von unserer Generation am Hauptgebäude getroffenen Wertungen die Würdigung der langen Baugeschichte beeinflussen und wie die noch jungen Planungen für ein neues ›Langfristüberleben‹ in ihrem erneut partiell utopischen Idealismus Entscheidungen beeinflussen.

Das Hauptgebäude im 21. Jahrhundert

Vor fünf Jahren formulierten die Autoren dieser Bände für die Immobilienleitung der ETH Zürich ein mittel- und langfristiges Konzept zum Umgang mit der historischen Substanz, ein Schulleitungsbeschluss bestätigte jenes ›Leitbild‹. Trotz der schwierigen Situation des Bestands sollte die große Chance genutzt werden, mit dem Hauptgebäude das materielle Zeugnis der bis in die Mitte des 19. Jahrhunderts zurückgehenden Schulgeschichte zu erhalten und zu stärken: als Traditionsort, Identifikations- und Ankerpunkt, sichtbares Zentrum einer 150 Jahre zurückreichenden Erfolgsgeschichte.

Im Hauptgebäude werden stetig große Mittel für Umbau und Renovierung investiert, seit der Mitte des 20. Jahrhunderts wurden schnelle Umnutzungszyklen durch bauliche Maßnahmen begleitet und ermöglicht, strukturelle Änderungen ziehen bis heute immer wieder neue Baumaßnahmen nach sich. Technische Anlagen der 1960er und 1970er Jahre sind bereits wiederum veraltet und erneuert; Vorschriften für Brandschutzmaßnahmen, Fluchtwege, oder auch Fragen einer Ertüchtigung für Erdbebenereignisse müssen neu bedacht werden; Nutzungswünsche überprüft und mit dem Selbstverständnis der Institution in Einklang gebracht werden. Das ›Leitbild‹ formulierte eine Perspektive für die mittel- und langfristige bauliche Entwicklung des Hauptgebäudes: Kurzfristige Wünsche und Investitionen sollten jederzeit an langen Zeithorizonten gemessen werden, Ad-hoc-Maßnahmen das Erreichen eines wünschenswerten Gesamtzustands mittelfristig nicht behindern.

Wesentliche Punkte waren:

– Verzicht auf weitere ›Insellösungen‹ und Teilwettbewerbe, Verlangsamung der kurzfristig nutzungsbezogenen Baumaßnahmen, Differenzierung von Planungen und Maßnahmen in ›schnell, mittel- und langfristig‹, Vorrang langer Perspektiven;

– Planung von Leitdetails und Konzepten für ›Standardsituationen‹ (Raumzuschnitte auf Basis der historischen Substanz, neutrale Lösungen für viele mögliche Nutzerinteressen);

– Rückbau eines Teils der in der zweiten Hälfte des 20. Jahrhunderts entstandenen Innenentwicklung (Büroräume in den Geschossen J, Zwischengeschosse, Hofeinbauten), wie auch

– Rückbau kleinteiliger Zwischennutzungen in den ›großen Räumen‹ (Kuppelraum, Bibliothek).

Die Umsetzung des ›Leitbilds‹ gelang nicht. Unserer historischen Planedition ist daher auch eine Auswahl von Gesamt- und Detailstudien beigefügt, die in den vergangenen fünf Jahren am Institut für Denkmalpflege und Bauforschung unternommen wurden: sie sind in einem dritten Band festgehalten.

DER GRÜNDUNGSBAU ENTSTEHT ZWISCHEN 1860 UND 1864 NACH PLÄNEN GOTTFRIED SEMPERS

PLAN DER STADT ZÜRICH

von D. Breitinger, Ingenieur — Seiner Vaterstadt gewiedmet.

Letzte Arbeit, im 28ten Jahre seines Lebens A° 1814 verfertigt.

Maaßstab von 2000 Züricher Schuhen
Maaßstab von 2000 französischen Schuhen

Gebäude

kl. St.
K. Registratur od. Staats-Archiv
L. Seminarium
M.1.2.3. Zeughäuser
N. Almosen-Amt

kl. Stadt
O. Hinteramt Sizungs Zimer versch. Regier. Behörden, Polizey zamt ihren Canzleyen
P. Münze
Q. Kornamt
R. Zuchthaus

Stad

GM. Gross-Münster
FM. Frauen-Münster
SP. St. Peter
S.A. Cath. Kir. b. St. Anna
SJ. St. Jakob auf d. Stadt
HG. Heil. Geist od. Prediger
Öt. Ötenbach

a. Stadthaus
b. Frauenmünster-Amt
c. Kornhaus

Der Bau über der Stadt

Das mittelalterliche Zürich orientierte sich noch nicht zum See und zur Bergwelt. Durch das Zentrum der historischen Altstadt floss die Limmat, die großen kirchlichen und klösterlichen Baukomplexe bildeten einen Kranz um die städtische Bebauung und waren spätestens seit dem späten 13. oder frühen 14. Jahrhundert durch eine umlaufende Befestigungsanlage eingefasst (sogenannte dritte Befestigung, Fertigstellung 1336). Unter dem Eindruck des Dreißigjährigen Kriegs erfolgte die Anlage eines vorgelagerten Systems von Erdbefestigungen, Schanzen und Bollwerken, welches bis ins späte 18. Jahrhundert stetig ausgebaut wurde. Die langanhaltende Stagnation der Wohnbevölkerung sorgte dafür, dass der Erweiterungsgürtel um die historische Kernstadt lange Zeit ausreichte. Noch zu Beginn des 19. Jahrhunderts schlossen die aufwendigen Schanzenanlagen die Stadt nach Norden und Süden ab, zum See lag bei der Einmündung in die Limmat ein Vorwerk im Wasser. Außerhalb der Befestigungsanlagen bestanden nur Vororte mit dörflicher Baustruktur und einzelne Landhäuser des städtischen Bürgertums. Die Hügelkante unterhalb der Schanzen zum Zürichberg hin war noch mit Weinbergen und Obstgärten genutzt (**Abb. 1**). In den Napoleonischen Kriegen erwiesen sich die Befestigungsanlagen als militärisch überholt, für die sich emanzipierende Landbevölkerung wurden sie Symbol der alten städtischen Vorherrschaft, für das einsetzende Stadtwachstum stellten sie eine Behinderung dar. Anfang der 1830er Jahre setzten sich in heftigen politischen Auseinandersetzungen liberal-radikale gegen konservative Kräfte durch. Sinnbild des Aufbruchs und der neuen Kantonsverfassung von 1831 bildete die Schleifung der Befestigungsanlagen 1834. Bild und Struktur der Stadt veränderten sich: Neue Infrastrukturen wurden möglich, Bauplätze für neue öffentliche Institutionen entstanden auf den früheren Befestigungsflächen, spät erst öffnete sich die Stadt auch durch die Aufschüttung neuer Quaianlagen (1881–87) zum See. Der Neubau des Bahnhofs wurde zum Ausgangspunkt einer neuen Stadt des 19. Jahrhunderts, die Bahnhofstrasse verknüpfte mit ihren anspruchsvollen Großbauten die Halle des Bahnhofs mit dem Seeufer.

Nach der erfolglosen Bewerbung Zürichs um den Bundessitz konnte auf dem Gelände der aufgegebenen Schanzen (**Abb. 2**) am Hügelsattel nach Norden an stadtbeherrschender Stelle der neue Bau für die Polytechnische Schule entstehen, er steht in einer Reihe neuer öffentlicher Bauten des 19. Jahrhunderts als Solitär über der Stadt: hügelabwärts die Kantonsschule (1842), oberhalb des Polytechnikums das alte Kantonsspital (1842), ebenfalls in der Leonhardstrasse das städtische Pfrundhaus (1842).

Der Maßstab des Neubaus sprengte die Traditionen der mittelalterlichen Stadt (**Abb. 3**). Klöster und Kirchenbauten hatten mit ihren Türmen und Dachlinien Dominanten gesetzt, das große, weithin sichtbare Volumen des neuen Polytechnikums führte eine neue Dimension in die Stadt ein, die erst später in der Bahnhofshalle (1865–71), den Kasernenanlagen (1864–69), im Landesmuseum (1892–98) und den Amtshausbauten Gustav Gulls (1903–19), der Tonhalle (1893–95) und dem Stadttheater (1891, heute Opernhaus) oder im Universitätsneubau Karl Mosers (1911–14) Entsprechung fand.

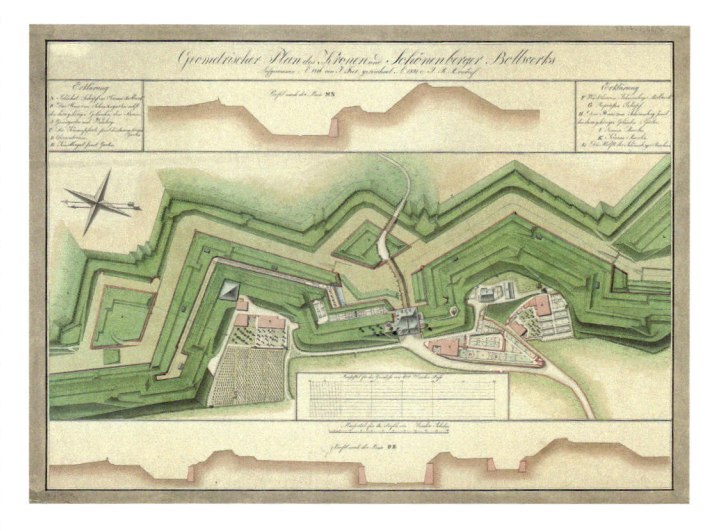

1 »Plan der Stadt Zürich« nach David Breitinger, 1814 von Johann Jakob Scheuermann gestochen. Öffentliche Gebäude und Kirchen sind dunkel angelegt. (Staatsarchiv des Kantons Zürich)

2 »Geometrischer Plan des Kronen und Schönenberger Bollwerks« von 1821. Links oberhalb des Weinbergs entstand später der Bau des Polytechnikums, auf den Flächen der zentralen Kronenpforte ab 1911 das Kollegiengebäude der Universität Zürich. (Zentralbibliothek Zürich)

3 Die »Vue prise au dessus du lac« zeigt das Volumen und die prominente Lage des Eidgenössischen Polytechnikums. Neben dem städtischen Pfrundhaus und dem Kantonsspital ist der Hügel noch kaum bebaut. (ETH-Bibliothek Zürich, Bildarchiv)

DER BAU ÜBER DER STADT
⅖ der Originalgröße

20-300-1-34 / gta Archiv / ETH Zürich (Nachlass Gottfried Semper).
Zeichnung in Bleistift auf Karton; braun und grün aquarelliert, Aufhöhungen
in Weiß. 33,7 x 80,8 cm.

Der malerische Präsentationsplan des neuen Hochschulgebäudes auf einer architektonischen Terrasse inmitten einer locker bepflanzten Hügelkette ist idealisiert, die Kante des stark abfallenden Hangs zur Stadt nicht sichtbar. Das monumentale Bild des neuen Hauptgebäudes erscheint in fiktiver Naturlandschaft. Die Südseite ist nahezu gleichwertig zur Hauptfassade und von der Stadt aus ungehindert zu sehen.

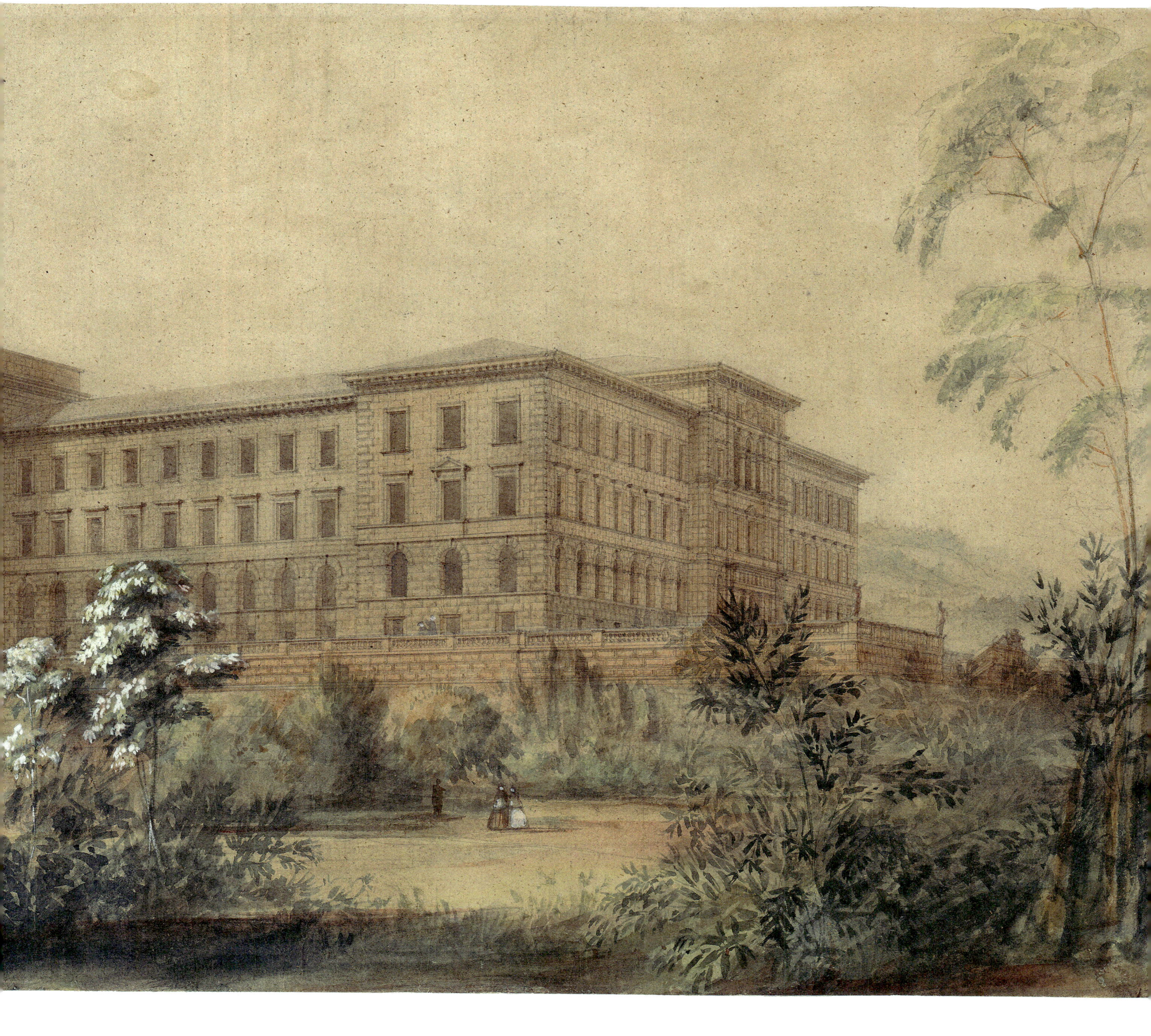

No 7

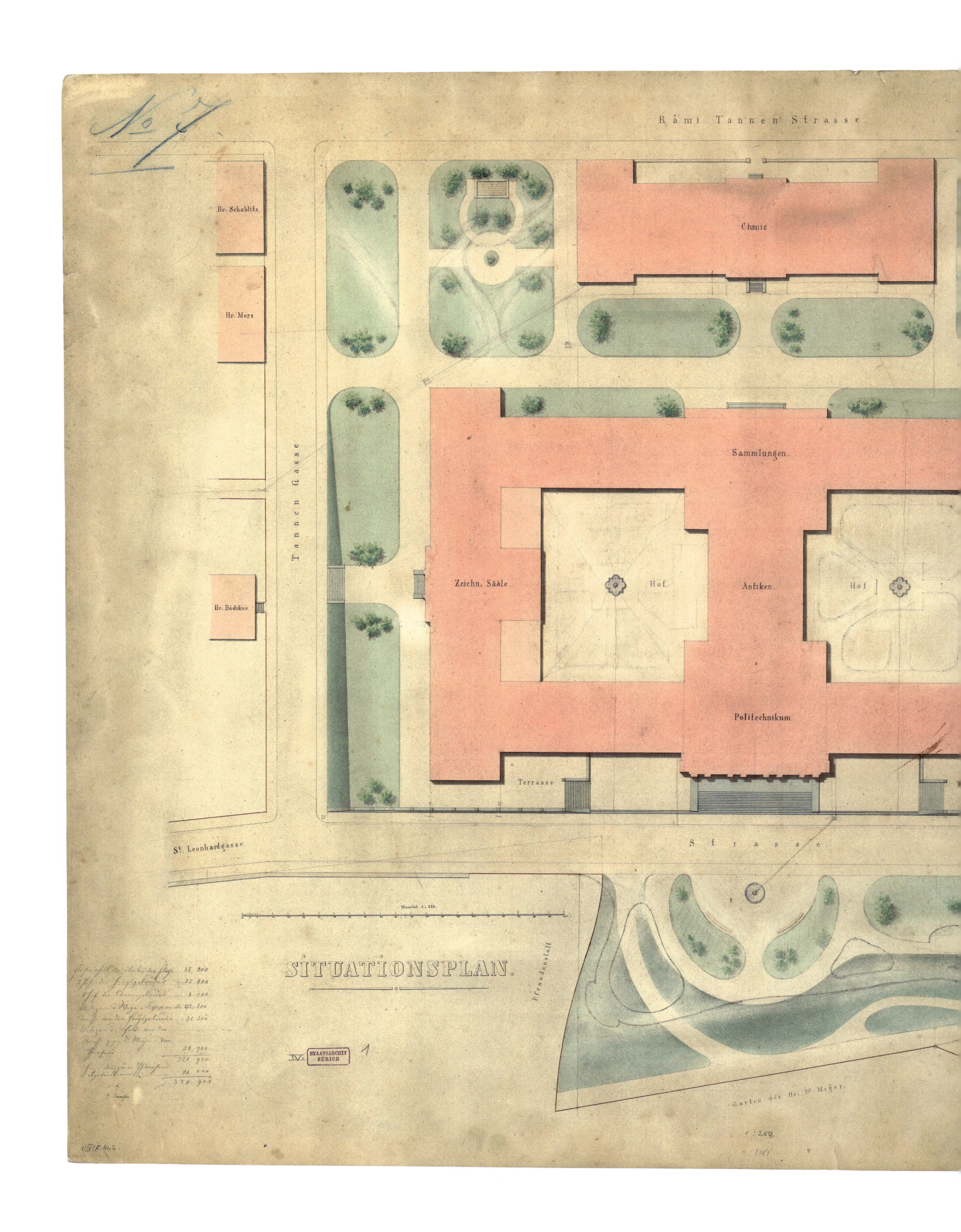

Rämi Tannen Strasse.

Hr. Schablitz

Hr. Merz

Tannen Gasse

Hr. Bödiker

Chmie

Sammlungen.

Zeichn. Sääle.   Hof.   Antiken.   Hof

Politechnikum

Terrasse

St Leonhardgasse.   Strasse

Maasstab 1:250.

SITUATIONSPLAN.

Pfrundanstalt

STAATSARCHIV ZÜRICH

Garten des Hr. H. Meyer.

1:250

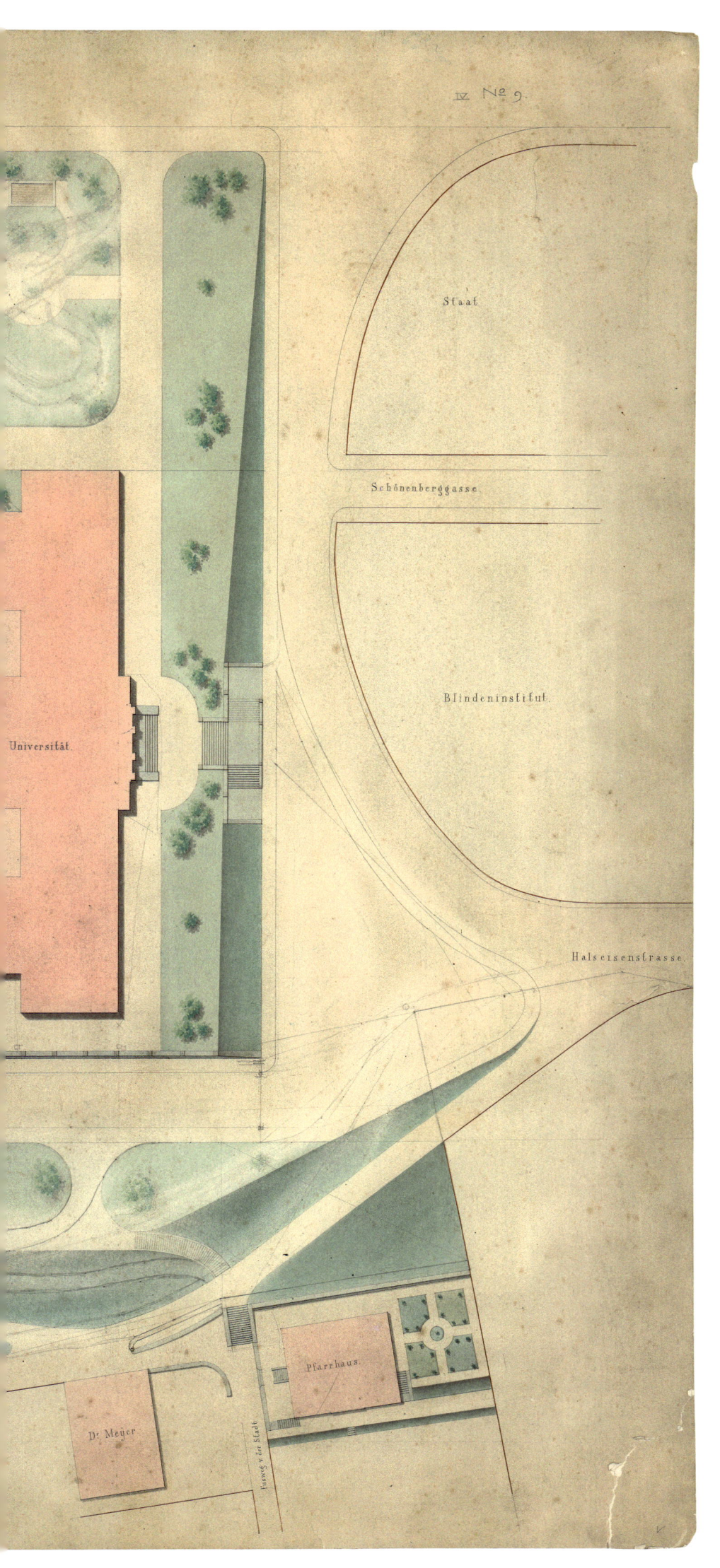

»SITUATIONSPLAN.«
Maßstab 1 : 750 (Original 1 : 250)

20-300-1-43 / gta Archiv / ETH Zürich (Nachlass Gottfried Semper).
Zeichnung in schwarzer und roter Tusche sowie Bleistift auf Karton;
blau, grau, grün und rot aquarelliert; Überzeichnungen und Abrechnung
in Bleistift; Plan durchgestochen. 84,5 x 111,0 cm.

Der Situationsplan gibt die wichtigsten Hauptnutzungen des Neubaus in Stichworten an: im Mittelrisalit »Politechnikum«, im Südflügel »Universität«, weiterhin »Sammlungen« (Ostflügel), »Zeichn. Sääle« (Nordflügel), separat auf der Bergseite die »Chemie«. Die Hausgrundrisse im Umfeld des Neubaus sind mit Besitzernamen bezeichnet. Busch- und Baumgruppen sind auf Grünflächen unregelmäßig versetzt, die Terrasse zur Stadt zeigt Alternativen geplanter Wegeführungen.

No 14

1:250

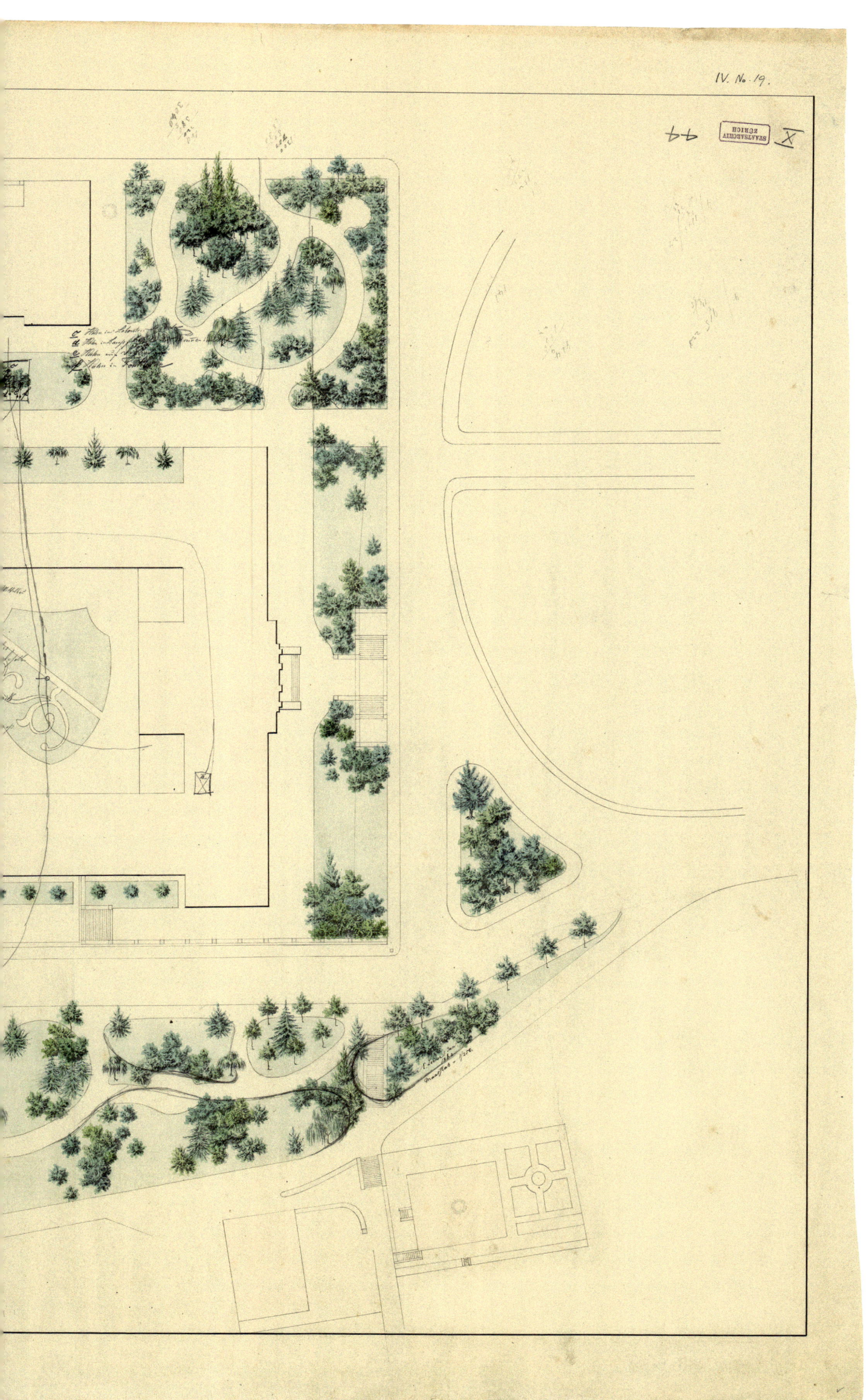

PLAN DER AUSSENANLAGEN
Maßstab 1 : 750 (Original 1 : 250)

20-300-1-42 / gta Archiv / ETH Zürich (Nachlass Gottfried Semper). Signatur A. Loewe, 1862. Zeichnung in schwarzer Tusche und Bleistift auf Papier; blau und grün aquarelliert. Überzeichnungen und Anmerkungen in Bleistift. 98,1 x 126,5 cm.

Die sehr detaillierte Darstellung von Baumgruppen (Koniferen und Laubbäume) für die Außenbereiche des Neubaus ist im Plan ergänzt mit Skizzen und Überlegungen zum Wasserverteilungssystem für Gebäude und Garten.

N° 93.

EIDG: POLYTECHNIKUM und ZÜR

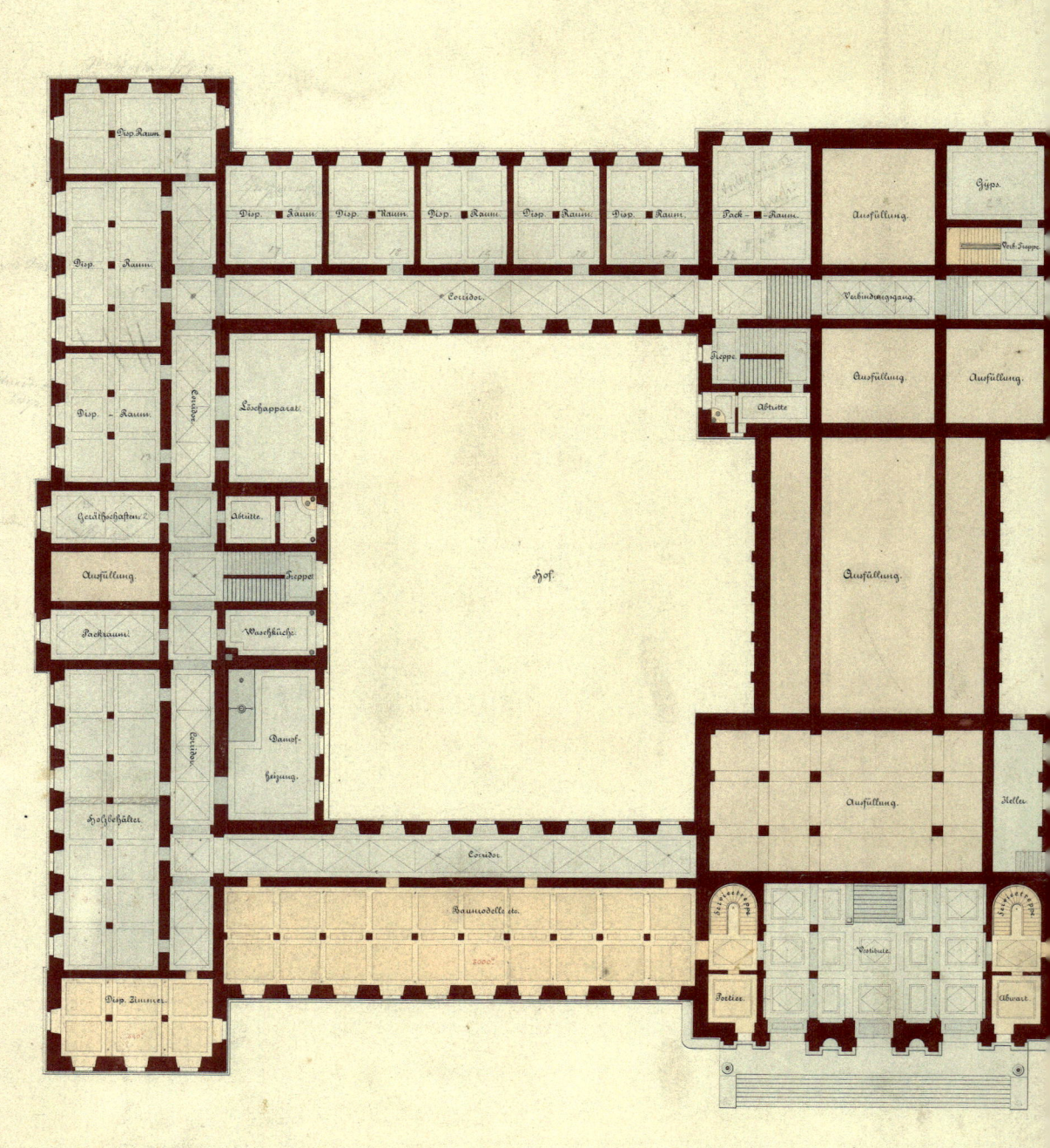

KELLERGESCHOS

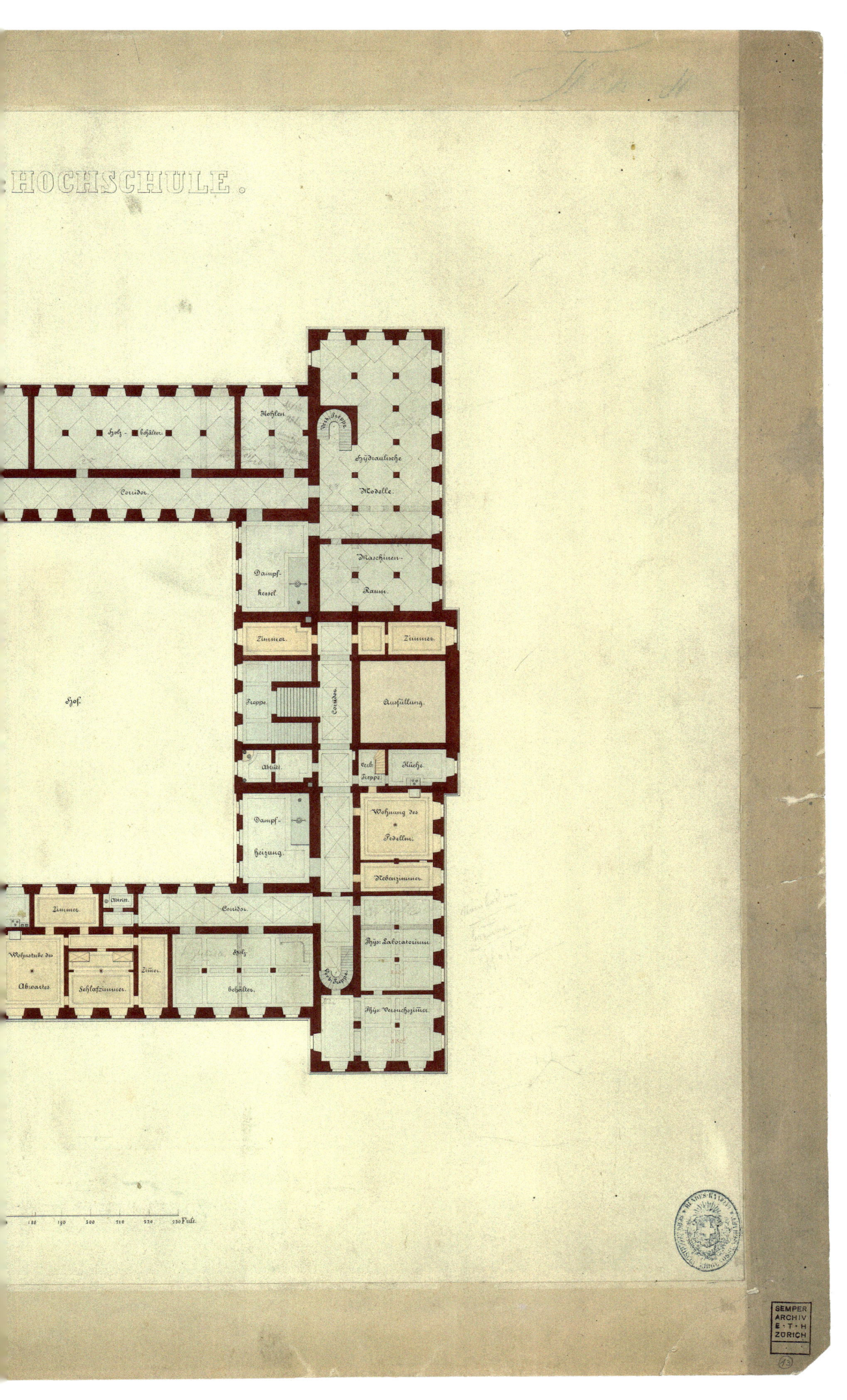

»EIDG. POLYTECHNIKUM UND ZÜRCH.
HOCHSCHULE. KELLERGESCHOSS.«
Maßstab 1 : 500 (Original 1 : 200)

20-300-1-48 / gta Archiv / ETH Zürich (Nachlass Gottfried Semper).
Zeichnung in schwarzer Tusche und Bleistift auf Karton; mit beigem und
grauem Aquarell sowie roter Kreide koloriert. Beschriftungen in schwarzer
und roter Tusche; Überzeichnungen und Anmerkungen in Bleistift.
Blatt auf Karton aufgezogen. 59,1 x 93,3 cm.

Im Souterrain, direkt vom Vestibül aus erreichbar, liegen die »Wohnung des Abwartes«, aber auch Räume für Modelle und die Haustechnik. Eine Dampfheizung ist bereits für den ersten Bau verzeichnet.

EIDG: POLYTECHNIKUM und ZÜR[ICH]

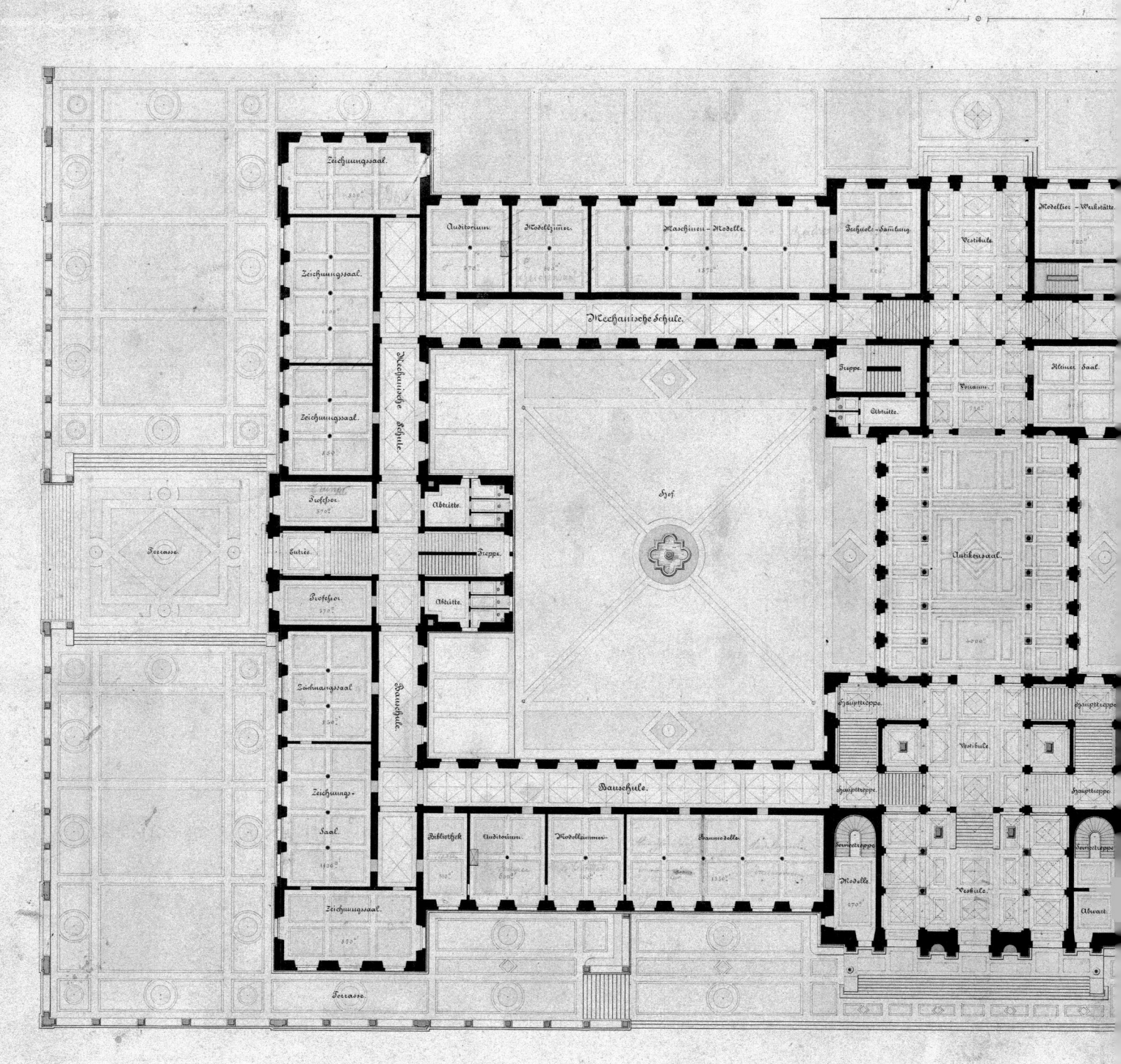

Zeichnungssaal.
Zeichnungssaal.
Zeichnungssaal.
Professor.
Professor.
Zeichnungssaal.
Zeichnungssaal.
Zeichnungssaal.

Auditorium. Modellzimm. Maschinen-Modelle.

Mechanische Schule.

Mechanische Schule.
Bauschule.

Hof.

Bauschule.

Bibliothek. Auditorium. Modellzimmer.

Abtritte. Treppe. Abtritte.

Vestibule. Kleiner Saal.

Antikensaal.

Haupttreppe. Haupttreppe.
Vestibule.
Modelle. Vestibule.

Terrasse.
Terrasse.

REZ-DE-CHAUSSÉE

1:200

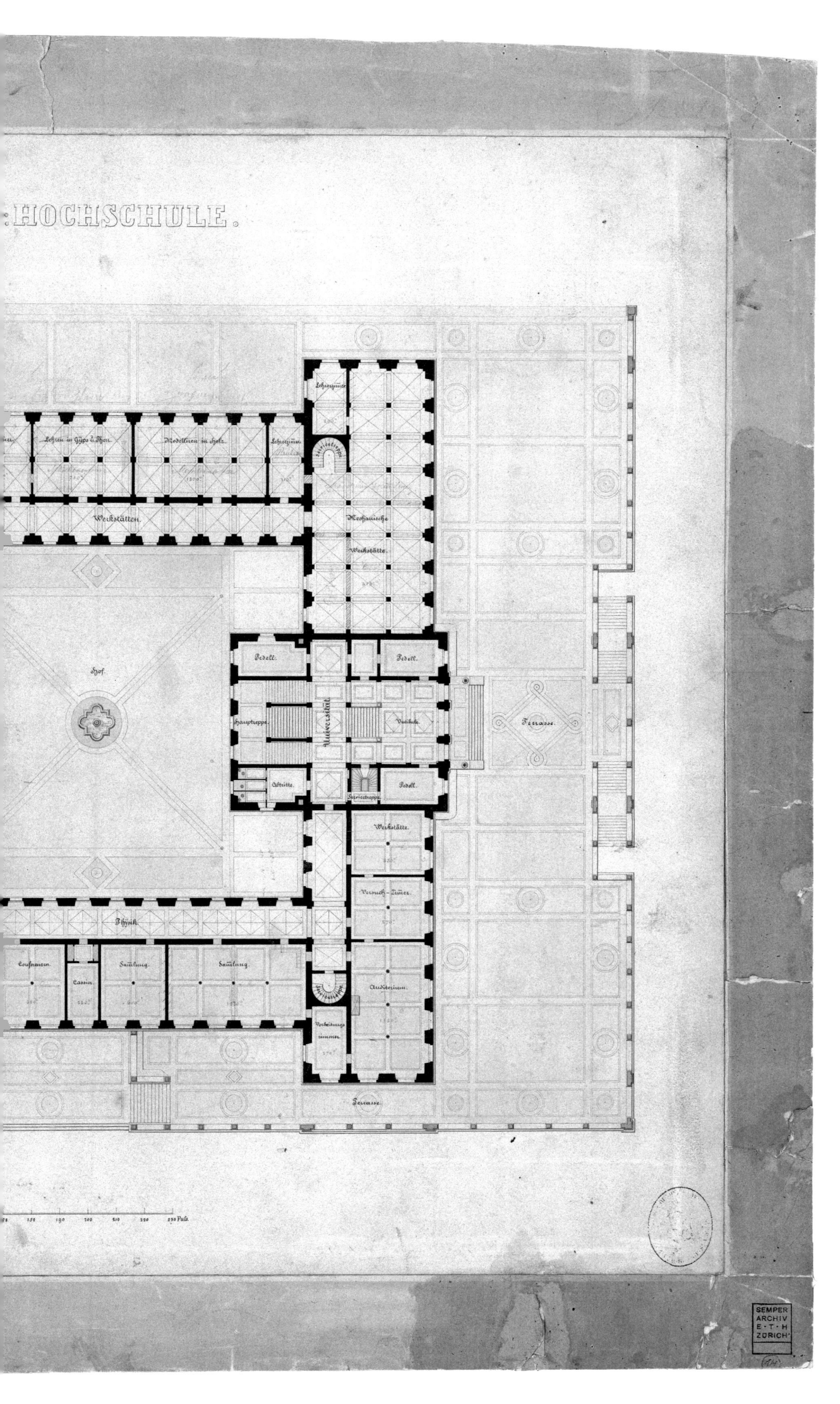

»EIDG. POLYTECHNIKUM UND ZÜRCH.
HOCHSCHULE. REZ-DE-CHAUSSEE.«
Maßstab 1 : 500 (Original 1 : 200)

20-300-1-49 / gta Archiv / ETH Zürich (Nachlass Gottfried Semper).
Zeichnung in schwarzer Tusche und Bleistift auf Karton; mit beigem und
grauem Aquarell sowie roter Kreide koloriert. Beschriftungen in schwarzer
und roter Tusche; Überzeichnungen und Anmerkungen in Bleistift.
Blatt auf Karton aufgezogen. 59,1 x 93,3 cm. (»[...] Unstimmigkeit in der
Achsenzahl der OW-Richtung (parallel zum Südflügel) in den Hofpartien:
Antikensaal siebenachsig (statt fünfachsig), Hoffassade Südflügel West-
seite 3 Fensterachsen statt 2.« Fröhlich 1974, S. 238.)

Sempers Grundriss zeigt bei aller Rationalität
des Gesamtrasters eine feine Differenzierung
von Raumfolgen und Treppenräumen: Der im
Mittelrisalit zur Stadt besonders akzentuierte
Haupteingang ist auch räumlich ausgezeichnet, hell belichtete symmetrische Treppenhäuser bilden den Übergang zum Antikensaal
und erschließen die seitlichen Flure des erhöht liegenden unteren Hauptgeschosses.
Eine repräsentative Treppe im Südrisalit wird
durch Fenster zum offenen Südhof belichtet.

EIDG: POLYTECHNIKUM und ZÜRCH:

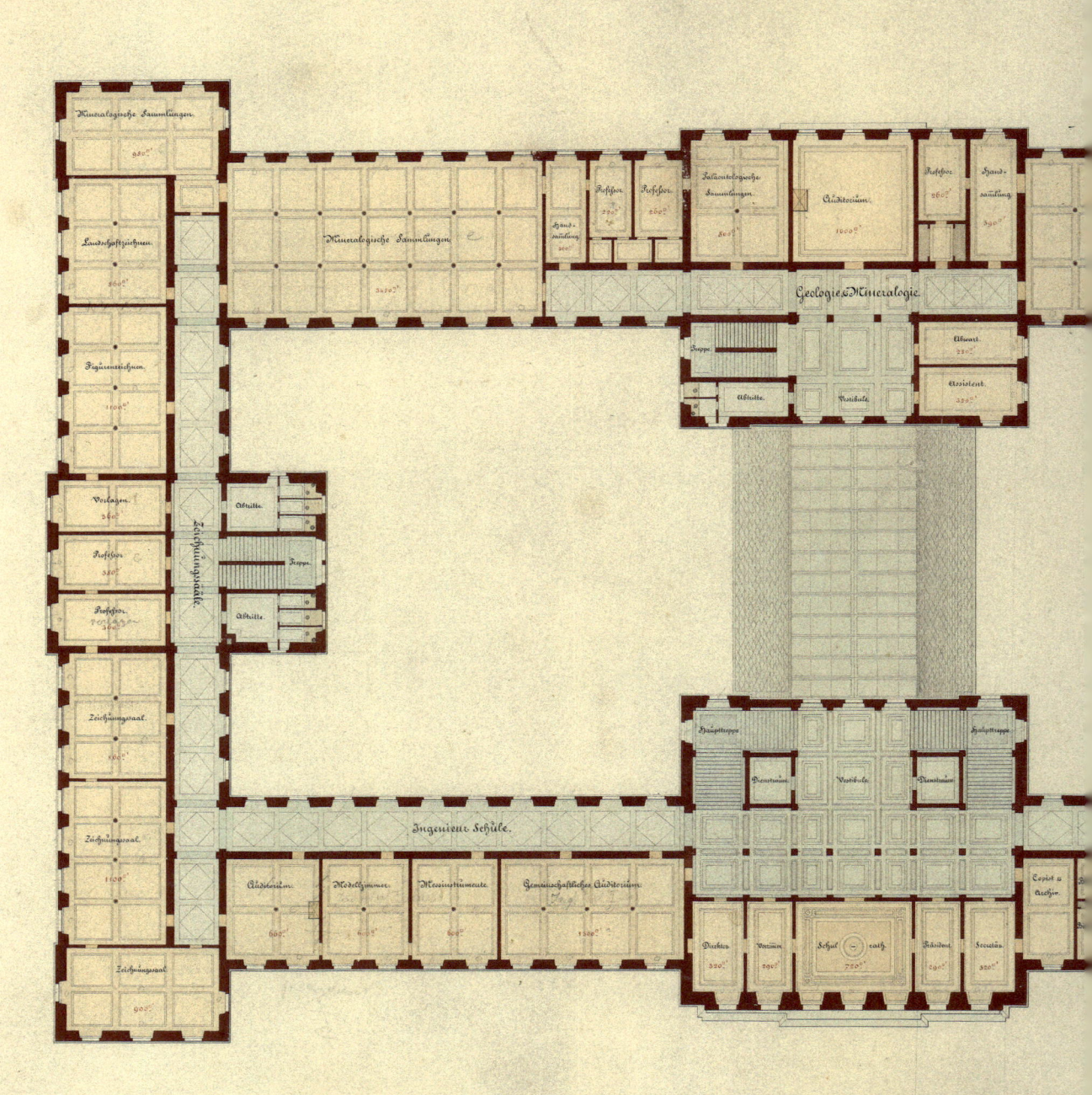

ERSTE ETAGE.

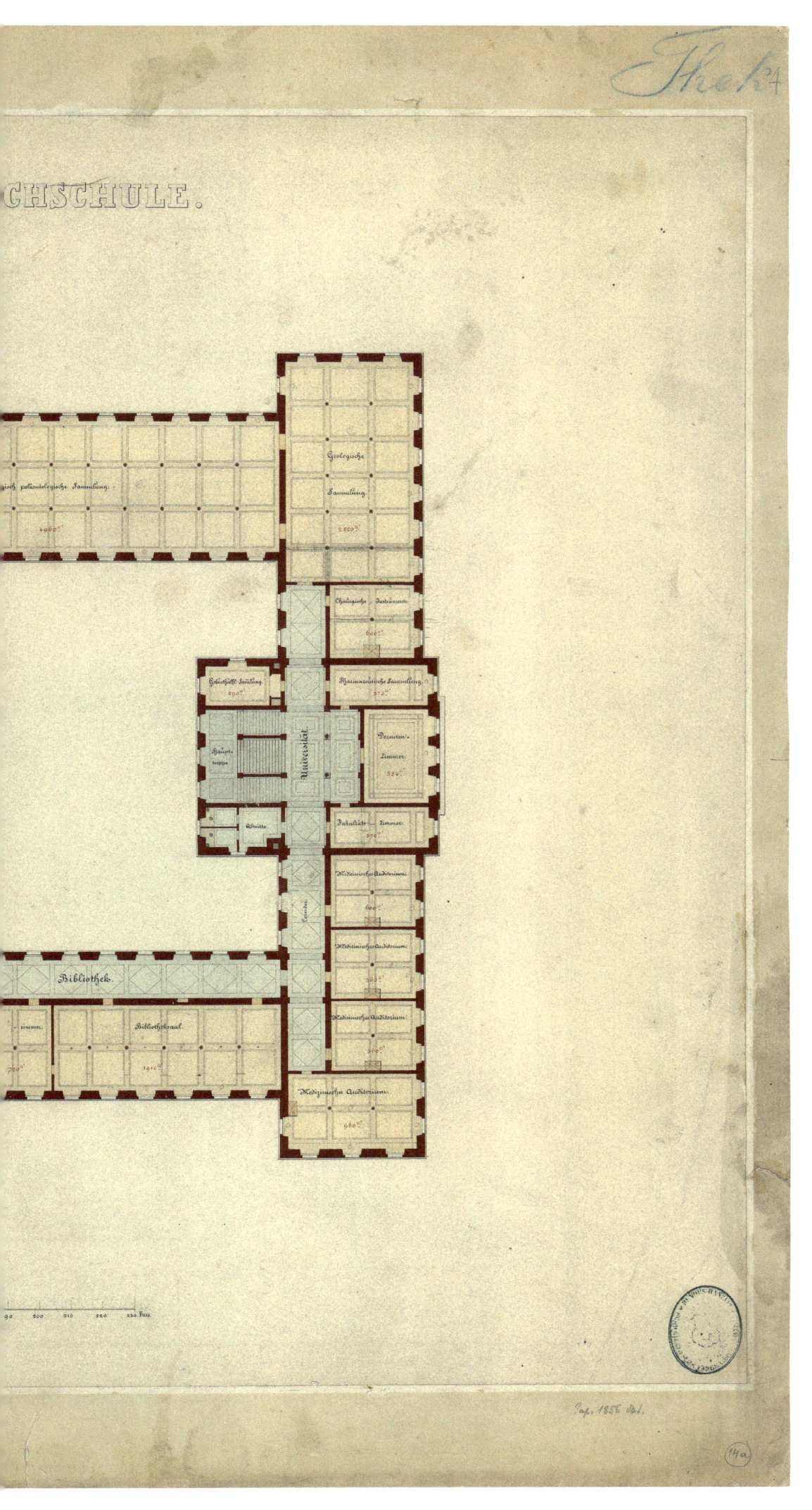

»EIDG. POLYTECHNIKUM UND ZÜRCH. HOCHSCHULE. ERSTE ETAGE.«
Maßstab 1 : 500 (Original 1 : 200)

20-300-1-50 / gta Archiv / ETH Zürich (Nachlass Gottfried Semper). Zeichnung in schwarzer Tusche und Bleistift auf Karton; mit beigem und grauem Aquarell sowie roter Kreide koloriert. Beschriftungen in schwarzer und roter Tusche; Überzeichnungen und Anmerkungen in Bleistift. Blatt auf Karton aufgezogen. 59,2 x 93,1 cm.

Alle Räume der Normalgeschosse des Semperbaus folgen einem konstruktiven Raster. Die ›Einachser‹ liegen symmetrisch in den Fensterachsen, im Zentrum quadratischer zweiachsiger Räume stehen gusseiserne Stützen, die Holzunterzüge tragen. Größere Räume, zum Beispiel für die Mineralogie oder die geologisch-paläontologische Sammlung, sind durch Stützenraster gegliedert und beidseitig belichtet.

Nº 96.

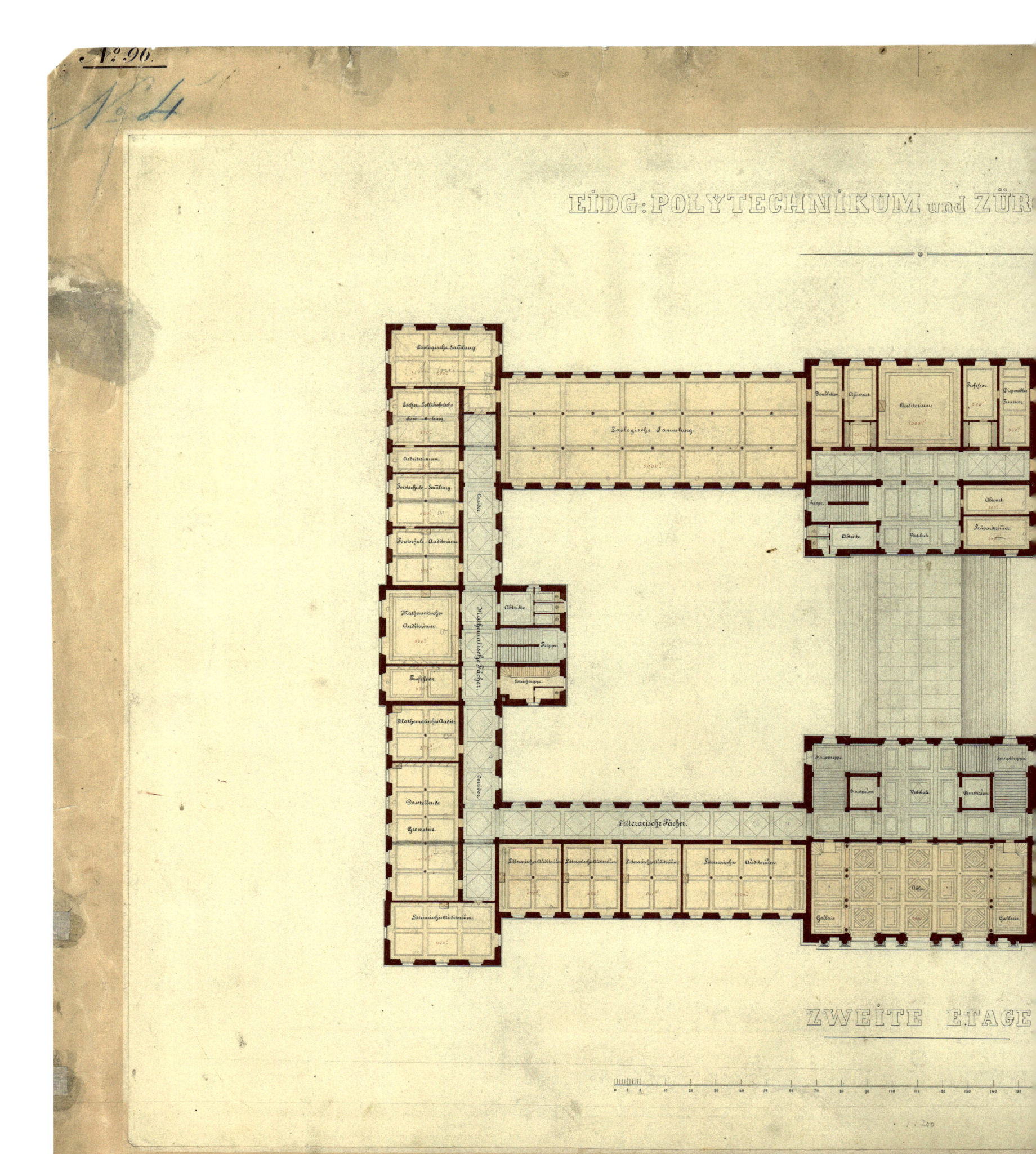

EIDG: POLYTECHNIKUM und ZÜR[...]

ZWEITE ETAGE

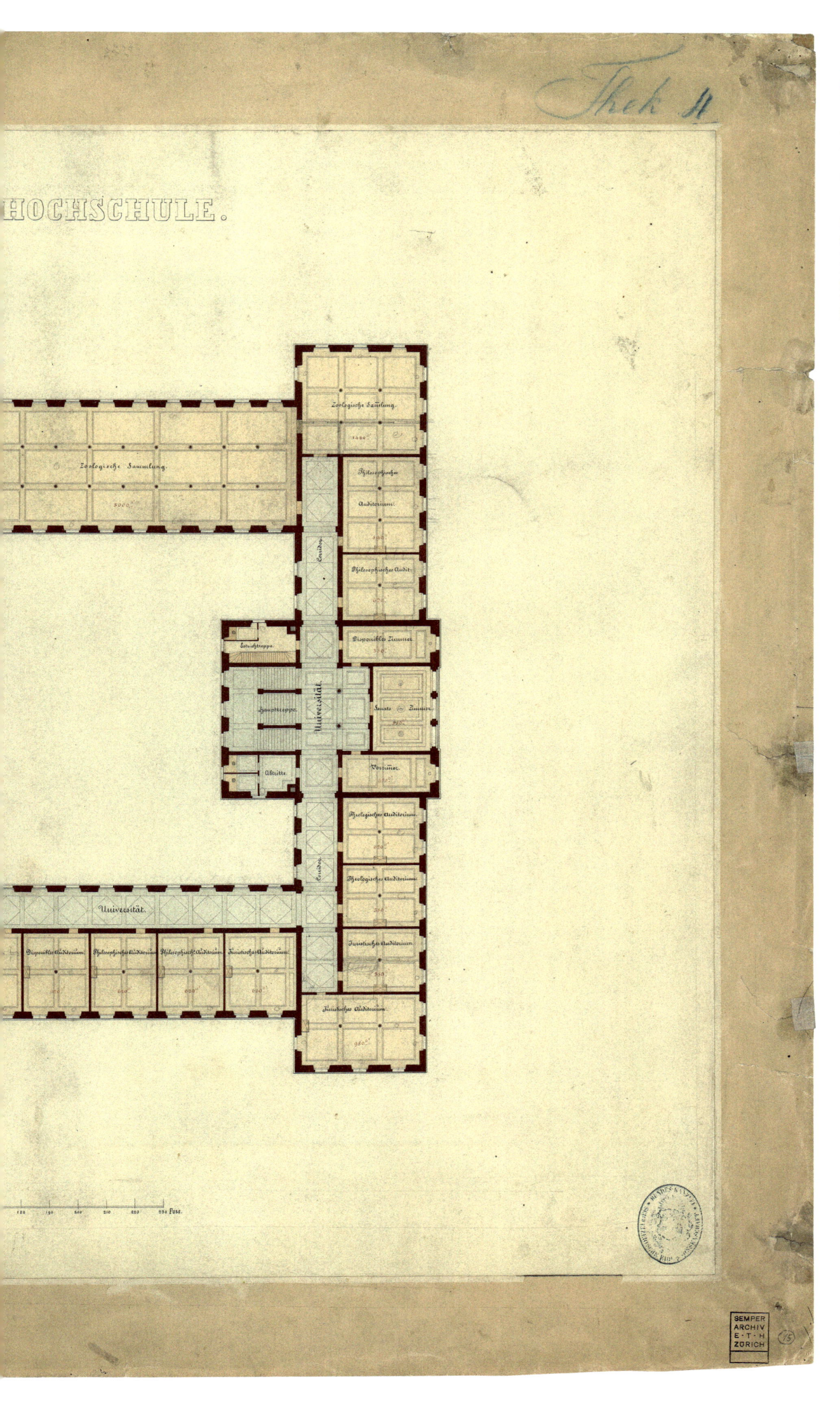

»EIDG. POLYTECHNIKUM UND ZÜRCH.
HOCHSCHULE. ZWEITE ETAGE.«
Maßstab 1 : 500 (Original 1 : 200)

20-300-1-51 / gta Archiv / ETH Zürich (Nachlass Gottfried Semper).
Zeichnung in schwarzer Tusche und Bleistift auf Karton; mit beigem und
grauem Aquarell sowie roter Kreide koloriert. Beschriftungen in schwarzer
und roter Tusche; Überzeichnungen und Anmerkungen in Bleistift.
Blatt auf Karton aufgezogen. 59,2 x 92,9 cm.

In der zweiten Etage des Semperbaus reihen
sich wiederum Sammlungsräume und Audi-
torien um hofseitige Flure, im Zentrum des
Mittelrisalits zur Stadt liegt der akademische
Festraum, die Aula. Zur Hofseite ist der
Vorraum mit den Treppen durch großzügige
Fenster belichtet.

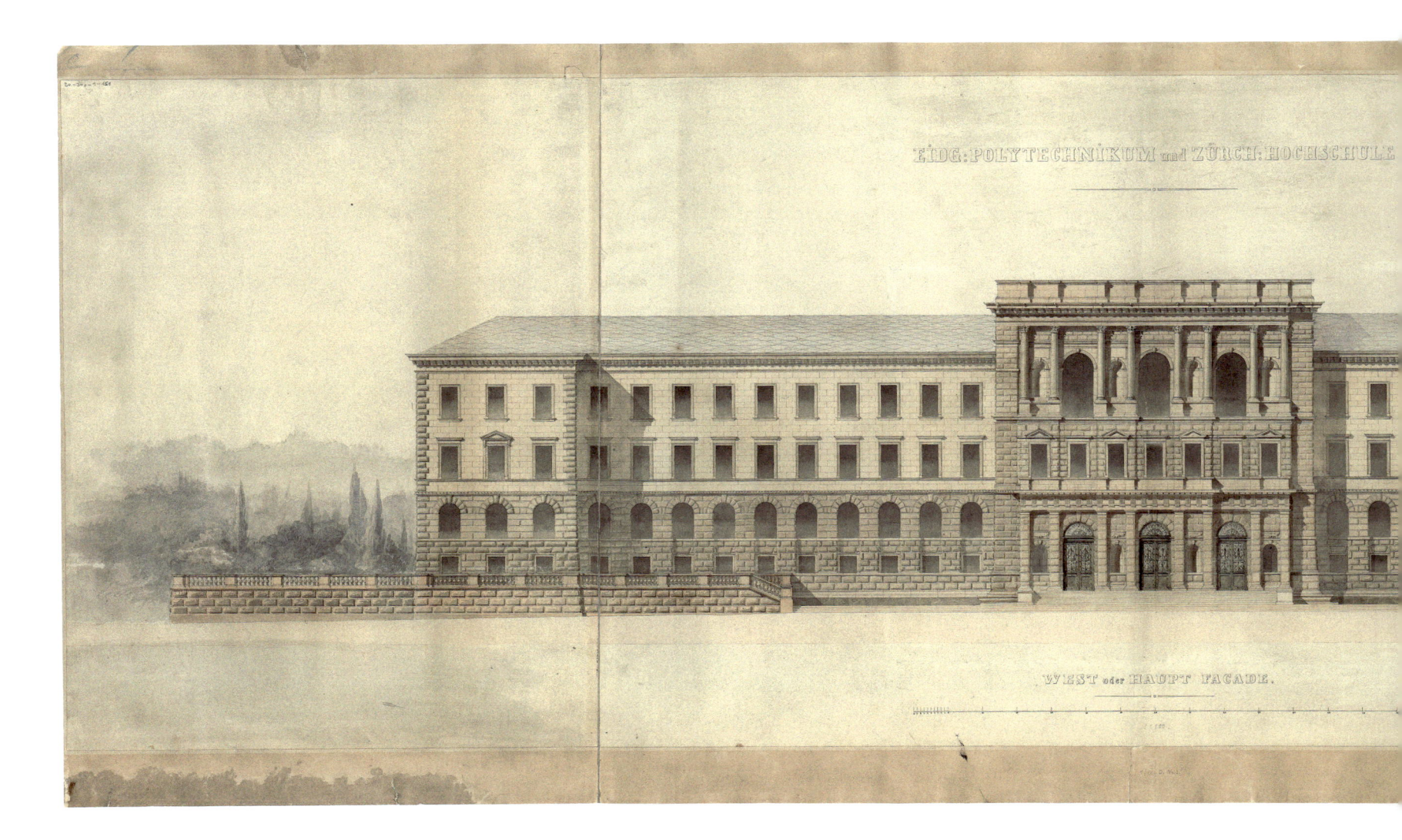

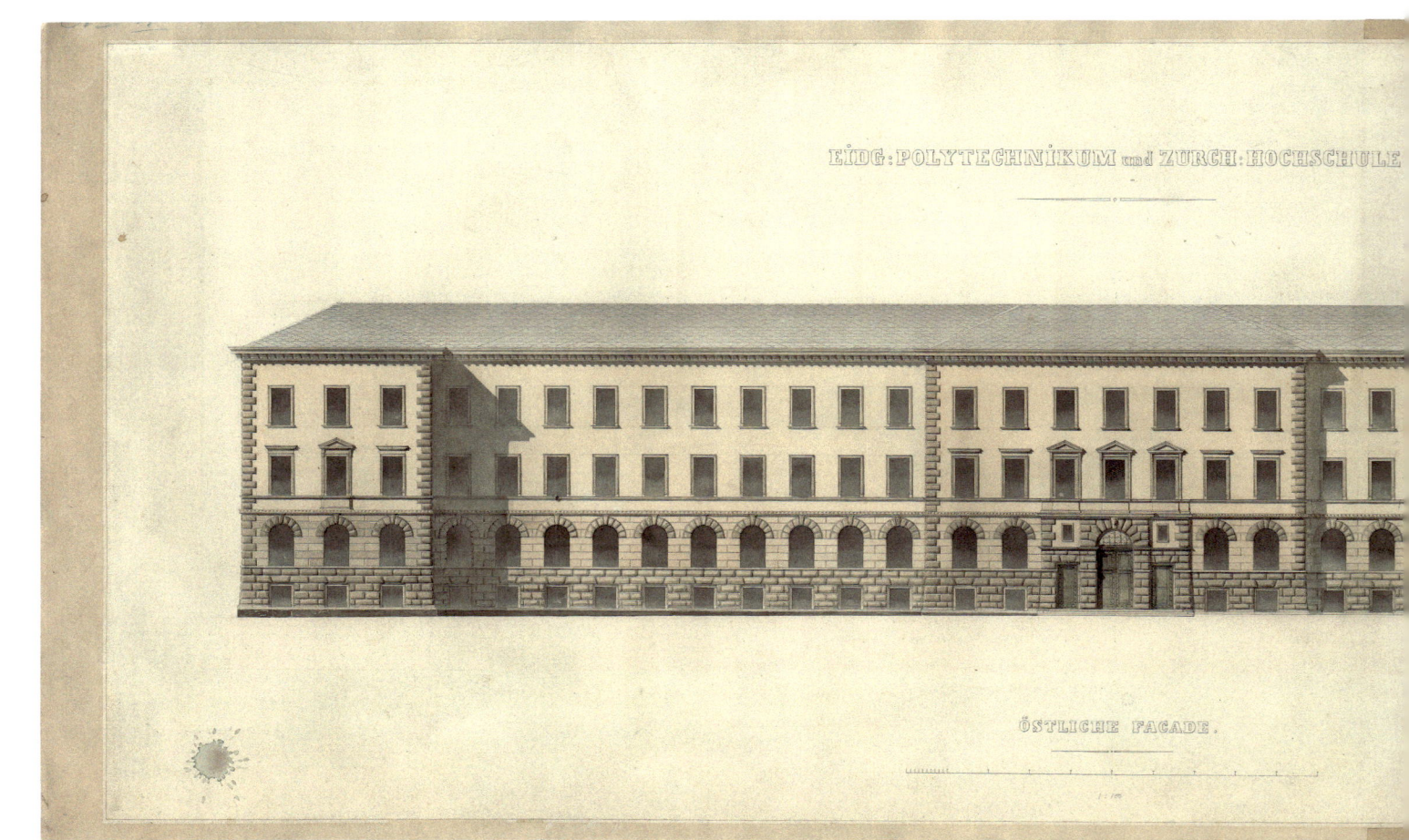

EIDG: POLYTECHNIKUM und ZÜRCH: HOCHSCHULE

WEST oder HAUPT FACADE.

EIDG: POLYTECHNIKUM und ZÜRCH: HOCHSCHULE

ÖSTLICHE FACADE.

»EIDG. POLYTECHNIKUM UND ZÜRCH.
HOCHSCHULE. WEST ODER HAUPT
FACADE.«
Maßstab 1 : 500 (Original 1 : 100)

20-300-1-151 / gta Archiv / ETH Zürich (Nachlass Gottfried Semper).
Zeichnung in schwarzer Tusche und Bleistift auf Papier; beige, blau, grau
und grün aquarelliert. Blatt auf Karton aufgezogen. 57,1 x 187,7 cm.

»EIDG. POLYTECHNIKUM UND ZÜRCH.
HOCHSCHULE. ÖSTLICHE FACADE.«
Maßstab 1 : 500 (Original 1 : 100)

20-300-1-156 / gta Archiv / ETH Zürich (Nachlass Gottfried Semper).
Zeichnung in schwarzer Tusche und Bleistift auf Papier; beige, grau und
grün aquarelliert. Blatt auf Karton aufgezogen. 56,0 x 147,3 cm.

Die Frontalansicht zeigt bereits weitgehend
das Konzept des realisierten Baus: Über den
Rustikageschossen sind die Fassaden der Sei-
tenflügel durch eingeritzte Quaderungen
gegliedert, im Mittelrisalit finden sich weitere
Abstufungen des Baureliefs. Die Ostfassade
war zur Semperzeit durch den vorgelagerten
Chemiebau, der zentrale Eingang durch ein
Portal über drei Bauachsen ausgezeichnet.
Teile der Außenwand sind im Gullschen
Gebäude als Innenwände erhalten geblieben.

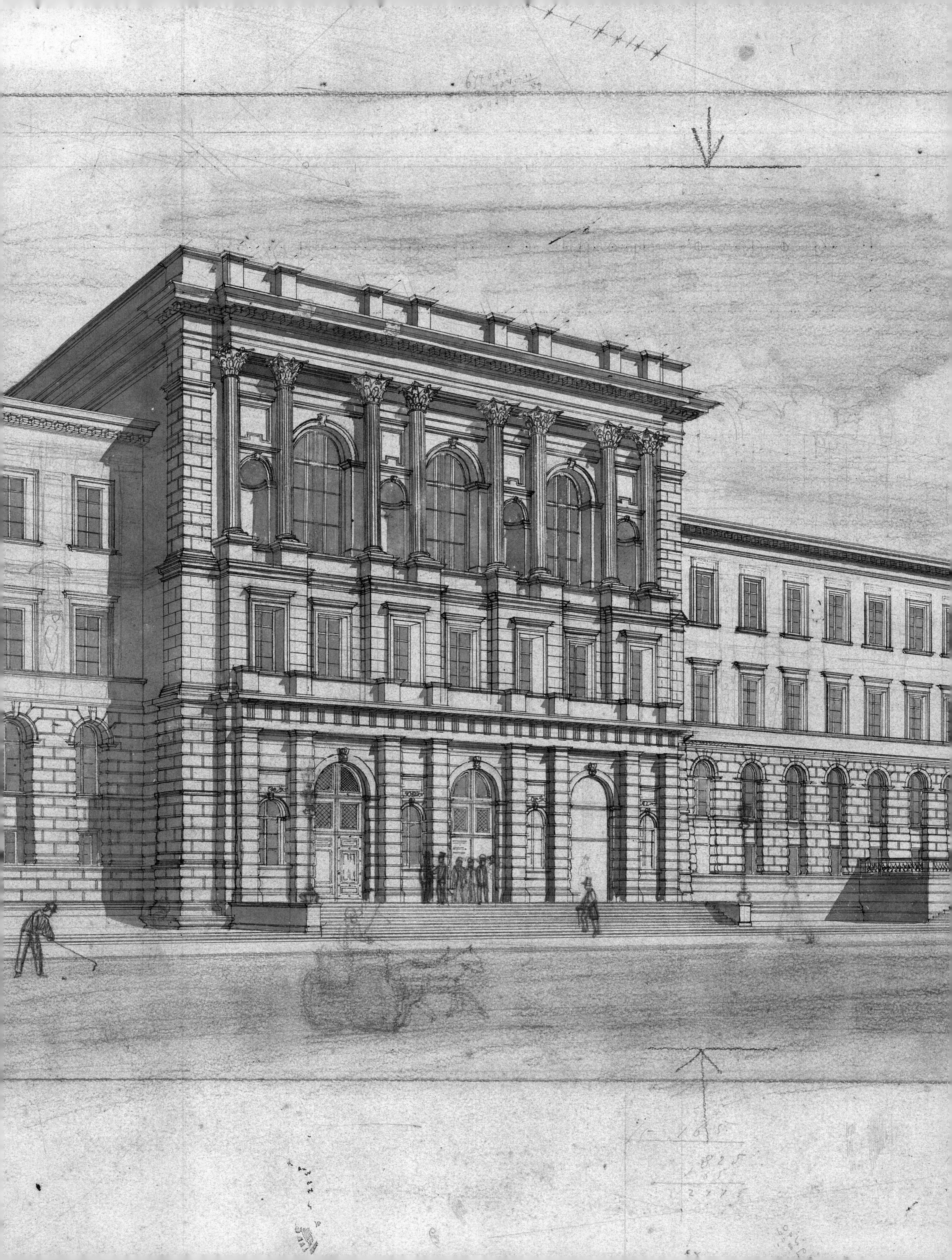

PRÄSENTATIONSPLAN DER WESTFASSADE
Abbildung im Originalmaßstab

20-300-1-35 / gta Archiv / ETH Zürich (Nachlass Gottfried Semper).
Zeichnung in schwarzer Tusche und Bleistift auf Karton; grau aquarelliert.
Vorzeichnung in Bleistift und roter Tusche, Überzeichnungen in Bleistift.
40,6 x 53,2 cm. »[...] Ohne rundplastischen Figurenschmuck. Fensterhöhe
im 2. OG Zwischenrisalit korrigiert [...].« Fröhlich 1974, S. 236.)

»EIDG. POLYTECHNIKUM UND
ZÜRCH. HOCHSCHULE. WEST ODER
HAUPT FACADE.«
Maßstab 1 : 200 (Original 1 : 100)

20-300-1-151 (Ausschnitt) / gta Archiv / ETH Zürich (Nachlass Gottfried
Semper). Zeichnung in schwarzer Tusche und Bleistift auf Papier; beige,
blau, grau und grün aquarelliert. Blatt auf Karton aufgezogen. 57,1 x 187,7 cm.
(»Mittelrisalit noch nicht endgültig: 1. Geschoss 4 Aedikulae über den
Fenstern 1, 3, 5, 7. EG: Die 3 mittleren Achsen sind vorgeschoben. Laut AP
(Arnold Pfister-Burkhalter): von G. oder Manfred Semper, ca. 1860.« Fröh-
lich 1974, S. 244.)

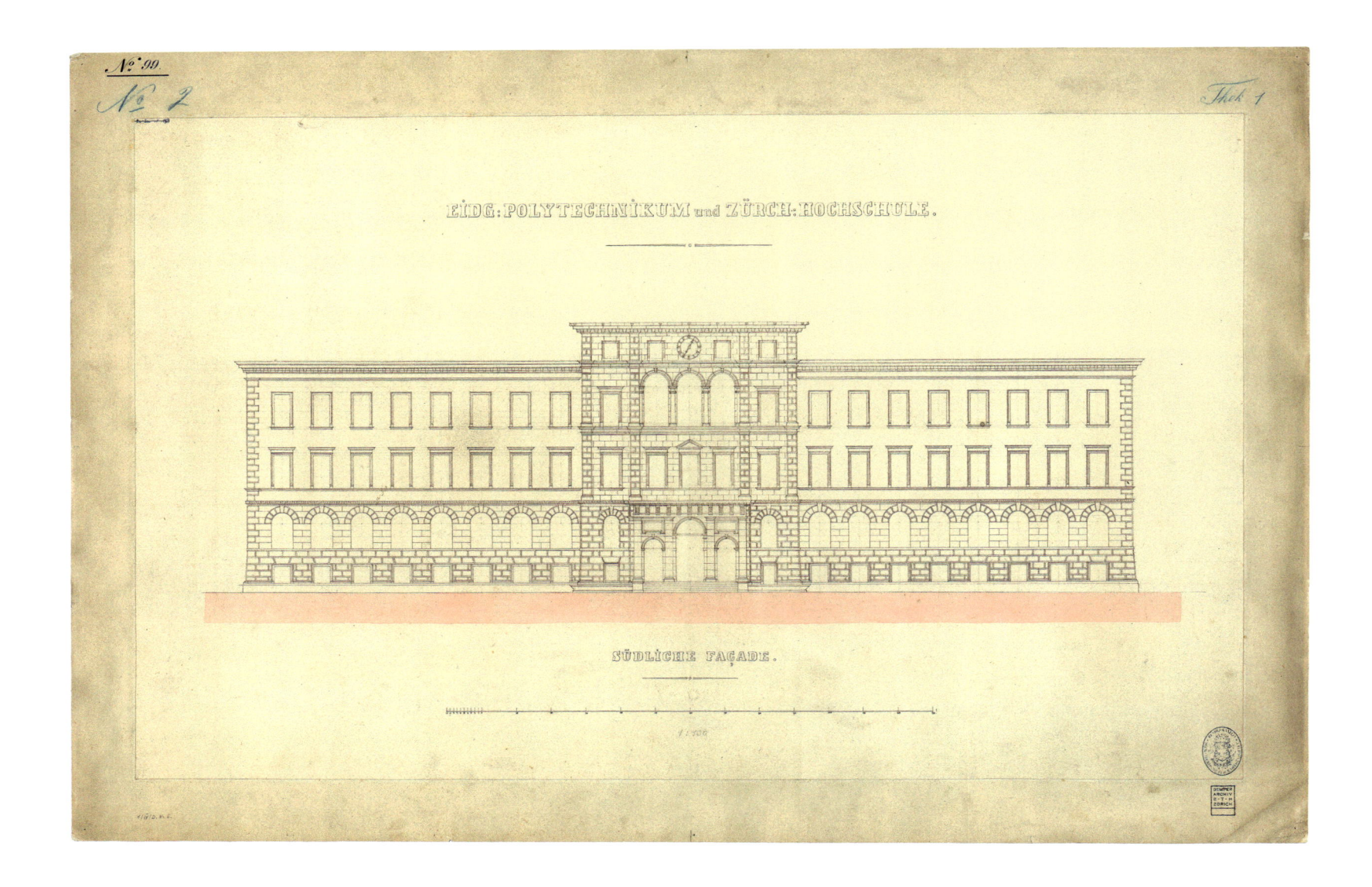

»EIDG. POLYTECHNIKUM UND ZÜRCH. HOCHSCHULE. SÜDLICHE FAÇADE.«
Maßstab 1 : 500 (Original 1 : 100)

20-300-1-153 / gta Archiv / ETH Zürich (Nachlass Gottfried Semper). Zeichnung in schwarzer Tusche auf Papier; rosa aquarelliert. Vorzeichnung in Bleistift. Blatt auf Karton aufgezogen. 56,3 x 94,7 cm.

»EIDG. POLYTECHNIKUM UND ZÜRCH. HOCHSCHULE. QUERSCHNITT NACH CD.«
Maßstab 1 : 500 (Original 1 : 100)

20-300-1-111 / gta Archiv / ETH Zürich (Nachlass Gottfried Semper). Zeichnung in schwarzer Tusche auf Karton; braun, gelb, grau und rosa aquarelliert. Blatt auf Karton aufgezogen. 57,6 x 82,6 cm.

EIDG. POLYTECHNIKUM und ZÜRCH. HOCHSCHULE.

QUERSCHNITT
nach
C D.

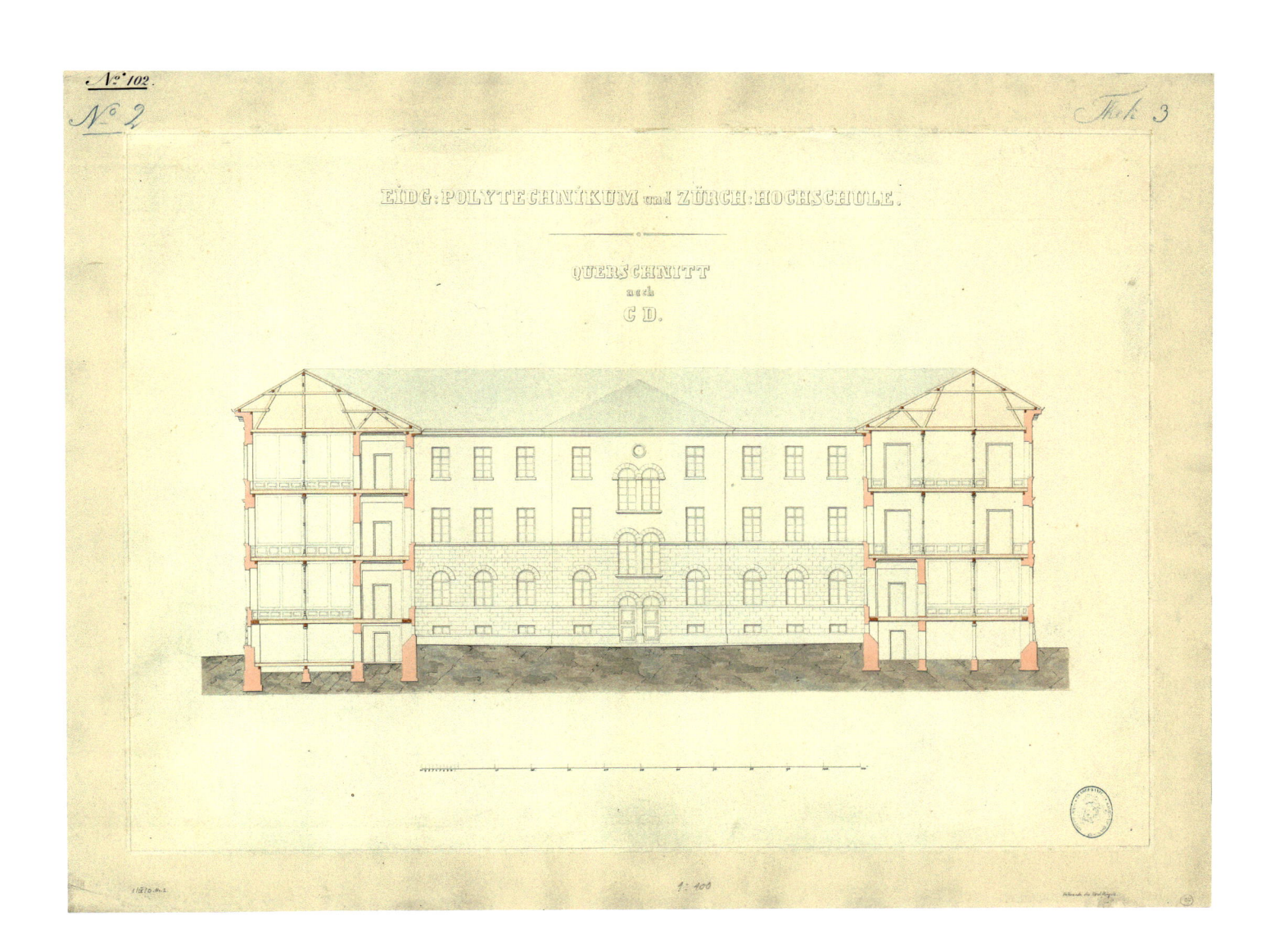

»SKIZZE. QUERSCHNITT DURCH DEN MITTELBAU.«
Maßstab 1 : 200 (Original 1 : 100)

20-300-1-106 / gta Archiv / ETH Zürich (Nachlass Gottfried Semper). Zeichnung in schwarzer Tusche auf Karton; rosa aquarelliert. Vorzeichnung und Überzeichnungen in Bleistift. 45,2 × 83,3 cm. (»Siebenachsige Antikenhalle, darunter Bl. Spuren einer 1½ geschossigen Version. Über der Antikenhalle Aula? Angaben zur Wandeinteilung ebenfalls nicht endgültig [...].« Fröhlich 1974, S. 241.)

Ein früher Schnitt durch den Gesamtbau (West – Ost) verdeutlicht die Lage im Hang – der Mittelrisalit zur Stadt hin liegt ein halbes Geschoss tiefer als die Antikenhalle im Zentrum des Baus. Der Plan zeigt erste (unverwirklichte) Überlegungen zur Konstruktion und Ausstattung der Aula und schlägt für die Antikenhalle noch wie die ersten Grundrisse sieben Fensterachsen vor, die Rundbögen sind zudem niedriger gehalten als in der späteren Ausführung.

IV. N° 8

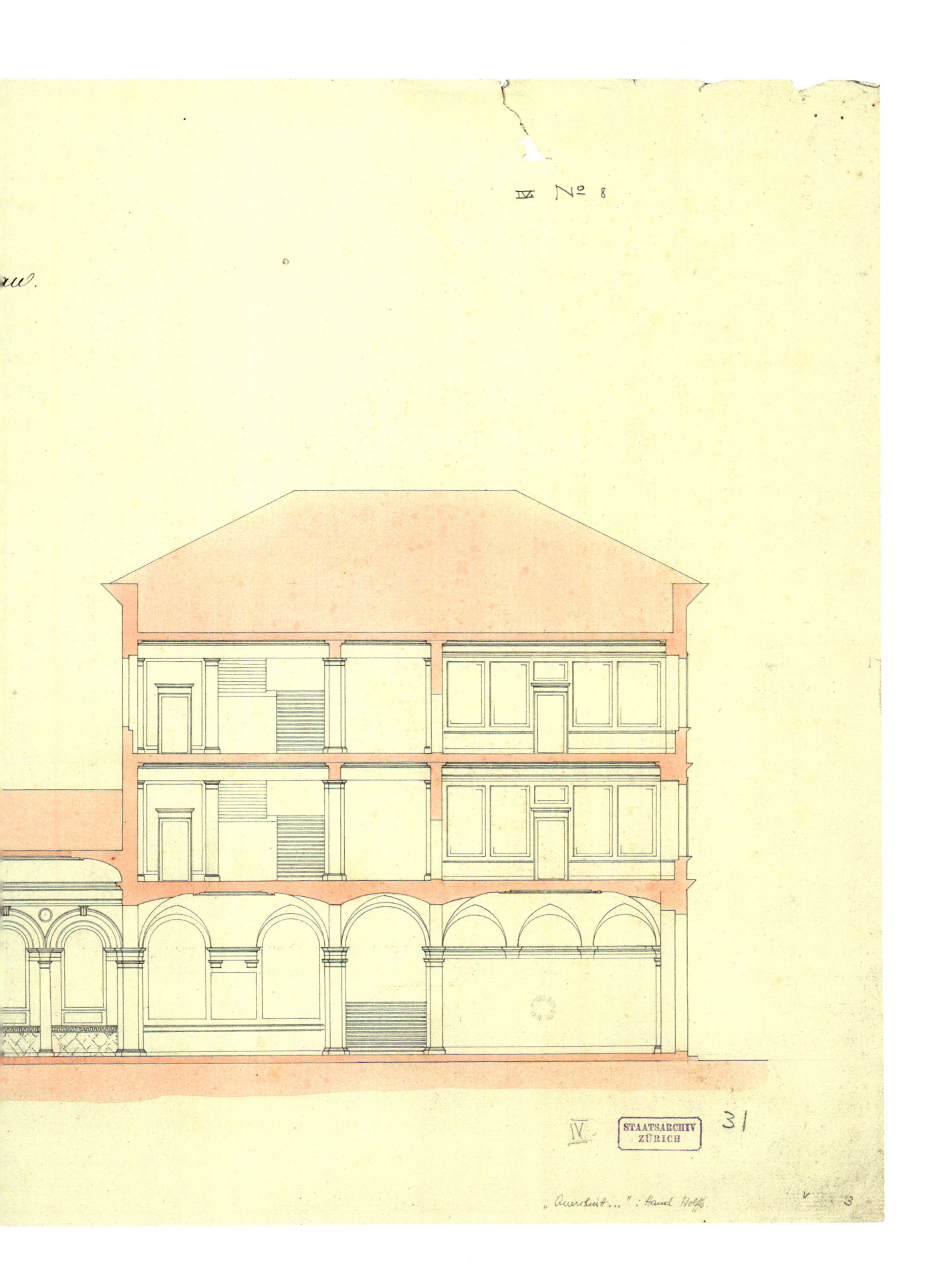

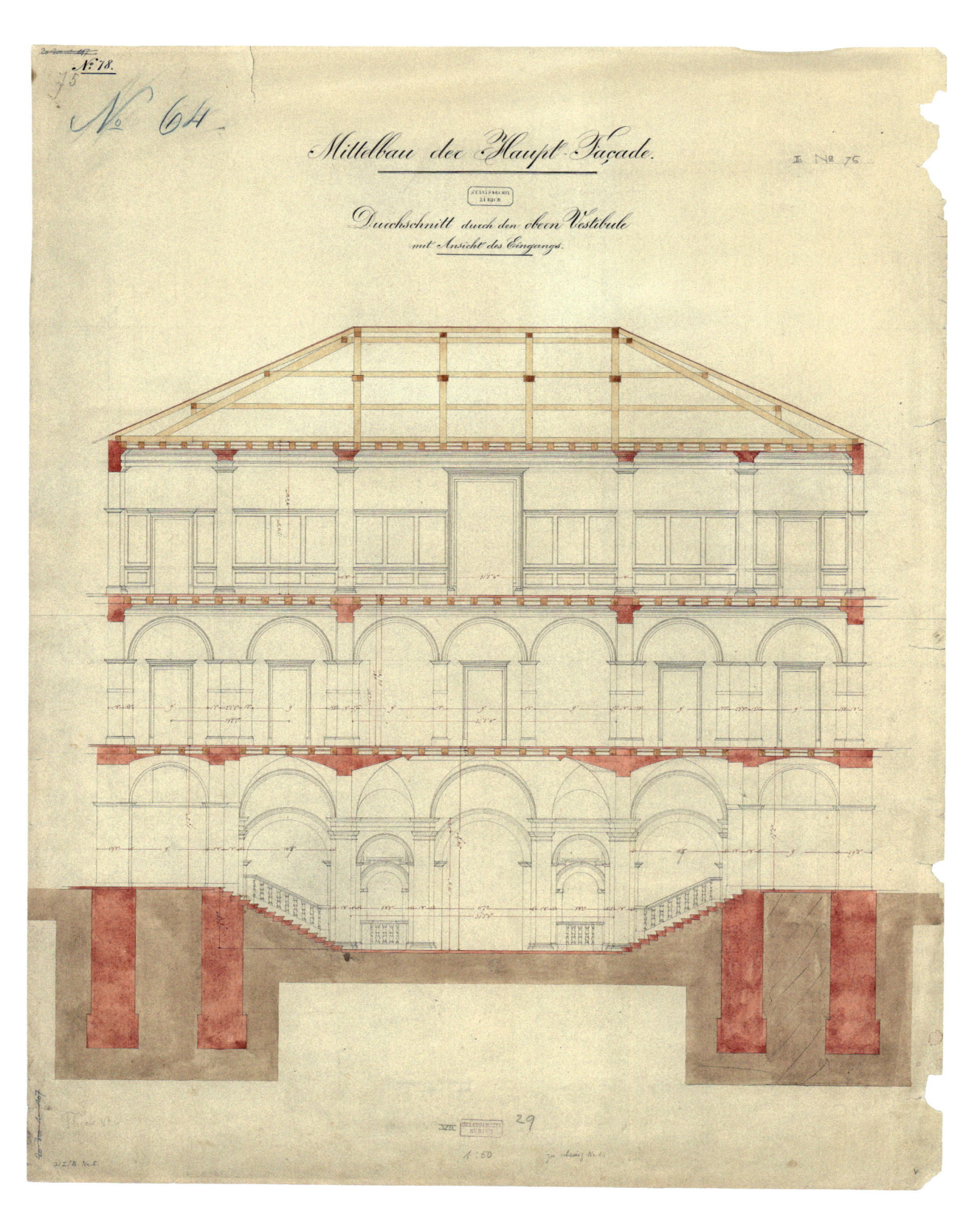

»MITTELBAU DER HAUPT-FAÇADE.
DURCHSCHNITT DURCH DEN OBERN
VESTIBULE MIT ANSICHT DES EINGANGS.«
Maßstab 1 : 200 (Original 1 : 50)

20-300-1-117 / gta Archiv / ETH Zürich (Nachlass Gottfried Semper).
Zeichnung in schwarzer Tusche auf Papier; braun, gelb und rot aquarelliert.
Bemaßungen in roter Tusche; Vorzeichnung in Bleistift. 81,5 x 65,8 cm.

»EIDG. POLYTECHNIKUM & ZÜRCH.
HOCHSCHULE. DURCHSCHNITTE
DURCH DIE DREI TREPPENARME NACH
DEN LINIEN: E. F., G. H., & J. H.«
Maßstab 1 : 200 (Original 1 : 50)

20-300-1-118 / gta Archiv / ETH Zürich (Nachlass Gottfried Semper).
Zeichnung in schwarzer Tusche auf Papier; braun, gelb und rot aquarelliert.
Bemaßungen in schwarzer Tusche; Überzeichnungen und zusätzliche
Bemaßungen in Bleistift. Blatt auf Leinwand aufgezogen. 75,8 x 128,9 cm.

Eidg. Polytechnikum & zürch. Hochschule.

Haupttreppe.

Durchschnitte durch die drei Treppenarme,
nach den Linien: E.F., G.H. & J.K.

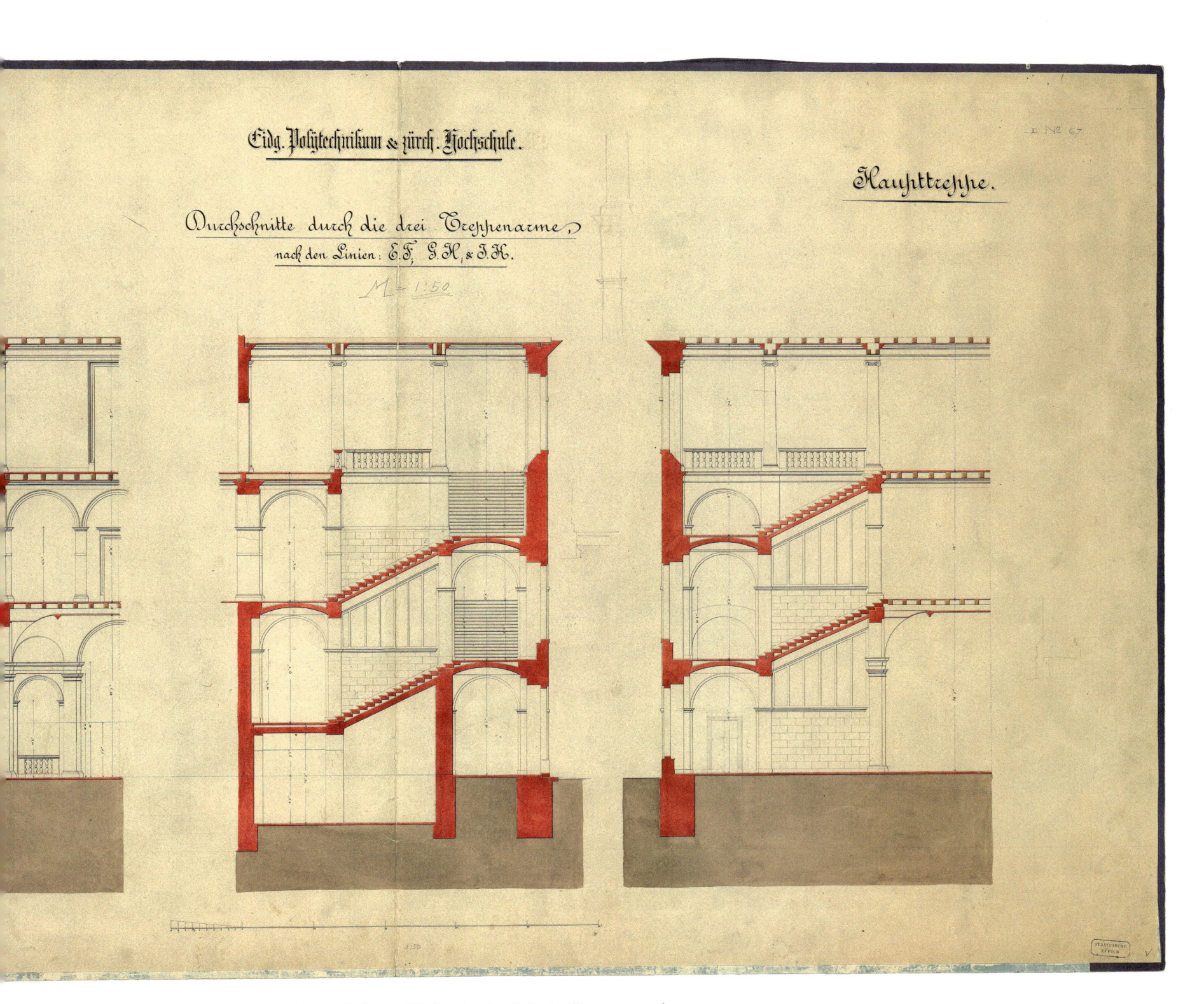

M = 1:50

Querschnitt durch das Treppenhaus mit den Ansichten der großen Obergeschossräume im Zentrum des Baus. Im zweiten Obergeschoss ist die große Tür zur Aula zu sehen, die die beiden Geschosse des Mittelrisalits dahinter bis zu dessen geradem Dachabschluss ausfüllt. Im ersten Obergeschoss führen fünf Türen in die Räume der Schulleitung, das zentrale Zimmer ersetzte Gustav Gull durch die Uhrenhalle.

Die Schnitte durch die drei Treppenarme des Haupttreppenhauses im Westen geben unterschiedliche Decken- und Unterzugskonstruktionen wieder. Im Erdgeschoss sind massive Wölbkonstruktionen neben abgehängten Gipsschalen zu sehen, in den Obergeschossen finden sich Holzbalkendecken und nach oben hin leichter werdende Unterzugskonstruktionen. Die Unterseiten der Treppenläufe sind massiv ausgeführt. Das große Treppenhaus öffnet sich zum Vorraum der Aula mit offenen Balustraden und Pfeilerstellungen.

N° 11.
N° 4.

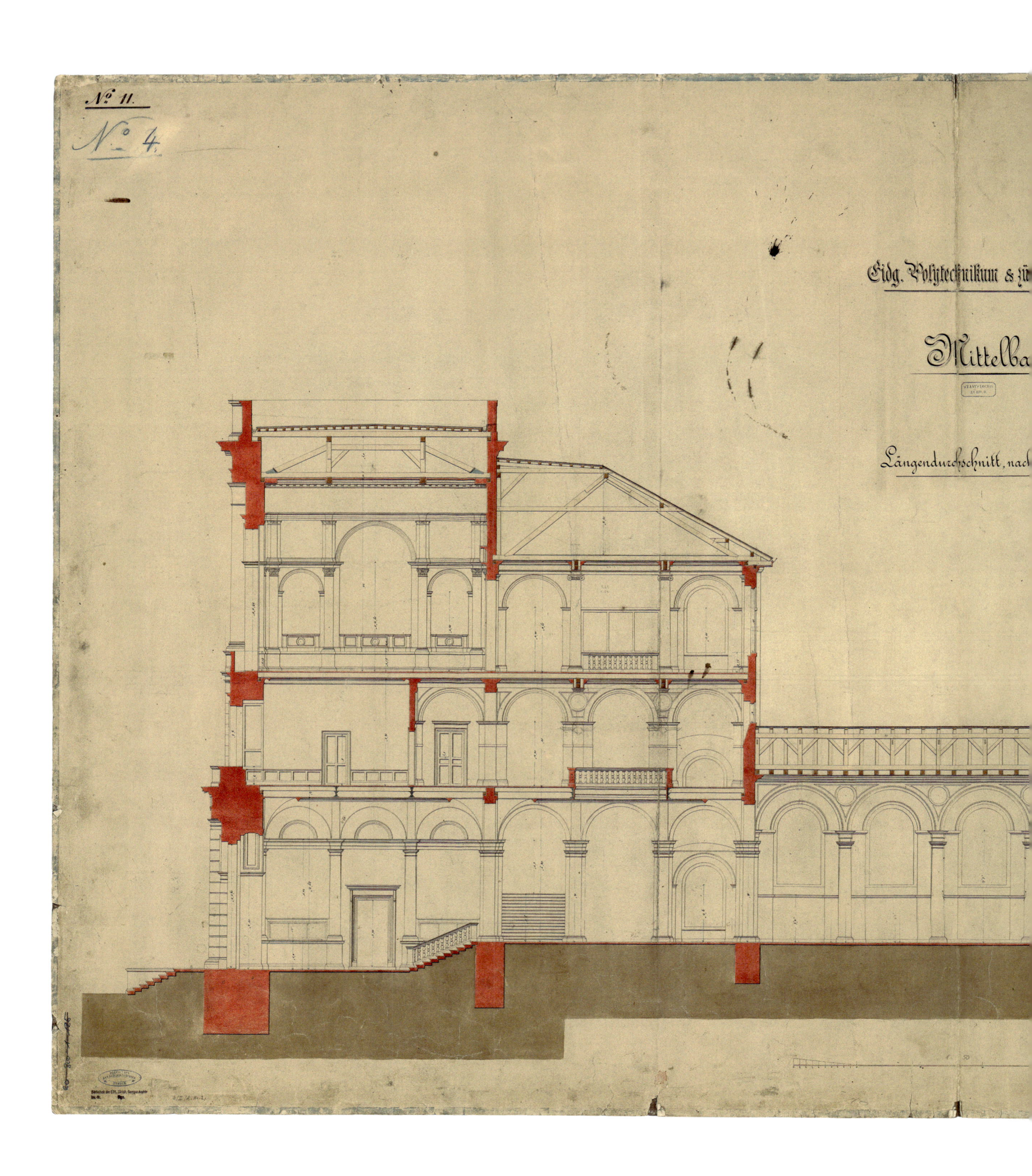

Eidg. Polytechnikum & zür[...]

Mittelba[...]

Längendurchschnitt, nach [...]

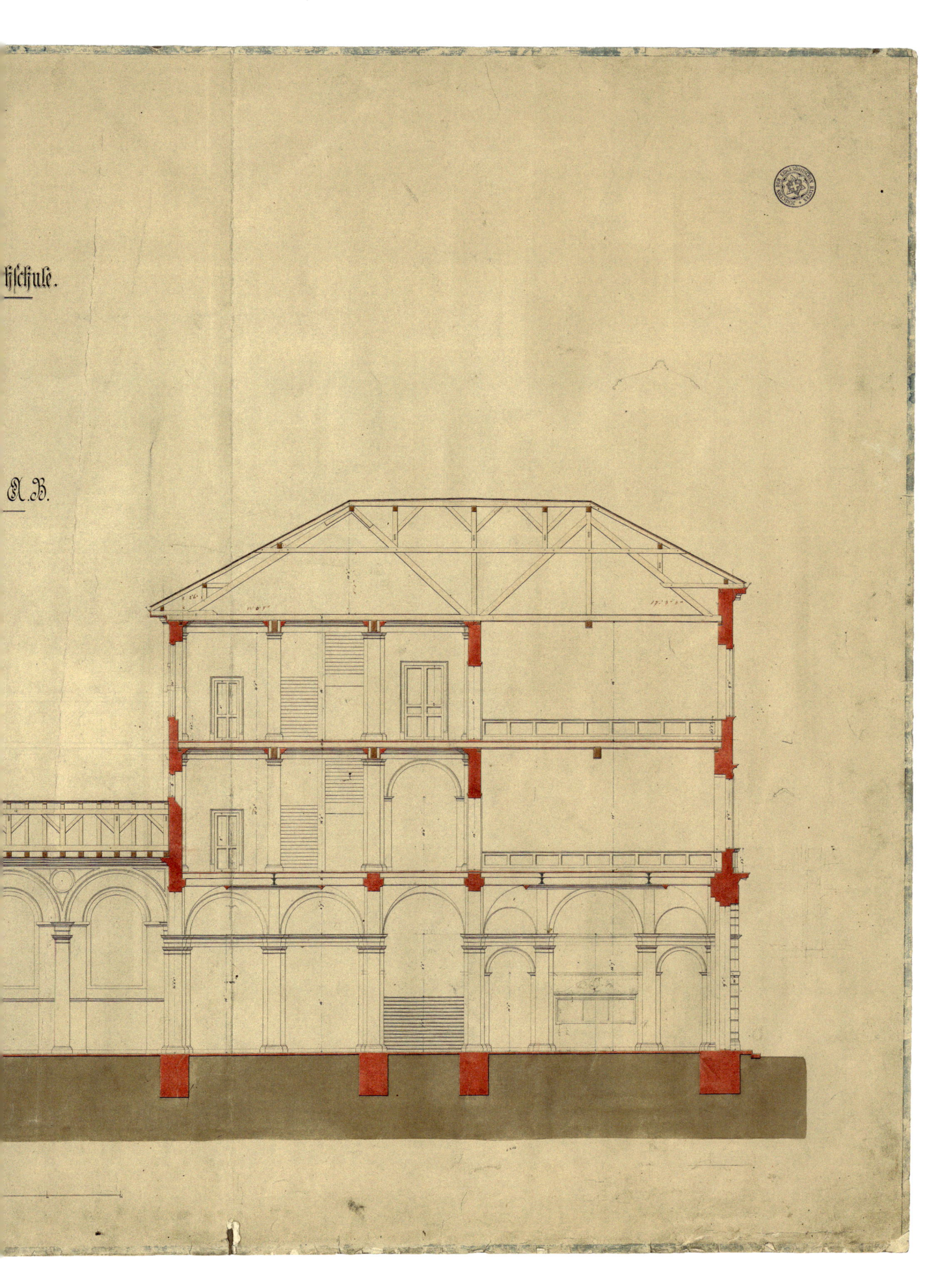

»EIDG. POLYTECHNIKUM & ZÜRCH.
HOCHSCHULE. MITTELBAU. LÄNGEN-
DURCHSCHNITT, NACH LINIE: A. B.«
Maßstab 1 : 200 (Original 1 : 50)

20-300-1-125 / gta Archiv / ETH Zürich (Nachlass Gottfried Semper).
Zeichnung in schwarzer Tusche auf Papier; braun, gelb, grau und rot
aquarelliert. Bemaßungen in schwarzer und roter Tusche; Skizzen in
Bleistift. Blatt auf Leinwand aufgezogen. 97,7 x 169,6 cm.

Im der Ausführung zugrunde liegenden Werkplan für den West-Ost-Schnitt sind die realisierten Baukonstruktionen festgelegt: Eisenträger über den Vestibülen der Erdgeschoss-
räume, Deckendurchbruch im westlichen
Haupttreppenhaus; das flache Dach über der
Antikenhalle ermöglicht Fensteröffnungen
zur Hofseite. Auch Dachkonstruktion und
Triumphbogenmotiv der Aula entsprechen
der Ausführung.

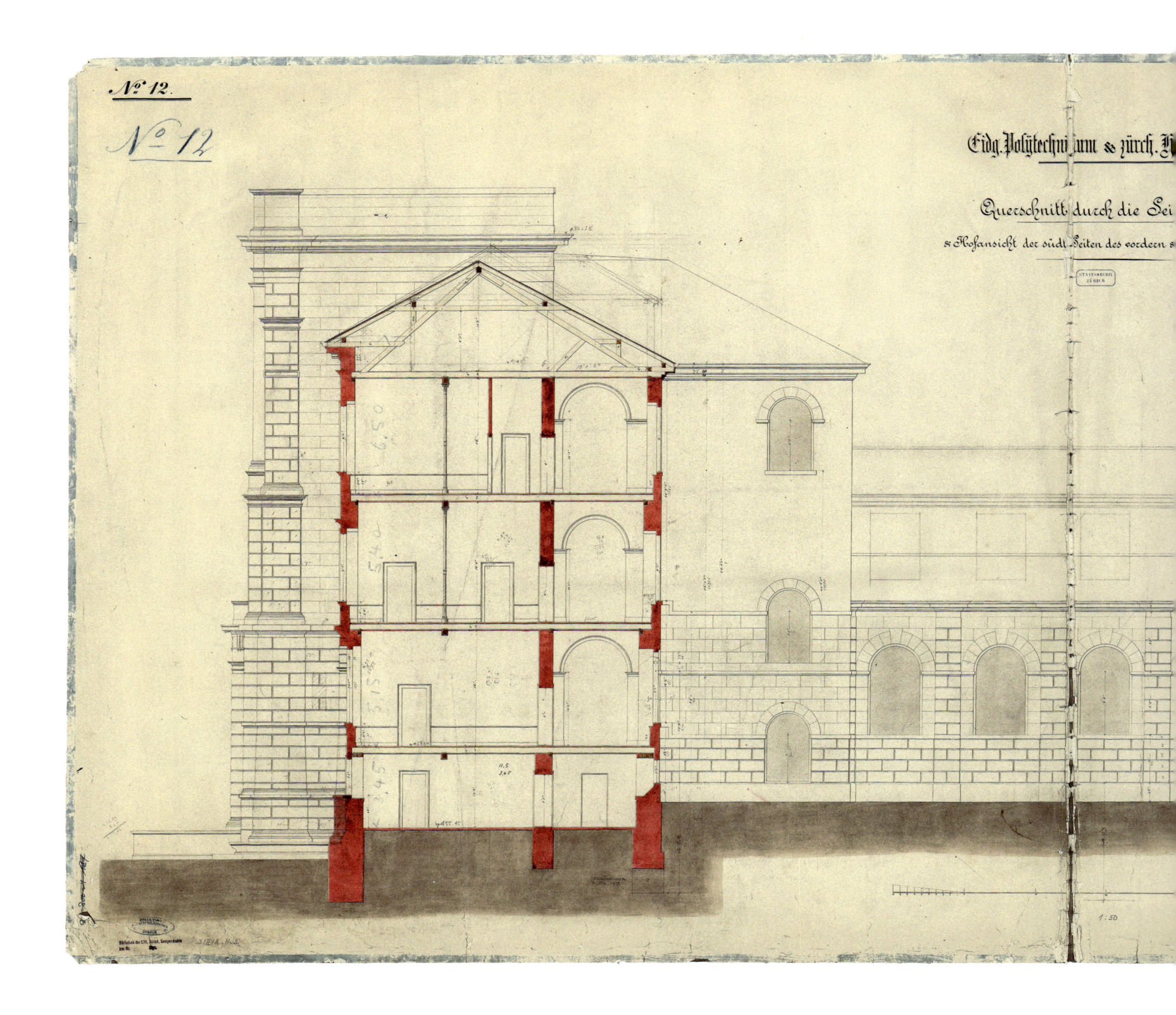

»EIDG. POLYTECHNIKUM & ZÜRCH. HOCHSCHULE. QUERSCHNITT DURCH DIE SEITENFLÜGEL & HOFANSICHT DER SÜDL. SEITEN DES VORDERN & HINTERN MITTELBAUES.«
Maßstab 1 : 200 (Original 1 : 50)

20-300-1-127 / gta Archiv / ETH Zürich (Nachlass Gottfried Semper). Zeichnung in schwarzer Tusche auf Papier; braun, gelb, grau und rot aquarelliert. Bemaßungen in schwarzer Tusche; Überzeichnungen, Skizzen und Berechnungen in Bleistift, zusätzliche Bemaßungen in Bleistift und blauem Farbstift. Blatt auf Leinwand aufgezogen. 75,5 x 169,0 cm.

Der Querschnitt durch die Seitenflügel verdeutlicht die pragmatische Konstruktionsweise der Standardschulzimmer. Dünne eiserne Stützen tragen Holzbalkendecken, nur die Flurwände sind im Inneren massiv ausgeführt. Die Dachkonstruktionen sind asymmetrisch, da an den Außenseiten des Baus Trempel ausgeführt wurden. Die Dächer der Seitenflügel stoßen unter dem Dachgesims an die Seitenwand des Mittelrisalits. In der Ansicht des Haupttreppenhauses sind die inzwischen verlorenen Seitenfenster zu sehen.

Mittelbaues.

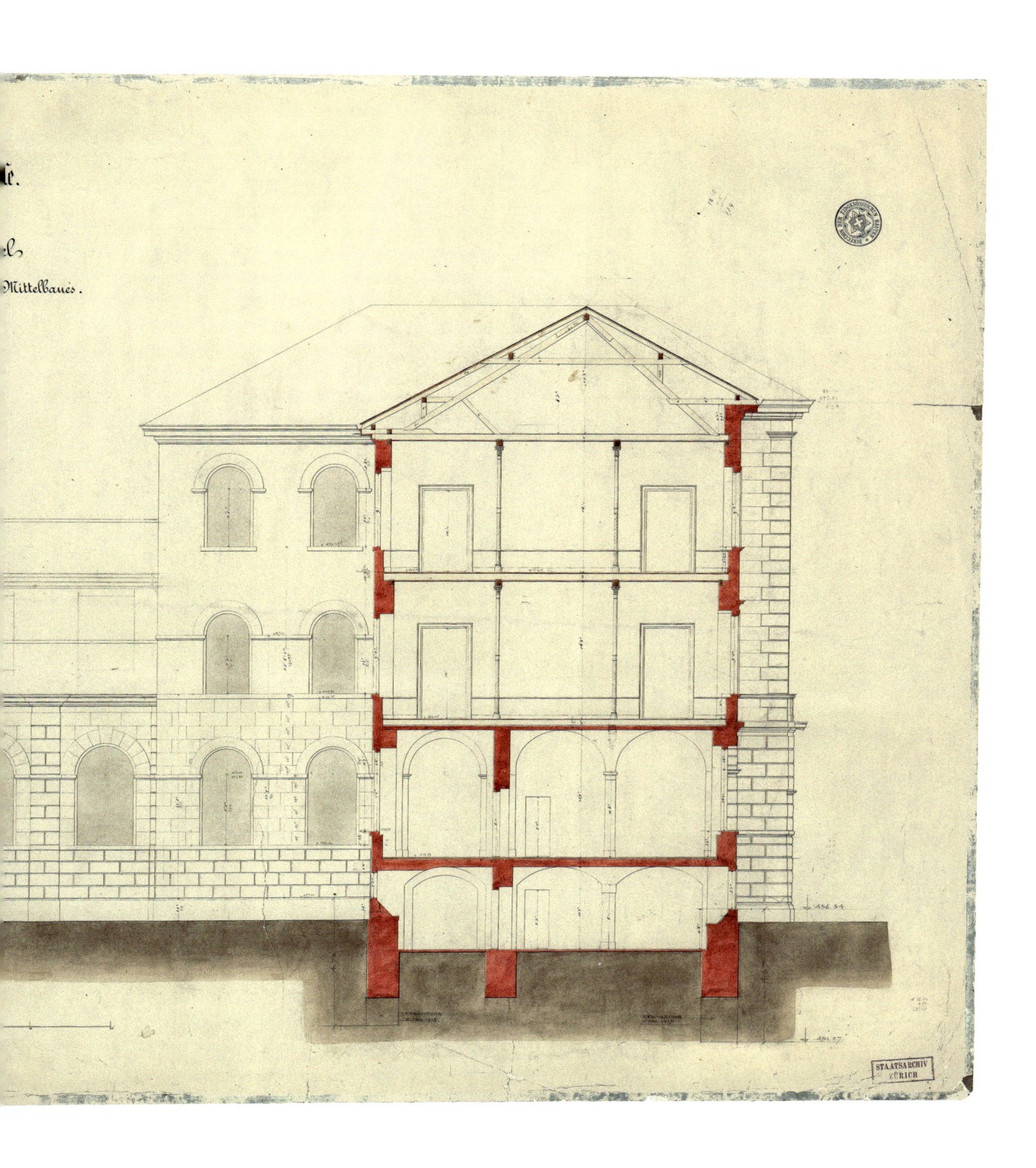

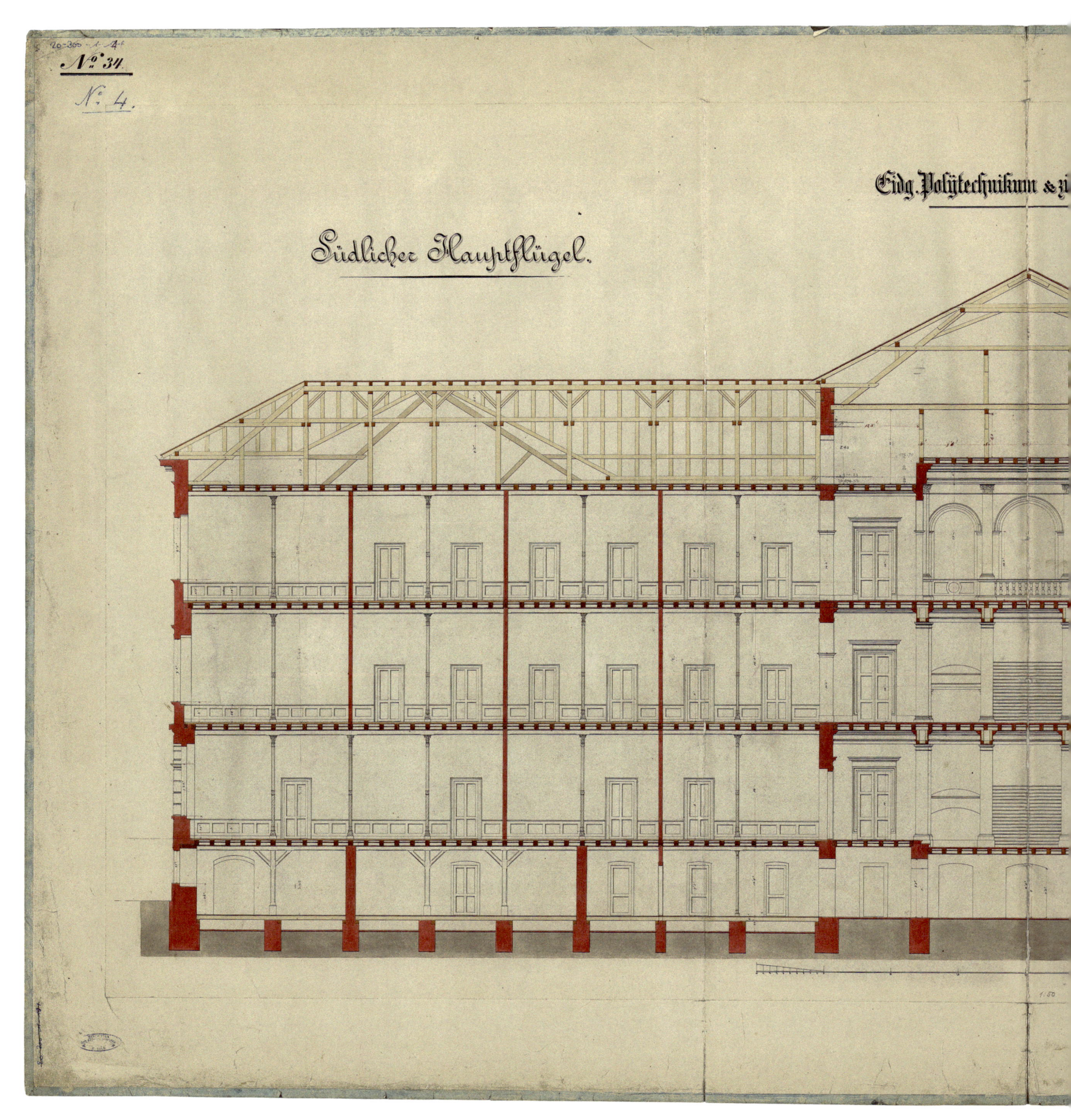

»EIDG. POLYTECHNIKUM & ZÜRCH.
HOCHSCHULE. SÜDLICHER HAUPT-
FLÜGEL. LÄNGENDURCHSCHNITT
NACH LINIE E. F.«
Maßstab 1 : 200 (Original 1 : 50)

20-300-1-141 / gta Archiv / ETH Zürich (Nachlass Gottfried Semper).
Zeichnung in schwarzer Tusche auf Papier; braun, gelb, grau und rot aquarelliert. Bemaßungen in schwarzer und roter Tusche; zusätzliche Bemaßungen und Berechnungen in Bleistift. Blatt auf Leinwand aufgezogen.
94,3 x 176,8 cm.

Ein Längsschnitt des Südflügels mit dem
großen Treppenhaus für die Universität gibt
Stützenstellungen in den doppelachsigen
Schulräumen und überraschend dünne Zwi-
schenwandkonstruktionen zwischen Flur
und Außenwand wieder.

ochschule.

Längendurchschnitt nach Linie E. F.

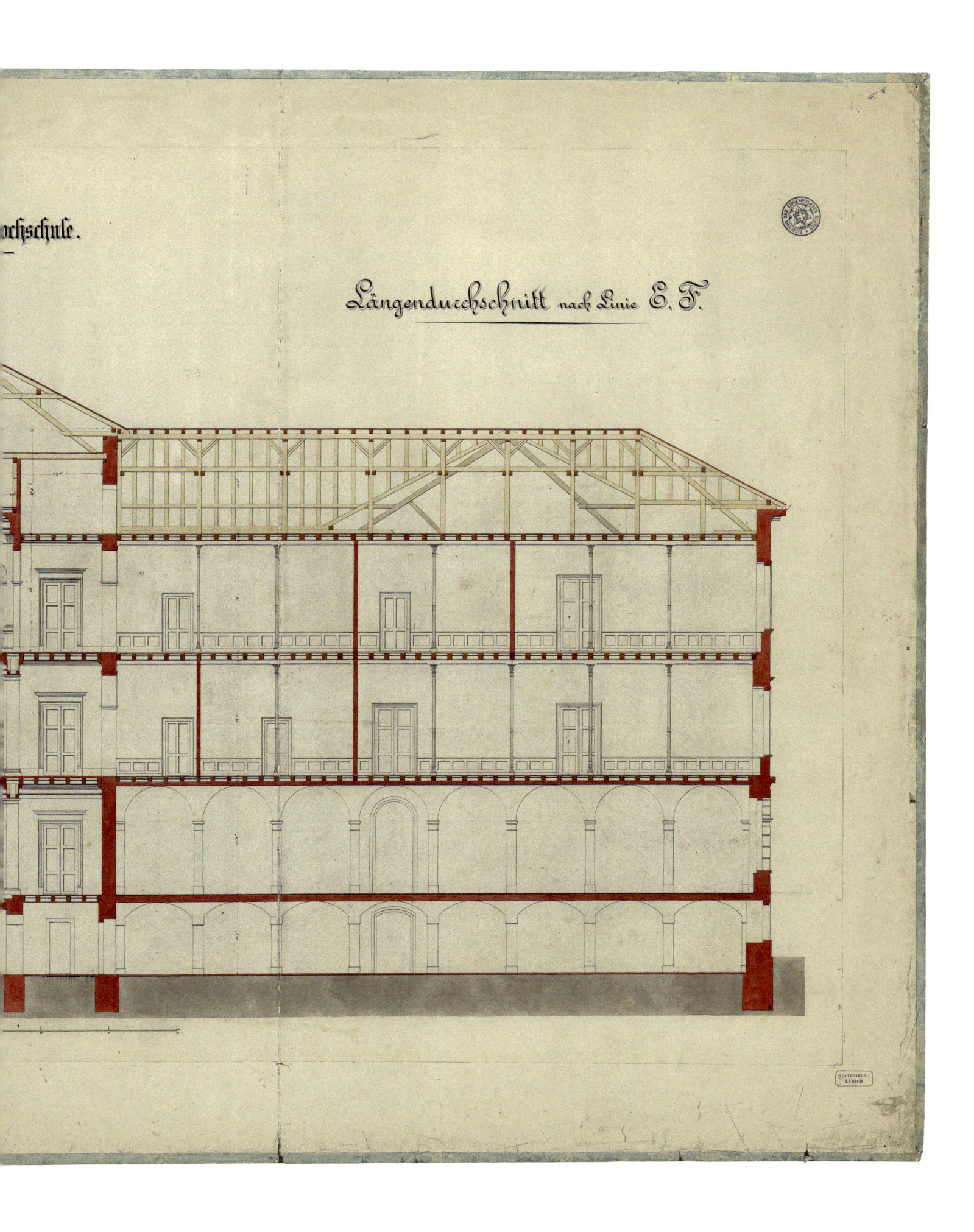

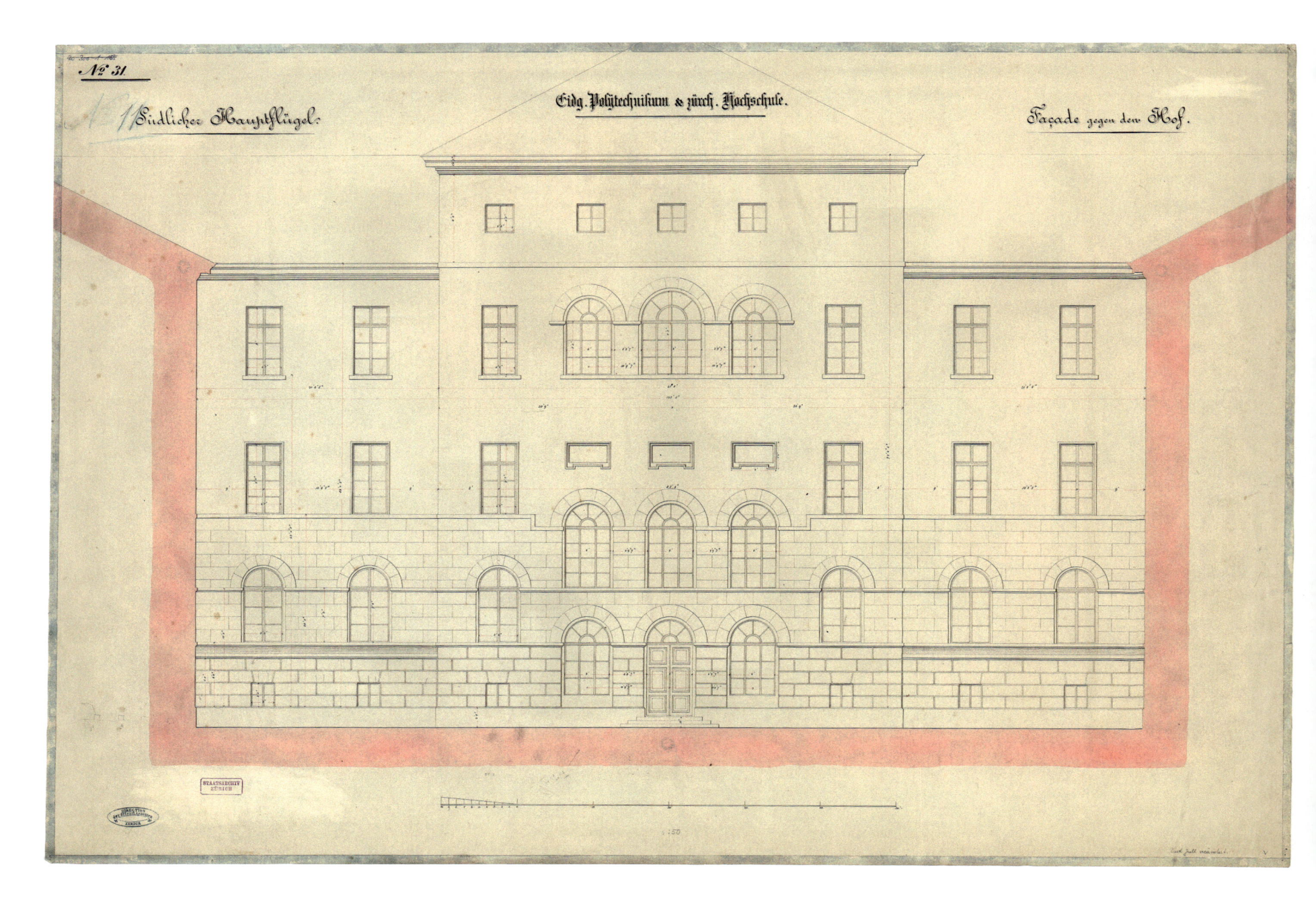

»EIDG. POLYTECHNIKUM & ZÜRCH. HOCHSCHULE. SÜDLICHER HAUPTFLÜGEL. FAÇADE GEGEN DEN HOF.«
Maßstab 1 : 200 (Original 1 : 50)

20-300-1-165 / gta Archiv / ETH Zürich (Nachlass Gottfried Semper). Zeichnung in schwarzer Tusche auf Papier; rosa aquarelliert. Bemaßungen in schwarzer und roter Tusche. Blatt auf Leinwand aufgezogen. 64,7 x 98,6 cm.

»EIDG. POLYTECHNIKUM & ZÜRCH. HOCHSCHULE. HOFFAÇADE DES HINTERN MITTELBAUES.«
Maßstab 1 : 200 (Original 1 : 50)

20-300-1-168 / gta Archiv / ETH Zürich (Nachlass Gottfried Semper). Zeichnung in schwarzer Tusche auf Papier; grau und rosa aquarelliert. Bemaßungen in schwarzer Tusche und Bleistift; Berechnungen in Bleistift. Blatt auf Leinwand aufgezogen. 71,2 x 87,1 cm.

Werkpläne zum »südlichen Hauptflügel« und der »Hoffaçade des hintern Mittelbaues« entstanden ebenfalls im Maßstab 1 : 50 – nicht mehr als Präsentationspläne, sondern als pragmatische Anweisungen für die Baustelle. Die Pläne sind vermaßt und geben verbindliche Stein- und Öffnungsformate wieder. Rosa angelegt sind die Schnittflächen der angrenzenden Bauvolumen, im rechten Plan sieht man den Schnitt der Antikenhalle.

N° 10.

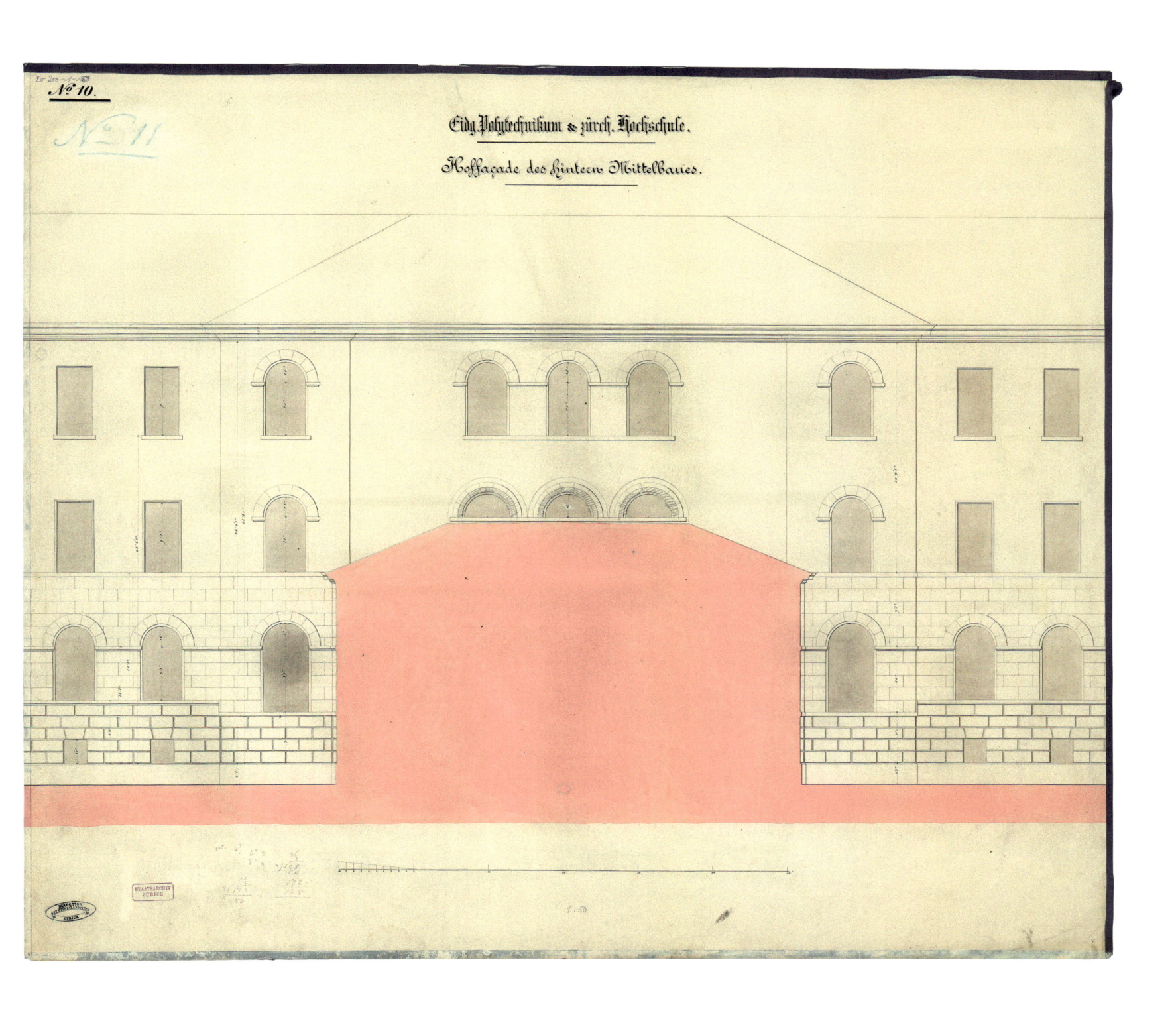

N° 11

Eidg. Polytechnikum & zürch. Hochschule.

Hoffaçade des hintern Mittelbaues.

№ 2

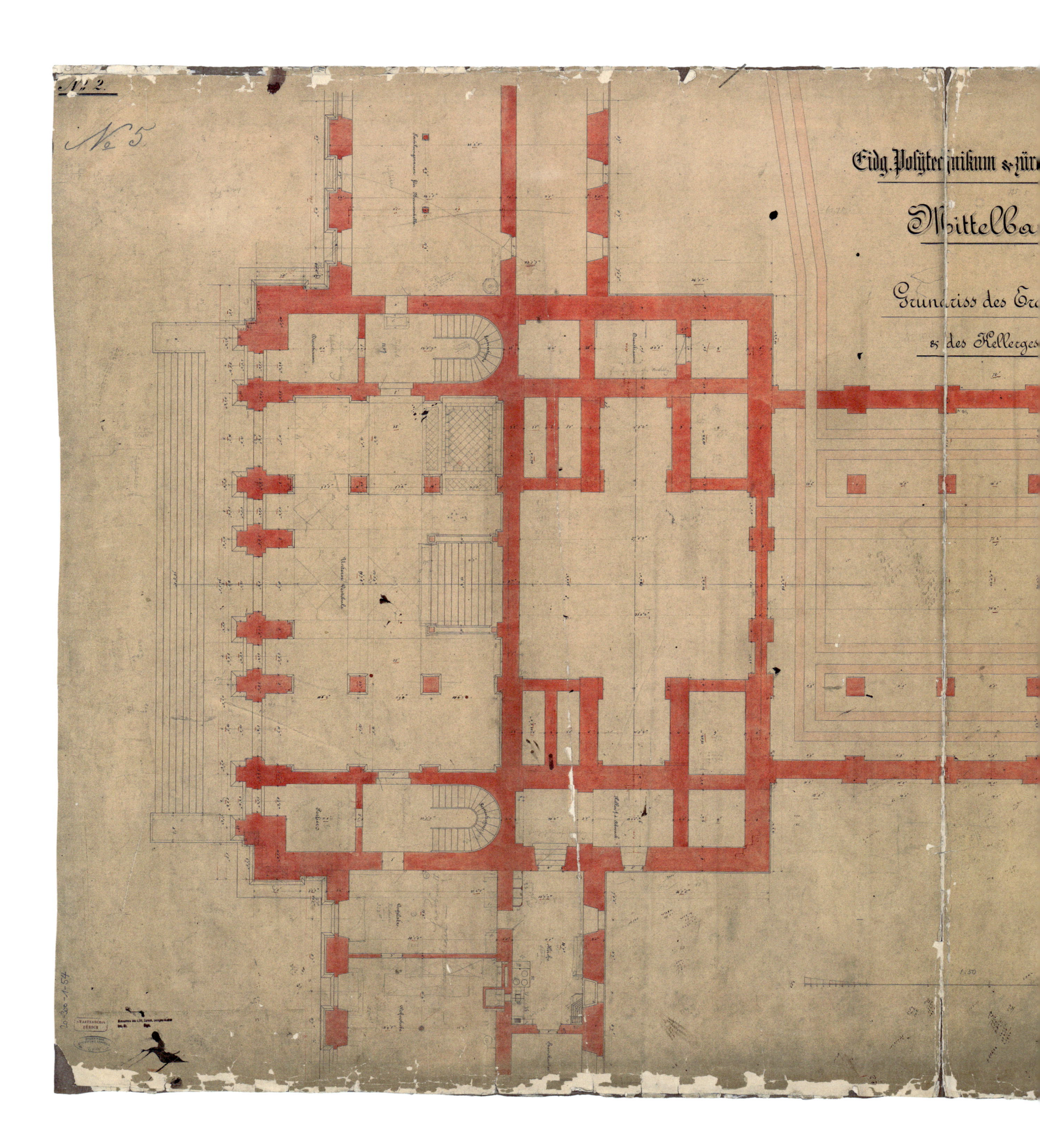

№ 5

Eidg. Polytechnikum Zürich

Mittelba[u]

Grundriss des Er[dgeschosses]

& des Kellerge[schosses]

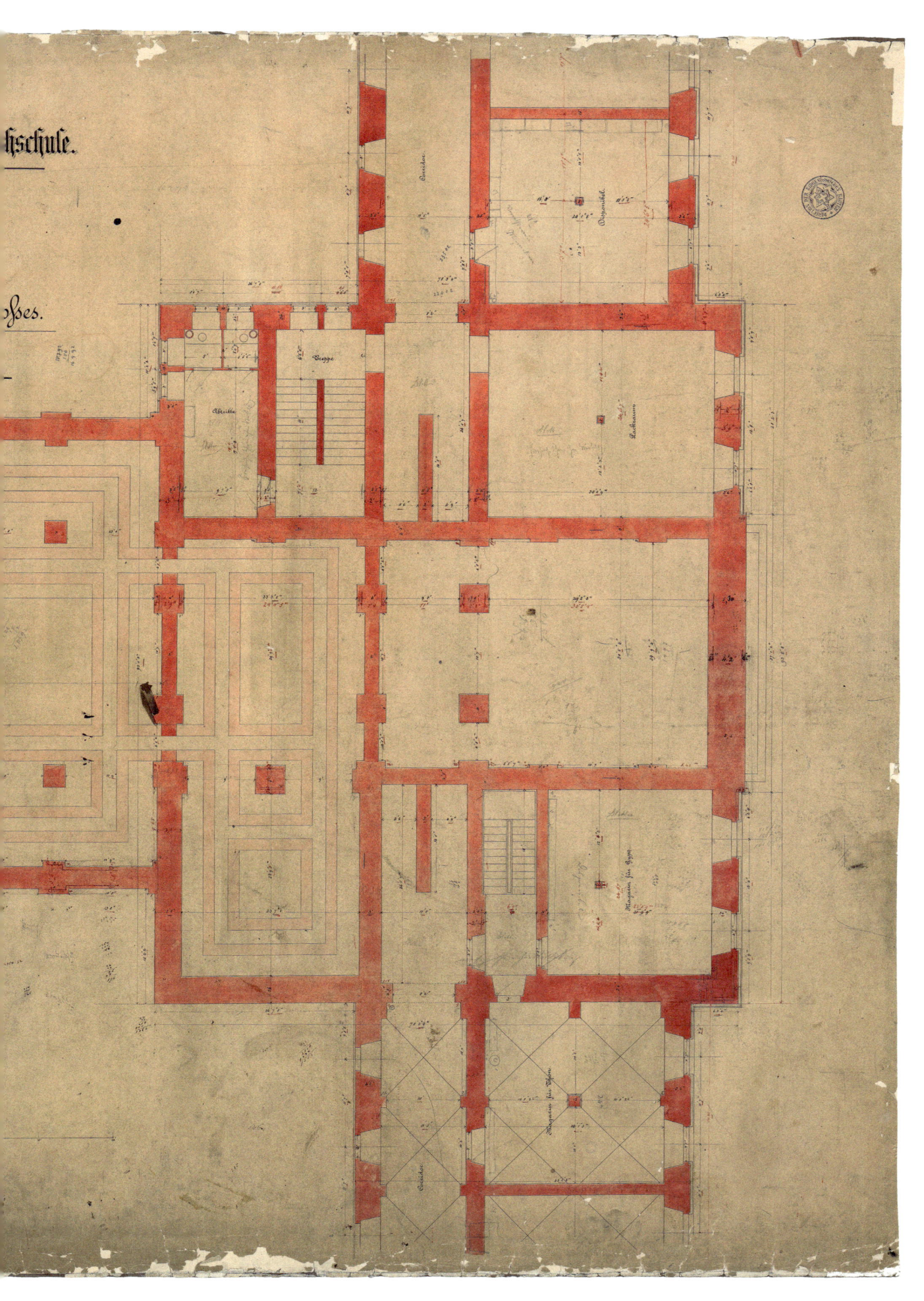

»EIDG. POLYTECHNIKUM & ZÜRCH.
HOCHSCHULE. MITTELBAU. GRUNDRISS
DES ERDGESCHOSSES. & DES KELLER-
GESCHOSSES.«
Maßstab 1 : 200 (Original 1 : 50)

20-300-1-54 / gta Archiv / ETH Zürich (Nachlass Gottfried Semper). Zeichnung in schwarzer Tusche auf Papier; rot aquarelliert. Beschriftungen und Bemaßungen in schwarzer Tusche; Überzeichnungen und Anmerkungen in Bleistift, zusätzliche Bemaßungen in schwarzer und roter Tusche sowie Bleistift, Berechnungen in schwarzer Tusche. Blatt auf Leinwand aufgezogen. 99,5 x 171,8 cm.

Eine Serie von Grundrisswerkplänen im Maßstab 1 : 50 entstand wohl in den späten 1850er Jahren. Der erste Grundrissausschnitt des Mitteltrakts zeigt Souterrain und (hangseitig) Kellergeschoss. Links im Plan das untere Vestibül mit angeschnittener zentraler Treppe, rechts, bereits unter der Antikenhalle, gemauerte Bodenkanäle, wohl für die Dampfheizung.

N° 3.

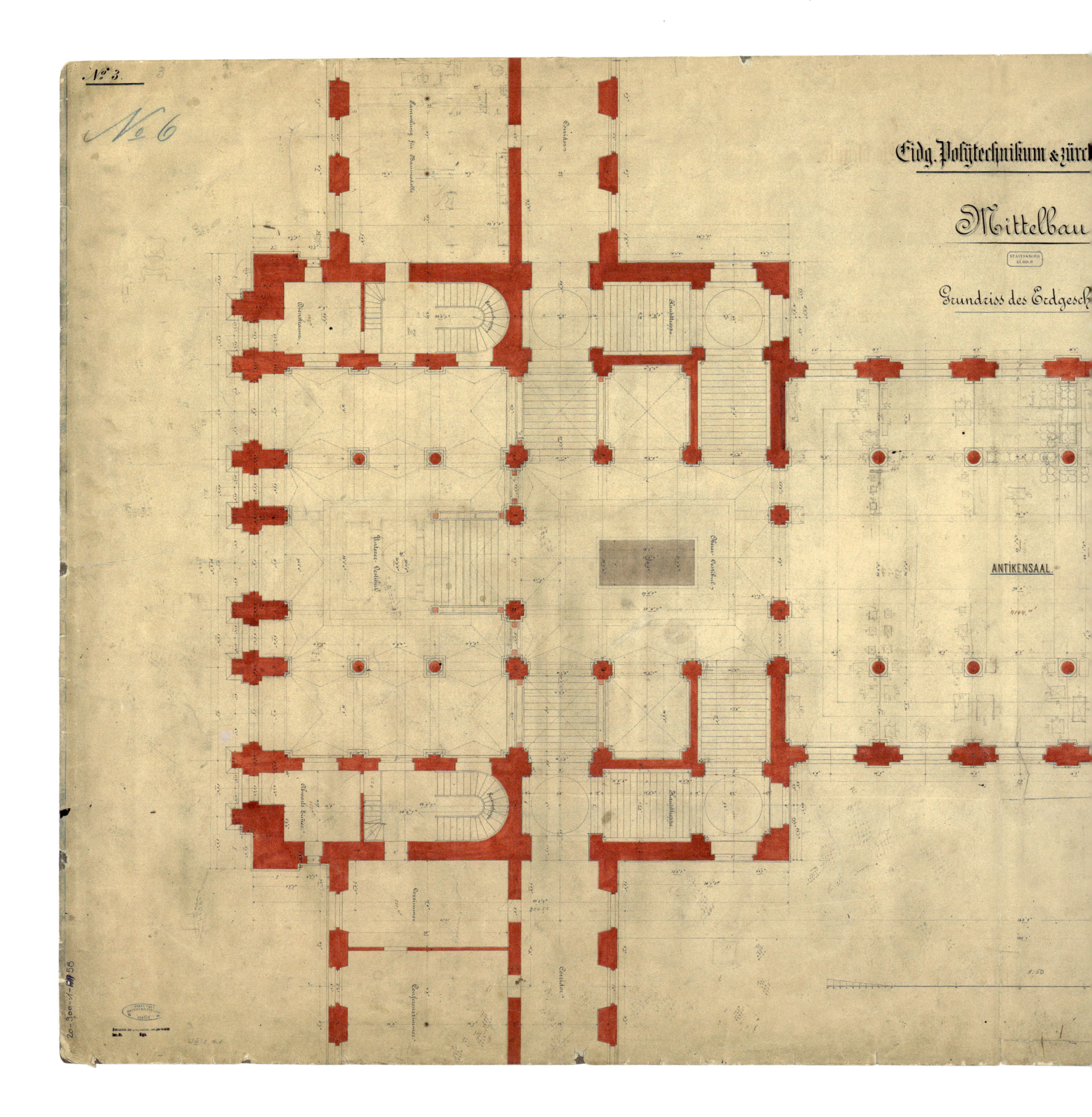

N° 6

Eidg. Polytechnikum & Zürch

Mittelbau

Grundriss des Erdgeschoss

ANTIKENSAAL.

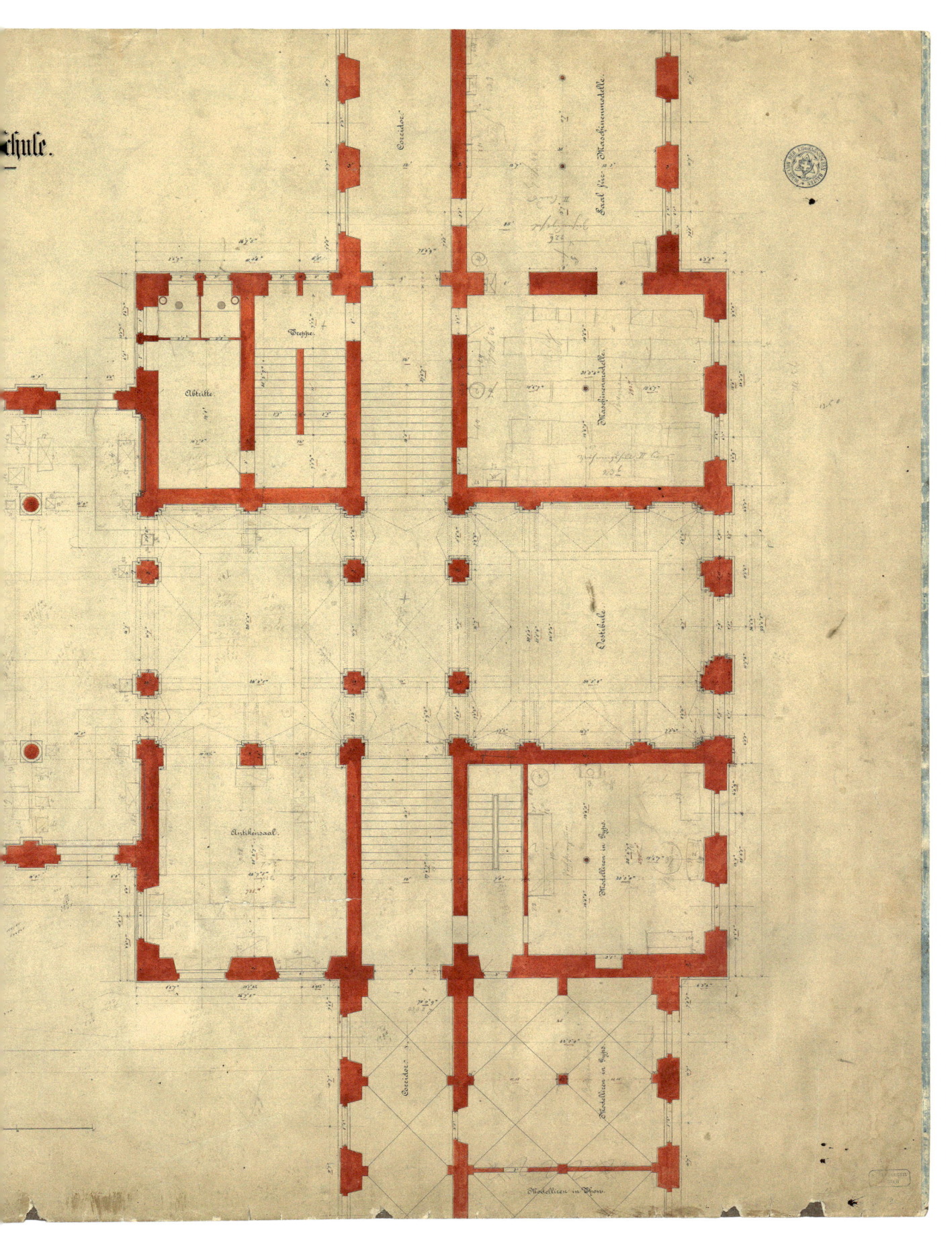

»EIDG. POLYTECHNIKUM & ZÜRCH.
HOCHSCHULE. MITTELBAU. GRUNDRISS
DES ERDGESCHOSSES.«
Maßstab 1 : 200 (Original 1 : 50)

20-300-1-58 / gta Archiv / ETH Zürich (Nachlass Gottfried Semper).
Zeichnung in schwarzer Tusche auf Papier, rot aquarelliert. Beschriftungen
und Bemaßungen in schwarzer Tusche; Überzeichnungen, zusätzliche
Bemaßungen, Anmerkungen und Berechnungen in Bleistift. Blatt auf Leinwand aufgezogen. 95,0 x 175,0 cm.

Im Werkplan des Erdgeschosses mit dem
oberen und unteren Vestibül sind Vermaßungen für die aufgehende Architektur und die
Führung der Wölbgrate der Decken eingetragen, im Antikensaal finden sich Details der
Fußbodenbeläge und erste Überlegungen zur
Lage der Postamente. Im östlichen Vestibül
erschließen zwei breite Treppenläufe die
erhöht liegenden Korridore der Seitenflügel,
die Obergeschosse sind durch Nebentreppen
zugänglich.

№ 4.

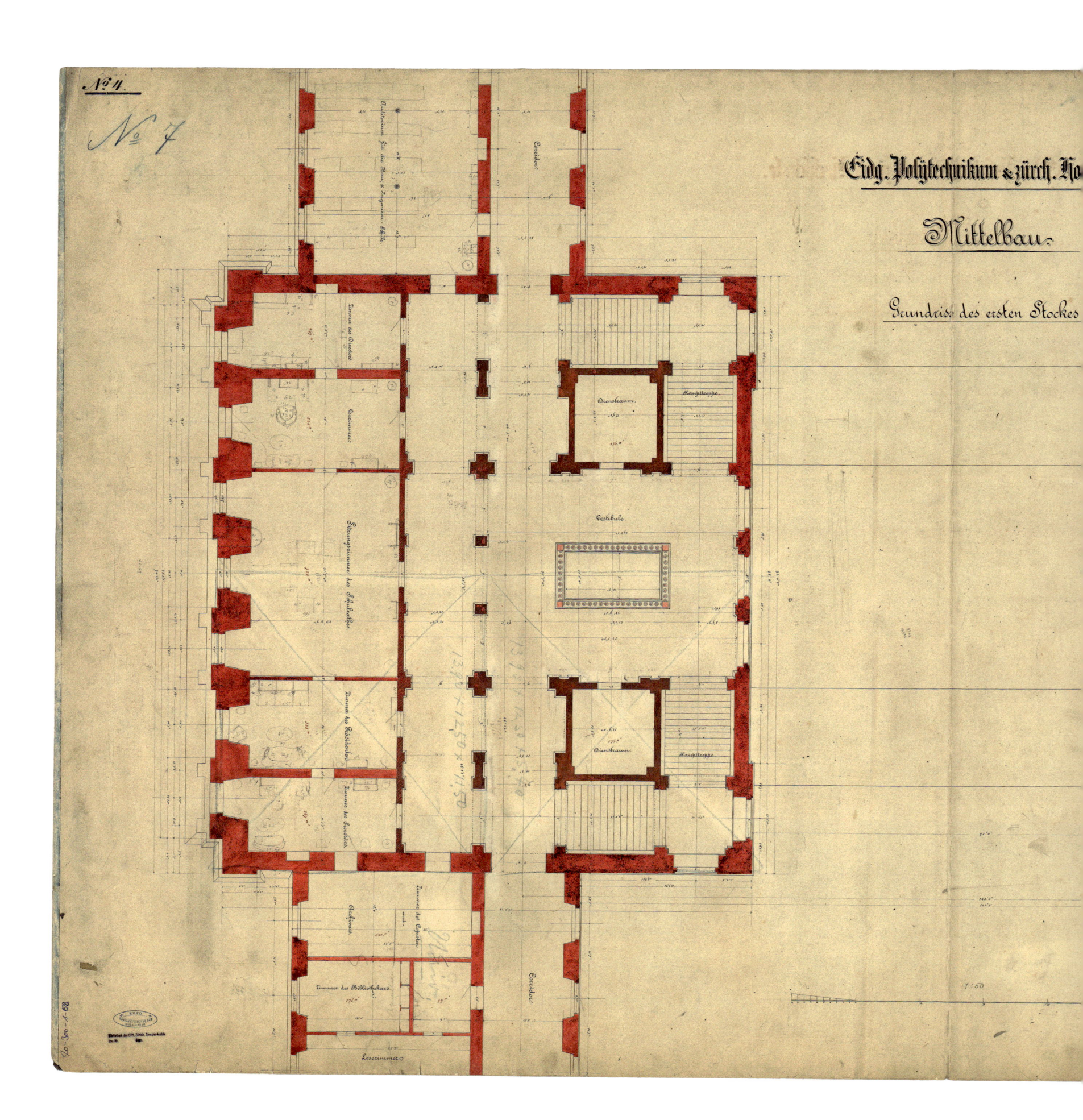

№ 7

Eidg. Polytechnikum & zürch. Ho

Mittelbau

Grundriss des ersten Stockes

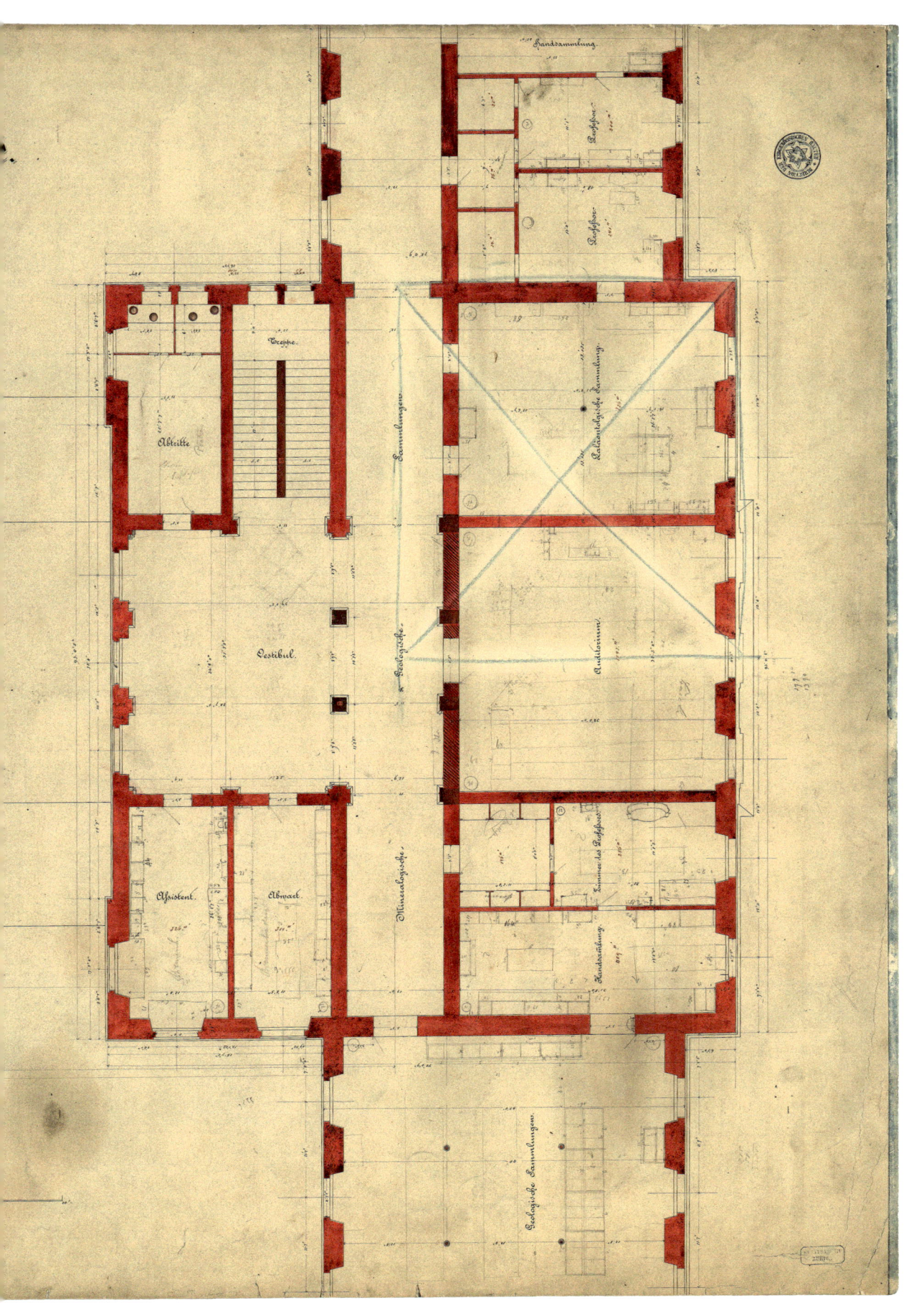

»EIDG. POLYTECHNIKUM & ZÜRCH.
HOCHSCHULE. MITTELBAU. GRUNDRISS
DES ERSTEN STOCKES.«
Maßstab 1 : 200 (Original 1 : 50)

20-300-1-62 / gta Archiv / ETH Zürich (Nachlass Gottfried Semper).
Zeichnung in schwarzer Tusche auf Papier; mit roter Kreide koloriert.
Beschriftungen und Bemaßungen in schwarzer und roter Tusche;
Überzeichnungen und zusätzliche Bemaßungen in Bleistift und blauem
Farbstift. Blatt auf Leinwand aufgezogen. 95,0 x 167,0 cm.

Im Hauptrisalit zur Stadt liegen im ersten
Obergeschoss die Sitzungszimmer der Schul-
leitung, Vorzimmer, Direktorenzimmer und
Zimmer des Präsidenten. Das zum Hof hin
orientierte, offene Vestibül ist durch sieben
große Fenster belichtet, eine rechteckige
Bodenöffnung mit Balustrade verbindet den
Raum mit dem unteren Vestibül.

No 5.

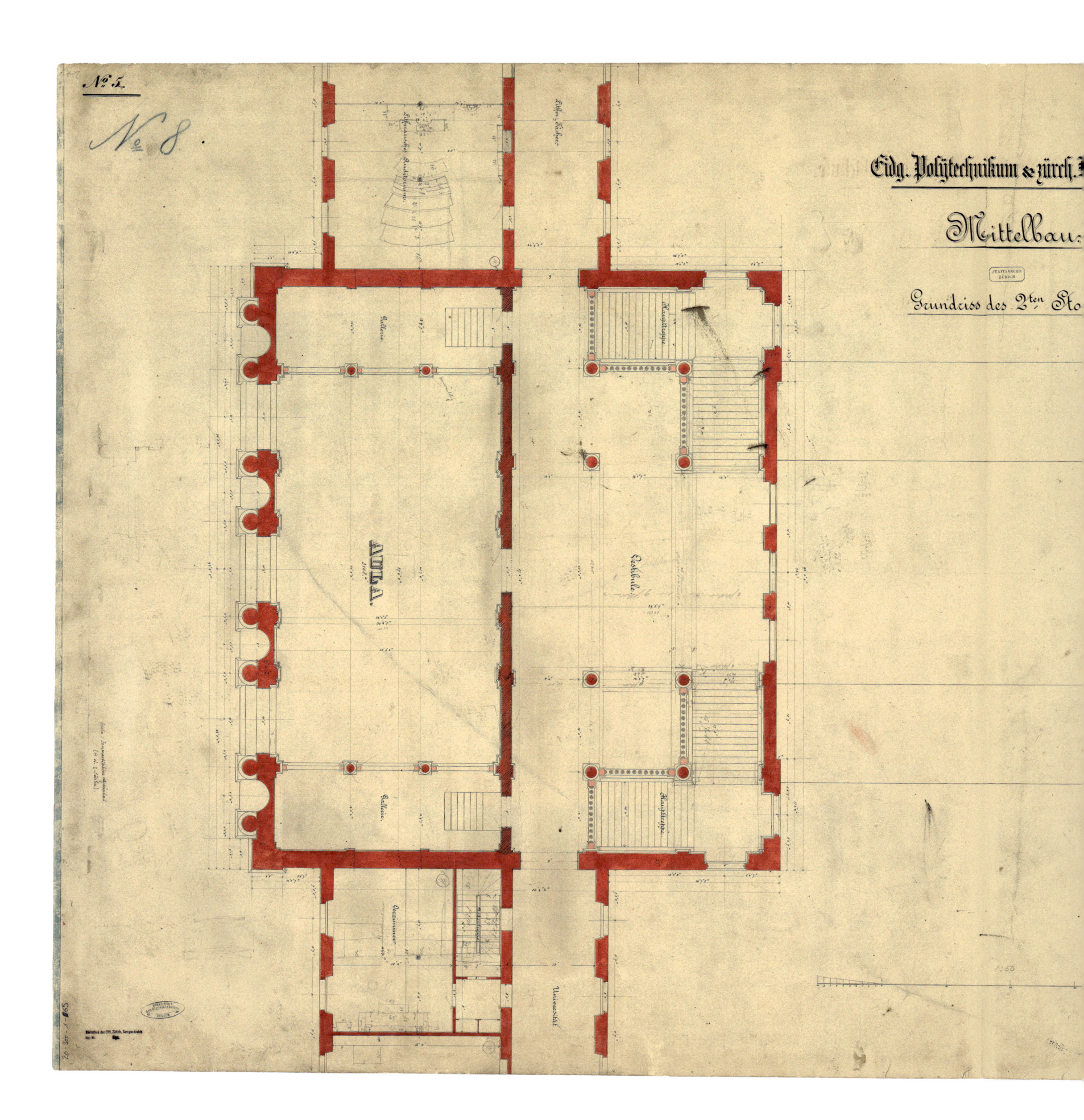

No 8.

Eidg. Polytechnikum & zürch.

Mittelbau

Grundriss des 2ten Sto

AULA

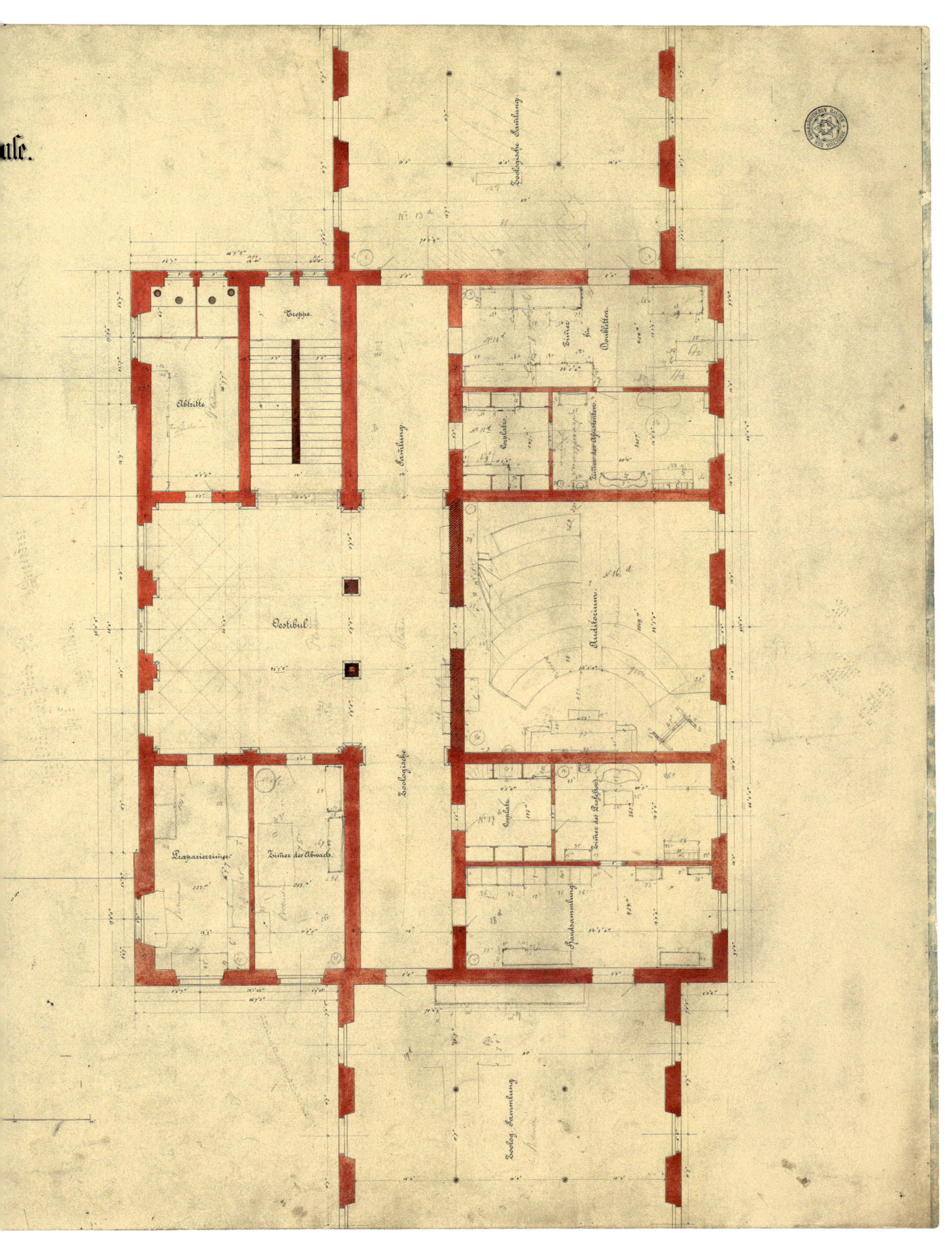

»EIDG. POLYTECHNIKUM & ZÜRCH. HOCHSCHULE. MITTELBAU. GRUNDRISS DES 2ᵀᴱᴺ STOCKES.«
Maßstab 1 : 200 (Original 1 : 50)

20-300-1-65 / gta Archiv / ETH Zürich (Nachlass Gottfried Semper). Zeichnung in schwarzer Tusche auf Papier; rot aquarelliert. Beschriftungen und Bemaßungen in schwarzer und roter Tusche; Überzeichnungen und zusätzliche Bemaßungen in Bleistift. Blatt auf Leinwand aufgezogen. Ca. 95,0 x 75,0 cm.

Im Aulageschoss endet die große Haupttreppe, die um vier freistehende Stützen geführt wird, in einem großzügigen Plateau. Im Ostrisalit wird ein zentraler Hörsaal mit halbrunder Bestuhlung von Professoren- und Assistentenzimmern flankiert.

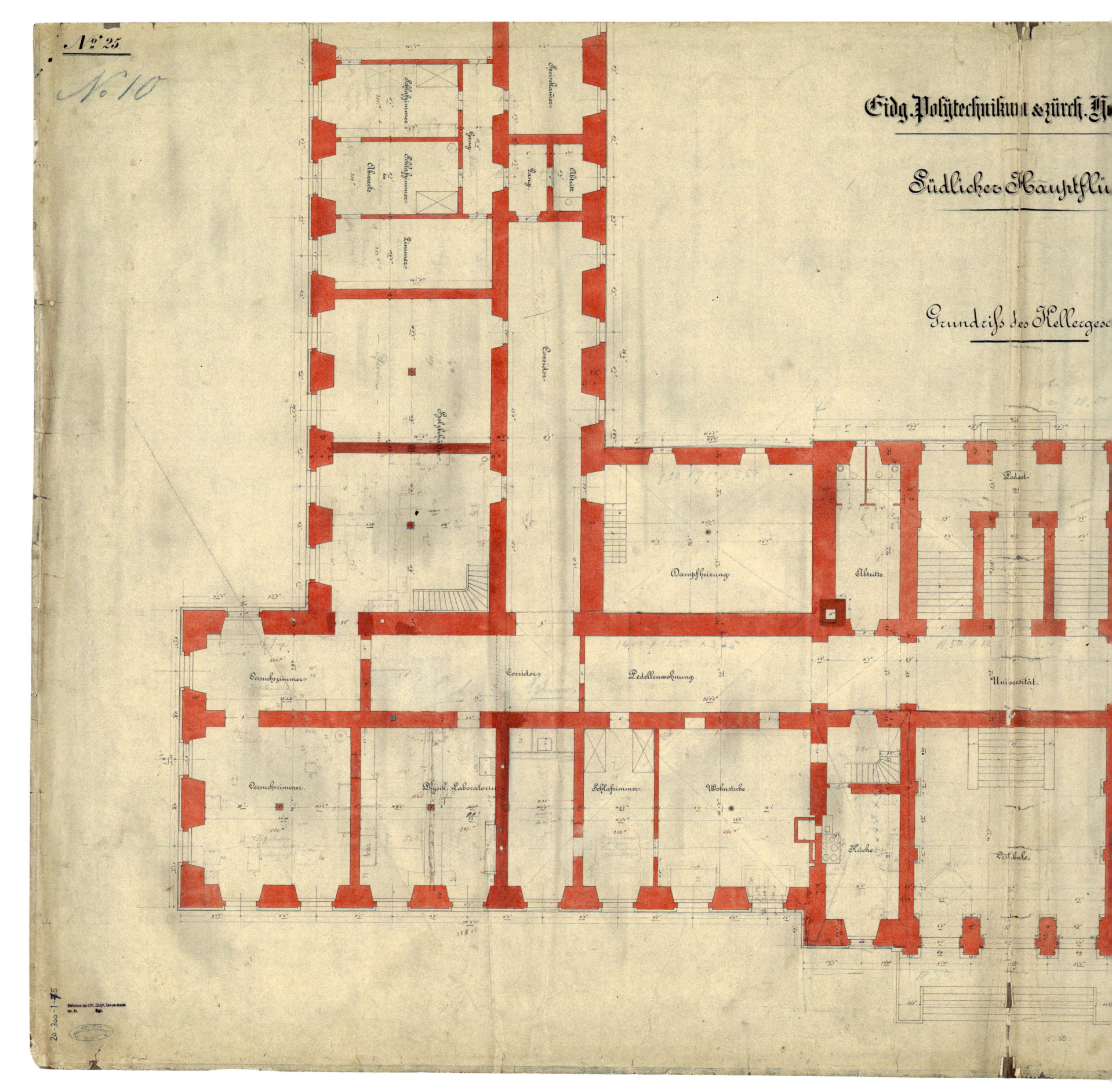

»EIDG. POLYTECHNIKUM & ZÜRCH.
HOCHSCHULE. SÜDLICHER HAUPT-
FLÜGEL. GRUNDRISS DES KELLER-
GESCHOSSES.«
Maßstab 1 : 200 (Original 1 : 50)

20-300-1-75 / gta Archiv / ETH Zürich (Nachlass Gottfried Semper).
Zeichnung in schwarzer Tusche auf Papier; rot aquarelliert. Beschriftun-
gen und Bemaßungen in schwarzer und roter Tusche; Überzeichnungen,
Skizzen, zusätzliche Bemaßungen, Anmerkungen und Berechnungen in
Bleistift. Blatt auf Leinwand aufgezogen. 95,6 x 177,6 cm.

Zwei Werkpläne für Keller und Erdgeschoss
des südlichen Flügels zeigen in den nach
Osten liegenden Räumen Wandpilaster und
Stützenstellungen, die auf gemauerte Gewölbe
hindeuten – die Ausführung ist unklar. Im
Keller sollten hydraulische Modelle aufbewahrt
werden, im Erdgeschoss mechanische Modelle
und nach Osten Werkstätten für Gips und
Holz liegen. Im stadtseitigen Eckrisalit (heute
Ausstellungsraum der Graphischen Sammlung) ist zu lesen: »Auditorium für Physik«.

Dampfkessel
für die
mechan. Werkstätte.

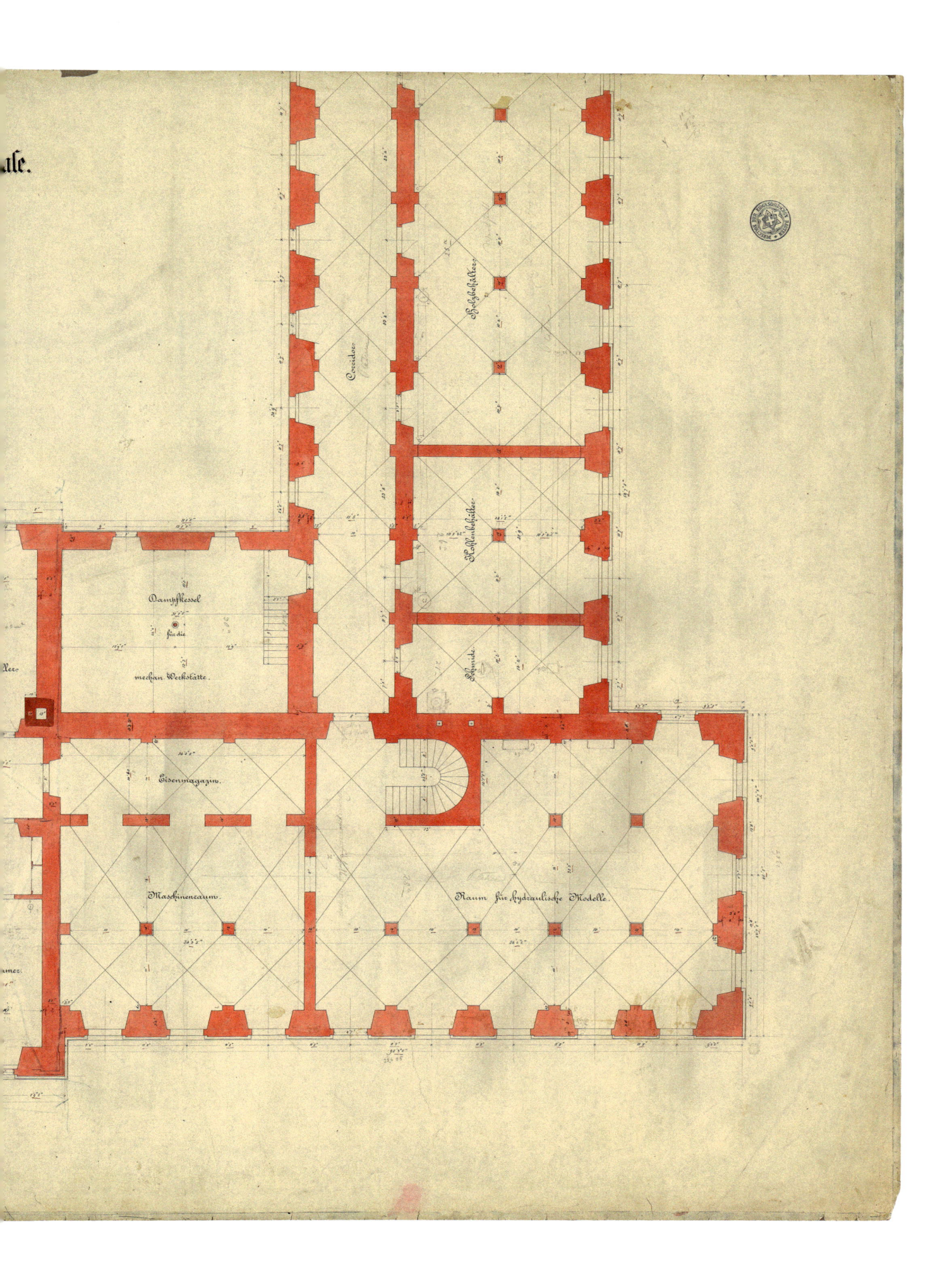

Eisenmagazin.

Maschinenraum.

Raum für hydraulische Modelle.

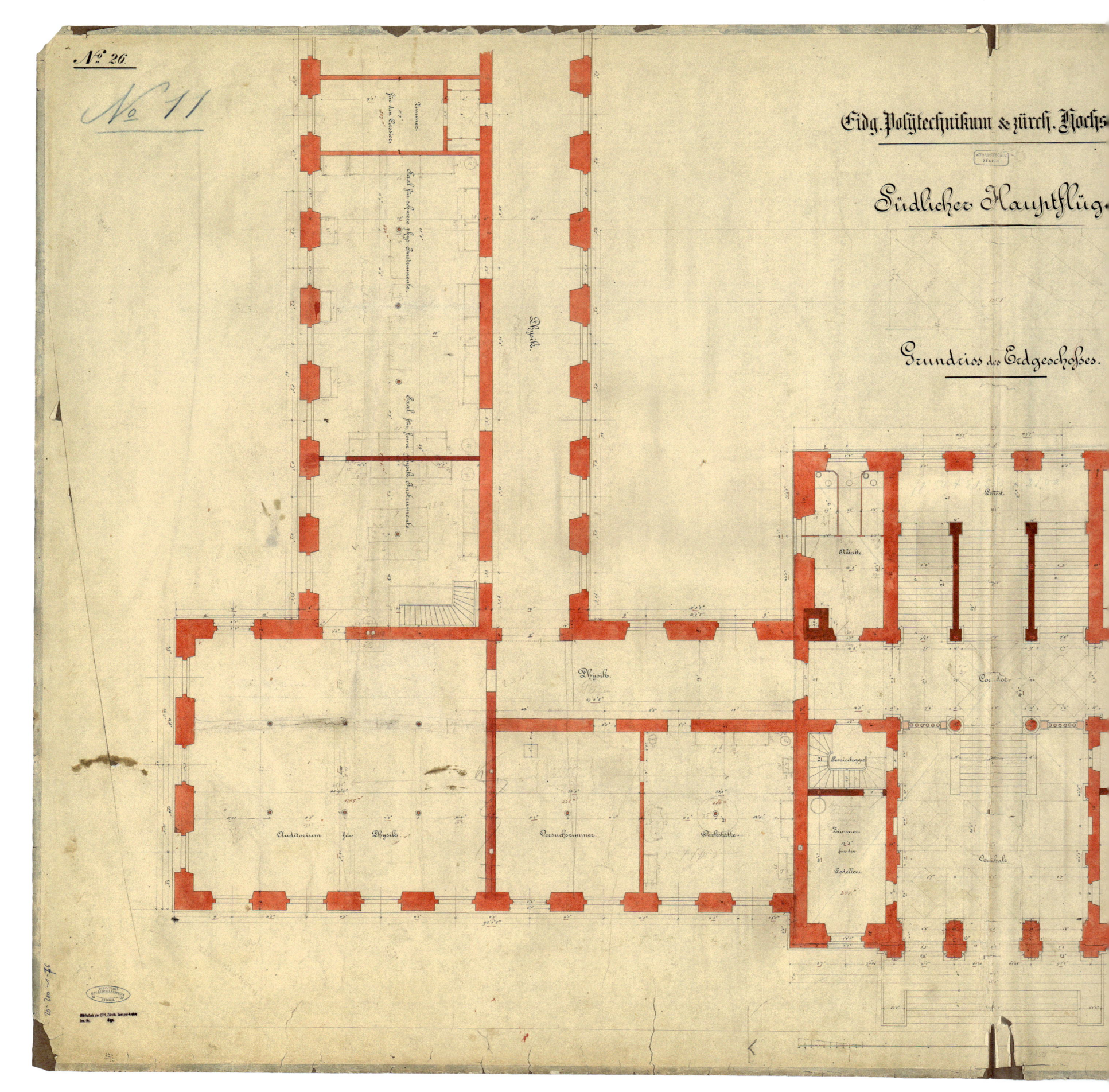

»EIDG. POLYTECHNIKUM & ZÜRCH.
HOCHSCHULE. SÜDLICHER HAUPTFLÜ-
GEL. GRUNDRISS DES ERDGESCHOSSES.«
Maßstab 1 : 200 (Original 1 : 50)

20-300-1-76 / gta Archiv / ETH Zürich (Nachlass Gottfried Semper).
Zeichnung in schwarzer Tusche auf Papier; rot aquarelliert. Beschriftungen und Bemaßungen in schwarzer und roter Tusche; zusätzliche
Bemaßungen und Anmerkungen in Bleistift. Blatt auf Leinwand aufgezogen. 96,4 x 176,6 cm.

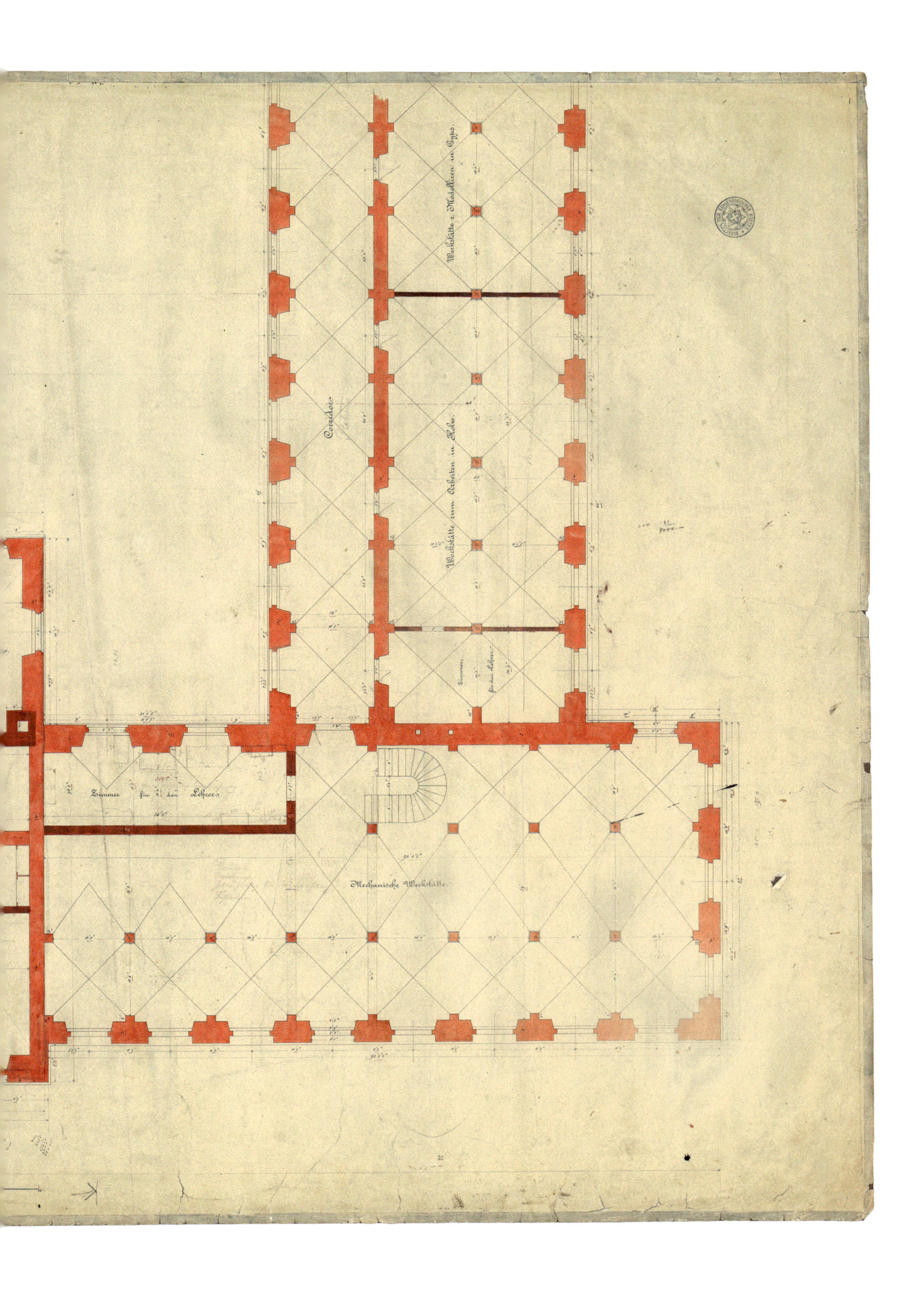

Werkstätte z. Modelliren im Gyps.

Corridor

Werkstätte zum Arbeiten im Holz.

Zimmer für den Lehrer

Mechanische Werkstätte.

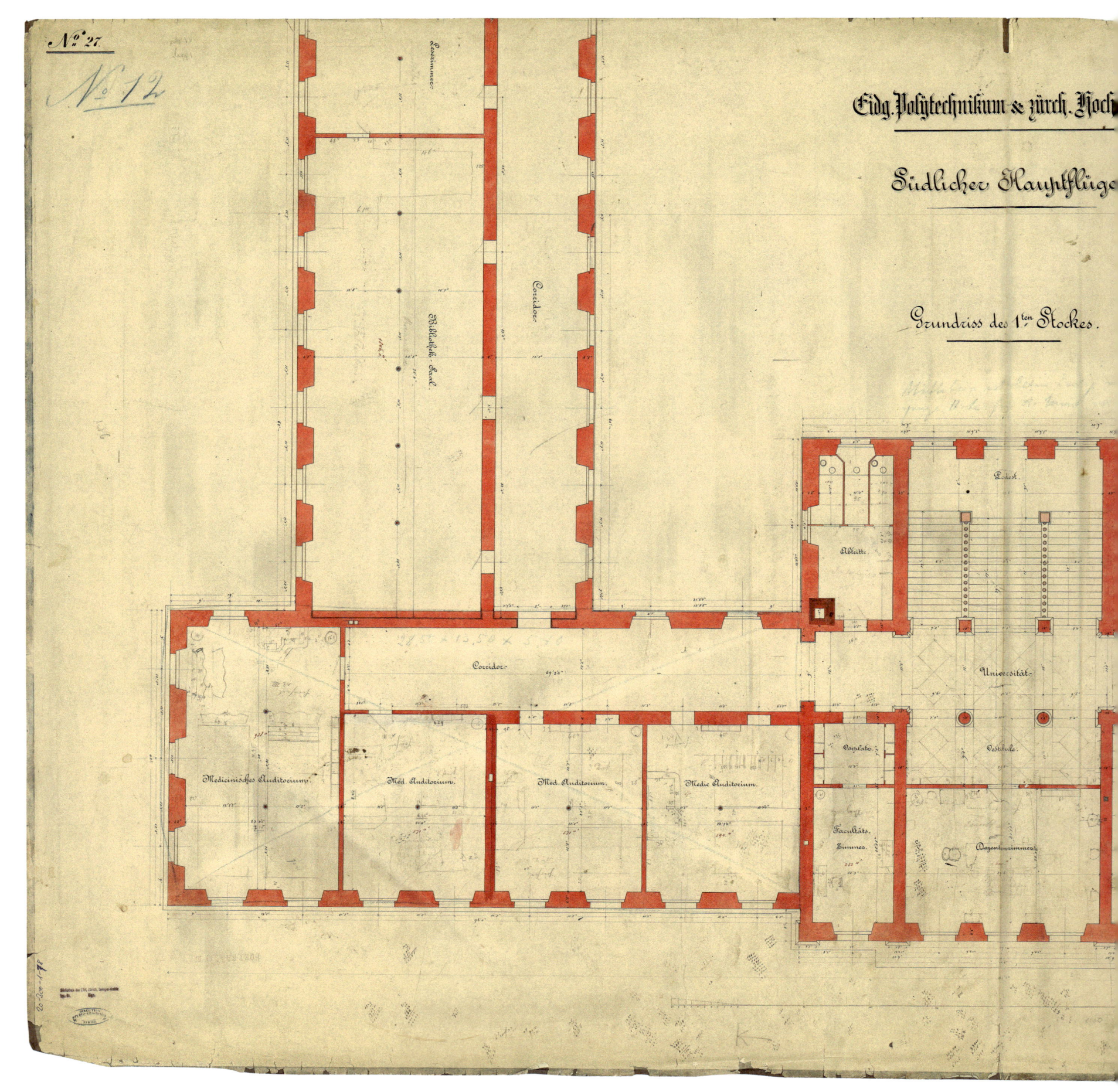

»EIDG. POLYTECHNIKUM & ZÜRCH. HOCHSCHULE. SÜDLICHER HAUPTFLÜGEL. GRUNDRISS DES 1TEN STOCKES.«
Maßstab 1 : 200 (Original 1 : 50)

20-300-1-78 / gta Archiv / ETH Zürich (Nachlass Gottfried Semper). Zeichnung in schwarzer Tusche auf Papier; rot aquarelliert. Beschriftungen und Bemaßungen in schwarzer und roter Tusche; zusätzliche Bemaßungen und Anmerkungen in Bleistift. Blatt auf Leinwand aufgezogen. 95,3 × 176,6 cm.

Der Grundriss des ersten Obergeschosses zeigt im Westen einen großen Bibliothekssaal über sechs Fensterachsen, im Südflügel Auditorien und Sammlungsräume. Die großen Räume nach Osten zeigen bereits die Vitrinenaufstellung für die geologisch-paläontologische und die mineralogisch-petrographische Sammlung, wie wir sie aus frühen Fotografien noch kennen. Im zweiten Obergeschoss finden sich wiederum Sammlungsräume und Auditorien. Die tragenden Wandkonstruktionen sind weitgehend minimiert. In einem Grundrissplan des dritten Stocks sind nur über dem Mittelrisalit Räume eines Dachbodens ausgewiesen.

Corridore

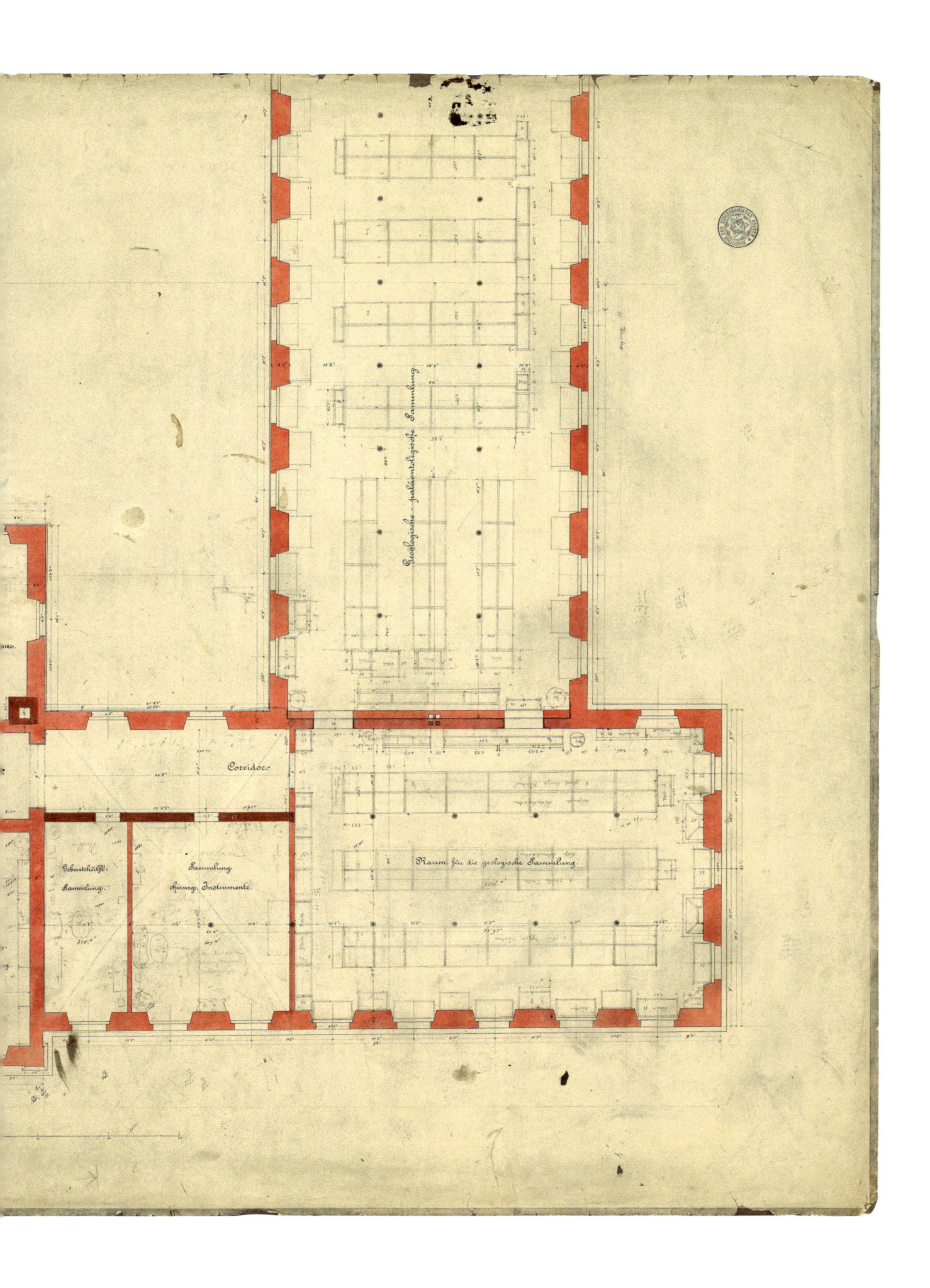

Geburtshülfl. Sammlung

Sammlung chirurg. Instrumente

Geologische-palaeontologische Sammlung

Raum für die geologische Sammlung

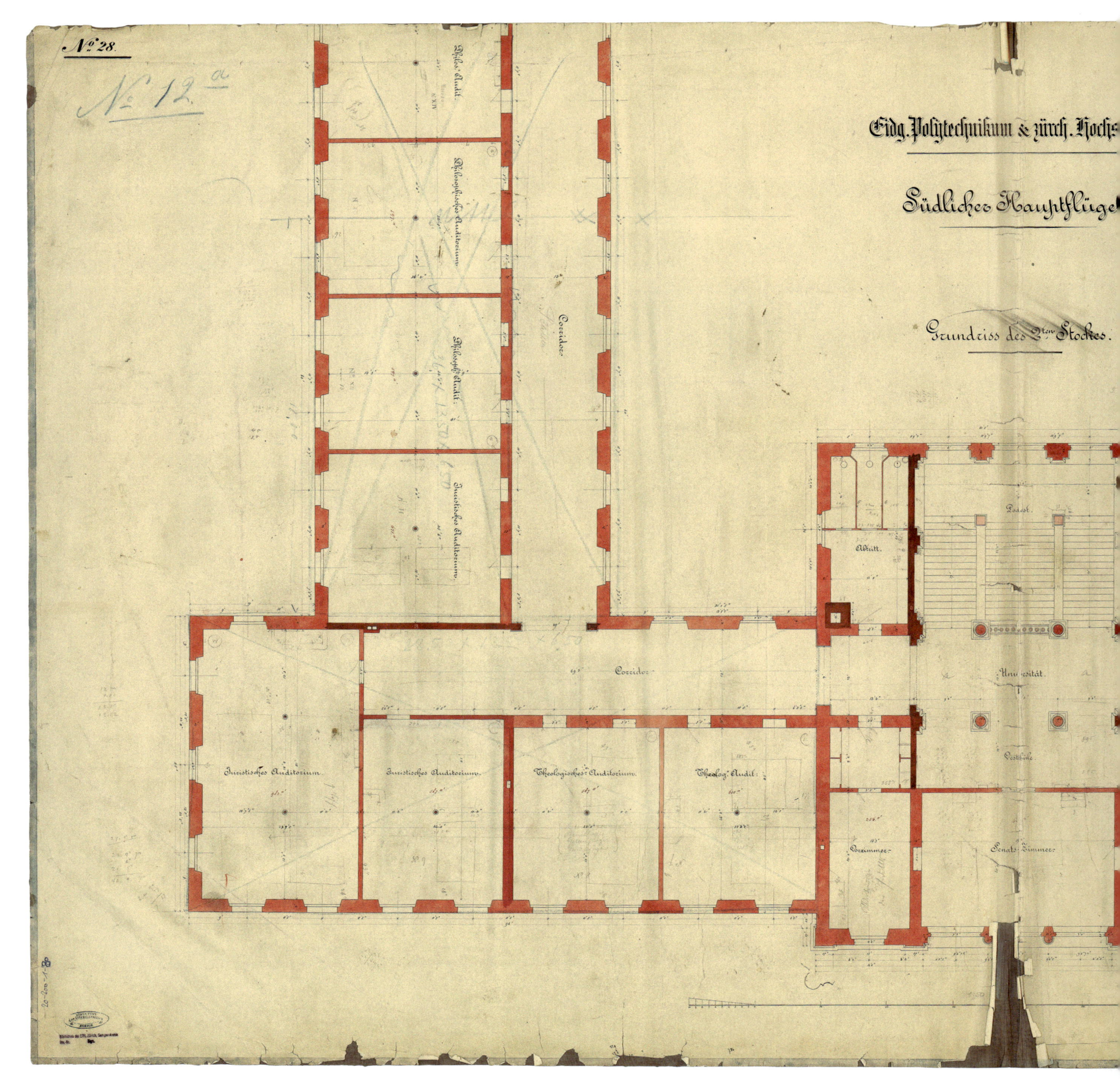

»EIDG. POLYTECHNIKUM & ZÜRCH.
HOCHSCHULE. SÜDLICHER HAUPTFLÜ-
GEL. GRUNDRISS DES 2TEN STOCKES.«
Maßstab 1 : 200 (Original 1 : 50)

20-300-1-80 / gta Archiv / ETH Zürich (Nachlass Gottfried Semper).
Zeichnung in schwarzer Tusche auf Papier; rot aquarelliert. Beschriftungen und Bemaßungen in schwarzer und roter Tusche; zusätzliche
Bemaßungen und Anmerkungen in Bleistift. Blatt auf Leinwand aufgezogen. 93,7 x 178,3 cm.

Raum für die zoologische Sammlung.

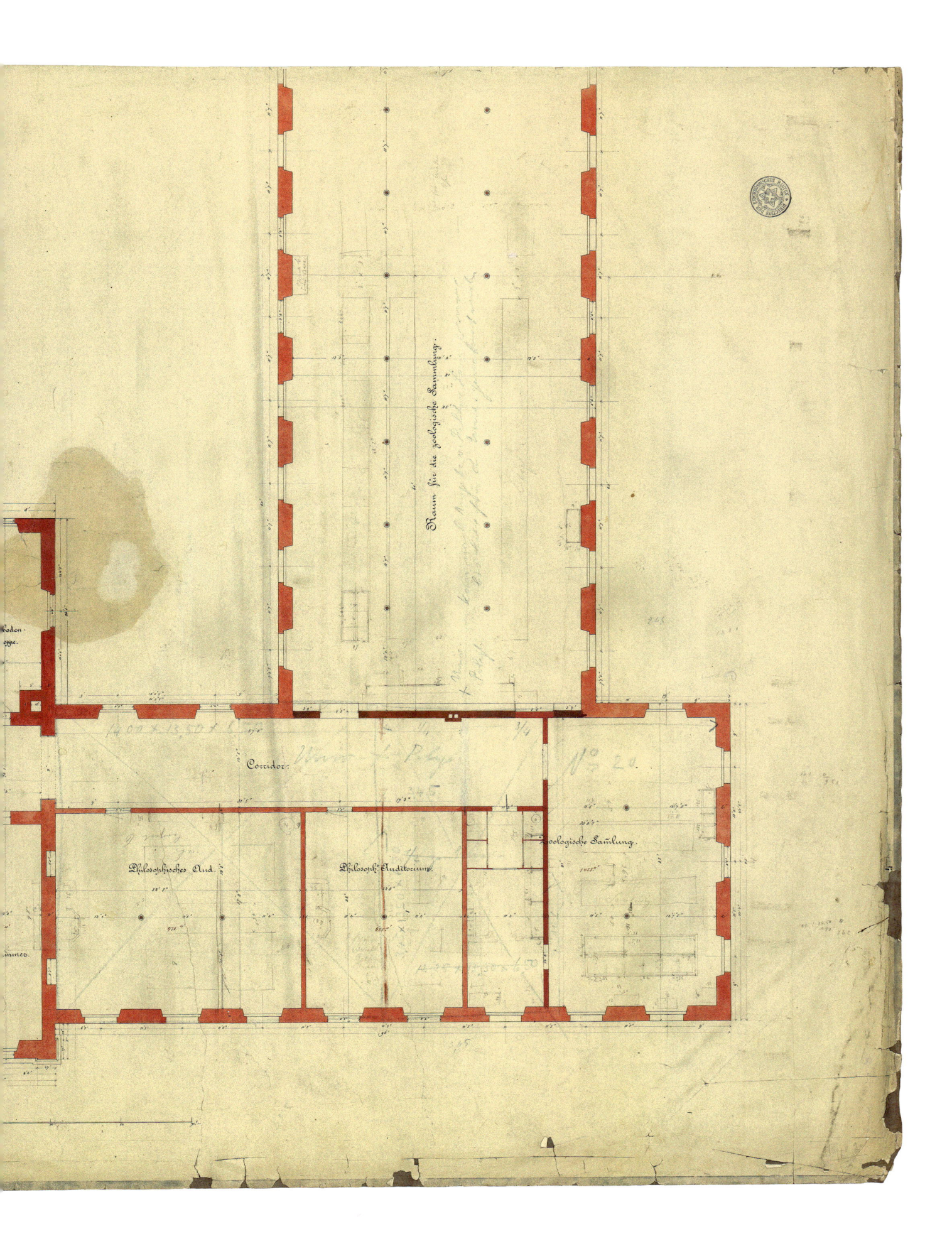

Corridor.

Philosophisches Aud. | Philosoph. Auditorium. | Zoologische Samlung.

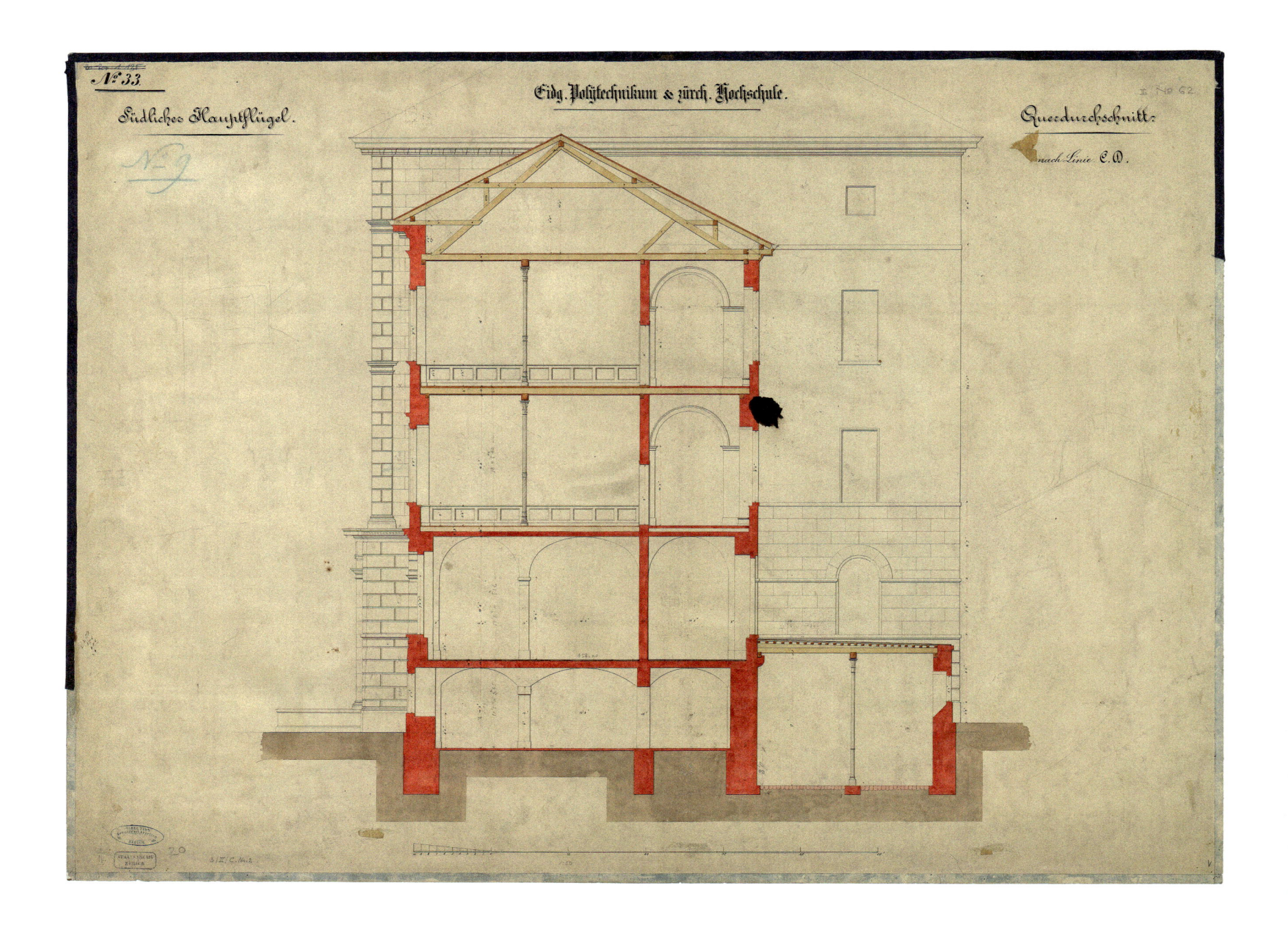

»EIDG. POLYTECHNIKUM & ZÜRCH. HOCHSCHULE. SÜDLICHER HAUPTFLÜGEL. QUERDURCHSCHNITT. NACH LINIE C. D.«
Maßstab 1 : 200 (Original 1 : 50)

20-300-1-135 / gta Archiv / ETH Zürich (Nachlass Gottfried Semper). Zeichnung in schwarzer Tusche auf Papier; braun, gelb, grau und rot aquarelliert. Bemaßungen in schwarzer Tusche und rotem Farbstift; Überzeichnungen und zusätzliche Bemaßungen in Bleistift. Blatt auf Leinwand aufgezogen. 63,9 x 89,3 cm.

»EIDG. POLYTECHNIKUM & ZÜRCH. HOCHSCHULE. SÜDLICHER HAUPTFLÜGEL. MITTELBAU. LÄNGENDURCHSCHNITT. NACH LINIE A. B.«
Maßstab 1 : 200 (Original 1 : 50)

20-300-1-131 / gta Archiv / ETH Zürich (Nachlass Gottfried Semper). Zeichnung in schwarzer Tusche auf Papier; beige, braun, gelb und rot aquarelliert. Bemaßungen in Tusche; Überzeichnungen, Skizzen, zusätzliche Bemaßungen, Anmerkungen und Berechnungen in Bleistift. Blatt auf Leinwand aufgezogen. 64,3 x 90,5 cm.

Der Normalschnitt durch den südlichen Flügel zeigt einen wesentlich schmaleren Baukörper, nur im Kellergeschoss ragt die mechanische Werkstatt mit den Dampfkesseln in den Hofraum hinein. Die hofseitig vorspringende Treppenanlage mit Fenstern an den Podesten ist im Querschnitt durch den Mittelbau dargestellt. Im Dachgeschoss ist die Spannweite der Decke durch einen Überzug reduziert.

Nº 32.

Eidg. Polytechnikum

Südlicher Hauptflügel.

Mittelbau

Nº 16ᵃ

& zürch. Hochschule.

Längendurchschnitt

nach Linie A.B.

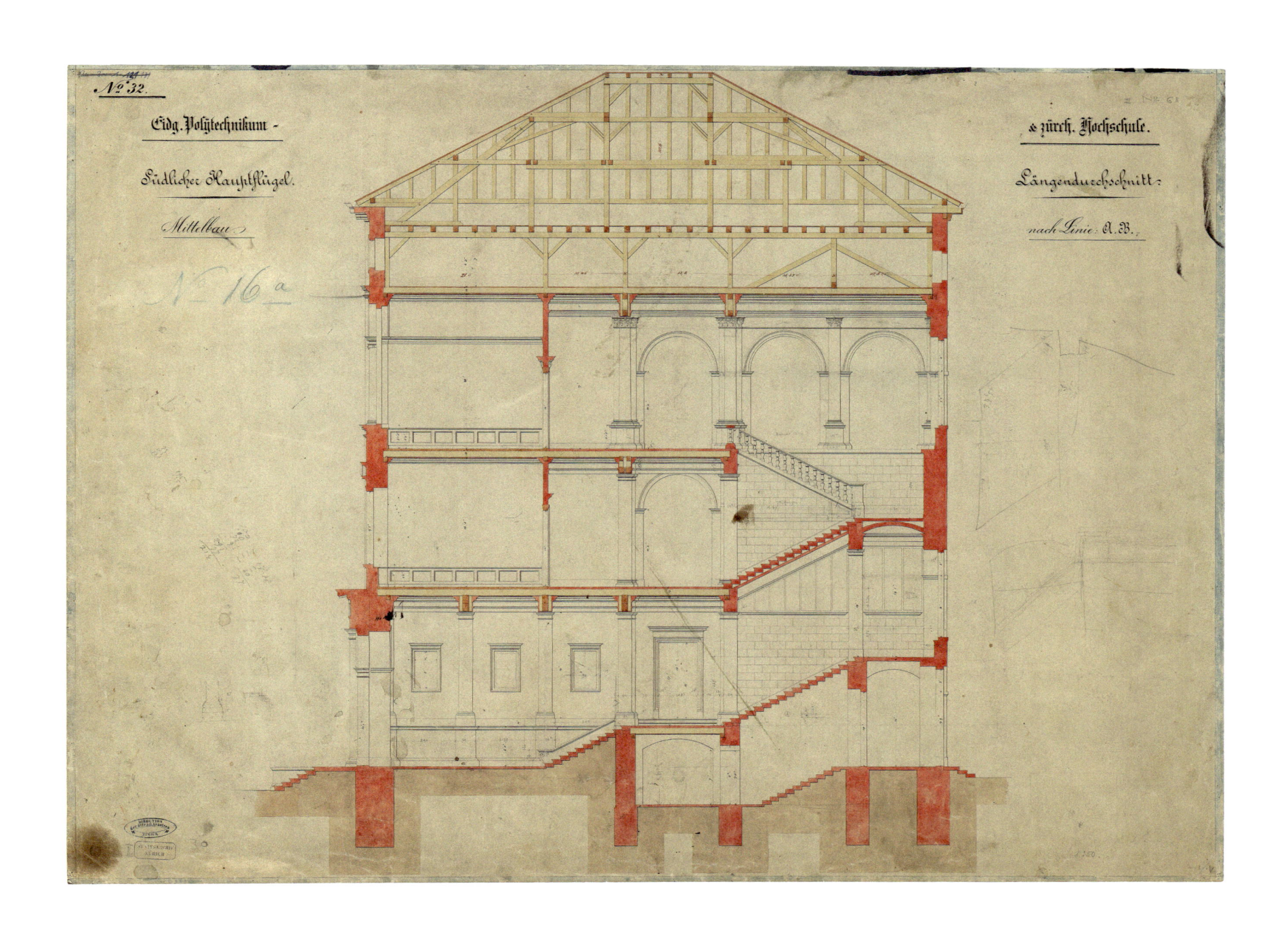

»EIDG. POLYTECHNIKUM & ZÜRCH.
HOCHSCHULE. MITTELBAU IM SÜDLICH.
HAUPTFLÜGEL. DURCHSCHNITT DURCH
DEN TREPPENPODEST NACH G. H.«
Maßstab 1 : 200 (Original 1 : 50)

20-300-1-139 / gta Archiv / ETH Zurich (Nachlass Gottfried Semper).
Zeichnung in schwarzer Tusche auf Papier; braun, gelb, grau, und rosa
aquarelliert. Überzeichnungen und Bemaßungen in Bleistift. Blatt auf
Leinwand aufgezogen. 66,1 x 45,5 cm.

»EIDG. POLYTECHNIKUM & ZÜRCH.
HOCHSCHULE. MITTELBAU DES SÜD-
LICH. HAUPTFLÜGELS. DURCHSCHNITT
DURCH DIE TREPPE NACH J. K.«
Maßstab 1 : 200 (Original 1 : 50)

20-300-1-140 / gta Archiv / ETH Zurich (Nachlass Gottfried Semper).
Zeichnung in schwarzer Tusche auf Papier; braun, gelb, grau, und rosa
aquarelliert. Überzeichnungen in Bleistift. Blatt auf Leinwand aufgezogen.
66,5 x 45,4 cm.

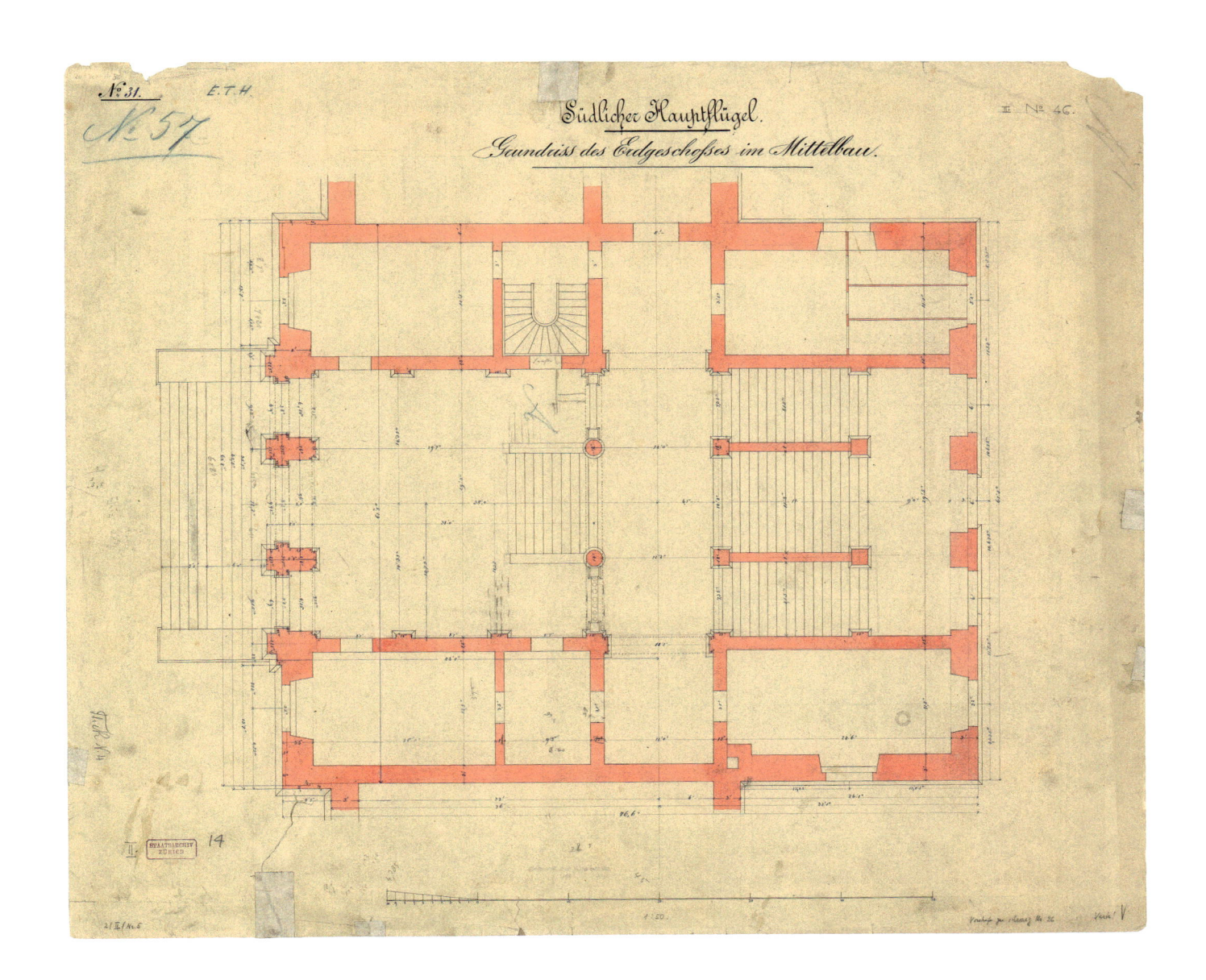

»SÜDLICHER HAUPTFLÜGEL. GRUNDRISS
DES ERDGESCHOSSES IM MITTELBAU.«
Maßstab 1 : 200 (Original 1 : 50)

20-300-1-86 / gta Archiv / ETH Zürich (Nachlass Gottfried Semper).
Zeichnung in schwarzer Tusche auf Papier; rot aquarelliert. Bemaßungen
in blauer Tusche; Überzeichnungen, zusätzliche Bemaßungen und Anmerkungen in Bleistift. Blatt auf Karton aufgezogen. 57,5 x 71,0 cm.

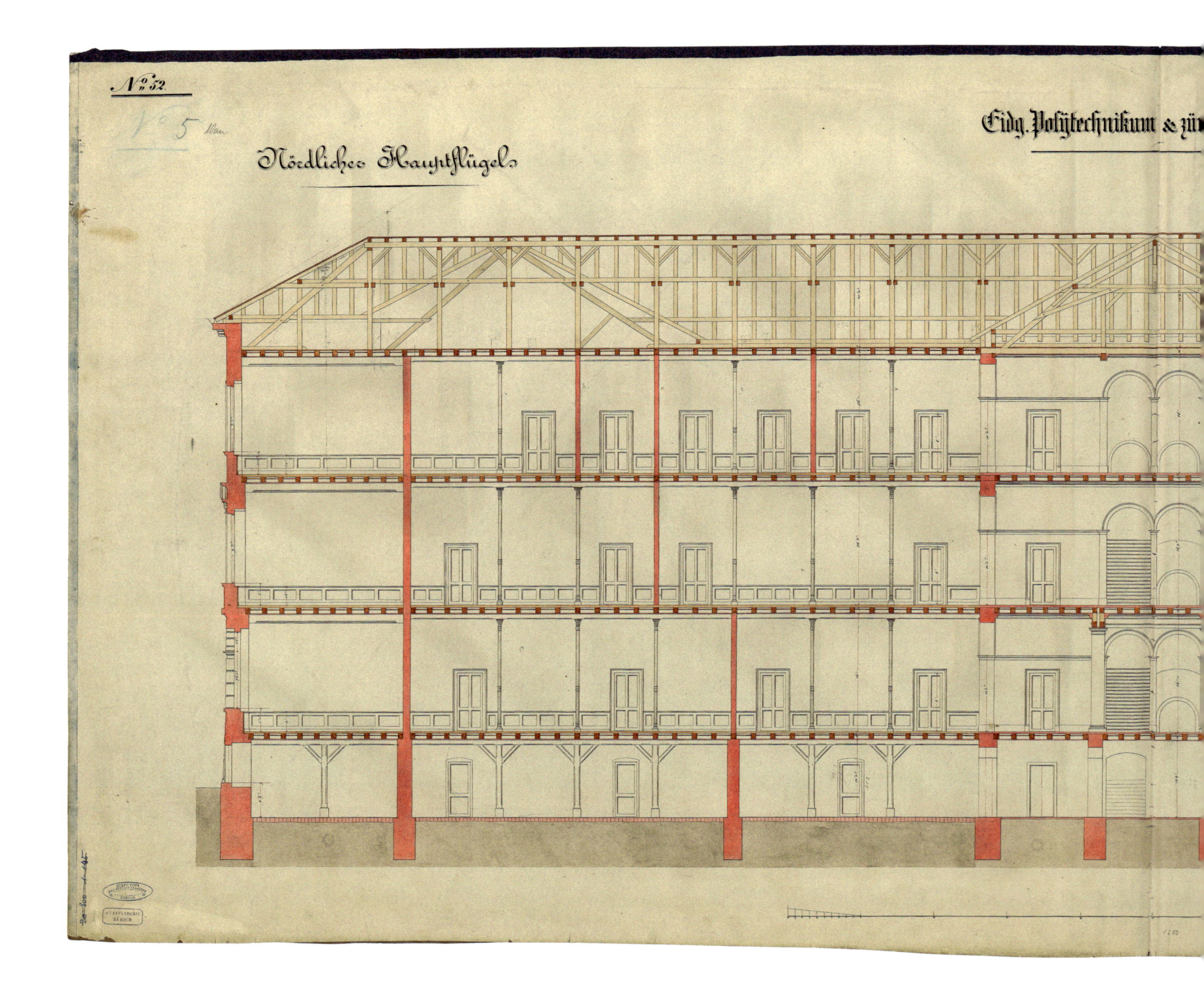

»EIDG. POLYTECHNIKUM & ZÜRCH. HOCHSCHULE. NÖRDLICHER HAUPTFLÜGEL. LÄNGENSCHNITT NACH LINIE E. F.«
Maßstab 1 : 200 (Original 1 : 50)

20-300-1-145 / gta Archiv / ETH Zürich (Nachlass Gottfried Semper). Zeichnung in schwarzer Tusche auf Papier; braun, gelb und rot aquarelliert. Bemaßungen in schwarzer und roter Tusche; Überzeichnungen und zusätzliche Bemaßungen in Bleistift. Blatt auf Leinwand aufgezogen. 74,4 x 168,8 cm.

Die Baukonstruktionen des Nordflügels entsprechen im Wesentlichen den Lösungen des Südflügels, lediglich die Erschließungstreppe im Zentrum des Risalits ist sparsamer gestaltet, eine zweiläufige Treppe mit Wendepodest wird durch schräg gestellte Tonnen überwölbt. Die Standardlösung für die Deckenkonstruktionen sind Holzbalken senkrecht zur Fassade. Auch hier finden sich dünne Gusseisenstützen und schlanke Trennwände.

Längenschnitt nach Linie E. F.

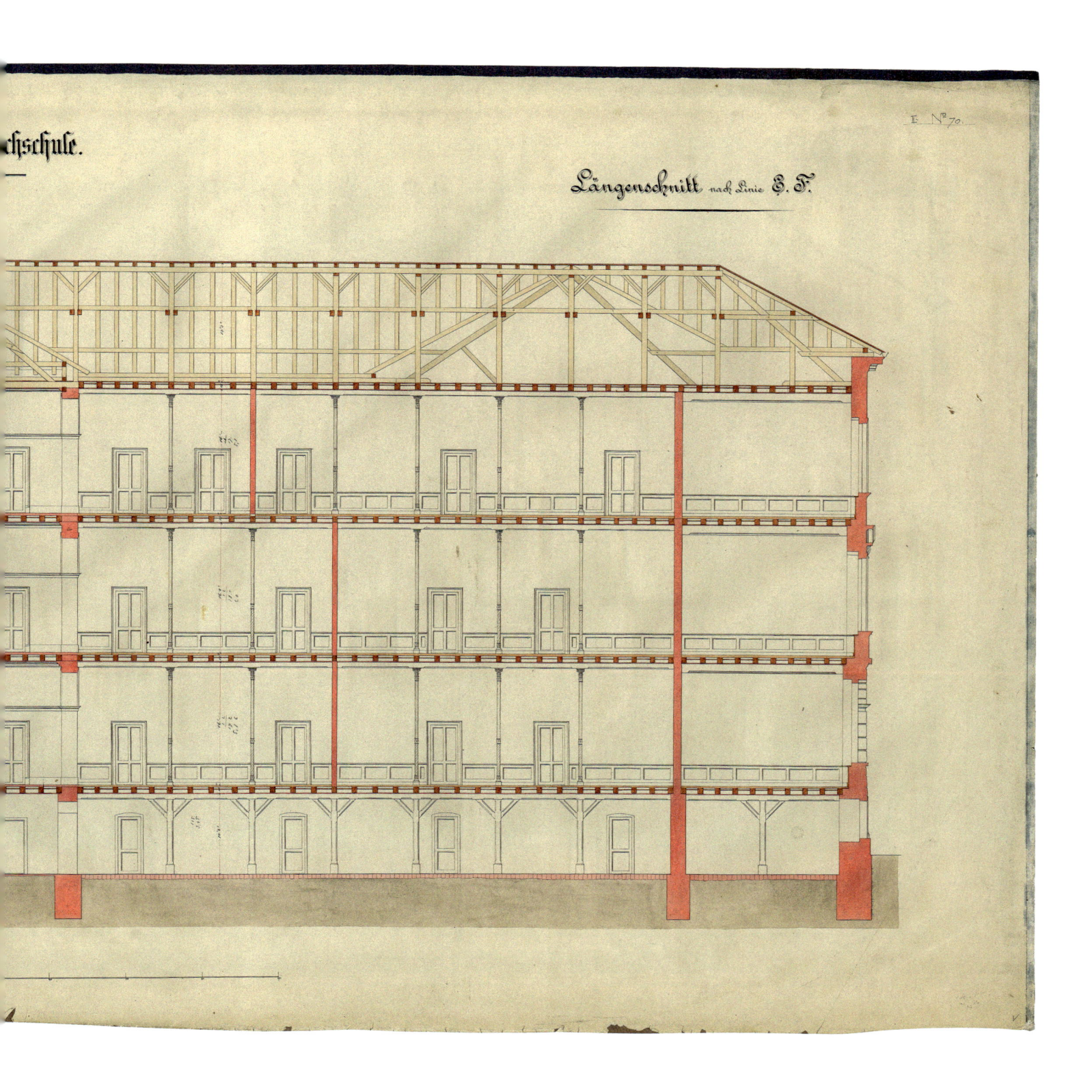

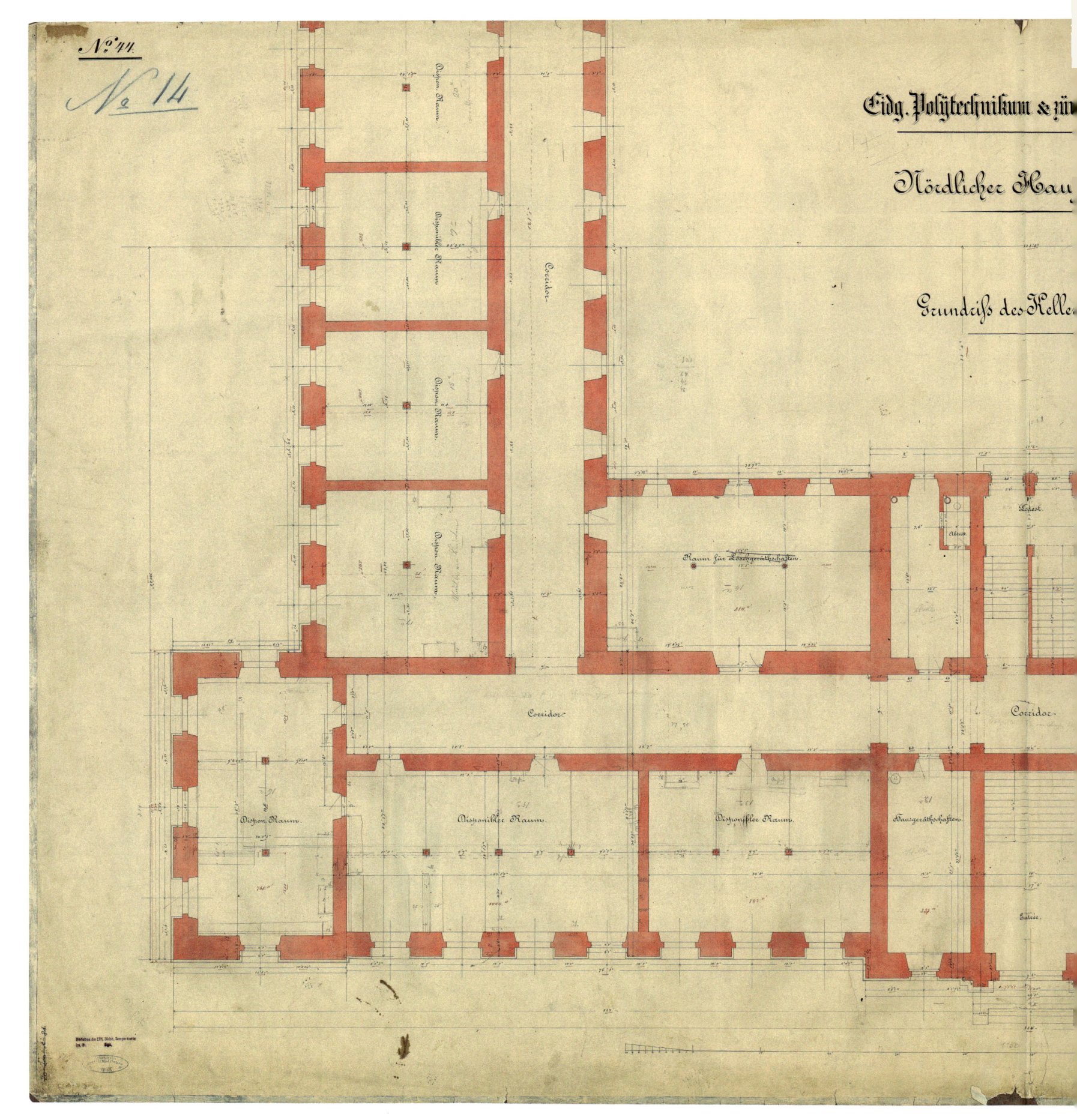

»EIDG. POLYTECHNIKUM & ZÜRCH.
HOCHSCHULE. NÖRDLICHER HAUPT-
FLÜGEL. GRUNDRISS DES KELLER-
GESCHOSSES«
Maßstab 1:200 (Original 1:50)

Das Kellergeschoss des nördlichen Flügels ist immerhin mit halbwegs soliden Wandstärken errichtet. Ein Waschhaus und ein Raum für die Dampfheizung liegen zum Innenhof hin.

20-300-1-91 / gta Archiv / ETH Zürich (Nachlass Gottfried Semper). Zeichnung in schwarzer Tusche auf Papier; rot aquarelliert. Beschriftungen und Bemaßungen in schwarzer und roter Tusche; Überzeichnungen, Skizzen, zusätzliche Bemaßungen, Anmerkungen und Berechnungen in Bleistift. Blatt auf Leinwand aufgezogen. 95,2 x 176,4 cm.

chschule.

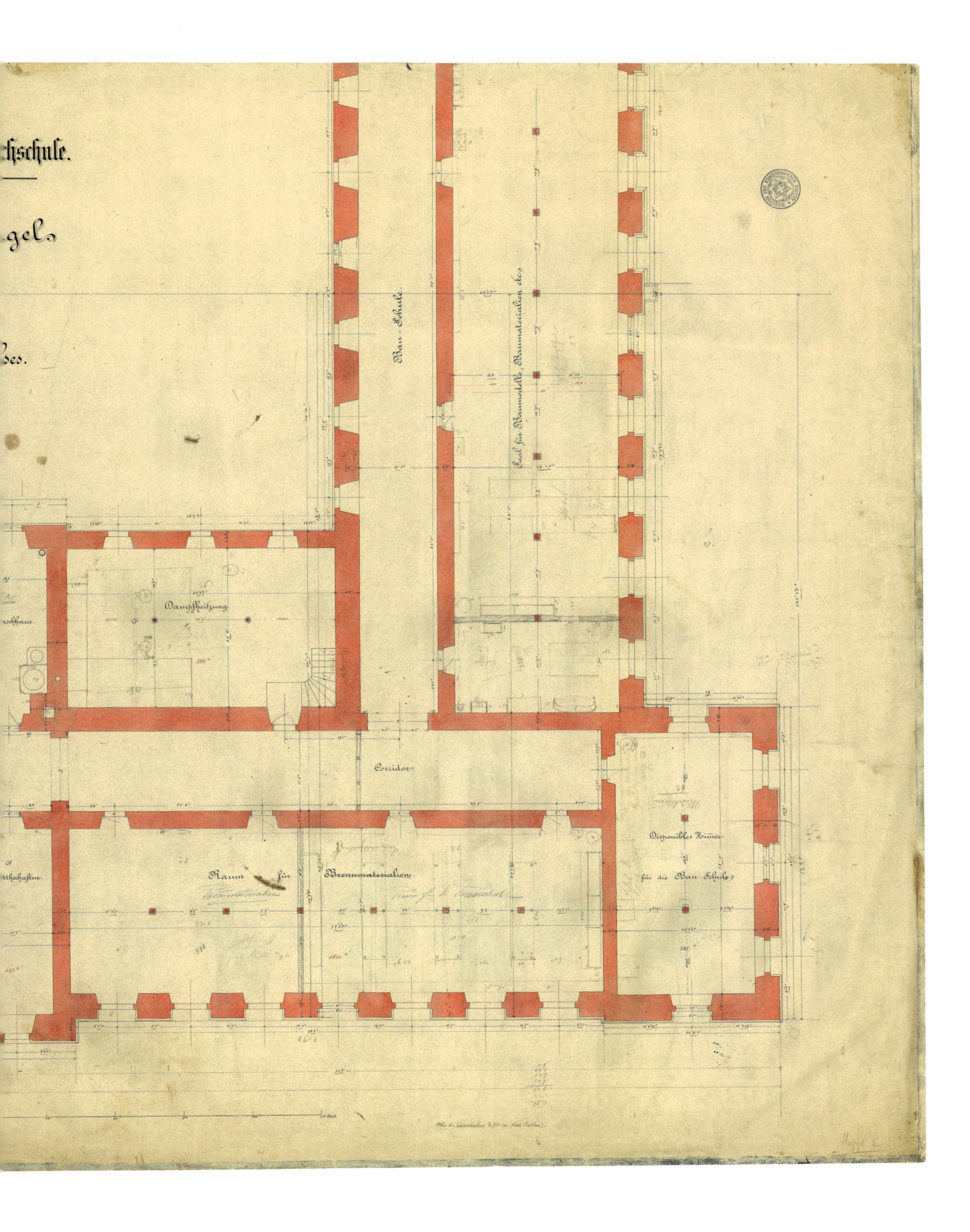

gel

es.

Bau-Schule.

Saal für Baumodelle, Baumaterialien des

Dampfheizung

Corridor

Raum für Brennmaterialien.

Disponibles Zimmer für die Bau-Schule

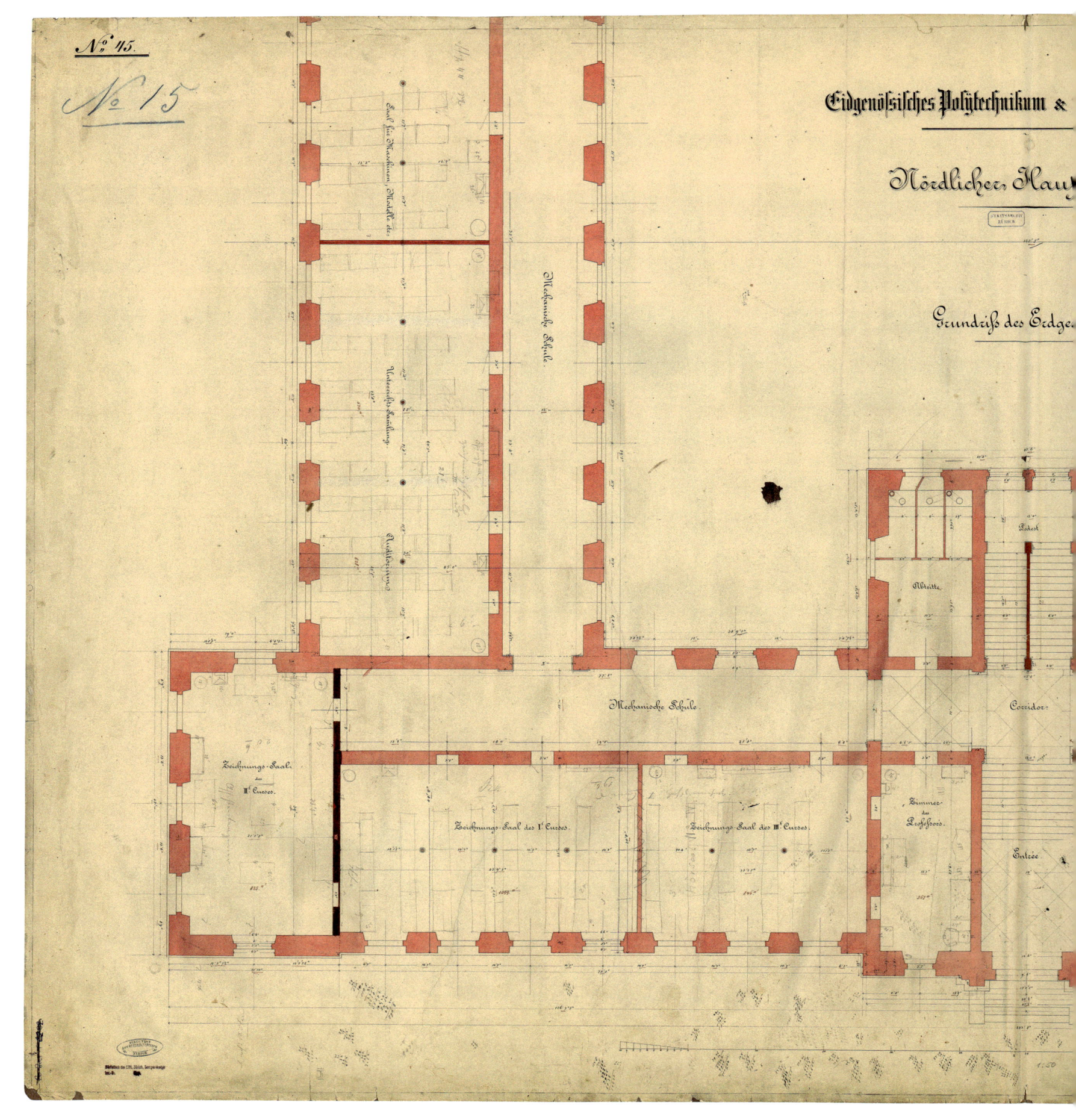

»EIDGENÖSSISCHES POLYTECHNIKUM &
ZÜRCHERISCHE HOCHSCHULE. NÖRD-
LICHER HAUPTFLÜGEL. GRUNDRISS DES
ERDGESCHOSSES.«
Maßstab 1 : 200 (Original 1 : 50)

20-300-1-92 / gta Archiv / ETH Zürich (Nachlass Gottfried Semper).
Zeichnung in schwarzer Tusche auf Papier; rot aquarelliert. Beschriftungen
und Bemaßungen in schwarzer und roter Tusche; Überzeichnungen,
Skizzen, zusätzliche Bemaßungen, Anmerkungen und Berechnungen in
Bleistift. Blatt auf Leinwand aufgezogen. 94,9 x 176,2 cm.

Einzelne nachträgliche Bleistifteintragungen
in den Plänen für Erd- und erstes Obergeschoss machen deutlich, dass mit den Zeichnungen weitergeplant und -gearbeitet wurde,
Skizzen von Einrichtungen mit Vitrinen und
Schränken wie auch von runden Bänken in
den Auditorien belegen unterschiedliche Pla-
nungsstadien. Die dunkel eingetragene Kamin-
signatur gehört offenbar zur Dampfheizung
im Keller.

...ische Hochschule.

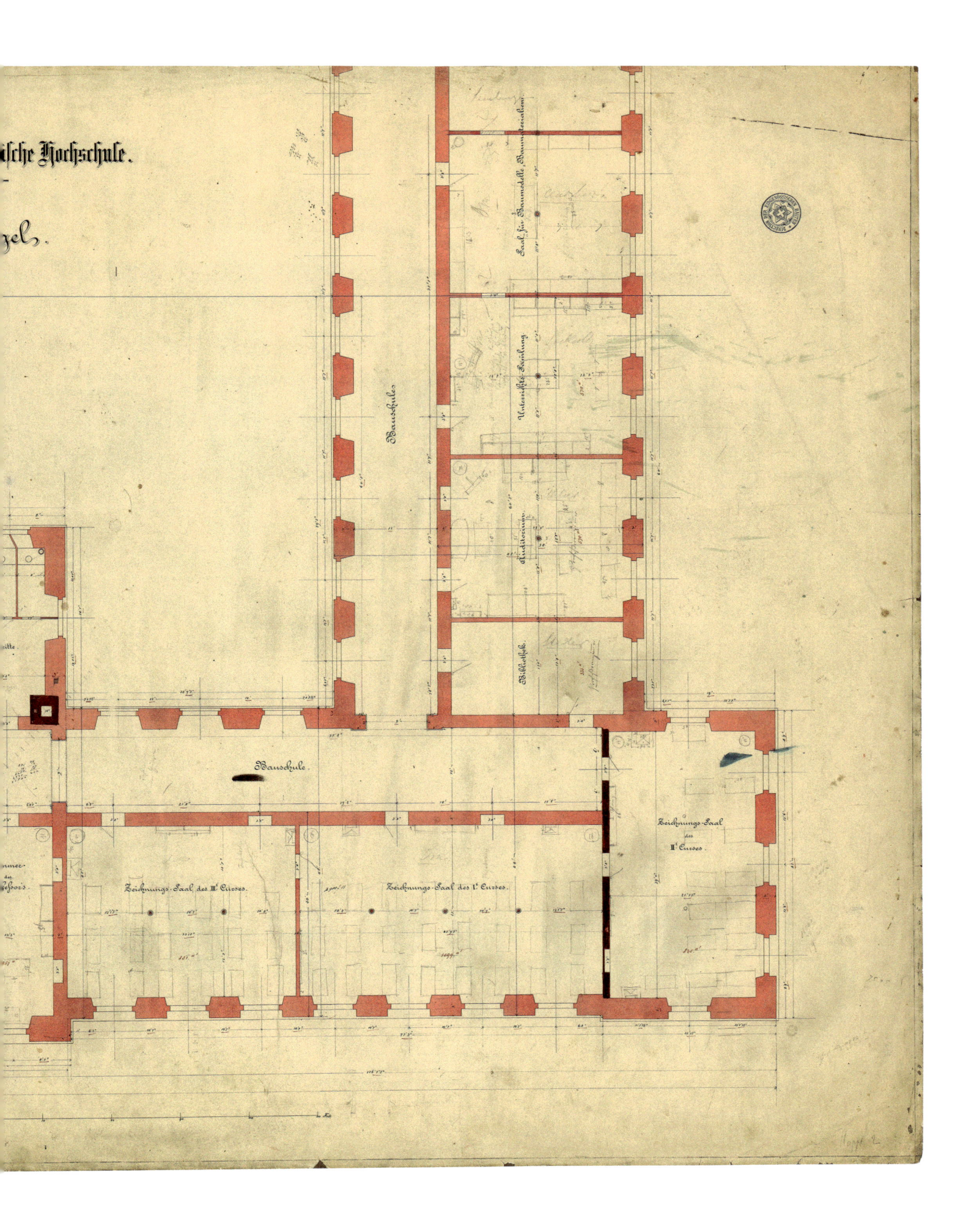

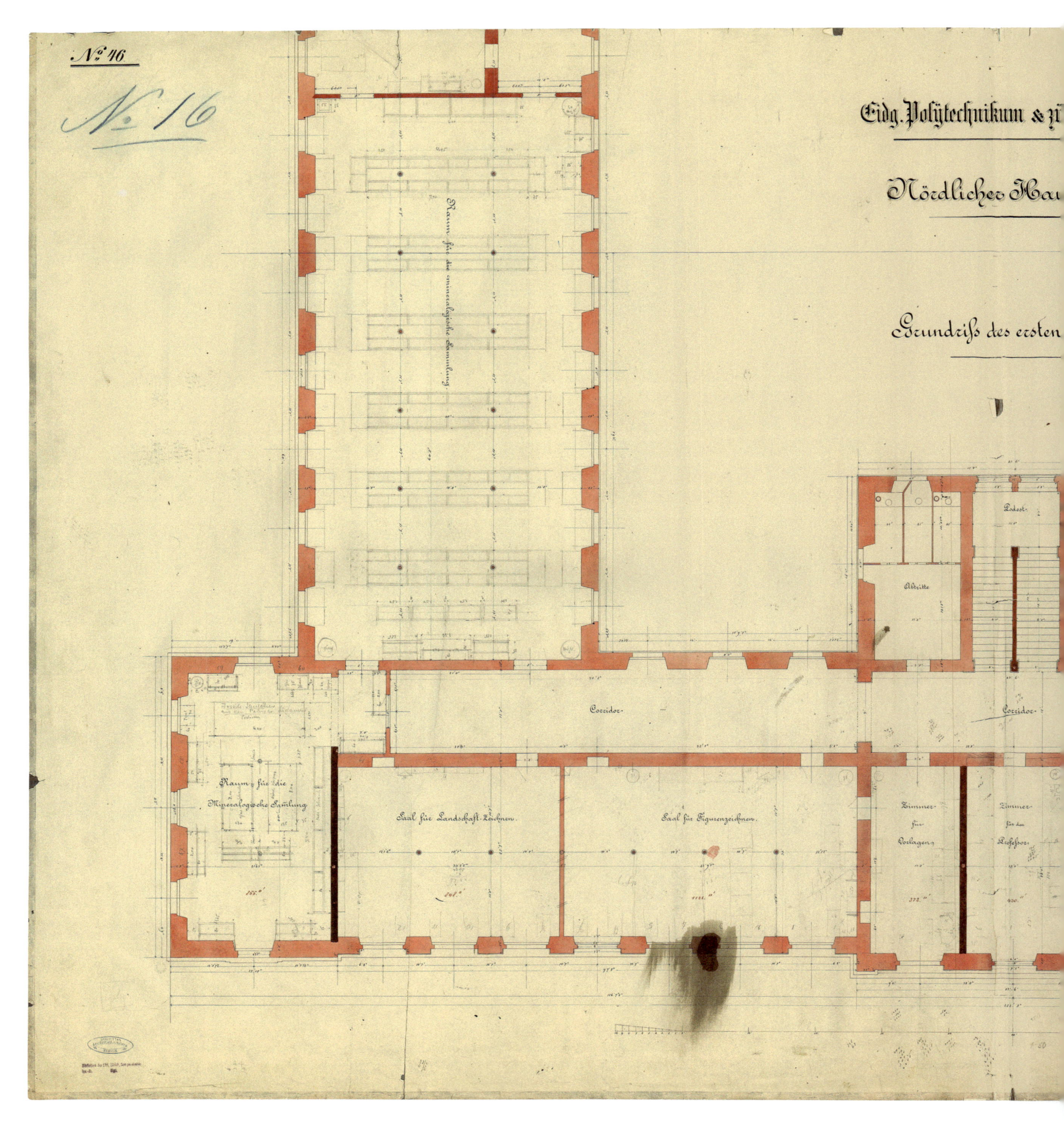

»EIDG. POLYTECHNIKUM & ZÜRCH.
HOCHSCHULE. NÖRDLICHER HAUPT-
FLÜGEL. GRUNDRISS DES ERSTEN
STOCKWERKES.«
Maßstab 1 : 200 (Original 1 : 50)

20-300-1-94 / gta Archiv / ETH Zürich (Nachlass Gottfried Semper).
Zeichnung in schwarzer Tusche auf Papier; rot aquarelliert. Beschriftungen
und Bemaßungen in schwarzer und roter Tusche; Überzeichnungen,
Skizzen, zusätzliche Bemaßungen, Anmerkungen und Berechnungen in
Bleistift. Blatt auf Leinwand aufgezogen. 95,0 x 175,4 cm.

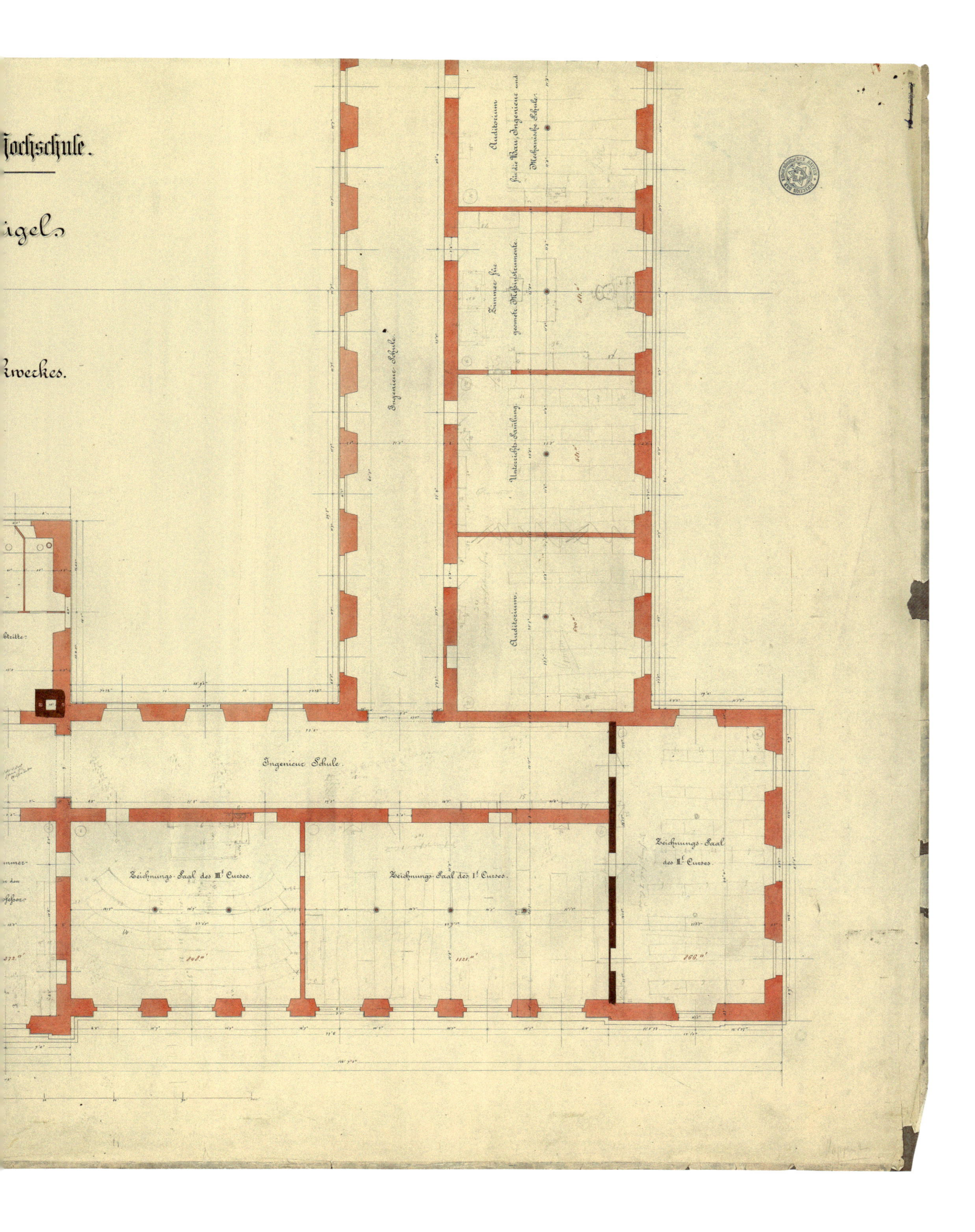

Hochschule.

...igel...

...werkes.

Ingenieur Schule.

Auditorium für die Bau-Ingenieur und Maschinische Schule.

Zimmer für geometr. Meßinstrumente.

Unterrichts-Sammlung.

Auditorium.

Ingenieur Schule.

Zeichnungs-Saal des III.ᵗᵉⁿ Curses.

Zeichnungs-Saal des I.ᵗᵉⁿ Curses.

Zeichnungs-Saal des II.ᵗᵉⁿ Curses.

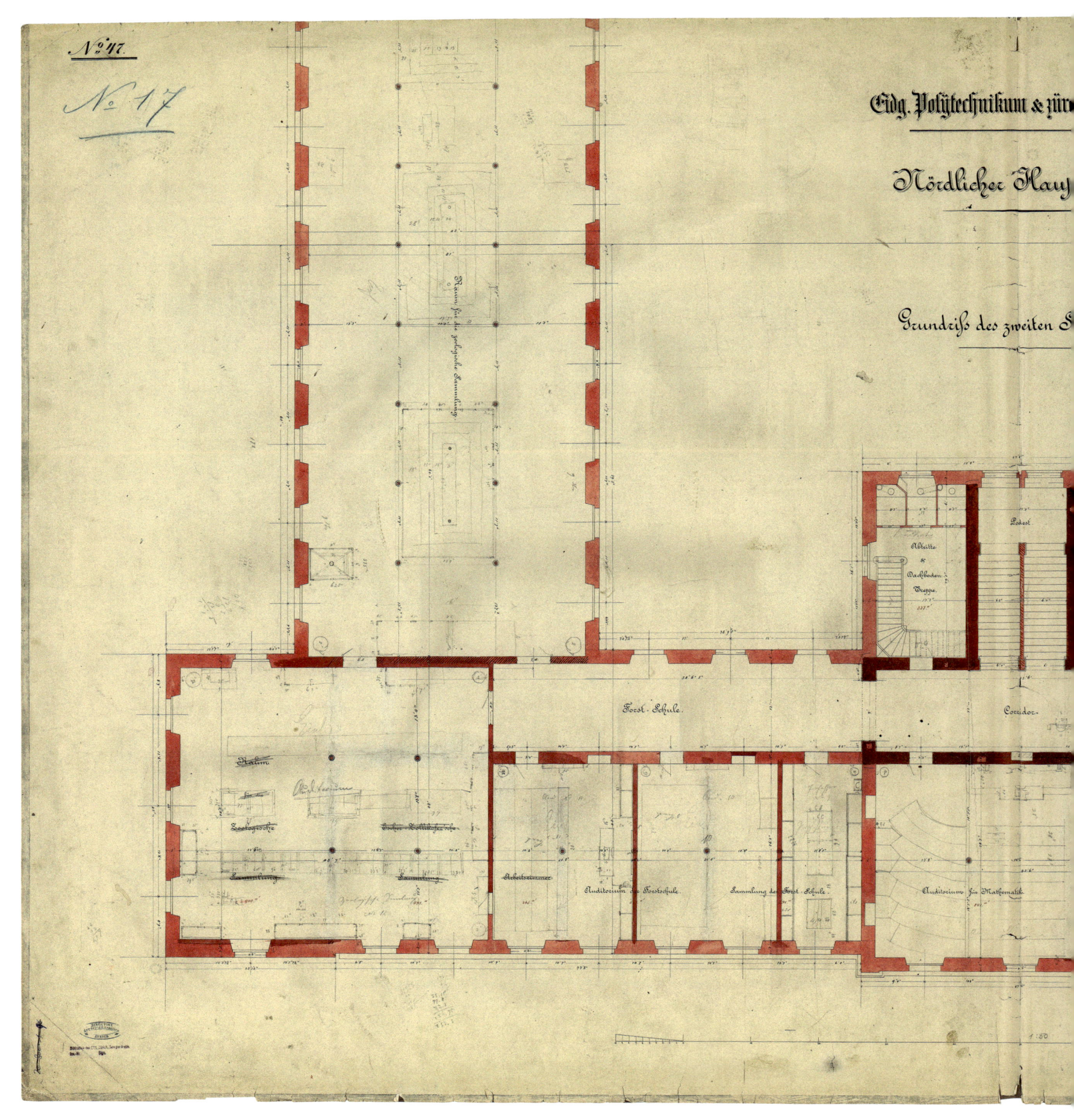

»EIDG. POLYTECHNIKUM & ZÜRCH.
HOCHSCHULE. NÖRDLICHER HAUPT-
FLÜGEL. GRUNDRISS DES ZWEITEN
STOKWERKES [SIC].«
Maßstab 1 : 200 (Original 1 : 50)

20-300-1-96 / gta Archiv / ETH Zürich (Nachlass Gottfried Semper).
Zeichnung in schwarzer Tusche auf Papier; rot aquarelliert. Beschriftungen
und Bemaßungen in schwarzer und roter Tusche; Überzeichnungen,
Skizzen, zusätzliche Bemaßungen, Anmerkungen und Berechnungen in
Bleistift. Blatt auf Leinwand aufgezogen. 95,2 × 175,6 cm.

chschule.

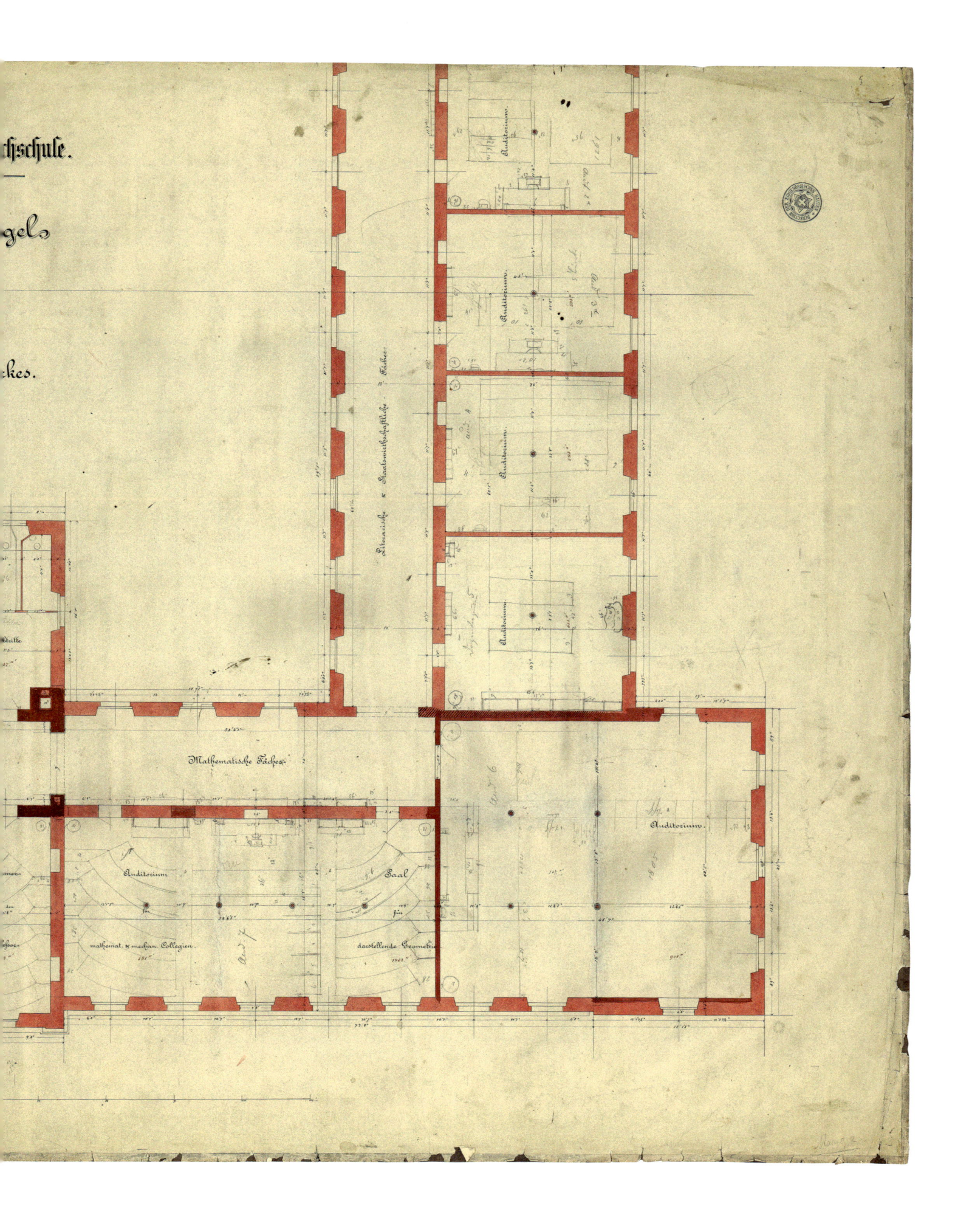

gels

kes.

Auditorium

Auditorium

Auditorium

Auditorium

Auditorium

Literarische u. Staatswirthschaftliche Fächer

Mathematische Fächer

Auditorium

Saal

Auditorium

mathemat. u. mechan. Collegien

darstellende Geometrie

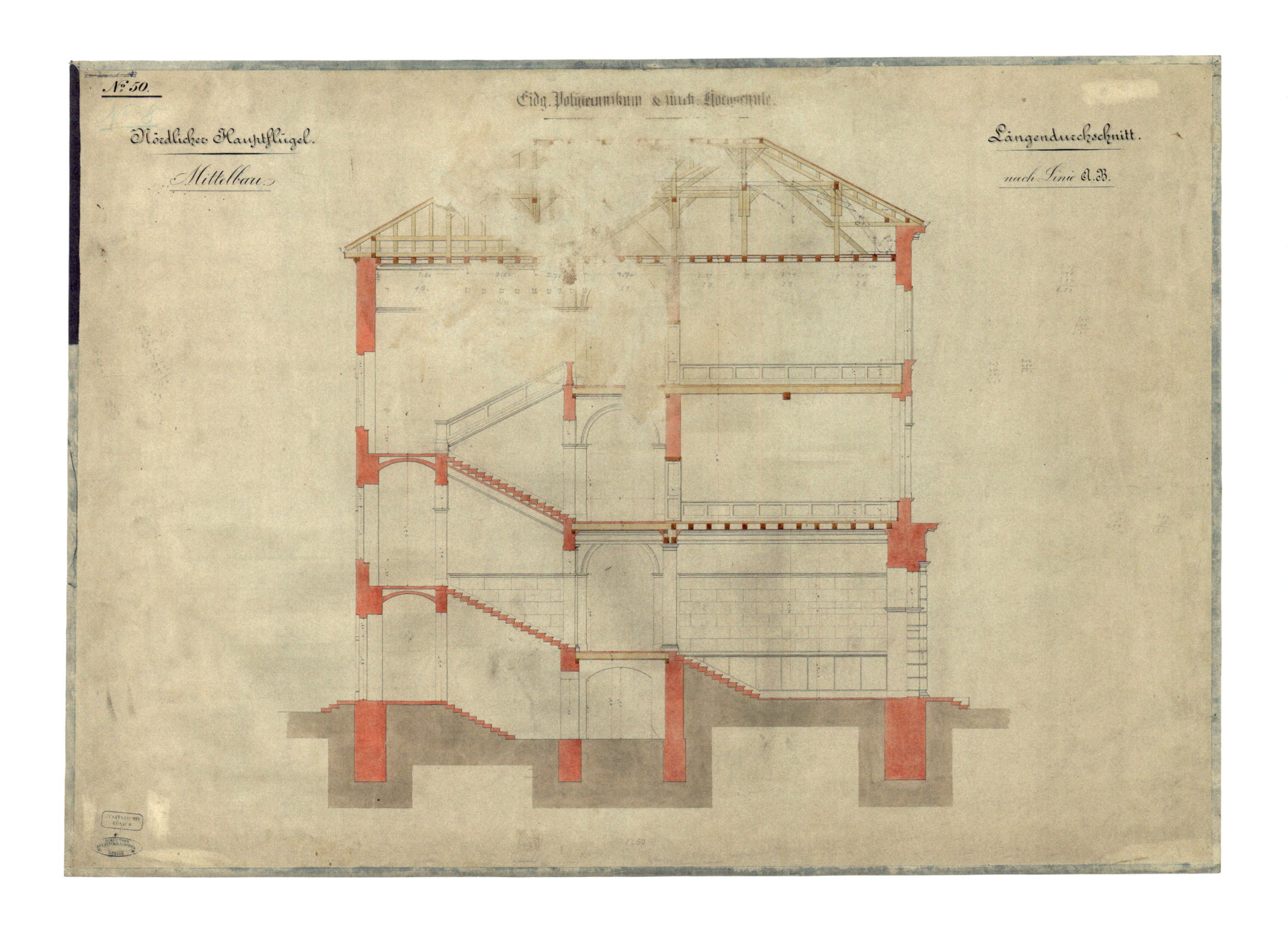

»EIDG. POLYTECHNIKUM & ZÜRCH.
HOCHSCHULE. NÖRDLICHER HAUPT-
FLÜGEL. MITTELBAU. LÄNGEN-
DURCHSCHNITT. NACH LINIE A. B.«
Maßstab 1 : 200 (Original 1 : 50)

20-300-1-143 / gta Archiv / ETH Zürich (Nachlass Gottfried Semper).
Zeichnung in schwarzer Tusche auf Papier; braun, gelb und rot aquarelliert. Bemaßungen in schwarzer und roter Tusche; Überzeichnungen,
zusätzliche Bemaßungen und Anmerkungen in Bleistift. Blatt auf Leinwand aufgezogen. 64,2 x 91,1 cm.

»EIDG. POLYTECHNIKUM & ZÜRCH.
HOCHSCHULE. NÖRDLICHER HAUPT-
FLÜGEL. QUERDURCHSCHNITT.
NACH LINIE C. D.«
Maßstab 1 : 200 (Original 1 : 50)

20-300-1-144 / gta Archiv / ETH Zürich (Nachlass Gottfried Semper).
Zeichnung in schwarzer Tusche auf Papier; braun, gelb und rot aquarelliert. 64,5 x 91,3 cm.

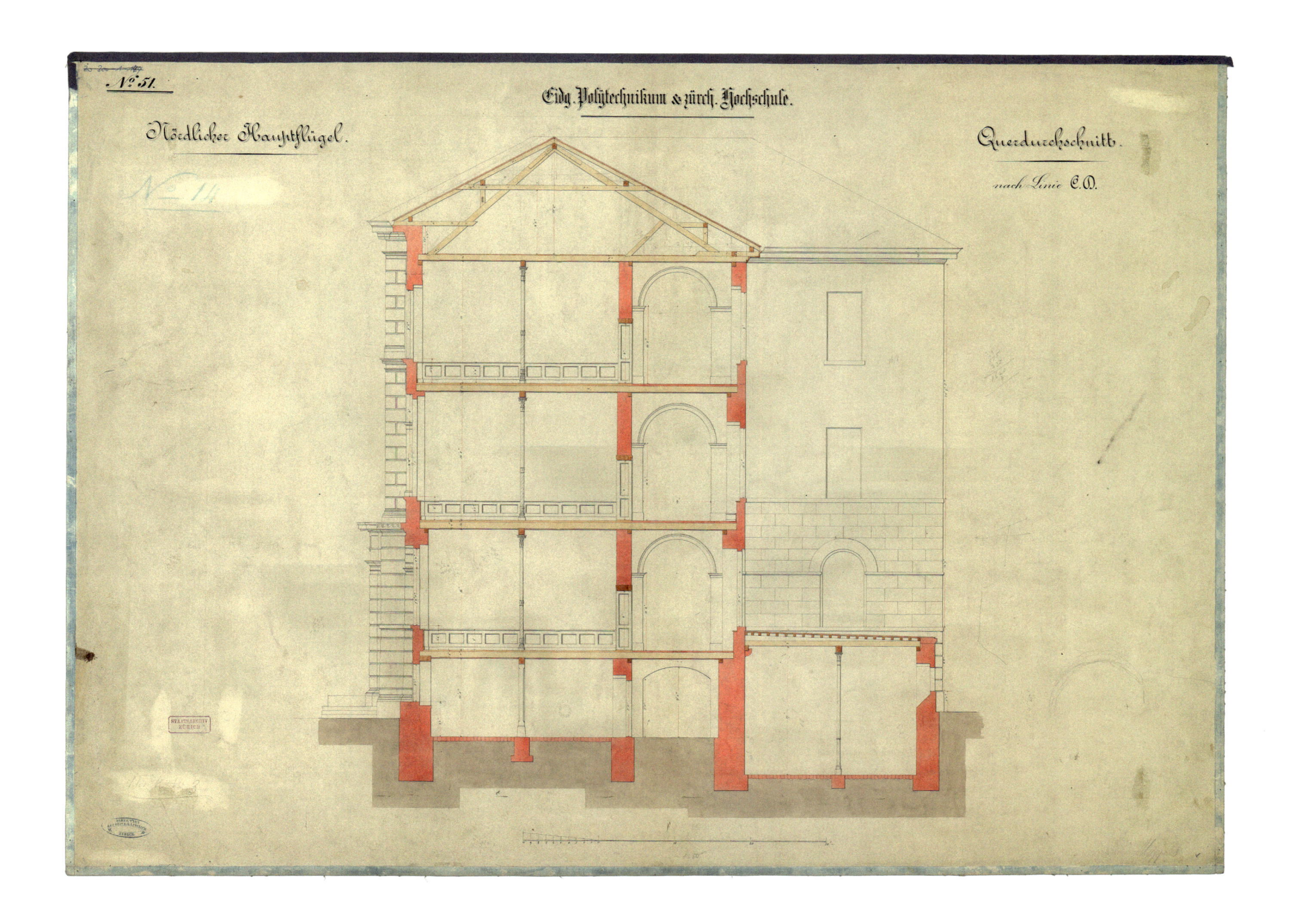

Zur Werkplanreihe des Nordflügels gehören ein Normalschnitt und ein Schnitt durch den Mittelrisalit. Auch hier ragt die ursprüngliche Erschließungstreppe in den Hof, im Kellergeschoss sind Räume für die Dampfheizung ebenfalls in die Hofräume eingegraben.

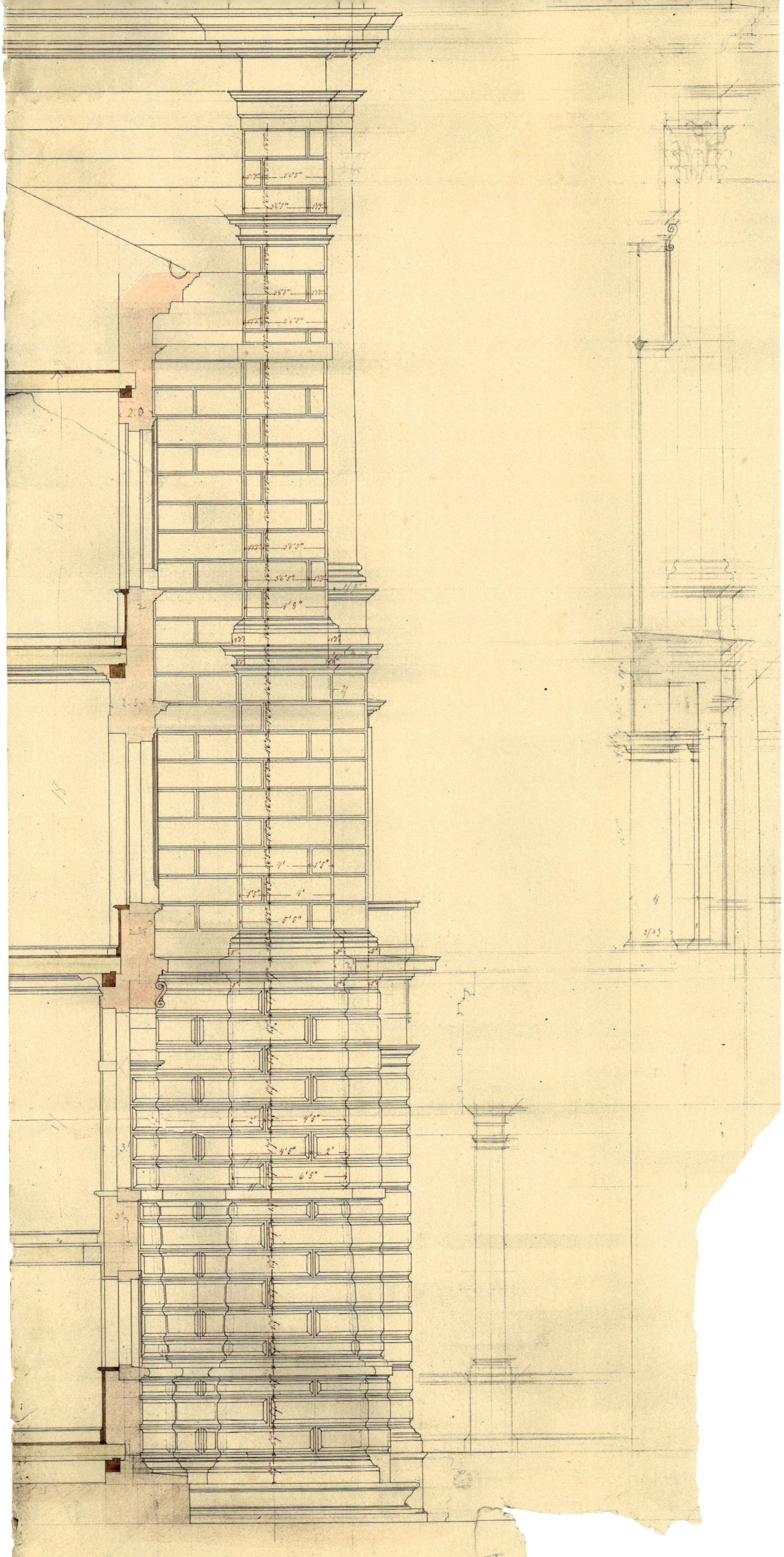

1: 33 1/3

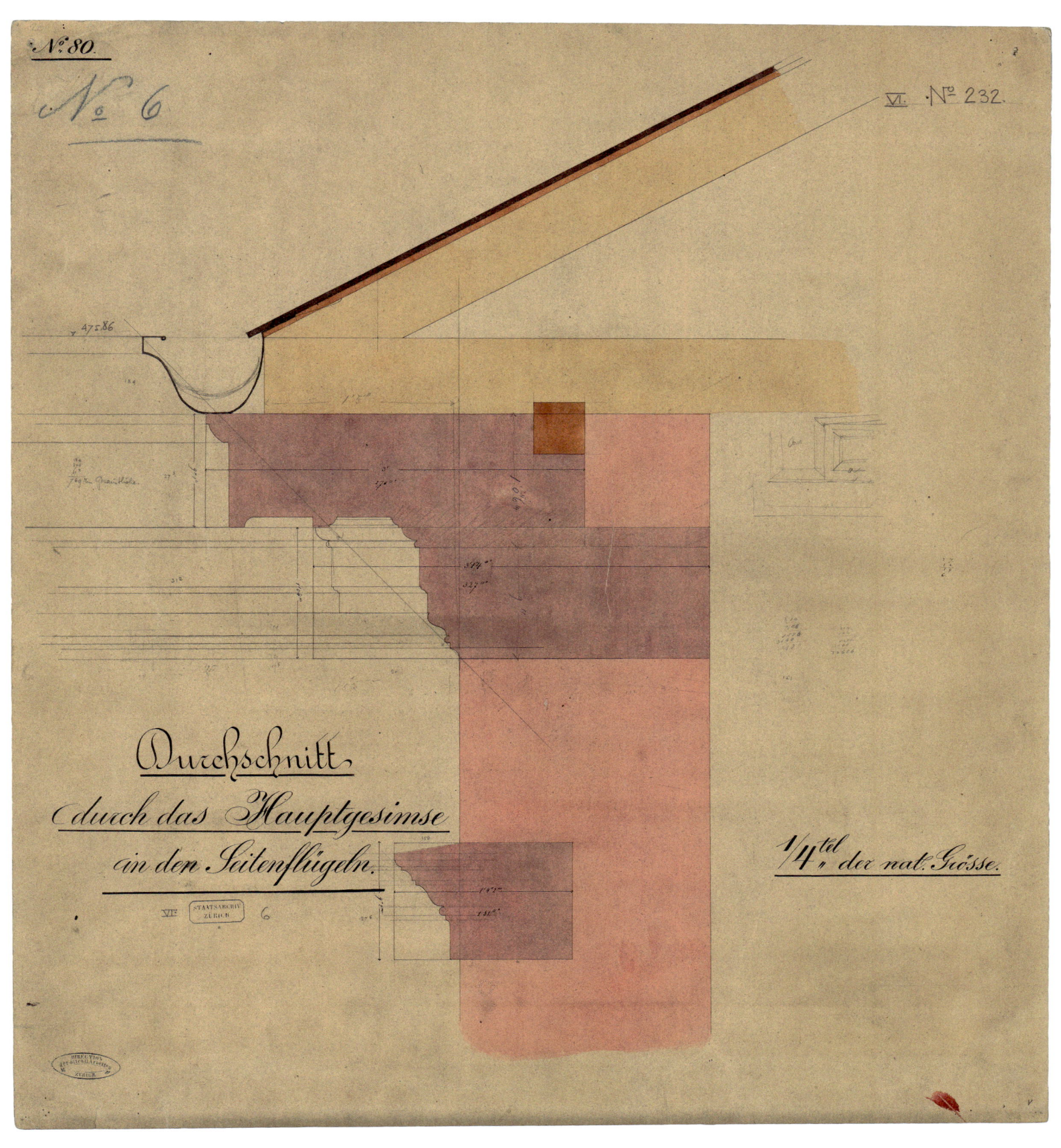

»PROFIL DES MITTELBAUES UND SEITEN-
ANSICHT DESSELBEN.«
⅔ der Originalgröße

»DURCHSCHNITT DURCH DAS HAUPT-
GESIMSE IN DEN SEITENFLÜGELN.«
⅓ der Originalgröße

Ein vermaßter Steinplan der Seitenansicht des stadtseitigen Mittelrisalits gibt auch eine Schnittführung durch Deckenauflager und Außenwandkonstruktion der seitlichen Flügel mit den Anschlüssen der hölzernen Balkendecken.

20-300-1-176 (Ausschnitt) / gta Archiv / ETH Zürich (Nachlass Gottfried Semper). Zeichnung in schwarzer Tusche auf Papier; braun, gelb und rosa aquarelliert. Bemaßungen in roter Tusche; Vorzeichnung, Überzeichnungen, Skizzen und zusätzliche Bemaßungen in Bleistift. 99,3 x 63,6 cm.

20-300-1-243 / gta Archiv / ETH Zürich (Nachlass Gottfried Semper). Zeichnung in schwarzer Tusche auf Karton; braun, orange, rosa und violett aquarelliert. Bemaßungen in roter Tusche; Vorzeichnung, Überzeichnungen, Skizzen und zusätzliche Bemaßungen in Bleistift. 65,5 x 62,3 cm.

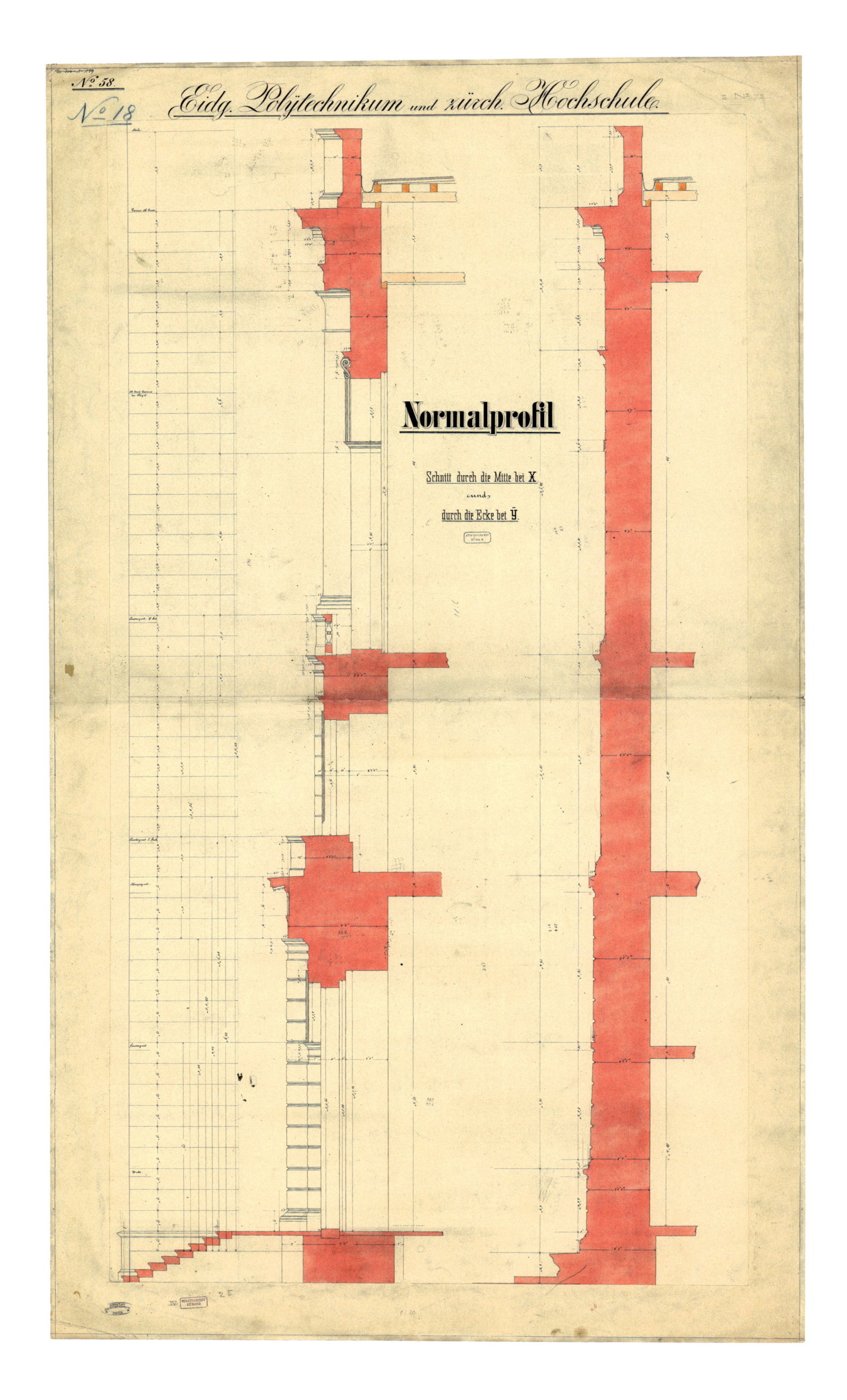

N° 58
N° 18 Eidg. Polytechnikum und zürch. Hochschule

Normalprofil

Schnitt durch die Mitte bei X
und
durch die Ecke bei Y.

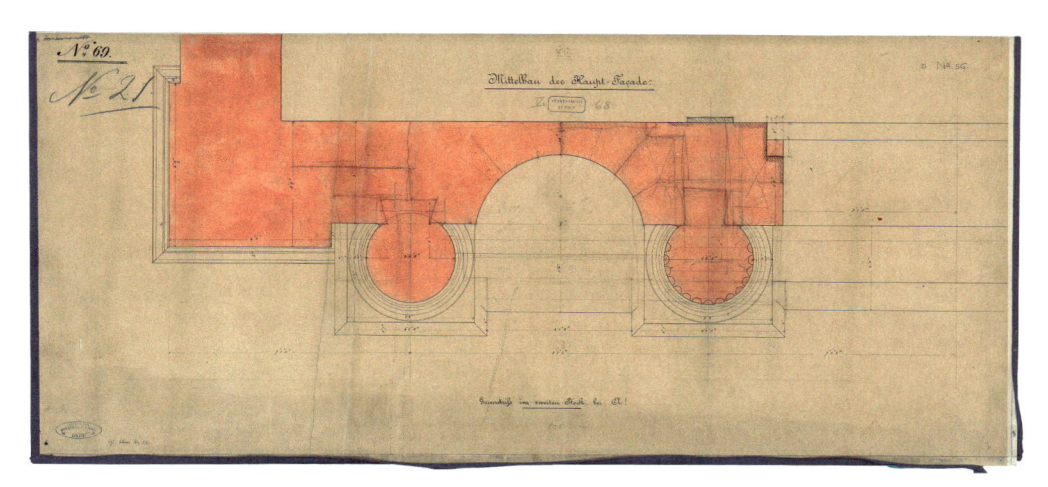

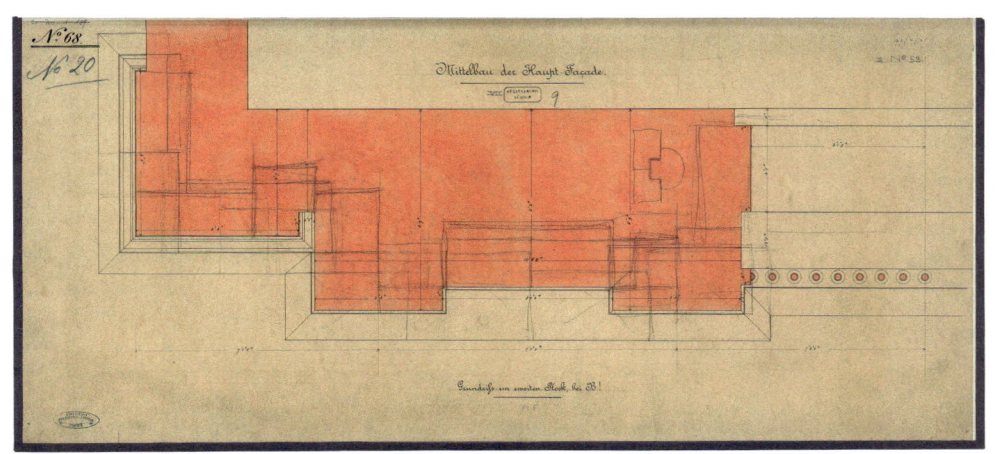

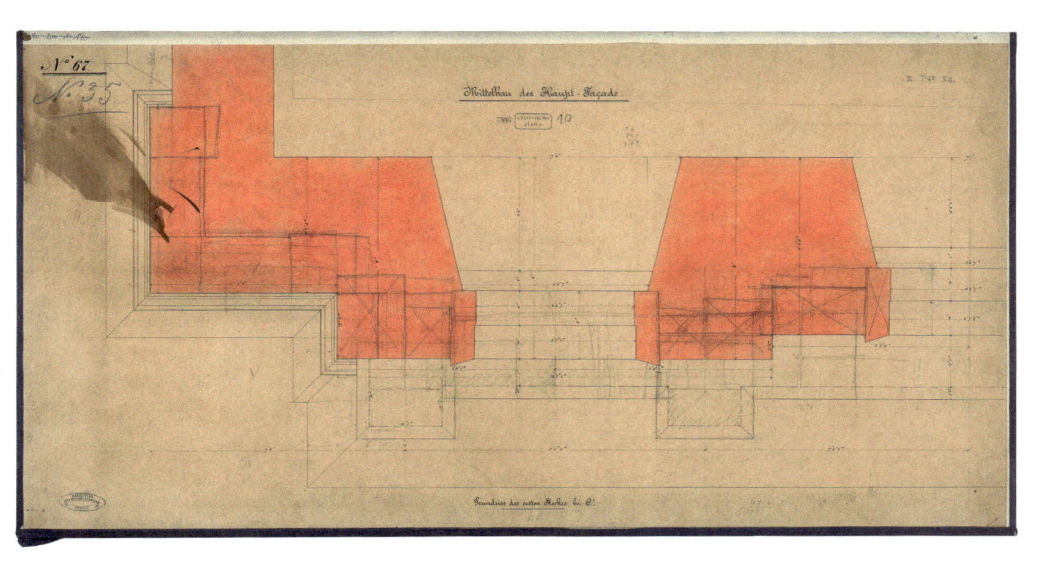

»EIDG. POLYTECHNIKUM UND ZÜRCH. HOCHSCHULE. NORMALPROFIL SCHNITT DURCH DIE MITTE BEI X UND DURCH DIE ECKE BEI Y.«
Maßstab 1 : 100 (Original 1 : 20)

20-300-1-179 / gta Archiv / ETH Zürich (Nachlass Gottfried Semper). Zeichnung in schwarzer und blauer Tusche auf Papier; beige, braun, grau und rot aquarelliert. Bemaßungen in schwarzer und blauer Tusche; Skizze, zusätzliche Bemaßungen und Berechnungen in Bleistift. Blatt auf Leinwand aufgezogen. 156,1 x 92,6 cm.

»MITTELBAU DER HAUPT-FAÇADE. GRUNDRISS IM ZWEITEN STOCK, BEI: A!«
Maßstab 1 : 33 (Original 1 : 5)

20-300-1-188 / gta Archiv / ETH Zürich (Nachlass Gottfried Semper). Zeichnung in schwarzer Tusche auf Papier; rot aquarelliert. Bemaßungen in schwarzer Tusche; Überzeichnungen und zusätzliche Bemaßungen in Bleistift. Blatt auf Leinwand aufgezogen. 38,0 x 87,2 cm.

»MITTELBAU DER HAUPT-FAÇADE. GRUNDRISS IM ZWEITEN STOCK, BEI B!«
Maßstab 1 : 33 (Original 1 : 5)

20-300-1-189 / gta Archiv / ETH Zürich (Nachlass Gottfried Semper). Zeichnung in schwarzer Tusche auf Papier; rot aquarelliert. Bemaßungen in schwarzer Tusche; Überzeichnungen in Bleistift. Blatt auf Leinwand aufgezogen. 38,1 x 85,8 cm.

»MITTELBAU DER HAUPT-FAÇADE. GRUNDRISS DES ERSTEN STOCKES, BEI C!«
Maßstab 1 : 33 (Original 1 : 5)

20-300-1-190 / gta Archiv / ETH Zürich (Nachlass Gottfried Semper). Zeichnung in schwarzer Tusche auf Papier; rot aquarelliert. Bemaßungen in schwarzer Tusche; Überzeichnungen, zusätzliche Bemaßungen, Anmerkungen und Berechnungen in Bleistift. Blatt auf Leinwand aufgezogen. 44,6 x 88,2 cm.

»MITTELBAU DER HAUPT-FAÇADE. GRUNDRISS DES ERDGESCHOSSES BEI D!«
Maßstab 1 : 33 (Original 1 : 5)

20-300-1-191 / gta Archiv / ETH Zürich (Nachlass Gottfried Semper). Zeichnung in schwarzer Tusche auf Papier; rot aquarelliert. Bemaßungen in schwarzer Tusche; Vorzeichnung und Berechnungen in Bleistift. Blatt auf Leinwand aufgezogen. 44,1 x 88,2 cm.

Konstruktionen und Steinlagen der massiven Außenmauern sind in Werkplänen im Maßstab 1 : 5 festgelegt. Ein Normalprofil gibt die horizontalen Maße, Detailschnitte legen Einzelheiten der Einbindung der Werksteinquader in das Wandmauerwerk fest; darunter auch die Rückverankerung der Sonderbauteile, etwa der Säulen im Mittelrisalit.

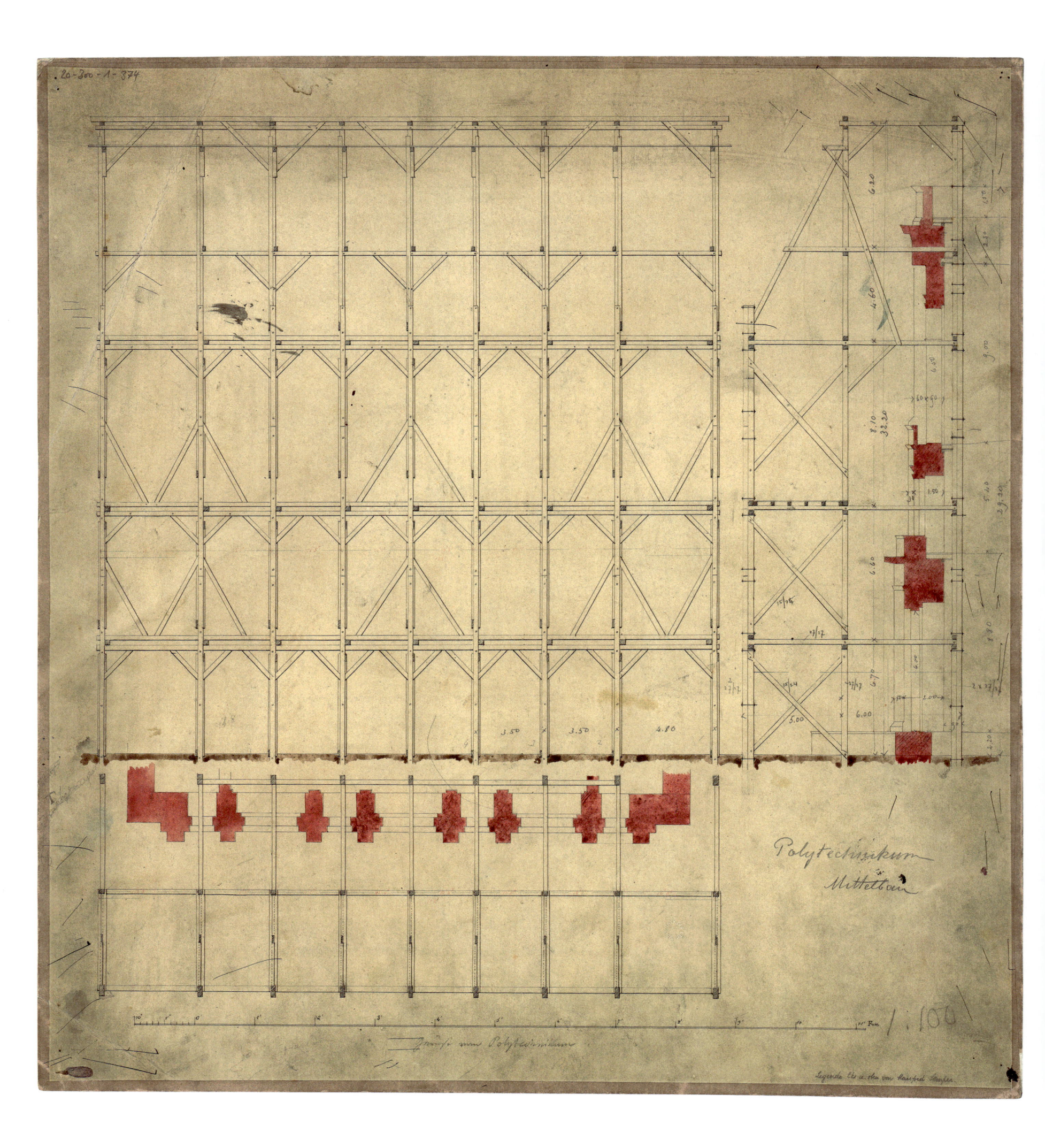

Polytechnikum
Mittelbau

1:100

»POLYTECHNIKUM MITTELBAU. GERÜST
ZUM POLYTECHNIKUM«
Maßstab 1:200 (Original 1:100)

20-300-1-374 / gta Archiv / ETH Zürich (Nachlass Gottfried Semper).
Zeichnung in schwarzer Tusche auf Papier; braun und rot aquarelliert.
Bemaßungen in roter Tusche und Bleistift. Blatt auf Karton aufgezogen.
51,4 x 49,1 cm.

Zur Reihe der Konstruktionszeichnungen
gehören die Pläne für die großen Baugerüste,
die die Fassaden während der Bauzeit zu sta-
bilisieren hatten. Das Gerüst ist ebenfalls dreigeschossig und reicht durch die Fensteröffnungen in das Innere des Baus.

No 33.

Eidg. Polytechnikum.   Bogenfenster im Erdgeschoss. Detail der Quadereintheilung u. der Schlusssteine

1/10 d. natürl. Grösse

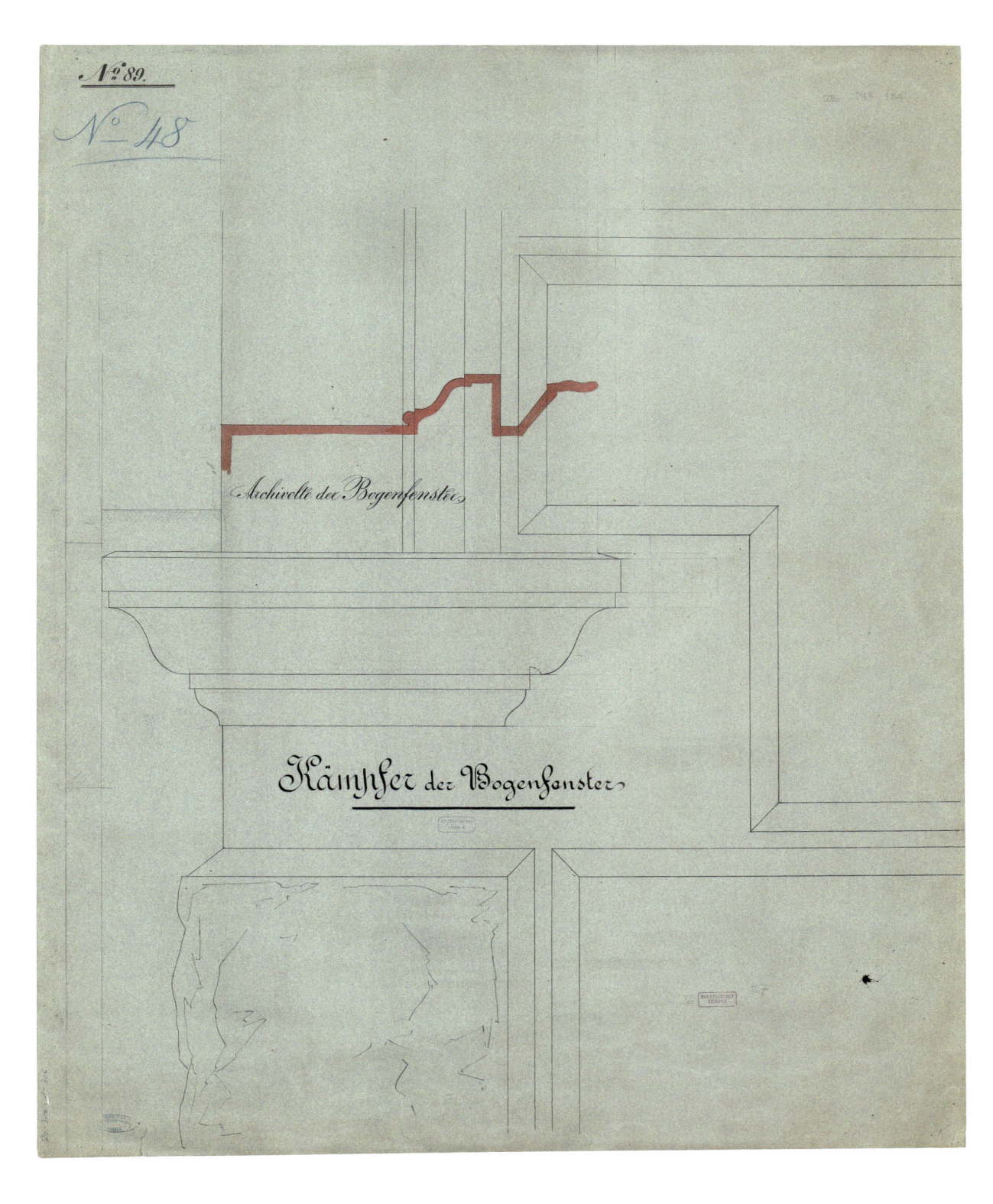

»EIDG. POLYTECHNIKUM. BOGENFENS-
TER IM ERDGESCHOSS. DETAIL DER
QUADEREINTHEILUNG & DER SCHLUSS-
STEINE.«
Maßstab 1 : 20 (Original 1 : 10)

20-300-1-283 / gta Archiv / ETH Zürich (Nachlass Gottfried Semper).
Zeichnung in schwarzer Tusche auf Karton; rot aquarelliert. Bemaßungen
in schwarzer Tusche; Vorzeichnung, Überzeichnungen und zusätzliche
Bemaßungen in Bleistift. 55,1 x 56,0 cm.

»KÄMPFER DER BOGENFENSTER«
Maßstab 1 : 5 (Original 1 : 1)

20-300-1-306 / gta Archiv / ETH Zürich (Nachlass Gottfried Semper).
Zeichnung in schwarzer Tusche auf Karton; rot aquarelliert. Vorzeichnung in Bleistift. 95,6 x 80,5 cm.

Die Zeichnungen für die Steinschnitte im
Maßstab 1 : 10 geben die Standardmaße für die
Bogenrundfenster des Erdgeschosses. Im
Schnitt ist zu sehen, wie tief die Steinquader
ins Mauerwerk einbinden. Die Profile der
Bogensteine sind in einem weiteren Detail-
plan in natürlicher Größe gezeichnet.

»FENSTER IM MITTELBAU DER HINTER-
FACADE«
Maßstab 1 : 33 (Original 1 : 10)

20-300-1-275 / gta Archiv / ETH Zürich (Nachlass Gottfried Semper). Zeichnung in schwarzer Tusche auf Papier; rosa aquarelliert. Überzeichnungen und Skizzen in Bleistift. Blatt auf Leinwand aufgezogen. 79,7 x 48,0 cm.

»FENSTER MIT LESINEN, FRONTEN U. CONSOLEN.«
Maßstab 1 : 5 (Original 1 : 1)

20-300-1-223 / gta Archiv / ETH Zürich (Nachlass Gottfried Semper). Zeichnung in schwarzer Tusche auf Karton; rot aquarelliert. Vorzeichnung in Bleistift. Plan durchgestochen. 143,3 x 107,5 cm.

№ 141

№ 18

Fenster
mit Lesinen, Fronten u. Consolen.

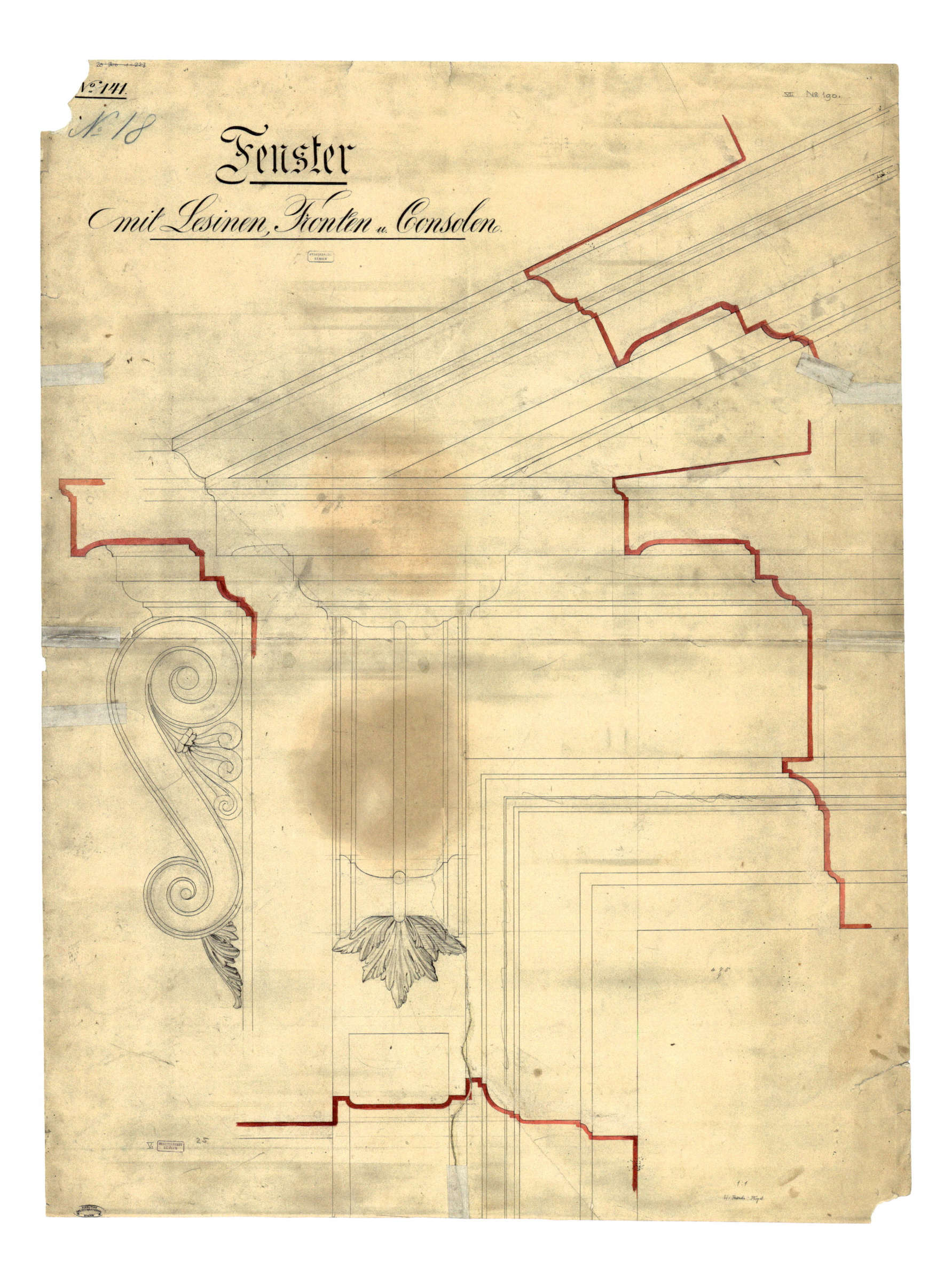

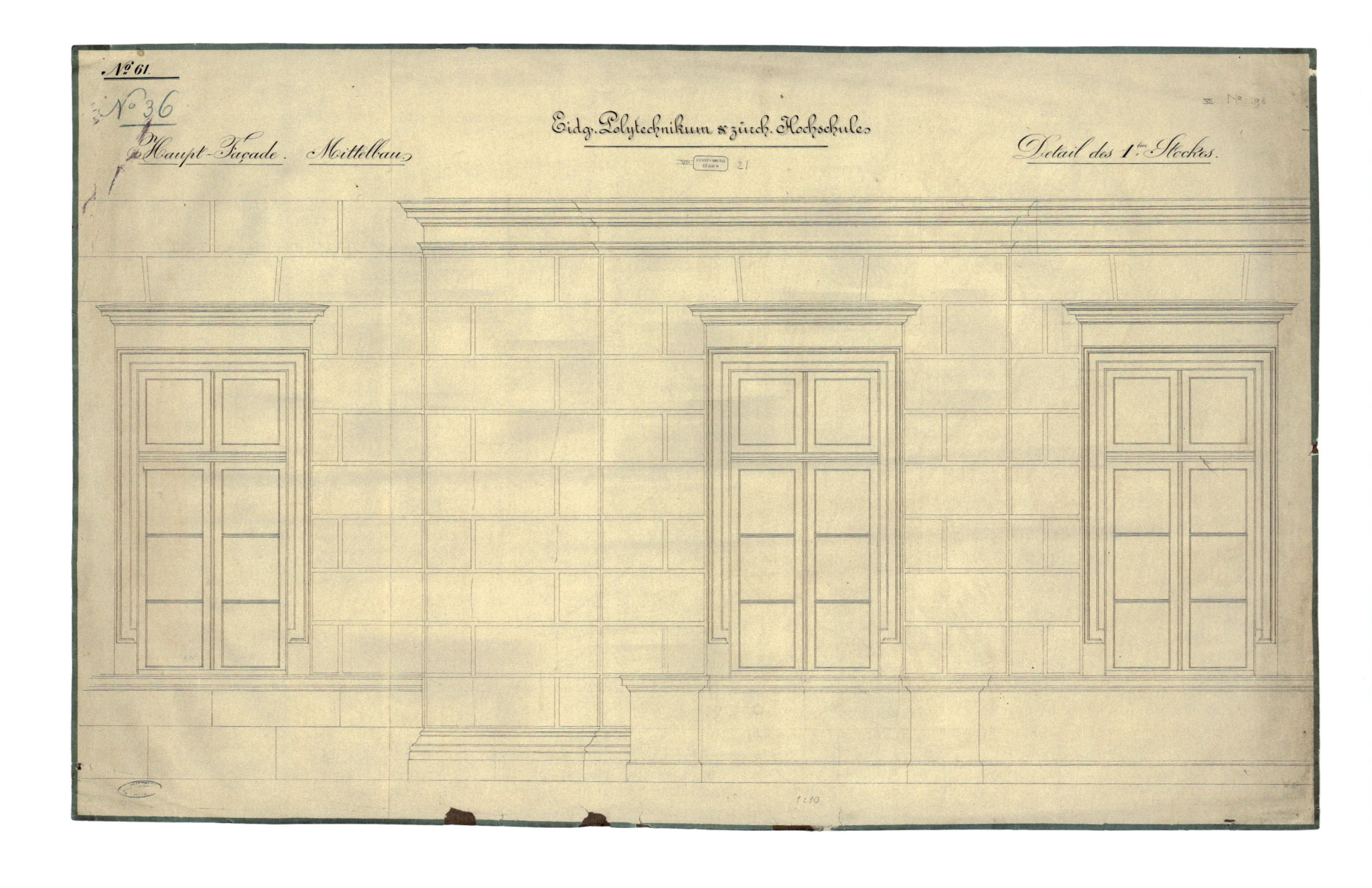

»EIDG. POLYTECHNIKUM & ZÜRCH. HOCHSCHULE. HAUPT-FAÇADE. MITTEL-BAU. DETAIL DES 1ᵀᴱᴺ STOCKES.«
Maßstab 1 : 50 (Original 1 : 10)

20-300-1-185 / gta Archiv / ETH Zürich (Nachlass Gottfried Semper). Zeichnung in schwarzer Tusche auf Papier. Überzeichnungen in Bleistift. Blatt auf Leinwand aufgezogen. 73,1 x 117,0 cm.

»EIDG. POLYTECHNIKUM & ZÜRCH. HOCHSCHULE. DETAIL DES 2ᵀ STOCKES DES MITTELBAUES DER HAUPTFAÇADE.«
Maßstab 1 : 50 (Original 1 : 10)

20-300-1-184 / gta Archiv / ETH Zürich (Nachlass Gottfried Semper). Zeichnung in schwarzer Tusche auf Papier; rot aquarelliert. Bemaßungen in schwarzer Tusche; Überzeichnungen, Skizzen und Berechnungen in Bleistift. Balustrade auf Transparentpapier aufgeklebt. Blatt auf Leinwand aufgezogen. 136,0 x 102,3 cm.

Blätter zu den Werksteinarbeiten der Außenwände im Maßstab 1 : 10 dokumentieren die ursprünglich gewählten Fugenmuster, wobei auch für die Seitenflügel offenbar Werksteinarbeiten vorgesehen waren. Steindetails der Fensterumrahmungen und Fensterkonstruktionen werden in Ansichten wiedergegeben. Maßangaben finden sich vor allem für die Entasis der Säulenschäfte.

Eidg. Polytechnikum & zürch. Hochschule.

Detail des 2ᵗᵉⁿ Stockes des Mittelbaues der Hauptfaçade.

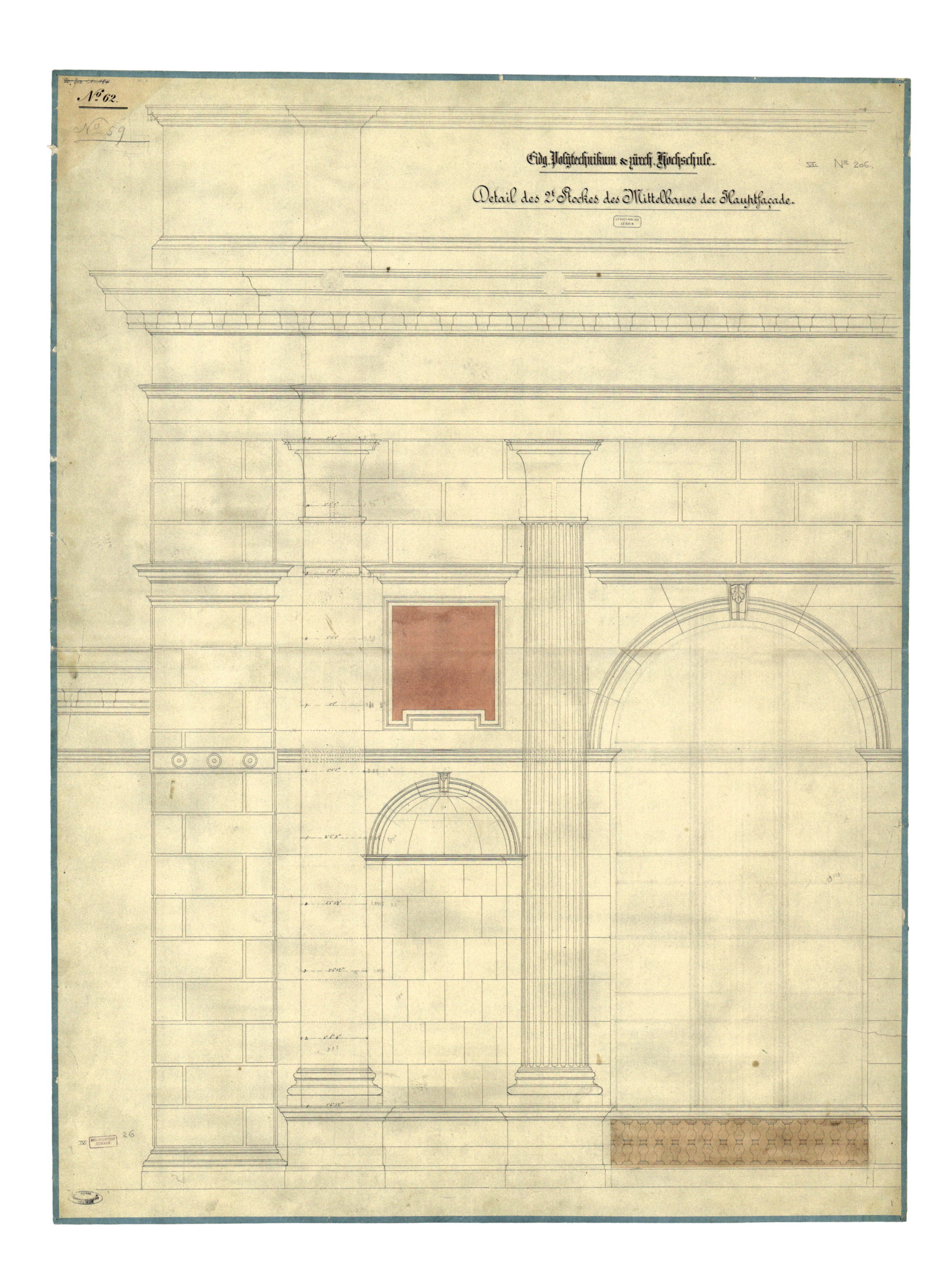

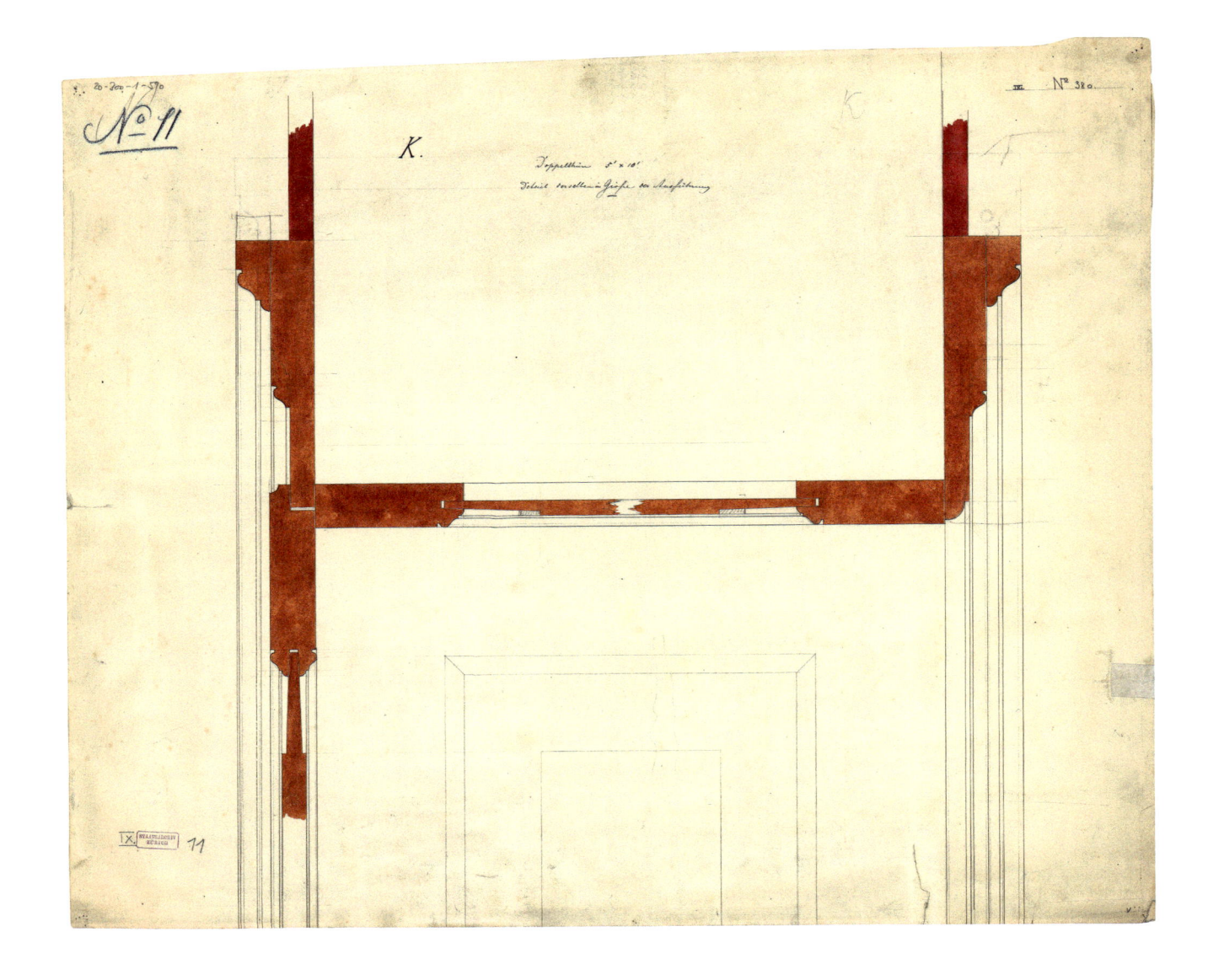

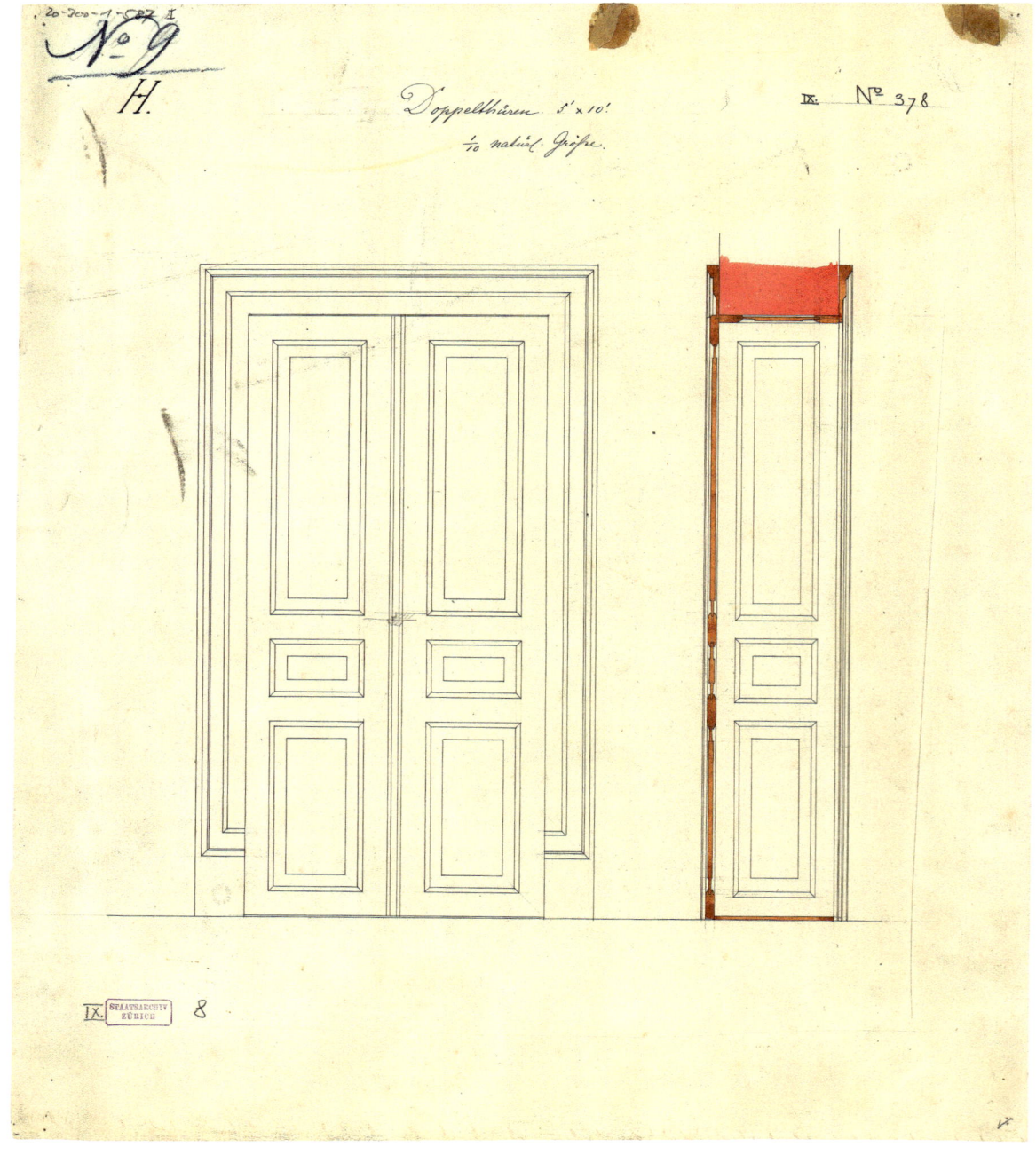

No 11 K. Doppelthüre 5'×10'
No 9 H. Doppelthüren 5'×10' ⅒ natürl. Größe.

»DOPPELTHÜRE 5′ × 10′«
Maßstab 1 : 5 (Original 1 : 1)

20-300-1-590 / gta Archiv / ETH Zürich (Nachlass Gottfried Semper).
Zeichnung in schwarzer Tusche auf Karton; braun und rot aquarelliert.
Vorzeichnung in Bleistift. 67,2 × 86,0 cm.

»DOPPELTHÜREN 5′ × 10′«
Maßstab 1 : 33 (Original 1 : 10)

20-300-1-587 / gta Archiv / ETH Zürich (Nachlass Gottfried Semper).
Zeichnung in schwarzer Tusche auf Karton; braun und rot aquarelliert.
Vorzeichnung in Bleistift. 56,4 × 50,8 cm.

»BRUST & GELÄUFTÄFER DER FENSTER DES I & II STOCKES.«
Maßstab 1 : 33 (Original 1 : 10)

20-300-1-595 recto / gta Archiv / ETH Zürich (Nachlass Gottfried Semper).
Zeichnung in schwarzer Tusche auf Papier; braun und rot aquarelliert.
Vorzeichnung und Überzeichnungen in Bleistift. 72,4 × 48,9 cm.

Fenster- und Türdetails des Semperbaus zeigen durchweg schön proportionierte Laibungen, Täfer und gestemmte Füllungen. Bis hin zum Detail 1 : 1 wird vom planenden Architekten die Fügung der Teile bestimmt, die gestemmten Füllungen werden im Schnitt mit den materialtechnisch notwendigen Bewegungsfugen gezeichnet.

N° 14

Ansicht der Träger mit Verankerung

Querschnitt der normalen Träger   Querschnitt d

Neutrale Achse

Gewicht des Trägers
auf 32' Länge ..... ℔ 35,50
Tragfähigkeit p. ℔ = ℔ 11,90

Gewicht des Trägers
auf 32' Länge ..... ℔ 43,20

Maasstab 1:2

S.F.

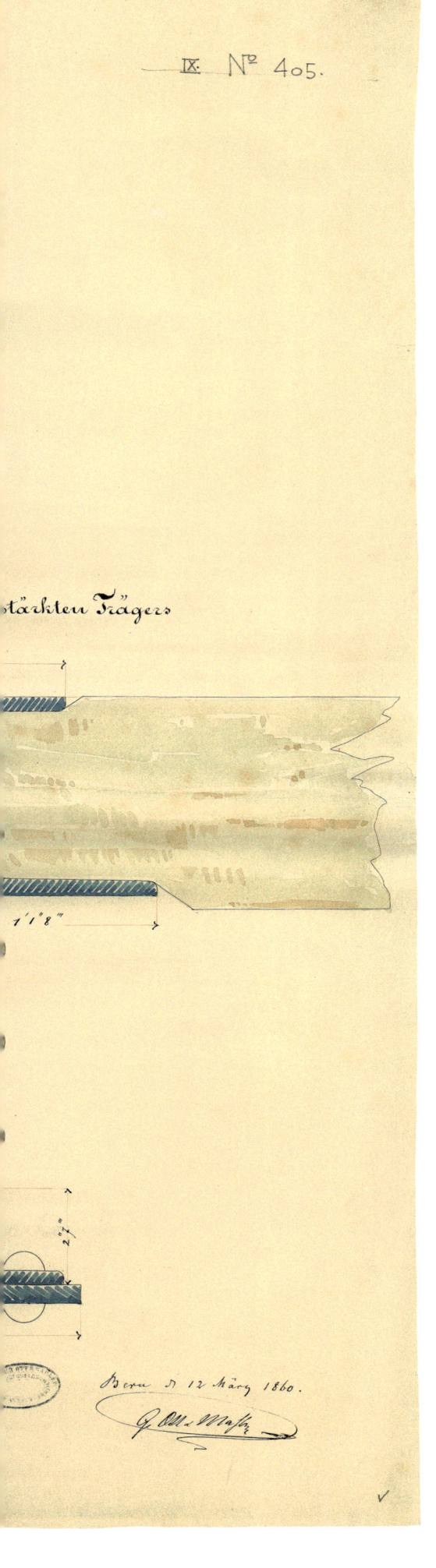

»ANSICHT DER TRÄGER MIT VERANKE-
RUNG / QUERSCHNITT DER NORMALEN
TRÄGER / QUERSCHNITT DES VER-
STÄRKTEN TRÄGERS«
Maßstab 1 : 5 (Original 1 : 2)

20-300-1-341 / gta Archiv / ETH Zürich (Nachlass Gottfried Semper).
Signatur G. Ott & Mahler, Bern, 12. März 1860. Zeichnung in schwarzer
Tusche auf Papier; rot, blau und beige aquarelliert. Bemaßungen
in schwarzer und roter Tusche, Anmerkungen in schwarzer Tusche.
65,6 x 78,3 cm.

»MITTELBAU. DURCHSCHNITT DURCH
DIE VORTREPPE & DIE MITTE DES
HAUPTVESTIBULS.«
Maßstab 1 : 100 (Original 1 : 10)

20-300-1-394 / gta Archiv / ETH Zürich (Nachlass Gottfried Semper).
Zeichnung in schwarzer Tusche auf Papier; braun, gelb, grau und rot
aquarelliert. Vorzeichnung in Bleistift. Blatt auf Leinwand aufgezogen.
106,7 x 143,6 cm.

Detailzeichnungen im Maßstab 1 : 10 geben
Aufschluss über Materialwahl und konstruktive
Lösungen für die Decken im Hauptvestibül,
wie auch über die Profilierung von Gesimsen,
Sockeln und Balustraden. Die Spannweite
der Decke über dem unteren Vestibül beträgt
in Querrichtung rund 31 Schweizer Fuß
(9,3 Meter). Sempers Entscheidung für eine
Mischkonstruktion aus Eisen und Holz ist in
den Querschnitten der Werkplanung aus
dem Jahr 1860 bereits dokumentiert, Detailzeichnungen für »normale« und »verstärkte«
Eisenträger zeigen Kombinationen von
L- und U-Profilen mit Nietverbindungen. In
der Detailzeichnung werden Eigengewicht
und Tragfähigkeit für 32 Schweizer Fuß Länge
angegeben.

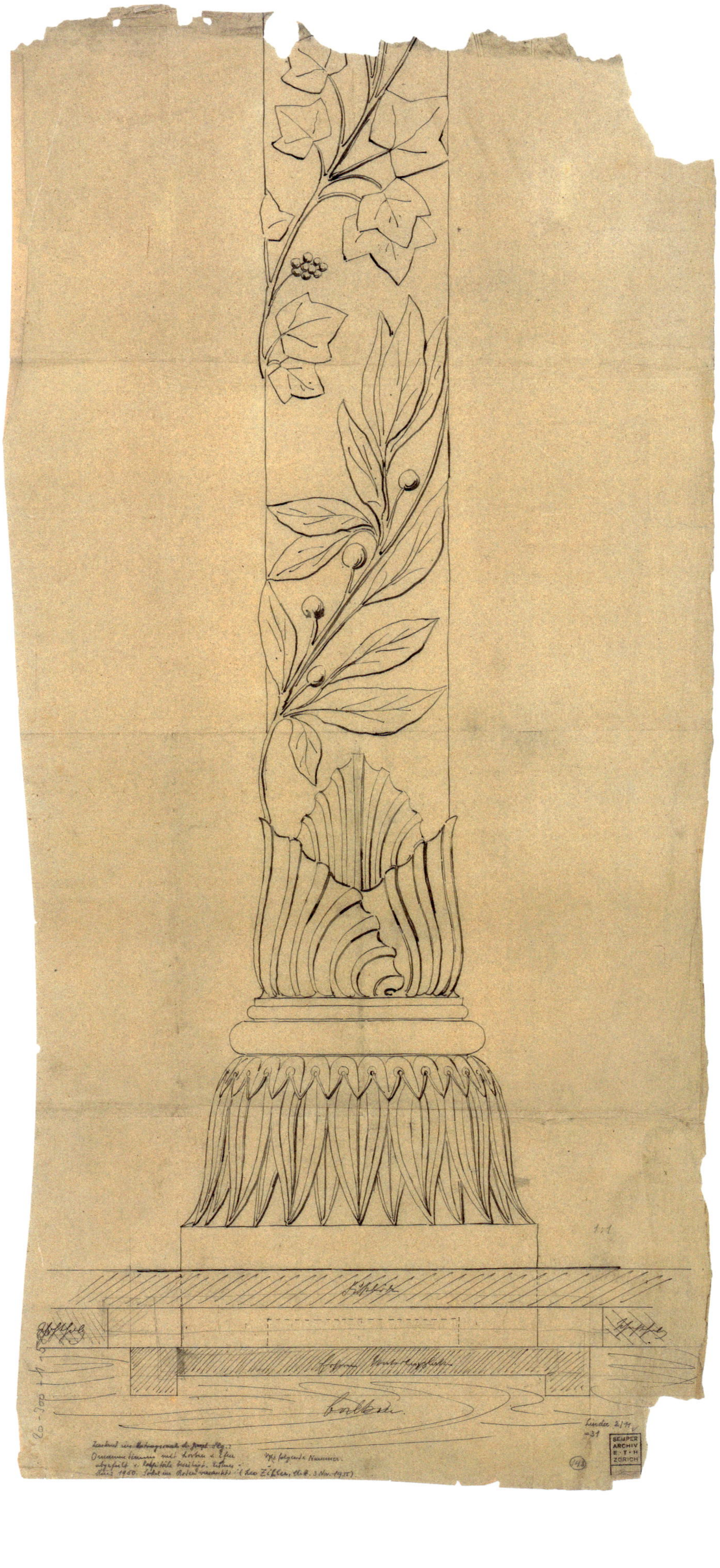

BASIS DER GUSSEISENSÄULEN
¼ der Originalgröße

20-300-582 / gta Archiv / ETH Zurich (Nachlass Gottfried Semper).
Zeichnung in schwarzer Tusche auf Papier. Überzeichnungen und Anmerkungen in Bleistift. Ca. 100,0 x 47,0 cm. (»Vier Säulen dieses Typ stehen im Auditorium in der Sudwest-Ecke des Erdgeschosses. Ornamente mit Lorbeer und Efeu im März 1950 abgefeilt, später Kapitelle beseitigt und Basis im Boden versenkt. (Auskunft des Oberassistenten der Graphischen Sammlung Leo Zihler an AP (Arnold Pfister-Burkhalter), 3. November 1955.) [...].« Fröhlich 1974, S. 274.)

KAPITELL DER GUSSEISENSÄULEN
¼ der Originalgröße

20-300-1-584 / gta Archiv / ETH Zurich (Nachlass Gottfried Semper).
Zeichnung in schwarzer Tusche auf Papier. Überzeichnungen und Anmerkungen in Bleistift. Ca. 39,0 x 33,0 cm.

GUSSEISERNER SÄULENSCHAFT MIT ORNAMENTSCHMUCK
¼ der Originalgröße

20-300-1-583 / gta Archiv / ETH Zurich (Nachlass Gottfried Semper).
Zeichnung in schwarzer Tusche auf Papier. Ca. 100,0 x 47,0 cm.

Die Flurwände des Semperbaus waren massiv, im Inneren der Räume wurden die Decken zusätzlich durch gusseiserne Stützen im Raster getragen. Die Gusseisensäulen entsprechen den zur Mitte des 19. Jahrhunderts prominent gewordenen, reich verzierten Fertigwaren der Eisenindustrie, wie sie etwa in Ernst Brandts *Lehrbuch der Eisen-Konstruktionen mit besonderer Anwendung auf den Hochbau* von 1865 abgebildet wurden. Die wenigen erhaltenen gusseisernen Stützen der Semperzeit, in den heutigen Räumen der Graphischen Sammlung, wurden zu Beginn der 50er Jahre vereinfacht, der Ornamentschmuck wurde mechanisch entfernt.

Nº 187.   Nº 18.

Eingangsportal der östlichen Fassade.
in der natürl. Größe.

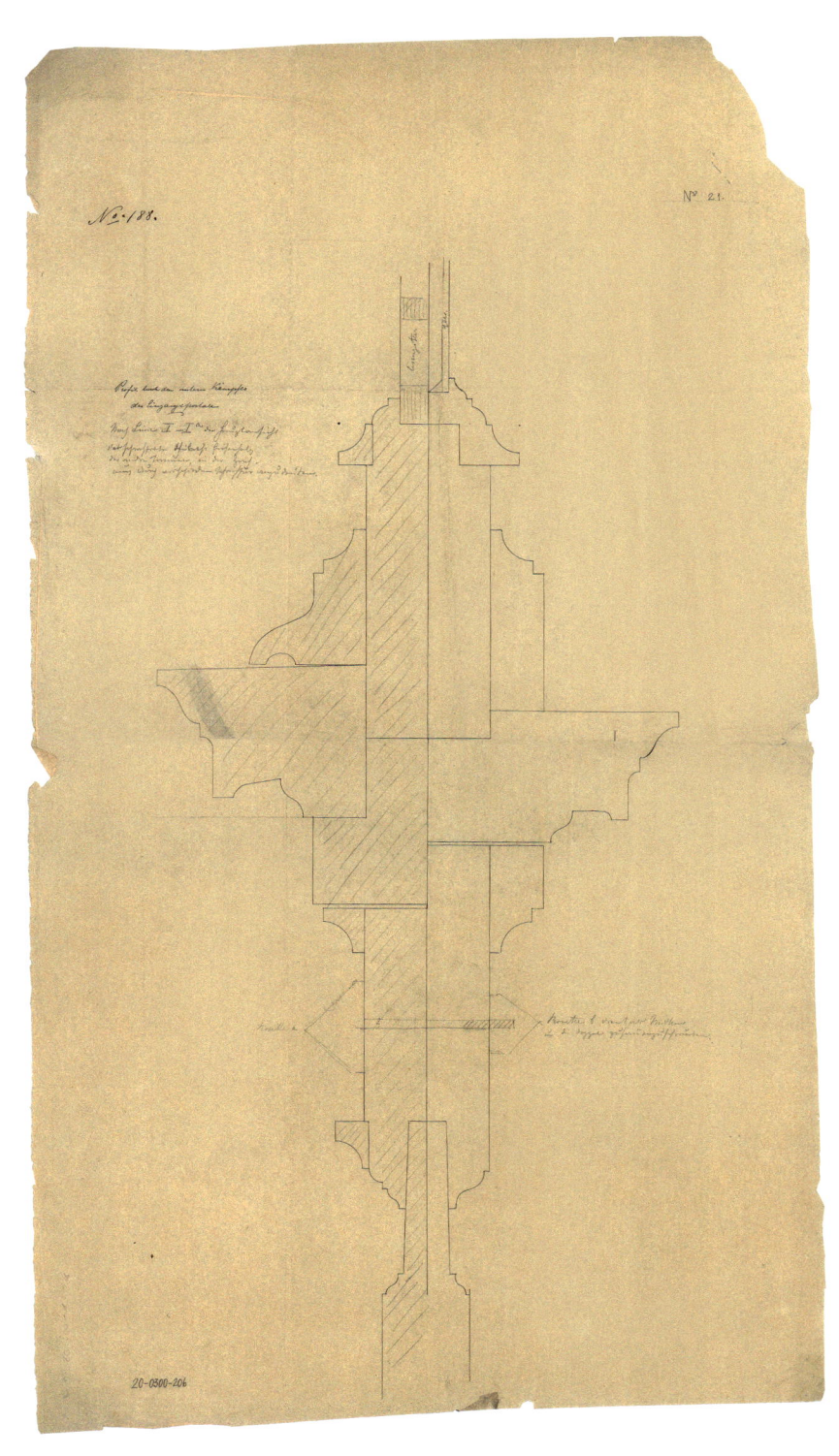

»EINGANGSPORTAL DER WESTLICHEN
FACADE.«
Maßstab 1 : 25 (Original 1 : 10)

20-300-1-180 / gta Archiv / ETH Zürich (Nachlass Gottfried Semper).
Zeichnung in schwarzer Tusche auf Papier. Anmerkungen in Bleistift.
75,8 x 49,0 cm.

»PROFIL DURCH DEN UNTEREN KÄMPFER
DES EINGANGSPORTALES«
Maßstab 1 : 5 (Original 1 : 1)

20-300-1-206 / gta Archiv / ETH Zürich (Nachlass Gottfried Semper).
Zeichnung in schwarzer Tusche und Bleistift auf Papier. Erweiterung des
Blatttitels. Überzeichnung und Anmerkungen in Bleistift. Ca. 65,0 x 40,0 cm.

»PROFIL DES UNTERN THEILS DES HAUPT-
PORTALES«
Maßstab 1 : 5 (Original 1 : 1)

20-300-1-204 / gta Archiv / ETH Zürich (Nachlass Gottfried Semper).
Zeichnung in schwarzer Tusche und Bleistift auf Papier. Erweiterung des
Blatttitels. Überzeichnung und Anmerkungen in Bleistift. Ca. 40,0 x 30,0 cm

Wie sorgfältig sich Semper mit der Konstruktion des Baus bis in die Einzelheiten der Fenster- und Türkonstruktionen befasst hat, lässt sich an vielen Detailblättern feststellen. Handschriftliche Bemerkungen für die ausführenden Handwerker erläutern Maßgenauigkeit der Flügel, Fügung der einzelnen Hölzer und Materialwahl im Detail. Der Architekt steuerte den Bauprozess durch Vorgabe von Profilen bis ins Detail 1 : 1 und bat darum, die Zeichnung nach dem Gebrauch unverzüglich zurückzugeben. Die Türen für den Hauptzugang des Südflügels sind im Maßstab 1 : 10 dargestellt, die Schnittführung der Profile ist in der Ansicht verzeichnet. Sie entsprechen den Konstruktionen für die Westseite: Gusseiserne Gitter füllen die Rundbogenfelder, die Türblätter sind massive Holzkonstruktionen mit aufgesetzten Metallnägeln.

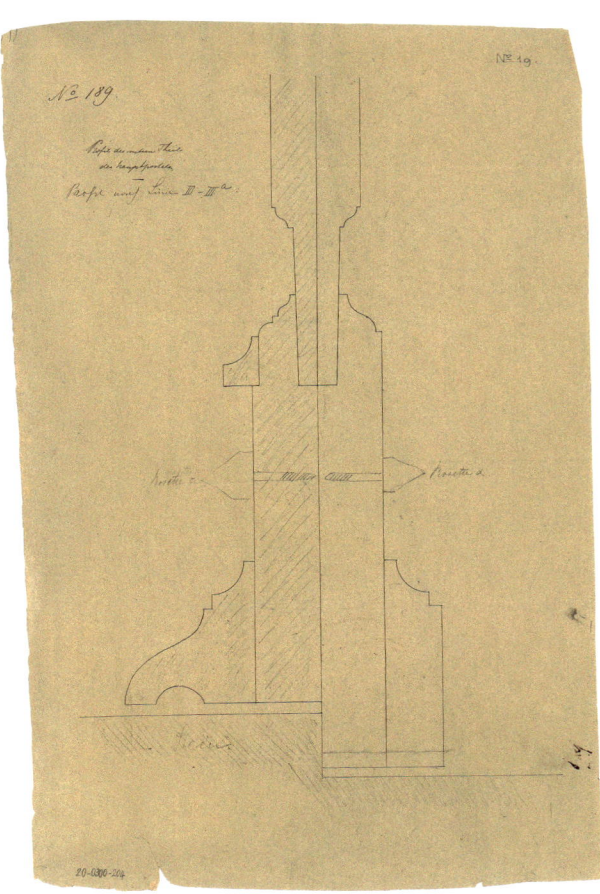

№ 1

Haupt u Seitenpor[tal]
des südl. Mittelbau[es]

1:10

»HAUPT U. SEITENPORTAL DES SÜDL.
MITTELBAU [SIC]«
Maßstab 1 : 25 (Original 1 : 10)

20-300-1-240 / gta Archiv / ETH Zürich (Nachlass Gottfried Semper).
Zeichnung in schwarzer Tusche auf Karton; braun aquarelliert. Überzeichnungen, Bemaßungen und Berechnungen in Bleistift. 72,9 x 92,3 cm.

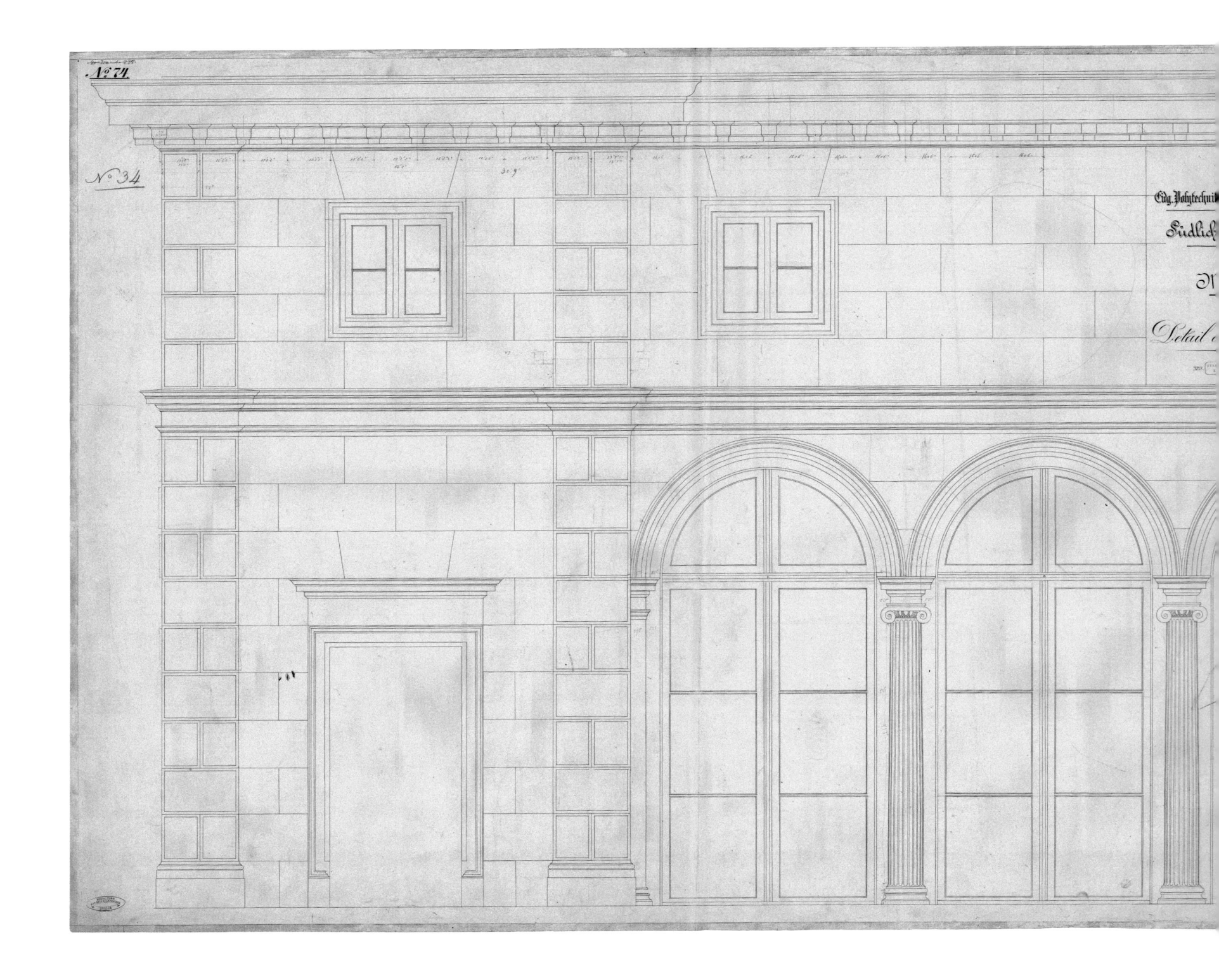

»EIDG. POLYTECHNIKUM & ZÜRCH. HOCH-
SCHULE. SÜDLICHER HAUPTFLÜGEL.
MITTELBAU. DETAIL DES 2ᵀ STOCKES.«
Maßstab 1 : 50 (Original 1 : 10)

20-300-1-235 / gta Archiv / ETH Zürich (Nachlass Gottfried Semper).
Zeichnung in schwarzer Tusche auf Papier. Überzeichnungen und
Bemaßungen in Bleistift. 91,8 x 132,0 cm.

»SÜDLICHER HAUPTFLÜGEL. GRUNDRISS
DES MITTELBAUES IM 2ᵀ STOCK, & UNTER-
SICHT DES HAUPTGESIMSES.«
Maßstab 1 : 50 (Original 1 : 10)

20-300-1-237 / gta Archiv / ETH Zürich (Nachlass Gottfried Semper).
Zeichnung in schwarzer Tusche auf Karton. Vorzeichnung, Überzeichnungen, Bemaßungen und Berechnungen in Bleistift. 35,2 x 64,4 cm.

Zwei Werkpläne für die Steinarbeiten und
Fenster der Fassade des südlichen Mittelbaus
zeigen das Zentrum des Baus mit dreifacher
Bogenstellung auf ionischen Säulen und
die Untersicht des Konsolgesimses mit der Ver-
kröpfung beim Rücksprung zum Rundbogen-
fensterfeld.

Südlicher Hauptflügel.
Grundriss des Mittelbaues im 2ten Stocke
& Untersicht des Hauptgesimses.

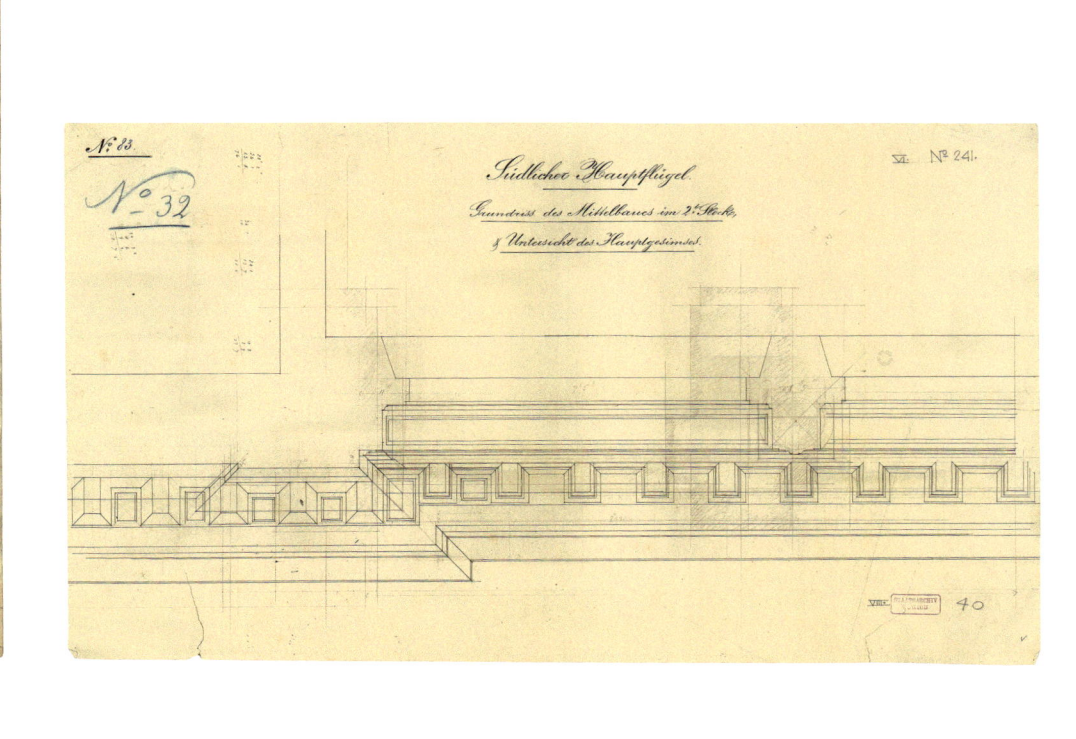

Nº 117.

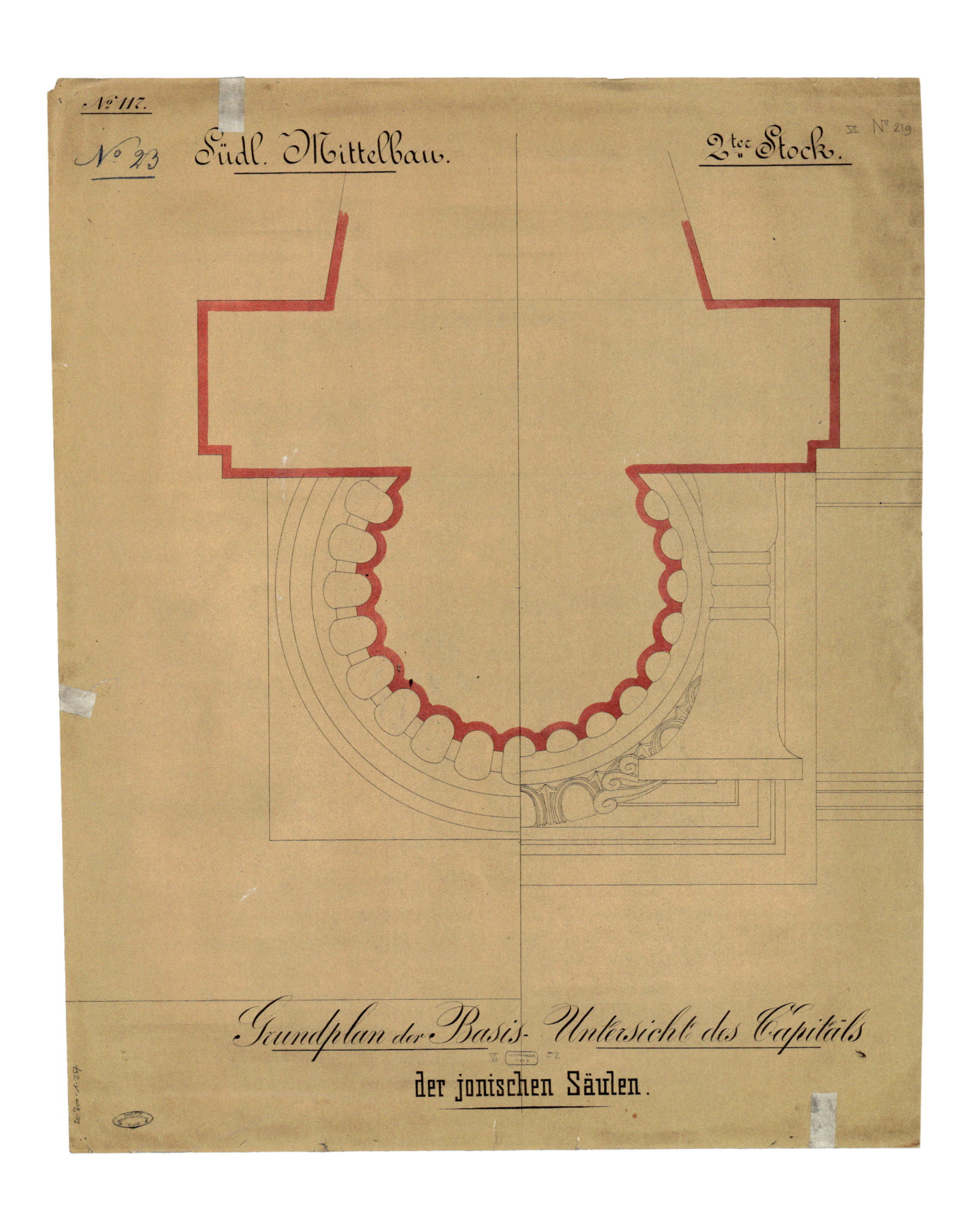

Nº 23 Südl. Mittelbau. 2ter Stock. Nº 219

Grundplan der Basis- Untersicht des Capitäls
der jonischen Säulen.

»SÜDL. MITTELBAU. 2TER STOCK. GRUND-
PLAN DER BASIS- UNTERSICHT DES CAPI-
TÄLS DER JONISCHEN SÄULEN.«
Maßstab 1 : 5 (Original 1 : 1)

20-300-1-257 / gta Archiv / ETH Zürich (Nachlass Gottfried Semper).
Zeichnung in schwarzer Tusche auf Karton; rot aquarelliert. Plan durchgestochen. 108,2 x 90,9 cm.

»SÜDLICHER MITTELBAU. IITE ETAGE.
CAPITÄL DER JONISCHEN SÄULEN.
UND ARCHIVOLTE DER BOGENFENSTER.«
Maßstab 1 : 5 (Original 1 : 1)

20-300-1-255 / gta Archiv / ETH Zürich (Nachlass Gottfried Semper).
Zeichnung in schwarzer Tusche auf Karton; rot aquarelliert. 95,8 x 74,0 cm.

»SÜDL. MITTELBAU. BASIS DER
JONISCHEN SÄULEN IM 2TEN STOCK.«
Maßstab 1 : 5 (Original 1 : 1)

20-300-1-256 / gta Archiv / ETH Zürich (Nachlass Gottfried Semper).
Zeichnung in schwarzer Tusche auf Karton. Beschriftungen in schwarzer
Tusche; Skizze, Bemaßungen und Berechnung in Bleistift. Plan durchge-
stochen. 61,3 x 86,0 cm.

Details der Steinarbeiten der ionischen Säulen, Kapitelle, Gesimse und Fensterbögen
wurden in natürlicher Größe aufgezeichnet.
Die Auswahl zeigt zwei Ansichten mit Schnitt-
linien von Basis und Kapitell sowie einen
Horizontalschnitt mit einer halben Untersicht
des Volutenkapitells.

N° 145.

N° 16

N° 317.

Mittelbau.

Vestibule des 2. Stockes.

Capitäl der jonischen Säulen u. Deckgesimse.

»MITTELBAU. VESTIBULE DES 2. STOCKES. CAPITÄL DER JONISCHEN SÄULEN U. DECKGESIMSE.«
Maßstab 1 : 5 (Original 1 : 1)

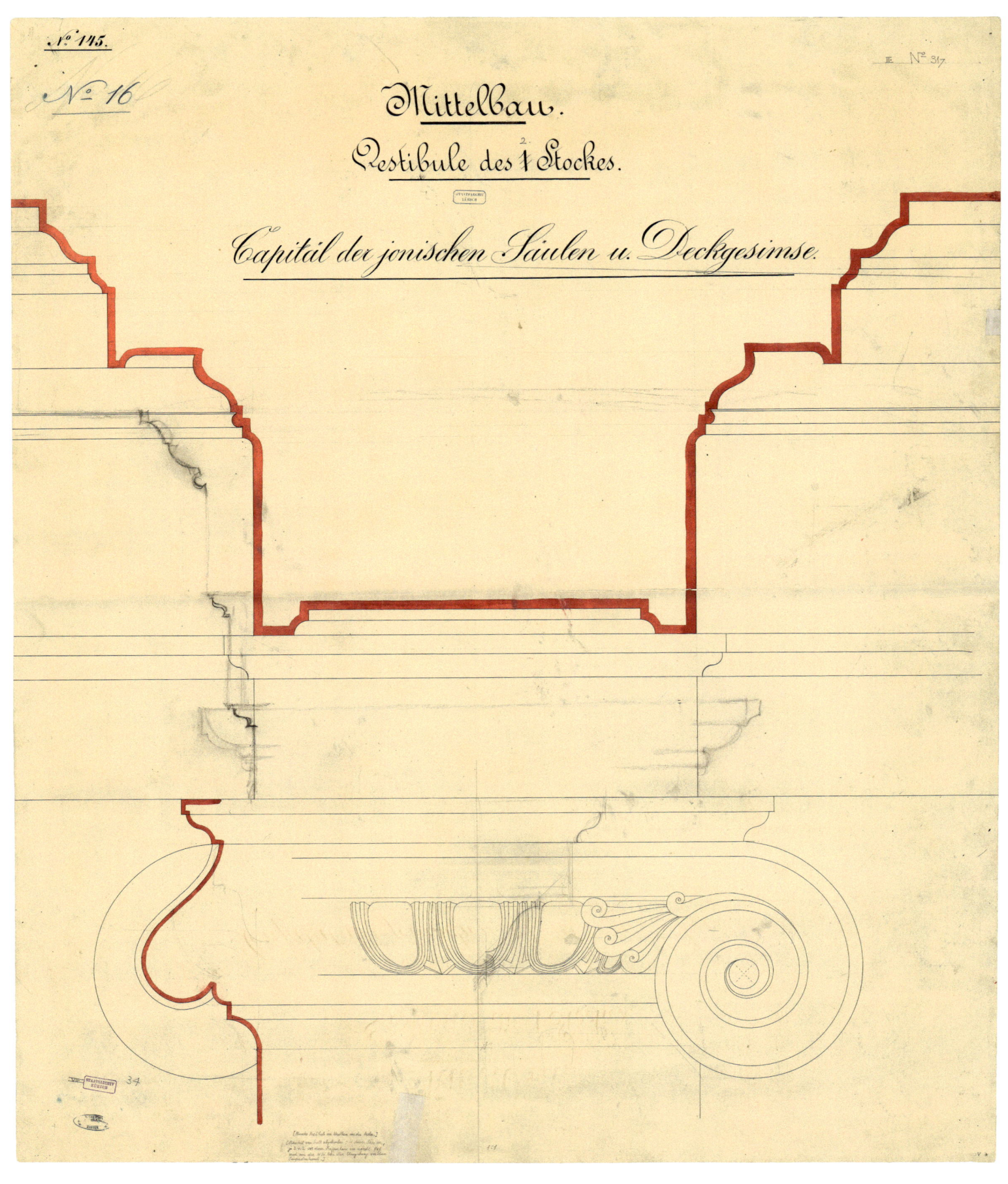

20-300-1-451 / gta Archiv / ETH Zürich (Nachlass Gottfried Semper). Zeichnung in schwarzer Tusche auf Karton; rot aquarelliert. Überzeichnungen und Korrektur des Titels in Bleistift. 116,1 x 99,8 cm.

»HAUPTMITTELBAU«
Maßstab 1 : 100 (Original 1 : 20)

20-300-1-440 / gta Archiv / ETH Zürich (Nachlass Gottfried Semper). Zeichnung in schwarzer Tusche auf Papier. Überzeichnungen und Skizzen in Bleistift. 48,5 x 102,0 cm.

»GYPSERARBEIT – HAUPTMITTELBAU. VESTIBULE II STOCK. DECKENEINTHEILUNG.«
Maßstab 1 : 100 (Original 1 : 20)

20-300-1-439 / gta Archiv / ETH Zürich (Nachlass Gottfried Semper). Zeichnung in schwarzer Tusche auf Papier; grau und rot aquarelliert. Beschriftung und Bemaßung in roter Tusche; Vorzeichnung, Überzeichnungen, zusätzliche Bemaßungen und Anmerkungen in Bleistift. 82,4 x 109,7 cm.

Semper verwendete offenbar für die Steindetails am Äußeren des Gebäudes und den architektonischen Schmuck im Inneren identische Architekturformen. Im Vorraum der Aula finden sich vergleichbare Detaillösungen für die ionischen Kapitelle, allerdings ohne die Kannelur der Säulenschäfte. Nach dem Umbau Gustav Gulls sind noch nur einzelne Stücke (zum Teil an anderen Orten) erhalten geblieben. Zwei Ausführungspläne für Stuck- und Farbdekorationen (»Gypserarbeit«) des Vestibüls vor der Aula zeigen Gliederungselemente für Wand und Decke. Die Wandprofile wurden, wie Fotografien belegen, in Gussstücken ausgebildet und farblich in Grautönen gefasst.

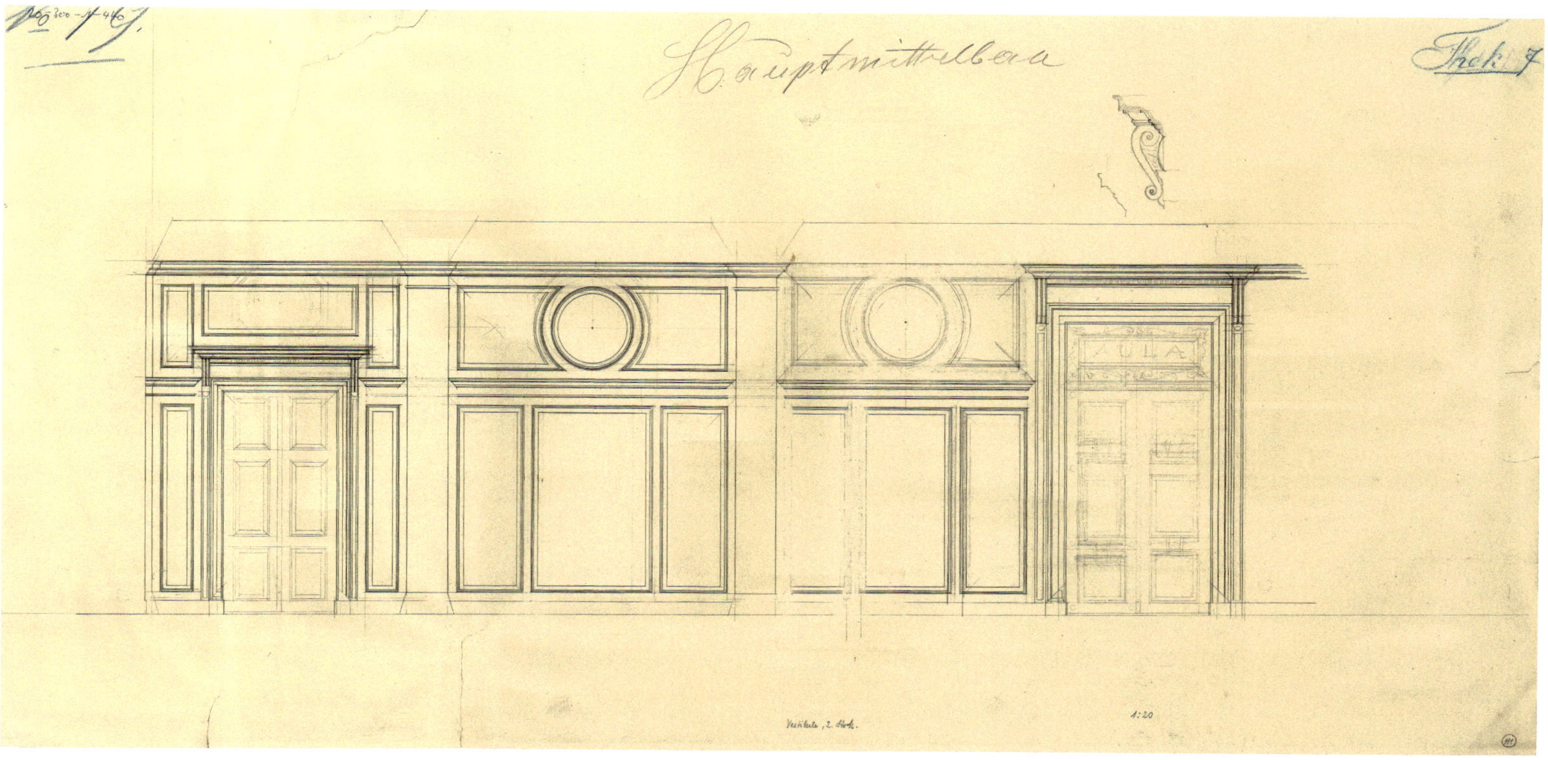

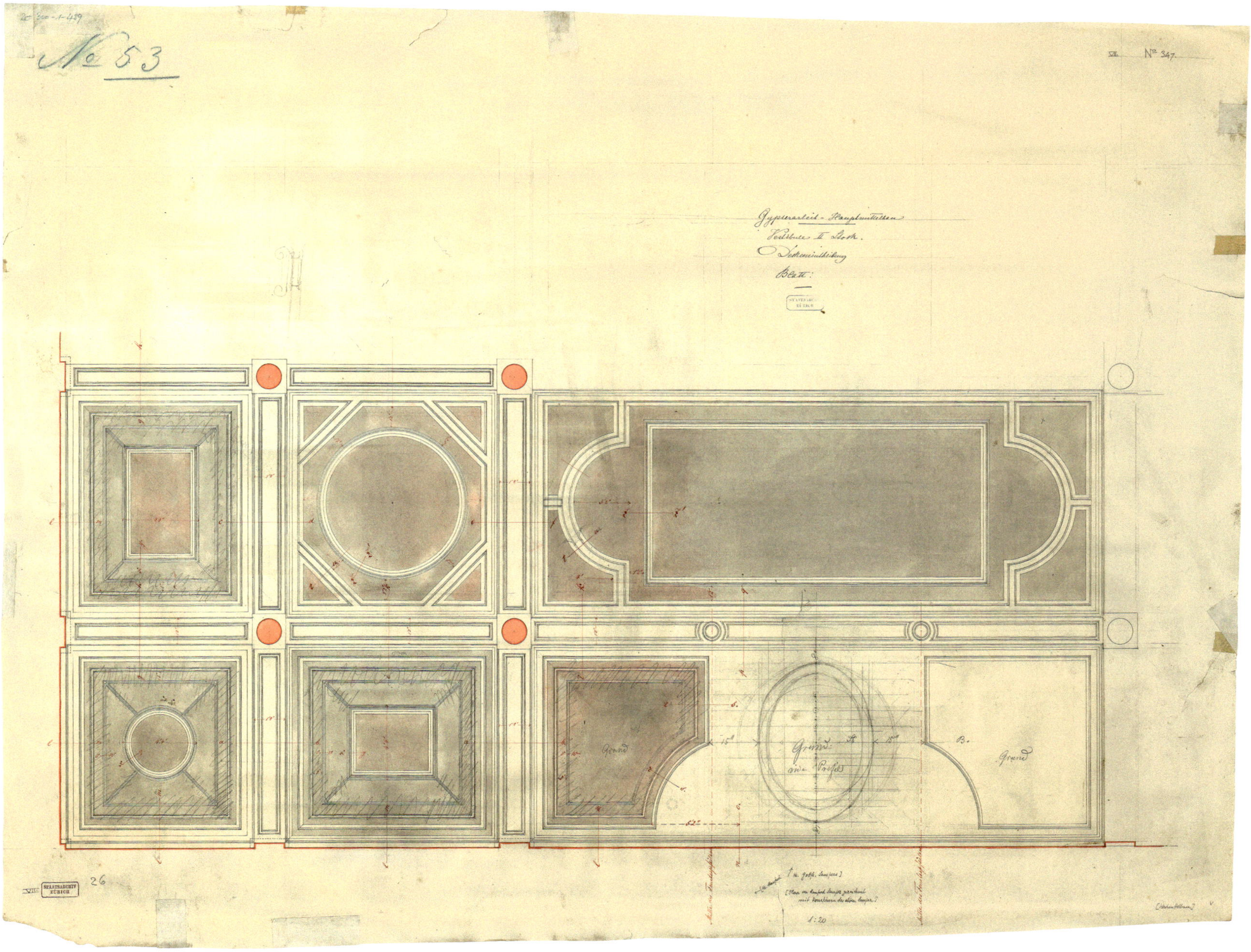

N° 178

N° 303.

1:20

**SCHNITT DURCH DAS ZWEITE OBER-
GESCHOSS MIT TREPPENLAUF**
Maßstab 1 : 80 (Original 1 : 20)

20-300-1-538 / gta Archiv / ETH Zürich (Nachlass Gottfried Semper).
Zeichnung in schwarzer Tusche auf Papier. Vorzeichnung und Überzeichnungen in Bleistift. Ca. 66,0 x 94,0 cm.

»SÜDLICHER MITTELBAU«
Maßstab 1 : 80 (Original 1 : 20)

20-300-1-536 / gta Archiv / ETH Zürich (Nachlass Gottfried Semper).
Zeichnung in schwarzer Tusche auf Papier. Vorzeichnung und Überzeichnungen in Bleistift. 63,7 x 69,1 cm.

Zu den bauzeitlichen Werkzeichnungen gehört eine weitere Reihe von Plänen im Maßstab 1 : 20, auf denen kassettierte Deckenfelder und Wandgliederungen mit gestaffelten Pilastern und Bogenstellungen in Schnitten eingetragen sind. Die zwei abgebildeten Blätter zeigen Teile des Treppenhauses im Südflügel (vgl. Fotografien S. 160–161).

N° 149.
N° 52.

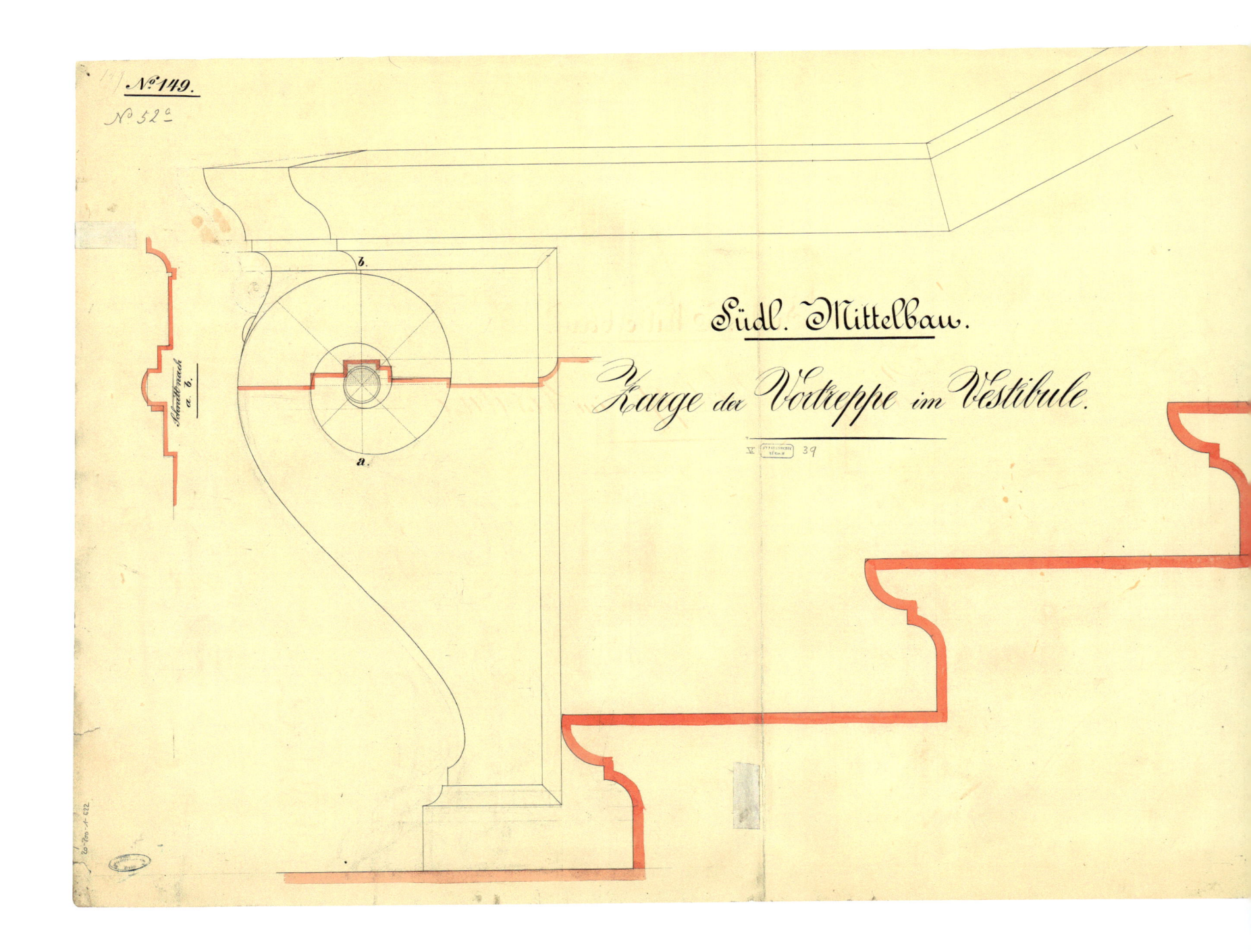

Südl. Mittelbau.

Zarge der Vortreppe im Vestibule.

»SÜDL. MITTELBAU. ZARGE DER VOR-
TREPPE IM VESTIBULE.«
Maßstab 1 : 5 (Original 1 : 1)

20-300-1-522 / gta Archiv / ETH Zürich (Nachlass Gottfried Semper).
Zeichnung in schwarzer Tusche auf Karton; rot aquarelliert. Vorzeichnung in Bleistift. 73,5 x 134,4 cm.

»SÜDL. MITTELBAU. ZARGE DER VOR-
TREPPE IM VESTIBULE. VORDERANSICHT.«
Maßstab 1 : 5 (Original 1 : 1)

20-300-1-521 / gta Archiv / ETH Zürich (Nachlass Gottfried Semper).
Zeichnung in schwarzer Tusche auf Karton. Vorzeichnung in Bleistift.
85,0 x 60,3 cm.

Der Antritt zur Vortreppe im Vestibül des südlichen Mittelbaus ist durch massive steinerne Treppenwangen begleitet. Die Detailzeichnungen für die Steinarbeiten im Maßstab 1 : 1 geben den Schnitt der nobel – im Verhältnis 2 : 1 – proportionierten Treppenstufen, die Profile des Untertritts und die Ansichten der Wangen wieder. Die Vortreppe blieb bei den Umbauten des 20. Jahrhunderts erhalten, allerdings wurden die weiterführenden Treppenläufe vernichtet.

Anschlagbretter im Hauptvestibule
Eidg Polytechnikum

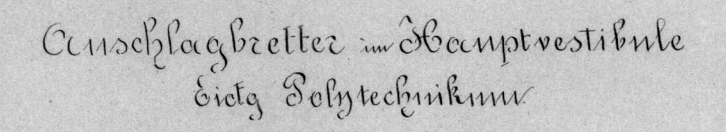

4 Stück 10'1" lang mit Ausladung der Verdachung 3'6" hoch

2 Stück 11'6" lang mit Ausladung der Verdachung 4'2" hoch

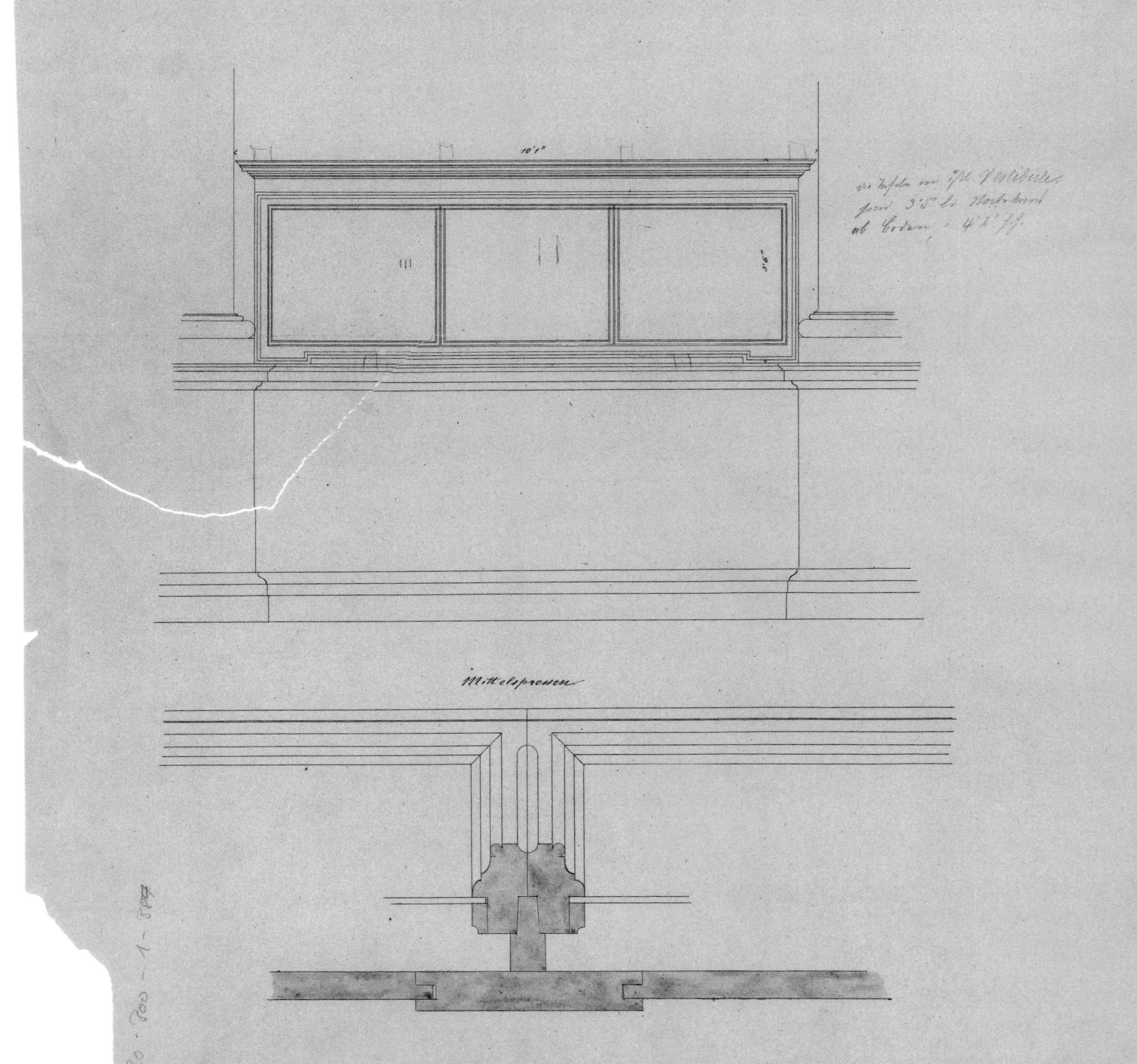

Mittelsprossen

»ANSCHLAGBRETTER IM HAUPT-
VESTIBULE. EIDG POLYTECHNIKUM.«
Maßstab 1:3 (Original 1:1)

20-300-1-387 / gta Archiv / ETH Zürich (Nachlass Gottfried Semper).
Zeichnung in schwarzer Tusche auf Papier; braun und rosa aquarelliert.
Beschriftung und Bemaßungen in schwarzer Tusche; Überzeichnung
und Anmerkung in Bleistift. Ca. 56,8 x 73,4 cm.

Ausbauten und technische Ausstattung des
Semperbaus sind weitgehend verloren, nur
wenige Reste blieben erhalten. Im gesamten
Bau sind nur noch einzelne gusseiserne
Stützen – wenn auch verändert –, wenige Wand-
schränke und letzte Holzkonstruktionen
(zum Beispiel in der Aula) erhalten geblieben.
Im unteren Vestibül des Westflügels findet
sich noch heute eine Reihe von Schaukästen,
die bereits in der Semperzeit angefertigt
wurde, wenngleich überfasst. Der Detailplan
für »Anschlagbretter im Hauptvestibule«
stammt noch aus der Semperzeit und zeigt die
ambitionierte Qualität der Möblierung der
ersten Bauphase.

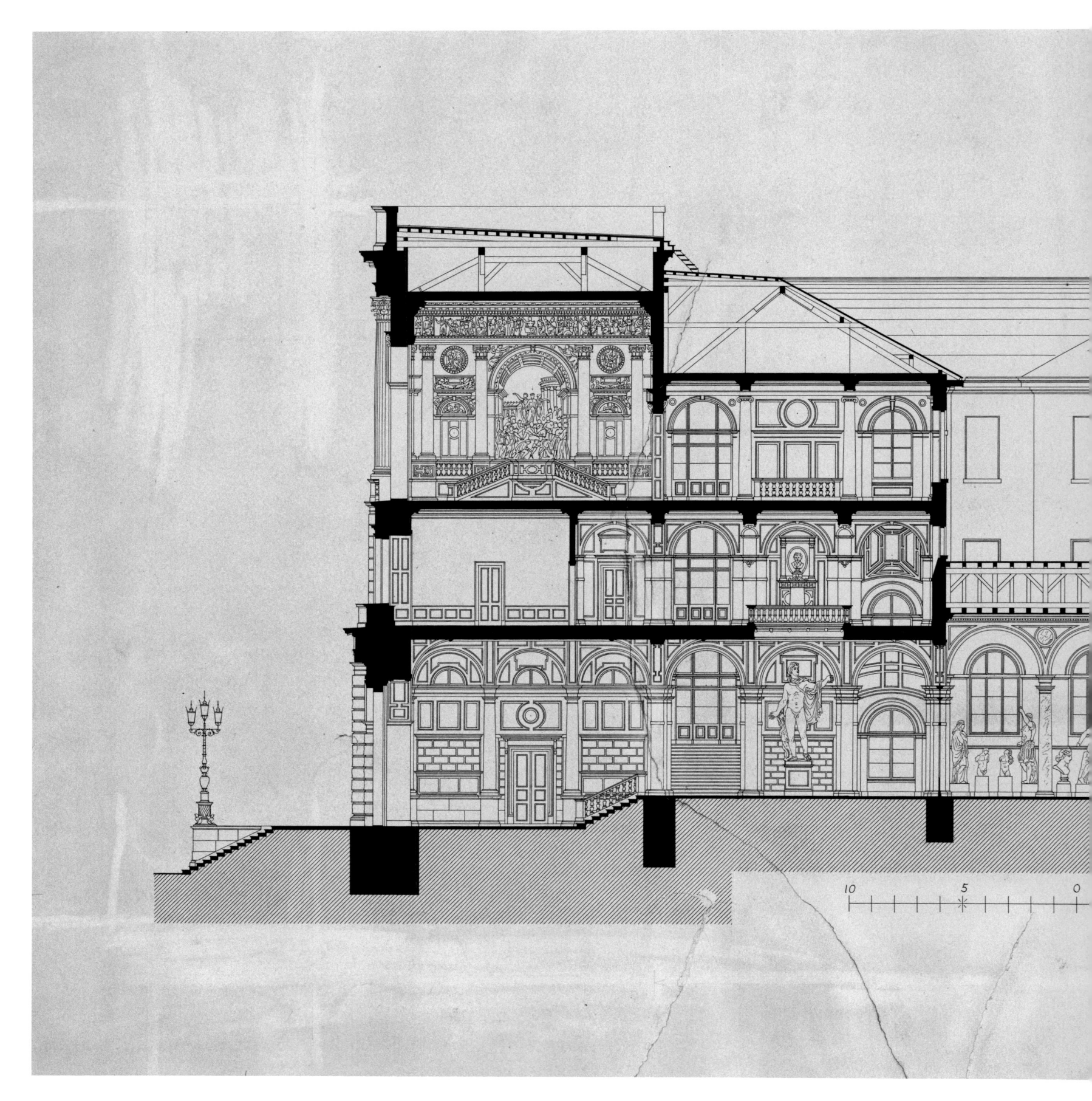

OST-WEST-SCHNITT DURCH DEN ZENTRA-
LEN RAUM DER ABGUSSSAMMLUNG UND
DIE AULA IM ZWEITEN OBERGESCHOSS
Maßstab 1 : 200 (Original 1 : 100)

Querschnitt76_033.1 (Ausschnitt) / gta Archiv / ETH Zürich (Nachlass Gottfried Semper). Zeichnung in schwarzer Tusche auf Karton. 61,6 x 98,4 cm.

Die Ausführungspläne der Semperzeit bezeugen unterschiedliche Planungsphasen, es gibt keinen Plan, der den ausgeführten Bau nach der Fertigstellung dokumentiert. Das hier gezeigte Blatt ist offenbar eine spätere Überzeichnung verschiedener Originalpläne des 19. Jahrhunderts, es fügt die von Semper für die Hauptwand der Aula vorgeschlagene malerische Ausstattung mit Darstellungen der Figurensammlung der Antikenhalle zusammen. Erst zur Ausschreibung der Erweiterung des Hauptgebäudes wurde ein umfassendes und einheitliches Planwerk im Maßstab 1 : 100 angefertigt.

10 20 Mtr.

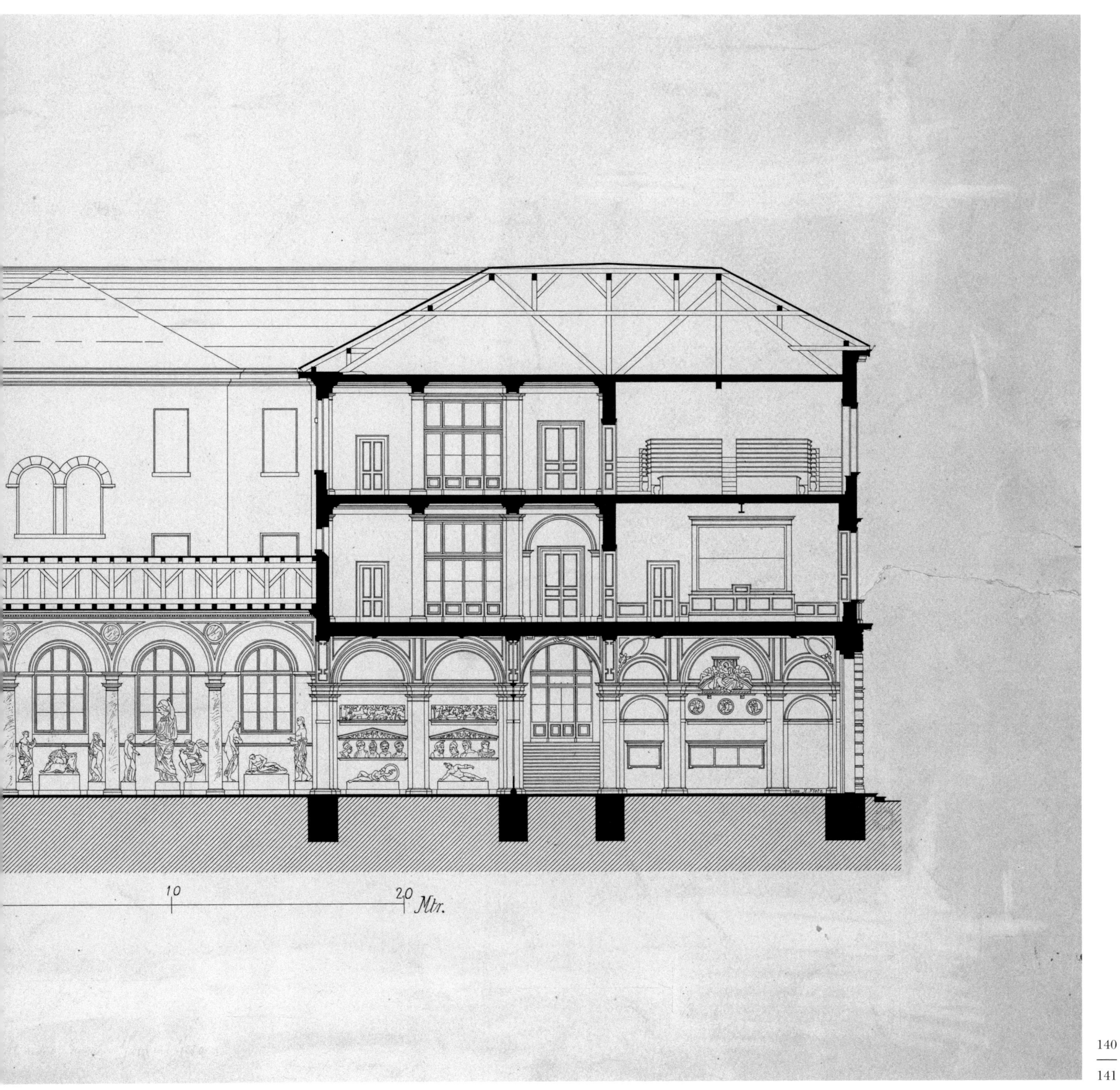

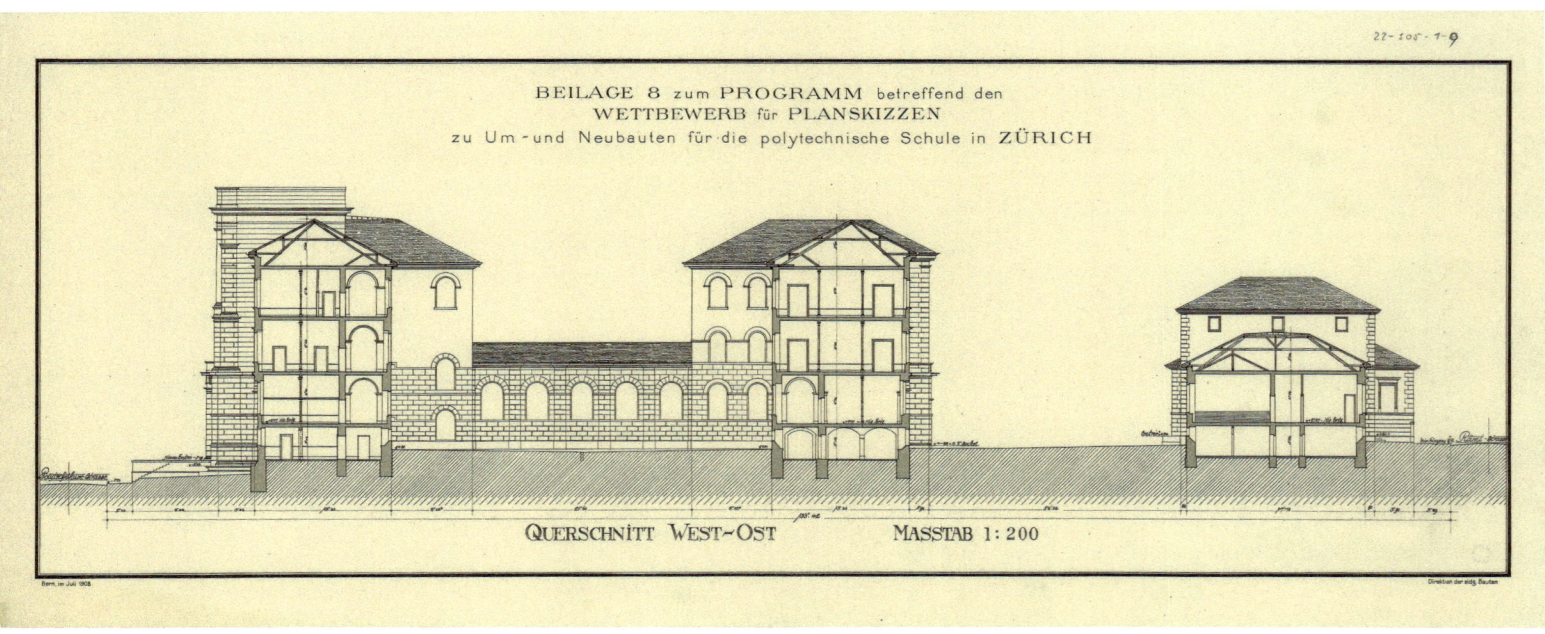

»VUE GÉNÉRALE DE ZURICH. PRISE AU DESSUS DE L'OBSERVATOIRE.«
Ohne Maßstab

Ans_03501-FL / ETH-Bibliothek Zürich, Bildarchiv.
Heinrich Zollinger, um 1871, Aquatinta auf Papier.

»BEILAGE 8 ZUM PROGRAMM BETREFFEND DEN WETTBEWERB FÜR PLANSKIZZEN ZU UM- UND NEUBAUTEN FÜR DIE POLYTECHNISCHE SCHULE IN ZÜRICH.«
Maßstab 1 : 500 (Original 1 : 200)

22-305-1-9 / gta Archiv / ETH Zürich (Nachlass Gustav Gull).
Direktion der eidgenössischen Bauten Bern, Juli 1908. 30,4 x 77,0 cm.

»EIDG: POLYTECHNIKUM UND ZÜRCHER: HOCHSCHULE. CHEMISCHE SCHULE.«
Maßstab 1 : 500 (Original 1 : 200)

20-310-1-12 (Ausschnitt) / gta Archiv / ETH Zürich (Nachlass Gottfried Semper). Zeichnung in schwarzer Tusche auf Karton; beige und grau aquarelliert. Beschriftung in schwarzer und roter Tusche; vorgängige Beschriftung in Bleistift. Blatt auf Karton aufgezogen. 98,0 x 73,2 cm.

Nur in wenigen Darstellungen des frühen Hauptgebäudes ist die Bergseite abgebildet, die *Vue générale de Zurich* zeigt das Chemiegebäude und die später überbaute Ostfassade des Semperbaus. Der nur eingeschossige Chemiebau besaß neben zwei Auditorien Räume für Analytik und den Großraum des »technisch pharmazeutischen Laboratoriums«. Im Keller befanden sich Lager für Kohle und Holz. Die im Jahr 1909 zum Wettbewerb für die Erweiterung gezeichneten Planunterlagen des Bestands (hier ein Schnitt durch den Seitenflügel) dokumentieren die Größenverhältnisse des Gründungsbaus und zeigen, wie klein die ursprüngliche Baumasse war.

EIDG: POLYTECHNIKUM und ZURCHER: HOCHSCHULE.

Chemische Schule.

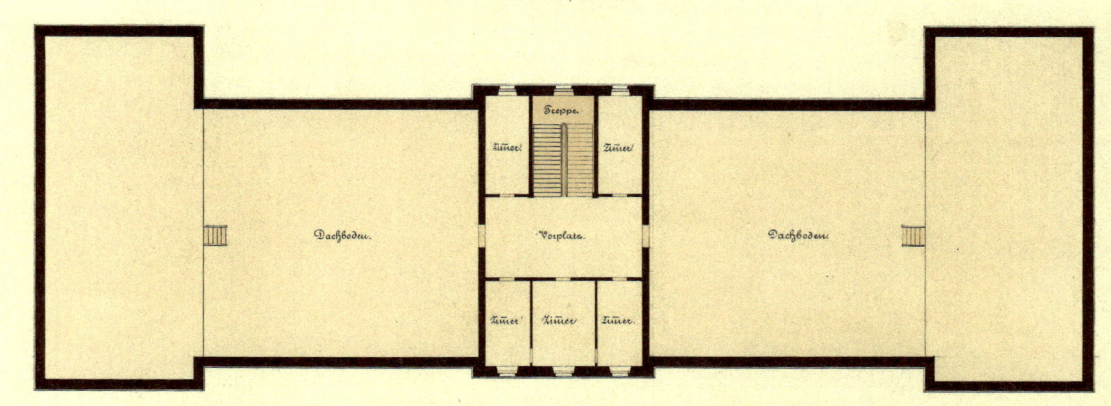

Plan des Kniestockes.

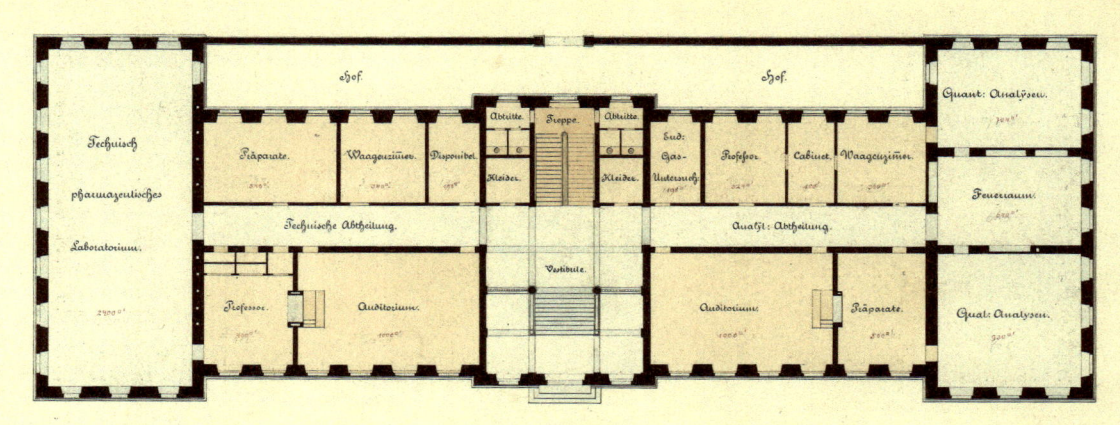

Plan des Rez-de-Chaussée.

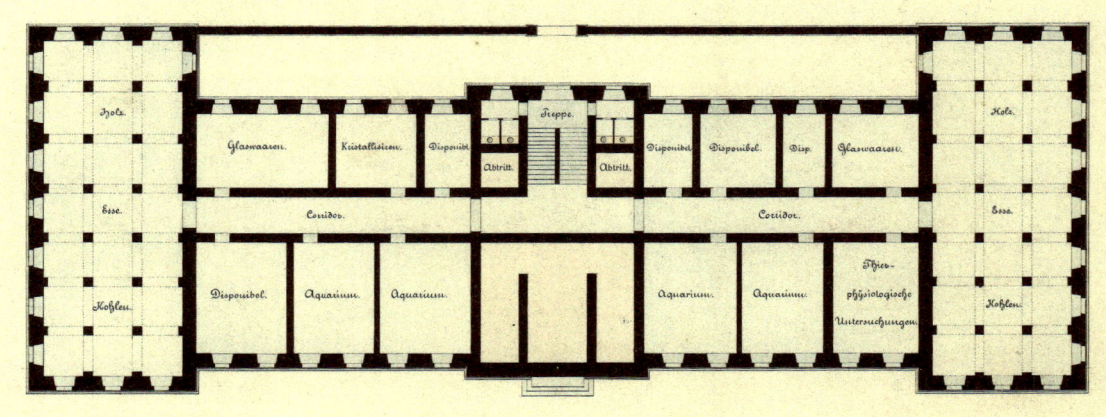

Plan des Kellergeschosses.

1:200

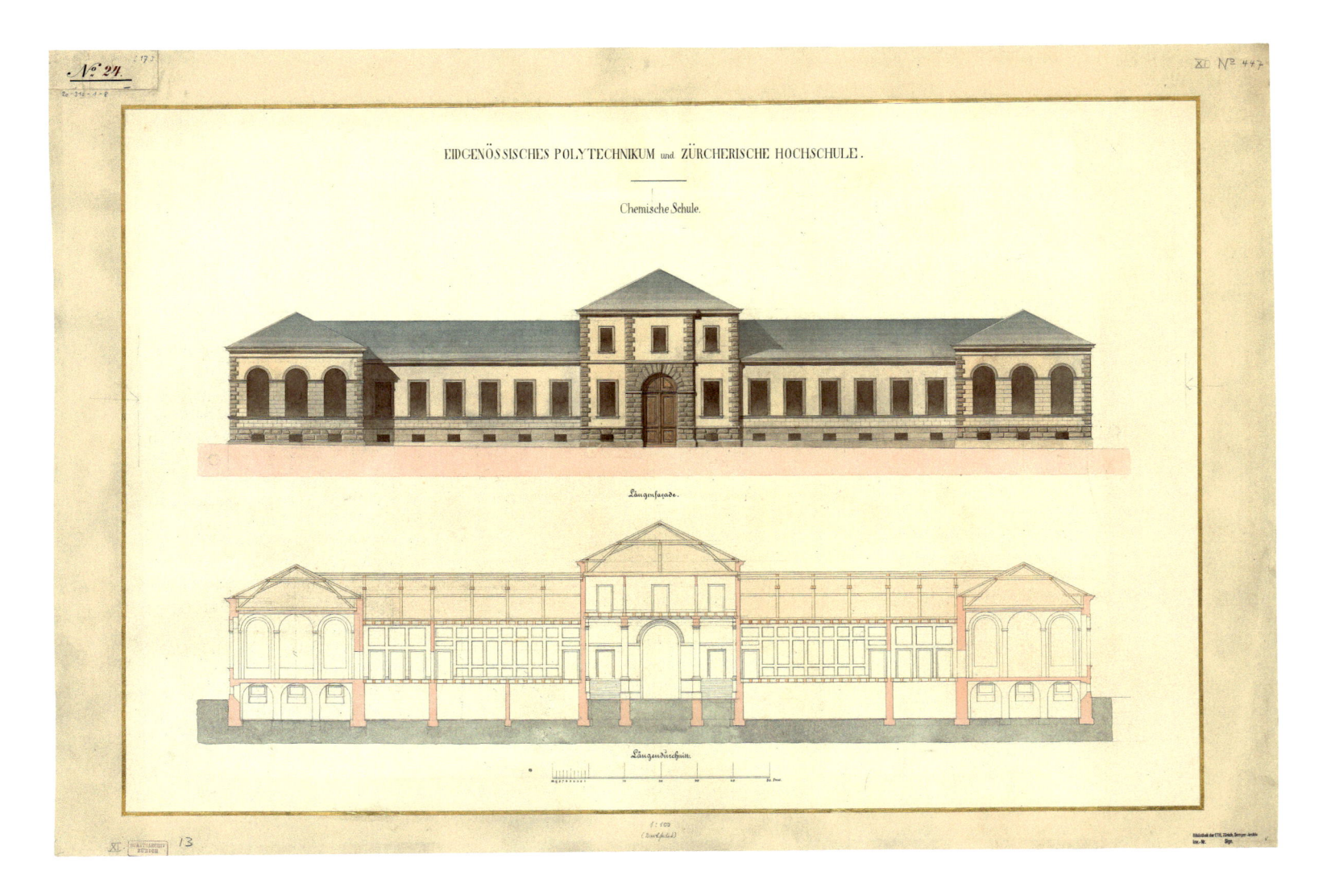

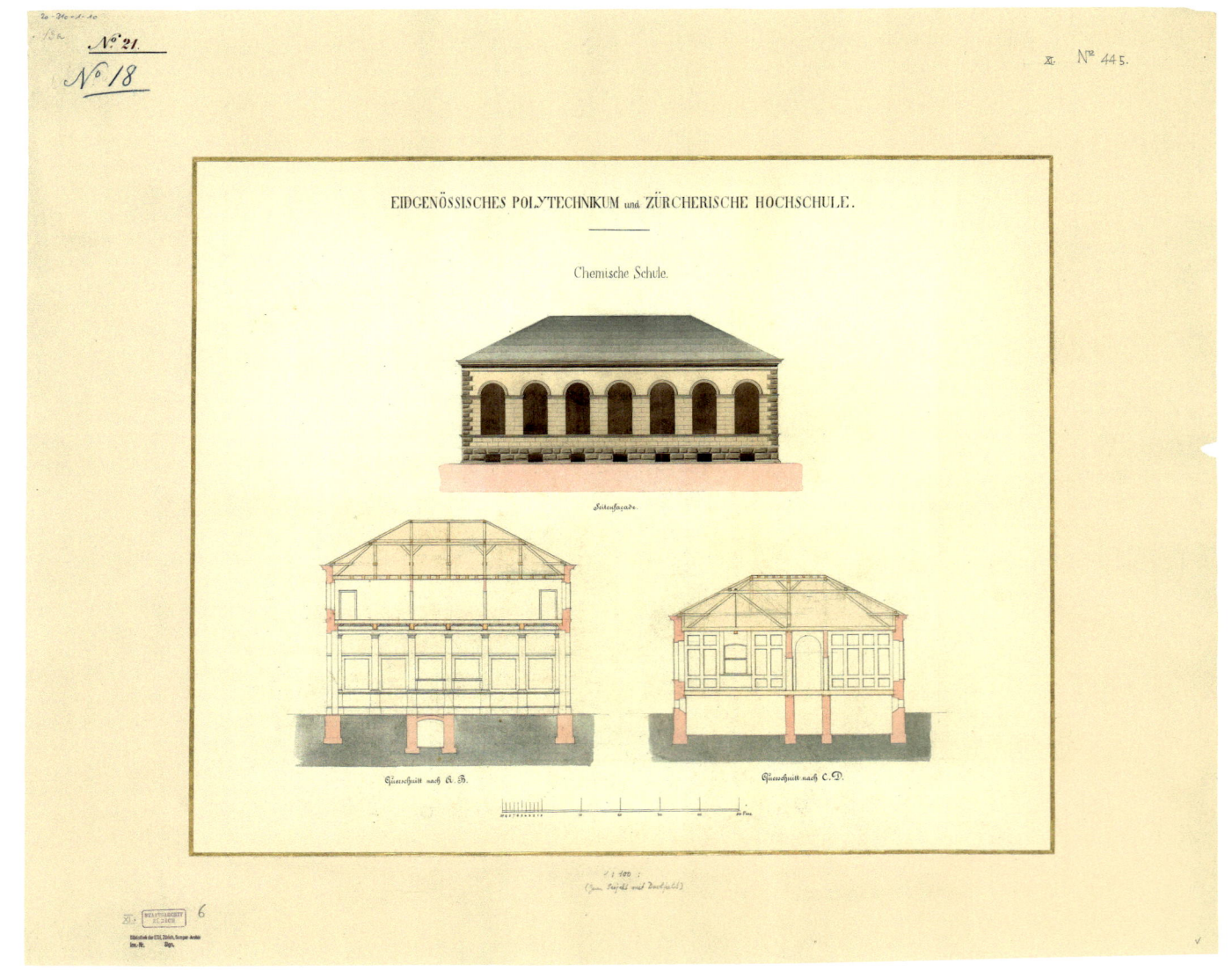

EIDGENÖSSISCHES POLYTECHNIKUM und ZÜRCHERISCHE HOCHSCHULE.

Chemische Schule.

Längenfaçade.

Längendurchschnitt.

EIDGENÖSSISCHES POLYTECHNIKUM und ZÜRCHERISCHE HOCHSCHULE.

Chemische Schule.

Seitenfaçade.

Querschnitt nach A.B.   Querschnitt nach C.D.

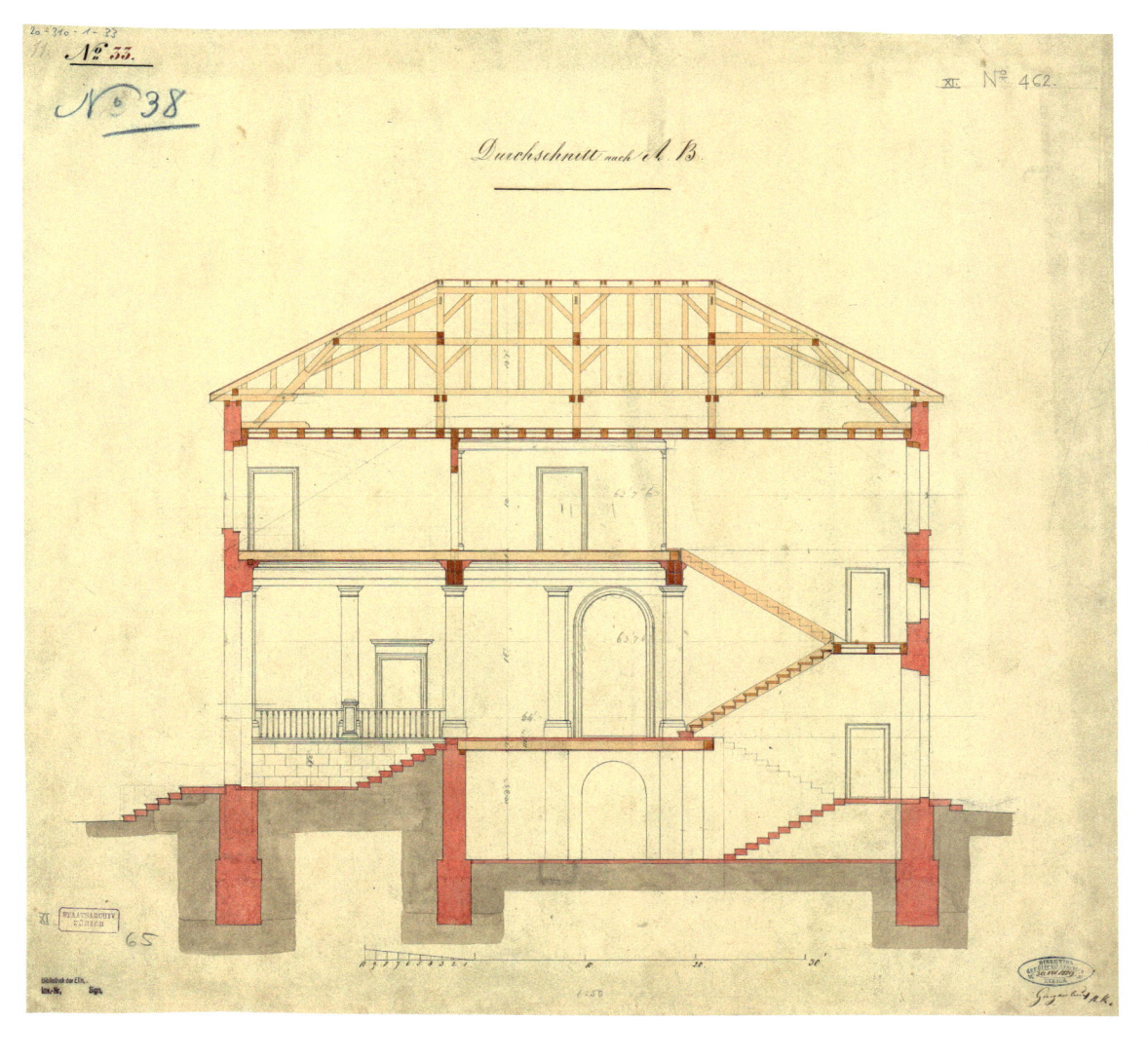

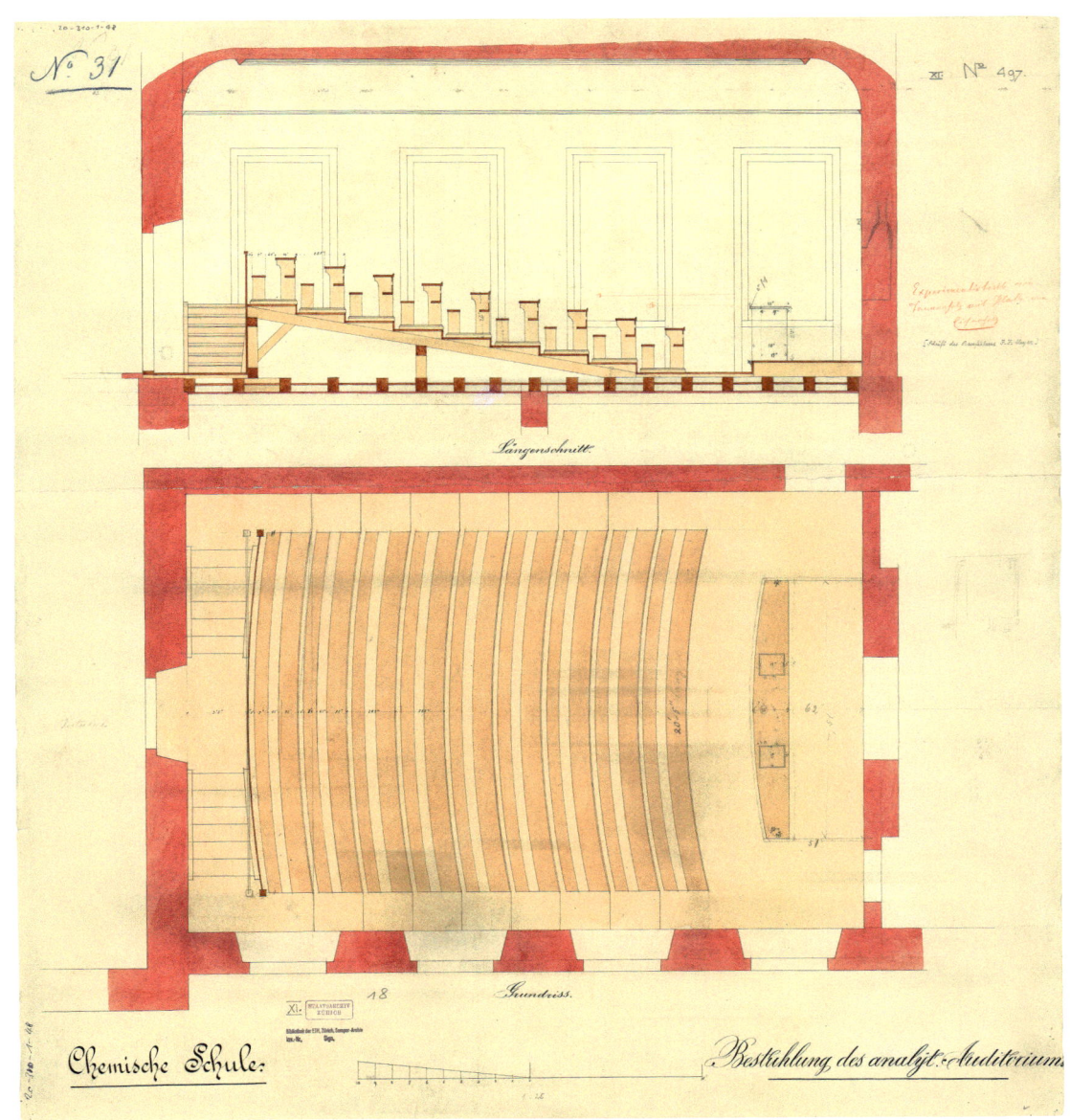

»EIDGENÖSSISCHES POLYTECHNIKUM
UND ZÜRCHERISCHE HOCHSCHULE.
CHEMISCHE SCHULE.«
Maßstab 1 : 500 (Original 1 : 100)

20-310-1-8 / gta Archiv / ETH Zürich (Nachlass Gottfried Semper).
Zeichnung in schwarzer Tusche und Bleistift auf Papier; beige, grau,
orange und rosa aquarelliert. Beschriftung in schwarzer Tusche; Vorzeichnung in Bleistift. Blatt auf Karton aufgezogen. 66,0 x 100,6 cm.

»EIDGENÖSSISCHES POLYTECHNIKUM
UND ZÜRCHERISCHE HOCHSCHULE.
CHEMISCHE SCHULE.«
Maßstab 1 : 500 (Original 1 : 100)

20-310-1-10 / gta Archiv / ETH Zürich (Nachlass Gottfried Semper).
Zeichnung in schwarzer Tusche und Bleistift auf Papier; beige, grau,
orange und rosa aquarelliert. Beschriftungen in schwarzer Tusche;
Vorzeichnung und Überzeichnungen in Bleistift. Blatt auf Karton aufgezogen. 71,9 x 90,1 cm.

»DURCHSCHNITT NACH A. B.«
Maßstab 1 : 200 (Original 1 : 50)

20-310-1-33 / gta Archiv / ETH Zürich (Nachlass Gottfried Semper).
Zeichnung in schwarzer Tusche und Bleistift auf Papier; grau, orange
und rot aquarelliert. Beschriftungen in schwarzer Tusche; Vorzeichnung,
Überzeichnungen und Bemaßungen in Bleistift. Blatt auf Karton aufgezogen. 54,6 x 60,6 cm.

»CHEMISCHE SCHULE. BESTUHLUNG
DES ANALYT. AUDITORIUMS.«
⅓ der Originalgröße

20-310-1-48 / gta Archiv / ETH Zürich (Nachlass Gottfried Semper).
Zeichnung in schwarzer Tusche und Bleistift auf Karton; beige, braun und
rot aquarelliert. Beschriftung in schwarzer Tusche; Vorzeichnung und
Überzeichnungen in Bleistift, zusätzliche Bemaßungen und Anmerkungen
in Bleistift sowie roter Kreide. 75,7 x 72,5 cm.

Der aus Sicherheitsüberlegungen separat an
der Hangseite realisierte Bau für die »chemische Schule« blieb nur rund fünfzig Jahre bestehen. Der Plan zeigt ein frühes Projekt mit
einem großen Tor in der Mitte des Baus.

144
145

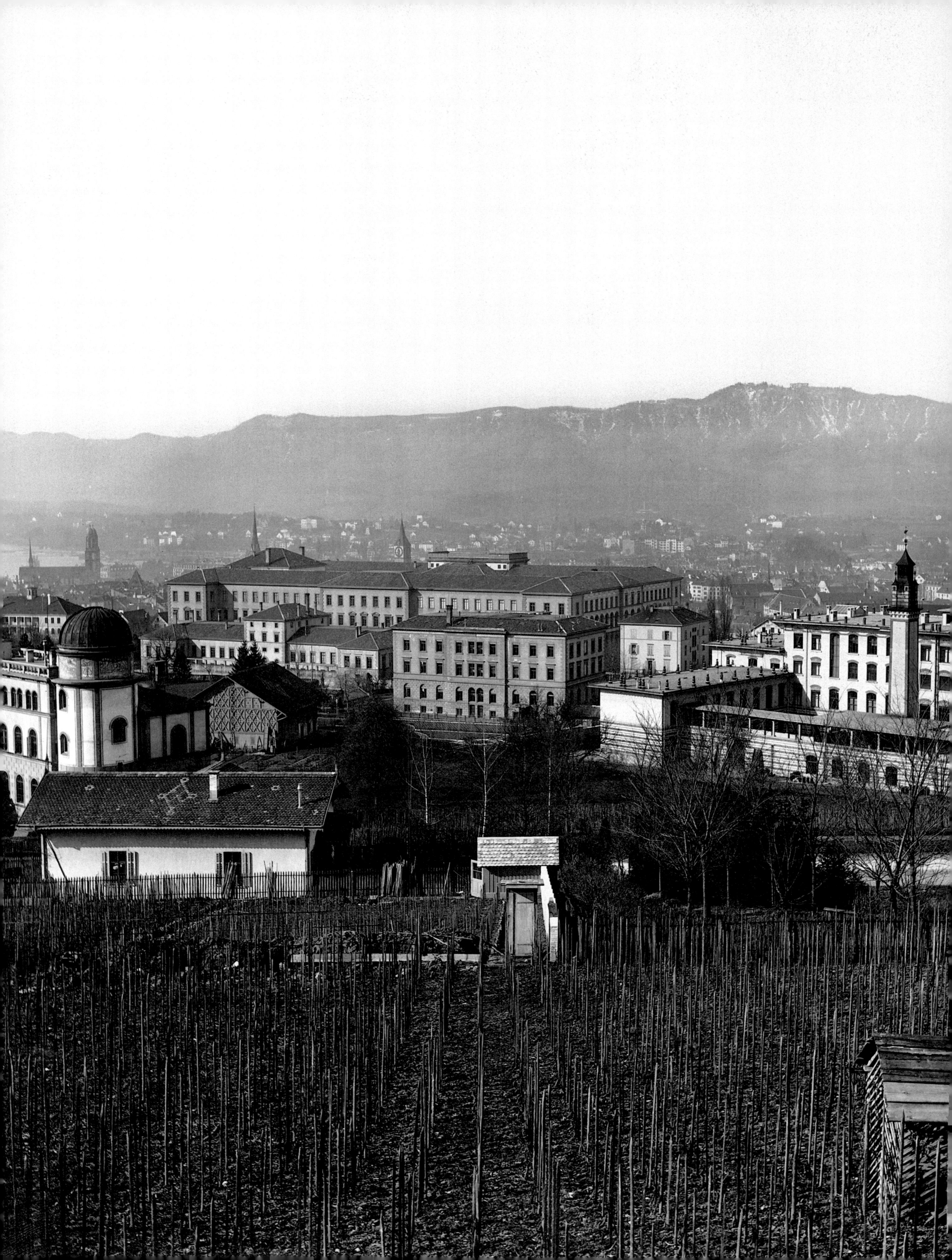

BLICK ÜBER DIE STADT ZÜRICH

Ans_00376 / ETH-Bibliothek Zürich, Bildarchiv.
Fotograf unbekannt, ca. 1890.

BLICKE VON DER RÄMISTRASSE AUF
DAS POLYTECHNIKUM MIT CHEMIE-
GEBÄUDE

BAZ_19817 / Baugeschichtliches Archiv der Stadt Zürich.
Fotograf unbekannt, 1870er Jahre.

Ans_00126-F / ETH-Bibliothek Zürich, Bildarchiv.
Fotograf unbekannt, 1905.

Der erhöhte Blick über die Stadt Zürich zeigt das Polytechnikum mit dem Chemiegebäude im Zentrum, davor die land- und forstwirtschaftliche Schule (1872–74), am linken Bildrand die Sternwarte und rechts das neue Chemiegebäude (1884–86). Die Fotografien auf der rechten Seite zeigen das Chemiegebäude und die später überbaute bergseitige Fassade des Gründungsbaus.

BLICK AUS DEM NIEDERDORF AUF DAS POLYTECHNIKUM

LM-117318.11 / Schweizerisches Nationalmuseum.
Fotografie von Giorgio Sommer, undatiert.

»ZÜRICH, PANORAMA«

LM-117318.5 / Schweizerisches Nationalmuseum.
Fotograf unbekannt, ca. 1890.

STADTSEITIGE FASSADE DES POLYTECHNIKUMS

20-0300-F-West-Gesamt / gta Archiv / ETH Zürich (Nachlass Gottfried Semper). Fotograf unbekannt, undatiert.

»ZÜRICH, BAHNHOFPLATZ UND POLYTECHNIKUM«

Fel_008435-RE / ETH-Bibliothek Zürich, Bildarchiv.
Fotograf unbekannt, Poststempel vom 1. Oktober 1903.

Auf den Fotografien des ausgehenden
19. Jahrhunderts kommt die exponierte Lage
des Polytechnikums über der Stadt deutlich
zur Geltung – wie auch die Größe der Schaufassade. Schon früh wird der Blick in die
Stadt inszeniert, die Stützmauern der ersten
Terrasse liegen direkt am Gebäude. Auf dem
Bild der Hauptfassade ist eine helle, leicht
verwitterte Putzhaut sichtbar.

AUSSCHNITTE DER FASSADE DES STADT-
SEITIGEN MITTELRISALITS 1880, UM 1910
UND 1921

Ans_05042 / ETH-Bibliothek Zürich, Bildarchiv.
Fotograf unbekannt, nach 1900.

22-01-F-Aut-3N / gta Archiv / ETH Zürich (Nachlass Gustav Gull).
Fotograf unbekannt, Dezember 1921.

DMP_7577 / Baugeschichtliches Archiv der Stadt Zürich.
Fotografie von Jean Gut, 1880.

Die Fassaden des Semperbaus sind vor dem vollständigen Austausch der Steinaußenhaut durch Gustav Gull im Detail fotografisch dokumentiert worden. Die Sammlung der Fotos des Vorzustandes ist auf Glasplattennegativen im gta Archiv erhalten. Gull setzte großen Ehrgeiz in die Wiederholung der handwerklichen Oberflächen, dennoch ist der Duktus des Semperbaus freier und reicher als die Kopie des frühen 20. Jahrhunderts. Der Mittelrisalit des Semperbaus stand ursprünglich auf einer monumentalen Zugangstreppe.

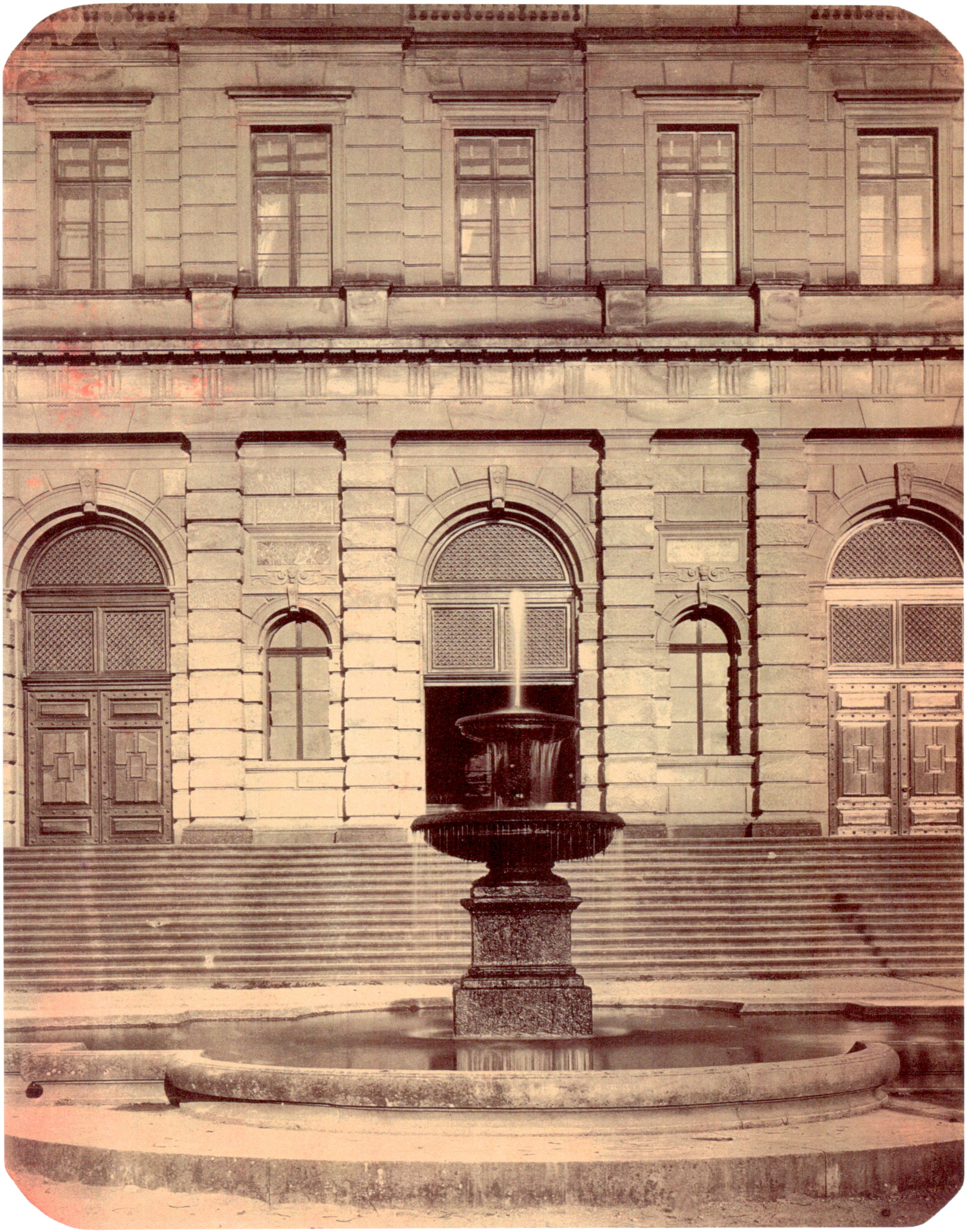

FOTOGRAFIEN DER WESTFASSADE

22-01-F-West-6N, 22-01-F-West-9N, 22-01-F-West-10N, 22-01-F-West-4N
gta Archiv / ETH Zürich (Nachlass Gustav Gull). Fotograf unbekannt, 1921/22.

FOTOGRAFIEN DER NORDFASSADE

22-01-F-Nord-8N, 22-01-F-Nord-10N, 22-01-F-Nord-7N, 22-01-F-Nord-5N
gta Archiv / ETH Zürich (Nachlass Gustav Gull). Fotograf unbekannt, 1921.

Sowohl Fensterkonstruktionen als auch Steinquader und Sgraffitodekoration sind hier noch Originalbestand des Semperbaus.

FASSADENMODELL FÜR DEN STADTSEITIGEN MITTELRISALIT

Archäologische Sammlung der Universität Zürich.
Fotografien von Frank Tomio, 2014. Gottfried Semper, ca. 1860. Gipsmodell auf Stutzkonstruktion aus Holzbrettern. 199,3 x 93,6 x 38,9 cm.

In der Sammlung des archäologischen Instituts der Universität Zürich hat sich ein außergewöhnliches Gipsmodell erhalten, das Semper wahrscheinlich als Arbeitsmodell beim Entwurf des Mittelrisalits gedient hat (Christine Wilkening-Aumann gelang 2014 die Zuordnung des Stücks). Es zeigt einen Fassadenausschnitt zwischen den großen Aulafenstern des Mittelrisalits mit Figurennische und flankierenden Säulen. Das Gipsmodell ist auf einer rückseitigen Holzkonstruktion befestigt.

154
—
155

STADTSEITIGER HAUPTZUGANG MIT BLICK VOM UNTEREN IN DAS OBERE VESTIBÜL

BAZ_19853 / Baugeschichtliches Archiv der Stadt Zürich.
Fotografie von Jean Gut, 1865.

ÖSTLICHES VESTIBÜL MIT DURCHGANG ZUM ANTIKENSAAL, MITTIG DER AUFGANG ZU DEN »NATURHISTORISCHEN SAMMLUNGEN«, RECHTS VITRINEN DER UNTERSCHIEDLICHEN SCHULEN

22-01-F-Ost-2N / gta Archiv / ETH Zürich (Nachlass Gustav Gull).
Fotograf unbekannt, 1910er Jahre.

arhistorische
Samlungen
BEHÖRDEN.
ARCH. SCHULE.
ING. SCHULE.
VIII. IX. & XI. ABTEILUNG.
MECH. SCHU

WESTLICHES VESTIBÜL IN SEINER
URSPRÜNGLICHEN FASSUNG

22-01-F.2 / gta Archiv / ETH Zürich (Nachlass Gustav Gull).
Fotograf unbekannt, 1910er Jahre.

DAS VESTIBÜL NACH DEN EIN- UND
UMBAUTEN IM 20. JAHRHUNDERT

Fotografie von Dirk Altenkirch, 2011.

Das Vestibül ist neben der Aula der einzige Raum der Schule, in dem sich – zumindest in großen Bereichen – Teile der Semperschen Ausstattung erhalten haben (wenngleich auch hier in vielen Details zum Nachteil verändert). Das Foto vom Beginn des 20. Jahrhunderts (links) zeigt die semperzeitliche Situation mit dem Durchgang zur Antikenhalle und einzelnen Figuren auf Podesten. Im Deckenfeld dieses Bereichs ist noch die Öffnung zum Obergeschoss zu sehen – eine Lichtquelle, die bereits beim Umbau durch Gustav Gull geschlossen wurde. Das Bild aus dem Jahr 2011 (rechts) belegt den Verlust der natürlichen Lichtführungen des Semperbaus, der zentrale Treppenlauf ist eine Kopie aus den 1960er Jahren.

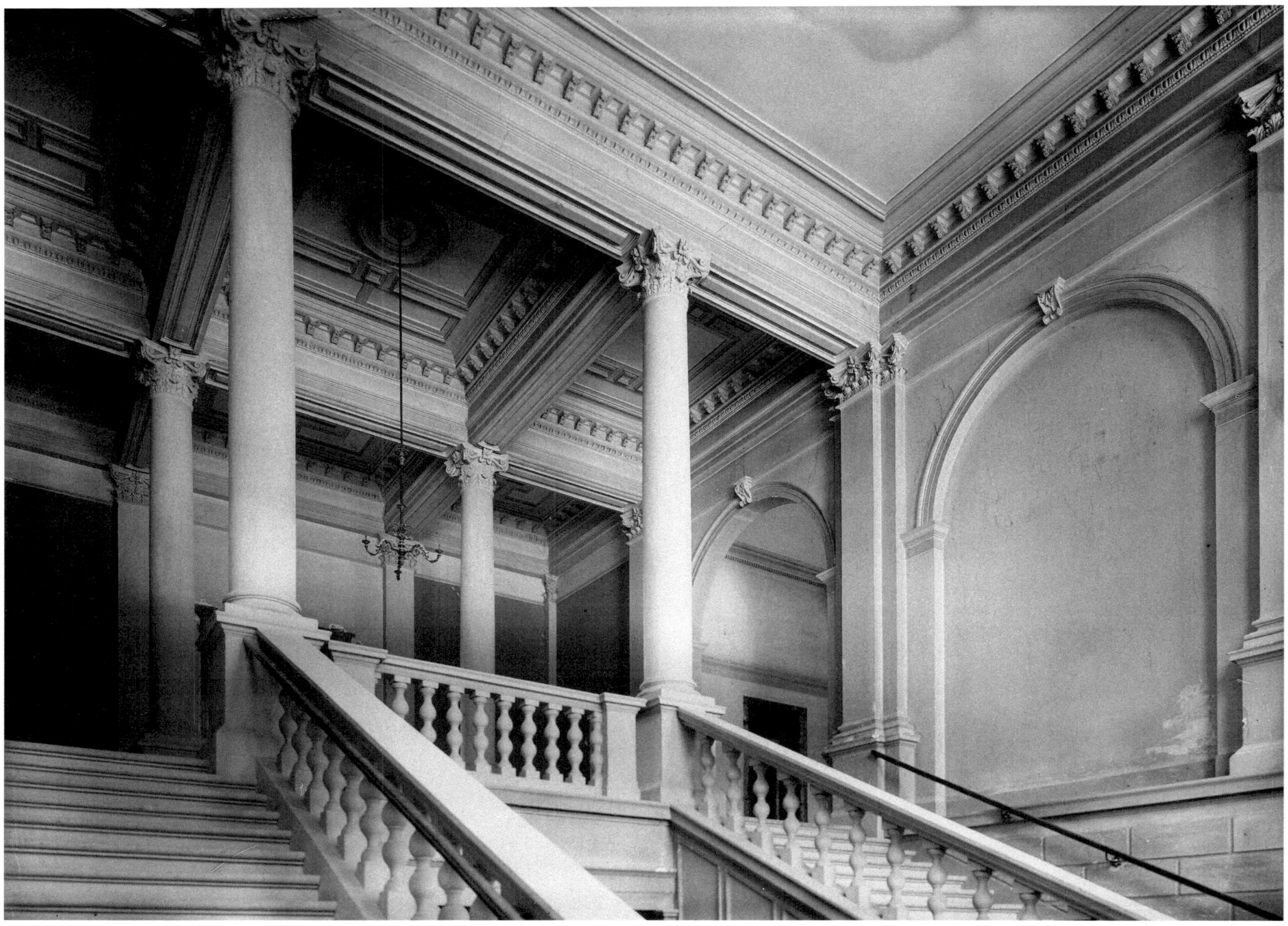

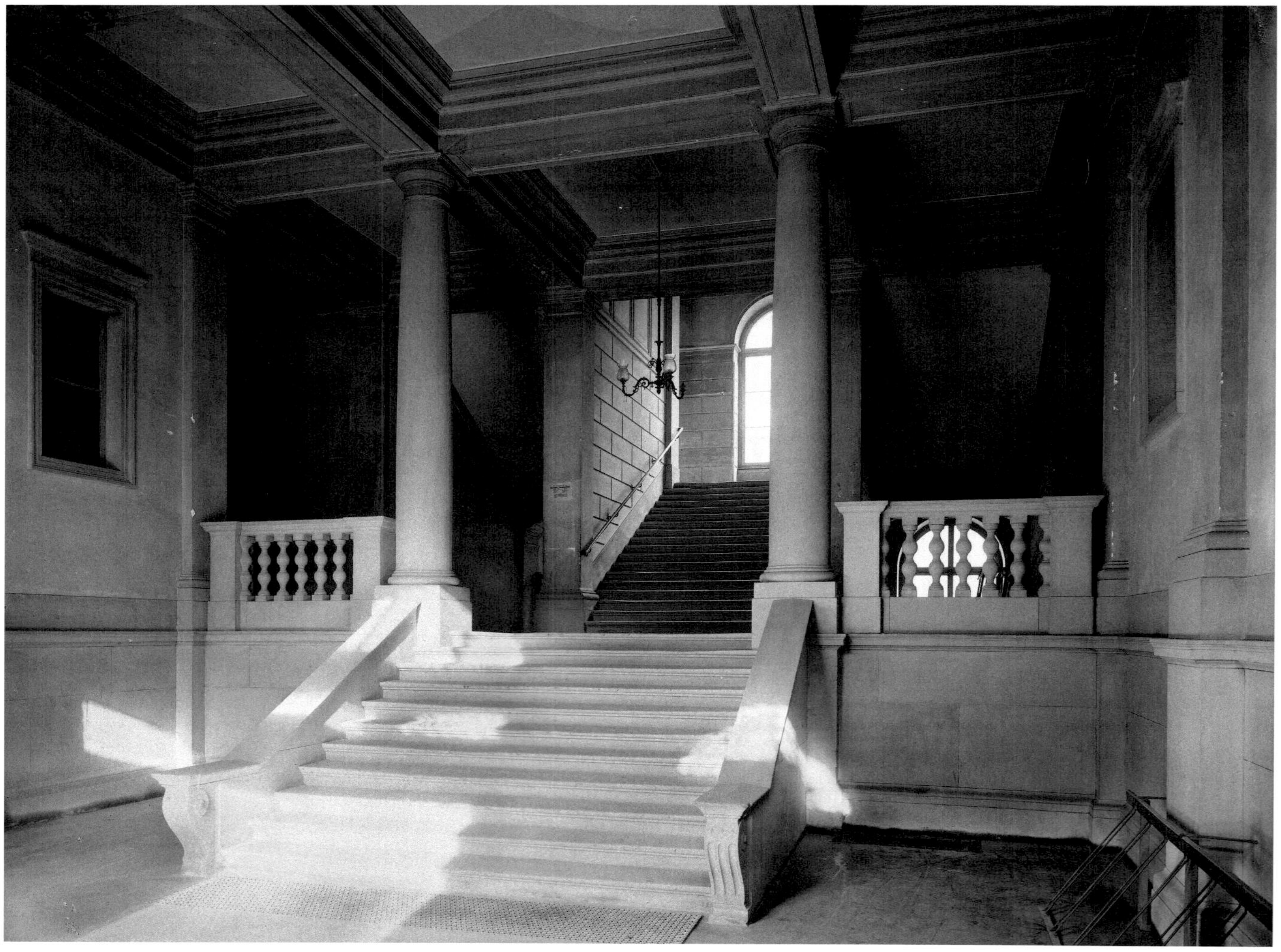

VESTIBÜL DES UNIVERSITÄTSFLÜGELS MIT EINLÄUFIGER TREPPE IN DAS PARTERRE UND DREILÄUFIGER TREPPE IN DIE OBERGESCHOSSE

22-01-F-Treppen-Sued-1N, 22-01-F-Sued-1N, 20-0300-F-Treppen-Sued-4. gta Archiv / ETH Zurich (Nachlass Gustav Gull). Fotograf unbekannt, 1910er Jahre.

Das südliche Haupttreppenhaus war zwar in der Grundfläche kleiner als das stadtseitige, dennoch im Detail und Anspruch der Ausstattung sehr ambitioniert: die Deckenfelder im Hauptgeschoss mit kostbaren Gesimsdetails geschmückt, die Rahmen der Deckenspiegel tief profiliert und von opulenten Säulenstellungen getragen. Die Wandfelder in den Bogennischen sollten sicherlich mit Malereien geschmückt werden.

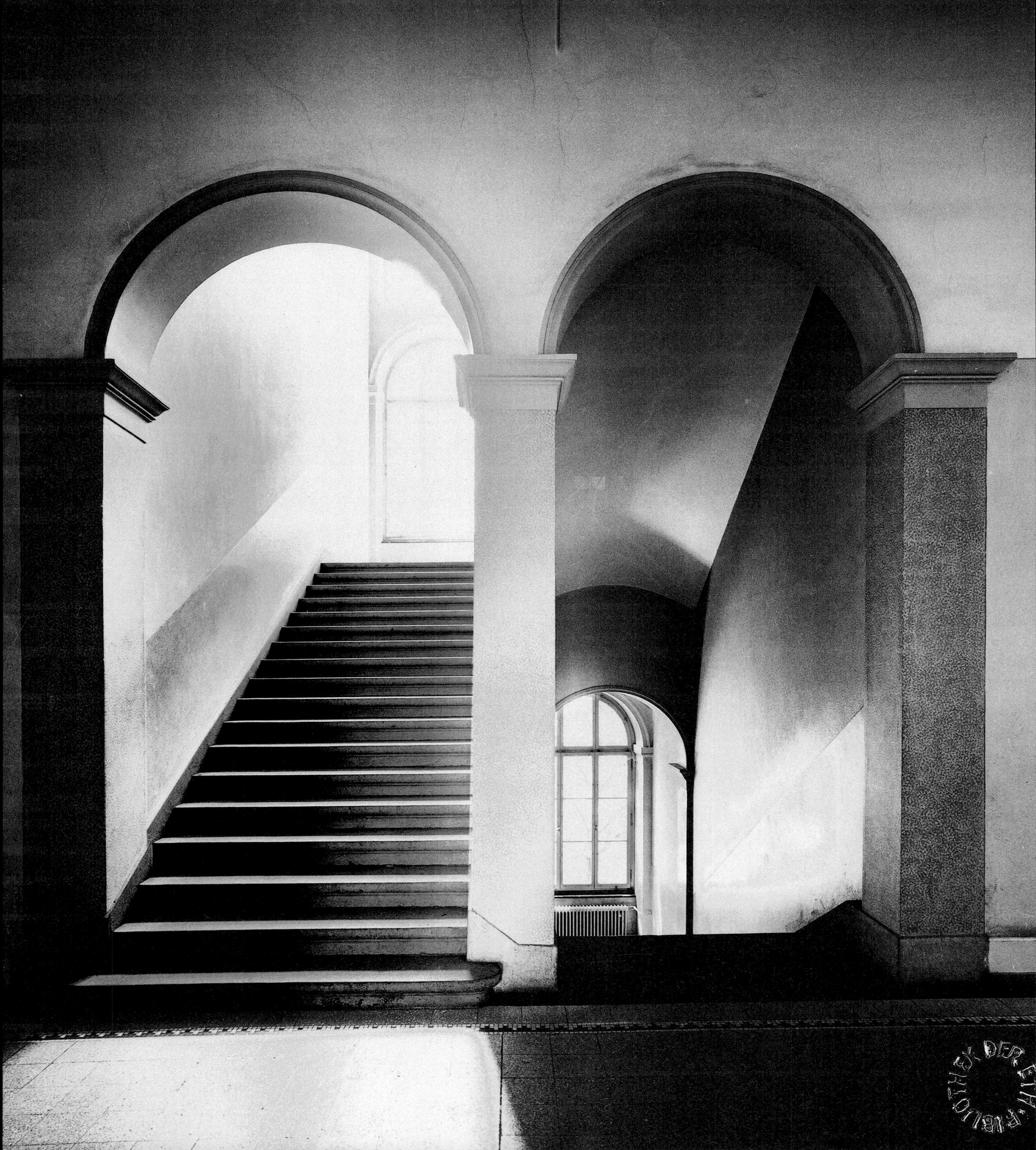

NÖRDLICHES TREPPENHAUS MIT ZWEI-
LÄUFIGER TREPPE

20-0300-F-Treppen-Nord-1 / gta Archiv / ETH Zürich (Nachlass Gustav Gull). Fotograf unbekannt, undatiert.

VORRAUM DER AULA MIT GROSSZÜGIGER BELICHTUNG, SORGFÄLTIG PROPORTIONIERTEN DECKENFELDERN UND OFFENEN TREPPENLÄUFEN

22-01-FX-1-29N / gta Archiv / ETH Zürich (Nachlass Gustav Gull). Fotograf unbekannt, 1910er Jahre.

DIE WAND DER AULA ZUM VORRAUM MIT WANDGLIEDERUNGEN UND GASBELEUCHTUNG

22-01-FX-1-28N / gta Archiv / ETH Zürich (Nachlass Gustav Gull). Fotograf unbekannt, 1910er Jahre.

SAMMLUNGSRAUM DER MINERALOGI-
SCHEN SAMMLUNG

20-0300-F-Ost-26.1 / gta Archiv / ETH Zürich (Nachlass Gustav Gull).
Fotograf unbekannt, ca. 1900.

LESESAAL DER KUPFERSTICHSAMMLUNG

Ans_03598 / ETH-Bibliothek Zürich, Bildarchiv. Fotograf unbekannt, 1890.

ZOOLOGISCHE SAMMLUNG IM ZWEITEN
OBERGESCHOSS DES OSTFLÜGELS

20-0300-F-Ost-25 / gta Archiv / ETH Zürich (Gustav Gull).
Fotograf unbekannt, ca. 1900.

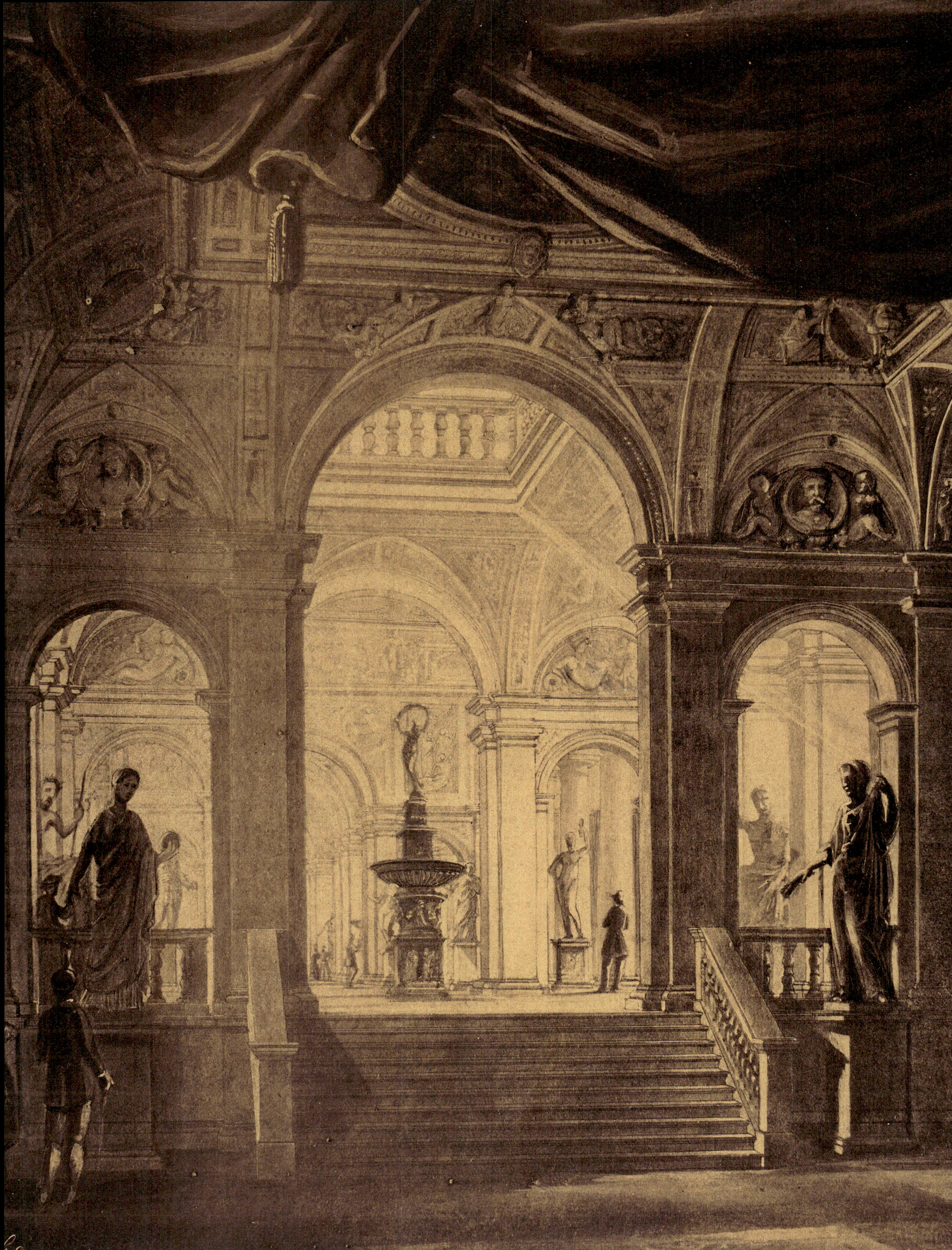

DER ANTIKENSAAL ALS REPRÄSENTATIONSKERN

Antike Skulptur wurde in den Museen des frühen 19. Jahrhunderts regelhaft durch Ergänzungen und Restaurierungsmaßnahmen für die Präsentation interpretiert. Kaum ein Objekt war unbeschädigt, Einzelteile ließen sich nicht immer zuordnen, die Objekte waren nur als Unikate studierbar. Gian Lorenzo Berninis Diktum, dass das Studium vorbildlicher Figuren des Altertums über Gipsabgüsse der »schönen Antiken« für die Zeichenakademien des ausgehenden 17. Jahrhunderts zu empfehlen sei,[1] war Leitmotiv für den Antikenkultus, schon des 18. und noch des 19. Jahrhunderts, die historischen Originale wurden wertgeschätzt, aber auch die Idee größerer Abgusssammlungen verfolgt.[2]

Johann Wolfgang von Goethe entwickelte seine Anschauungen zur Antike in den *Propyläen*, der 1798–1800 von ihm herausgegebenen Zeitschrift für bildende Kunst.[3] Er beschrieb die Eindrücke eines Besuchs der französischen Akademie, »wo die Abgüsse der besten Statuen des Altertums beisammen stehen«;[4] schon hier wurde festgestellt, dass die »Form zuletzt alles einschließe«.[5] Goethes Überlegungen zum zeitlosen Rang der Kunstwerke verweisen auf die neue Praxis des späten 18. und frühen 19. Jahrhunderts, Abgüsse eines Kanons zentraler Kunstwerke als ideale Vorbilder und musterhafte Beispiele für die Geschmacksbildung in Akademien und Kunstmuseen zu versammeln.

Die weißen Gipsabformungen wurden als abstrahierte Idealform skulpturaler Errungenschaften geschätzt,[6] zum Teil höher als das antike (beschädigte) Original – ein vergleichendes Studium war jetzt möglich, auch die Zusammenschau verschiedener Museumsstücke der Welt. Die bei den antiken Originalen durch Polituren und Einsatz unterschiedlicher Materialien höchst differenzierte Oberfläche tritt bei den Abgüssen hinter der reinen Volumetrie zurück. Nikolaus Himmelmann spricht von der »Bevorzugung der geistigen Aussage und der geschichtlichen Entwicklung vor dem materiellen Überrest des Originals«.[7]

Das Streben nach größtmöglicher Vollständigkeit der Sammlungen erlaubte entwicklungsgeschichtliche Didaktiken. In Friedrich August Stülers Neuem Museum in Berlin galt 1840 die Abgusssammlung als »Mittelpunkt aller Sammlungen« (**Abb. 2**).[8] Stüler schreibt zur Begründung seines Entwurfs: »[…] für die ausgedehnte im steten Wachstum begriffene und zum Studium so höchst wichtige Gipssammlung, welche mit Recht als Mittelpunkt aller Sammlungen angesehen wird, ist das ganze mittlere Geschoss bestimmt.«[9] Bonn besaß bereits seit 1819 ein ›Kunstmuseum‹ mit Abgüssen antiker Skulptur (**Abb. 3**); Abgüsse, die auch der Lehre dienten, wurden in Paris erworben.

Die wissenschaftlichen Sammlungen waren für den Gründungsbau des Zürcher Polytechnikums der materielle Kernbestand für Forschung und Didaktik, ihre Präsentation bestimmt den architektonischen Ausdruck.[10] Für die archäologische Sammlung wurde ein Großteil des Gründungskredits der Schule verwendet, daneben standen geologische, mineralogisch-petrographische und zoologisch-botanische Sammlungsaktivitäten. Semper schreibt, von besonderer Bedeutung sei die Anlage eines »für Universitäten und dem ähnliche Anstalten höchst nothwendigen geräumigen Vestibulum«. Der Architekt betont, hier könne durch »Aufstellung von Gegenständen welche den Unterricht durch Anschauung fördern, höhere Bedeutung« erlangt werden. Er bezieht sich auf »die besten Anstalten ähnlicher Bestimmung«, die ihm in seiner Praxis und auf Reisen bekannt geworden seien, unter anderem die geologische Schule in London und die *Ecole des Beaux-Arts* in Paris.[11] Sempers Antikensaal im Zentrum der neuen Polytechnischen Schule konnte also auf bedeutende Vorläufer akademischer Sammlungen zurückblicken, auch orderte Semper in Paris Abgüsse antiker Skulptur, Jacob Burckhardt hatte ihn beraten.

2 Das Neue Museum Friedrich August Stülers in Berlin (ab 1840) war zunächst mit anspruchsvollen Abgusssammlungen bestückt, sowohl das große Treppenhaus wie die Säle zeigten Gipse. Hier ein Blick in den früheren Niobidensaal, um 1884. (Staatliche Museen zu Berlin, Zentralarchiv)

1 Sempers Idealperspektive mit dem Blick vom unteren in das obere Vestibül und in die anschließende Antikenhalle macht deutlich, wie wichtig dem Architekten die abgestufte Lichtführung für den Entwurf des Hauptgebäudes war. Podestfiguren begleiten den Eintretenden bereits im Vestibül und weisen ihn zum Zentrum des Baus, einer eingeschossigen Halle, in der die Sammlung von Abgüssen antiker Skulptur ausgestellt war. Die Wand- und Deckenfelder des Vestibüls sind aufwendig mit Malereien und Reliefs geschmückt. In der Mitte des Blatts ist die Deckenöffnung zum Vestibül im ersten Obergeschoss mit ihrer Balustrade sichtbar. (gta Archiv / ETH Zürich)

Forschungsergebnisse zu den Semperschen Gipsabgusssammlungen und ihrer Rezeption sind publiziert;[12] ein Katalog der Sammlungsbestände, die sich noch weitgehend in der Obhut des Instituts für Archäologie der Universität Zürich befinden, wurde erstellt.[13] Wir wissen aus Skizzen Sempers, dass er im Jahr 1860 über Vorhänge nachgedacht hat, die zwischen den Säulenstellungen grüne Rücklagen für die Skulpturen gebildet hätten, die Außenwände waren wohl in einem dunklen pompejanisch Rot abgesetzt.[14] Statt der Vorhänge wurden kojenartige Wandzungen zur Unterteilung des Raums realisiert, auf diesen Wänden konnten Reliefplatten gezeigt werden. Der Bautypus des zwischen die Flügel gespannten eingeschossigen Saalbaus erlaubte eine Belichtung des Antikensaals durch hochliegende Seitenfenster, ganz dem Kunstbegriff des 19. Jahrhunderts entsprechend (**Abb. 4**).

Der Zuwachs der Sammlungsbestände der Schule führte um 1900 zu vermehrten Klagen über Raumnot und Unterbringungsprobleme, diesem Umstand ist unter anderem der Wettbewerb im Jahr 1909, aus dem der Gullsche Um- und Neubau hervorging, geschuldet. Für die Antikensammlung schlug Gustav Gull im November 1910 einen eigenständigen Pavillon in klassischen Bauformen direkt unterhalb des neuen Universitätsgebäudes vor, der jedoch nicht realisiert wurde.[15]

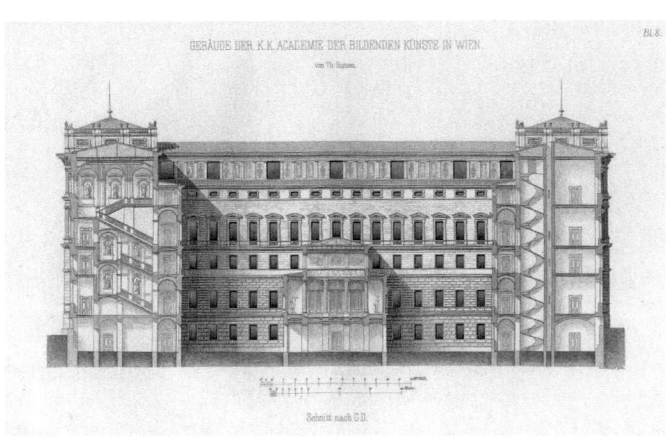

1 Vgl. den Tagebucheintrag vom 5. September 1665, in: Chantelou, Paul Fréart de: Tagebuch des Herrn von Chantelou über die Reise des Cavaliere Bernini nach Frankreich. München 1919, S. 162–165.

2 Vgl. Himmelmann, Nikolaus: Utopische Vergangenheit. Archäologie und moderne Kultur. Berlin 1976, Kap. *Archäologie und neuzeitliche Kunst: Die Abgußsammlung*, S. 138–157; zur Entwicklung der Sammlungshäuser vgl.: Plagemann, Volker: Das deutsche Kunstmuseum 1790–1870. Lage, Baukörper, Raumorganisation, Bildprogramm. München 1967.

3 Die insgesamt sechs erschienenen Hefte dienten Goethe zur Vermittlung seiner 1786–88 in Italien gewonnenen Kunstanschauung, die er später vertiefte und systematisierte.

4 Himmelmann 1976 (wie Anm. 2), S. 73.

5 Ebd.

6 So etwa Johann Joachim Winckelmann: »Die Farbe trägt zur Schönheit bei, aber sie ist nicht die Schönheit selbst, sondern sie erhebt dieselbe überhaupt und ihre Formen. Da nun die weiße Farbe diejenige ist, welche die meisten Lichtstrahlen zurückschickt, folglich sich empfindlicher macht, so wird auch ein schöner Körper desto schöner sein, je weißer er ist, ja er wird nackend dadurch schöner, als er in der That ist, erscheinen, so wie wir sehen, daß alle neu in Gips geformten Figuren größer, als die Statuen, von welchen jene genommen sind, sich vorstellen« (zit. nach: Himmelmann 1976 [wie Anm. 2], S. 146).

7 Himmelmann 1976 (wie Anm. 2), S. 139. Himmelmann berichtet auch den Umstand, dass man 1819 in Paris bereit gewesen sei, »eine originale Parthenonmetope gegen die Gipsabgüsse nach den Elgin Marbles einzutauschen« (ebd., S. 140).

8 Stüler, Friedrich August: Das neue Museum in Berlin von A. Stüler, Architekt seiner Majestät des Königs von Preussen, Geheimer Ober-Baurath etc. Berlin 1862.

9 Ebd.

10 Vgl. Hassler, Uta; Wilkening-Aumann, Christine: »den Unterricht durch Anschauung fördern«: Das Polytechnikum als Sammlungshaus, in: Hassler, Uta; Meyer, Torsten (Hg.): Kategorien des Wissens. Die Sammlung als epistemisches Objekt. Zürich 2014, S. 75–95, hier S. 75.

11 Vorstellungen des Vorstehers der Bauschule zum Bau des Polytechnikums, Brief von Gottfried Semper an Schulratspräsident Johann Karl Kappeler, 8. Juni 1858, S. 2 (ETH-Bibliothek, Hochschularchiv, SR3 1858: 326).

12 Wilkening-Aumann, Christine; Kienlin, Alexander von: »zum Umgange mit dem Schönen gezwungen« – Die Gipsabguss-Sammlung der ETH und Universität Zürich, in: Hassler, Uta; Meyer, Torsten (Hg.): Kategorien des Wissens. Die Sammlung als epistemisches Objekt. Zürich 2014, S. 193–207.

13 Die Gipssammlung der ETH Zürich wurde 1960 aufgelöst, einige Abgüsse verblieben im Semperbau, einen Teilbestand übernahm die Archäologische Sammlung der Universität Zürich. Das Projekt »Polytechnical Research and Teaching: ETH's Plaster Cast Collections in the Context of the Polytechnical Collections of Europe« wurde am IDB in Kooperation mit dem Fachbereich Klassische Archäologie, Prof. Dr. Christoph Reusser, des Instituts für Archäologie der Universität Zürich durchgeführt und 2013–15 durch den SNF gefördert.

14 Wilkening-Aumann/Kienlin 2014 (wie Anm. 12), S. 202–203.

15 Hassler/Wilkening-Aumann 2014 (wie Anm. 10), S. 85–87, dort auch Abbildungen. Gull wiederholt das Prinzip der dreiachsigen Anlage mit Tempelfront und ovalem Vestibül.

3 Mittelsaal des Akademischen Kunstmuseums in Bonn um 1910, im Vordergrund ein Modell der Akropolis in Athen. (Akademisches Kunstmuseum – Antikensammlung der Universität Bonn)

4 Akademie der bildenden Künste in Wien, erbaut von Theophil Hansen 1872–76. Der Querschnitt durch die zentrale Halle zeigt die umlaufenden Seitenoberlichter.

5 Saal 11 der Königlichen Antikensammlung im Japanischen Palais in Dresden, erbaut von Gottfried Semper 1836. (SLUB Dresden, Deutsche Fotothek; Fotografie von Hermann Krone, 1888)

6 Der Antikensaal des Eidgenössischen Polytechnikums in Zürich vor dem Abbruch im Februar und März 1916. (gta Archiv / ETH Zürich)

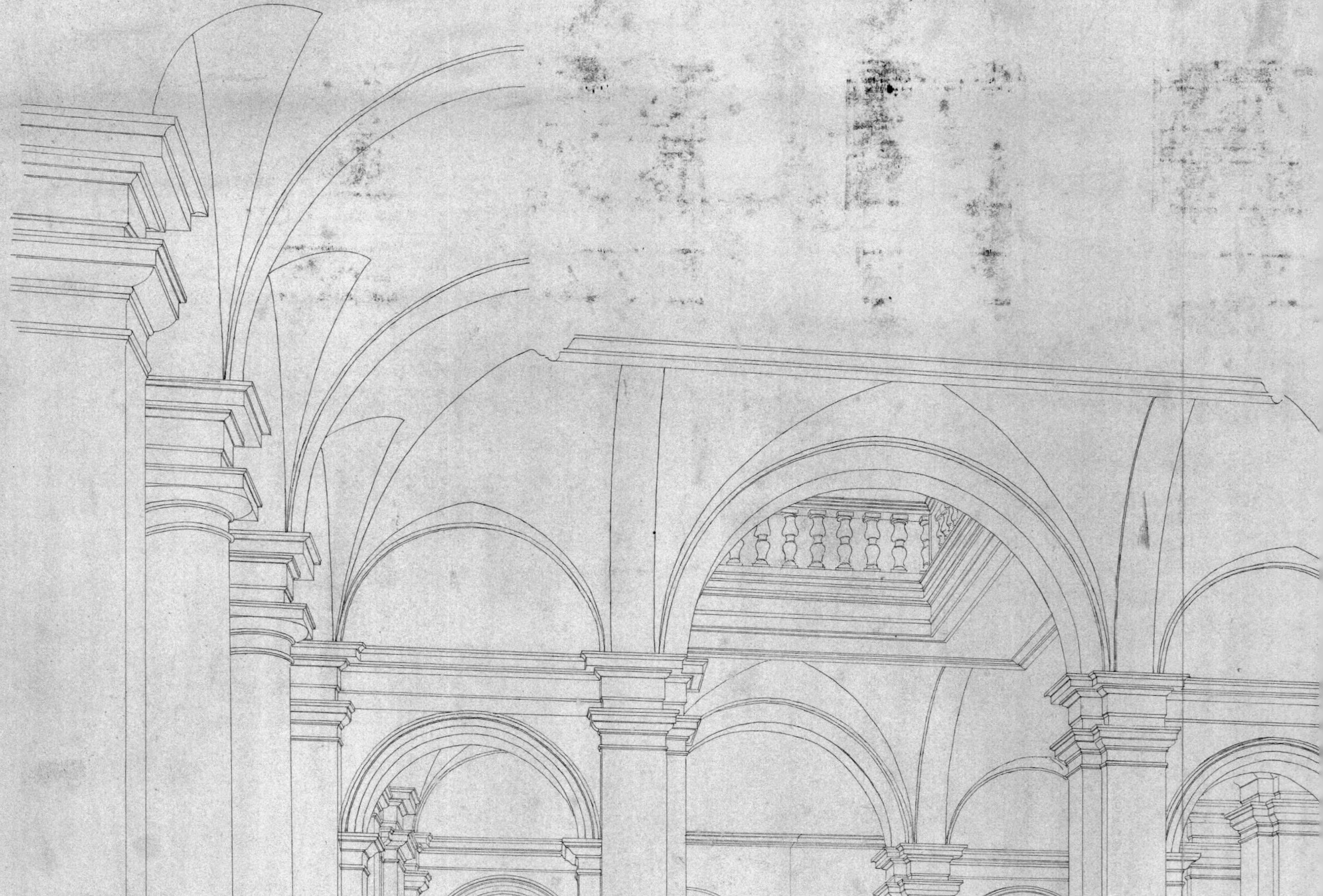

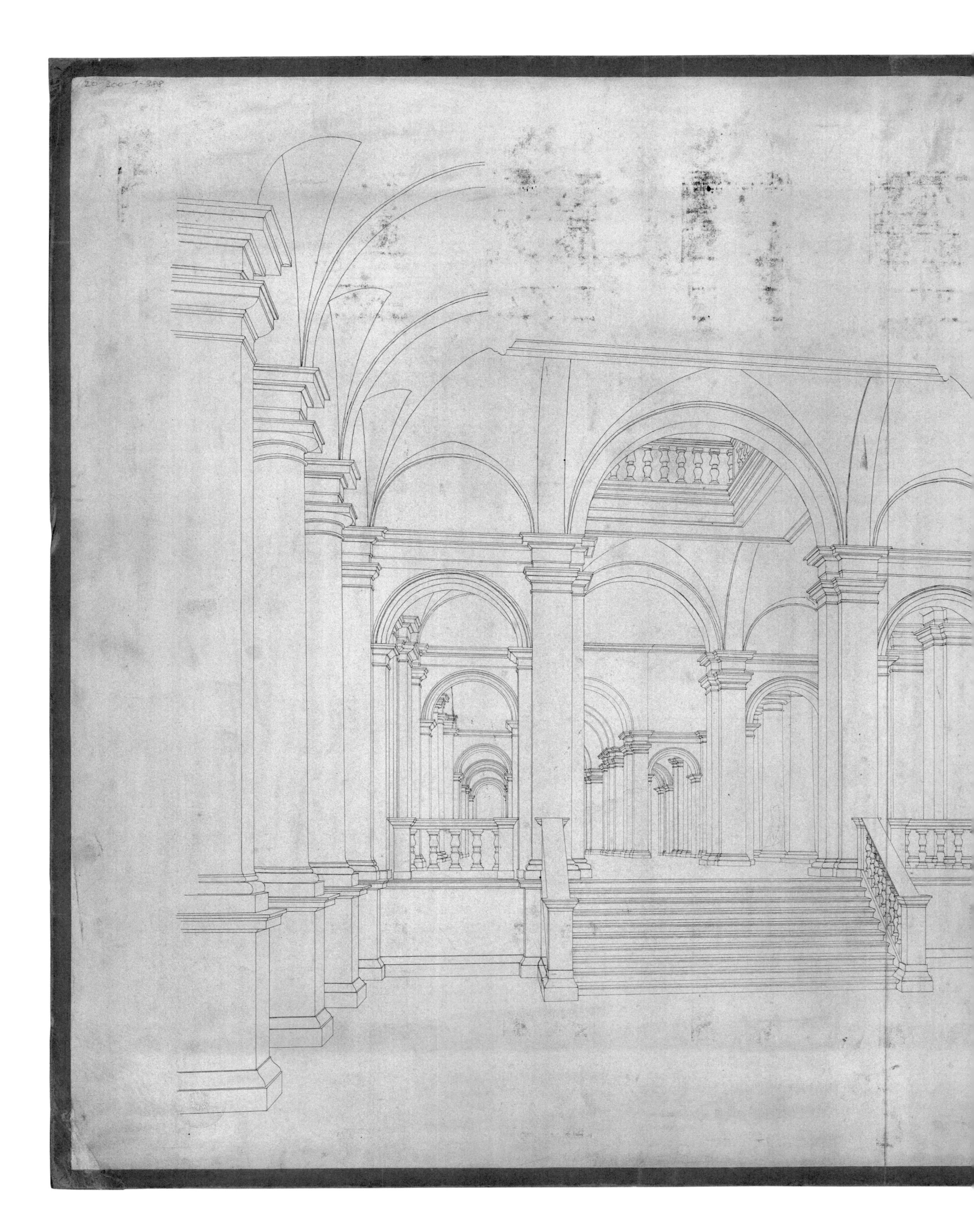

BLICK DURCH DAS UNTERE UND OBERE VESTIBÜL IN DIE ANTIKENHALLE
½ der Originalgröße

20-300-1-38B / gta Archiv / ETH Zurich (Nachlass Gottfried Semper).
Zeichnung in schwarzer Tusche auf Papier. Blatt auf Leinwand aufgezogen.
56,6 x 77,2 cm.

Die Vorzeichnung lässt rechts die Treppe zum halbgeschossig versetzten Erdgeschossflur erkennen, die Bogenstellungen der Antikenhalle sind in der Tiefe der Perspektive sichtbar.

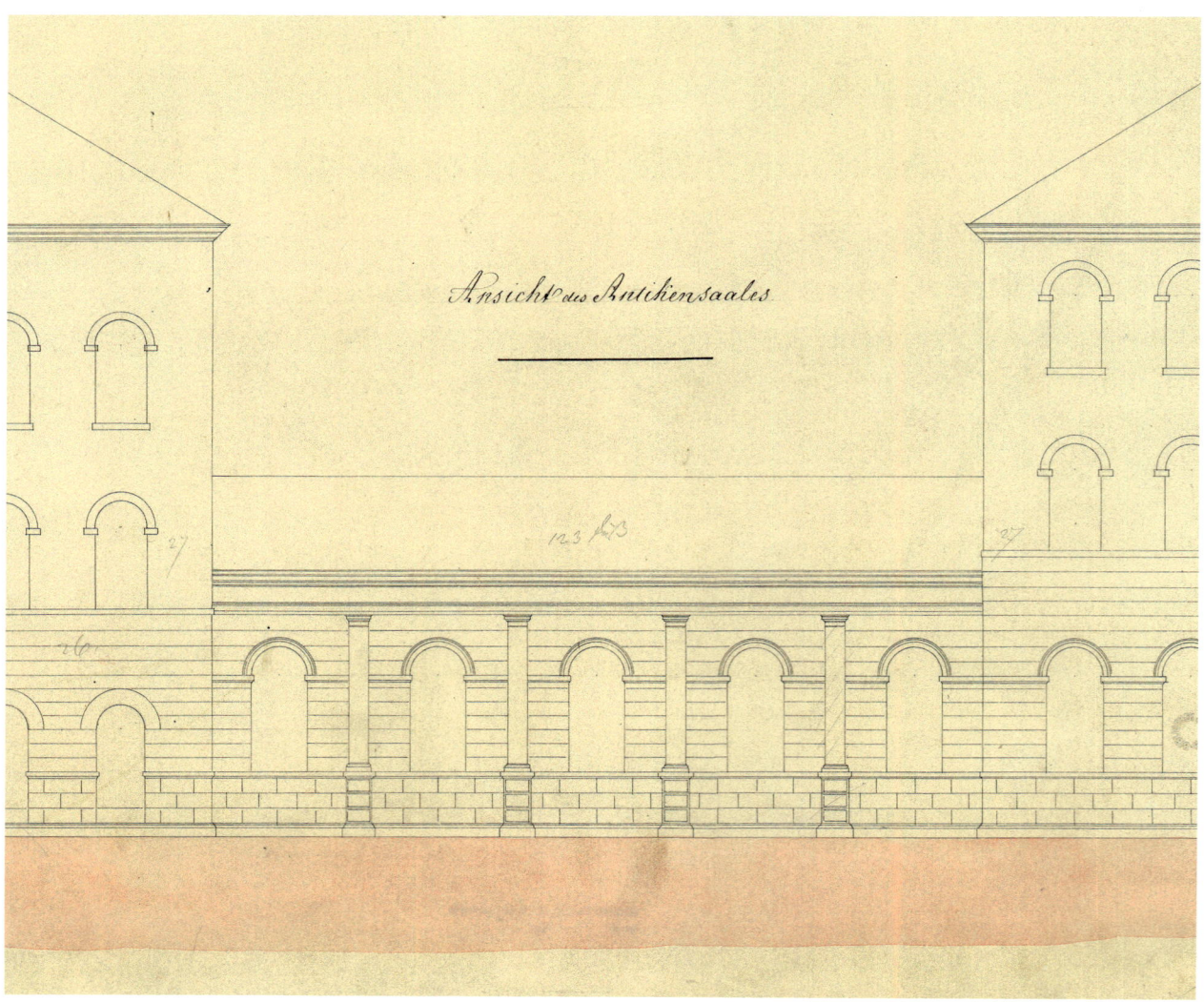

Ansicht des Antikensaales

»EIDG. POLYTECHNIKUM & ZÜRCH. HOCHSCHULE. SCHNITT NACH A B.«
Maßstab 1 : 200 (Original 1 : 100)

20-300-1-112 (Ausschnitt) / gta Archiv / ETH Zürich (Nachlass Gottfried Semper). Zeichnung in schwarzer Tusche auf Papier; braun, gelb und rosa aquarelliert. Bemaßungen und Berechnungen in Bleistift. 57,6 x 87,6 cm.

Die siebenachsige Variante ist eine Vorplanung. Die Ausführung entsprach der fünfachsigen Lösung, die an der Außenseite als reine Rustika realisiert wurde.

»ANSICHT DES VORDERN MITTELBAUES VON HOOFE AUS / DURCHSCHNITT DES ANTIKENSAALES / ANSICHT DES ANTIKENSAALES«
Maßstab 1 : 200 (Original 1 : 100)

20-300-1-108 (Ausschnitt) / gta Archiv / ETH Zürich (Nachlass Gottfried Semper). Zeichnung in schwarzer Tusche auf Papier; braun, gelb und rosa aquarelliert. Bemaßungen und Berechnungen in Bleistift. 87,7 x 56,2 cm.

»EIDG. POLYTECHNIKUM & ZÜRCH. HOCHSCHULE. QUERSCHNITT DURCH DIE SEITENFLÜGEL & HOFANSICHT DER SÜDL. SEITEN DES VORDERN & HINTERN MITTELBAUES.«
Maßstab 1 : 200 (Original 1 : 50)

20-300-1-127 (Ausschnitt) / gta Archiv / ETH Zürich (Nachlass Gottfried Semper). Zeichnung in schwarzer Tusche auf Papier; braun, gelb, grau und rot aquarelliert. Bemaßungen in schwarzer Tusche; Überzeichnungen, Skizzen und Berechnungen in Bleistift, zusätzliche Bemaßungen in Bleistift und blauem Farbstift. Blatt auf Leinwand aufgezogen. 75,5 x 169,0 cm.

»DACHGESIMS DES ANTIKENSAALES.«
Maßstab 1 : 5 (Original 1 : 1)

20-300-1-218 / gta Archiv / ETH Zürich (Nachlass Gottfried Semper). Zeichnung in schwarzer Tusche auf Papier; rosa, braun, gelb und grau aquarelliert. Überzeichnungen und Skizzen in Bleistift. 82,5 x 106,5 cm.

»EIDG. POLYTECHNIKUM & ZÜRCH. HOCHSCHULE. QUERSCHNITT DES ANTIKENSAALS & HOFFAÇADE DES VORDERN MITTELBAUES.«
Maßstab 1 : 200 (Original 1 : 50)

20-300-1-119 / gta Archiv / ETH Zürich (Nachlass Gottfried Semper). Zeichnung in schwarzer Tusche auf Papier; braun, gelb, grau und rot aquarelliert. Bemaßungen in Tusche; Überzeichnungen (1915), zusätzliche Bemaßungen und Berechnungen in Bleistift. Blatt auf Leinwand aufgezogen. 73,2 x 103,1 cm.

Der Querschnitt der Antikenhalle ist dreischiffig, die Stirnseite der mittleren Halle ist wiederum durch ein Triumphbogenmotiv betont. Die Halle ist nicht unterkellert, ein Sprengwerk im Dachstuhl überfängt eine Flachdeckenkonstruktion. Das Detail des Dachrands zeigt hölzerne Gesimsausbildungen, auch für das Äußere.

Eidg. Polytechnikum & zürch. Hochschule.

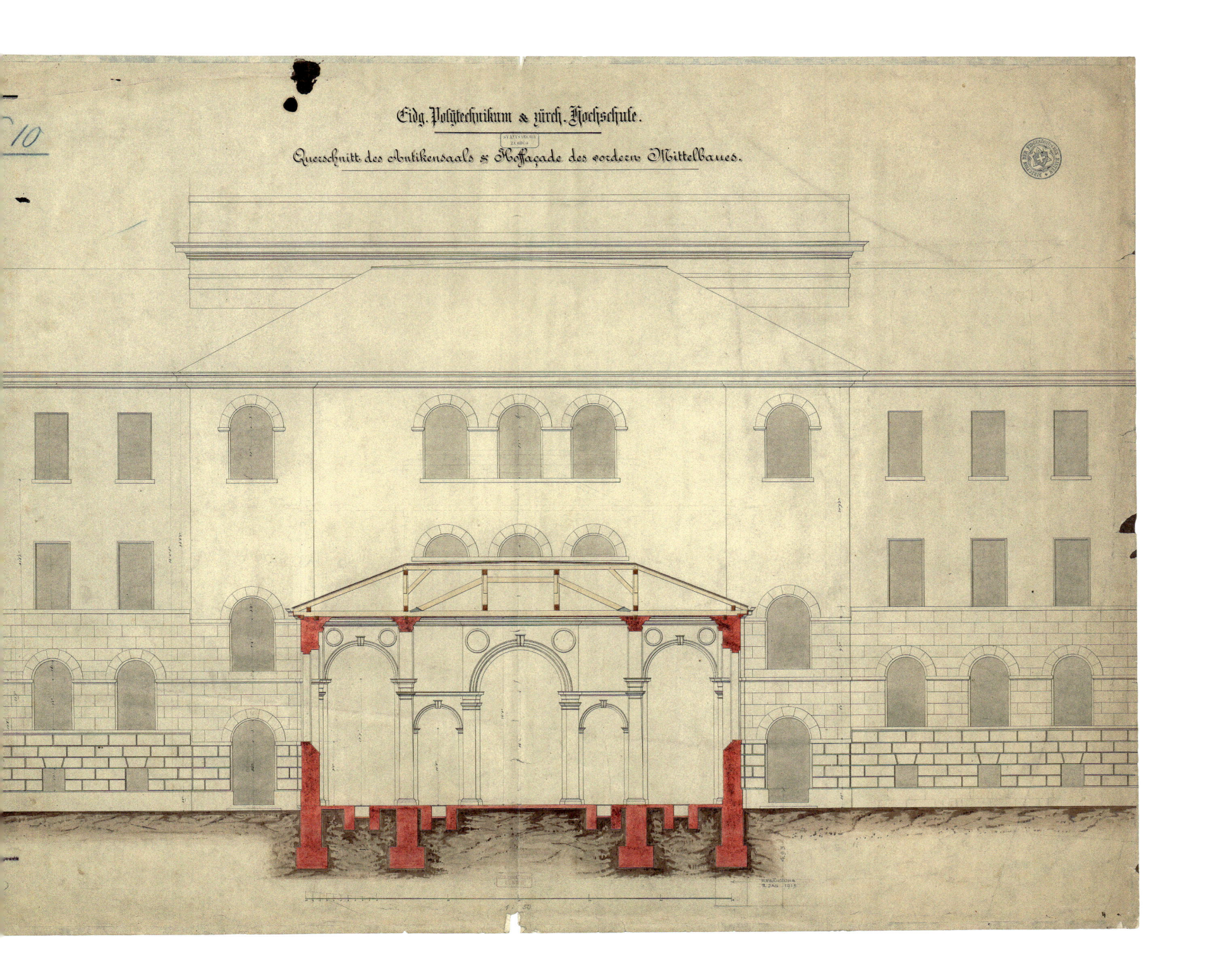

Querschnitt des Antikensaals & Hoffaçade des vordern Mittelbaues.

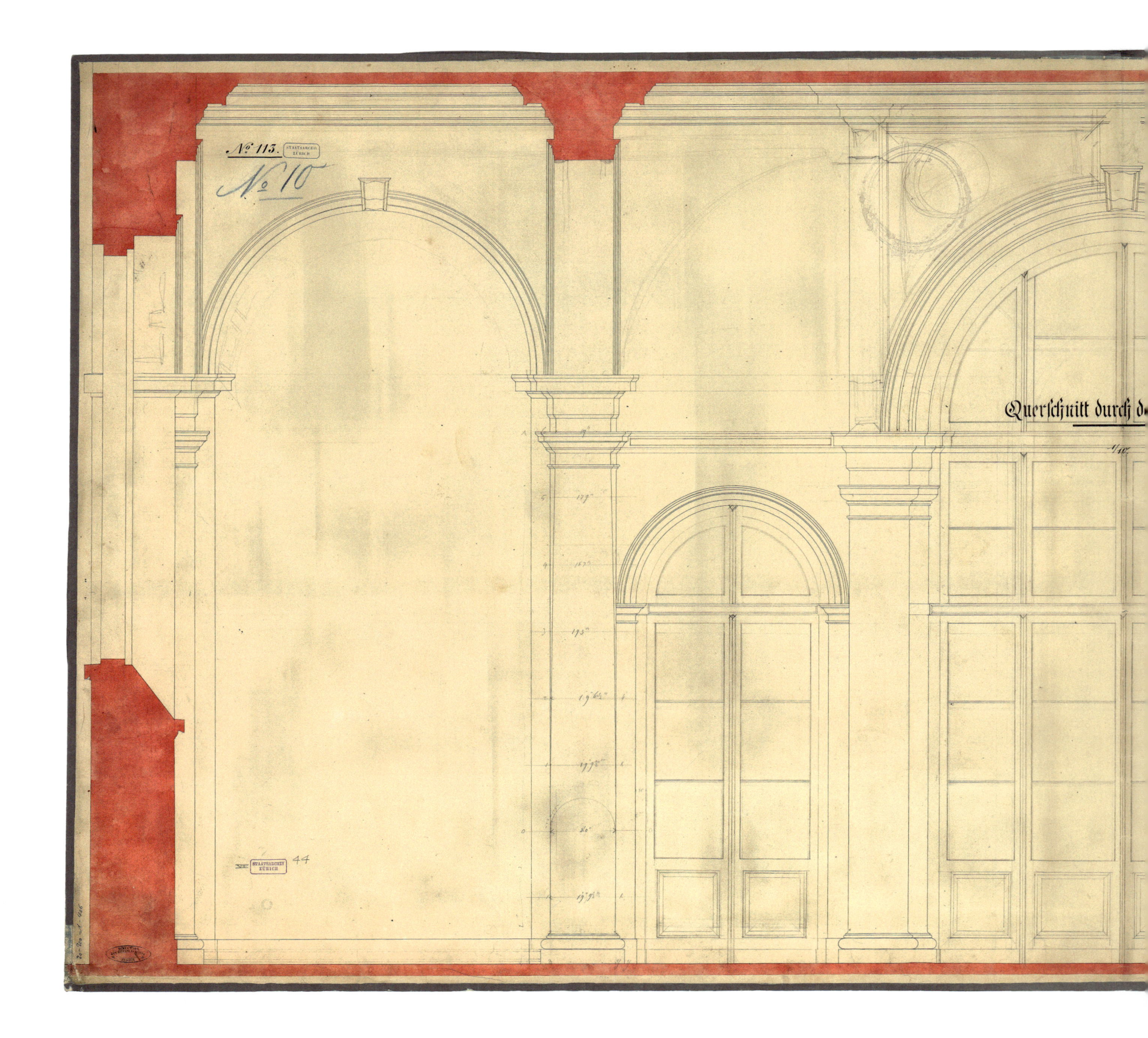

»QUERSCHNITT DURCH DEN ANTIKEN-SAAL.«
Maßstab 1:40 (Original 1:10)

20-300-1-406 / gta Archiv / ETH Zürich (Nachlass Gottfried Semper).
Zeichnung in schwarzer Tusche auf Papier; rot aquarelliert. Überzeichnungen und Bemaßungen in Bleistift. Blatt auf Leinwand aufgezogen.
85,0 x 190,4 cm.

Der Querschnitt im Maßstab 1:10 gibt weitere Details mit Maßen für die Entasis der Säulen, für Fensterkonstruktionen an der Außenseite sowie die Glastür zum Treppenhaus. Die Säulen waren auf Punktfundamenten gegründet, die Außenwände massiv aufgemauert, wie auch die Schildwände über den Kolonnaden.

Nº 285

...ikensaal.

1:10

N° 112.

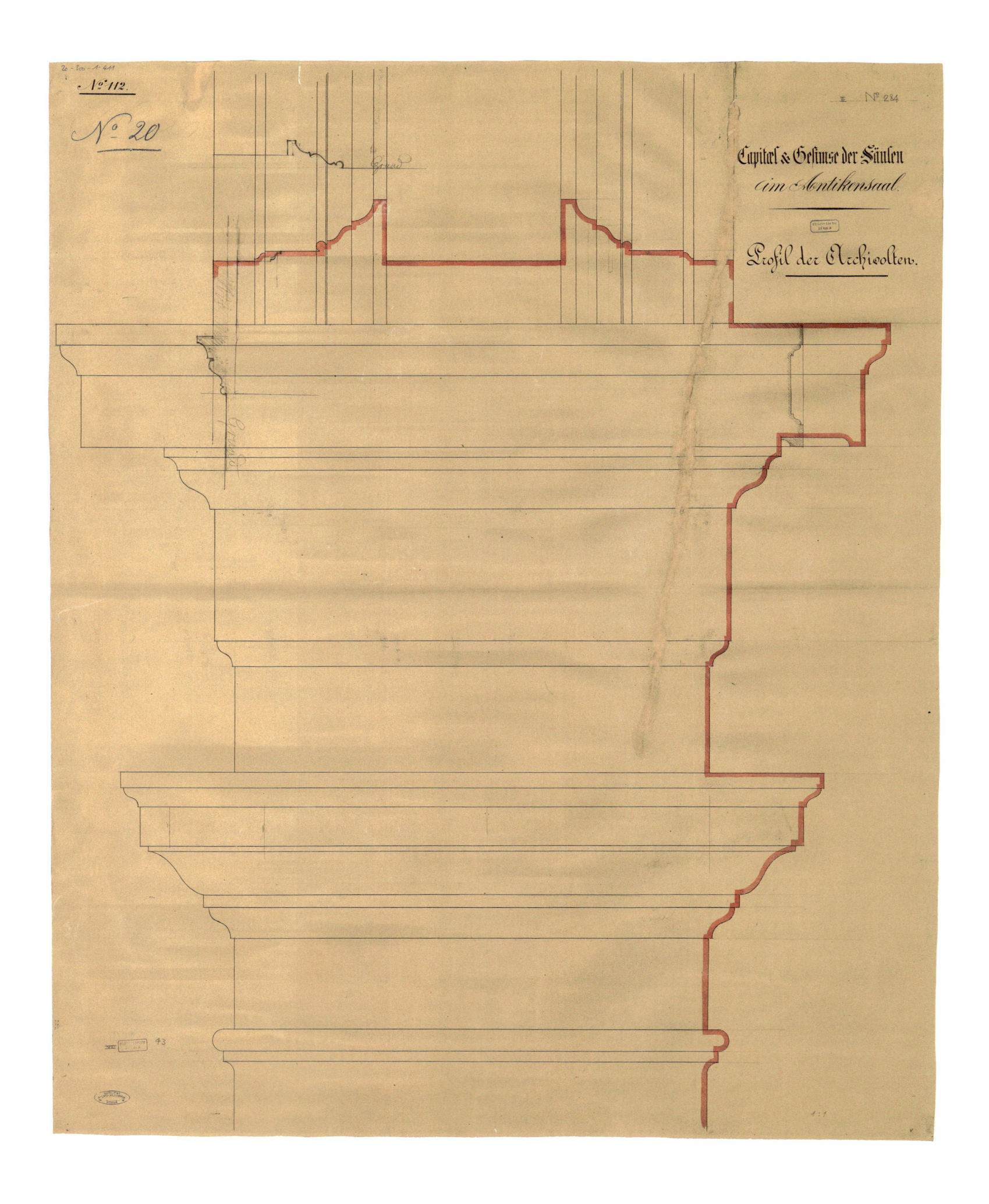

N° 20

N° 234

Capitel & Gesimse der Säulen
im Antikensaal.

Profil der Archivolten.

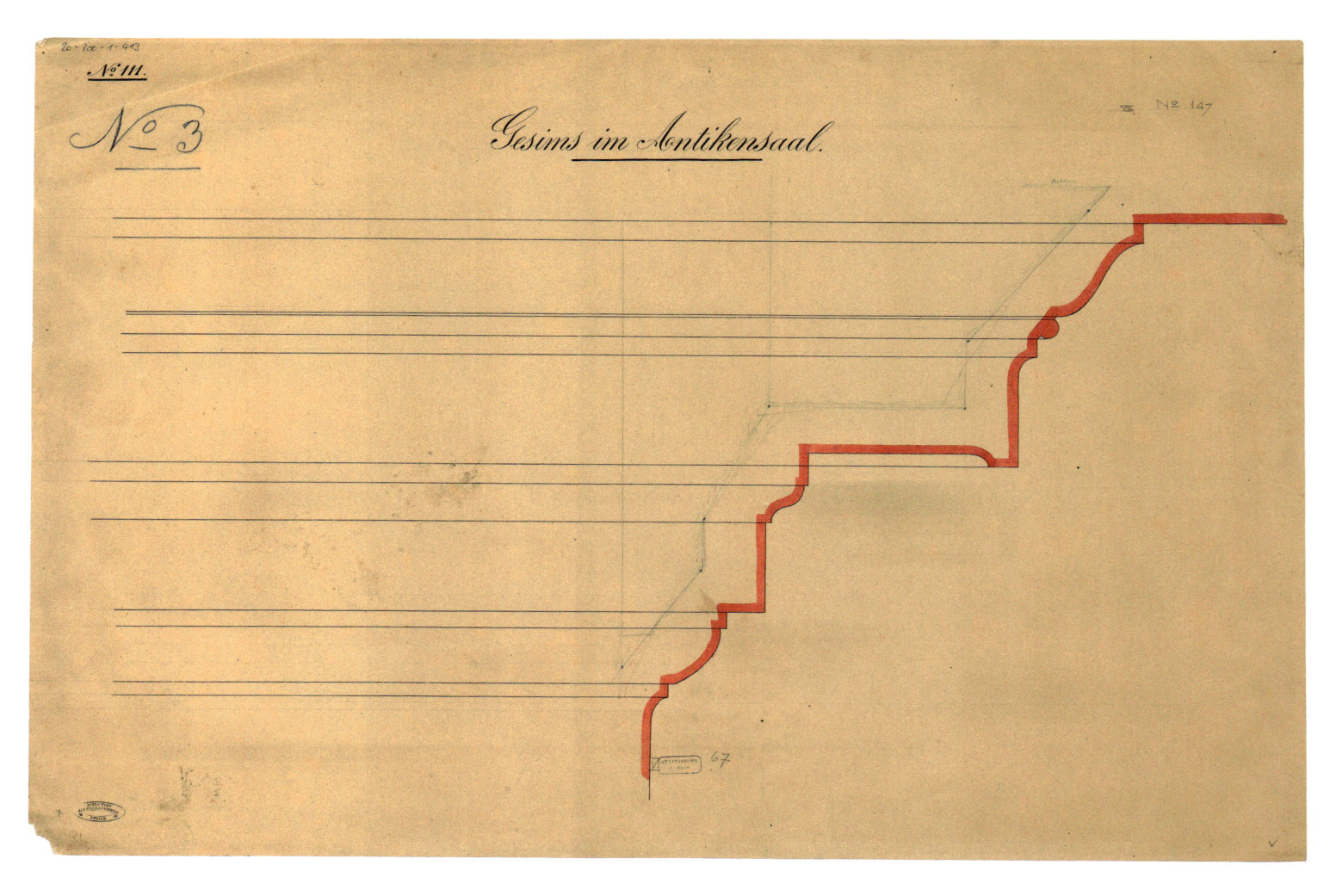

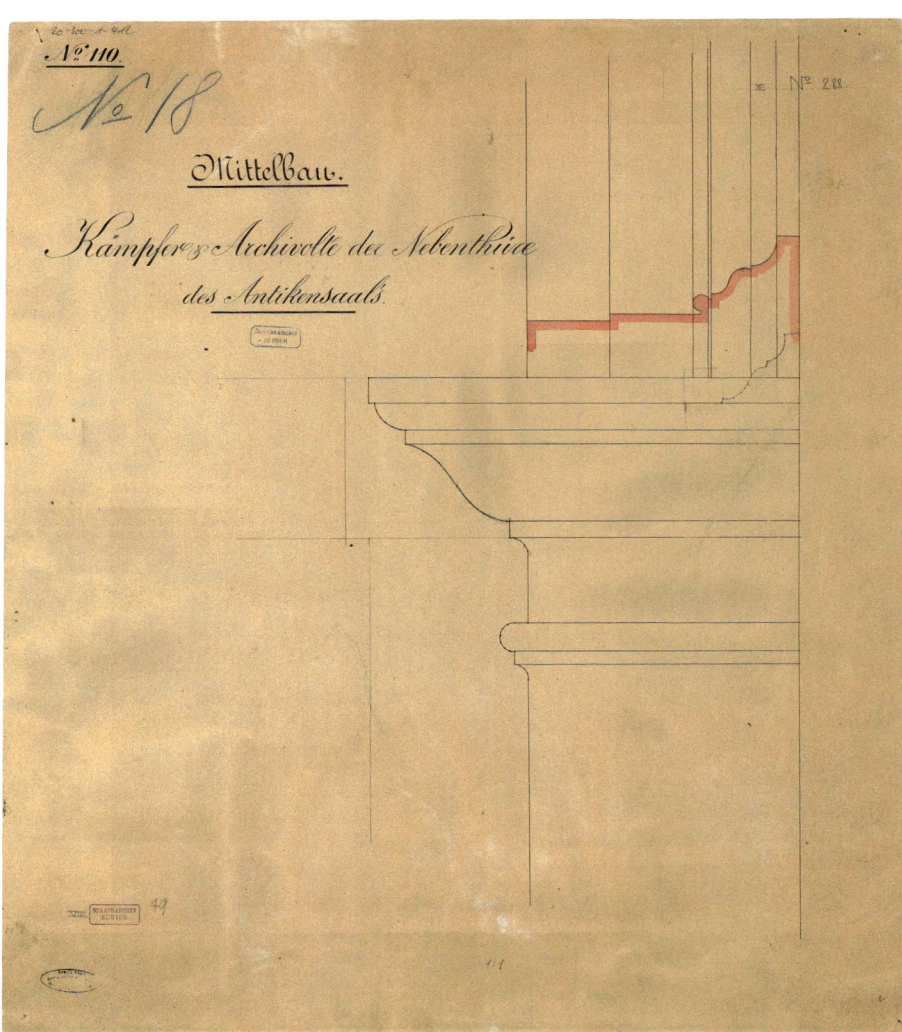

»CAPITAEL & GESIMSE DER SÄULEN IM
ANTIKENSAAL. PROFIL DER ARCHIVOL-
TEN.«
Maßstab 1 : 5 (Original 1 : 1)

20-300-1-411 / gta Archiv / ETH Zürich (Nachlass Gottfried Semper).
Zeichnung in schwarzer Tusche auf Papier; rot aquarelliert. Überzeichnungen, Bemaßungen und Anmerkungen in Bleistift. Plan durchgestochen. 122,0 x 106,6 cm.

»GESIMS IM ANTIKENSAAL.«
Maßstab 1 : 5 (Original 1 : 1)

20-300-1-413 / gta Archiv / ETH Zürich (Nachlass Gottfried Semper).
Zeichnung in schwarzer Tusche auf Papier; rot aquarelliert. Überzeichnung in blauem Farbstift. 63,0 x 98,3 cm.

»MITTELBAU. KÄMPFER & ARCHIVOLTE
DER NEBENTHÜRE DES ANTIKENSAALS.«
Maßstab 1 : 5 (Original 1 : 1)

20-300-1-412 / gta Archiv / ETH Zürich (Nachlass Gottfried Semper).
Zeichnung in schwarzer Tusche auf Papier; rot aquarelliert. Überzeichnungen in Bleistift. Plan durchgestochen. 67,1 x 60,4 cm.

Die drei Blätter mit 1 : 1-Details von Kapitellen,
Kämpferprofilen und Gesimsausbildungen des
Antikensaals geben in Ansichten und Schnit-
ten Sempers Formenvokabular in toskanischer
Ordnung wieder, entwickelt aus der baulichen
Grammatik der Renaissance und Vorlagen
von Giacomo Barozzi da Vignola bis Johann
Matthäus von Mauch.

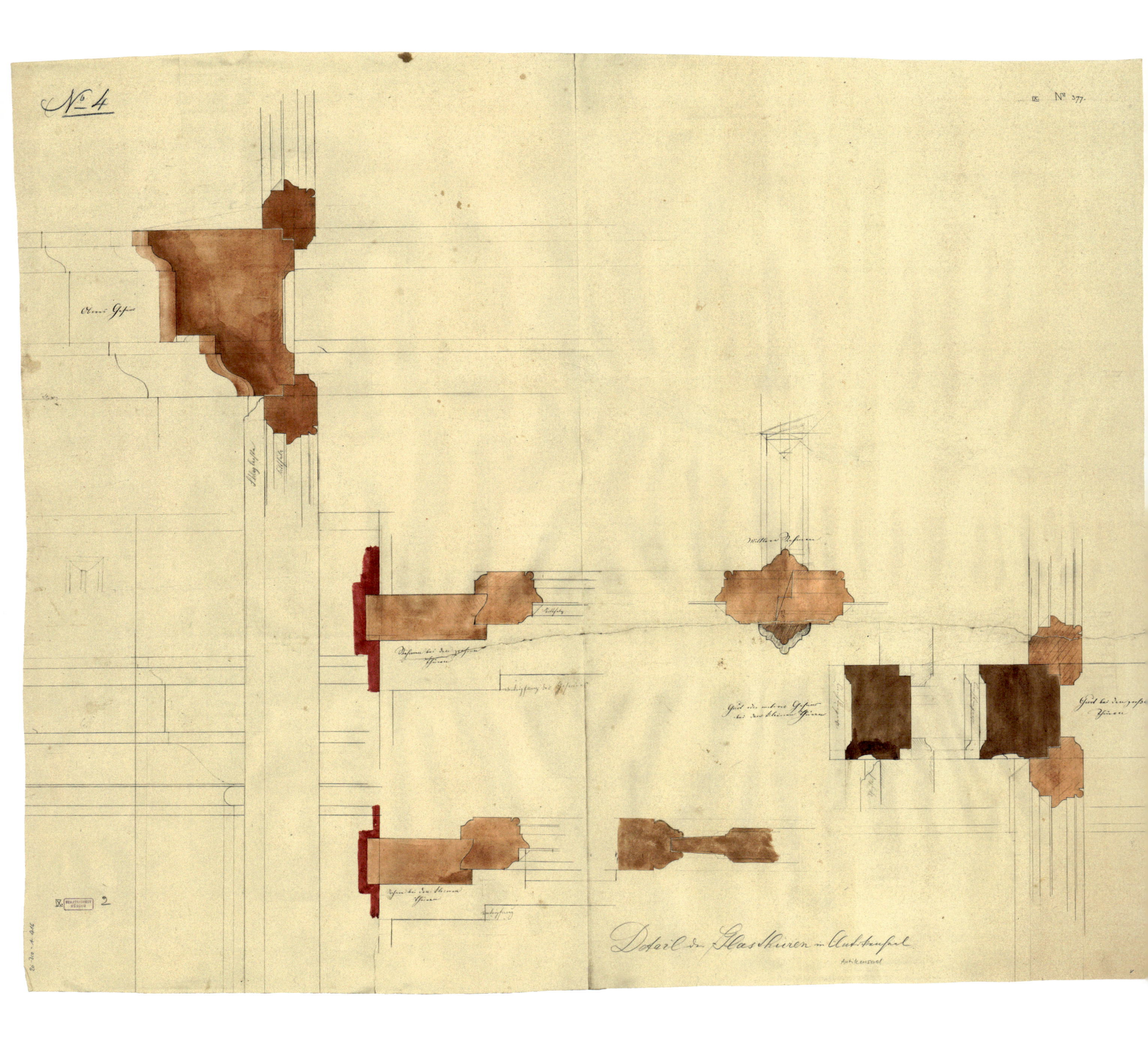

»DETAIL DER GLASTHÜREN IM ANTIKEN-SAAL«
Maßstab 1 : 5 (Original 1 : 1)

20-300-1-416 / gta Archiv / ETH Zürich (Nachlass Gottfried Semper). Zeichnung in Bleistift auf Papier; braun und rot aquarelliert. Beschriftungen in schwarzer Tusche und Bleistift. 104,4 x 127,3 cm.

GLASTÜR ZUM ANTIKENSAAL
Maßstab 1 : 33 (Original 1 : 10)

20-300-1-407 / gta Archiv / ETH Zürich (Nachlass Gottfried Semper). Zeichnung in Bleistift auf Papier. Bemaßungen, Anmerkungen und Berechnungen in Bleistift. 69,2 x 60,6 cm.

Die große Fenstertür des Antikensaals zeigt ähnliche Konstruktionsdetails wie die Fenster der großen Rundbogenöffnungen der Aula, gestemmte Sockelpartien und verglaste Türöffnungen, die durch ein kräftig profiliertes Kämpferprofil abgeschlossen werden. Darüber in der Rundbogenöffnung vier Flügel.

No 7

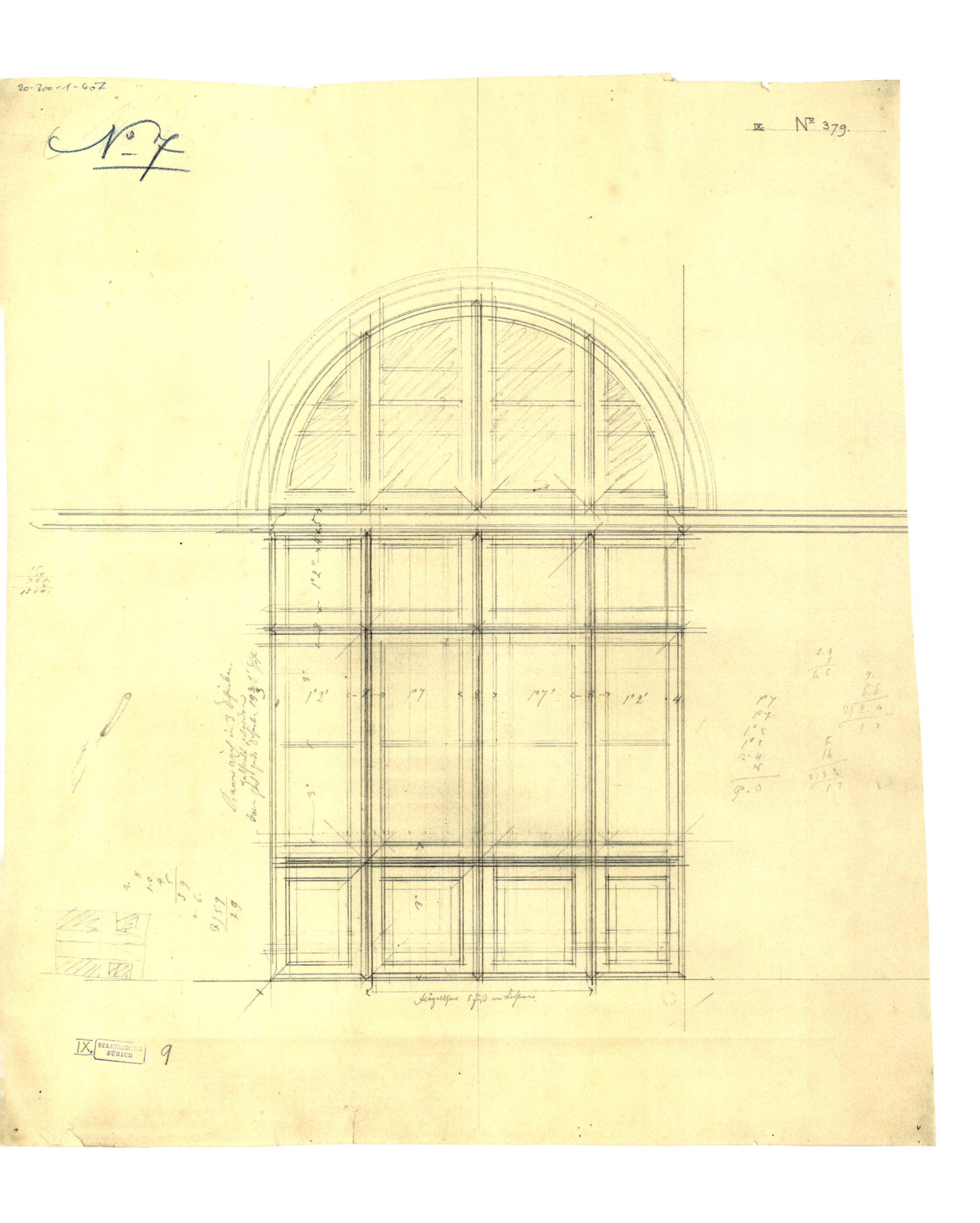

IX   No 379.

ANTIKENSAAL DES EIDGENÖSSISCHEN
POLYTECHNIKUMS, KURZ VOR DEM
ABBRUCH

22-01-F-Ost-5N, 22-01-F-Ost-6N, 22-01-F-Ost-3N / gta Archiv / ETH Zürich
(Nachlass Gustav Gull). Fotograf unbekannt, 1914–16.

Die Fotografien zeigen das Zentrum des Antikensaals vor dem Abriss durch Gustav Gull im Februar und März 1916, teilweise noch mit Ausstattung, aber bereits ohne Abgüsse. Schildwände teilten die große Halle in Kompartimente, die Skulpturen standen auf separaten Sockeln, Reliefs waren an den Wänden angebracht. Die oberen Seitenfelder der Stirnwand zeigten Abgüsse der Parthenonmetopen. Zwischen den Säulen hängen Lampen nach antiken Vorbildern.

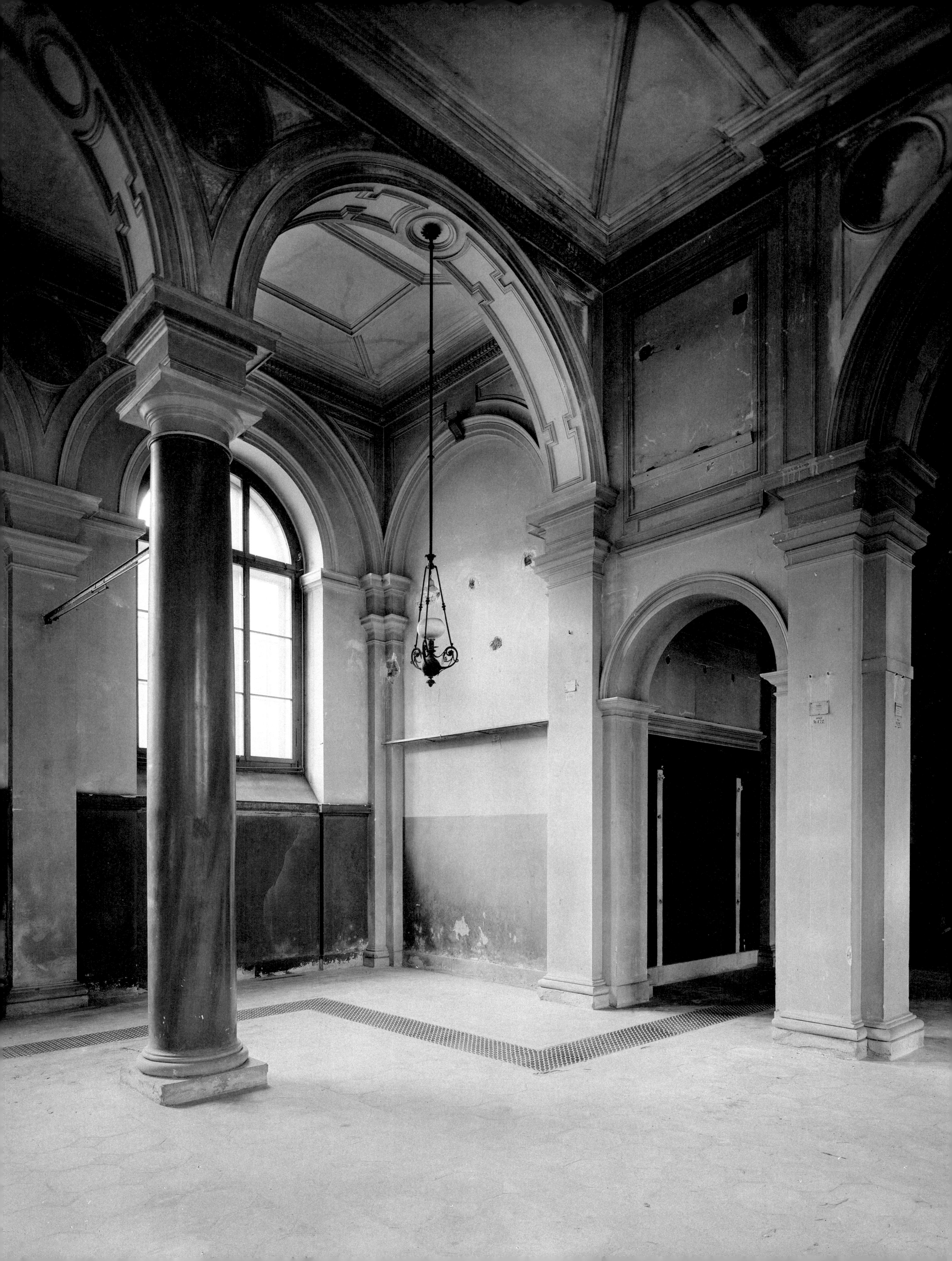

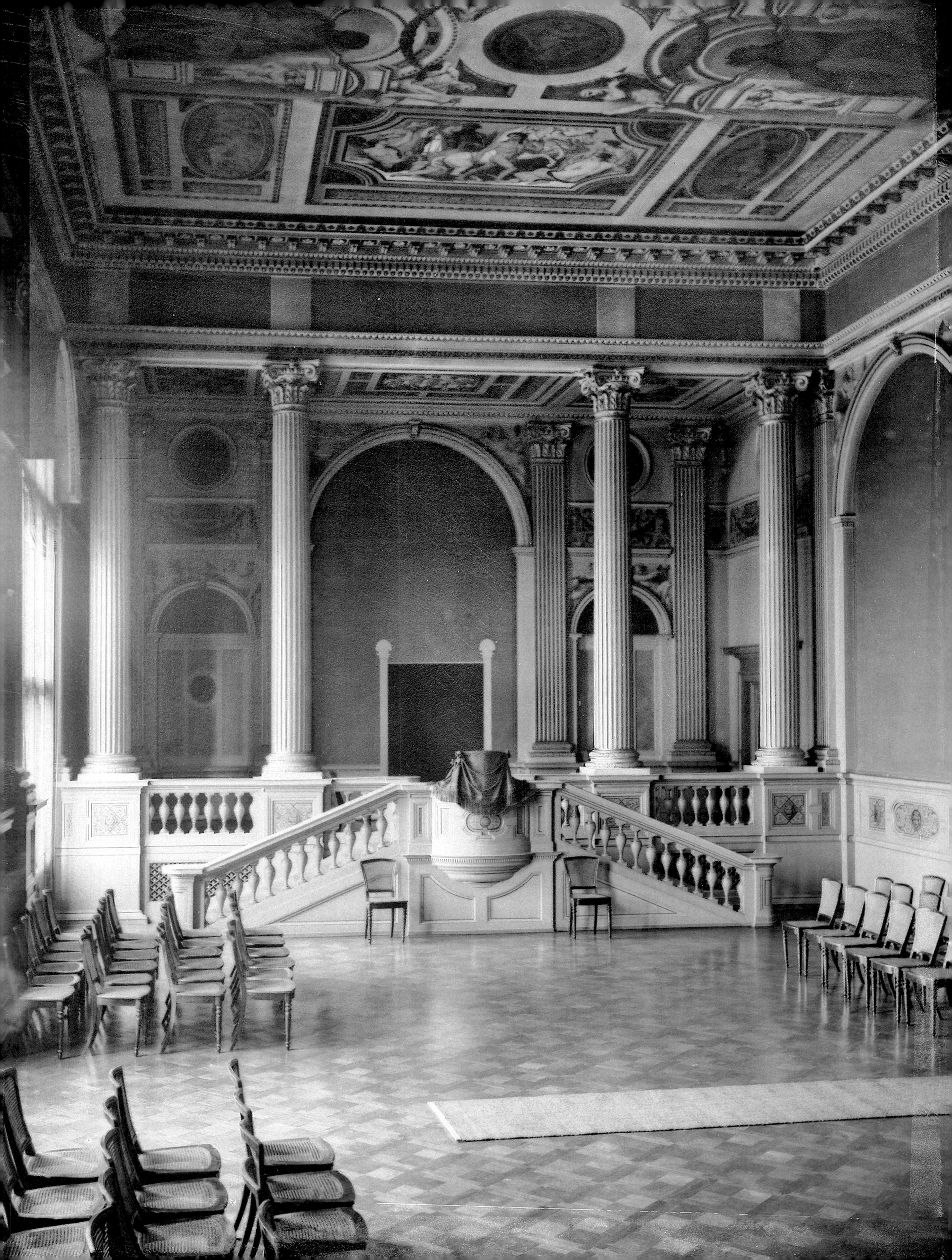

Die Aula als gebauter Aussenraum

»Geistiges und repräsentatives Zentrum der Schule war die Aula, ein aufwendig ausgestatteter Raum[1] mit ambitioniertem Bildprogramm, das Gelehrtenwelt und Künste als idealen Hintergrund akademischer Feste ins Bild setzte.«[2] Die Bildmotive der Aula knüpfen an Raffaels Zyklus in der ›Stanza della Segnatura‹ an (**Abb. 2**),[3] der das antike Denken als Ursprung der europäischen Kultur, ihrer Philosophie und Wissenschaften zelebriert.[4] Die Wandflächen des zweigeschossigen Raumes werden durch umlaufende Rundbögen strukturiert, die Gliederung wird in der Decke weitergeführt und vermittelt den Eindruck einer offenen Loggia. Nach Sempers Plänen sollte der Raum durch perspektivische Malereien in den Bogennischen illusionistisch erweitert und damit ein Gegenüber zu den großen Rundbogenfenstern der Fassade geschaffen werden. Im Äußeren zeigt sich die Aula als zentraler Raum am Mittelrisalit, die Tektonik wird durch Balkone und flankierende korinthische Säulen mit Figurennischen[5] artikuliert. Die Farbfassungen im Inneren waren fein differenziert: Die Sockelzone zeigte ein kühles Grau, die Architekturglieder einen lichteren, ins Weißgraue spielenden Farbton. Die Differenzierung setzte sich in der plastischen Stuckdekoration und den Vergoldungen fort.[6]

Um finanzielle und terminliche Engpässe bei der Herstellung der Bilder zu überbrücken, entschied sich Semper für eine Anbringung der Leinwandbilder nach Fertigstellung des Baus. Die Technik der Marouflage,[7] das Aufkleben der bemalten Leinwand auf einen Putzträger mit Latten, erlaubte die Herstellung der Bilder im Atelier. Für die zentrale Bogennische der nördlichen Schmalseite ist eine Entwurfszeichnung erhalten geblieben, zudem existiert eine Beschreibung des Bildprogramms aller Nischen von Semper selbst: »Rechts vom Eingange: 1. Die Schule des reinen Wissens (Philosophie), 2. Die Schule des exakten Wissens (Naturwissenschaften, Mechanik ect.); Links vom Eingange: 1. Die Schule der Beredsamkeit, Poesie u. Musik, 2. Die Schule der bildenden Künste. […] Ueber der Thür die Religion als dritte Äußerung des geistigen Strebens nach Vollkommenheit.«[8]

1865 musste Semper feststellen, dass selbst der verdreifachte Kredit nicht für die Bemalungen ausreichen werde, und entschied sich deshalb für eine flächige Fassung der Nischen. Untersuchungen der Farbschichten haben gezeigt, dass die Rücklage der Hauptnische zur Zeit der Fertigstellung des Raums eine bläuliche Bleiweißfassung mit einer nicht immer durchgehen-

2 *Die Schule von Athen* (1510–11) ist Teil einer Serie von Fresken, die Raffael da Urbino und seine Schüler in den ›Stanzen des Raffael‹ in den Räumlichkeiten des Apostolischen Palasts realisierten. (Vatikanische Museen)

3–4 Das Karlsruher Polytechnikum, ursprünglich ein Bau von recht kleinem Raumvolumen, erhielt in den 1890er Jahren ein repräsentatives neues Aulagebäude. Der Festraum liegt im Zentrum des Mittelrisalits, eine ambitionierte Ausstattung führt die Muster der Zürcher Planungen fort. Josef Durm zeichnete eine Serie von Aquarellen für Wandausstattung und Bildprogramm, hier Beispiele einer Stirnseite und der Längswand zur Innenseite des Baus. (Generallandesarchiv Karlsruhe)

1 Für die Weltausstellung 1889 schickte die Schweiz Fotografien des Polytechnikums und der Sternwarte nach Paris. Die Schwarz-Weiß-Fotografie der Aula gehört zu den dort gezeigten Bildern. (ETH-Bibliothek Zürich, Bildarchiv)

den roten Schicht aufwies, vielleicht eine Differenzierung der Fläche.[9] Immerhin konnte das Deckengemälde[10] dank einer privaten Spende finanziert werden.[11] Die in Paris tätigen Maler Emile Bin, Alfred Diéterle und Edmond Lahens fertigten es zwischen 1867 und 1868 nach Sempers kolorierter Zeichnung an.[12] Das Ölgemälde wurde auf mehreren Leinwandsegmenten ausgeführt, erst vor Ort zusammengefügt und an den Plafond angebracht.[13] Es zeigt Gestalten der griechischen und römischen Mythologie,[14] das Dekorationssystem folgt den Mustern italienischer Renaissance.

Bereits wenige Jahre nach der Fertigstellung, am 18. Mai 1876, wurden das Deckengemälde und geringe Teile der Wandbemalung durch einen Wassereinbruch beschädigt und in der Folge repariert. Im August 1889 schrieb die Eidgenössische Kunstkommission einen Wettbewerb für die Ausschmückung der leer gebliebenen Bogenfelder der Stirnseiten aus, für die 5,075 Meter hohen Nischen waren Entwürfe zu den Themen ›Die Baukunst‹ und ›Die Ingenieurkunst‹ im Maßstab 1:3 gefragt.[15] 19 Künstler reichten 27 Zeichnungen ein (**Abb. 5–6**),[16] vier Entwürfe erhielten je einen zweiten Preis, drei je einen dritten Preis.[17] Ein erster Preis wurde nicht vergeben – eine figürliche Ausmalung der Nischen steht bis heute aus.

Gustav Gull veränderte mit seinen Eingriffen die repräsentativen Räume des Polytechnikums oder riss sie gar komplett ab – mit Ausnahme der Aula. Lediglich technische Eingriffe und Veränderungen an den Oberflächen wurden vorgenommen: Die Holzkonstruktion der Dachterrasse über der Aula wurde durch eine Eisenbalkenlage mit überbetonierten Hunziker-Hourdis ersetzt und mit einer ›Vallanda-Abdeckung‹ versehen,[18] eine elektrische Beleuchtung wurde installiert.[19] Auch die Fußbodenkonstruktion der Aula musste erneuert werden, da sich bei Fassadenarbeiten herausstellte, dass die im »Fassadenmauerwerk liegenden Köpfe der den Aulaboden tragenden Holzbalken gänzlich verfault waren, was über kurz oder lang eine Katastrophe herbei geführt hätte«.[20] Gull gab Sempers Idee der offenen Loggia auf und interpretierte die Aula als nach innen gerichteten Versammlungsraum: Er fasste die hellblauen Rundbogennischen neu in einem dunklen Rotocker und die Täfer- und Wandflächen in einem einheitlichen dunkleren Grünton.[21] 1996 wurde die Aula durch die Architektin Beate Schnitter und die Restauratoren Ueli Fritz und Gertrud Fehringer restauriert und renoviert. Die Maßnahmen umfassten unter anderem den Ausbau und Ersatz des Parkettbodens sowie den Ersatz der Wandleuchten aus den 1960er Jahren durch konische Kandelaber aus Aluminium.[22] Die restauratorischen Arbeiten an den Wandfassungen orientierten sich an der Uminterpretation Gulls.

Ausstattungsbestandteile und Konstruktionen aus der Anfangszeit der Schule sind in der Aula bis heute überliefert, nur hier wurde die Architektur des Gründungsbaus durch spätere Umbauten nicht wesentlich angetastet. Allerdings blieben die exzellenten Fassungen der Bauzeit nur an einzelnen Architekturgliedern[23] und an den auf Leinwand gemalten Bildern erhalten. In weiteren Bereichen sind die Oberflächen leider zum Teil überfasst oder schlecht repariert.[24] Das Institut für Denkmalpflege und Bauforschung der ETH Zürich beschäftigte sich von 2010 bis 2015 im Rahmen eines Forschungsprojekts mit der Aula.[25] Basierend auf einer umfangreichen Dokumentation des Ist-Zustands und der Schäden konnte mit der Schulleitung eine Nutzungsregulierung vereinbart werden.[26] In einem zweiten Schritt wurden die Fenster repariert,[27] das Parkett abgeschliffen und geölt und die Wandflächen gereinigt und stabilisiert. In der zentralen nördlichen Bogennische wurde gemäß Sempers Konzept der illusionistischen Öffnung eine vergrößerte Skizze von Wolfram Köberl als Provisorium aufgezogen (**Abb. 7**). Die große Herausforderung bei der Restaurierung des Raums ist »die neue Einfühlung in eine differenzierte, zur Bauzeit eben bereits auf ›ideale Alterung‹ gedachte Raumstimmung, die künstlerisch-malerische ›Patinierung‹ der Bauglieder voraussetzt«.[28]

5–6 Im Zuge des Wettbewerbs für die Ausschmückung der Bogenfelder der Aula entwarf Ferdinand Hodler zwischen 1889 und 1890 zwei Skizzen ›Die Architektur‹ und ›Die Ingenieurkunst‹. Ob Hodlers Beitrag überhaupt eingereicht wurde, ist unklar.

7 2011 entwarf der Innsbrucker Maler Prof. Wolfram Köberl eine Architekturillusion für die mittlere Bogennische an der nördlichen Stirnwand der Aula. Er korrigiert in der Skizze die von Semper nicht korrekt gezeichnete Perspektive.

1 Für eine detaillierte Beschreibung der Maltechnik in der Semperzeit und der Aula-Fassungen vgl.: Hassler, Uta; Vernooij, Martine; Emmerling, Erwin; Pietsch, Annik: Marmorfarben. Das Weiß und das Grau der Zürcher Semperaula, in: Hassler, Uta (Hg.): Maltechnik & Farbmittel der Semperzeit. München 2014, S. 242–263.

2 Boutellier, Roman; Wüest, Dieter: Die Semper-Aula soll restauriert (und geschont) werden [Broschüre der Schulleitung der ETH Zürich, 2010].

3 Raffael da Urbino schuf zwischen 1508 und 1511 den Zyklus *Disputa, Parnass, Die Schule von Athen* und *Übergabe der Dekretalen* in den Gemächern des Apostolischen Palastes.

4 Hauser, Andreas: Sempers Wahlspruch. Der Konflikt um das Bildprogramm des Eidgenössischen Polytechnikums, in: Karge, Henrik (Hg.): Gottfried Semper – Dresden und Europa. Die moderne Renaissance der Künste. Akten des Internationalen Kolloquiums der Technischen Universität Dresden aus Anlass des 200. Geburtstags von Gottfried Semper. München/Berlin 2007, S. 301–310, hier S. 308.

5 Vgl. *Die polytechnischen Figuren*, S. 228–237.

6 Hassler/Vernooij/Emmerling/Pietsch 2014 (wie Anm. 1), S. 260.

7 Vgl. Beckett, Barbara: Die Marouflagen der Aula. Interner Bericht, Institut für Denkmalpflege und Bauforschung, Prof. Dr.-Ing. Uta Hassler. Zürich 2015.

8 »Eidgenössisches Polytechnikum in Zürich. Dekoration der Aula«, Gottfried Semper, 2. März 1865 (Staatsarchiv Zürich, V II 25).

9 Hassler/Vernooij/Emmerling/Pietsch 2014 (wie Anm. 1), S. 250–251.

10 Für eine detaillierte Analyse vgl.: Rehm, Robin: Semper – Ingres – Michelangelo. Das Plafondgemälde im Zürcher Eidgenössischen Polytechnikum, in: Hassler, Uta (Hg.): Maltechnik & Farbmittel der Semperzeit. München 2014, S. 300–319.

11 Weidmann, Dieter: Eidgenössisches Polytechnikum in Zürich, in: Nerdinger, Winfried; Oechslin, Werner (Hg.): Gottfried Semper, 1803–1879. Architektur und Wissenschaft. München/Zürich 2003 (Ausstellung Architekturmuseum der Technischen Universität München, Museum für Gestaltung Zürich 2003–04), S. 342–351, hier S. 348.

12 Die figürliche Malerei wurde von Bin ausgeführt, die ornamentale von Diéterle und Lahens; vgl. ebd., S. 351.

13 Vgl. Rehm 2014 (wie Anm. 10), S. 301.

14 Darunter Athena, Zeus, die Flussgötter Ilissus und Cephissus, Minerva Musica, Medica, Pronoea und Ergane.

15 Vgl. »Zürich, Eidgenössische Technische Hochschule. Gesamtdarstellung«, erarbeitet von Hanspeter Rebsamen für die Kantonale Denkmalpflege Zürich, Februar–März 2000 (Archiv der Kantonalen Denkmalpflege Zürich, Zürich, Vers. Nr. g 666, Rämistr. 101, ETH-Hauptgebäude Aula).

16 Unter anderem sind Entwürfe von Ferdinand Hodler erhalten; ob diese überhaupt eingereicht wurden, ist jedoch nicht bekannt. Vgl. Brüschweiler, Jura: Eine klassizistische Etappe in der Stilentwicklung Ferdinand Hodlers. ›Die Architektur‹ und ›Die Ingenieurkunst‹ 1889/90, in: palette 42 (1973), S. 3–22.

17 Anonym: Hebung der schweizerischen Kunst, in: Jahrbuch des Unterrichtswesens in der Schweiz 4 (1890), S. 66–67, hier S. 66.

18 Gull, Gustav: Baubericht, in: Eidgenössische Technische Hochschule (Hg.): Festschrift zum 75jährigen Bestehen der Eidgenössischen Technischen Hochschule in Zürich. Zürich 1930, S. 58–95, hier S. 78.

19 Ebd., S. 75.

20 »Hauptbau der eidg. Technischen Hochschule Zürich. Bericht betreffend die bisherigen Ausgaben und die Kosten der Vollendungsarbeiten«, Brief von Gustav Gull an die Direktion der eidg. Bauten, 15. März 1923 (Bundesarchiv Bern, CH-BAR#E3240A#1000/745#40*, Az. 2–05).

21 Hassler/Vernooij/Emmerling/Pietsch 2014 (wie Anm. 1), S. 250, 260.

22 Des Weiteren umfasste der sechsmonatige Eingriff: Umbau der Fenster, teilweiser Ersatz des Ziehglases durch Floatglas, Installation der Senkrechtstoffstoren im Zwischenraum der Kastenfenster, Installation elektrischer Leitungen im Dachraum und Unterboden, Teilreinigung der Stuckoberflächen und der Deckenmalerei, Fassung der Mitteltüre in Grünton. Vgl. »Zürich ETH Zentrum Hauptgebäude. Renovation Aula«, Bericht der bauleitenden Architektin Beate Schnitter, 26. Juli 1999 (Archiv der Kantonalen Denkmalpflege Zürich, Zürich, Vers. Nr. g 666, Rämistr. 101, ETH-Hauptgebäude Aula).

23 Zum Beispiel an den Kapitellen der Emporen-Rückwände oder an den Kanneluren der Pilaster.

24 Hassler/Vernooij/Emmerling/Pietsch 2014 (wie Anm. 1), S. 260.

25 Für eine detaillierte Beschreibung der Forschungsergebnisse und Tätigkeiten des IDB im Hauptgebäude vgl.: Band III *Das Hauptgebäude 2030* und Hassler/Vernooij/Emmerling/Pietsch 2014 (wie Anm. 1), S. 242–263.

26 Boutellier, Roman; Wüest, Dieter: Die Semper-Aula soll restauriert (und geschont) werden [Broschüre der Schulleitung der ETH Zürich, 2010].

27 Die Fenster der Aula sind mit großer Wahrscheinlichkeit die letzten erhaltenen semperzeitlichen Fenster am Hauptgebäude.

28 Hassler/Vernooij/Emmerling/Pietsch 2014 (wie Anm. 1), S. 261.

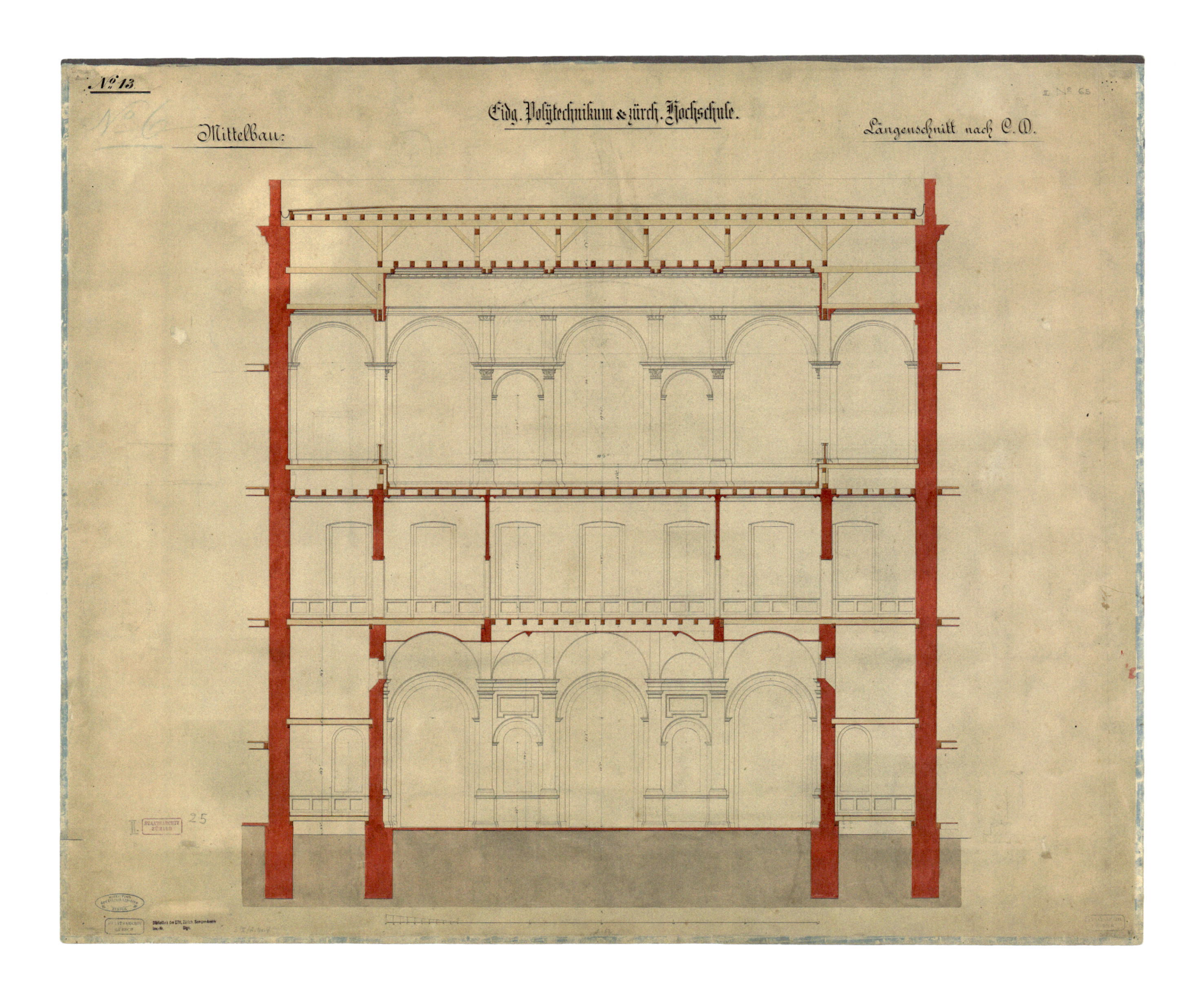

**»EIDG. POLYTECHNIKUM & ZÜRCH. HOCH-
SCHULE. MITTELBAU. LÄNGENSCHNITT
NACH C. D.«**
Maßstab 1 : 200 (Original 1 : 50)

20-300-1-116 / gta Archiv / ETH Zürich (Nachlass Gottfried Semper).
Zeichnung in schwarzer Tusche auf Papier; braun, gelb, grau und rot aquarelliert. Bemaßungen in schwarzer und blauer Tusche; Überzeichnungen,
Skizzen und zusätzliche Bemaßungen in Bleistift. Blatt auf Leinwand aufgezogen. 73,5 x 89,9 cm.

**»DIRECTIONS- UND VERWALTUNGS-
RÄUME. MITTELBAU. LÄNGENSCHNITT.«**
Maßstab 1 : 200 (Original 1 : 50)

20-300-1-123 / gta Archiv / ETH Zürich (Nachlass Gottfried Semper).
Zeichnung in schwarzer Tusche auf Papier; braun, gelb, grau und rot aquarelliert. Bemaßungen in schwarzer Tusche. Blatt auf Karton aufgezogen.
68,8 x 59,6 cm.

Die Schnitte durch den Mittelbau des stadtseitigen Flügels geben eine Vorstellung der
unterschiedlichen Geschosshöhen des Baukörpers. Das untere Vestibül reicht über zwei
niedrige Geschosse (Erdgeschoss und Souterrain), über dem ersten Obergeschoss ist die
Aula wiederum zweigeschossig bis in den Dachraum hineinragend. Die Decken der Emporen sitzen etwas tiefer als die Decke über dem
Hauptraum.

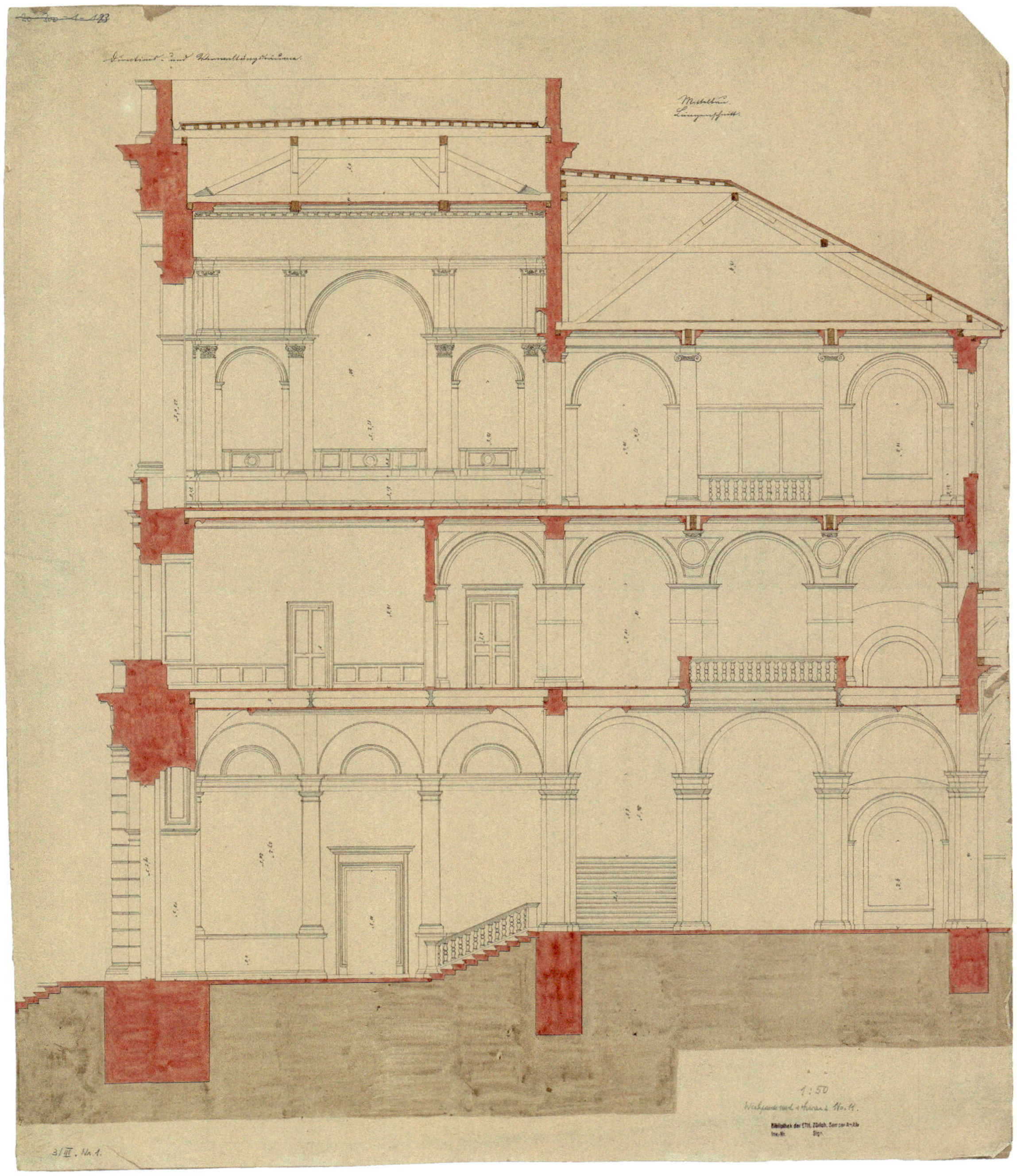

WAND gegen die EINGÄNGE.

G. SEMPER-NACHLASS
INVENTAR No. E 187

1:40

»WAND GEGEN DIE EINGÄNGE.«
Maßstab 1 : 80 (Original 1 : 40)

20-300-1-469 / gta Archiv / ETH Zürich (Nachlass Gottfried Semper).
Stempel Manfred Semper, Dresden. Zeichnung in schwarzer Tusche auf
Papier; beige und rosa aquarelliert. Vorzeichnung, Überzeichnungen,
Bemaßungen und Anmerkungen in Bleistift. Blatt auf Karton aufgezogen.
24,1 x 68,6 cm.

Eine kleine Serie mit Ansichten der inneren Längswand enthält in Worten und Skizzen Varianten der geplanten Bildprogramme für die großen Bogenfelder. In der Frieszone wechseln die Bezeichnungen »farbig« und »grau«, wohl Überlegungen zu unterschiedlichen Marmorierungen andeutend.

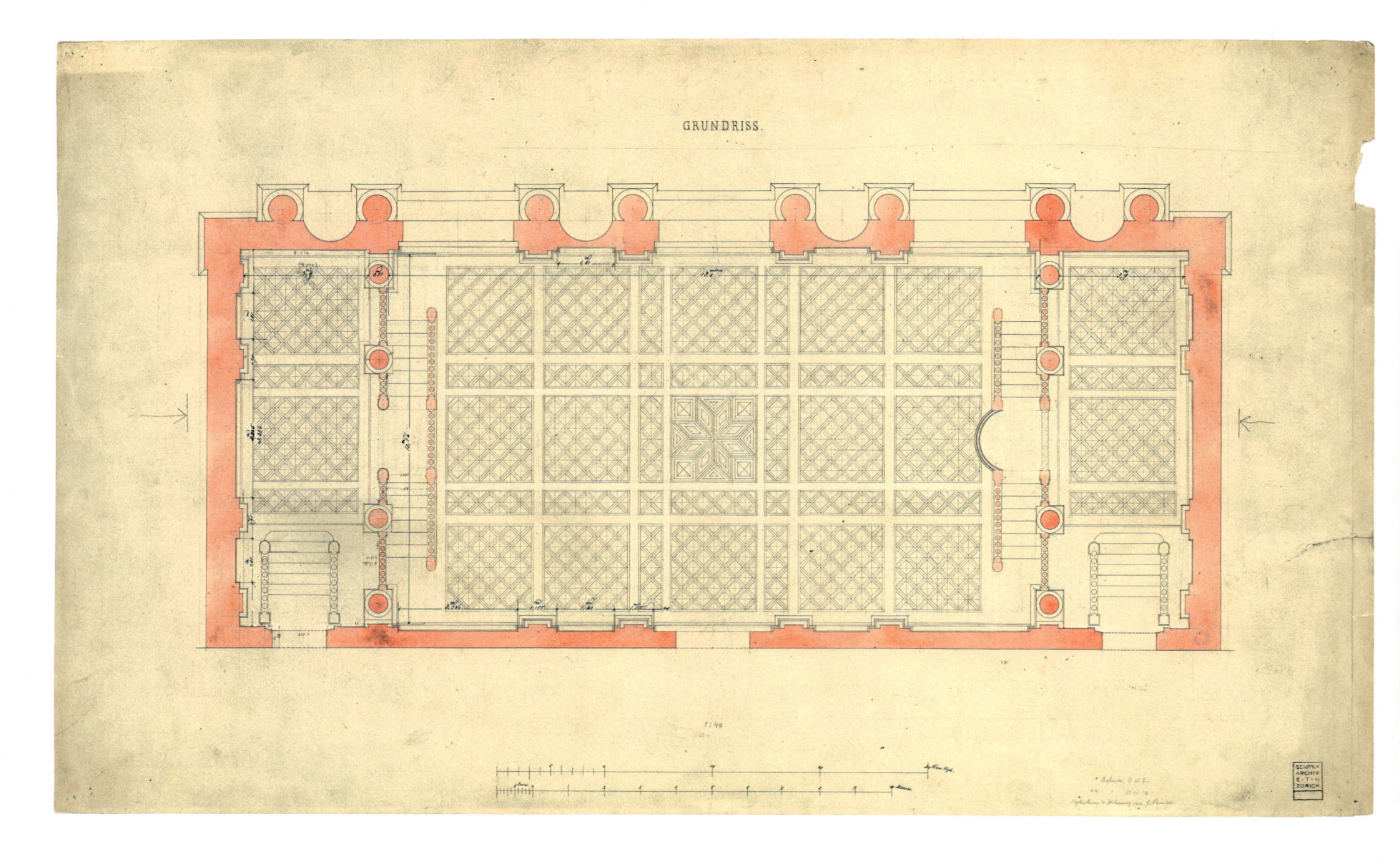

GRUNDRISS.

»GRUNDRISS.«
Maßstab 1 : 150 (Original 1 : 40)

20-300-1-465 / gta Archiv / ETH Zürich (Nachlass Gottfried Semper).
Zeichnung in schwarzer Tusche auf Karton; rot aquarelliert. Bemaßungen
in blauer Tusche; Vorzeichnung und zusätzliche Bemaßungen in Bleistift.
54,1 x 91,8 cm.

DECKENUNTERSICHT
Maßstab 1 : 150 (Original 1 : 40)

20-300-1-466 / gta Archiv / ETH Zürich (Nachlass Gottfried Semper).
Zeichnung in schwarzer Tusche auf Karton; blau, gold, grau, grün und rot
aquarelliert. Blatt auf Karton aufgezogen. 27,6 x 67,1 cm.

Grundriss und Deckenuntersicht erläutern Bildprogramm und Konstruktion, die Pilasterstellungen der Längs- und Stirnwände werden in der Kassettenteilung des Deckenbildes übernommen. Plastische Architekturteile gehen direkt in gemalte Rahmenarchitekturen über.

»HERVORRAGENDE BILDBÄNDE«
SÜDDEUTSCHE ZEITUNG

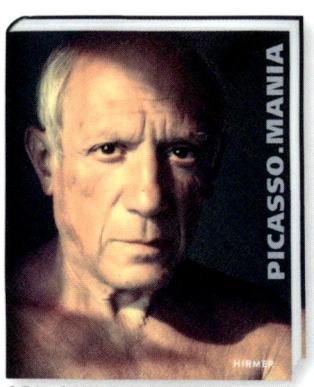

€ 54,– | 978-3-7774-2520-7

€ 24,90 | 978-3-7774-2569-6

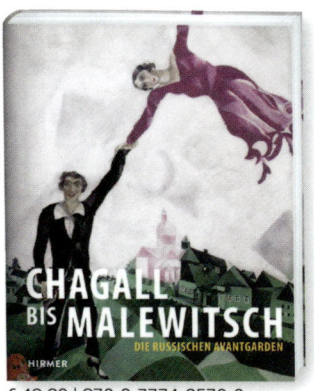

€ 49,90 | 978-3-7774-2578-8

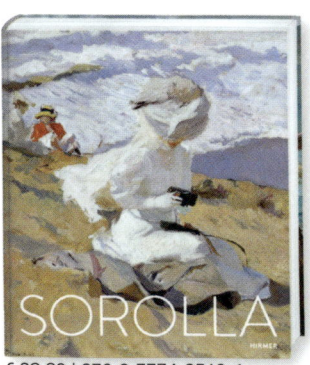

€ 39,90 | 978-3-7774-2563-4

HIRMER VERLAG

Porto zahlt der Verlag

An:

Hirmer Verlag GmbH
Nymphenburger Straße 84
80636 München

www.hirmerverlag.de • info@hirmerverlag.de • Tel.: +49-(0)89/12 15 16-0 • Fax: +49-(0)89/12 15 16-10

O Bitte schicken Sie mir regelmäßig Ihr Verlagsprogramm.

O Frau O Herr
Name, Vorname
Straße
PLZ, Ort
Land

O Bitte informieren Sie mich monatlich per E-Mail über Ihre Neuerscheinungen und Sonderangebote.

E-Mail-Adresse:

oder unter www.hirmerverlag.de/newsletter

Wir freuen uns über Ihre Fragen, Anregungen und Wünsche:

192
193

**DETAIL DER NEBENDECKE ÜBER DER
NÖRDLICHEN GALERIE**
Maßstab 1 : 33 (Original 1 : 10)

20-300-1-481 / gta Archiv / ETH Zürich (Nachlass Gottfried Semper).
Zeichnung in schwarzer und blauer Tusche sowie Bleistift auf Papier.
Anmerkungen in Bleistift. 67,9 x 50,5 cm. [»Unten rechts: Notizen von
G. Semper in französischer Sprache.« Fröhlich 1974, S. 266.]

»DETAILS DES PLAFOND.«
Maßstab 1 : 33 (Original 1 : 10)

20-300-1-480 / gta Archiv / ETH Zürich (Nachlass Gottfried Semper).
Zeichnung in schwarzer Tusche und Bleistift auf Papier. 69,1 x 98,6 cm.

Eine Reihe von Bleistiftzeichnungen im
Maßstab 1 : 10 gibt Entwürfe für die plastische
Ausformung von Zahnschnitten und Randprofilen unter dem Deckenspiegel. Vorzeichnungen für die bronzenen Sitzfiguren und
begleitende Architekturmotive machen deutlich, wie präzise die Vorgaben an die ausführenden Pariser Künstler waren.

Détails du Plafond.

»DÉTAILS DES PAROIS«
Maßstab 1 : 66 (Original 1 : 20)

20-300-1-474 / gta Archiv / ETH Zürich (Nachlass Gottfried Semper). Stempel Manfred Semper, Dresden. Zeichnung in schwarzer Tusche auf Papier; braun aquarelliert. Vorzeichnung, Überzeichnungen und Anmerkungen in Bleistift. 67,0 x 56,4 cm. [»Zeichnungen und Notizen von G. Semper. Unten rechts: Stempel ›Manfred Semper, Architekt, Dresden‹.« Fröhlich 1974, S. 266.]

»ANSICHT DER 4 SÄULEN U. DER KURZEN WAND.«
Maßstab 1 : 66 (Original 1 : 40)

20-300-1-471 / gta Archiv / ETH Zürich (Nachlass Gottfried Semper). Stempel Manfred Semper, Dresden. Zeichnung in schwarzer Tusche auf Papier; blau, gold, grau, grün und rot aquarelliert. Blatt auf Karton aufgezogen. 24,4 x 29,7 cm.

Ansicht der 4 SÄULEN u. der kurzen WAND.

Manfred Sempers Präsentationszeichnung für die nördliche Stirnwand der Aula illustriert die opulent geplante malerische Ausstattung: Ein Figurenfries über der Stützenstellung vor der Empore vermittelt zur Decke, Tugenden werden in Lünetten, Zwickeln und Medaillons abgebildet, eine Marmortafel trägt die Inschrift *MEDITATIO*. In der Ausführung wurde jedoch auf den Schriftzug verzichtet, der Naturstein durch Dekorationsmarmor ›Africano‹ ersetzt. Auch in den Nischen der beiden seitlichen Rundbögen sind unterschiedliche Marmorarten in der Zeichnung notiert: »Rouge antique« im Medaillon und »jaune antique« in den eckigen Feldern – diese Flächen wurden in der Ausführung malerisch interpretiert und als farbige Akzente auf die weiße Grundfassung aufgebracht. Weiter zeigt die Zeichnung Figuren im Fries (Grisaille in der Säulenachse, dazwischen farbig auf blauem Grund) sowie Draperien im großen Rundbogen. Die Oberflächen wurden nie vollständig ausgeführt – der Fries und die große Bogennische erhielten bauzeitlich eine provisorische Fassung, die später mehrmals überarbeitet wurde. Die ursprüngliche Fassung des Frieses zeigte eine gelb gemalte Marmorierung mit grau akzentuierten Feldern über den Säulen und Pilastern.

Eidgen. Polytechnikum.
Gypser-Arbeit.
Kapitäl der Säulen in die Aula.

»EIDG. POLYTECHNIKUM. GYPSER-ARBEIT. KAPITÄL DER SÄULEN IN DIE AULA [SIC].«
Maßstab 1 : 5 (Original 1 : 1)

20-300-1-494 / gta Archiv / ETH Zürich (Nachlass Gottfried Semper). Stempel Manfred Semper, Dresden. Zeichnung in schwarzer Tusche und Bleistift auf Papier; rot aquarelliert. 130,5 x 99,0 cm.

»EIDGEN. POLYTECHNIKUM. GYPSER-ARBEIT. DETAILS ZU DEN SÄULEN IN DIE AULA.«
Maßstab 1 : 5 (Original 1 : 1)

20-300-1-492 / gta Archiv / ETH Zürich (Nachlass Gottfried Semper). Stempel Manfred Semper, Dresden. Zeichnung in schwarzer Tusche und Bleistift auf Papier; rot aquarelliert. Beschriftungen in schwarzer Tusche; Vorzeichnung und Skizzen in Bleistift. 101,0 x 70,3 cm.

Jeweils vier Säulen tragen die Architrave zwischen Emporen und Hauptraum. Die tragende Konstruktion der Säulenschäfte ist aus Holz, Stuckoberflächen sind teilweise vergoldet, prachtvolle Komposit-Kapitelle mit einer Blattreihe und Voluten bekrönen die kannelierten Schäfte und vermitteln zum Gebälk. In der Frieszone sind jeweils in illusionistischer Malerei über den Säulenstellungen steinfarbene Relieffiguren geplant, in den Zwischenzonen finden sich farbige Figuren auf blauem Hintergrund. Die Basen der Säulen sind mit vergoldeten Flechtbändern verziert, wie sie unter anderem schon bei Johann Matthäus von Mauch dokumentiert sind; Semper entwickelt die dort abgebildeten Formen nach seinen Vorstellungen weiter. Die Zeichnungen haben den Maßstab 1 : 1.

ORTHOGONALE UND VERKÜRZTE
ANSICHT EINES RANKENORNAMENTS
Maßstab 1 : 2 (Original 1 : 1)

»EIDG. POLYTECHNIKUM. CHABLONE
ZUM HAUPTGESIMS DER AULA.«
Maßstab 1 : 8 (Original 1 : 1)

20-300-1-504 recto / gta Archiv / ETH Zürich (Nachlass Gottfried Semper).
Zeichnung in schwarzer Tusche auf Transparentpapier; beige und braun
aquarelliert. Beschriftungen in schwarzer Tusche; Überzeichnungen in Bleistift. Blatt seitenverkehrt auf Karton aufgezogen. 34,5 x 52,3 cm.

20-300-1-503 / gta Archiv / ETH Zürich (Nachlass Gottfried Semper).
15. November 1864; Zeichnung in schwarzer Tusche auf Papier; grau und
rot aquarelliert. Vorzeichnung und Skizzen in Bleistift. 190,8 x 142,0 cm.

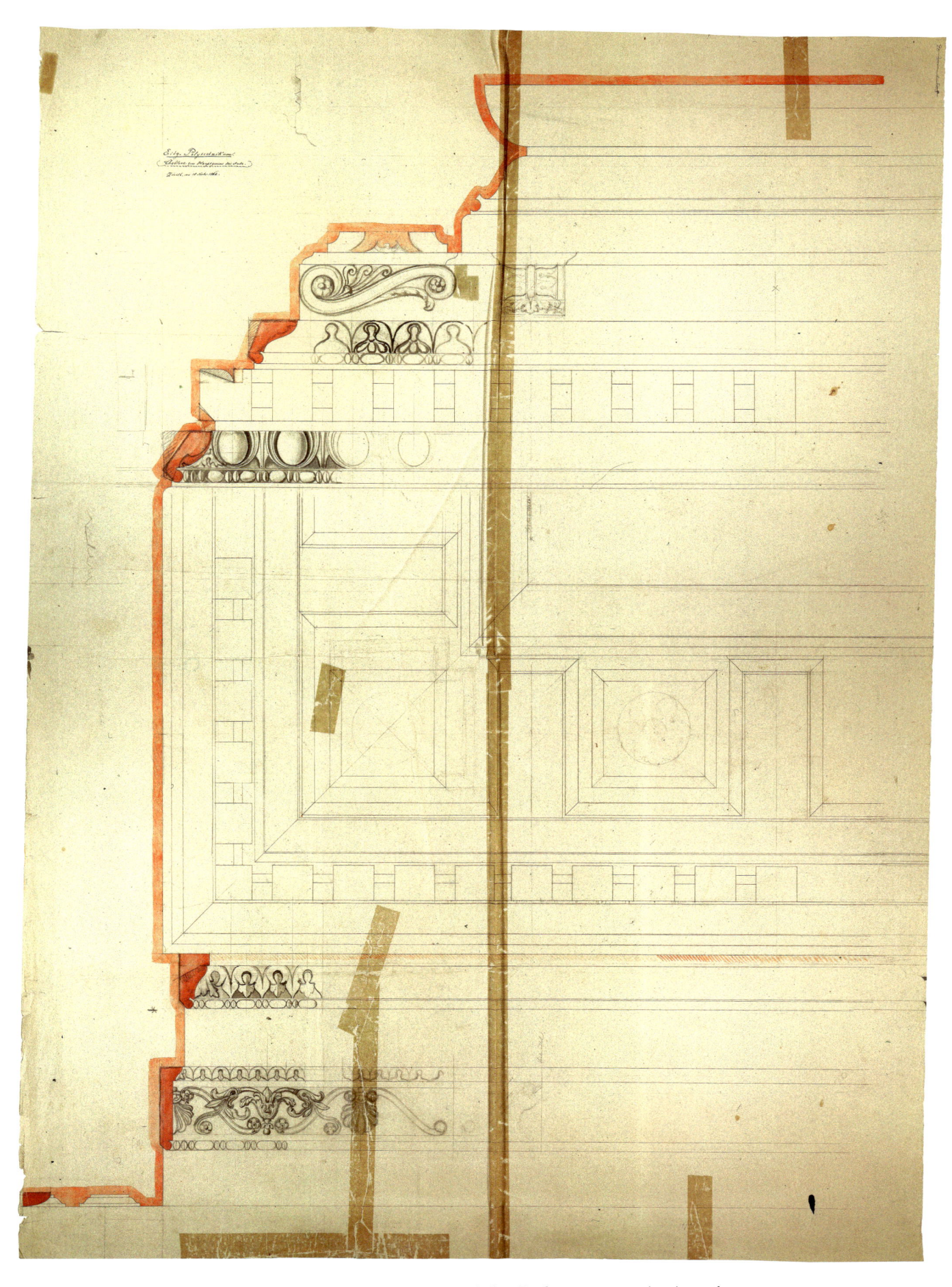

Die Detaillierung der Architekturteile deutet Sempers Bekleidungstheorie an: Unabhängig vom Material der Ausführung sind reiche Metallarbeiten vorgestellt, die malerisch oder in flächigen Vergoldungen ausgeführt wurden. Zwei Detailpläne in natürlicher Größe geben Schnitte, Abwicklungen und Untersichten der Details der Gebälkzone. Ornamentbänder wurden als Gipsreliefs plastisch gegossen, Gesimse in Zugstuck ausgeführt. Das linke Blatt mit dem Rankenornament zeigt eine orthogonale und eine perspektivisch verkürzte Ansicht mit Schattenwurf. Die ornamentale Ausschmückung der Architravteile war eine Vorliebe der Architekten der Mitte des 19. Jahrhunderts, etwa Jakob Ignaz Hittorffs. Im großen Plan sind Stücke, die in Gusstechnik ausgeführt werden sollten, im Schnitt dunkel angelegt.

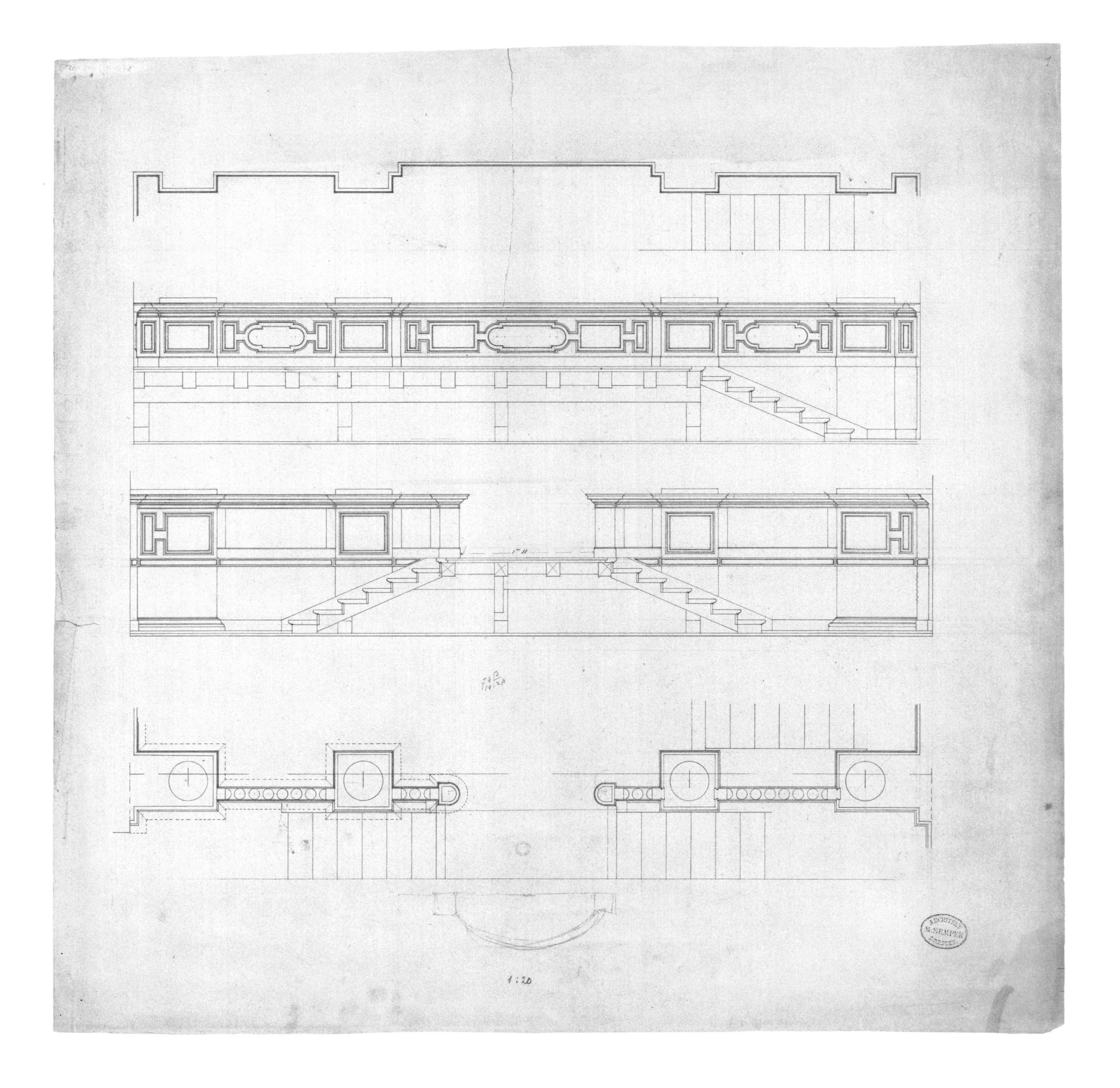

ANSICHTEN UND AUFSICHT DER EMPORE
⅓ der Originalgröße

20-300-1-478 / gta Archiv / ETH Zürich (Nachlass Gottfried Semper). Stempel Manfred Semper, Dresden. Zeichnung in schwarzer Tusche auf Papier. Vorzeichnung, Skizze und Berechnung in Bleistift. 64,7 x 67,0 cm.

»EIDG. POLYTECHNIKUM. DETAILS ZU DEN SCHREINER-ARBEITEN FÜR DIE AULA.«
Maßstab 1 : 5 (Original 1 : 1)

20-300-1-490 / gta Archiv / ETH Zürich (Nachlass Gottfried Semper). Zeichnung in schwarzer Tusche auf Papier; schwarz, braun und beige aquarelliert. Beschriftungen und Bemaßungen in schwarzer Tusche; Vorzeichnung, Überzeichnungen und Anmerkungen in Bleistift. 156,6 x 105,5 cm.

Die Pilaster der Wandgliederung und die Säulen setzen in der gesamten Aula auf einer Sockelzone mit Holzverkleidung auf, die Brüstungselemente der Empore übernehmen diese Höhenlinie. Die erhöhten Podeste der Schmalseiten sind zum Saal hin mit durchbrochenen gusseisernen Füllungselementen abgeschlossen. Ob am Rand der Emporen bereits bauzeitlich Heizmöglichkeiten installiert wurden, ist unklar. Ein Werkplan mit Details der Emporentreppe zeigt Gliederungselemente in Rechteck- und gestreckten Ovalformen. Das Detail im Maßstab 1 : 5 gibt Konstruktionsvorlagen für die Schreinerarbeiten, etwa hohl konstruierte Profilabschlüsse für »Geländer-Deckel« und Sockel, wie auch Details für den »Halb-Baluster« am Anschluss zur geraden Füllung.

N° 26

Geländer-Deckel

Gedrehter Baluster

Geländer-Sockel

Fußboden der Estrade

Treppe zur Kanzel sichern

Fuß-Gesims A

Fußboden der Aula

Eidg. Polytechnikum.
Details zu den Schreiner-Arbeiten
für die Aula.

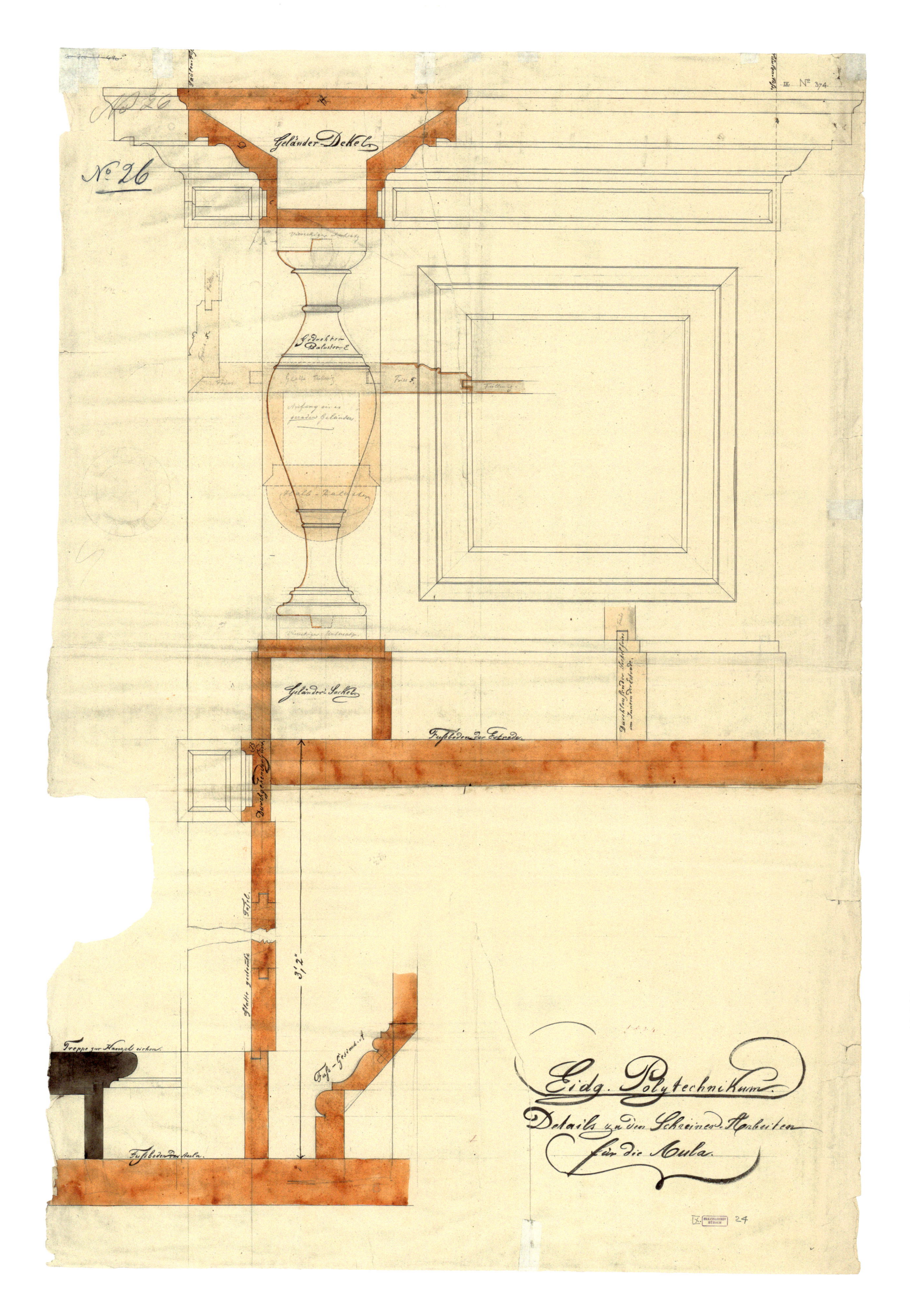

Thüre in der Mitte der Aula

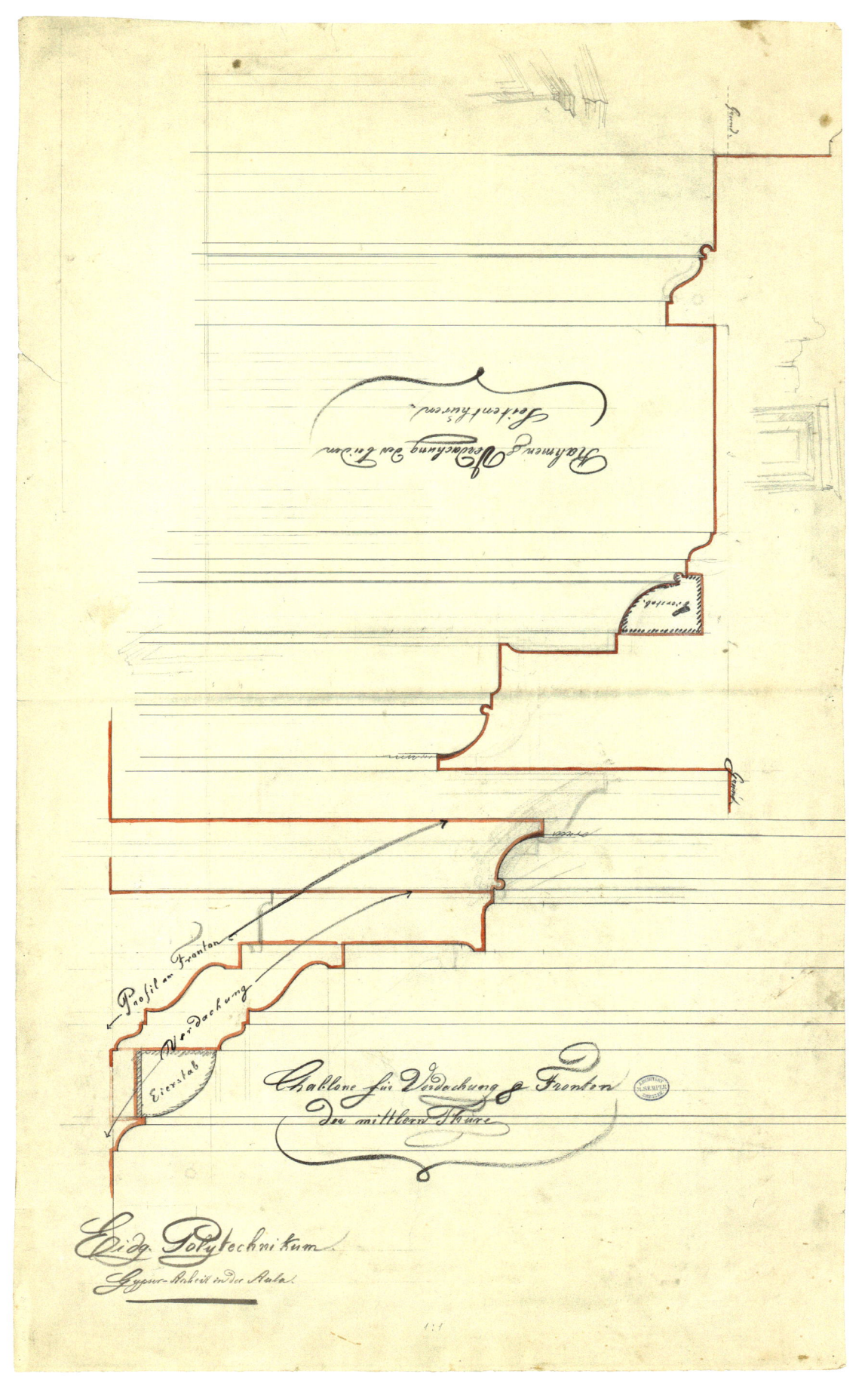

»THÜRE IN DER MITTE DER AULA«
Maßstab 1 : 25 (Original 1 : 10)

20-300-1-482 / gta Archiv / ETH Zürich (Nachlass Gottfried Semper). Zeichnung in schwarzer Tusche auf Papier. Überzeichnungen, Skizze, Anmerkungen und Berechnung in Bleistift. 74,3 x 64,6 cm.

»EIDG. POLYTECHNIKUM. GYPSER-ARBEIT IN DER AULA.«
Maßstab 1 : 5 (Original 1 : 1)

20-300-1-498 / gta Archiv / ETH Zürich (Nachlass Gottfried Semper). Zeichnung in schwarzer Tusche und Bleistift auf Papier, rot aquarelliert. Beschriftungen in schwarzer Tusche; Vorzeichnung und Skizzen in Bleistift. 117,5 x 73,0 cm.

Die Konstruktionszeichnungen für den Haupteingang der Aula zeigen eine zweiflüglige, rechteckige Tür mit profiliertem Riegel, der das Gesimsprofil der Wand fortführt. Je drei reich profilierte gestemmte Füllungen zieren die Türflügel, der Bereich des Oberlichtes ist geschlossen und sollte nach Sempers Bemerkung auf dem Blatt »ganz glatt« ausgeführt werden. Das Innere trägt in diesem Bereich eine Malerei mit dem eidgenössischen Wappenschild, hier ist die Tür von einem konsolengetragenen Giebel bekrönt. Die grüne Fassung im Inneren zitiert das Ideal einer bronzenen Tempeltür. In der Theoriebildung Karl Böttichers ist die Bemalung der Materialimitation vorzuziehen, weil sie abstrakt-intellektuell auf das historische Vorbild verweist. Ein Detailplan in natürlicher Größe als Anweisung für die ausführenden Schreiner gibt einen Schnitt der »Verdachung« der Mitteltür, für ein weiteres Detail, das die etwas reduziertere Profilierung der Seitentüren zeigt, ist das Blatt zu wenden.

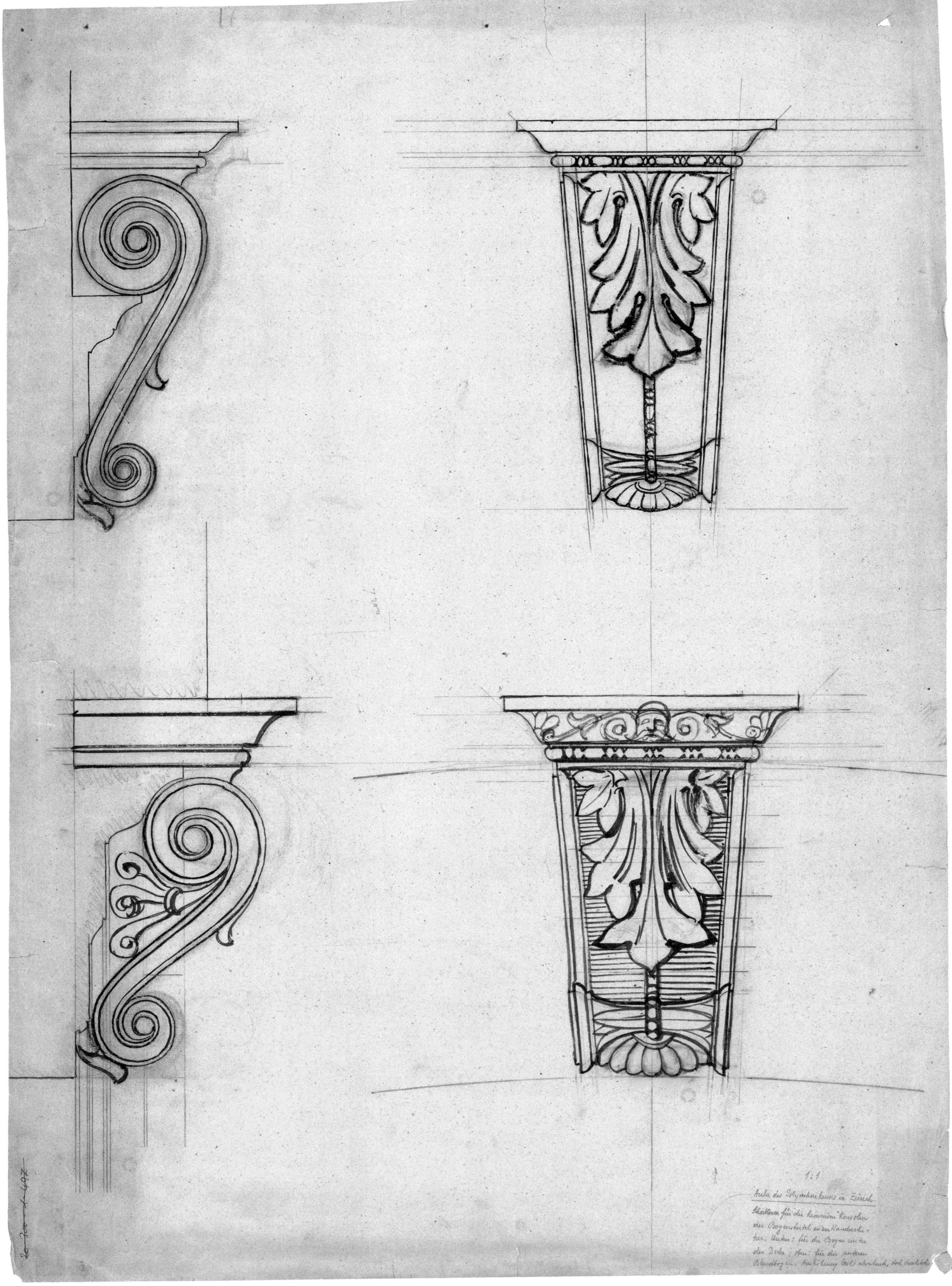

SEITLICHE UND FRONTALE ANSICHTEN
DER VOLUTENKONSOLEN
Maßstab 1 : 33 (Original 1 : 1)

20_300_1_497 / gta Archiv / ETH Zurich (Nachlass Gottfried Semper).
Zeichnung in schwarzer Tusche auf Papier. Überzeichnungen, Vorzeichnung in Bleistift. 86,0 x 62,0 cm.

Die Architekturformen der Aula finden sich
in mehrfachen Varianten am steinernen
Außenbau, für den repräsentativen Innenraum
sind die plastischen Einzelheiten in Stuck
und Holzschnitzereien etwas freier ausgeführt.
Die verschiedenen Volutenkonsolen sind antiken Originalen nachgebildet.

N° 5

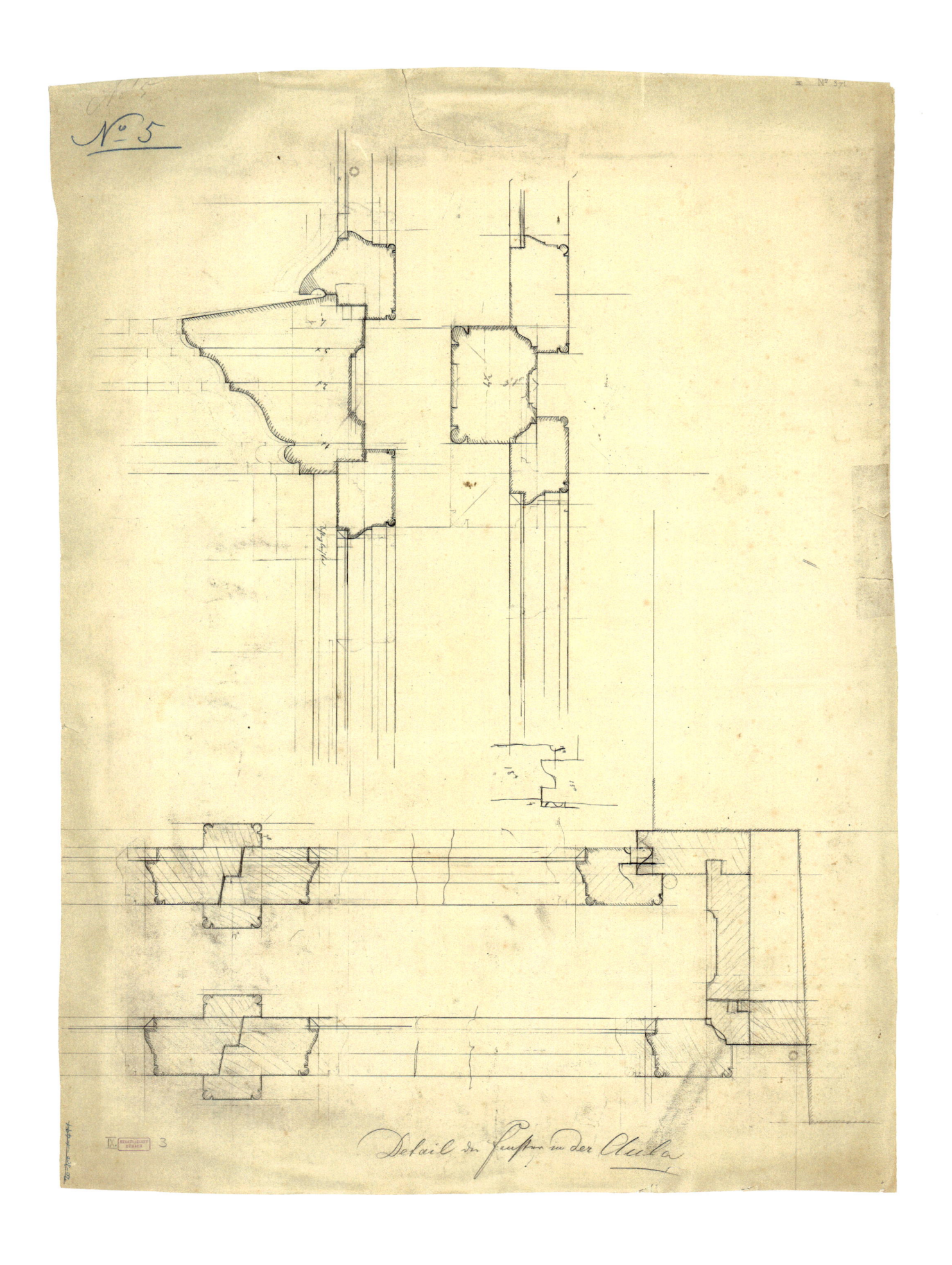

Detail der Fenster in der Aula

»DETAIL DER FENSTER IN DER AULA«
Maßstab 1 : 5 (Original 1 : 1)

20-300-1-491 / gta Archiv / ETH Zürich (Nachlass Gottfried Semper).
Zeichnung in Bleistift auf Papier. Überzeichnungen, Skizze, Bemaßungen und Anmerkungen in Bleistift. 115,3 x 86,5 cm.

»AULA«
Maßstab 1 : 40 (Original 1 : 10)

20-300-1-484 / gta Archiv / ETH Zürich (Nachlass Gottfried Semper).
Zeichnung in Bleistift auf Papier. Anmerkungen in Bleistift. 97,4 x 65,7 cm.

Ein Plan für die rund 7 Meter hohen Rundbogenfenster der Aula im Maßstab 1 : 10 ist offensichtlich eine Vorstudie, sie entspricht in der Aufteilung der Glasfelder nicht exakt der Ausführung. Der 1 : 1-Plan mit den Profildetails stimmt hingegen mit der realisierten Konstruktion weitgehend überein, die in je zwei dreiflügeligen Fenstertüren unter einem Kämpferprofil besteht. In der Aula blieben überraschenderweise die Fensterkonstruktionen aus der ersten Bauzeit – wenn auch mehrfach verändert – erhalten (vgl. den Bericht zur Reparatur der Aulafenster in Band III).

208
209

DIE AULA 1905

Ans_00334-F / ETH-Bibliothek Zürich, Bildarchiv.
Fotografie von Johannes Barbieri, 1905.

Das Bildprogramm der Aula konnte, wie wir aus dem vielfältigen Schriftverkehr wissen, in der Bauzeit nicht vollständig realisiert werden. Die von Semper entworfenen Motive für die großen Rundbogenfelder und die Frieszone blieben gänzlich unrealisiert – wie aus der Fotografie ersichtlich. Die provisorische Lösung Sempers bestand wohl in lichtblau gefassten Rundbogenfeldern, in der Frieszone ist eine provisorische Marmorierung zu vermuten. Semper betonte freilich die Tektonik des Raums durch über den Säulen und Pilastern stehende gemalte Steinplatten, die zwischen Architrav und reich profilierter Frieszone unter dem Deckenplafond vermittelten. So führte er die Gliederungselemente der Wand in die hellen Rahmenelemente der Decke weiter. Auch die von Semper geplanten Gaskandelaber wurden nicht eingebaut.

FOTOGRAFIE DER 1960ER JAHRE MIT UMINTERPRETIERTEN WANDFLÄCHEN

Ans_03036 / ETH-Bibliothek Zürich, Bildarchiv.
Fotograf unbekannt, 1960er Jahre.

Die Fotografie – wohl aus den 1960er Jahren – zeigt die Aula in einer Uminterpretation, die in einigen Teilen auf die Maßnahmen Gustav Gulls zurückgeht, der die großen Bogenfelder der Wandnischen in einem dunklen Rot gefasst und auch im Bereich der Wandoberflächen Teile der Semperschen Originalfassungen mit Leimfarbanstrichen repariert hatte. Die Beleuchtung (wohl aus der Jahrhundertmitte) durch Wandarmlampen ist im Detail der Ausführung elegant, allerdings in der Anordnung im Zentrum der Bogenfüllungen konservatorisch nicht nachvollziehbar. Die indirekte Lichtführung über dem Architrav, die mit einer horizontierenden Neufassung der Frieszone einherging, ist besonders unglücklich, weil hier die Sempersche Architekturgliederung verunklärt wird.

DIE AULA 2010

Fotografie von Dirk Altenkirch, 2010.

Zu Beginn des 21. Jahrhunderts zeigten sich gravierende Schäden an den Oberflächen und Raumfassungen, die bei der Restaurierung der 1990er Jahre (Architektin Beate Schnitter) nur bruchstückhaft hatten konserviert werden können. Auf den Wandoberflächen und in den Täfern waren Rissbilder, Verschwärzungen und Reste grober Reparaturversuche sichtbar. Die in den 1990er Jahren eingebauten Lampen verursachen durch große Hitzeentwicklung neue Schäden. Die großen Bogenfenster sind trotz mehrfacher Reparaturversuche undicht und in weiten Teilen schadhaft. Das Bild zeigt einen nach historischen Vorbildern ersetzten Fußboden, der allerdings an den Wandprofilen zu hoch anschließt und auch die große Tür im unteren Bereich verändert hat. In der nördlichen Bogennische wurde eine vergrößerte Skizze von Wolfram Köberl nach dem Konzept Sempers als Provisorium aufgezogen. Im Zentrum des Raums stehen die an der ETH erhaltenen Tische des 19. Jahrhunderts, gebaut nach Entwürfen des Sempermitarbeiters Alfred Friedrich Bluntschli.

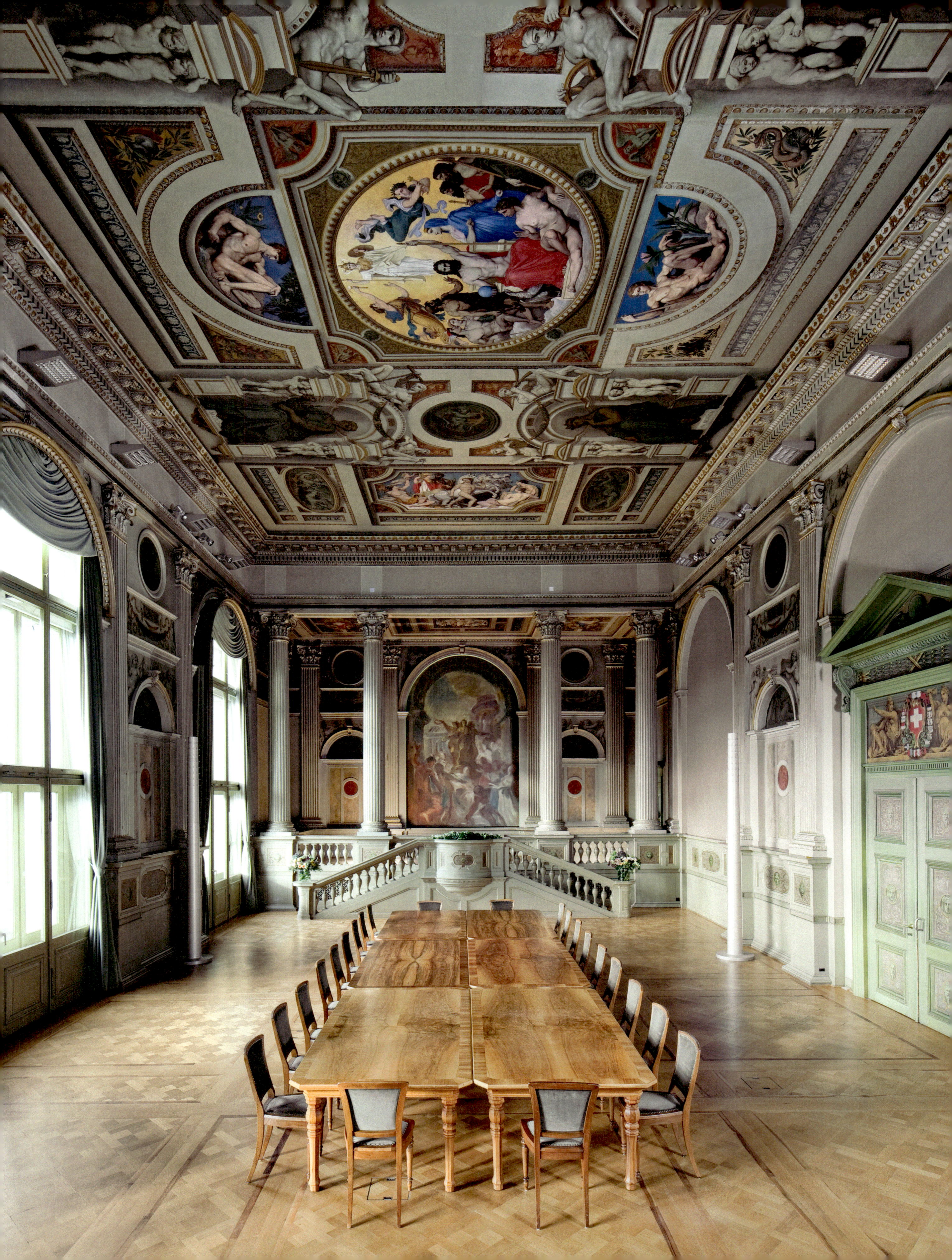

M.MERCAT

M.MUSICA

DER DECKENPLAFOND MIT SEINER MALERISCHEN GLIEDERUNG

Fotografie von Dirk Altenkirch, 2010.

Der Deckenplafond der Aula folgt dem Vorbild großer Decken der italienischen Renaissance. Gerahmte, opulent farbige Leinwandbilder zeigen blaue Hintergründe, das zentrale Medaillon mit Zeus und Athena in der Mitte ist durch vergoldete Bildrücklagen herausgehoben. Die Rahmenarchitektur wiederholt die hellen Marmorfarben der Architekturgliederungen der Wände, Putti in Grisaille tragen illusionistisch gemalte Bogennischen, in denen großformatige gemalte Bronzefiguren sitzen. Die Ausführung der Decke zeigt, wie wichtig der malerische Schmuck der Wände für den Gesamtraum gewesen wäre, überall hätten sich – durch perspektivische Architekturprospekte vermittelt – illusionistische Darstellungen von Öffnungen in den Landschaftsraum ergeben, den Blick aus den Bogenfenstern in die wirkliche Landschaft komplettierend.

PETER RITTER
VON CORNELI

1860

DIE SGRAFFITO-FASSADE

Das ikonographische Programm der Nordfassade[1] demonstriert Sempers polytechnisches Ideal – die Verbindung von Wissenschaften und Künsten, *scientiae* und *artes*, die als zentrale Großfiguren den Mittelrisalit beherrschen. Die Beschwörung der Wissenschaften wird durch ein Zitat nach Lucius Annaeus Seneca als Programm formuliert: *non fuerat nasci / nisi ad has* – »Es lohnte nicht, geboren zu werden / wenn nicht für sie« und *harum / palmam / feretis* – »Ihr Siegeszeichen werdet ihr tragen«.[2] Die im 19. Jahrhundert prominente Technik des Sgraffito[3] sollte ursprünglich für weitere Fassadenflächen Anwendung finden, konnte aber nur an Teilen der Nordfassade ausgeführt werden.[4] Im Kranzfries sind die Wappen der 22 Kantone der Eidgenossenschaft dargestellt.[5] Das erste Register zeigt weitgehend jene Techniken und Künste,[6] die zur Bauzeit an der Schule gelehrt wurden.[7] Das zweite Register enthält in den Zwickelfeldern 16 Putten, die Tafeln mit Tugenden (*virtutes*) tragen.[8] In der Frieszone über dem Sockelgeschoss werden Portrait-Tondi mit Namensbannern gezeigt; während in den Seitenflügeln vorwiegend naturwissenschaftliche Autoritäten der ›aufgeklärten‹ und modernen Wissenschaft des 18. und 19. Jahrhunderts und Größen der italienischen und deutschen Renaissance dargestellt sind,[9] sind im Mittelrisalit die antiken Autoritäten Aristoteles, Homer und Perikles in der Pose der *sacra conversazione*[10] zu sehen. Die abgebildeten Autoritäten finden, abgesehen von wenigen Ausnahmen,[11] eine Entsprechung in den Fächern des zweiten Registers, eine vertikale Korrespondenz ist jedoch nicht erkennbar.

Semper wies 1868 in der *Zeitschrift für Bildende Kunst* auf die Analogie zwischen der Sgraffito-Fassade und textilen Oberflächen hin: »Putz wird mit Kalkweiße überzogen und bildet die Grundlage eines sehr geschmackvollen Musters, das wie Damastmuster wirkt und besser aussieht als der gewöhnliche Kontrast zwischen Schwarz und Weiß.«[12] Womöglich ein freier Bezug auf Sempers Stoffwechseltheorie, die er wenige Jahre zuvor im *Stil* ausgeführt hatte: »Ist nun ein Kunstmotiv durch irgend eine stoffliche Behandlung hindurchgeführt worden, so wird sein ursprünglicher Typus durch sie modificirt worden sein, gleichsam eine bestimmte Färbung erhalten haben; der Typus steht nicht mehr auf seiner primären Entwicklungsstufe, sondern eine mehr oder minder ausgesprochene Metamorphose ist mit ihm vorgegangen.«[13]

1 Die erhaltenen Zeichnungen für die Sgraffito-Fassade demonstrieren, wie der flächige Wandschmuck in Putztechnik als Illusion dreidimensionaler Körper geplant wurde. In einem frühen Detailentwurf der Nordfassade wird das Prinzip von Materialwechsel und Materialillusion vorgeführt; das Bild- und Textprogramm ist hochdifferenziert und greift Figuren der italienischen Renaissance auf. (gta Archiv / ETH Zürich)

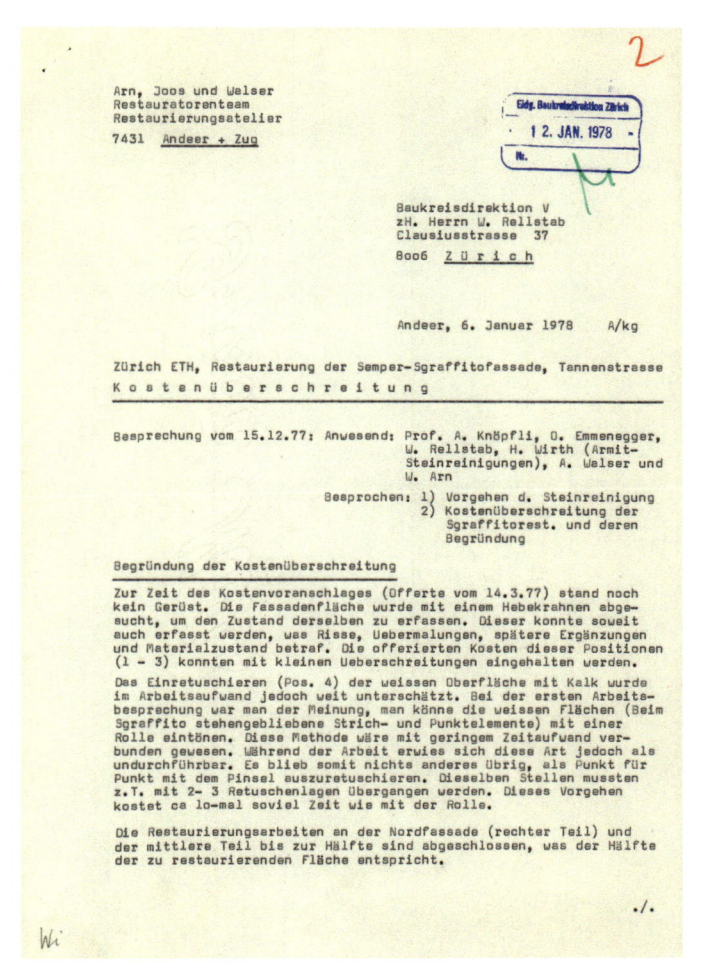

2 Gesprächsnotiz zur »Kostenüberschreitung« bei der Restaurierung der Sgraffito-Fassade, 6. Januar 1978. (Bundesarchiv Bern)

3 Fotografie der Sgraffito-Fassade während der Reinigung durch das Restauratorenteam W. Arn, Joos, A. Walser, 1977–78. (Bundesarchiv Bern)

Die Fassade wurde 1863 von den Dresdner Malern Karl Gottlob Schönherr und Adolf Wilhelm Walther ausgeführt.[14] Letzterer wurde während des Studiums an der Kunstakademie Dresden unter Anleitung Sempers mit der Technik vertraut. Über dem Grundputz wird ein grober, mit schwarzem Sand, Schlacke und Holzkohlestaub eingefärbter Putz aufgetragen. Diese dunkle Schicht wird dreimalig mit Sumpfkalk übertüncht,[15] im direkten Anschluss das Motiv mit Kohlenstaub von der Schablone auf die Fläche übertragen und die Zeichnung mit einem Stahlgriffel eingeritzt. Während des Trocknungsprozesses karbonatisiert die Kalkschicht unter Einwirkung von Kohlendioxid und geht eine Verbindung mit dem Putz ein. Das Resultat ist eine sehr beständige und wetterfeste Oberfläche.

Die Rezeptur Sempers geht im Wesentlichen auf die von Giorgio Vasari in seiner bekannten Kunstgeschichte *Le Vite*[16] 1550 publizierte Beschreibung zurück. Dort ist zudem die Tönung der ausgekratzten Stellen mit dunkler Wasserfarbe erwähnt. Zur Zeit des Manierismus wurde die Technik weiterentwickelt: Zur Verstärkung der Tiefenwirkung wurden Zwischentöne von lasierendem Grau eingeführt,[17] Semper verzichtete jedoch auf eine zusätzliche Nuancierung.

Durch undichte Fugen an den Gesimsen und durch Profile ohne Tropfnasen konnte Wasser an der Fassade des Polytechnikums herunterlaufen, in Frostperioden sprengten Teile des Putzes ab. 1923 berichtete Gustav Gull: »Die neuesten Untersuchungen der alten Sgraffittomalereien [sic] der Nordfassade haben ergeben, dass für deren Wiederherstellung mit der Erneuerung der obersten weissen Schicht nicht auszukommen ist. Vielerorts ist leider der Untergrund zerrissen und wird bei Erneuerung der Steinhauerarbeit abfallen.«[18] Im Folgejahr wurde der Maler Christian Schmid mit einer Restaurierung beauftragt, eine weitere betreute er in den Jahren 1948/49.

Während Charles-Edouard Geisendorfs Polyterrassenerweiterung[19] kam es erneut zu Setzungen am historischen Bau, an der Nordfassade wurden eklatante Schäden sichtbar: »möglicherweise ausgelöst oder beschleunigt durch die Mensa-Baugrube, haben sich kleine Teile des die ganze Nordfassade bedeckenden Sgraffitos zu lösen begonnen. Höchste Aufmerksamkeit ist am Platze.«[20] Bei der folgenden Begutachtung stellte der Restaurator Oskar Emmenegger fest, dass praktisch sämtliche Ergänzungen der vorherigen Restaurierungen hohl, lose und nicht mehr restaurierbar waren. Auch der Mineralfarbanstrich hatte nicht gut gehalten, er kreidete aus oder rollte sich ab. Emmenegger hielt fest: »Der Kalkanstrich von 1863 ist so gut erhalten, daß er nur einiger Retouchen bedarf, dabei ist er immerhin 115 Jahre alt. Nicht mehr restaurierbar hingegen ist die nur 30 Jahre alte Mineralfarbe.«[21] Die Festigung des Originalbestandes mit Keimfixativ habe zu weißlichen Verschleierungen geführt, auch die Ergänzungen seien unsachgemäß ausgeführt worden. Laut Emmenegger wurde der Putz zwar ähnlich dem Originalrezept Sempers ergänzt, jedoch mit einer Mischung mit zu vielen aufschlämmbaren Anteilen und zu fein ausgesiebtem Sand; die zu ergänzenden Dekorationsmuster seien zudem nicht eingeritzt, sondern mit Keimscher Mineralfarbe aufgemalt worden und der deckende Anstrich habe zu einer stumpfen Erscheinung geführt, das Transparente und Leuchtende der gekalkten Oberfläche sei verschwunden.

4 Ikonographisches Programm der Sgraffito-Fassade. (Institut für Bauforschung und Denkmalpflege der ETH Zürich)

1 Für eine ausführliche Analyse des Bildprogramms vgl.: Hauser, Andreas: Sempers Wahlspruch. Der Konflikt um das Bildprogramm des Eidgenössischen Polytechnikums, in: Karge, Henrik (Hg.): Gottfried Semper – Dresden und Europa. Die moderne Renaissance der Künste. Akten des Internationalen Kolloquiums der Technischen Universität Dresden aus Anlass des 200. Geburtstags von Gottfried Semper. München/Berlin 2007, S. 301–310.

2 Der Schriftzug führte während des Baus des Polytechnikums zu einer Kontroverse: Ursprünglich hatte Semper geplant, die Stelle (auf Senecas *Naturales quaestiones* 1, *praef.* 4 zurückgehend) über den beiden Hauptportalen anzubringen. Nach der Einsprache des zuständigen Regierungsrats Franz Hagenbuch aufgrund des elitären Sinngehalts ließ Semper ohne dessen Wissen den Spruch an der Nordfassade – an viel prominenterer Stelle – anbringen. Den aufgebrachten Regierungsrat davon abzubringen, die Sentenz wieder übertünchen zu lassen, verlangte von ihm dann einiges rednerisches Geschick. Vgl. Hauser 2007 (wie Anm. 1), S. 305–307.

3 Das Sgraffito (ital. *sgraffiare* = kratzen) ist eine Technik zur Bearbeitung von Wandflächen mit verschiedenfarbigen Putzschichten. Der baukünstlerisch anspruchsvolle Schmuck wird zur Darstellung von Friesen, Bildern, Texten, Allegorien und Emblemata – häufig als Derivat der Druckgrafik – angewandt. Ihren Höhepunkt erreichte die Technik in der Renaissance Oberitaliens und verbreitete sich von dort weiter im Tessin und nördlich der Alpen. Vgl. Emmenegger, Oskar; Bamert, Markus: Zur stilistischen und technischen Entwicklung des Sgraffito, in: Applica. Zeitschrift für das Maler- und Gipsergewerbe 24 (1975), S. 6–11, hier S. 6.

4 Im gta Archiv sind Entwürfe (20-300-1-639–643) und 1 : 1-Schablonen (20-300-1-644–759) zu den Sgraffiti erhalten. Laut mündlicher Mitteilung von Martin Fröhlich ist allerdings davon auszugehen, dass die Schablonen nicht bauzeitlich sind, sondern von einer der zahlreichen Restaurierungen stammen; sie zeigen nicht die typischen Löcher vom Durchstechen bei der Übertragung der Vorzeichnungen auf die Wand, wie sie etwa auf den Schablonen der Semperschen Sternwarte zu sehen sind.

5 A) Der Mittelrisalit und je das erste Wappen der Flügel zeigen die ›Acht Alten Orte‹ von 1353: UR, SZ, OW/NW, LU, ZH, ZG, GL, BE; B) seitlich daran anschließend die Beitritte zur Eidgenossenschaft von 1481: SO; FR; C) dann die Beitritte von 1501 und 1513: SH; BS/BL, AI/AR; D) dann die Beitritte von 1803: TI, AG, SG; GR, TG; 4) an den Rändern die Westschweizer Kantone: GE, VS; VD, NE (beigetreten 1803 resp. 1815).

6 A) Linker Flügel, von links: Malerei (Palette, Pinsel, Malstock), Ackerbau (Spitzhacke, Spaten), Chemie (Thermometer, Glaskolben), Geometrie (Stechzirkel, Flachwinkel), Physik (Balkenwaage, Wasserwaage), Forstwissenschaft (Setzwaage, Axt, Beil, Flachwinkel), Maschinenbau (Zahnrad, Schneckenwelle, Getriebewelle), Baukunst (Hausmodell, Zollstock, Reißschiene); B) rechter Flügel, von links: Geologie (Schlägel, Bergeisen/Pickhammer, Blende/Lampe/Geleucht, Schlageisen/Flachmeißel, Spitzeisen), Pharmazie (Pipette, Destillationsrohr, Dosierlöffel, Mörser), Metallbau (Beißzange, Schmiedehammer, Kehlhammer), Perspektive (Stechzirkel, Skizzenheft), Astronomie (Armillarsphäre, Teleskope, Kompass), Militär (Pulverhorn, Jagdtasche, Gewehr, Säbel, Horn mit Quasten), Geodäsie (Stativ, Messtisch, Theodolit), Baukonstruktion (Pinsel, Zollstock, Konturen-Profil-Schablone, Pickel, Flachwinkel, Maurerhammer, Glättkelle/Egalisette, Maurerkelle, Knüpfel).

7 Die Fächer der Eidg. polytechnischen Schule von 1855 waren in sechs Abteilungen gegliedert: 1) Bauschule, 2) Ingenieurschule, 3) Mechanisch-Technische Schule, 4) Chemisch-Technische Schule (Industrielle Chemie / Pharmazie), 5) Forstschule, 6) VI. Abteilung (Naturwissenschaften / Mathematische Wissenschaften / Literarische und staatswirtschaftliche Wissenschaften). Für eine Übersicht des gesamten Unterrichts im Schuljahr 1855/56 vgl.: Oechsli, Wilhelm: Festschrift zur Feier des fünfzigjährigen Bestehens des Eidg. Polytechnikums, Bd. 1: Geschichte der Gründung des Eidgenössischen Polytechnikums mit einer Übersicht seiner Entwickelung. Frauenfeld 1905.

8 A) Linker Flügel, von links: *numine* (mit göttlichem Funken), *indole* (mit Begabung); *cognoscendo* (durch Erkenntnis), *intuendo* (durch eingehende Beschäftigung); *meditatione* (durch geistiges Verarbeiten), *experimento* (durch Versuch); *constantia* (mit Ausdauer), *impetu* (mit Entschlossenheit); B) rechter Flügel, von links: *exemplo* (nach Vorbild), *inventione* (durch Erfindung), *acumine* (mit Verstandesschärfe), *labore* (durch Arbeit); *disciplina* (durch Unterweisung), *libertate* (durch Freiheit); *audacia* (mit Kühnheit), *cura* (mit Sorgfalt).

9 A) Linker Flügel, von links: Simon Laplace, Georges Cuvier, Conrad Gessner, Alexander v. Humboldt, Isaac Newton, Leonardo da Vinci, Jean Perronet; B) rechter Flügel, von links: Michelangelo, Albrecht Dürer, Daniel Bernoulli, Galileo Galilei, Rafael Sanzio, Jakob Berzelius, James Watt.

10 Als *sacra conversazione* wird das ›stumme‹ Gespräch einander im Bild ohne sichtbare Interaktion gegenübergestellter Personen bezeichnet. Vgl. Huse, Norbert; Wolters, Wolfgang: Venedig. Die Kunst der Renaissance. Architektur, Skulptur, Malerei 1460–1590. München 1986, S. 217.

11 Die Ausnahmen bilden Holzbau, Metallurgie und Bautechnik.

12 Semper, Gottfried: Die Sgraffito-Dekoration, in: Kunst-Chronik 3 (1868), S. 45–48; 53; hier S. 53.

13 Semper, Gottfried: Der Stil in den technischen und tektonischen Künsten, oder Praktische Aesthetik. Ein Handbuch für Techniker, Künstler und Kunstfreunde, Bd. 1: Die textile Kunst für sich betrachtet und in Beziehung zur Baukunst. Frankfurt (Main) 1860, S. 233.

14 Weidmann, Dieter: Hauptgebäude und erstes Chemiegebäude, in: Oechslin, Werner (Hg.): Hochschulstadt Zürich. Bauten für die ETH 1855–2005. Zürich 2005, S. 136–147, hier S. 146.

15 Für das detaillierte Rezept vgl.: Semper 1868 (wie Anm. 12), S. 45–48.

16 Vasari, Giorgio: Le vite de' più eccellenti Architetti, Pittori et Scultori Italiani da Cimabue insino a' tempi nostri. Descritte in lingua Toscana da Giorgio Vasari pittore Aretino. Con una sua utile & necessaria introduzione a le arti loro. 2 Bde. Florenz 1550. Eine Übersetzung erschien etwa in: Schorn, Ludwig; Förster, Ernst: Leben der ausgezeichnetsten Maler, Bildhauer und Baumeister von Cimabue bis zum Jahre 1567, beschrieben von Giorgio Vasari, Maler und Baumeister. 8 Bde. Stuttgart/Tübingen 1832–49.

17 Emmenegger/Bamert 1975 (wie Anm. 3), S. 8–9.

18 »Hauptbau der eidg. Technischen Hochschule Zürich. Bericht betreffend die bisherigen Ausgaben und die Kosten der Vollendungsarbeiten«, Brief von Gustav Gull an die Direktion der eidg. Bauten, 15. März 1923 (Bundesarchiv Bern, CH-BAR#E3240A#1000/745#40*, Az. 2–05).

19 Vgl. *Die Polyterrasse als Gebäude*, S. 620–657.

20 »Zürich-ETH. Sgraffito am Hauptgebäude (Fassade Tannenstrasse)«, Brief von Baukreisdirektor Hans Ulrich Hanhart an die Direktion der eidg. Bauten, 8. November 1976 (Bundesarchiv Bern, CH-BAR#E3240A #1985/87#100*, Az. 2–05).

21 »Betrifft: Zürich ETH/HG Sempersgraffitti. Untersuchungsbericht«, erstattet von Oskar Emmenegger an die Baudirektion V Zürich, 22. März 1977 (Bundesarchiv Bern, CH-BAR#E3240A#1985/87#100*, Az. 2–05). In der Folge wurde die Fassade für rund 230.000 Schweizer Franken restauriert, vgl. Brief von Baukreisdirektor Hans Ulrich Hanhart an die Direktion der eidg. Bauten, 24. Januar 1978 (Bundesarchiv Bern, CH-BAR#E3240A#1985/87#100*, Az. 2–05). Eine weitere Restaurierung folgte 1998 durch die Willy Arn AG.

»EIDG. POLYTECHNIKUM UND ZÜRCH. HOCHSCHULE. NÖRDLICHE FAÇADE.«
Maßstab 1 : 200 (Original 1 : 100)

20-300-1-154 (Ausschnitt) / gta Archiv / ETH Zürich (Nachlass Gottfried Semper). Zeichnung in schwarzer Tusche und Bleistift auf Papier; beige, grau und grün aquarelliert. Blatt auf Karton aufgezogen. 57,5 x 87,7 cm. (»Mit Sgraffito-Entwurf, auch für die Eckrisalite, die in der Folge nicht ausgeführt worden sind.« Fröhlich 1974, S. 244.)

Der Schmuck der Obergeschosse durch Sgraffiti war ursprünglich vermutlich für das gesamte Gebäude geplant, jedenfalls sind auf der großen Fassadenansicht der Nordseite auch Dekorationen der Eckrisalite vorgesehen. Im Zentrum der Fassade wurde der Entwurf in etwas veränderter Form ausgeführt. Alexander Demandt hat in persönlicher Mitteilung auf den Appellcharakter von Sprache und Inhalt hingewiesen: »Alle Substantive Sempers stehen im Ablativus instrumentalis: INTUENDO ›durch Anschauung‹ (Intuition), IMPETU ›durch Entschlossenheit‹ (Energie). Seneca N Q I praefatio 4 heißt: *Nisi ad haec admitterer, non tanti (sc. pretii) fuerat nasci*. Das *haec* bezieht sich auf die zuvor genannten Disziplinen: Philosophie, Theologie, Naturwissenschaft (die Geschichte fehlt!!), die allein das Leben lohnen. Daraus wurde bei Semper: *NON FUERAT NASCI NISI AD HAS* (gemeint *scientiae et artes*) – es lohne nicht, geboren zu werden, wenn nicht um der Wissenschaften und der Künste willen.«

HE FAÇADE.

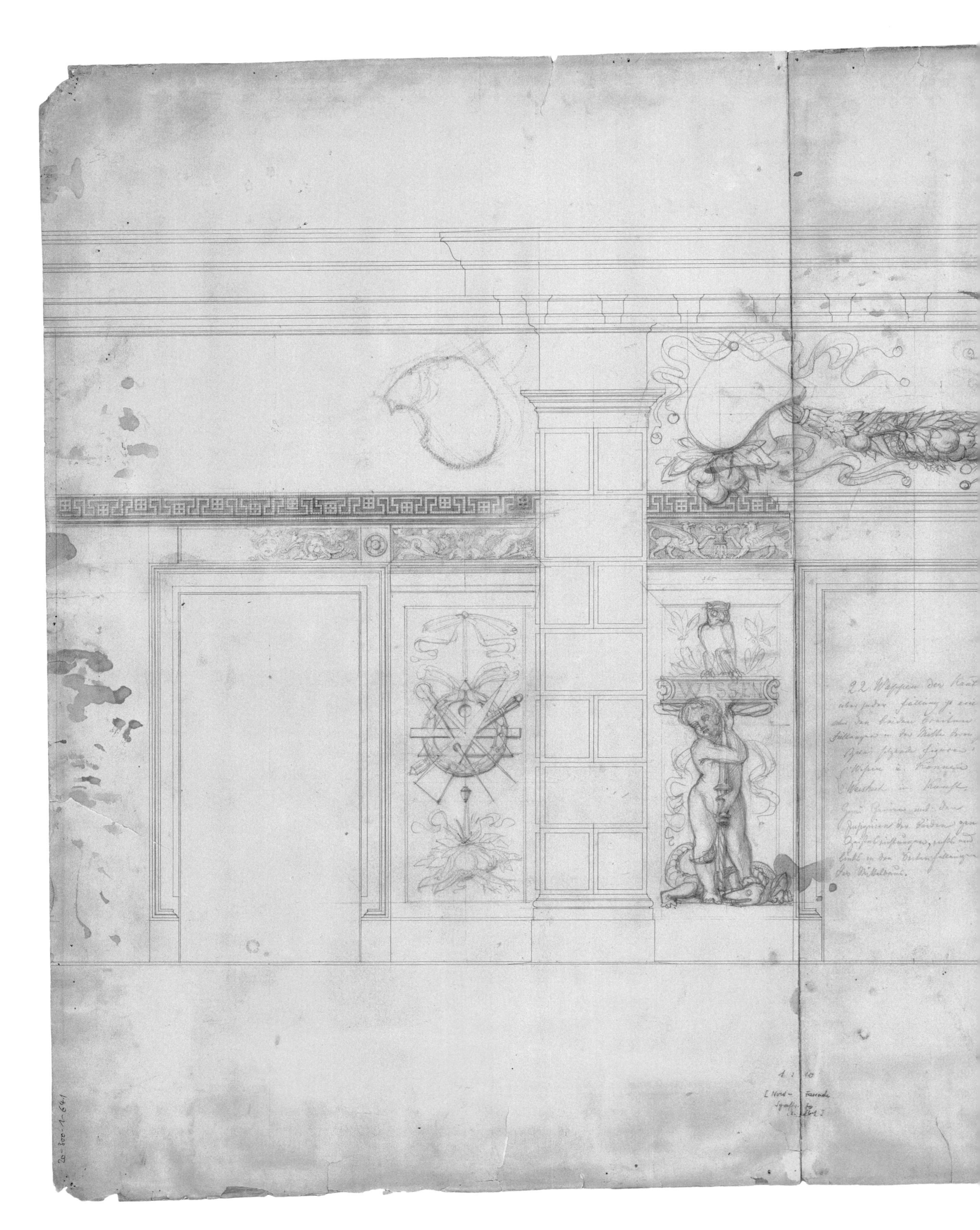

2.2 Wappen der Kaiser
über jeder Füllung so wie
die beiden Ecandern
füllungen in der Mitte der
Haupt-schende Figuren:
Wissen u. Können
Weisheit u. Kampf
[illegible] Reimen und dern
Inscriptionen der beiden gan
Ecfachierhäugen, rechts und
links in den Ecdensfüllungen
der Mittelbäume.

SKIZZE DER SGRAFFITODEKORATION. MITTELRISALIT, ZWEITES REGISTER.
⅓ der Originalgröße

20-300-1-641 / gta Archiv / ETH Zürich (Nachlass Gottfried Semper). Zeichnung in schwarzer Tusche, Bleistift und Kohle auf Papier. Vorzeichnung, Bemaßungen und Anmerkungen in Bleistift. 84,0 × 113,2 cm.

In einem handschriftlichen Zusatz auf der Bleistiftzeichnung im Maßstab 1 : 10 schreibt Semper über Details des Programms, er nennt die 22 Wappen der Kantone und führt die Bedeutung der zwei sitzenden Figuren aus: »Wissen und Können«, »Weisheit und Kunst«, die mit ihren jeweiligen Insignien darzustellen seien.

DIE SGRAFFITO-FASSADE DES NEUBAUS, SPÄTE 1860ER JAHRE

20-X-3 / gta Archiv / ETH Zürich (Nachlass Gustav Gull).
Fotograf unbekannt, 1860er Jahre.

NORD- UND WESTFASSADE MIT ERSTEN VERWITTERUNGEN, BEGINN DES 20. JAHRHUNDERTS

BAZ_1332 / Baugeschichtliches Archiv der Stadt Zürich.
Fotograf unbekannt, ca. 1900.

Zwei Fotografien des Semperbaus vor der Erweiterung durch Gustav Gull machen deutlich, dass eine einheitliche helle Putzhaut die Obergeschosse umhüllte, die Sgraffitodekoration kam nur im Zentrum der Nordfassade zur Ausführung. Die Stützmauern zur Tannenstrasse hin wurden erst von Gustav Gull errichtet.

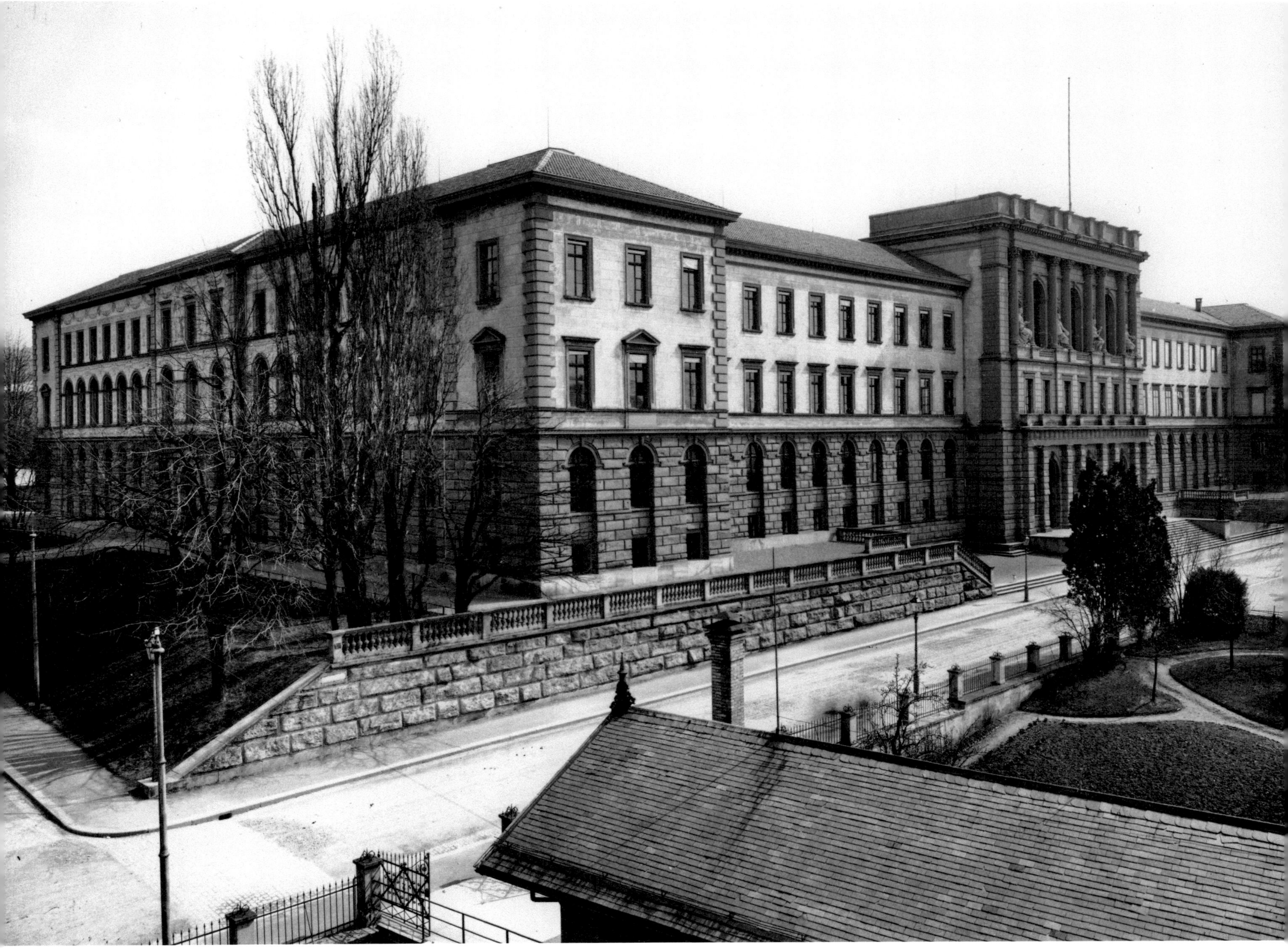

DIE SGRAFFITO-FASSADE NACH DER
ERRICHTUNG EINER STÜTZMAUER
DURCH GUSTAV GULL 1919/20

Ans_01116 / ETH-Bibliothek Zürich, Bildarchiv.
Fotograf unbekannt, nach 1920.

Ans_03752 / ETH-Bibliothek Zürich, Bildarchiv.
Fotograf und Aufnahmedatum unbekannt.

Ans_00405 / ETH-Bibliothek Zürich, Bildarchiv.
Fotografie von Ernst Linck, undatiert.

HARUM PALMAM FERETIS

DOKUMENTATION DES ZUSTANDS DER SGRAFFITO-FASSADE DURCH GUSTAV GULL

22-01-F-Renov-Nord-33N / gta Archiv / ETH Zürich (Nachlass Gustav Gull). Fotograf und Aufnahmedatum unbekannt.

DETAILAUFNAHMEN DES MITTELRISALITS

20-0300-FX-1-22N, 20-0300-FX-1-18N, 20-0300-FX-1-71N, 20-0300-FX-1-66N / gta Archiv / ETH Zürich (Nachlass Gustav Gull). Fotograf und Aufnahmedatum unbekannt.

Wie tief die Reparaturen und Erneuerungen der verschiedenen Restaurierungsmaßnahmen in das Sgraffito der Nordfassade eingriffen, ist schwer nachvollziehbar; die zur Zeit des Umbaus durch Gustav Gull aufgenommene Dokumentationsserie lässt vermuten, dass in einer Restaurierung der zweiten Hälfte des 20. Jahrhunderts einige Vereinfachungen vorgenommen wurden.

226/227

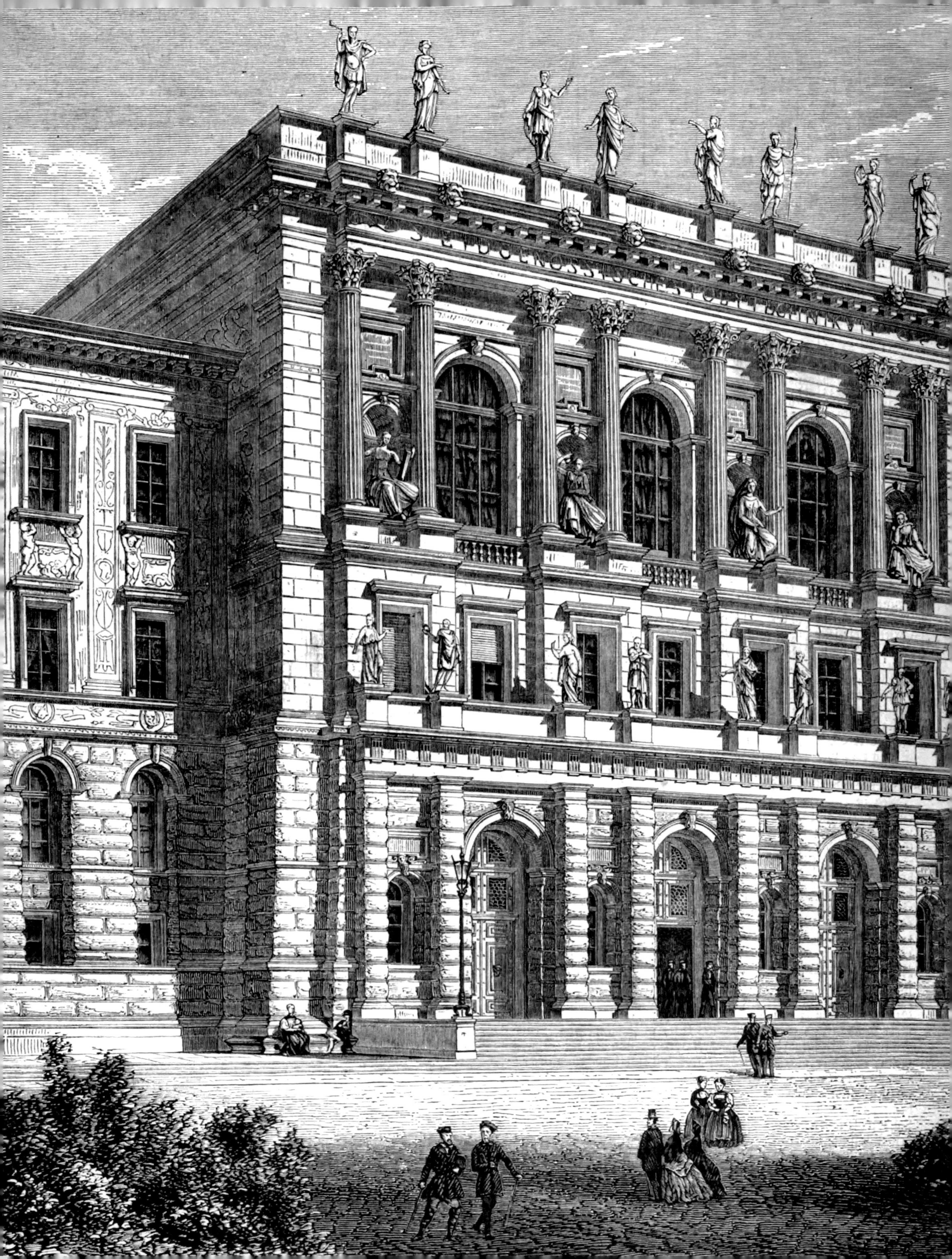

Die polytechnischen Figuren

Nach der Fertigstellung des Baus blieben die vier Figurennischen der Hauptfassade für rund 25 Jahre unbestückt.[1] Im November 1892 entschied sich die Schweizerische Kunstkommission zu einem zweistufigen Preisausschreiben für Bildhauer (**Abb. 1–5**). Das Preisgericht setzte sich aus Malern, Bildhauern und den Architekten Alfred Friedrich Bluntschli und Gustav Gull zusammen. Die 1,47 Meter breiten, 3,695 Meter hohen und 1,245 Meter tiefen Nischen liegen circa 18 Meter über dem Boden.[2] Je eine weibliche Sitzfigur sollte die »hauptsächlichsten Lehrfächer« des Polytechnikums verkörpern:

»a. die Baukunst in Verbindung mit Malerei und Bildhauerei;

b. die Ingenieurkunst in Verbindung mit Mathematik und Mechanik;

c. die Naturwissenschaften, als Physik, Chemie, Botanik, Zoologie;

d. die Land- und Forstwissenschaft.«[3]

Am 8. Mai 1893 erfolgte die Begutachtung der 88 eingereichten Modelle im Maßstab 1:10; 15 Entwürfe wurden zur weiteren Bearbeitung empfohlen.[4] Zur zweiten Runde, rund ein Jahr später, mussten Modelle aller vier Figuren in ⅓ der natürlichen Größe eingereicht werden, eine Figur zusätzlich im Maßstab 1:2. Aus der Jurierung ging ein klarer Sieger hervor: »Bei Besichtigung der Modelle ergibt die einstimmige Ansicht des Preisgerichts daß die Modelle von Bildhauer Albisetti die weitaus beste Lösung der gestellten Aufgabe bilden und als eine ganz hervorragend gute künstlerische Leistung zu bezeichnen sind. Die Figuren sind Kunstwerke welche weit über das Niveau blos dekorativer Figuren emporragen und sich in harmonischer Weise dem Bau einfügen.«[5]

Im Anschluss erhielt der in Paris ansässige Bildhauer Natale Albisetti (aus Stabio) den Auftrag für die vier allegorischen Figuren, sie konnten im September 1894 auf die für sie bestimmten Plätze gestellt werden. Albisetti wurden, neben den vertragsmäßig ausbezahlten 31 500 Franken, zusätzliche 4 500 Franken als Gratifikation vergütet.[6]

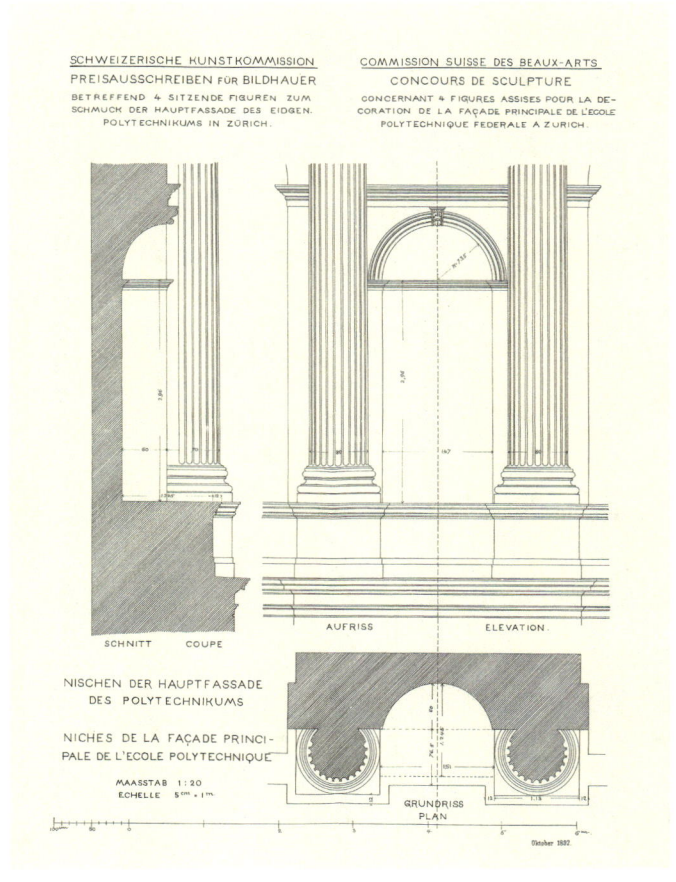

1 Die *Illustrirte Zeitung* druckte 1863 eine Perspektive der Hauptfassade des Polytechnikums ab. Keine der 20 abgebildeten Figuren wurde tatsächlich ausgeführt, ebensowenig die Sgraffiti der Seitenflügel, die als Hinweis auf die Dekorationen der Nordfassade zu lesen sind. (Bayerische Staatsbibliothek München)

2–6 »Schweizerische Kunstkommission. Preisausschreiben für Bildhauer betreffend 4 sitzende Figuren zum Schmuck der Hauptfassade des eidgn. Polytechnikums in Zürich«. (Bundesarchiv Bern)

Lange konnten sich die Figuren jedoch nicht an ihrem Ort halten, im Jahr 1920 schrieb die Direktion der eidgenössischen Bauten: »Nischen-Figuren am alten Mittelbau sollen bei Anlass der Instandstellung dieses Fassadenteiles heruntergenommen werden, weil sie im Masstab [sic] zur Architektur der Fassade nicht passen.«[7] Gustav Gull versetzte die Figuren zu Beginn der Umbauarbeiten auf vier Postamente an den Seiten der neuen Polyterrasse,[8] die Frage nach einem Ersatz durch »andere, besser passende Figuren«[9] blieb offen. Heute befinden sich die verwitterten Steinplastiken der ›Baukunst‹ und der ›Land- und Forstwissenschaft‹ im unteren westlichen Vestibül, die ›Ingenieurkunst‹ und die ›Naturwissenschaften‹ wurden in den seitlichen Abgängen der Brunnenhalle aufgestellt.

1 Die Ausstattung des Mittelrisalits mit Skulpturen scheiterte an Zürichs protestantischer Kultur, die Bilderfeindlichkeit war besonders stark ausgeprägt. Vgl. Hauser, Andreas: Sempers Wahlspruch. Der Konflikt um das Bildprogramm des Eidgenössischen Polytechnikums, in: Karge, Henrik (Hg.): Gottfried Semper – Dresden und Europa. Die moderne Renaissance der Künste. Akten des Internationalen Kolloquiums der Technischen Universität Dresden aus Anlass des 200. Geburtstags von Gottfried Semper. München/Berlin 2007, S. 301–310, hier S. 302.

2 »Schweizerische Kunst-Kommission. Preisausschreiben für Bildhauer«, November 1892 (Bundesarchiv Bern, CH-BAR#E80#1000/1126#685*).

3 Ebd.

4 »Bericht des Preisgerichtes über den ersten Wettbewerb betreffend die vier Figuren zur Hauptfassade des Schweizerischen Polytechnikums in Zürich«, 8. Mai 1893 (Bundesarchiv Bern, CH-BAR#E80#1000/1126#685*).

5 »Bericht des Preisgerichtes über den zweiten Wettbewerb betreffend die vier Figuren zur Hauptfassade des Schweizerischen Polytechnikums in Zürich«, 12. Mai 1894 (Bundesarchiv Bern, CH-BAR#E80#1000/1126#685*; Hervorhebungen im Original).

6 »Hebung und Förderung der Kunst. Antrag auf Zuerkennung zweier Gratificationen«, Brief vom Departement des Innern an den Bundesrat, 29. Dezember 1896 (Bundesarchiv Bern, CH-BAR#E80#1000/1126#685*).

7 »Hauptbau der Eidg. Techn. Hochschule in Zürich«, Brief der Direktion der eidg. Bauten an die Gesellschaft ehemaliger Studierender der Eidg. Techn. Hochschule, 29. November 1920 (Bundesarchiv Bern, CH-BAR#E3240A#1000/745#40*, Az. 2–05).

8 Gull, Gustav: Baubericht, in: Eidgenössische Technische Hochschule (Hg.): Festschrift zum 75jährigen Bestehen der Eidgenössischen Technischen Hochschule in Zürich. Zürich 1930, S. 58–95, hier S. 86.

9 Brief der Direktion der eidg. Bauten an die Gesellschaft ehemaliger Studierender der Eidg. Techn. Hochschule, 29. November 1920 (wie Anm. 7).

Schweizerische Kunst-Kommission.

Preisausschreiben für Bildhauer.

Die *schweizerische Kunst-Kommission* beabsichtigt die Ausführung des figürlichen Schmuckes der Hauptfassade des eidgenössischen Polytechnikums in Zürich in Angriff zu nehmen und durchzuführen. Es sollen zunächst die von dem Erbauer, Prof. Gottf. Semper, für die vier Nischen vorgesehenen sitzenden Figuren zur Ausführung gelangen.

Zur Durchführung dieses Vorhabens wird hiemit ein Preisausschreiben unter nachstehenden Bestimmungen veröffentlicht:

Art. 1. Die vier Figuren sollen die hauptsächlichsten Lehrfächer, die im Polytechnikum vertreten sind, verkörpern und zwar:
 a. die Baukunst in Verbindung mit Malerei und Bildhauerei;
 b. die Ingenieurkunst in Verbindung mit Mathematik und Mechanik;
 c. die Naturwissenschaften, als Physik, Chemie, Botanik, Zoologie;
 d. die Land- und Forstwissenschaft;
und sollen bestehen je aus einer sitzenden weiblichen Figur mit den als notwendig betrachteten Attributen.

Art. 2. Die Figuren sind so zu entwerfen, dass sich sowohl den Grössenverhältnissen der Nischen als namentlich auch dem Charakter des in italienischem Renaissancestil erbauten Gebäudes in würdiger Weise anpassen. Die zu einer vollständigen Beurteilung nötigen Angaben finden sich in folgenden Beilagen zum Programm:
 1. Nische in Grundriss und Aufriss in $1/20$ natürlicher Grösse und
 2. Lichtdruckansicht des Mittelbaues des Polytechnikums.

Art. 3. Es ist ferner zu berücksichtigen, dass sämmtliche Figuren nur in starker Verkürzung und von einem tiefen Standpunkte aus gesehen werden können. Sie ruhen auf Postamenten, die 18 m über dem Boden liegen und beträgt die horizontale Entfernung des günstigsten Standpunktes für die Betrachtung ungefähr 45 m.

Art. 4. Um den Bewerbern unnötigen Aufwand an Zeit und Arbeit zu ersparen, wird das Preisausschreiben in zwei Abstufungen vorgenommen und bestehen:
 a. **aus einem ersten Wettbewerb**, zu dem die Modelle in $1/10$ der Ausführungsgrösse verlangt werden, und
 b. **aus einem zweiten Wettbewerb** mit Lieferung von Modellen in halber Ausführungsgrösse.

Art. 5. An dem ersten Wettbewerb kann sich jeder schweizerische oder in der Schweiz ansässige Künstler beteiligen.

Art. 6. Es steht hiebei jedem Bewerber frei, Modelle für eine oder mehrere oder alle vier Figuren einzureichen.

Art. 7. Die Modelle des ersten Wettbewerbes unterliegen der Beurteilung eines Preisgerichtes von sieben Mitgliedern, das zusammengesetzt ist aus den Herren:
Prof. *H. Auer*, Architekt in Bern;
Prof. *F. Bluntschli*, Architekt in Zürich;
Prof. *Hugues Bovy*, Bildhauer in Genf;
Architekt *G. Gull* in Zürich;
Bildhauer *Lanz* in Paris;
Maler *P. Robert* in Ried bei Biel;
Prof. *W. von Rümann*, Bildhauer in München;
und aus den Ersatzmännern:
Maler *Anker* in Ins;
Prof. *A. Müller*, Architekt und Director des Gewerbemuseums in Zürich,
die das vorliegende Programm gebilligt haben.

Die Kommission behält sich vor, wenn notwendig, noch andere Ersatzmänner zu bezeichnen.

Art. 8. Das Preisgericht wählt die für jede der vier Figuren eingegangenen besten Lösungen aus und zwar für jede Figur höchstens drei Arbeiten.

Art. 9. Unter den Verfassern der vom Preisgericht auserwählten Modelle des ersten Wettbewerbes findet der zweite Wettbewerb statt, der durch das gleiche Preisgericht beurteilt wird.

Art. 10. Die Entwürfe sind bei beiden Wettbewerben ohne Namennennung einzureichen und mit einem Motto zu bezeichnen. Es ist ein versiegelter Briefumschlag beizufügen, der dasselbe Motto trägt und den Namen und Wohnort des Künstlers enthält.

Art. 11. Die Modelle sind in guter Verpackung einzuliefern,
 für den ersten Wettbewerb bis 1. Mai 1893,
 „ „ zweiten „ 1. November 1893,
an die Adresse: Herrn Prof. *Bluntschli* in Zürich.
Verspätet eingehende Modelle werden nicht mehr angenommen.

Art. 12. Die Frachtkosten für die Hin- und Rücksendung werden von der schweizerischen Kunstkommission übernommen. Sollte das Preisgericht Modelle wegen Mangel an künstlerischem Wert ausschliessen, so können die Frachtkosten dem Absender auferlegt werden. Bei Sendungen vom Ausland, welche ebenfalls dahin zurückgehen sollen, hat der Künstler für die diesbezüglichen Freipässe und sonstigen Massnahmen, zur Vermeidung unnötiger Kosten, zu sorgen.

Art. 13. Die Kunstkommission haftet nicht für Modelle, die in Folge ungenügender Verpackung beschädigt einlaufen.

Art. 14. Mit den Modellen des zweiten Wettbewerbes sind verbindliche Eingaben einzureichen für eine Ausführung einzelner oder aller Figuren in wirklicher Grösse aus Savonnièrestein I. Qualität, wobei die Lieferung der Steine und Verbringen der fertigen Figuren an den Fuss des Gebäudes inbegriffen sein soll. Auch ist anzugeben, in welcher Zeit der Verfasser die Lieferung bestimmt zusagen kann. Die Aufstellung der Figuren in den Nischen wird durch die Kunstkommission besorgt.

Art. 15. Es werden folgende Preise ausgesetzt:
 a. für den ersten Wettbewerb:
  für jede der vier Figuren ein erster Preis von Fr. 500
  „ „ „ „ „ zweiter „ „ 300
 b. für den zweiten Wettbewerb:
  2 erste Preise von je . . . . Fr. 2000
  2 zweite „ „ „ . . . . „ 1000
  2 dritte „ „ „ . . . . „ 500

Die ersten Preise bei beiden Wettbewerben werden nur dann vergeben werden, wenn die betreffenden Arbeiten solche nach Ansicht des Preisgerichtes wirklich verdienen.

Art. 16. Sämmtliche Modelle der beiden Wettbewerbe werden öffentlich ausgestellt und dürfen vor Schluss der Ausstellung von den Verfassern nicht zurückgezogen werden.

Art. 17. Die preisgekrönten Modelle des zweiten Wettbewerbes werden Eigentum der Eidgenossenschaft. Die übrigen Entwürfe sind nach Schluss der Ausstellung von den Verfassern zurückzuverlangen.

Art. 18. Die Verfasser der im zweiten Wettbewerb mit ersten Preisen ausgezeichneten Modelle erhalten die Ausführung, falls der angebotene Preis für die ausgeführten Figuren entspricht und wenn nicht sonst triftige Gründe vorliegen, die eine andere Vergebung rechtfertigen oder die Ausführung verhindern. Die Ausführung wird den Künstlern auf Grund eines zu vereinbarenden Vertrages übergeben.

Art. 19. Das Preisgericht wird ein Gutachten über die eingegangenen Modelle veröffentlichen.

Bern, im November 1892.

Der Präsident der Kunst-Kommission:
Th. de Saussure.

Abdrücke des vorliegenden Programms können nebst den Beilagen bezogen werden durch Herrn *Davinet*, Sekretär der nationalen Ausstellung in Bern, Kunstmuseum.

MITTELRISALIT DER STADTSEITIGEN FASSADE
Ohne Maßstab

20-300-1-34 (Ausschnitt) / gta Archiv / ETH Zürich (Nachlass Gottfried Semper). Zeichnung in Bleistift auf Karton; braun und grün aquarelliert, Aufhöhungen in Weiß. 33,7 x 60,8 cm. [»Mittelteil Westfassade: Bekrönung durch Akroterien. Aulageschoss mit Figuren in den Nischen. 1. OG mit nur 4 Figuren. EG: Das Mitteltor ist mit 2 Seitenachsen noch aus der Fassade hervorgehoben, und nur diese 4 Pilaster tragen Figuren [...]« Fröhlich 1974, S. 236.]

»EIDG. POLYTECHNIKUM ZÜRICH.«
Ohne Maßstab

20-300-1-36 (Ausschnitt) / gta Archiv / ETH Zürich (Nachlass Gottfried Semper). Pause einer Zeichnung in Tusche auf Transparentpapier. Überzeichnungen in Bleistift. Blatt auf Karton aufgezogen. 24,4 x 40,1 cm. [»Unten rechts: ›Eidg. Polytechnikum Zürich‹ von der Hand Manfred Sempers. Nach AP [Arnold Pfister-Burkhalter] ist aber die Zeichnung selber von G. Semper. Sie ist eine Pause von 300-1-35 [...]. Sie ist seitenverkehrt aufgeklebt und auf der Rückseite mit 20 Figuren am Mittelrisalit geschmückt. [...]« Fröhlich 1974, S. 236.]

Der künstlerische Schmuck des Polytechnikums blieb auch am Äußeren fragmentarisch. Die polytechnischen Figuren des stadtseitigen Mittelrisalits konnten erst nach einem Wettbewerb im Jahr 1892 verwirklicht werden, die kleineren Standbilder im ersten Obergeschoss und als Dachbekrönung blieben bis heute unrealisiert, die angelegten Postamente leer.

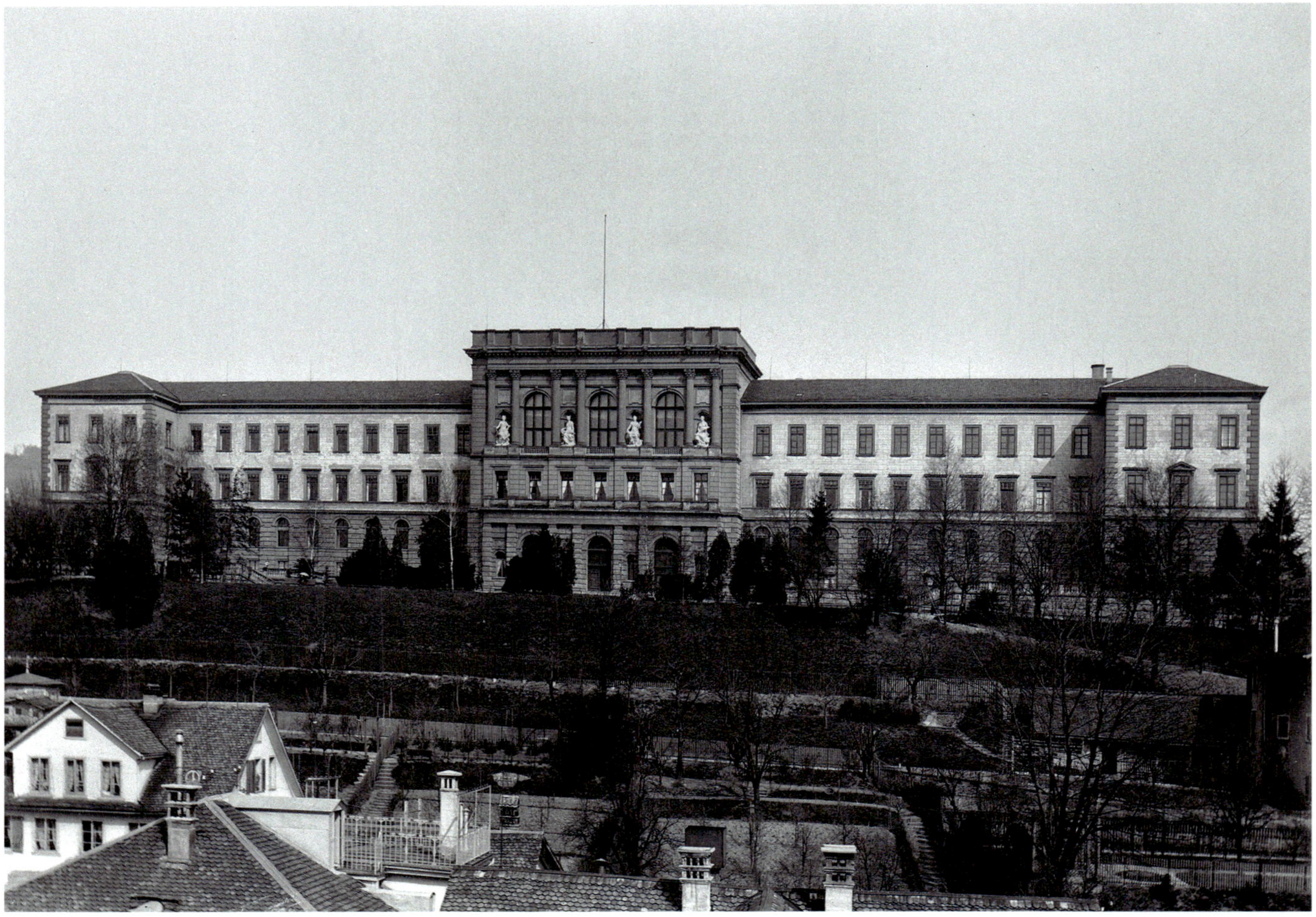

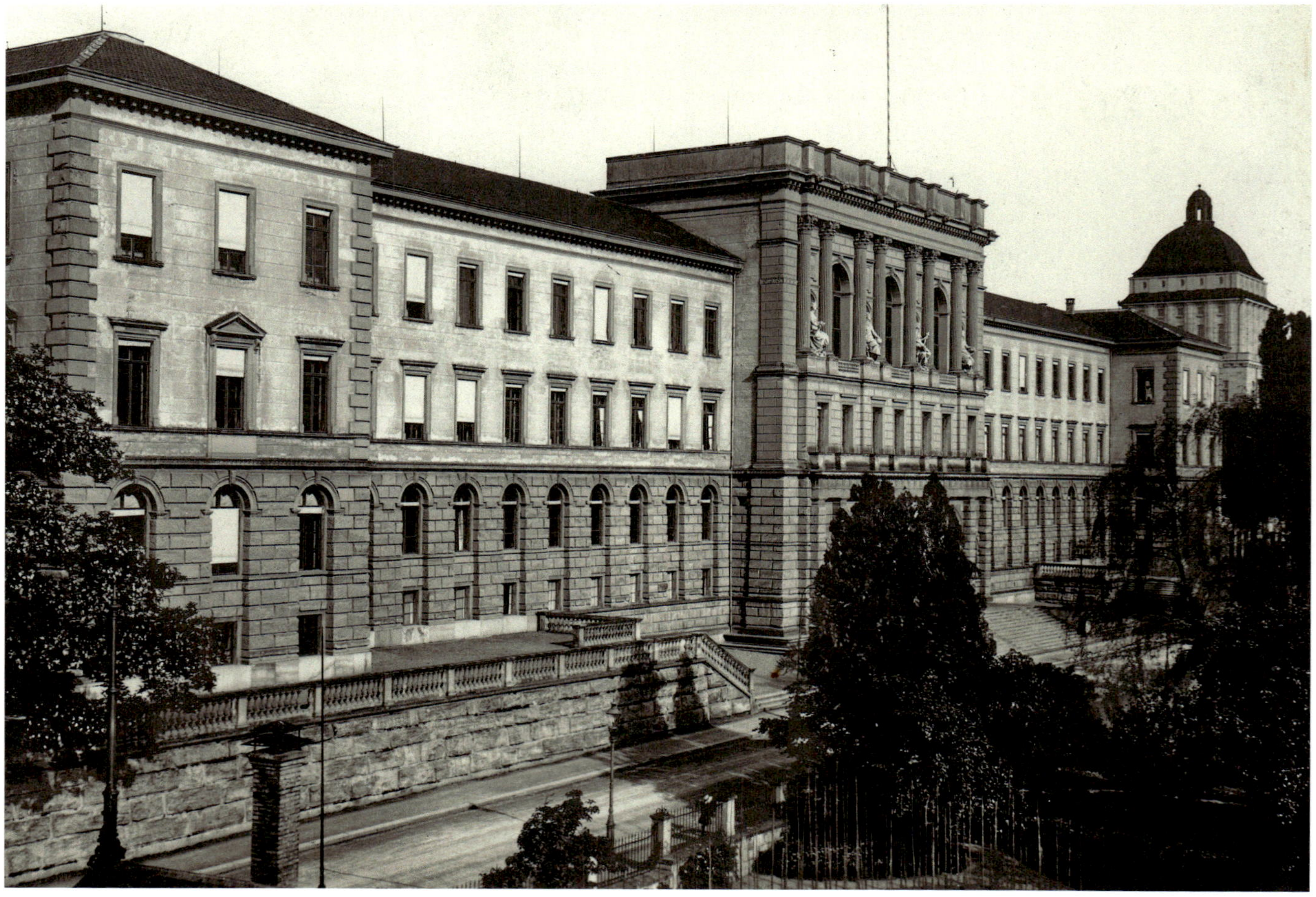

MITTELRISALIT MIT FIGUREN-SCHMUCK

Ans_00951-F / ETH-Bibliothek Zürich, Bildarchiv.
Fotograf unbekannt, ca. 1900.

Ans_01187 / ETH-Bibliothek Zürich, Bildarchiv.
Fotograf unbekannt, 1910er Jahre.

Ans_04175 / ETH-Bibliothek Zürich, Bildarchiv.
Fotograf unbekannt, 1910er Jahre.

Nur rund zwei Jahrzehnte hielten sich die allegorischen Figuren von ›Baukunst‹, ›Ingenieurkunst‹, ›Naturwissenschaften‹ und ›Land- und Forstwissenschaft‹ in den Nischen des Mittelrisalits, nach dem Umbau durch Gustav Gull wurden die Figuren nicht wieder angebracht. Der künstlerische Anspruch des Ursprungsbaus wurde in der Reproduktion der Fassade auf knappere Bauformen zurückgeführt, die Obergeschosse der Fassade erhielten eine geritzte graue Steinquaderimitation.

›DIE BAUKUNST‹

Fotografie von Dirk Altenkirch, 2014.

›DIE INGENIEURKUNST‹

Ans_02987/ ETH-Bibliothek Zürich, Bildarchiv.
Fotograf unbekannt, 2000er Jahre.

›DIE NATURWISSENSCHAFTEN‹

Ans_02988/ ETH-Bibliothek Zürich, Bildarchiv.
Fotograf unbekannt, 2000er Jahre.

›DIE LAND- UND FORSTWISSENSCHAFT‹

Fotografie von Dirk Altenkirch, 2014.

GUSTAV GULL BAUT ZWISCHEN 1914 UND 1925 EINE NEUE HOCH- SCHULE – SEMPERS BESTAND WIRD ÜBERFORMT

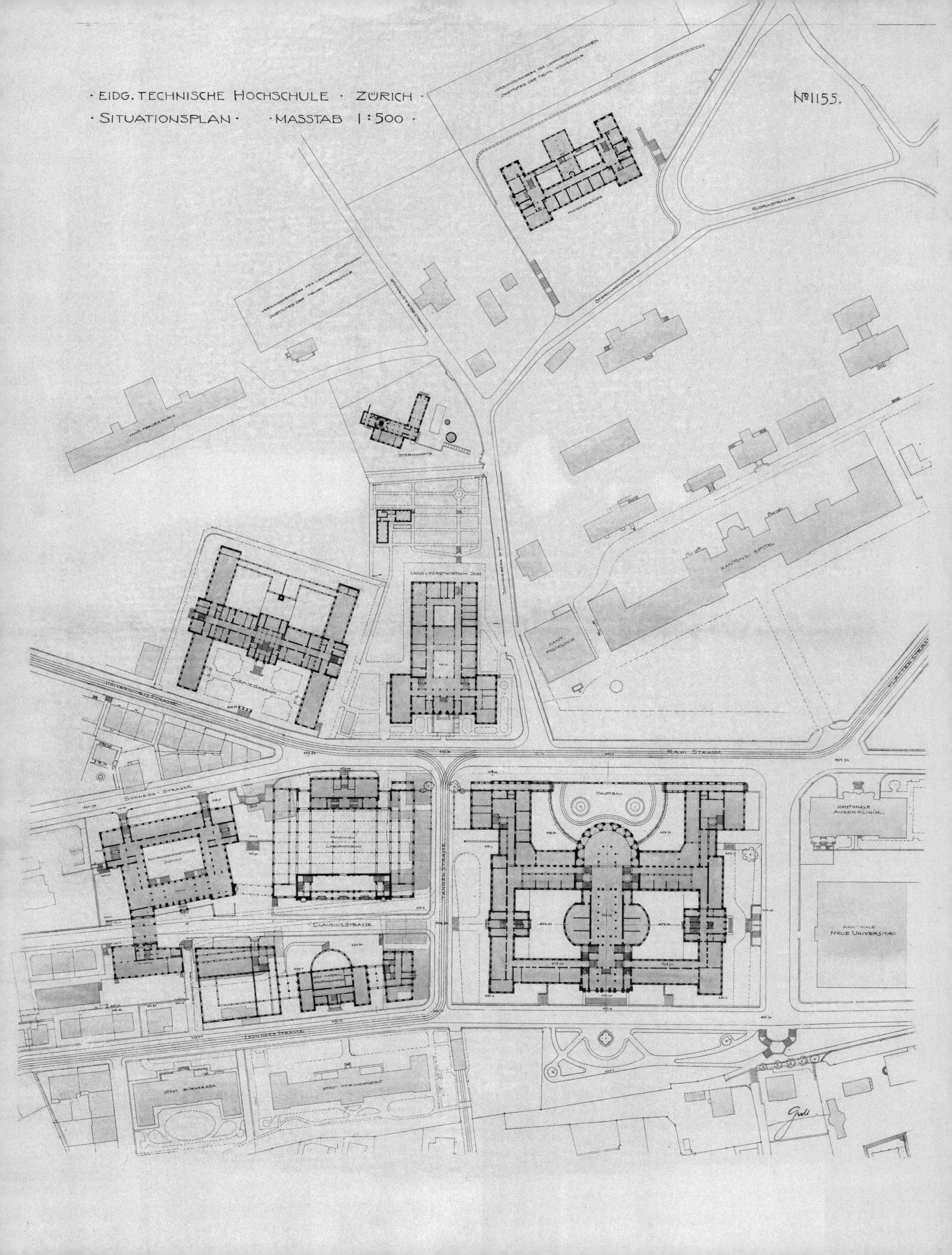

· EIDG. TECHNISCHE HOCHSCHULE · ZÜRICH ·
· SITUATIONSPLAN ·   MASSTAB 1:500 ·

N° 1155.

Der ›wissenschaftliche‹ Hochschulbau und das Hochschulquartier in Zürich

Der Hochschulbau des späten 19. Jahrhunderts setzte für die polytechnischen Schulen neue technische Standards, im *Handbuch der Architektur* wurden 1905 in der zweiten Auflage des Bands über »Gebäude für Erziehung, Wissenschaft und Kunst« neue Errungenschaften zusammengefasst.[1] In einer Vorbemerkung betonen die Herausgeber, die Hochschulen hätten »höchste wissenschaftliche Ausbildung zu gewähren und zugleich die Forschung auf dem Gebiete der menschlichen Erkenntnis zu ermöglichen und zu fördern«.[2] Hochschulen seien »Unterrichtanstalten und Werkstätten wissenschaftlicher Forschung, bisweilen auch der Kunstpflege«.[3] Naturwissenschaftliche Institute mit ihren Labors werden als zentrale Einrichtungen vorgestellt, auch Maschinen- und hydrotechnische Laboratorien sowie elektrochemische Institute. Die Rolle der Materialprüfungsanstalten wird betont, Sternwarten und Observatorien explizit genannt, schließlich wird noch verwiesen auf die »Academien der Wissenschaften«.

Die Bauaufgabe ›Hochschulbau‹ war den Autoren und Herausgebern des *Handbuchs der Architektur* (den Polytechnikern Josef Durm, Hermann Ende, Heinrich Wagner und Eduard Schmitt) idealistisch gegründet, die neuen Bauten für naturwissenschaftliche und technische Disziplinen dienten, so die Autoren, zuallererst dem Fortschritt durch Wissenschaft. Als wesentlich für die Hochschulbauten wurden drei ›Raumgattungen‹ erkannt: Hörsäle, Sammlungsräume und Räume für Übungen – dazu kommen Festsäle wie die Aula und die Bibliothek mit Lesesaal. Größe, Form und Beleuchtung der Räume ergeben sich aus den Anforderungen freier Sicht auf Redner und Gegenstände (**Abb. 3–4**), Raumtiefen und lichte Höhen wiederum aus den Belichtungsmöglichkeiten, aus optischen und akustischen Rahmenbedingungen; ansteigende Sitzreihen machen Demonstrationen leichter, halbrunde Raumzuschnitte erleichtern die Anordnung großer Zuhörerzahlen in Auditorien.

Das *Handbuch der Architektur* war zur Wende vom 19. zum 20. Jahrhundert die wichtigste Lehr-Enzyklopädie des Bauwesens, Sammlung aktueller Wissensbestände, auch Flaggschiff interdisziplinärer und polytechnischer Hochschulpolitik. Die programmatische Beschwörung wissenschaftlichen Wissens und technischen Fortschritts liest sich freilich ein wenig wie die Beschreibung eines schon dem Untergang geweihten Systems –

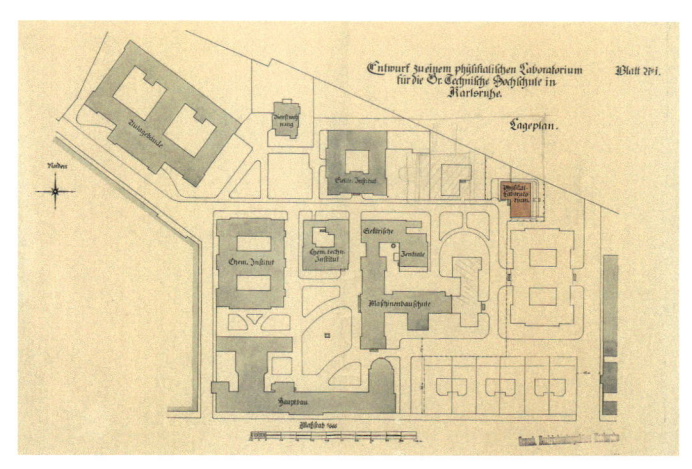

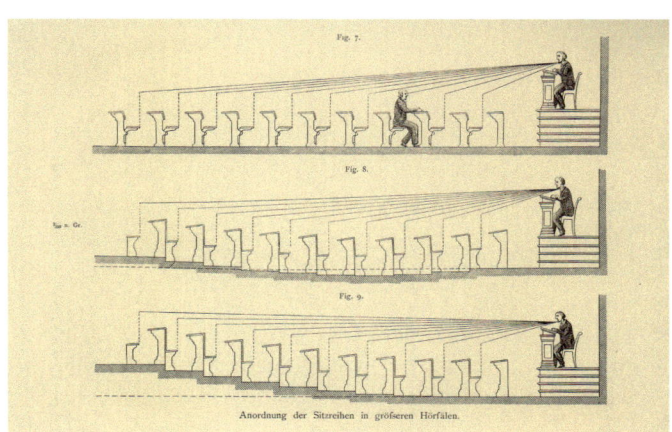

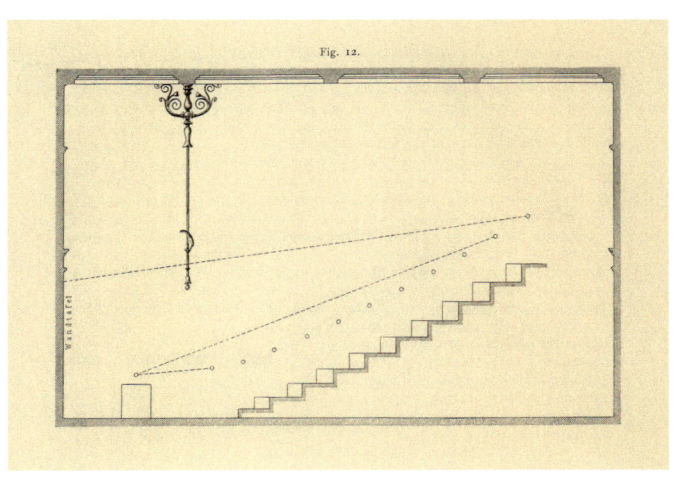

2 Ein Lageplan der Karlsruher technischen Hochschule gibt 1907 ebenfalls eine freie Anordnung von Institutsgebäuden für Chemie und Maschinenbau, Physikalischem Auditorium und Aulabau. (Generallandesarchiv Karlsruhe)

3–4 Im *Handbuch der Architektur* werden 1905 Sitzkonfigurationen für Hörsäle und ein »Entwurf zur Beleuchtung des Experimentir-Tisches« gezeigt.

---

1 Gustav Gull gewann den Wettbewerb für die Erweiterung der Eidgenössischen Technischen Hochschule mit einem Konzept für ein gesamtes Hochschulquartier. Das Hauptgebäude, das bis dahin als Sammlungshaus mitgenutzt worden war, wurde zum repräsentativen zentralen Standort der Schule, eigenständige Institutsgebäude wurden in der Nähe neu konzipiert. Die älteren Häuser wie die Sternwarte und das Gebäude der Materialprüfungsanstalt (die alte EMPA) wurden von Gull in das neue Gesamtkonzept der Hochschulbauten eingebunden. (gta Archiv / ETH Zürich)

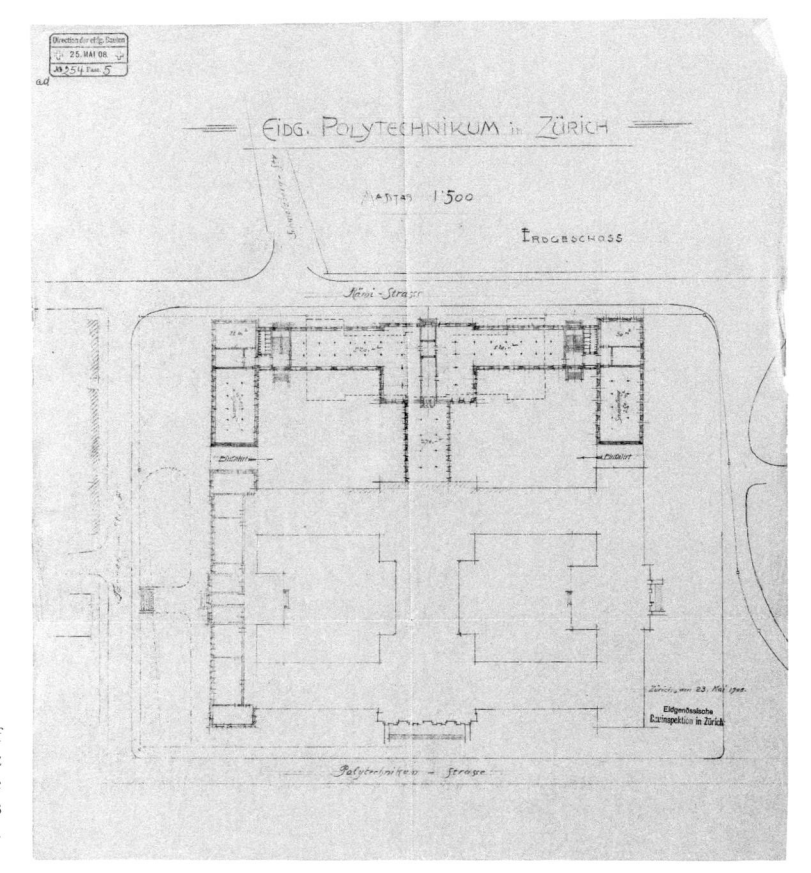

5 In einem unsignierten Entwurf vom 23. Mai 1908 wird der Ersatz des Chemiegebäudes durch neue Flügelbauten zur Erweiterung des Hauptgebäudes vorgeschlagen. (Bundesarchiv Bern)

der Anspruch wissenschaftlicher Ausbildung für das Bauen wurde nach dem Ersten Weltkrieg fragmentiert, wenn nicht von den künstlerischen Avantgarden ganz aufgegeben. Um 1900 war der Hochschulbau aber letztes Demonstrationsfeld der Theorie-Praxis-Verknüpfung polytechnischer Denkschule, Experimentierfeld für Anwendungswissen und neue Technik.

Das Kollektiv der Autoren und Herausgeber des *Handbuchs* lehrte an den polytechnischen Schulen, Durm war Hochschullehrer am Karlsruher Polytechnikum, Ende in Berlin, Wagner und Schmitt in Darmstadt, Carl Körner Professor in Braunschweig. In der Ausgabe von 1905 stand die technische Ausstattung im Vordergrund: Neue Technik für die Zeichen- und Konstruktionssäle wurde diskutiert, der »Erhellung der Hör- und Zeichensäle bei Tage« und bei Dunkelheit war größtes Augenmerk geschenkt. Eduard Schmitt referierte Grundrisslösungen für Arbeitsplätze mit Seitenlicht und schrieb zu Fragen von Gas- und elektrischer Beleuchtung: »Wenn soeben für den Helligkeitsgrad in gewissen Hörsälen der Mindestwert von 12 Meter-Normalkerzen als wünschenswert bezeichnet werden konnte, so sollte dies in den Zeichensälen technischer Hochschulen […] stets als unterste Grenze angenommen werden.«[4] Für das »Zeichnen nach Gipsen« würden »frei im Raume hängende Deckenlampen, deren Höhenlage sich etwas verändern läßt, erforderlich«.[5]

Die »Konkurrenz zur Erlangung von Planskizzen zu Um- u. Neubauten für die polytechnische Schule in Zürich«[6] im Jahr 1909 zielte zunächst auf die Erweiterung der Räume für die wissenschaftlichen Sammlungen. Schon 1898 hatte der Schulrat geklagt, dass die Sammlungen »im Laufe von 35 Jahren« keinen »nennenswerten Zuwachs an Raum« erfahren hätten.[7] Zum Wettbewerb wurden neben einem Lageplan der projektierten Bauten im Maßstab 1:500 Grundrisse und Fassadenabwicklungen 1:200 und Perspektiven verlangt. Zum Abgabetermin, am 31. Oktober 1909, gingen lediglich 14 Projekte ein: Zwei Verfasser verlegten die Ingenieurschule aus dem Hauptgebäude hinaus, die Institute für Chemie, Land- und Forstwirtschaft wurden ausnahmslos in neue Bauten an der Sonegg- und Clausiusstrasse verlegt, nur ein Entwurf erhielt das Hauptgebäude in seinem vorherigen Zustand. Mehrfach vorgeschlagen wurde die Erweiterung der Semperschen Struktur um zwei weitere Innenhöfe mit umlaufenden Flügelbauten auf den Flächen des ehemaligen Chemiegebäudes (**Abb. 6–7**). Bereits ein Jahr vor dem Wettbewerb ging ein anonymer Beitrag mit einem ähnlichen Vorschlag bei der Direktion der eidgenössischen Bauten ein; dieser Ansatz hätte eine schonende Erweiterung des Hauptbaus ohne wesentliche Zerstörung der Semperschen Bausubstanz ermöglicht (**Abb. 5**).[8]

Gustav Gulls[9] siegreiches Projekt setzte auf eine selbstbewusste Interpretation durch einen charaktervollen Neubau entlang der Rämistrasse (**Abb. 8–9**). Das Preisgericht (um den Architekten des späteren Kollegiengebäudes der Universität Zürich, Karl Moser) kommentierte erfreut: »Der Erweiterungsbau ist in diesem Falle kein Annex, sondern ist das Resultat organischer Entwicklung.«[10] Das Projekt folgte fast wörtlich den Konzepten für den zeitgenössischen Hochschulbau aus dem *Handbuch der Architektur*, Labors und wissenschaftliche Sammlungen wurden außerhalb des Grundstücks in neuen Institutsbauten angesiedelt (**Abb. 10–11**). Für das neue Hauptgebäude konzentrierte sich Gull auf zentrale Einrichtungen, die Anlage neuer Auditorien und oblonger Zeichen- und Lehrsäle; eine zentrale Bibliothek wurde vorgeschlagen, ein zweiter Festraum stand unter dem Motto »Auditorium Maximum«.

Die technischen Konzepte und die Bauentscheidungen im Detail wurden von Gull in einem ausführlichen Baubericht erläutert, der in der 1930 erschienenen *Festschrift zum 75jährigen Bestehen der Eidgenössischen Technischen Hochschule in Zürich* abgedruckt wurde (**Abb. 12**).[11] Gleich zu Beginn der Ausführungen kommt Gull auf die »konstruktiven Mängel schwerwiegender Art« des Ursprungsbaus zu sprechen, die den Bestand »direkt gefährdeten«.[12] Als Ursache werden die Sparmaßnahmen des Bauinspektors Johann Caspar Wolff und die Lage auf dem Gelände der ehemaligen Schanzen aufgeführt. Nach der Abtragung der Befestigungsanlage seien die Gräben mit überschüssigem Material aufgefüllt und ausgeebnet worden, was zu einem Baugrund von ungleicher Beschaffenheit geführt habe. Um die Fundamente der Neubauten auf fester Molasse zu gründen, ließ Gull 3 bis 5 Meter unter das Niveau der Baugrube ausheben.[13] Die Anlage des neuen »Haupteingangsvestibüls« gegen die Rämistrasse hin rechtfertigt Gull mit der Entwicklung der Quartiere Oberstrass, Fluntern und Hottingen zu »bevorzugten Wohnquartieren der Studentenschaft«,[14] auch die Nähe zu den weiteren Institutsbauten spielte gewiss eine Rolle. Neben den neuen Räumen der Rotunde, den Flügelbauten und den Hofauditorien bespricht Gull in seinem Baubericht die herausragende Verbindung zwischen Alt- und Neubau: die frei zugänglichen Sammlungsräume der verschiedenen Abteilungen. Korridorabschlüsse des Gründungsbaus wurden entfernt, sämtliche allgemein zugänglichen Räume bildeten nun ein »einziges grosses Museum, das den Studierenden durch die nun mögliche zwanglose freie Betrachtung der Sammlungsobjekte aus allen Zweigen der Kunst und Wissenschaft eine Fülle von Anregung bietet.«[15]

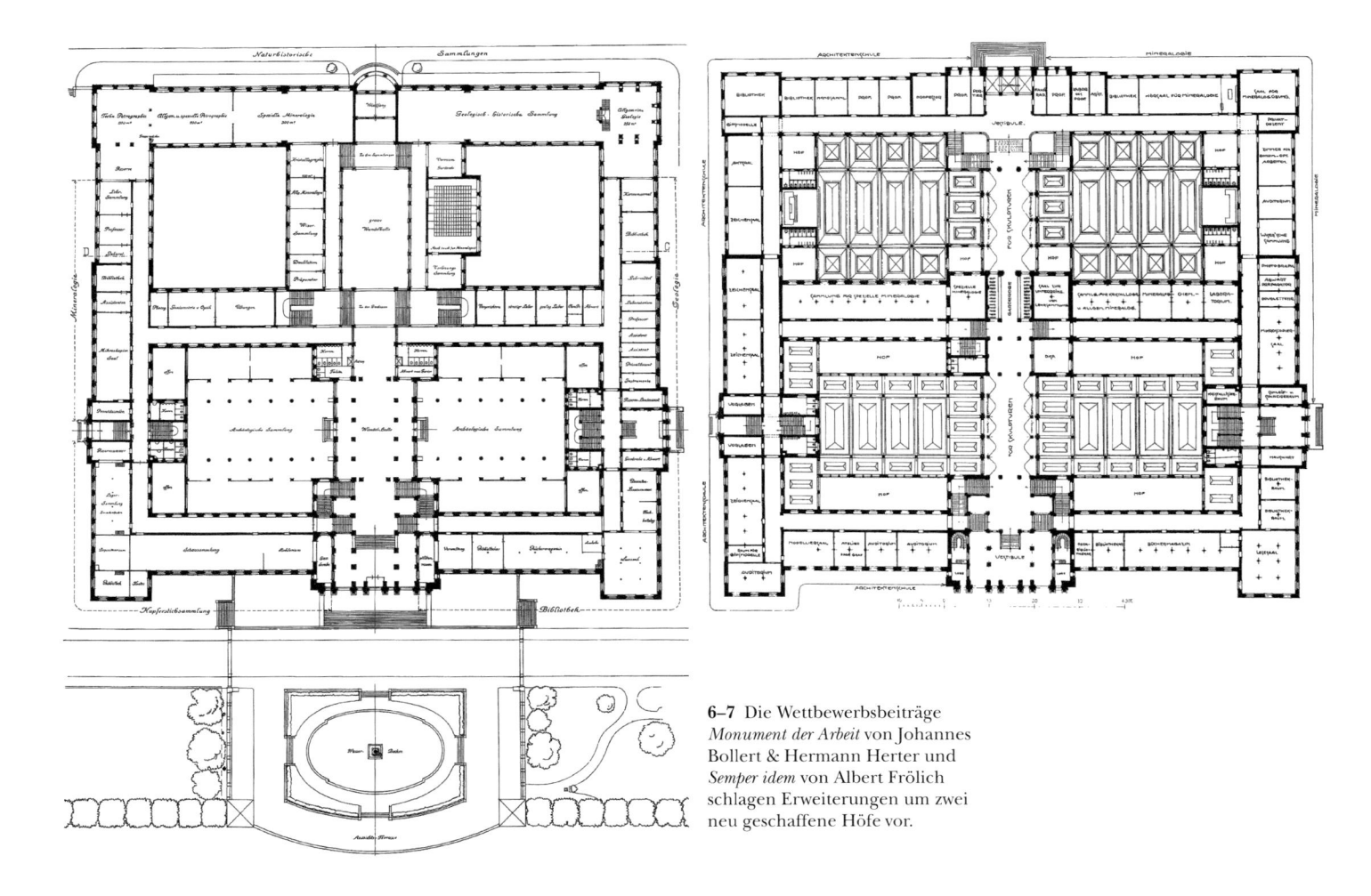

6–7 Die Wettbewerbsbeiträge *Monument der Arbeit* von Johannes Bollert & Hermann Herter und *Semper idem* von Albert Frölich schlagen Erweiterungen um zwei neu geschaffene Höfe vor.

8–9 Das Gelände nördlich des Polytechnikums war zu Beginn des 20. Jahrhunderts bereits durch eine Reihe von Institutsgebäuden bebaut. Gustav Gull schlägt in einer Modellstudie für das Gesamtgelände einheitliche Baukörper, weitgehend mit Mansarddächern, vor. Die alte EMPA wird erhalten und durch Bogenarkaden mit neuen Nachbargebäuden verbunden. (gta Archiv / ETH Zürich, Fotografien von Heinrich Wolf-Bender)

10 Der 1872–74 errichtete Bau für das Land- und Forstwirtschaftliche Institut wurde zwischen 1912 und 1915 von Gustav Gull umgebaut und erweitert. (ETH-Bibliothek Zürich, Bildarchiv)

11 Das Naturwissenschaftliche Institut zwischen Clausius- und Soneggstrasse entstand nach Plänen Gulls zwischen 1911 und 1916. (ETH-Bibliothek Zürich, Bildarchiv)

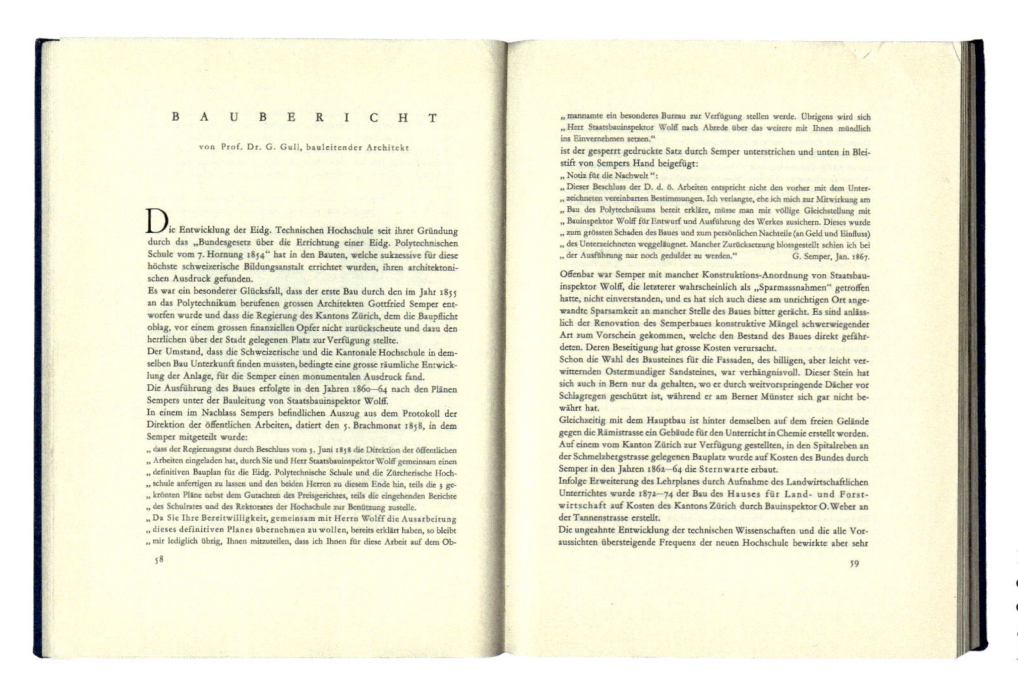

12 Gustav Gull publizierte 1930 einen umfassenden *Baubericht* in der *Festschrift zum 75jährigen Bestehen der Eidgenössischen Technischen Hochschule in Zürich*.

1 Eggert, Hermann; Junk, Carl; Schmitt, Eduard u. a.: Gebäude für Erziehung, Wissenschaft und Kunst, H. 2: Hochschulen, zugehörige und verwandte wissenschaftliche Institute (Handbuch der Architektur, T. 4, Halbbd. 6). 2. Aufl. Stuttgart 1905. Ein in der ETH-Bibliothek verwahrtes Exemplar des *Handbuchs der Architektur* zu Stadt- und Rathäusern (Signatur A 25217: 4/7/1 ED. 2) trägt übrigens den Besitzervermerk »Gustav Gull«.

2 Eggert/Junk/Schmitt 1905 (wie Anm. 1), S. 1.

3 Ebd.

4 Ebd., S. 24.

5 Ebd. Schmitt, seit 1874 Professor für Bau- und Ingenieurwissenschaften an der Darmstädter Technischen Hochschule, berichtet hier auch über die »Auer'sche Gasglühlichterhellung« und das Anbringen von Milchglaskugeln zur Streuung wie auch über Varianten elektrischer Beleuchtung (Bogenlampen – S. 28–29 – und »Deckenlichteinrichtungen mit reflektierenden Saalumschließungen« – S. 35).

6 »Programm der Konkurrenz zur Erlangung von Planskizzen zu Um- u. Neubauten für die polytechnische Schule in Zürich« mit Programm- und Planbeilagen, März 1909 (Bundesarchiv Bern, CH-BAR#E3240A# 1000/745#40*, Az. 2–05).

7 Hassler, Uta; Wilkening-Aumann, Christine: »den Unterricht durch Anschauung fördern«: Das Polytechnikum als Sammlungshaus, in: Hassler, Uta; Meyer, Torsten (Hg.): Kategorien des Wissens. Die Sammlung als epistemisches Objekt. Zürich 2014, S. 75–95.

8 Vgl. ebd.

9 Zu Gulls Œuvre vgl.: Gutbrod, Cristina: *Gustav Gull (1858–1942) – Zürichs Großstadtarchitekt*, S. 756–768; dies.: Gustav Gull (1858–1942). Architekt der Stadt Zürich 1890–1911 zwischen Vision und Baupolitik. Diss. ETH Zürich 2009; Herter, Hermann: † Gustav Gull, in: Schweizerische Bauzeitung 120 (1942), S. 296–298. Gull wird 1900 Hochschullehrer an der ETH, seit 1895 war er bereits als Stadtbaumeister für Zürich tätig. Der rund 20 Jahre ältere Karlsruher Josef Durm war ebenfalls Hochschullehrer (seit 1868 am Karlsruher Polytechnikum) und gleichzeitig Leiter der Staatlichen Hochbauverwaltung (seit den 1890er Jahren).

10 »Bericht des Preisgerichts über den Wettbewerb zu Um- und Neubauten für die eidg. polytechnische Schule in Zürich«, Louis Perrier, Karl Moser, Albert Müller, Paul Ulrich, Arnold Flükiger, 28. November 1909, hier S. 11 (Bundesarchiv Bern, CH-BAR#E3240A#1000/745#40*, Az. 2–05). Dort weiter: »[Gustav Gulls] Projekt Nr. 8 zeichnet sich vor allen andern dadurch aus, dass damit der Versuch einer grosszügigen, einheitlichen Verbauung des ganzen Polytechnikumareals nicht nur versucht, sondern in nachdrücklichster Weise durchgeführt worden ist. […] Als ganz besonders glücklich ist die offene Hofanlage an der Rämistrasse zu bezeichnen. Nur durch dieses Mittel ist es möglich, von den Strassen aus die Gruppierung des Baues geniessen zu können. […] Es ist die einzige Arbeit, welche für eine einwandfreie, praktische und grosszügige Lösung der Aufgabe in Betracht fällt.«

11 Gull, Gustav: Baubericht, in: Eidgenössische Technische Hochschule (Hg.): Festschrift zum 75jährigen Bestehen der Eidgenössischen Technischen Hochschule in Zürich. Zürich 1930, S. 58–95.

12 Ebd., S. 59.

13 Ebd., S. 85–86.

14 Ebd., S. 70.

15 Ebd., S. 72.

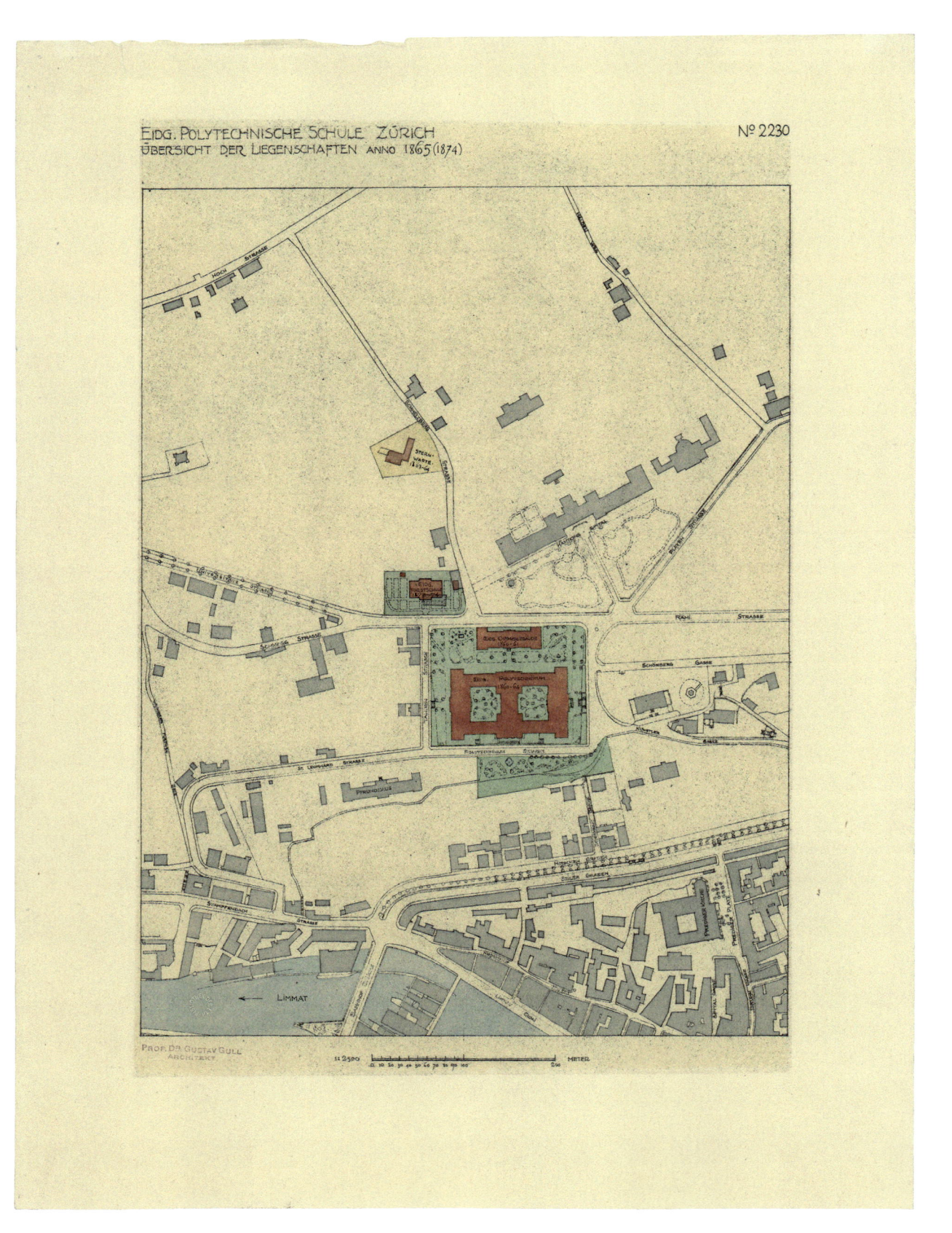

»EIDG. POLYTECHNISCHE SCHULE ZÜRICH. ÜBERSICHT DER LIEGENSCHAFTEN ANNO 1865 (1874)«
Maßstab 1 : 6000 (Original 1 : 2500)

22-305-1-12 / gta Archiv / ETH Zürich (Nachlass Gustav Gull). Stempel Gustav Gull. Pause auf Karton; blau, braun, gelb, grau und grün aquarelliert. 50,5 x 38,8 cm.

»EIDG. POLYTECHNISCHE SCHULE ZÜRICH. ÜBERSICHT DER LIEGENSCHAFTEN ANNO 1901.«
Maßstab 1 : 6000 (Original 1 : 2500)

22-305-1-13 / gta Archiv / ETH Zürich (Nachlass Gustav Gull). Stempel Gustav Gull. Pause auf Karton; blau, braun, gelb, grau, grün und rot aquarelliert. 50,5 x 38,8 cm.

»EIDG. TECHNISCHE HOCHSCHULE ZÜRICH. ÜBERSICHT DER LIEGENSCHAFTEN ANNO 1915«
Maßstab 1 : 6000 (Original 1 : 2500)

22-305-1-14 / gta Archiv / ETH Zürich (Nachlass Gustav Gull). Stempel Gustav Gull. Pause auf Karton; blau, braun, gelb, grau und rot aquarelliert. 50,5 x 38,8 cm.

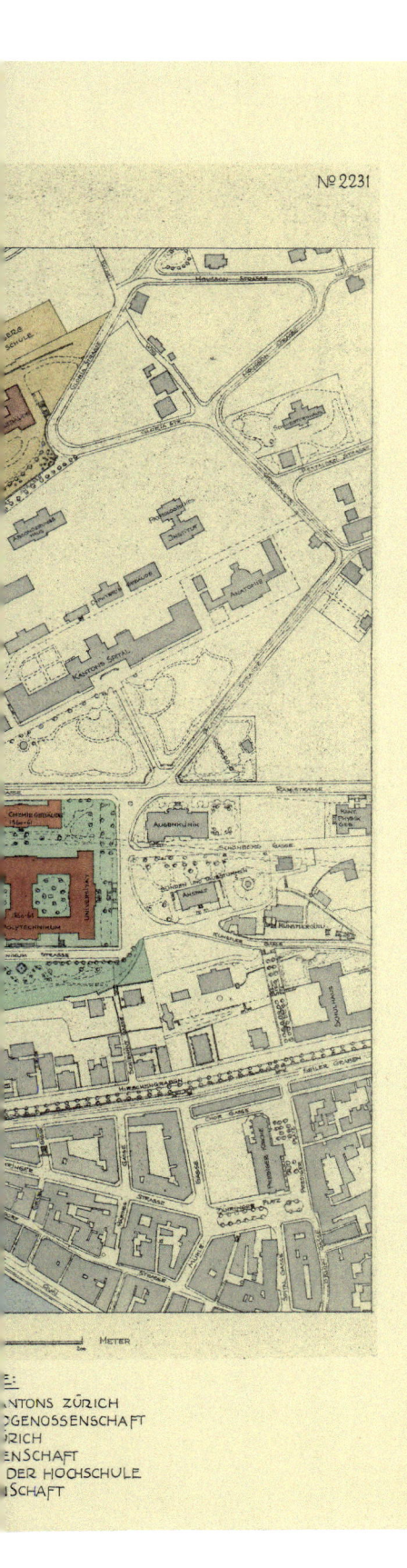

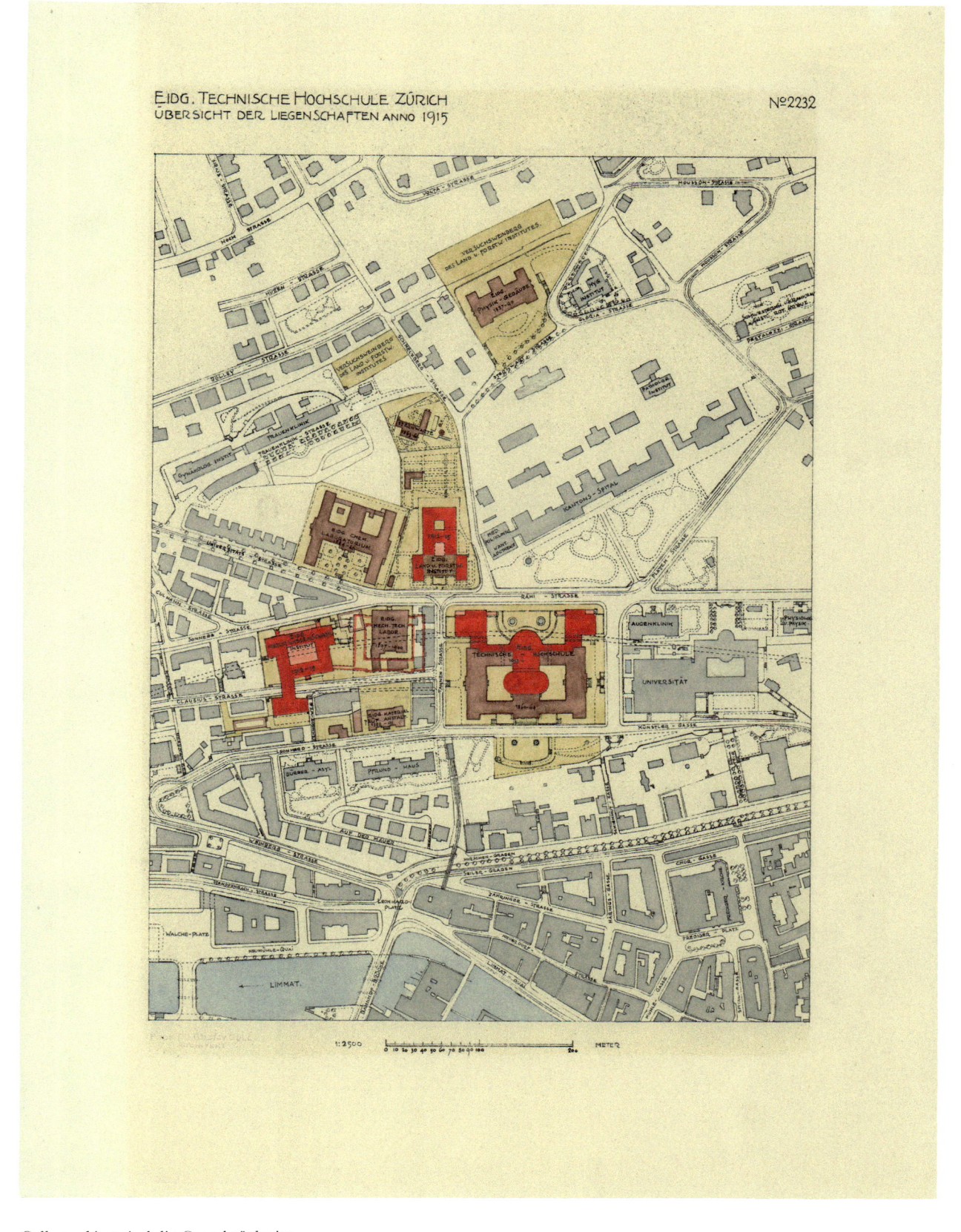

Mit einer Folge von Lageplänen verdeutlicht Gull, wie sich das Hochschulquartier als städtisches Quartier in der Hanglage über der Stadt entwickelt hat. Zur Semperzeit war das Polytechnikum noch Teil einer Gruppe von großen Solitären am Stadtrand, das Kantonsspital stand noch frei in der umgebenden Landschaft. Zur Jahrhundertwende existierten bereits das Chemiegebäude von Alfred Friedrich Bluntschli und Georg Lasius, Benjamin Recordons Maschinenlaboratorium, die alte Physik von Bluntschli und Lasius und die Gebäude der Materialprüfungsanstalt.

Gelb markiert sind die Grundstücke im Besitz der Eidgenossenschaft, die Flächen des Hauptgebäudes mit Chemiebau und der Forstschule befanden sich in kantonalem Besitz. Der Übersichtsplan von 1915 zeigt das von Gustav Gull neu umbaute Institut für Land- und Forstwirtschaft, die neuen naturwissenschaftlichen Institute in der Sonneggstrasse und im Zentrum die Erweiterung des Semperschen Hauptgebäudes. Karl Mosers neues Kollegiengebäude der Universität ist bereits als Bestandsbau eingetragen.

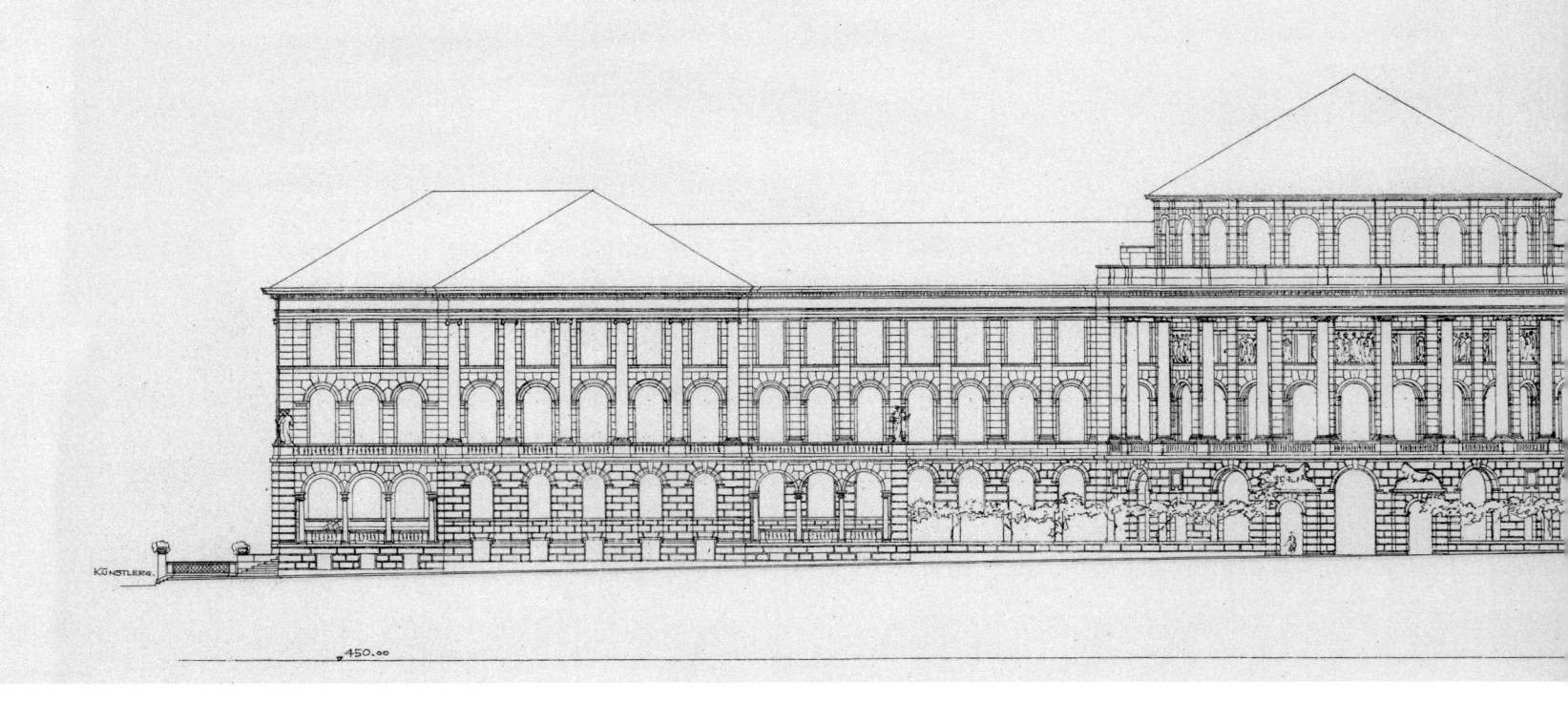

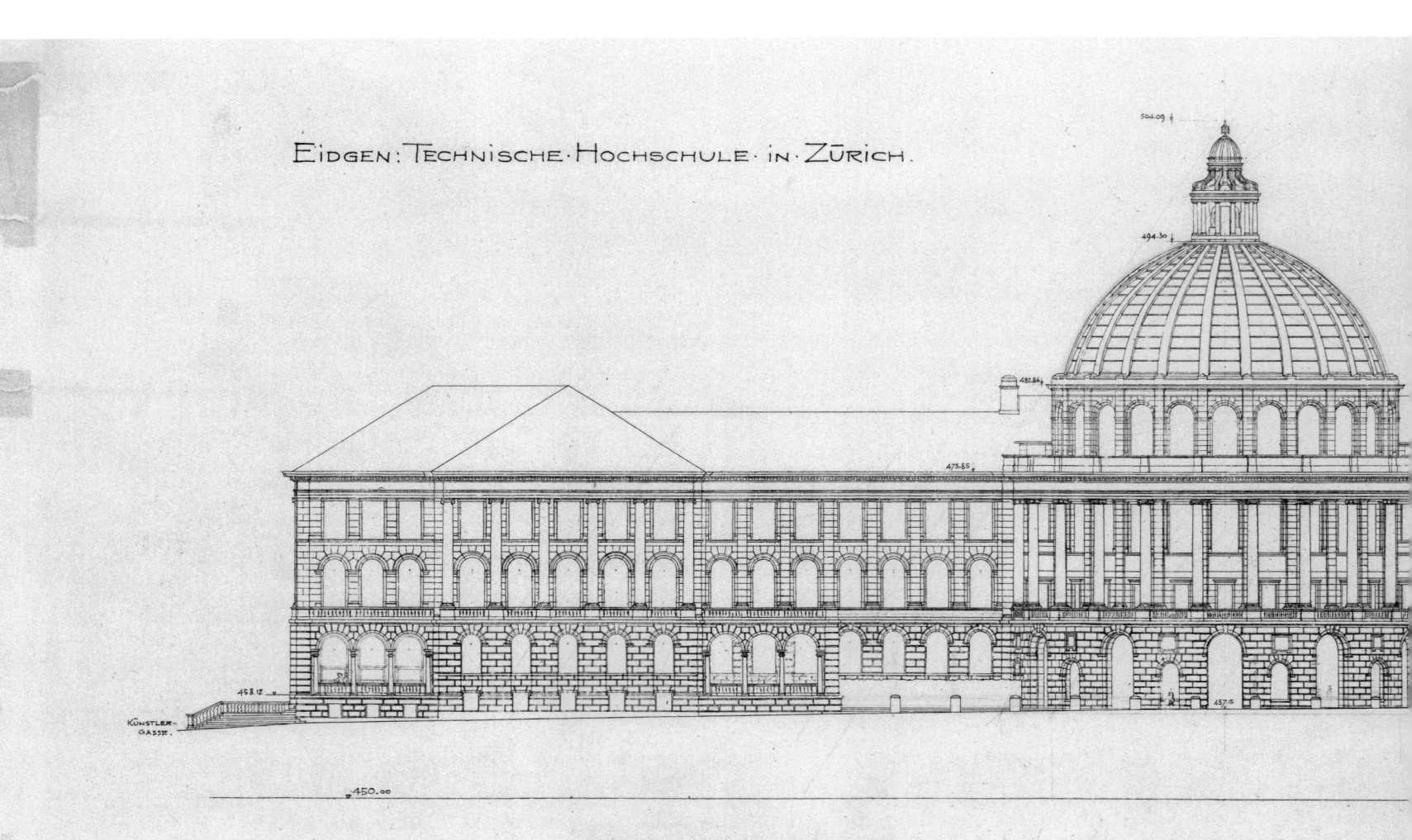

EIDGEN: TECHNISCHE · HOCHSCHULE · IN · ZÜRICH

EIDGEN: TECHNISCHE · HOCHSCHULE · IN · ZÜRICH

OSTFASSADE.

»EIDGEN. TECHNISCHE HOCHSCHULE IN ZÜRICH. HAUPTGEBÄUDE. OSTFASSADE / LÄNGENSCHNITT NORD–SÜD«
Maßstab 1 : 500 (Original 1 : 200)

22-305-1-358 (Ausschnitt) / gta Archiv / ETH Zurich (Nachlass Gustav Gull). Signatur Gustav Gull, Februar 1915. Pause auf Karton. 72,8 x 101,7 cm.

»EIDGEN. TECHNISCHE HOCHSCHULE IN ZÜRICH. HAUPTGEBÄUDE. OSTFASSADE.«
Maßstab 1 : 500 (Original 1 : 200)

22-305-1-363 (Ausschnitt) / gta Archiv / ETH Zurich (Nachlass Gustav Gull). Signatur Gustav Gull, April 1918 / Dezember 1919. Pause auf Karton. 46,5 x 98,5 cm.

Gulls Konzept für die Erweiterung des Polytechnikums führte den Semperbau auf die Funktion der zentralen Repräsentation zurück, Instituts- und Sammlungsgebäude entstanden als separate Bauten. Der Wettbewerbsentwurf für das Hauptgebäude knüpft an die Sempersche Formengrammatik an und verlängert den steinernen Solitär in monumentalen Flügelbauten zur Bergseite hin, die neue Ausrichtung des Baus senkrecht zum Hang wird durch eine Rotunde betont. Der Respekt für die bei Semper vorherrschende gerade Dachlinie erschwerte neue städtebauliche Akzente. Immerhin finden sich Parallelen zur Rämistrassenfront der Moserschen Universität in Gulls ersten Entwürfen für eine Rotunde mit Zeltdach, die Baukörper Mosers sind freilich weit flächiger und freier im architektonischen Vokabular. Die zentrale Rotunde ist bei Moser wie bei Gull mit halbrunden Auditorien belegt. Der Wunsch nach einem eigenständigen städtebaulichen Akzent für die neue Fassade führte Gull schließlich zur kassettierten Kuppel.

»EIDGEN. TECHNISCHE HOCHSCHULE
IN ZÜRICH. HAUPTGEBÄUDE.«
Ohne Maßstab (Original 1 : 200)

22-305-1-357 (Ausschnitt) / gta Archiv / ETH Zürich (Nachlass Gustav Gull).
Signatur Gustav Gull, April 1918 / Dezember 1919. Pause auf Karton.
46,5 x 98,5 cm.

»EIDGEN. TECHNISCHE HOCHSCHULE
IN ZÜRICH. HAUPTGEBÄUDE.«
Ohne Maßstab (Original 1 : 200)

22-305-1-358 (Ausschnitt) / gta Archiv / ETH Zürich (Nachlass Gustav Gull).
Signatur Gustav Gull, April 1918 / Dezember 1919. Pause auf Karton.
46,5 x 98,5 cm.

Schnittüberlegungen im Wettbewerbsstadium zur zentralen Halle demonstrieren die Lage der neuen halbrunden Auditorien im Anschluss an die ›Basilika‹. Auf dem rechten Blatt ist bereits eine kassettierte Flachdecke über der Haupthalle eingezeichnet, der Schnitt zeigt auch die Triumphbogenarchitektur, die lettnerartig zwischen Rotunde und Haupthalle eingestellt ist.

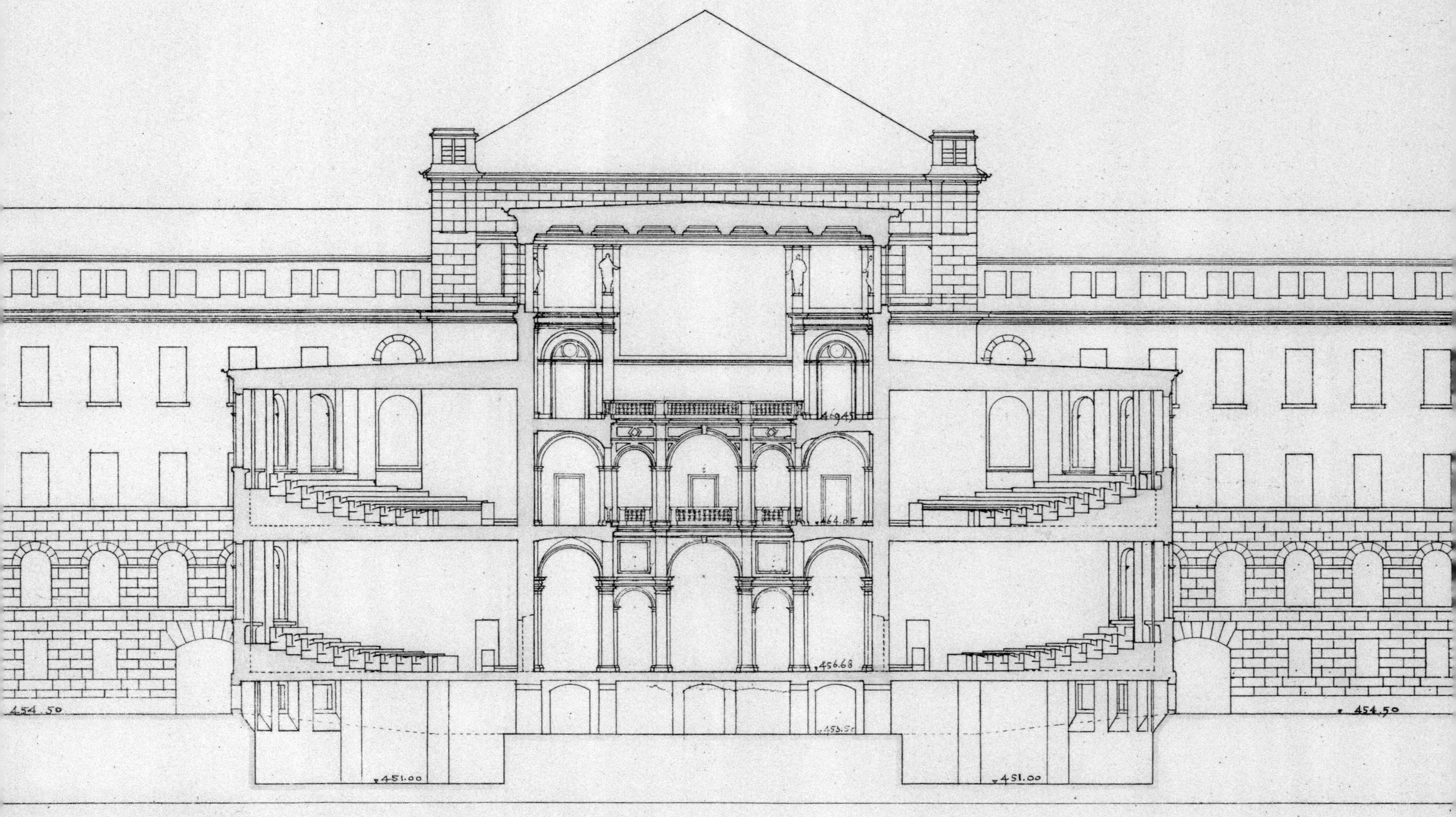
469.45
464.05
456.68
453.5
454.50
454.50
451.00
451.00

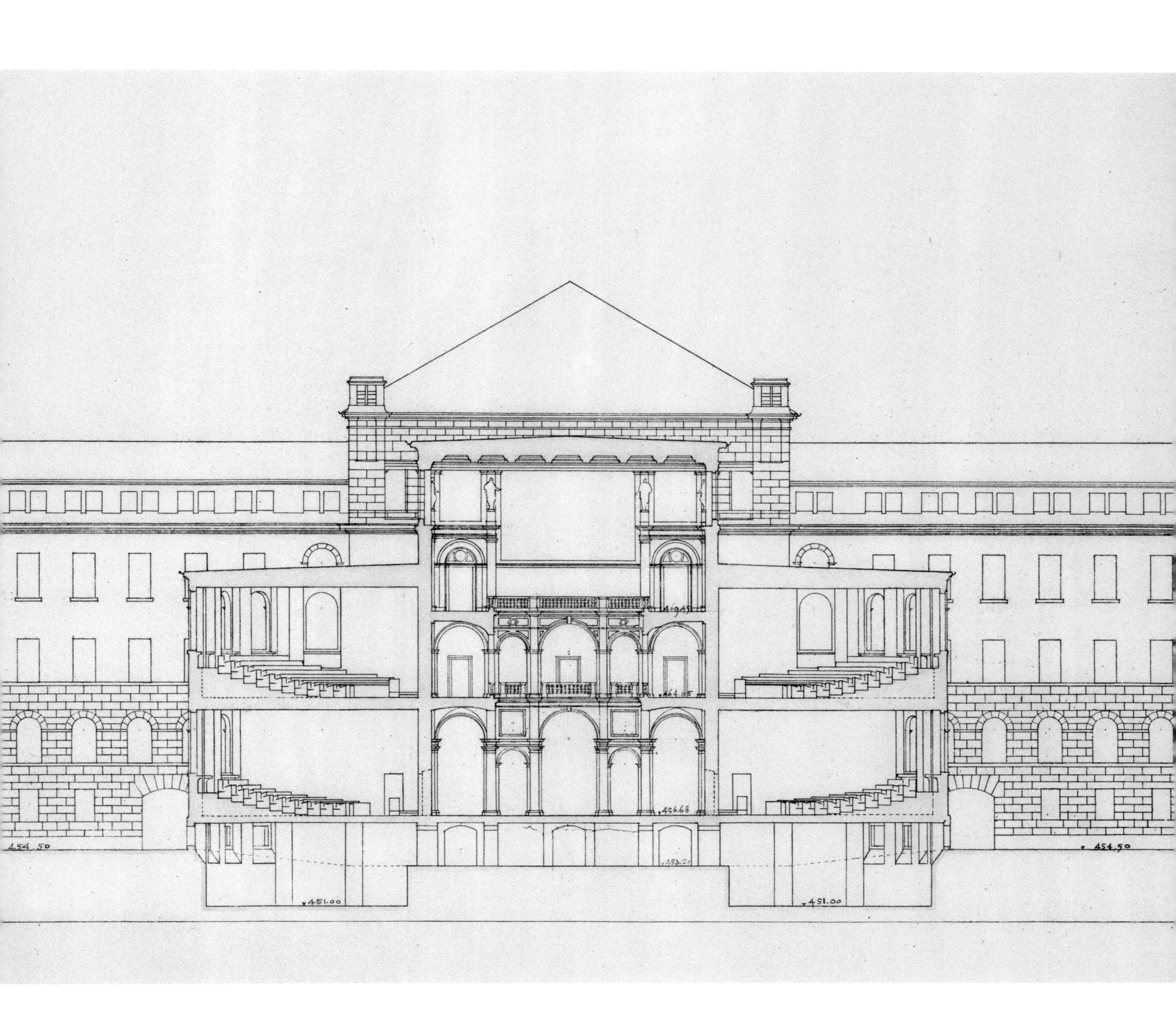

EIDG. TECHNISCHE HOCHSCHULE ZÜRICH. HAUPTGEBÄUDE.
GRUNDRISS VOM ERDGESCHOSS 1/200.

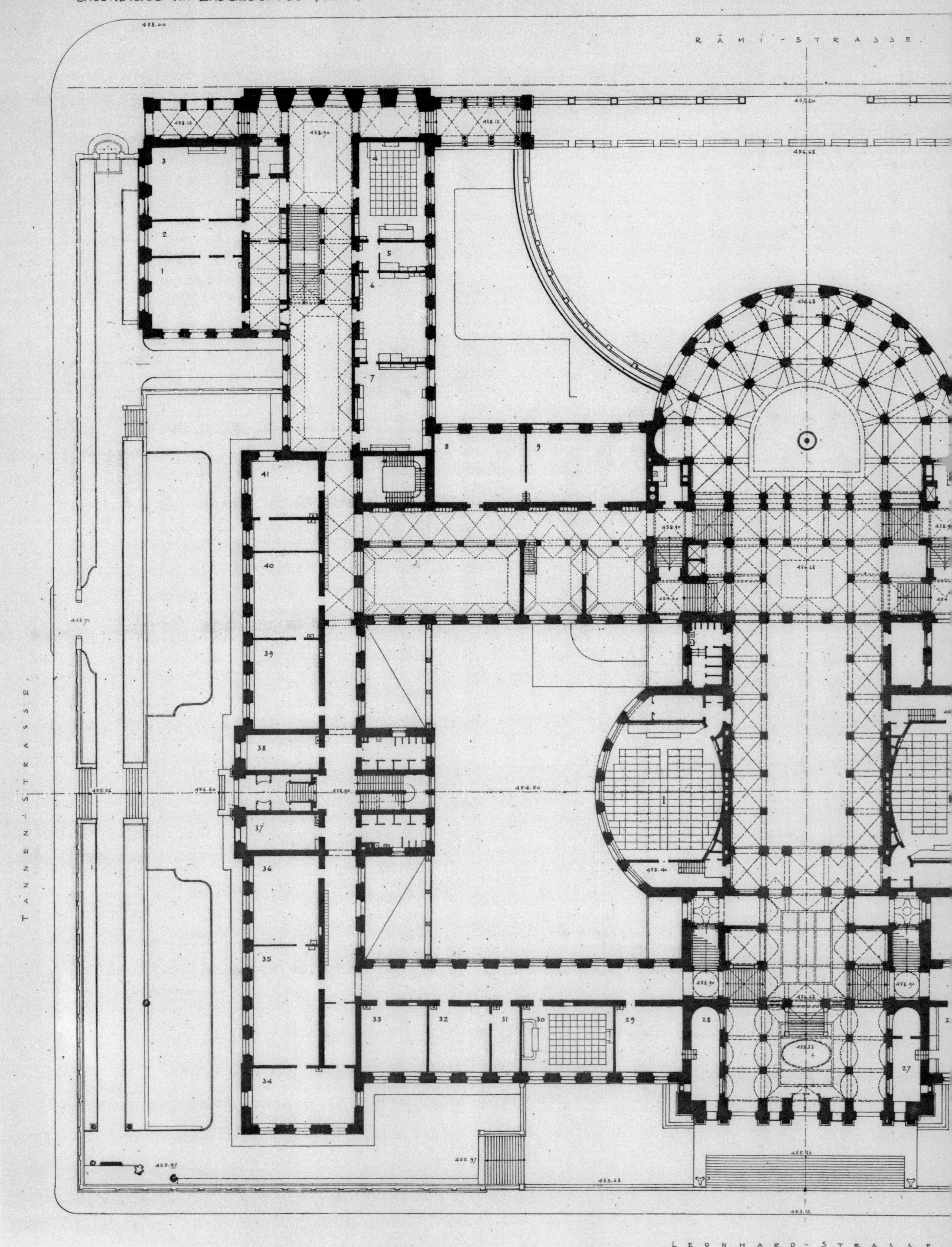

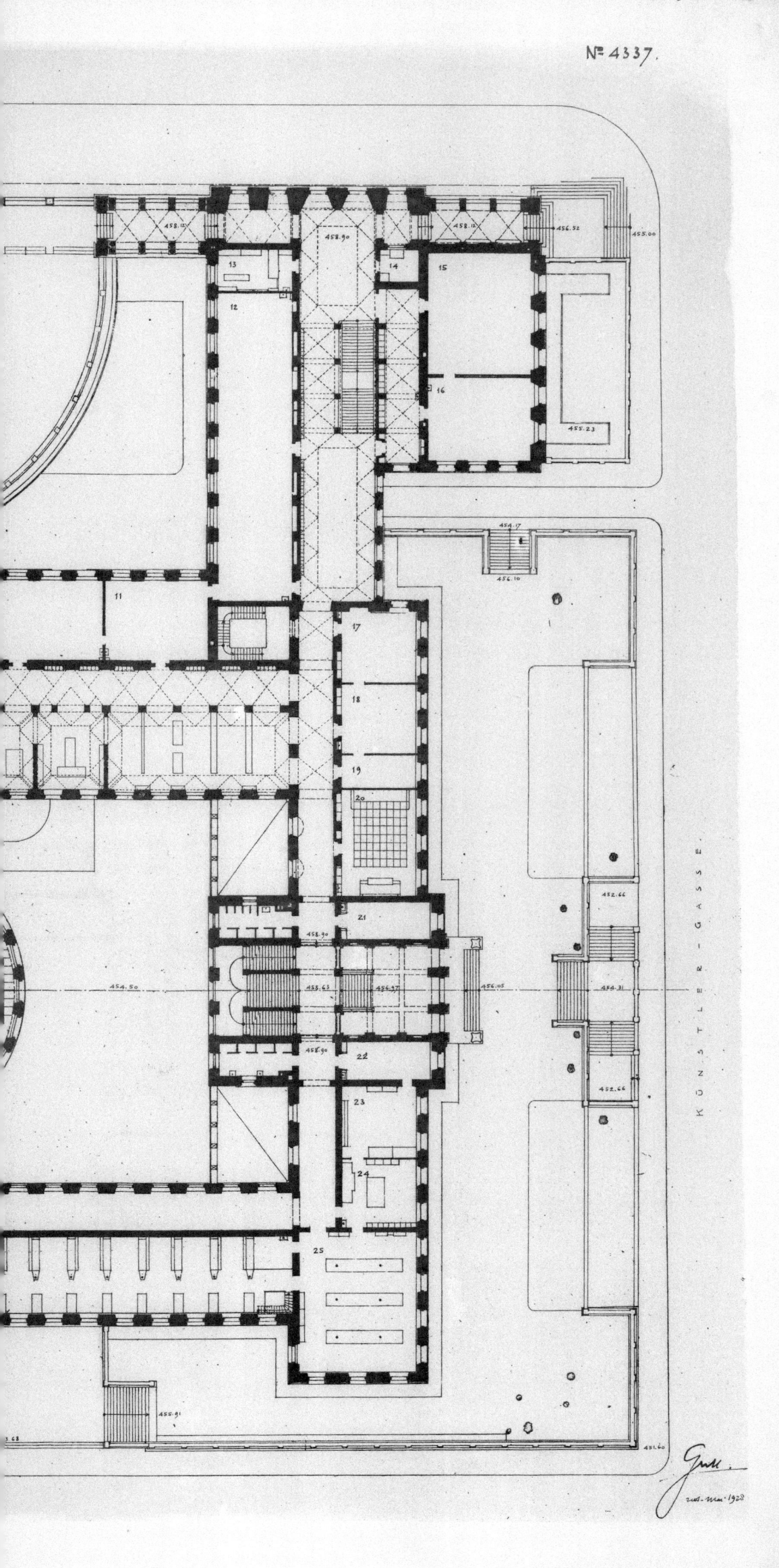

»EIDG. TECHNISCHE HOCHSCHULE
ZÜRICH. HAUPTGEBÄUDE. GRUNDRISS
VOM ERDGESCHOSS.«
Maßstab 1 : 500 (Original 1 : 200)

22-305-1-163 / gta Archiv / ETH Zürich (Nachlass Gustav Gull).
Signatur Gustav Gull, Mai 1928. Pause auf Karton. 80,0 x 100,0 cm.

Der Sempersche Rechteckbau wird in der Planung Gulls durch einen zusammenhängenden zentralen Baukörper quer zum Hang neu durchdrungen. Die eingeschossige Antikenhalle wird ersetzt durch eine dreischiffige, dreigeschossige ›Basilika‹ zwischen Ost- und Westflügel. Im früheren Ostflügel entstehen neue Treppenhäuser nach dem Vorbild der Westtreppen. Der neue Haupteingang liegt von der Rämistrasse zurückversetzt im Erdgeschoss der Rotunde.

EIDG. TECHN. HOCHSCHULE ZÜRICH, HAUPTGEBÄUDE,
GRUNDRISS VOM I. STOCK 1/200.

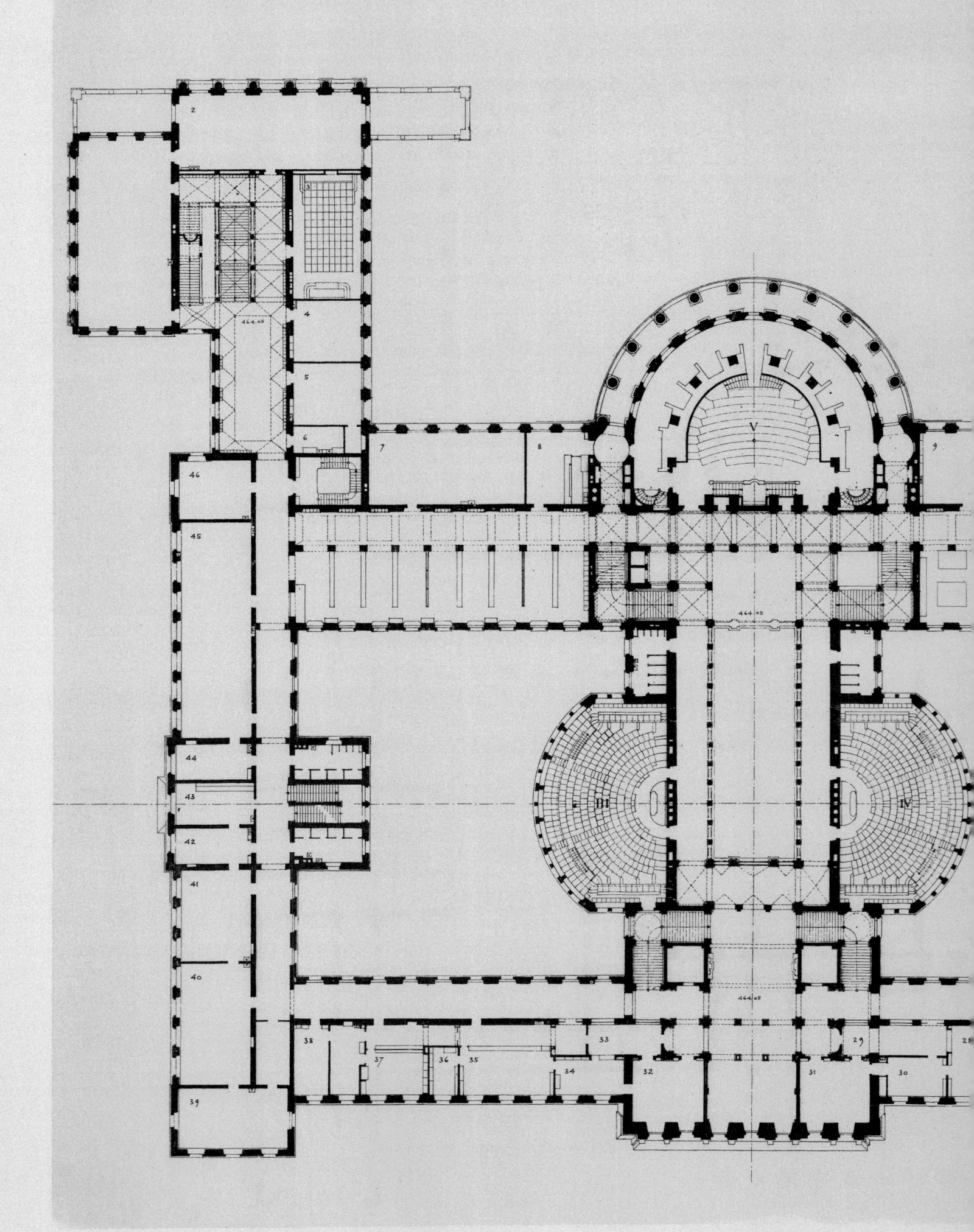

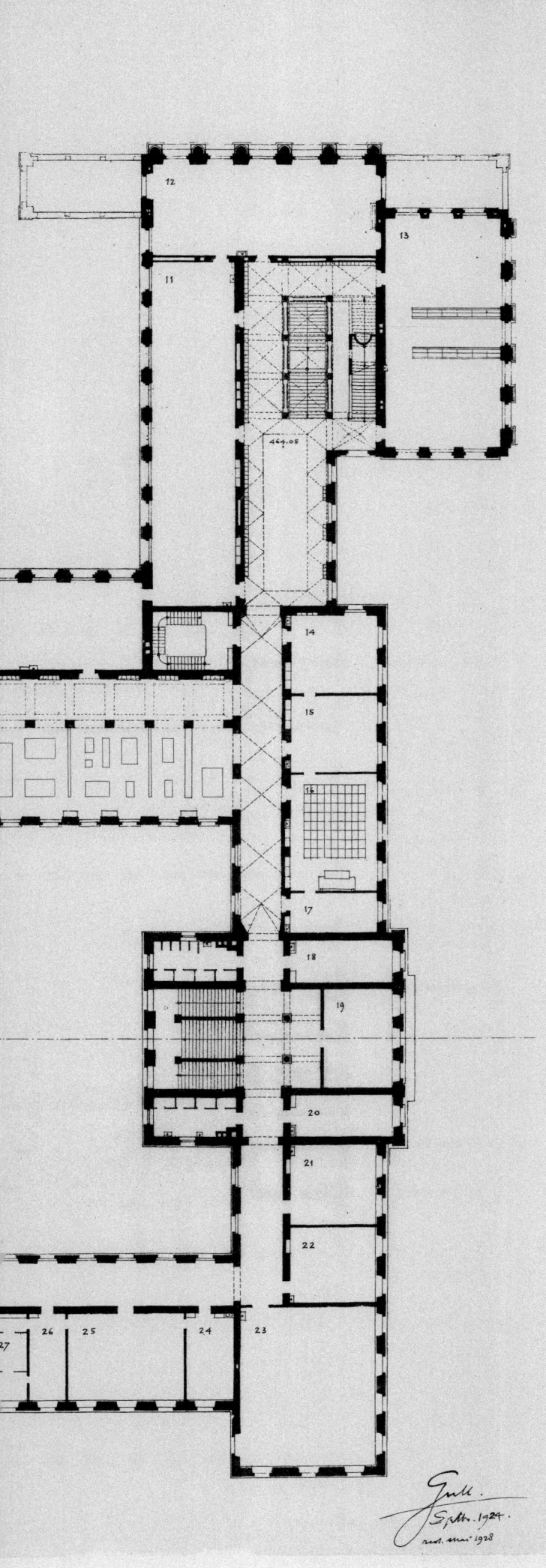

»EIDG. TECHN. HOCHSCHULE ZÜRICH.
HAUPTGEBÄUDE. GRUNDRISS VOM
I. STOCK.«
Maßstab 1 : 500 (Original 1 : 200)

22-305-1-183 / gta Archiv / ETH Zürich (Nachlass Gustav Gull).
Signatur Gustav Gull, September 1924 / Mai 1928. Pause auf Karton.
80,0 x 101,0 cm.

Mittelpunkt der neuen funktionalen Ordnung des Hauptgebäudes sind halbrunde Auditorien, die über die Seitengalerien der Haupthalle erschlossen werden. Über der Brunnenhalle liegt das neue repräsentative Zentrum des Baus, das halbrunde Auditorium Maximum. Die neuen Seitenflügel zur Rämistrasse besitzen großzügige Treppenhäuser.

Eidg. Technische Hochschule, Zürich. Hauptgebäude.
Grundriss vom II. Stock. 1/200.

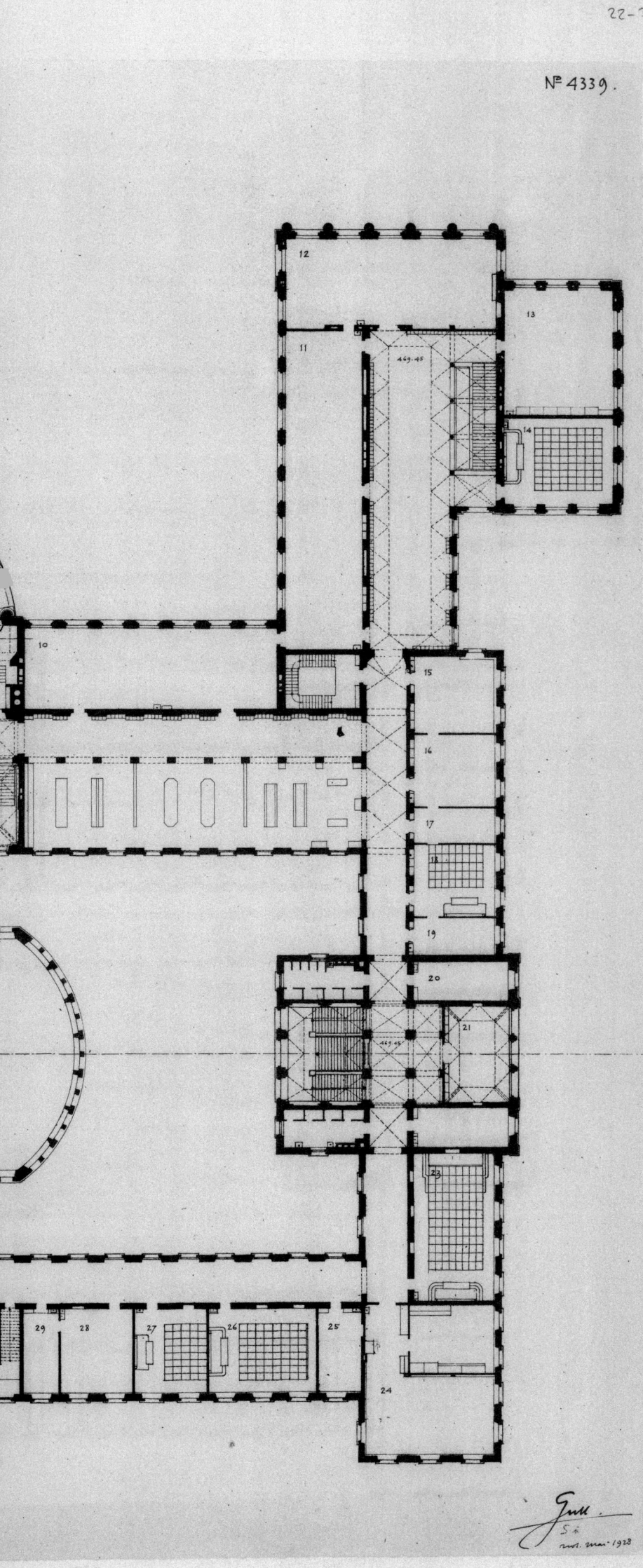

»EIDG. TECHNISCHE HOCHSCHULE
ZÜRICH. HAUPTGEBÄUDE. GRUNDRISS
VOM II. STOCK.«
Maßstab 1 : 500 (Original 1 : 200)

22-305-1-202 / gta Archiv / ETH Zürich (Nachlass Gustav Gull).
Signatur Gustav Gull, Mai 1928. Pause auf Karton. 80,0 x 99,0 cm.

Der Ostflügel des Semperbaus besaß keine
Flurerschließung, die dort liegenden Sammlungssäle waren als Durchgangsräume angelegt. Gull lagert dem Semperbau im Osten
eine neue Raumschicht vor, jetzt erschlossen durch einen Mittelflur. Wandpfeiler zwischen Flur und Sammlungsräumen erlauben Durchblicke zu Vitrinenschränken und
Exponaten.

Eidg. Technische Hochschule Zürich. Hauptgebäude.
Grundriss vom Dachstock 1/200.

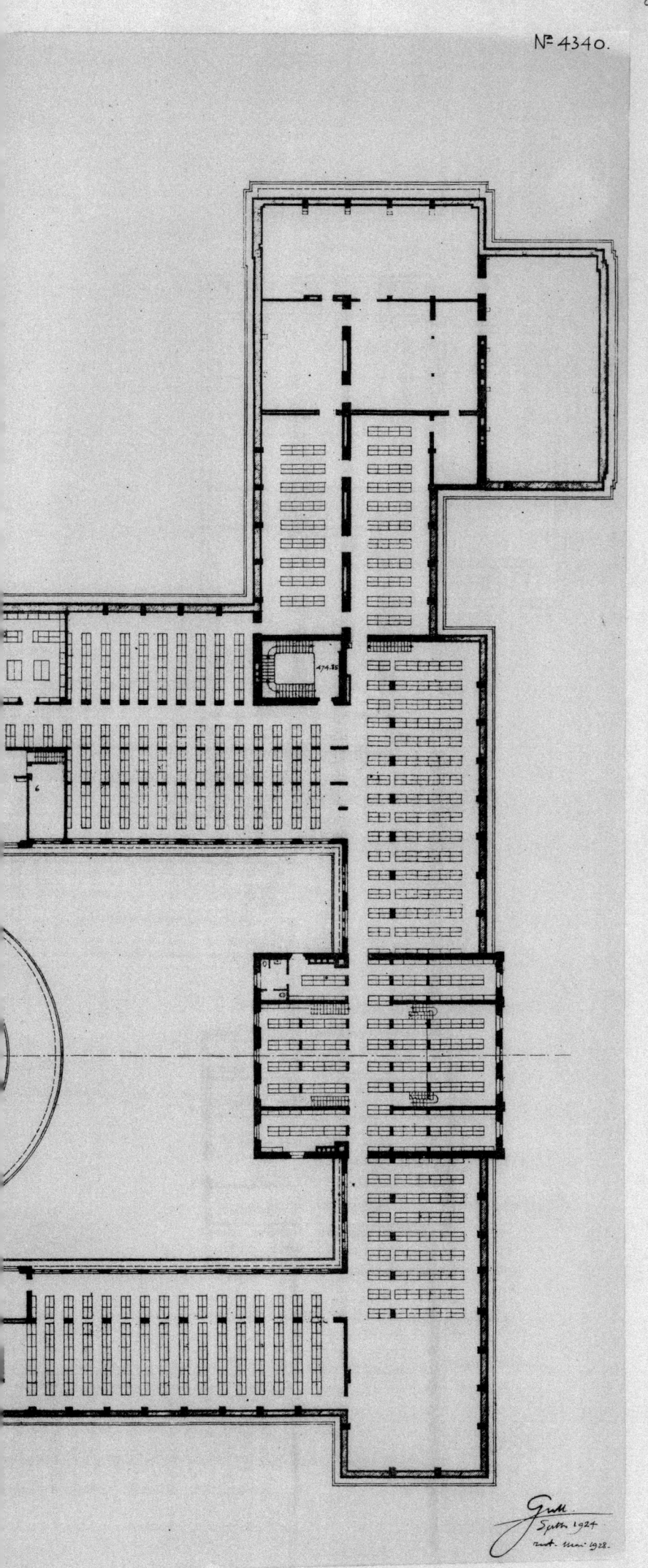

»EIDG. TECHNISCHE HOCHSCHULE
ZÜRICH. HAUPTGEBÄUDE. GRUNDRISS
VOM DACHSTOCK.«
Maßstab 1 : 500 (Original 1 : 200)

22-305-1-215 / gta Archiv / ETH Zürich (Nachlass Gustav Gull).
Signatur Gustav Gull, September 1924 / Mai 1928. Pause auf Karton.
80,0 x 98,0 cm.

Im Dachstock liegt die von Gull neu konzipierte Bibliothek. Der Südflügel zur Universität hin beherbergt große Regalanlagen, zum Teil über gläserne Dachfenster belichtet, die Konstruktionen bestehen allesamt aus Beton. In der Rotunde unter der Kuppel liegt der große Lesesaal.

Eidg. Technische Hochschule Zürich. Hauptgebäude.
Grundriss vom Keller 1/200.

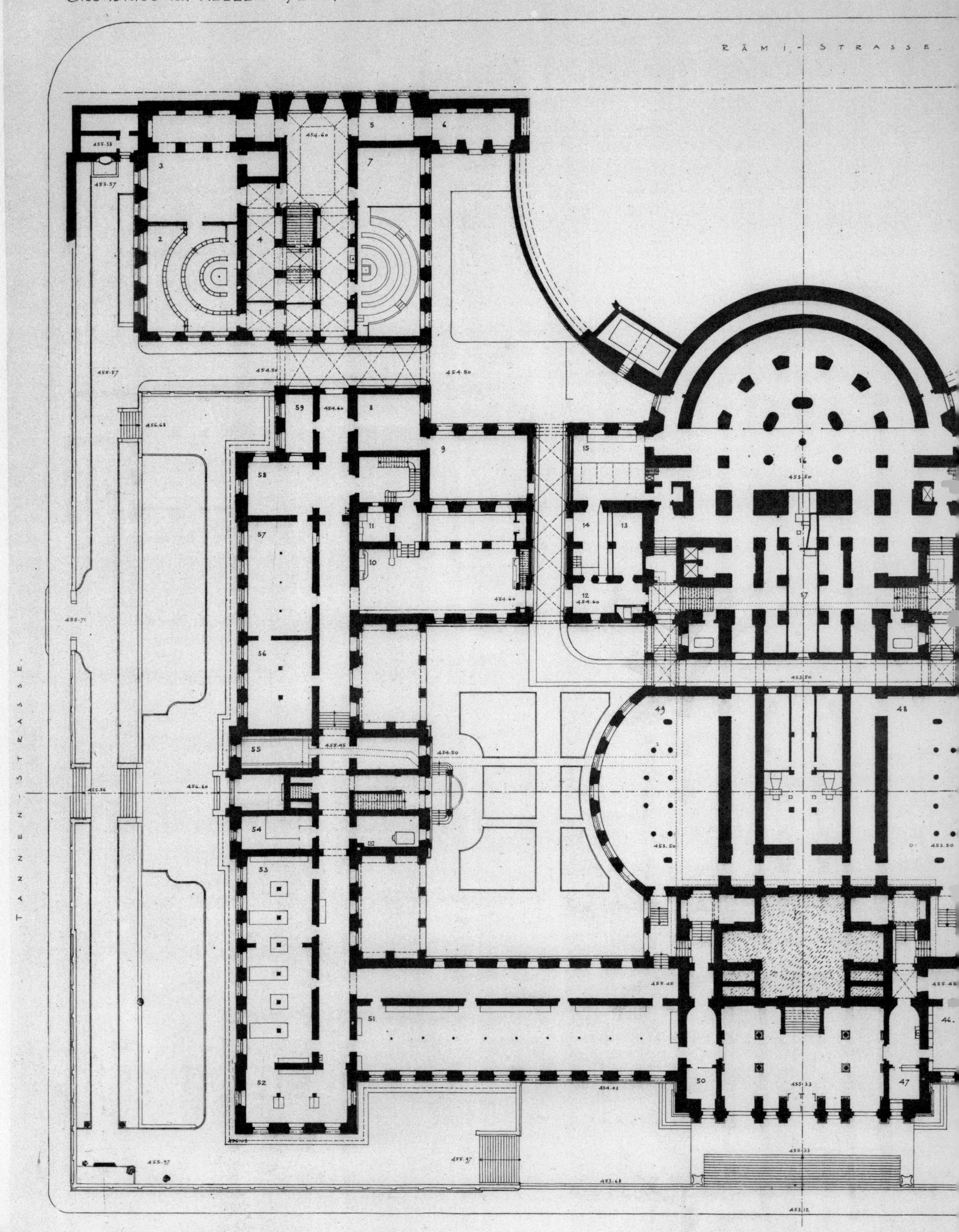

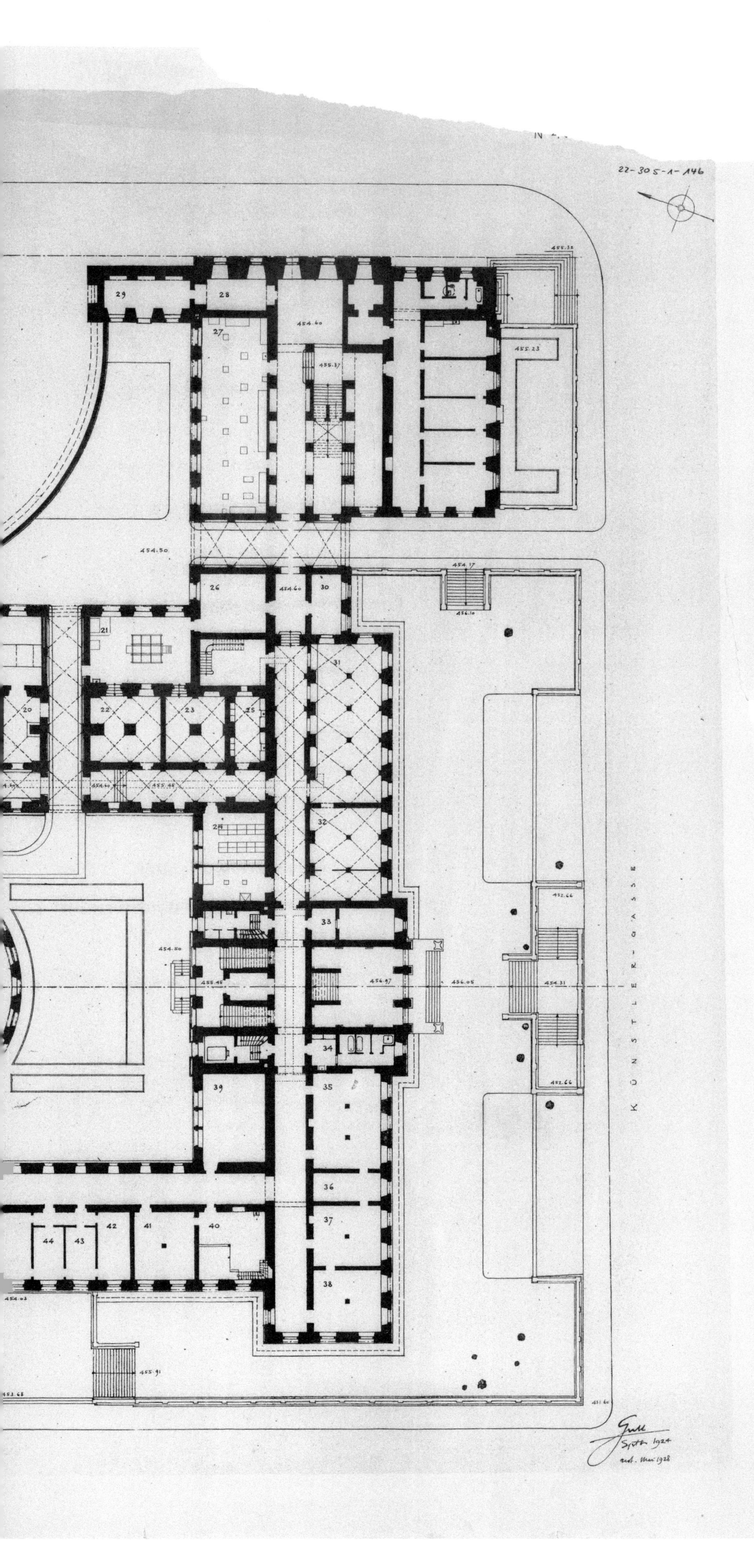

»EIDG. TECHNISCHE HOCHSCHULE
ZÜRICH. HAUPTGEBÄUDE. GRUNDRISS
VOM KELLER.«
Maßstab 1 : 500 (Original 1 : 200)

22-305-1-146 / gta Archiv / ETH Zürich (Nachlass Gustav Gull).
Signatur Gustav Gull, September 1924 / Mai 1928. Pause auf Karton.
79,5 × 101,5 cm.

Der Semperbau besaß in vielen Bereichen nur Punktfundamente und war nicht vollständig durch ein Kellergeschoss unterbaut. Gustav Gull führte mit seinem bergseitigen Zusatzbau nun aufwendige Neugründungen und gewölbte Kellergeschosse ein. Die Höfe wurden abgegraben und durch Durchfahrten erschlossen.

**MODELLSTUDIEN ZUR DACH-
KONSTRUKTION DER ROTUNDE**

22-01-M-5-F-2, 22-01-M-5-F-1, 22-01-M-8-F-3, 22-01-M-4-F-3-N /
gta Archiv / ETH Zürich (Nachlass Gustav Gull). Fotograf unbekannt.
1910er Jahre.

In Modellstudien wurde die städtebauliche Wirkung von Zeltdachkonstruktion und Kuppelbau erprobt, ebenso Varianten der Hofsituation. Die seitlichen Loggien wurden alternativ durch einen Mauerzug mit Kandelabern oder eine zentrale Torsituation ergänzt. Ein sehr aufwendiges Modell belegt, dass sich Gull vor der Realisierung für eine gerippte Kuppelansicht entschied.

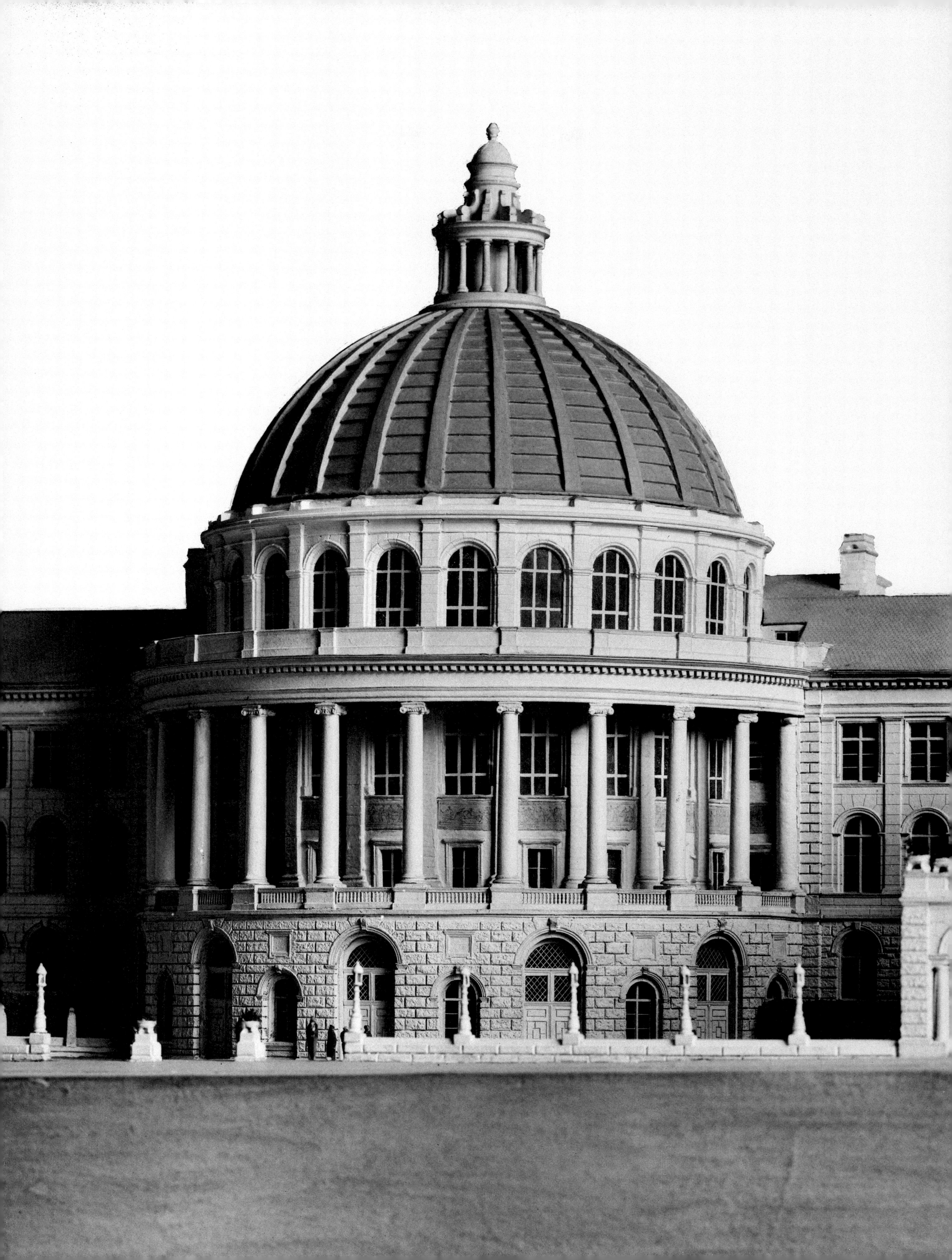

6.13/18

25,0 × 32,0

23.VII.16.

STUDIE ZUR KUPPELNEIGUNG
Originalgröße

22-305-6-13-18 / gta Archiv / ETH Zürich (Nachlass Gustav Gull).
Zeichnung von Gustav Gull (23. Juli 1916) in Bleistift auf Papier. 32,0 x 25,0 cm.

ÜBERLEGUNGEN ZUM ANSCHLUSS DER KUPPEL AN DAS SATTELDACH DER ZENTRALEN HALLE
½ der Originalgröße

22-305-6-15-39 (Ausschnitt) / gta Archiv / ETH Zürich (Nachlass Gustav Gull).
Zeichnung von Gustav Gull (10. März 1917) in Bleistift auf Transparentpapier.
Blatt auf Papier aufgezogen. 31,5 x 25,0 cm.

DACHLANDSCHAFT DES HAUPTGEBÄUDES MIT FLACHER KUPPEL UND FLACH EINGEDECKTER MITTELHALLE
⅔ der Originalgröße

22-305-6-15-40 (Ausschnitt) / gta Archiv / ETH Zürich (Nachlass Gustav Gull).
Zeichnung von Gustav Gull (24. Juni 1917) in Bleistift auf Transparentpapier.
Skizze in Bleistift. Blatt auf Papier aufgezogen. 25,0 x 31,5 cm

Form und Wirkung zunächst flach konzipierter Kuppelschalen über der Rotunde wurden in Vorstudien zeichnerisch erprobt, wie auch die Anschlüsse zur zentralen Halle und den Seitenflügeln. Die sehr flache Kuppel ohne Laterne erscheint aus heutiger Sicht baukörperlich überzeugender als die realisierte Variante. Für den Anschluss an das zuerst geplante Satteldach, das schließlich ähnlich der dritten Skizze flach geneigt ausgeführt wurde, wurde eine verglaste Struktur in Erwägung gezogen.

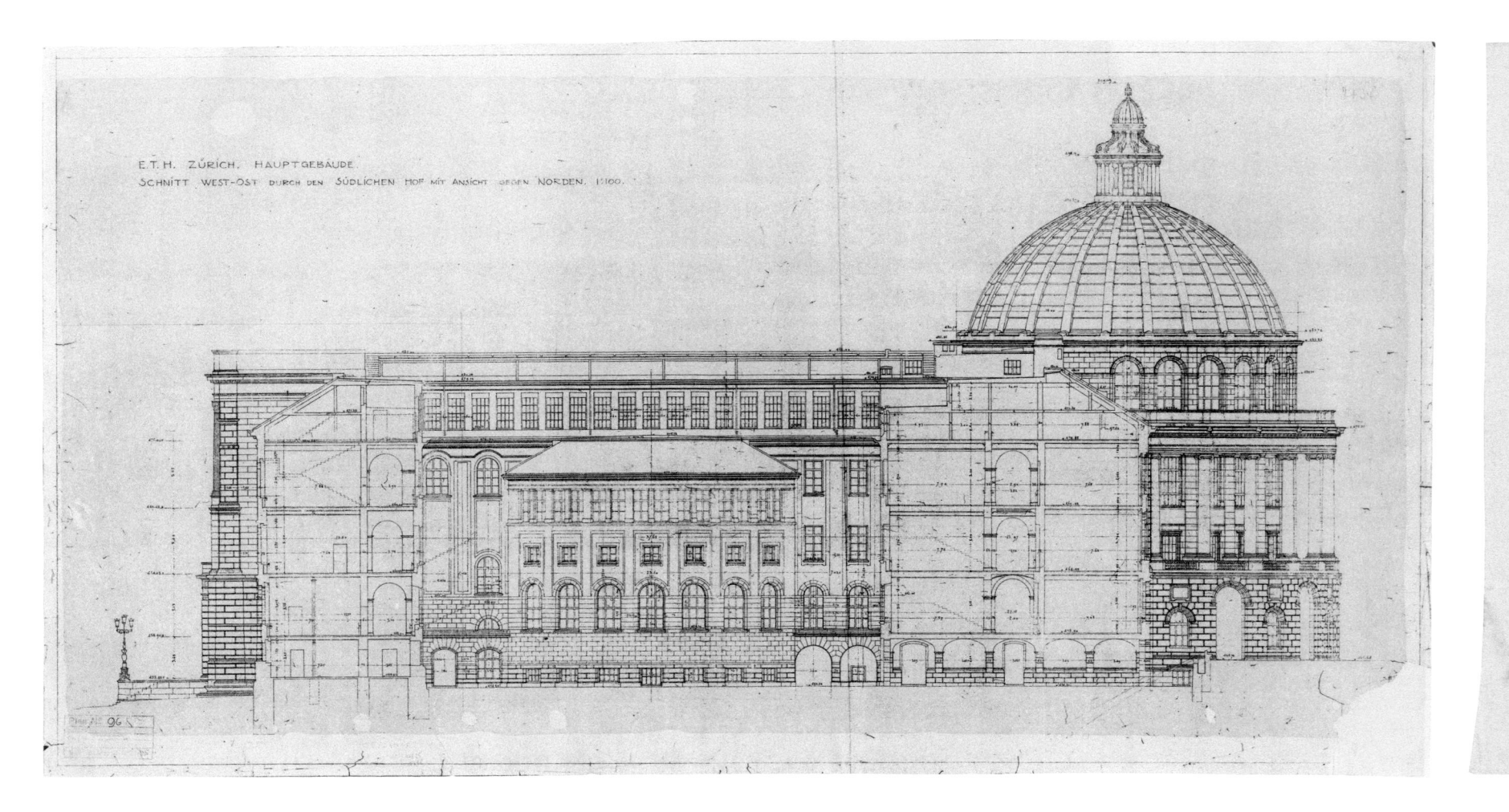

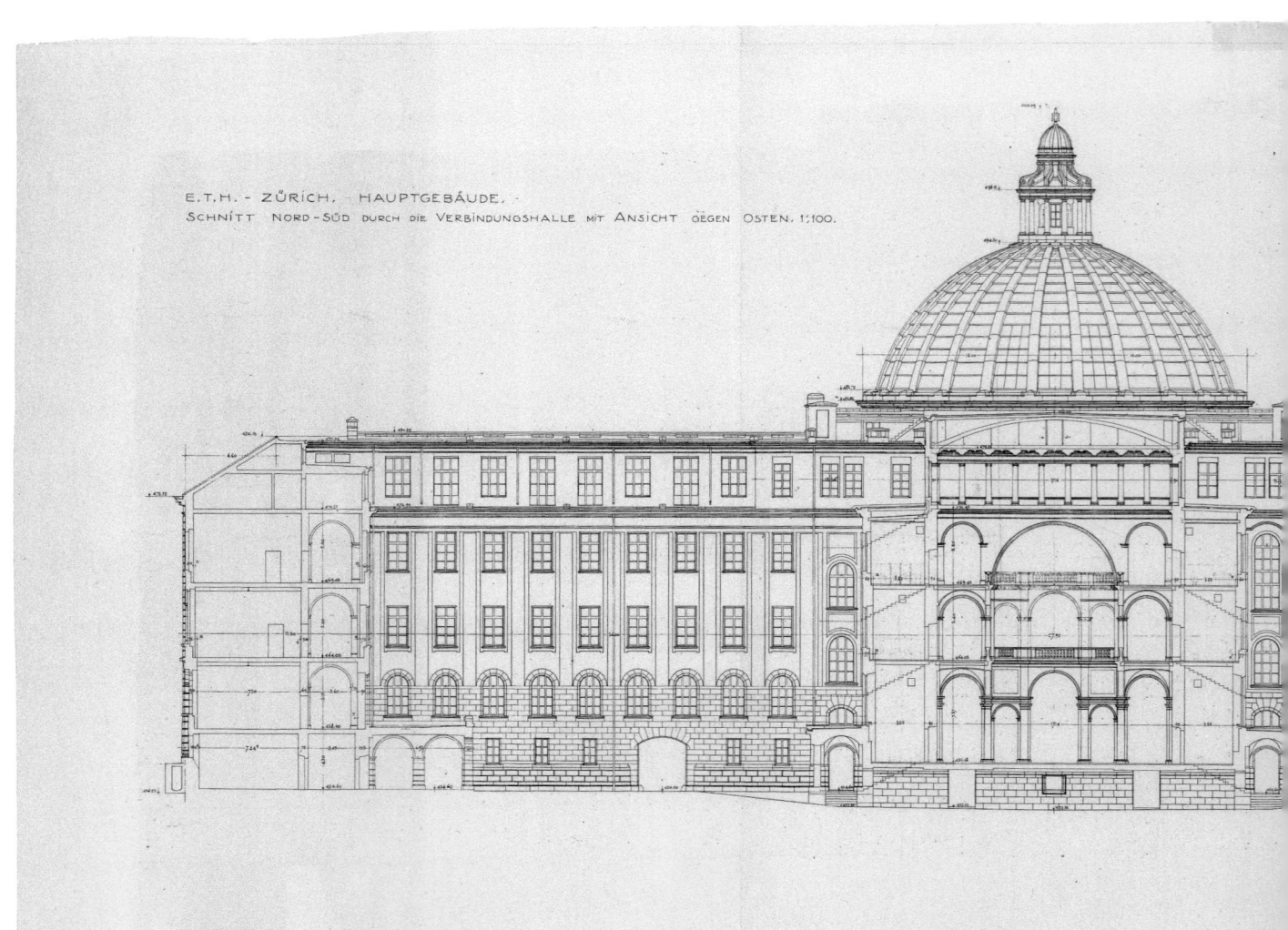

»E.T.H. ZÜRICH. HAUPTGEBÄUDE. SCHNITT
NORD–SÜD DURCH DIE VERBINDUNGS-
HALLE MIT ANSICHT GEGEN OSTEN.«
Maßstab 1 : 500 (Original 1 : 100)

22-305-1-371 / gta Archiv / ETH Zürich (Nachlass Gustav Gull).
Signatur Gustav Gull, Dezember 1918 / Dezember 1919. Pause auf Karton.
71,0 x 148,5 cm.

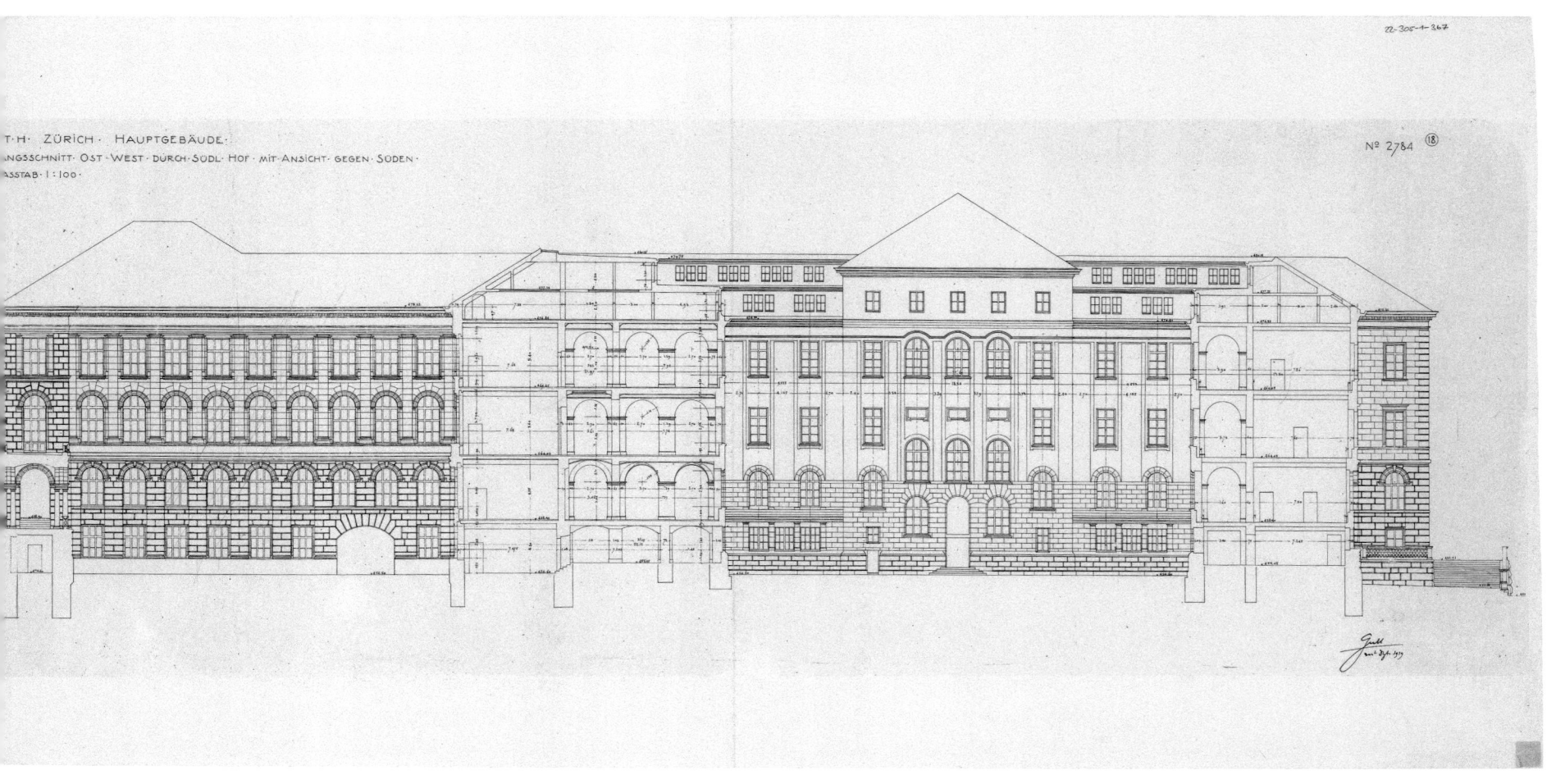

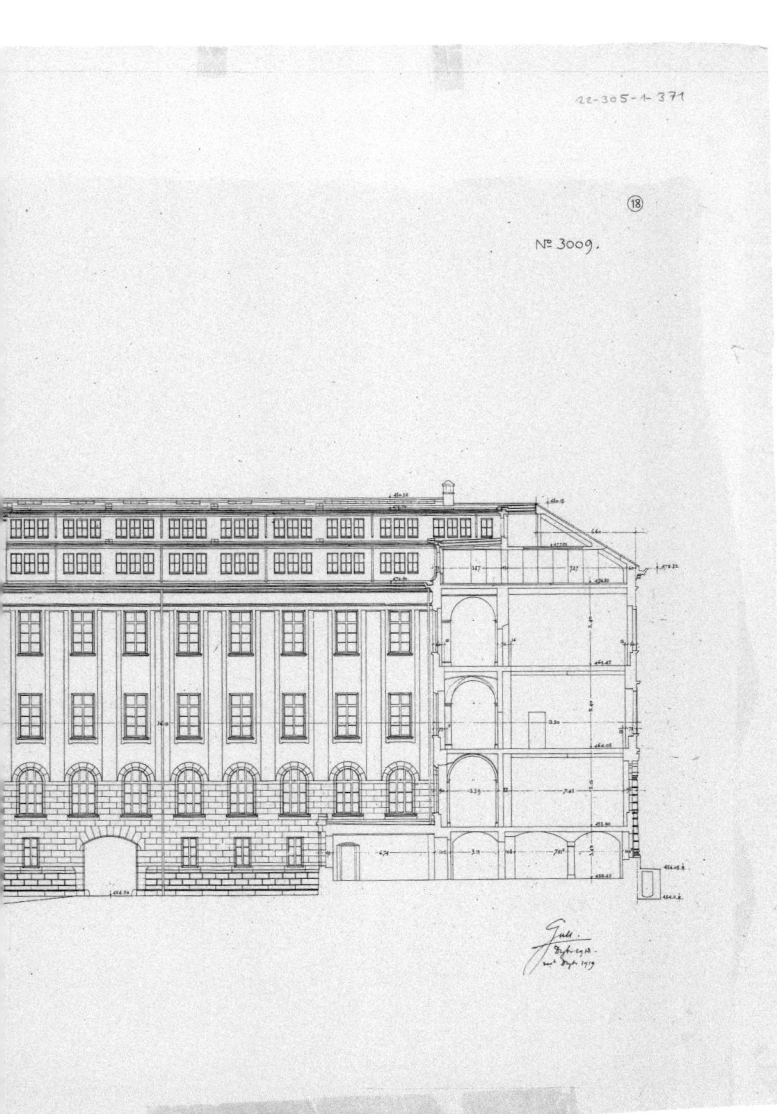

»E.T.H. ZÜRICH. HAUPTGEBÄUDE.
SCHNITT WEST–OST DURCH DEN SÜDLICHEN HOF MIT ANSICHT GEGEN NORDEN.«
Maßstab 1 : 500 (Original 1 : 100)

22-305-1-372 / gta Archiv / ETH Zürich (Nachlass Gustav Gull).
Dezember 1919. Pause auf Papier. 79,0 x 131,0 cm.

»E.T.H. ZÜRICH. HAUPTGEBÄUDE. LÄNGSSCHNITT OST–WEST DURCH SÜDL HOF MIT ANSICHT GEGEN SÜDEN.«
Maßstab 1 : 500 (Original 1 : 100)

22-305-1-367 / gta Archiv / ETH Zürich (Nachlass Gustav Gull).
Signatur Gustav Gull, Dezember 1919. Pause auf Karton. 79,0 x 131,0 cm.

Eine Serie brillant gezeichneter Konstruktionspläne im Maßstab 1 : 100 gibt Schnitte und Ansichten der neuen Baukonstruktionen – hier wird deutlich, dass die Bauvolumina gegenüber dem Semperbau erheblich vergrößert wurden. Zu den Innenhöfen wurden die Dächer abgetreppt, um zwei neuen Dachgeschossen Raum zu geben. Über der nun mehr als dreigeschossigen Haupthalle wird im Bereich eines Obergadens das Bibliotheksgeschoss unter der Kuppel sichtbar, die Langseiten sind befenstert. Die Überdeckung der Haupthalle erfolgt durch einen Bogenträger, der die Flachdächer stützt. Die neue Kuppel überragt und dominiert die Reste des Ursprungsbaus. Unter der symmetrischen Schale, die den Außenraum bestimmt, liegen freilich in drei Hauptgeschossen Raumzuschnitte, die theatralischen Vorbildern folgen. Auditorium und großer Lesesaal sind auf die geraden Stirnseiten zum Inneren des Baus hin orientiert. Der Lesesaal wird durch eine innere Kuppelschale von der Betonkonstruktion der äußeren Kuppel getrennt.

LUFTAUFNAHME DES HOCHSCHUL-
QUARTIERS

Pl_52-X-0023 / ETH-Bibliothek Zürich, Bildarchiv.
Fotograf unbekannt, 1930er Jahre.

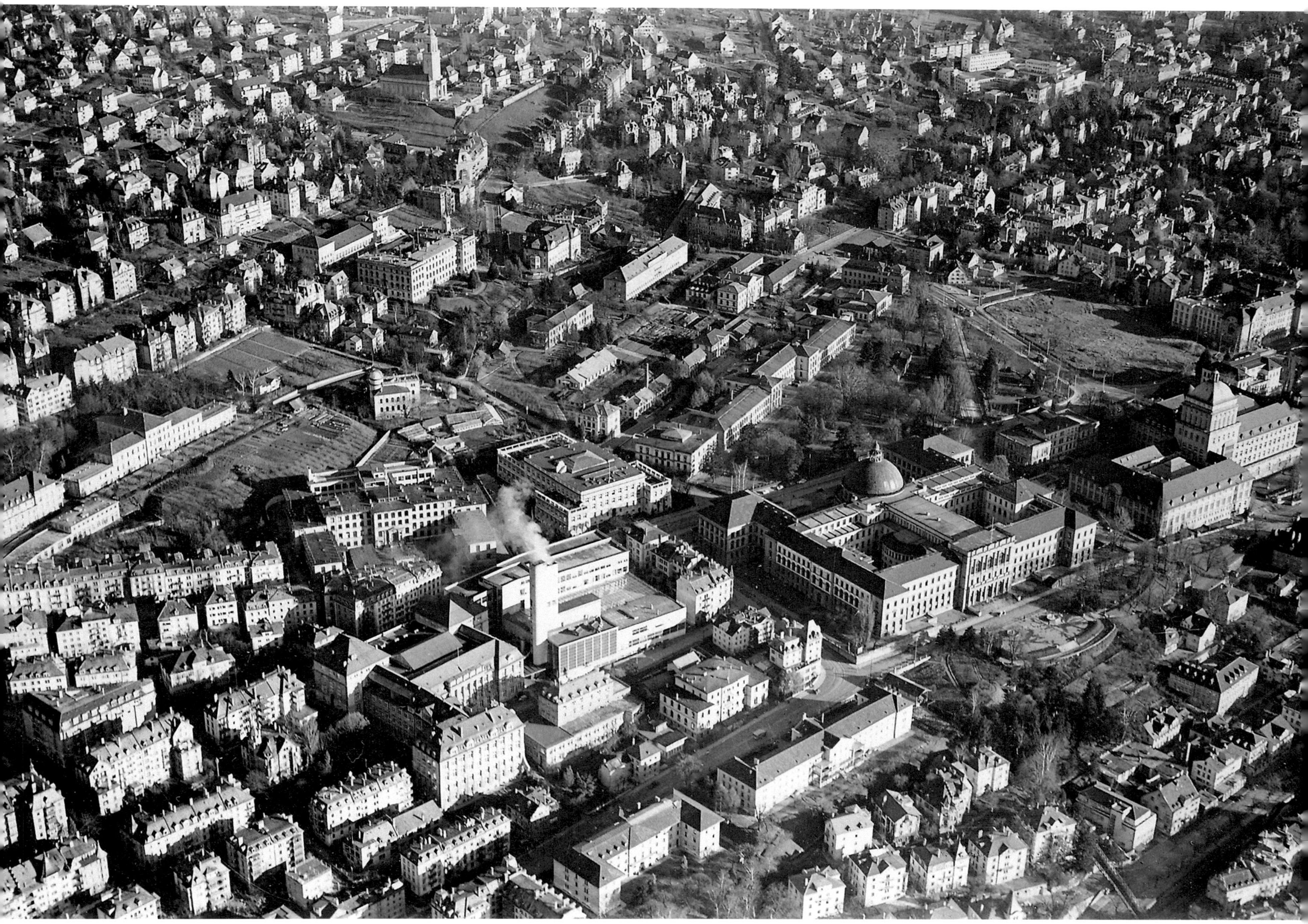

Nº 2627

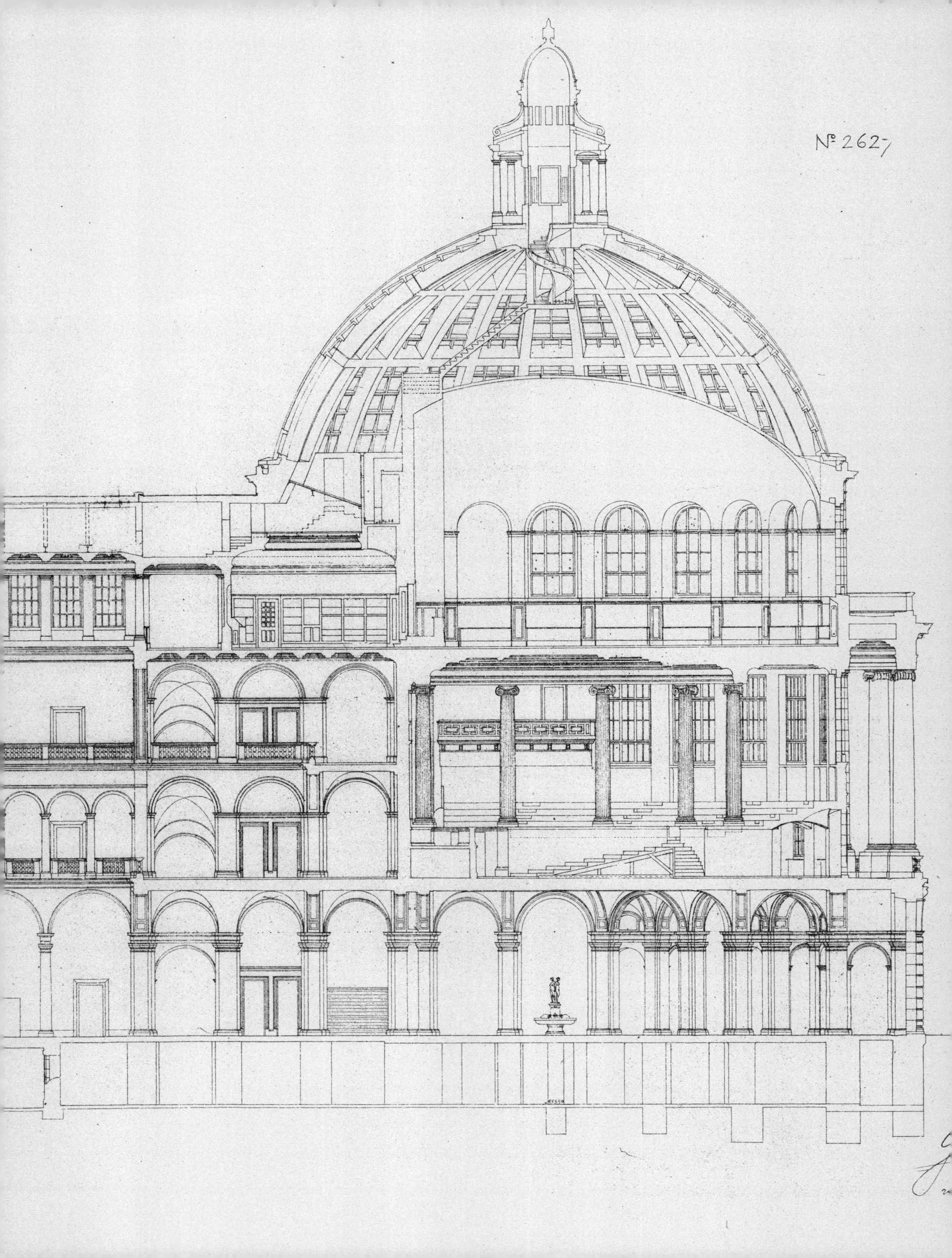

Der Kuppelbau und die grossen Räume

Gegen Ende des 19. Jahrhunderts breitete sich die Stadt Zürich an den Hanglagen des Zürichbergs aus; die Solitäre über der Stadt wurden jetzt kontinuierlich in die Stadtstruktur eingebunden. Gustav Gull entschloss sich, den ursprünglich zur Stadt orientierten Polytechnikumsbau zur Bergseite hin zu öffnen: Während Sempers Hauptfassade zur Stadt im architektonischen Ausdruck weitgehend erhalten blieb, mussten der Chemiebau und die hangseitige Fassade einem neuen repräsentativen Eingang weichen. Gekrönt wurde der Neubau mit einer Kuppel über einer zentralen Rotunde mit Brunnenhalle, Auditorium Maximum und Bibliothek.

Zeigten die Wettbewerbszeichnungen noch ein Zeltdach über der Rotunde (ähnlich Karl Mosers neuer Universität), entschloss sich Gull während der weiteren Bearbeitung aus »ästhetischen als auch aus konstruktiven Gründen«[1] für ein Kuppeldach (**Abb. 2**), dessen Silhouette bereits aus weiter Entfernung den Rundbau andeutet. Eine Ursache für die Planänderung war die Eisenknappheit während des Ersten Weltkriegs: Der ursprünglich als Stahlkonstruktion geplante Dachstuhl wurde deshalb »nach dem Konstruktionsprinzip des grichischen [sic] Marmordaches«[2] aus Stahlbeton errichtet. Eine weitere Ursache mag die Verlagerung des Auditorium Maximum vom dritten in das erste Obergeschoss und die damit einhergehende neue Nutzung des Raums unter dem Dach als Bibliothekslesesaal – mit gewölbter Decke – gewesen sein. Die neue Disposition ermöglichte eine direkte Verbindung des Lesesaals mit dem Katalogzimmer und einem erweiterungsfähigen Büchermagazin, ebenso war eine kreuzungsfreie Wegführung von Publikum und Angestellten möglich.

Hatte die Schalung der Eisenbetondecke über dem Auditorium Maximum noch einen »Wald von hölzernen Stützen erfordert«,[3] kam beim Bau der Kuppel ein anderes Konstruktionssystem zum Einsatz, das nur ein sehr leichtes Gerüst erforderte: 24 armierte Bogenrippen und vier horizontale Ringe trugen vorfabrizierte Deckenplatten aus Beton. Nach dem Versetzen der sich überlappenden Platten wurden diese mit den Hohlräumen der Rippen vergossen und bildeten eine stabile Schale. Vorbilder antiker Dachkonstruktionen sind in der ETH-Kuppel amalgamiert mit Überlegungen zu dünnen Kuppelschalen, wie sie in den frühen Eisenbetonkuppeln bereits realisiert waren; um 1907 zum Beispiel bei Max Littmanns neuer

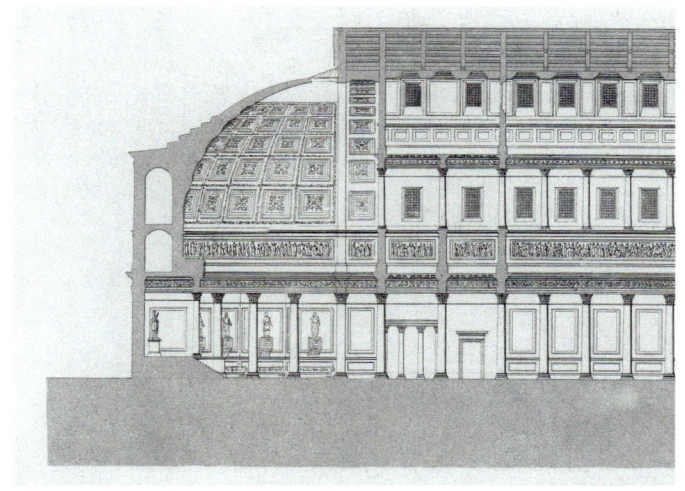

1 Ausschnitt der großen Werkzeichnung Gustav Gulls durch die Räume der Rotunde: unter der Laterne und der Innenkuppel der Lesesaal der Bibliothek, darunter das Auditorium Maximum, im Erdgeschoss die Brunnenhalle. (gta Archiv / ETH Zürich)

2 Skizze von Gustav Gull mit einer flachen Kuppelschale auf der Rotunde, 23. Juli 1916. (gta Archiv / ETH Zürich)

3 Das Interesse für römische Architektur wird durch vielfältige Rekonstruktionszeichnungen antiker Bauten vermittelt, hier das Beispiel der Basilica Ulpia auf den römischen Kaiserforen. (Arachne)

4 Der Bahnhof Köln-Deutz wurde 1911–14 nach den Plänen der Architekten Karl Biecker und Hugo Röttcher erbaut. (Rheinisches Bildarchiv)

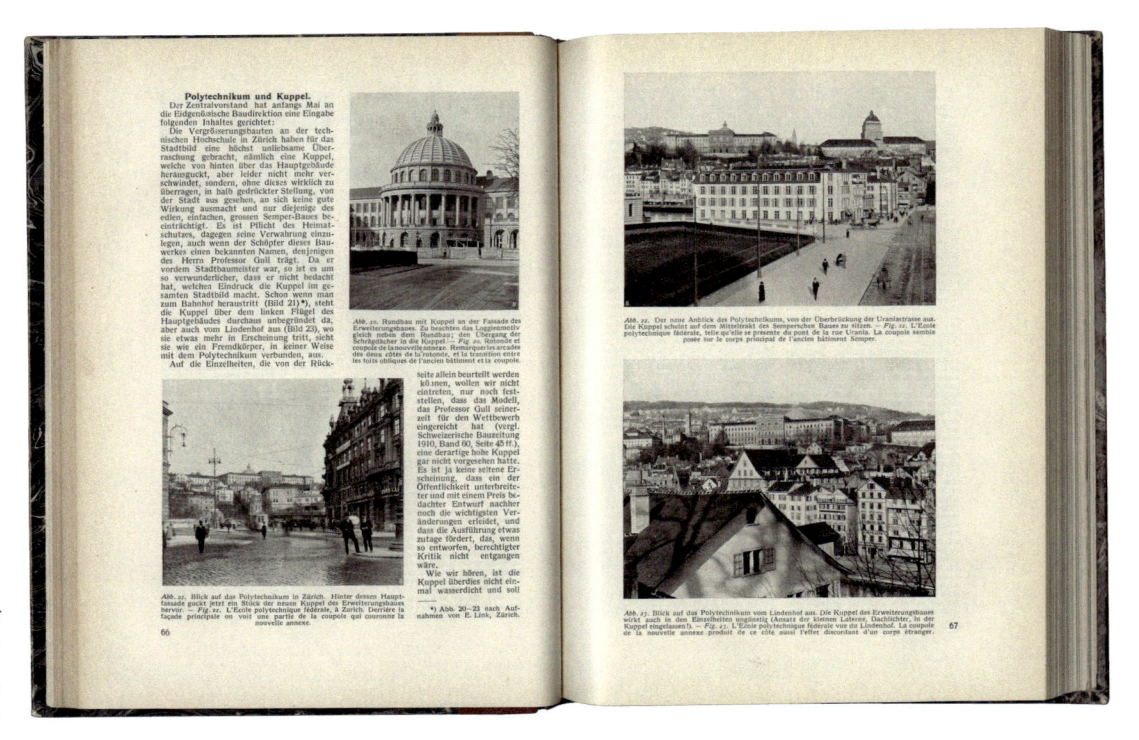

5 Die *Schweizerische Vereinigung für Heimatschutz* forderte in ihrem 1920 erschienenen Artikel *Polytechnikum und Kuppel* die Abtragung der Kuppel Gulls.

anatomischer Anstalt in München mit 22 Metern Spannweite, die Zürcher Kuppel überspannt 26 Meter.

Während des Bauvorgangs hatte Gull mit Dichtigkeitsproblemen der exponierten Rippenkonstruktion zu kämpfen und spürte starken Gegenwind von der Schweizerischen Vereinigung für Heimatschutz,[4] die in der Erweiterung eine »höchst unliebsame Ueberraschung« sah und um »Prüfung der Abtragung der Kuppel und die Errichtung eines Zeltdaches« bat (**Abb. 5**).[5] Obwohl auch Gull bemerkte, dass die Kuppel »zu hart und auch zu grob im Verhältnis zu der formalen Durchbildung der Fassaden und der Kuppellaterne« wirkte, was ihm »leider am Modell 1:100 noch nicht störend aufgefallen war«,[6] ließ er sich nicht auf weitere Diskussionen um einen Abbruch ein. Gull ließ die Kuppel schließlich mit den 1916 für das Dach des Mittelbaus angekauften Ziegeln eindecken und kommentierte: »Ich verehre Semper als den grössten Architekten des XIX. Jahrhunderts und bin überzeugt, dass er mir in dieser Frage voll Absolution gewähren würde.«[7]

Der Lesesaal der Bibliothek mit einer Grundfläche von 415 m^2 bot Platz für 174 Sitzplätze, unter den hochgelegenen Fenstern der gerundeten Außenwand befanden sich Gestelle für Nachschlagewerke und Zeitschriften, an der geraden Eingangswand der erhöhte Sitzplatz des Aufsichtsbeamten, rechts und links von ihm Zettelkataloge.[8] Die langen Bibliothekstische mit Tischlampen waren schon zur Mitte des 19. Jahrhunderts üblich, zum Beispiel in dem 1868 eröffneten großen Lesesaal der *Bibliothèque nationale de France* nach Plänen Henri Labroustes. Im Inneren verwehrte Gull dem Besucher den Blick auf die rohe Kuppelkonstruktion, der Raum wurde stattdessen – konstruktiv-architektonischen Überlegungen der Zeit entsprechend – durch eine abgehängte Innenkuppelschale in Monier-Bauweise[9] ge-

fasst. Der Zwischenraum der beiden Kuppeln war durch eine am Schlussring abgehängte Wendeltreppe erschlossen, »über welche man zu der von zwölf Säulen getragenen Kuppellaterne gelangt, von der aus man eine einzigartige herrliche Aussicht geniesst«.[10]

Die Schildwand zwischen Lesesaal und Vorräumen sollte ursprünglich mit Gemälden geschmückt werden. Entwurfsvarianten für Wandbilder zeigen Perspektiven eines zweiten halbkreisförmigen Innenraums, der von einer auf Rundbogenarkaden liegenden Kuppel mit kleinteiligen Kassetten gedeckt wird. Zwischen dem realen Bibliothekssaal und der fiktiven Raumerweiterung inszenierte Gull eine Durchdringung gestaffelter Raumkompartimente. Zahlreiche Figuren, die sich im Bild auf der Empore über den Schränken versammeln, nivellieren die räumliche Grenze, über der Emporenmauer sind Tücher drapiert, hinter den Kolonnaden erweitert schließlich ein Bergpanorama szenisch den Raum in die Landschaft. Die komplizierte Bemalung der Verschneidung von gewölbter Kuppeluntersicht und flacher Stirnwand mit einem illusionistischen Bild hatte Gull bereits während einer Italienreise studiert, in seinem Skizzenbuch sind Studien zum *Letzten Abendmahl* von Andrea del Sarto in San Salvi, Florenz erhalten (**Abb. 6**).

6 In Italien hielt Gustav Gull vielfältige Eindrücke in Skizzenbüchern fest, eine Zeichnung vom 23. Oktober 1883 zeigt das *Letzte Abendmahl* von Andrea del Sarto in der Chiesa di San Salvi, Florenz. (gta Archiv / ETH Zürich)

1 Brief von Gustav Gull an die Direktion der eidgenössischen Bauten, 3. Juni 1920 (Bundesarchiv Bern, CH-BAR#E3240A#1000/745#40*, Az. 2–05).

2 Brief von Gustav Gull an den Präsidenten des schweiz. Schulrats, Robert Gnehm, 18. November 1920 (Bundesarchiv Bern, CH-BAR# E3240A#1000/745#40*, Az. 2–05).

3 Gull, Gustav: Baubericht, in: Eidgenössische Technische Hochschule (Hg.): Festschrift zum 75jährigen Bestehen der Eidgenössischen Technischen Hochschule in Zürich. Zürich 1930, S. 58–95, hier S. 77.

4 Die Kontroverse ist in der Zeitschrift *Heimatschutz* und der *Schweizerischen Bauzeitung* dokumentiert: Anonym [Lang, Ernst; Börlin, Gerhard]: Polytechnikum und Kuppel, in: Heimatschutz 15 (1920), S. 66–68; Jegher, August: Zur Kuppel der Eidg. Technischen Hochschule, in: Schweizerische Bauzeitung 75 (1920), S. 281–283; Vorstand der Schweiz. Vereinigung für Heimatschutz; Weber, [Oskar]; Gull, Gustav: Die Kuppel des Polytechnikums, in: Heimatschutz 15 (1920), S. 85–86; Jegher, August: Zur Kuppel der Eidg. Techn. Hochschule, in: Schweizerische Bauzeitung 76 (1920), S. 92–93; Mousson, Fritz; Jegher, Carl: Gesellschaft ehemaliger Studierender der Eidgenössischen Technischen Hochschule in Zürich. Eingabe betr. die Kuppel der E.T.H., in: Schweizerische Bauzeitung 76 (1920), S. 106; Chuard, Ernest: Antwort zur Eingabe betr. die Kuppel der E.T.H., in: Schweizerische Bauzeitung 76 (1920), S. 292. Die entsprechenden Korrespondenzen sind im Schweizerischen Bundesarchiv erhalten (Bundesarchiv Bern, CH-BAR#E3240 A#1000/745#40*, Az. 2–05, Polytechnikum, Zürich, 1902–1923).

5 Brief von Ernst Lang und Gerhard Börlin im Namen der Schweizerischen Vereinigung für Heimatschutz an die Eidgenössische Baudirektion Bern, 7. Mai 1920 (Bundesarchiv Bern, CH-BAR#E3240A# 1000/745#40*, Az. 2–05).

6 Brief von Gustav Gull an den Präsidenten des schweiz. Schulrats, Robert Gnehm, 18. November 1920 (wie Anm. 2).

7 Brief von Gustav Gull an die Direktion der eidgenössischen Bauten, 3. Juni 1920 (wie Anm. 1).

8 Gull 1930 (wie Anm. 3), S. 76.

9 »Die Monier-Bauweise ist sowohl für Platten wie auch für Gewölbe angewendet worden. Die Eiseneinlage besteht hier aus 8–10 mm starken Rundeisenstäben, welche in Abständen von 10–12 cm liegen und senkrecht von schwächeren Stäben gekreuzt und zu einem Netz verbunden werden. Dieses Netz ist an die Zugseite der Tragkörper zu legen; bei Gewölben wird es auf der Schalung ausgelegt und vor der Betonierung durch untergeschobene 3–5 cm hohe Klötzchen so weit gehoben, daß es vollständig von Beton eingehüllt wird.« (Lueger, Otto: Lexikon der gesamten Technik und ihrer Hilfswissenschaften, Bd. 1. Stuttgart/Leipzig 1904, S. 737–739).

10 Gull 1930 (wie Anm. 3), S. 77.

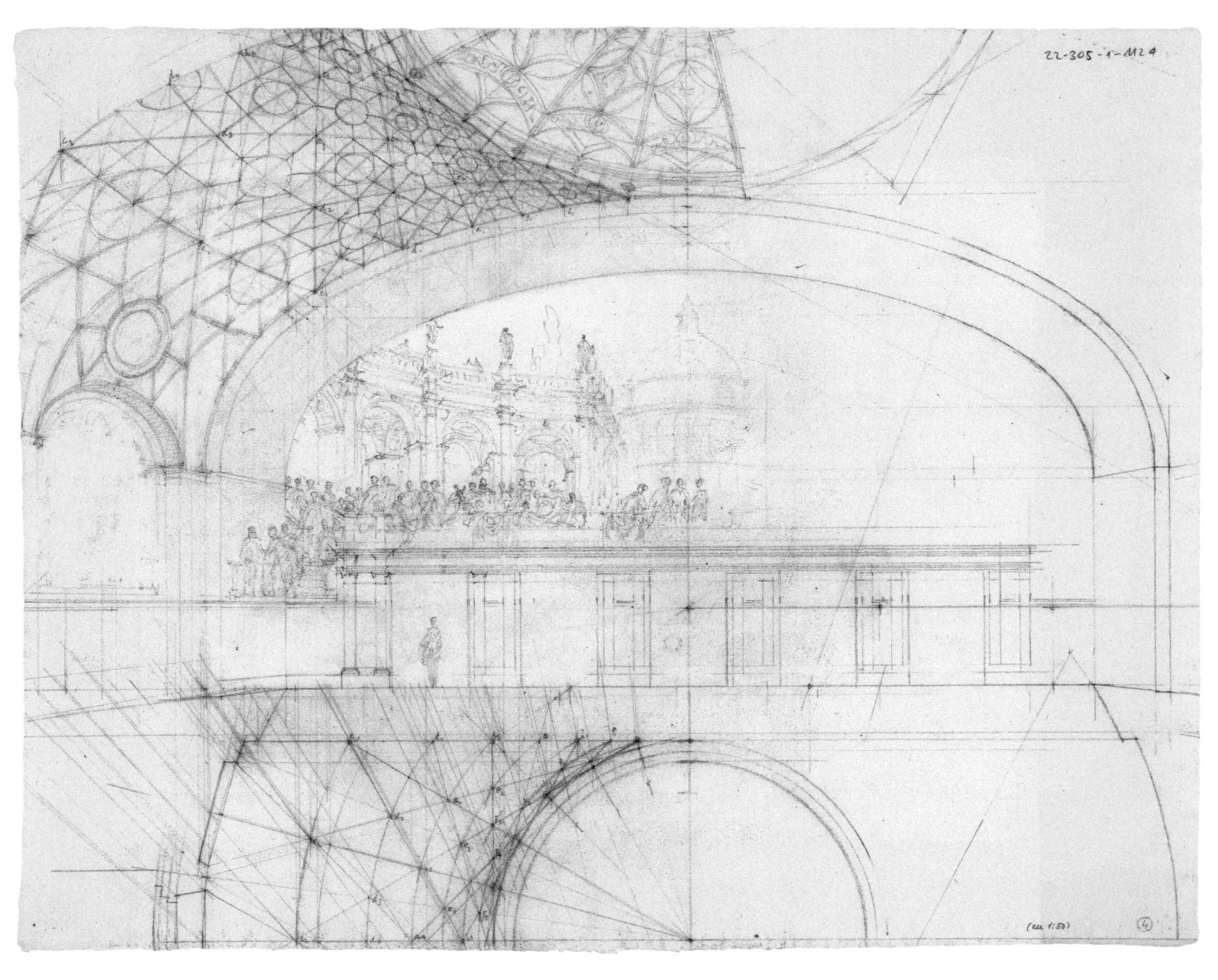

**PERSPEKTIVISCHE KONSTRUKTION
DES KUPPELRAUMS**
⅓ der Originalgröße

22-305-1-1124 / gta Archiv / ETH Zürich (Nachlass Gustav Gull).
Zeichnung in Bleistift auf Papier. 47,7 x 61,8 cm.

**STUDIE ZUR VERSCHNEIDUNG VON
WÖLBGRATEN UND BOGENFELDERN**
Ohne Maßstab

22-305-6-15-14 / gta Archiv / ETH Zürich (Nachlass Gustav Gull).
Zeichnung von Gustav Gull (2. Oktober 1916) in Bleistift auf Papier.
31,6 x 25,0 cm.

»E.T.H. GROSSER LESESAAL«
Ohne Maßstab

22-305-6-15-19 / gta Archiv / ETH Zürich (Nachlass Gustav Gull).
Zeichnung von Gustav Gull (2. Oktober 1916) in Bleistift auf Papier;
grau aquarelliert. 32,0 x 25,0 cm.

Gull konstruierte die Schautafeln des Kuppelraums als Zentralperspektiven, der vorliegende Aufriss war vermutlich Grundlage für die Varianten. Die komplizierten Anschlüsse der Kuppeluntersicht an die Bogenfelder der Rotunde und die flache Stirnwand wollte Gull ursprünglich raumillusionistisch nutzen. In mehreren Skizzen erprobte er die räumliche Wirkung der Verschneidung von Wölbgraten und Bogenfeldern. An der Stirnwand des großen Lesesaals ist eine Architekturvedute mit einem Kuppelbau skizziert. Vom 2. Oktober 1916 datiert eine großartige perspektivische Skizze Gulls, in der er den Lesesaal der Bibliothek noch mit einer Glaskuppel imaginiert, in den räumlichen Überlegungen wohl noch der Skizzenreihe für eine Kuppel ohne Laterne zugehörig. Die Abtrennung zum hier bereits geplanten Katalograum ist – wie später realisiert – durch verglaste hölzerne Täfer gedacht. Das malerische Bildprogramm zeigt Großfiguren der Musen, in einer Bleistiftschrift am Rand des Blatts lesen wir: »Glaskuppel, Bleiverglasung, ganz wenig Farbe in den Rippen: Decke […] weiß, grau, gelb, (gold). Uhr, Stundenglocke, Viertelst. Glocke. In Malerei: die 9 Musen: Klio, Rühmende; Euterpe, Erfreuende; Thalia, Blühende; Melpomene, Singende; Terpsichore, Tanzende; Erato, Liebliche; Polyhymnia, Liederreiche; Urania, Himmlische; Kalliope, Schönstimmige. […]«

E.T.H.
Grosser Lesesaal

2.X.16

6.15/19

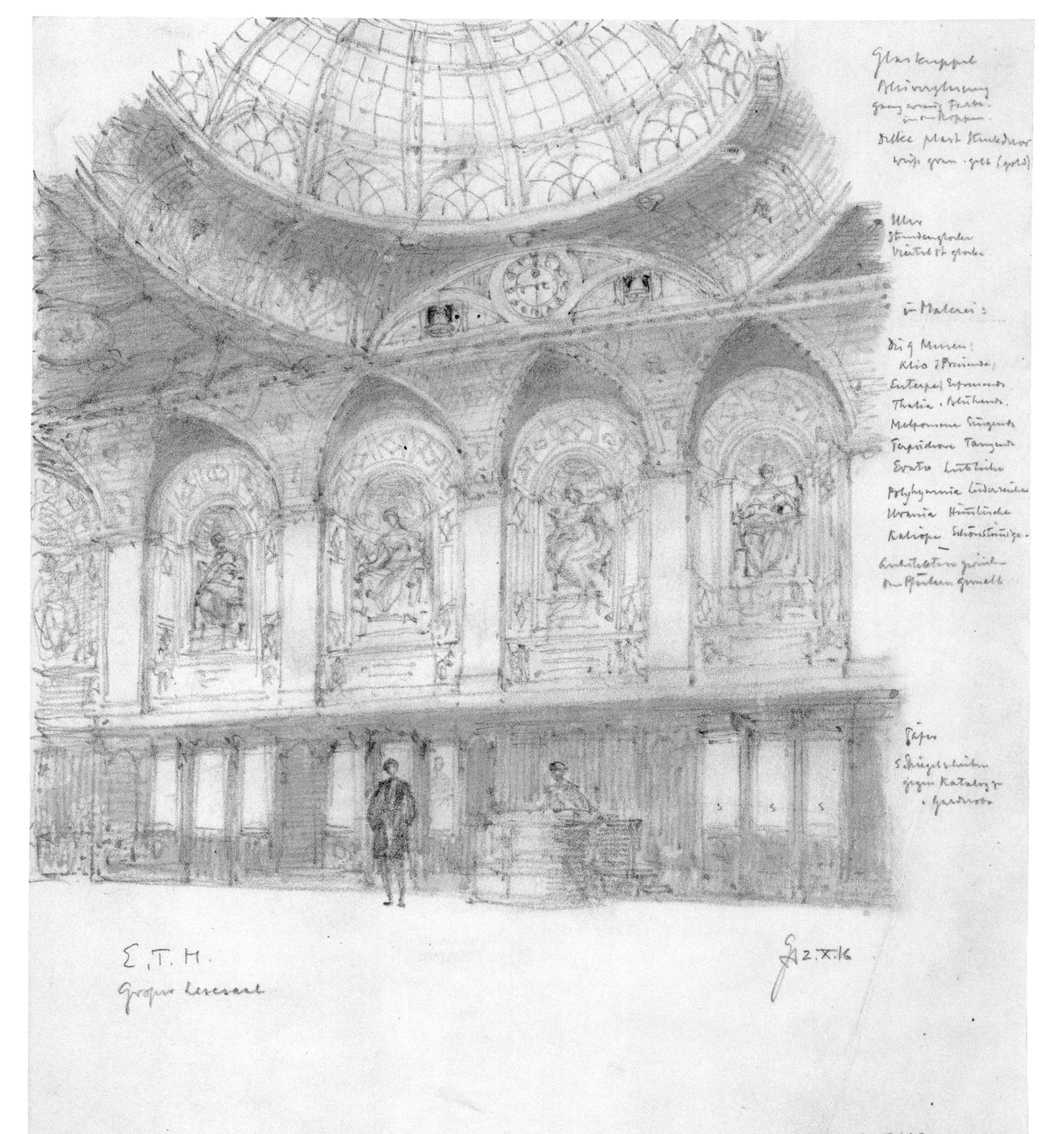

25,0 × 32,0

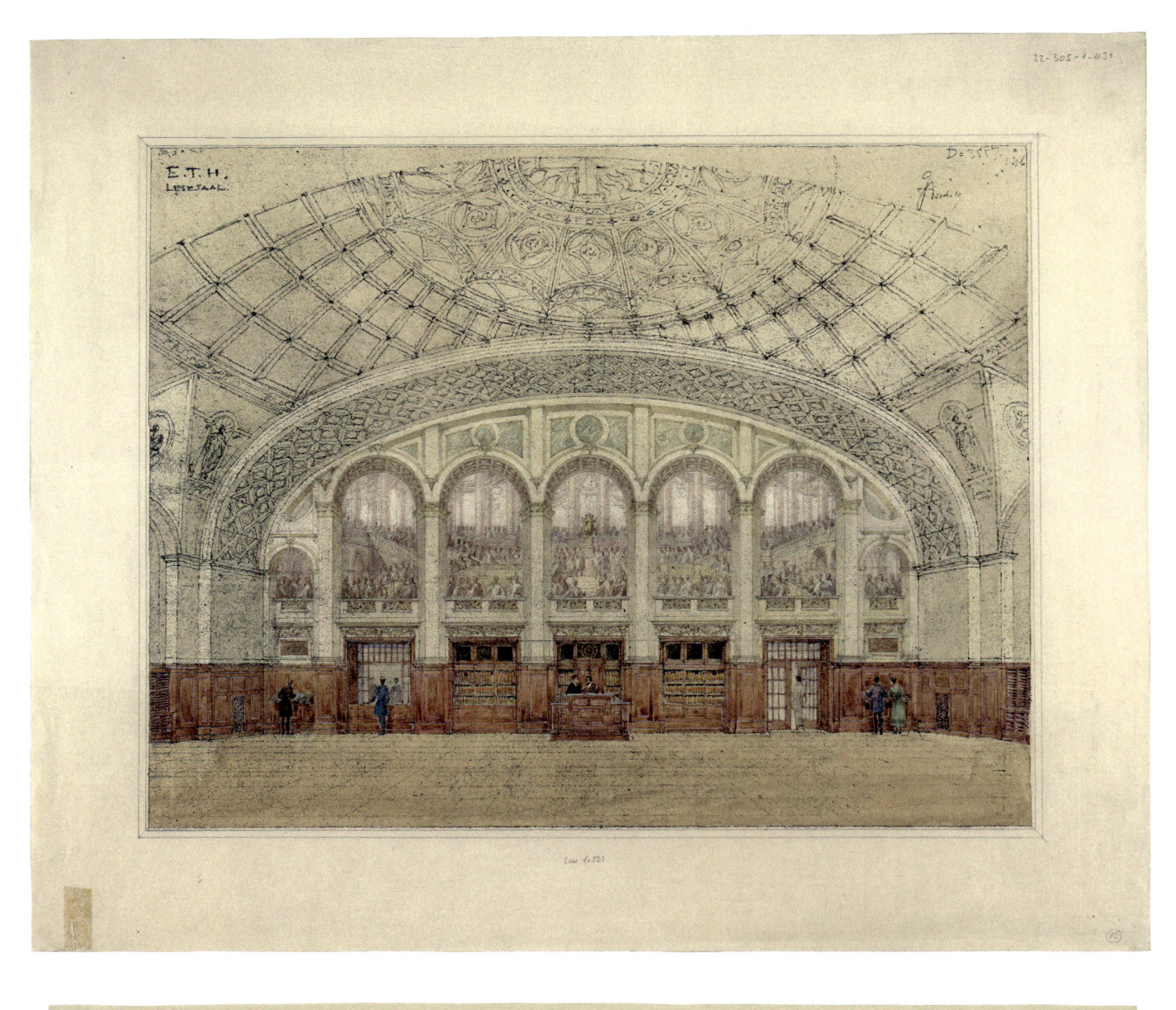

»E.T.H. LESESAAL«
¼ der Originalgröße

22-305-1-1131-2 / gta Archiv / ETH Zürich (Nachlass Gustav Gull). Signatur Gustav Gull, November 1919. Pause und Zeichnung in Bleistift auf Karton; beige, braun, gelb, grau, grün und rot aquarelliert. 58,4 x 71,9 cm.

»E.T.H. LESESAAL«
¼ der Originalgröße

22-305-1-1132-2 / gta Archiv / ETH Zürich (Nachlass Gustav Gull). Signatur Gustav Gull, November 1919. Pause und Zeichnung in Bleistift auf Karton; beige, braun, gelb, grau, grün und rot aquarelliert. 59,4 x 70,0 cm.

ILLUSIONISTISCHER BLICK IN EINE TEMPELANLAGE DES ANTIKEN GRIECHENLANDS
Originalgröße

22-305-1-1133 (Ausschnitt) / gta Archiv / ETH Zürich (Nachlass Gustav Gull). November 1919. Pause und Zeichnung in Bleistift auf Karton; beige, blau, braun, gelb, grau, grün und rot aquarelliert. 56,4 x 73,5 cm.

Drei aquarellierte Schautafeln mit Blick auf die Stirnseite des großen Lesesaals gleichen sich in den Überlegungen für die architektonischen Lösungen, geben aber verschiedene Bildprogramme für die große Stirnwand. Eine Variante zeigt den durch Rundbögen gefassten Blick in ein spektakuläres Theater mit Emporen und offenen Treppenräumen. Auf einer zentralen Plattform ist die Figurengruppe der drei Grazien zu erkennen, in der humanistischen Ikonographie des 19. Jahrhunderts Sinnbilder von Anmut, Schönheit und Inspiration. Im zweiten Bild wird eine zweite Kassettenkuppel durch einen umlaufenden Bogengang getragen, im Hintergrund wiederum Berge. Die Wandfüllungen über den Bücherschränken sind mit Namen wichtiger Autoren beschriftet: »Goethe, Schiller, Lessing, Keller, Gotthelf, Meyer, Racine, Molière, Voltaire […], Plinius, Tacitus, […] Livius, Cicero, Plautus, Virgil, […] Terenz, Horaz, Ovid« etc. Eine dritte Architekturkulisse versetzt den Betrachter zurück in eine von Säulenhallen umgebene Tempelanlage des antiken Griechenlands. Eine gemalte Versammlung auf der Empore wohnt offenbar einer Prüfung bei, der Eintritt in die Gelehrtenwelt im Moment des Examens wird hier in metaphorischer Weise als Bildprogramm aufgerufen. In der Cella des mittleren Tempels ist schemenhaft eine Athena dargestellt, die Bergkette im Hintergrund ist vielleicht Anspielung auf den Parnass, Sitz Apollons und Heimat der Musen.

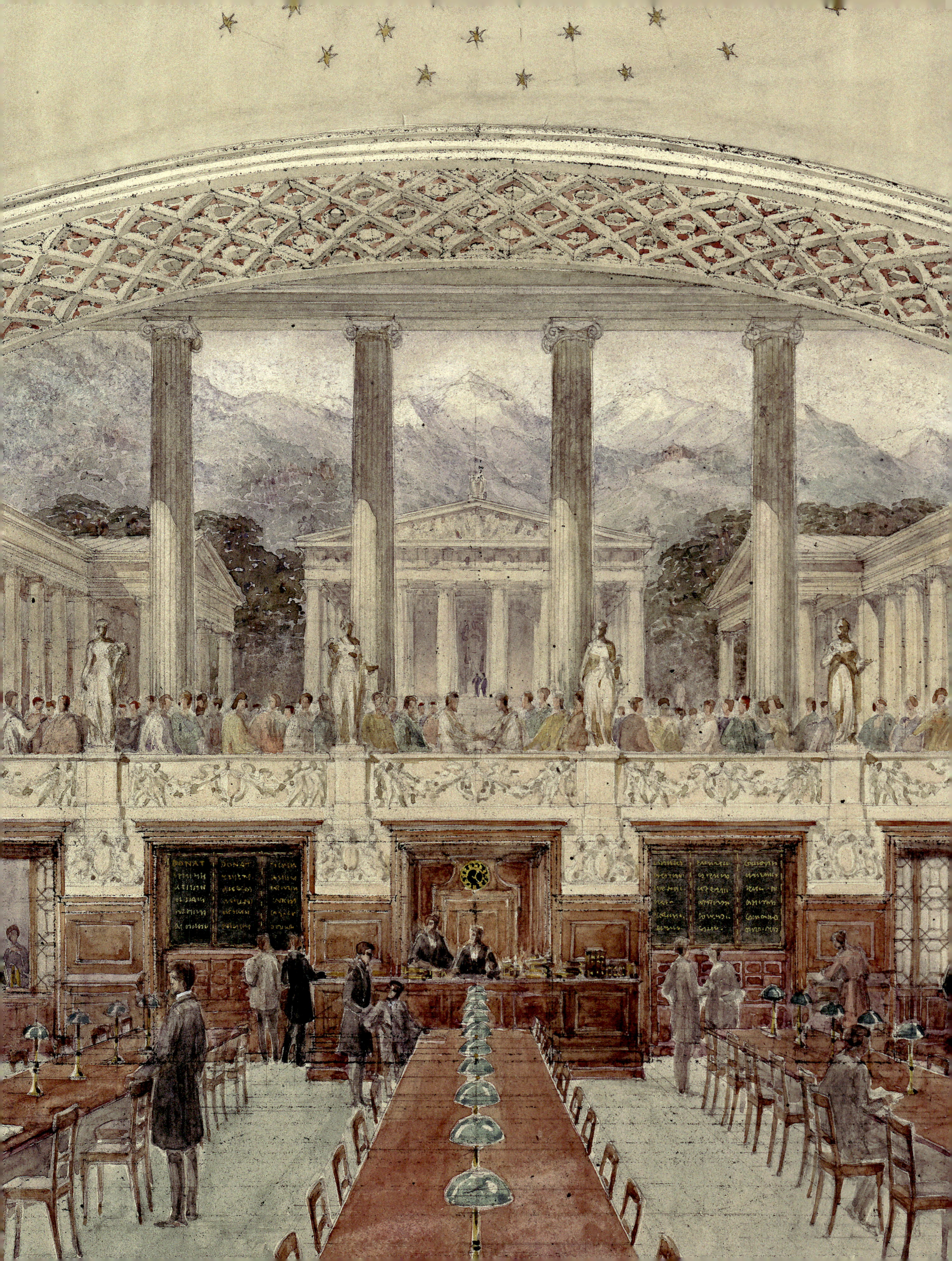

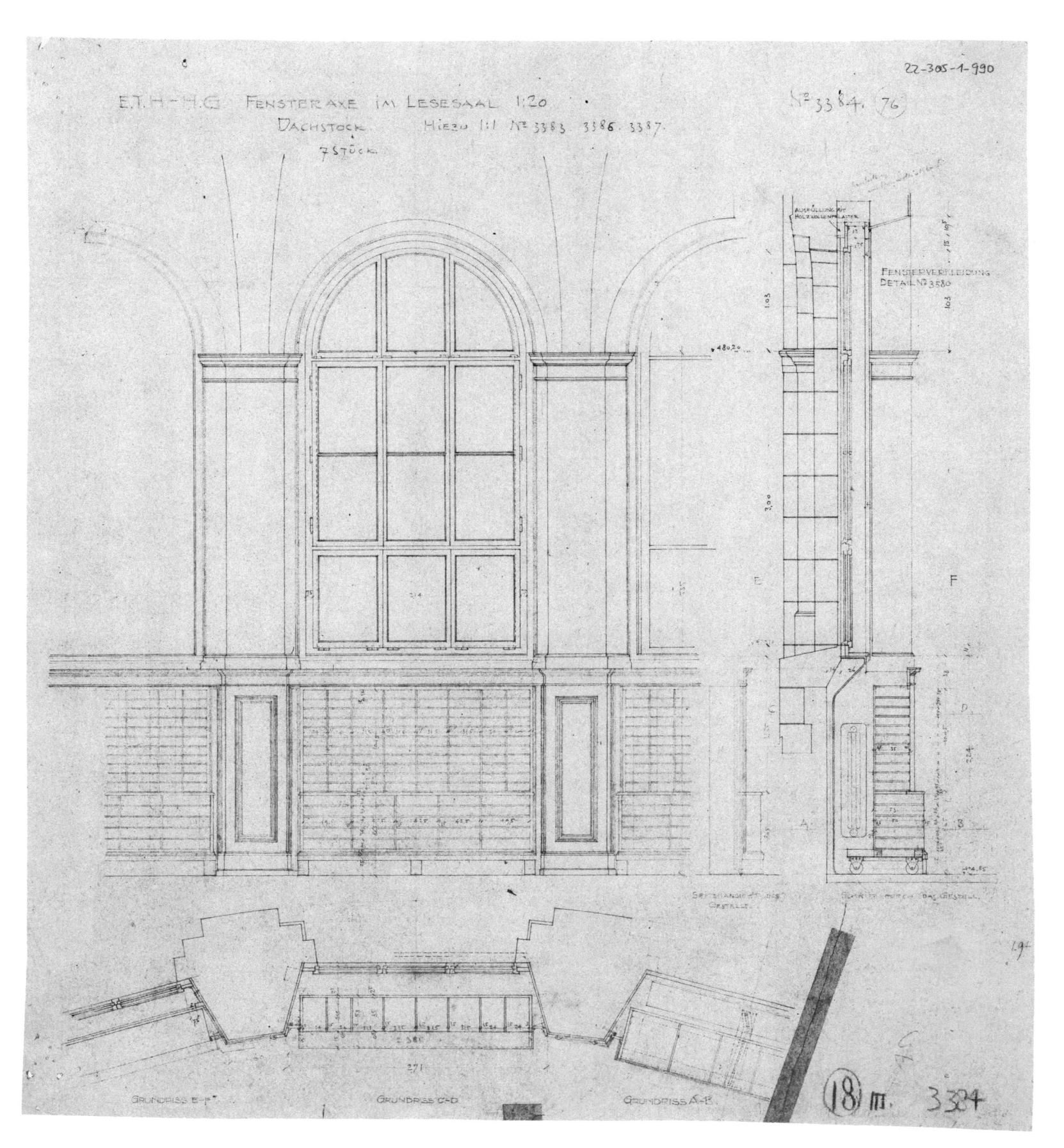

»E.T.H.-H.G. FENSTERAXE IM LESESAAL. DACHSTOCK.«
Maßstab 1:50 (Original 1:20)

22-305-1-990 / gta Archiv / ETH Zürich (Nachlass Gustav Gull).
Signatur Gustav Gull. Pause auf Papier. 55,5 x 52,0 cm.

»ETH. HAUPTBAU. BÜCHERAUSGABE.«
Maßstab 1:50 / 1:125 (Original 1:20 / 1:50)

22-305-1-531 / gta Archiv / ETH Zürich (Nachlass Gustav Gull).
Signatur Gustav Gull. Pause auf Papier. 55,5 x 70,5 cm.

Der Werkplan im Maßstab 1:20 gibt eine Wandansicht der Bogenfenster des Lesesaals mit aufgehenden Wölbstrukturen. Im Schnitt wird deutlich, dass die Regalmöbel im Bereich der Brüstungen auf Rollen gelagert waren, dahinter sind Heizkörper montiert. Zwischen dem Lesesaal und der Haupthalle war ein Katalogsaal mit Oberlicht angeordnet, der rechte Plan verbindet Wandabwicklungen im Maßstab 1:50 mit Grundrissen 1:20 und 1:50.

TBAU. BÜCHERAUSGABE. M. 1:20 u. M. 1:50. No 3600.

SCHNITT A-B DURCH DIE BÜCHERAUSGABE

FÜR DIE SCHREIBPULTE SIEHE DET.
N° 3621 U. 3622

SCHNITT B-A MIT ANSICHT GEGEN DEN KATALOGSAAL

KATALOGSAAL. ANSICHT GEG. D. BÜCHERAUSGABE. KORRIDOR.

SCHNITT C-D.
DURCH DIE BÜCHERAUSGABE

SCHNITT E-F. KATALOGSAAL.

N.B. DIE SÄMTLICHEN MASSE SIND
GENAU ZU KONTROLIEREN.

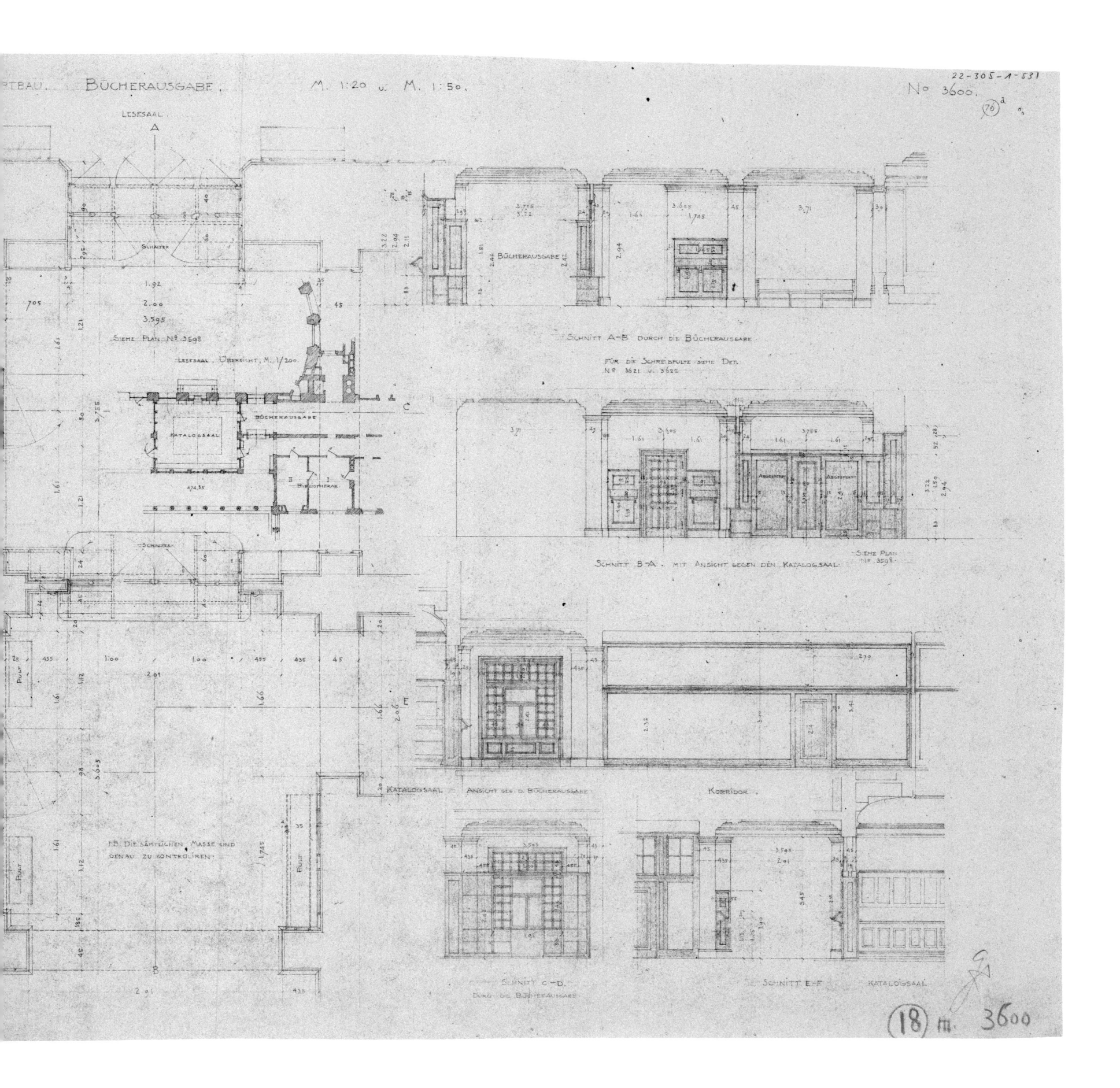

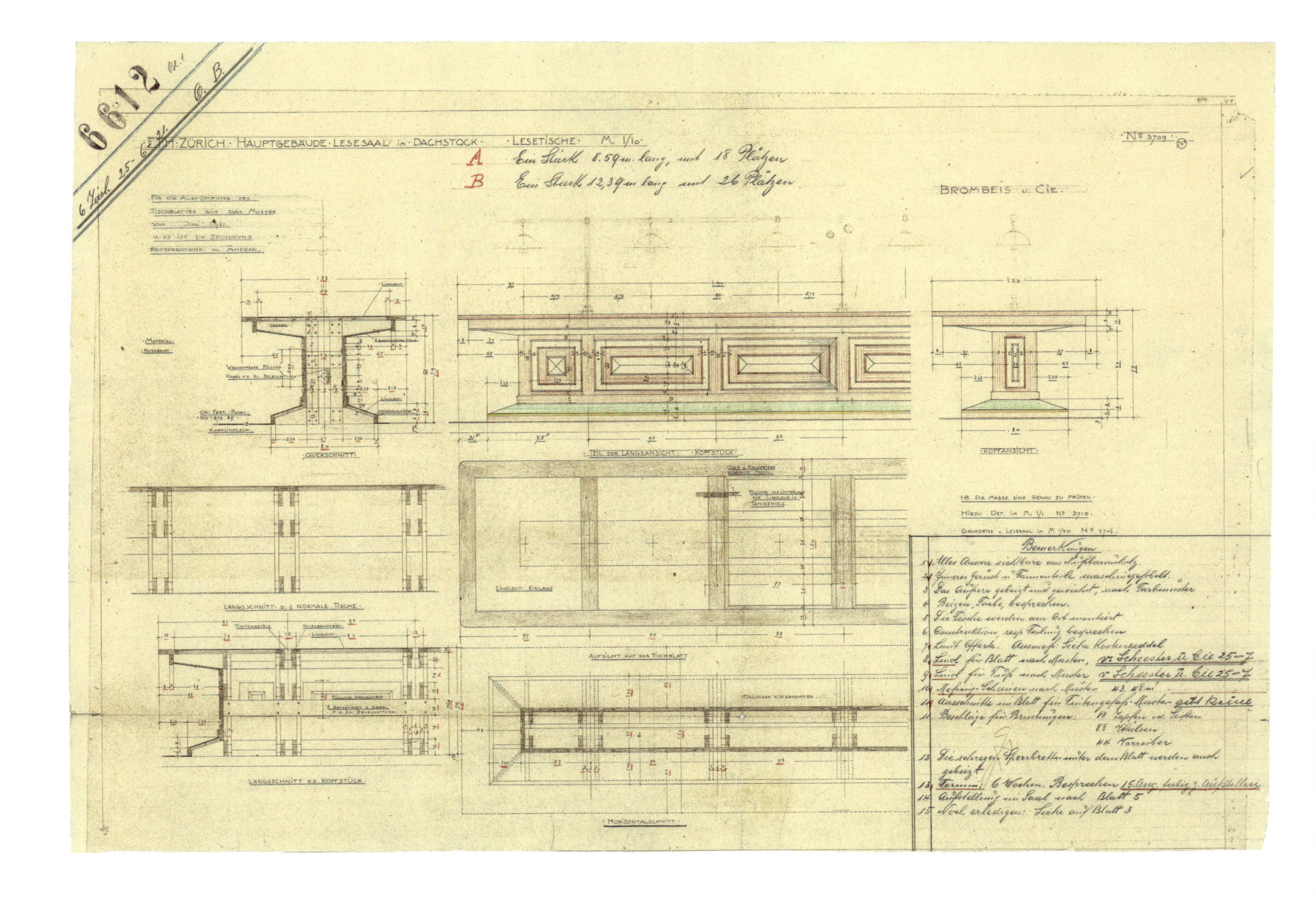

»E.T.H. ZÜRICH. HAUPTGEBÄUDE. LESE-
SAAL IM DACHSTOCK. LESETISCHE.«
¼ der Originalgröße

22-305-1-1275 / gta Archiv / ETH Zürich (Nachlass Gustav Gull).
Brombeis u. Cie, 25. Juni 1921. Pause auf Karton; mit brauner, gelber und
grüner Kreide koloriert. Beschriftungen in grauer Kreide; Unterstreichungen in roter Kreide. 60,0 x 89,7 cm.

»POLYTECHNIKUM, TISCHE IM LESE-
SAAL. HOHENDETAIL«
¼ der Originalgröße

22-305-1-1278 / gta Archiv / ETH Zürich (Nachlass Gustav Gull).
Zeichnung in Bleistift auf Papier; mit brauner, gelber und grüner Kreide
koloriert. Bemaßungen in Bleistift und blauer Kreide, Beschriftungen in
Bleistift; Überzeichnungen in Bleistift. 100,0 x 74,1 cm.

Die langen Büchertische der Bibliothek waren Holzkonstruktionen, in den Werkplänen ist vermerkt, dass Nussbaumholz zur Anwendung kommen sollte, im Inneren Nadelholz. Die Oberflächen waren mit Linoleum belegt, im Zentrum der Tische waren Kabelführungen für die Leselampen vorgesehen.

Polytechnikum, Tische im Lesesaal
Höhendetail

Blatt 4
6612

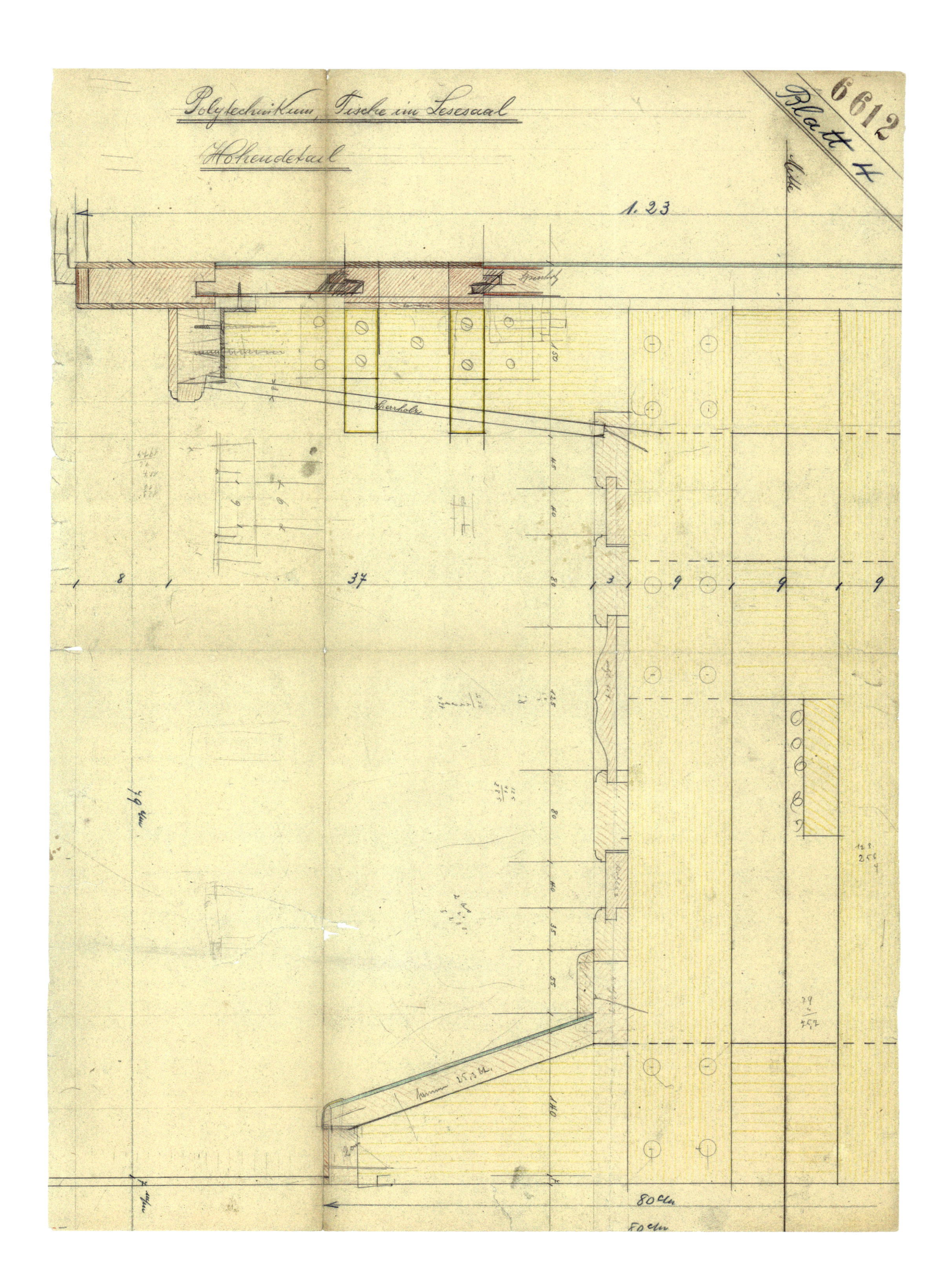

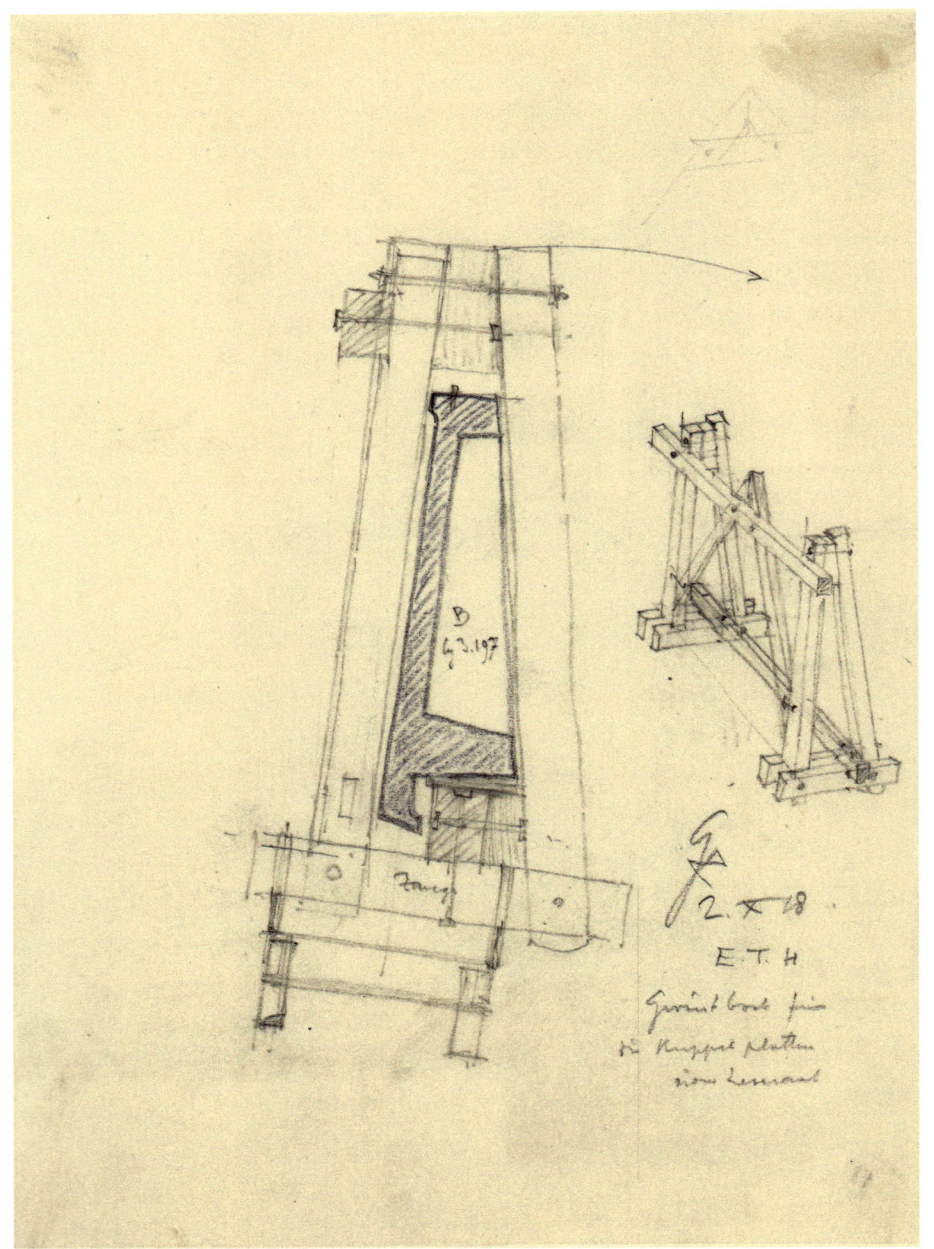

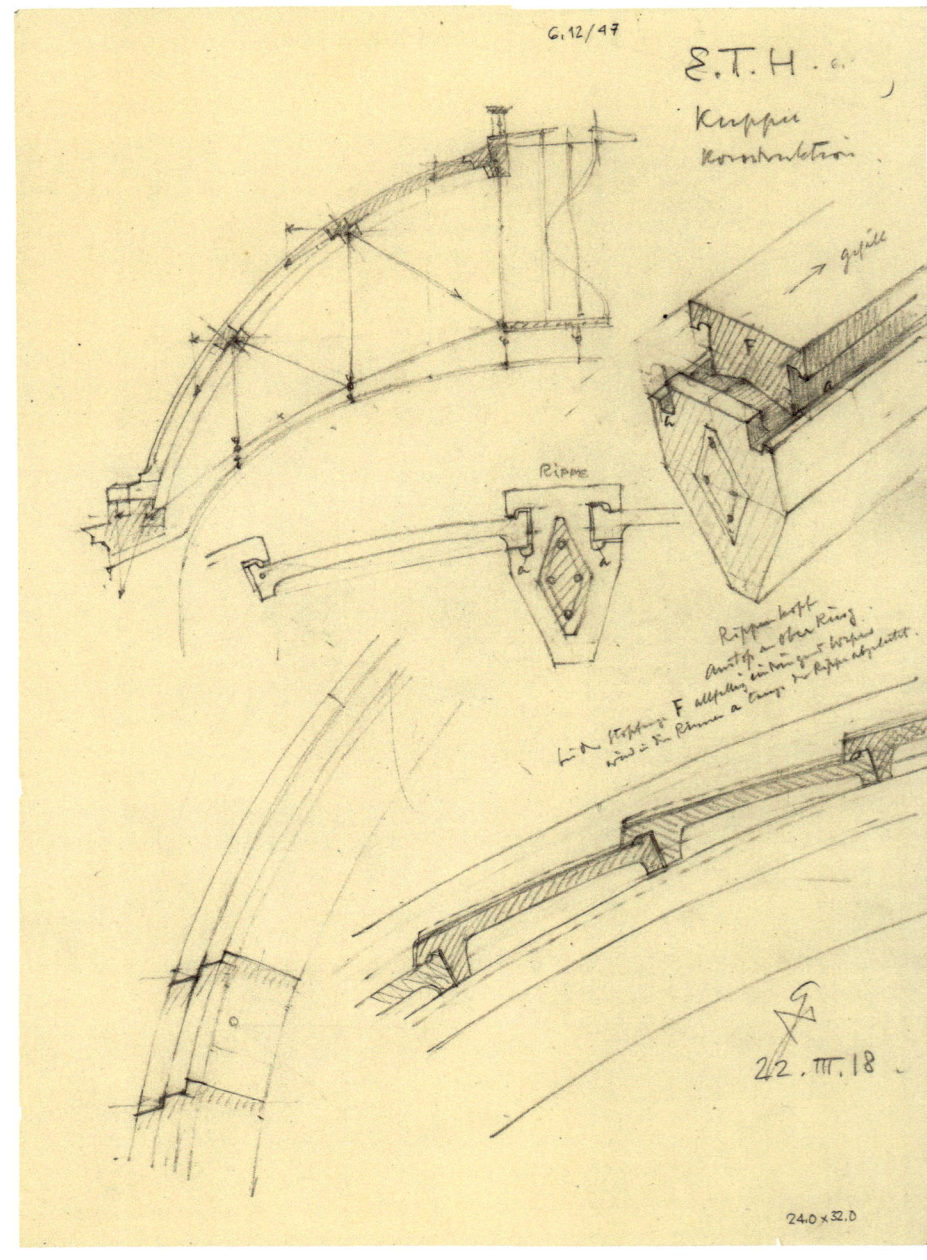

»E.T.H. GERÜSTBOCK FÜR DIE KUPPEL-
PLATTEN ÜBER LESESAAL«
½ der Originalgröße

22-305-6-12-51 (Ausschnitt) / gta Archiv / ETH Zürich (Nachlass Gustav Gull).
Zeichnung von Gustav Gull (2. Oktober 1918) in Bleistift auf Papier; mit blauem
Farbstift koloriert. Beschriftungen und Skizze in Bleistift. 32,0 x 24,0 cm.

»E.T.H. KONSTRUKTION DER KUPPEL
ÜBER LESESAAL«
⅕ der Originalgröße

22-305-6-12-48 (Ausschnitt) / gta Archiv / ETH Zürich (Nachlass Gustav Gull).
Zeichnung von Gustav Gull (26. März 1918) in Bleistift auf Transparentpapier;
mit blauem Farbstift koloriert. Beschriftungen, Bemaßungen, Anmerkungen
und Berechnungen in Bleistift. Blatt auf Karton aufgezogen. 32,0 x 24,0 cm.

»E.T.H. KUPPEL KONSTRUKTION«
½ der Originalgröße

22-305-6-12-47 / gta Archiv / ETH Zürich (Nachlass Gustav Gull).
Zeichnung von Gustav Gull (22. März 1918) in Bleistift auf Papier.
Beschriftungen und Anmerkungen in Bleistift. 32,0 x 24,0 cm.

Gull realisierte die Kuppel der ETH als Konstruktion aus 24 armierten Bogenrippen aus Beton, die dazwischenliegenden Elemente sind Platten mit Falzen. Die beiden Zeichnungen vom März 1918 zeigen Überlegungen zur Lage der Spanndrähte und Profildetails. Noch ganz in der Tradition des ausgehenden 19. Jahrhunderts wurde hier die Verbindung historischer Formenvokabularien mit zeitgenössischer Bautechnik demonstriert. Gull bezog sich mit der gewählten Konstruktionsweise implizit auch auf antike Vorbilder, nutzte aber neueste Materialentwicklungen. Die Deckplatten wurden auf der Unterseite zur Verminderung des Gewichts kassettenartig ausgehöhlt, sodass eine durchschnittlich nur 15 cm starke Außenhaut erreicht werden konnte.

6.12/48

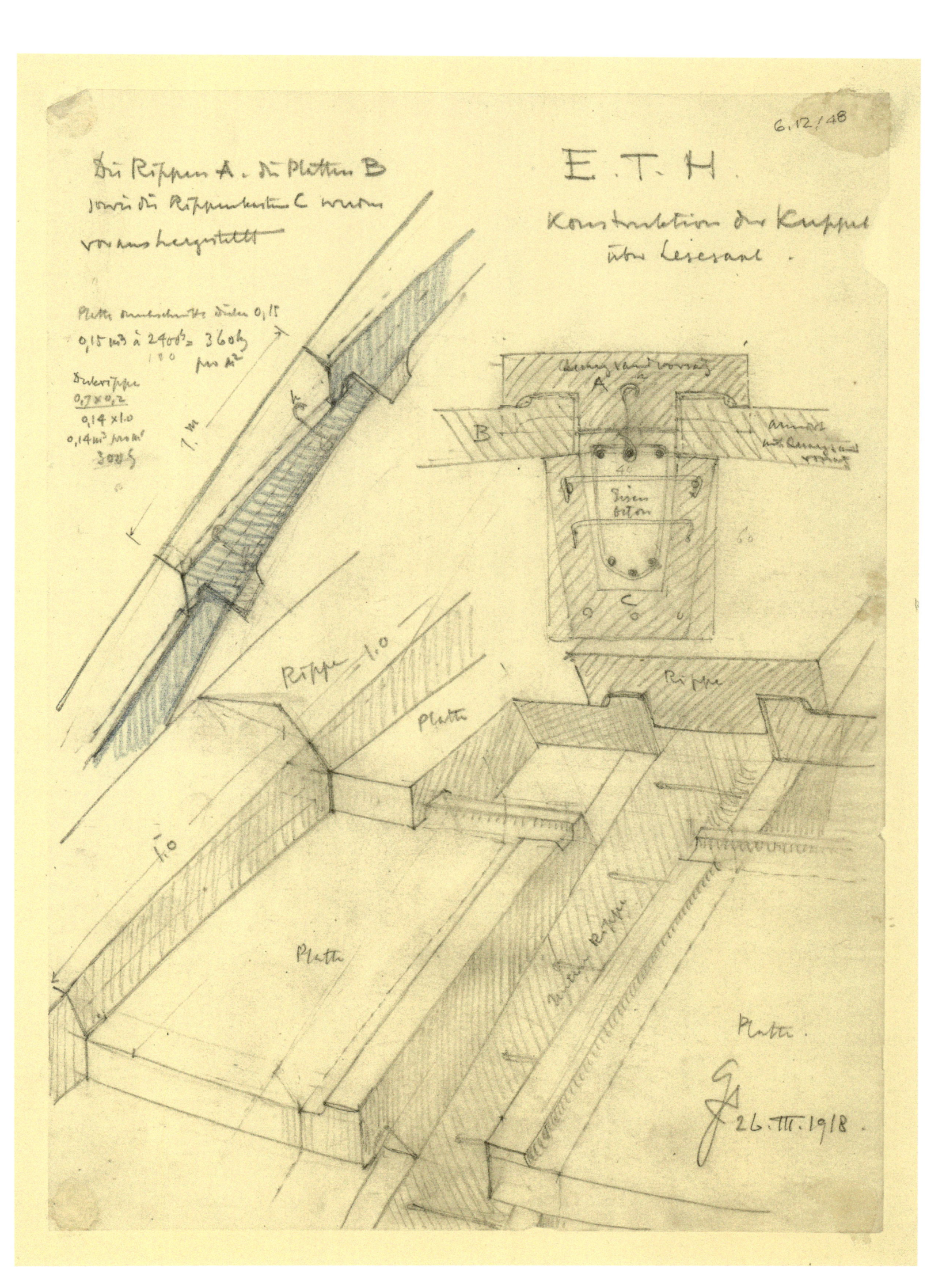

Die Rippen A, die Platten B
sowie die Rippenkasten C werden
voraus hergestellt.

Platten durchschnittl. dicke 0,15
0,15 m³ à 2400 = 360 kg
                 pro m²

Deckrippe
0,7 × 0,2
0,14 × 1,0
0,14 m³ pro m²
300 kg

E.T.H.

Konstruktion der Kuppel
über Lesesaal.

26. III. 1918.

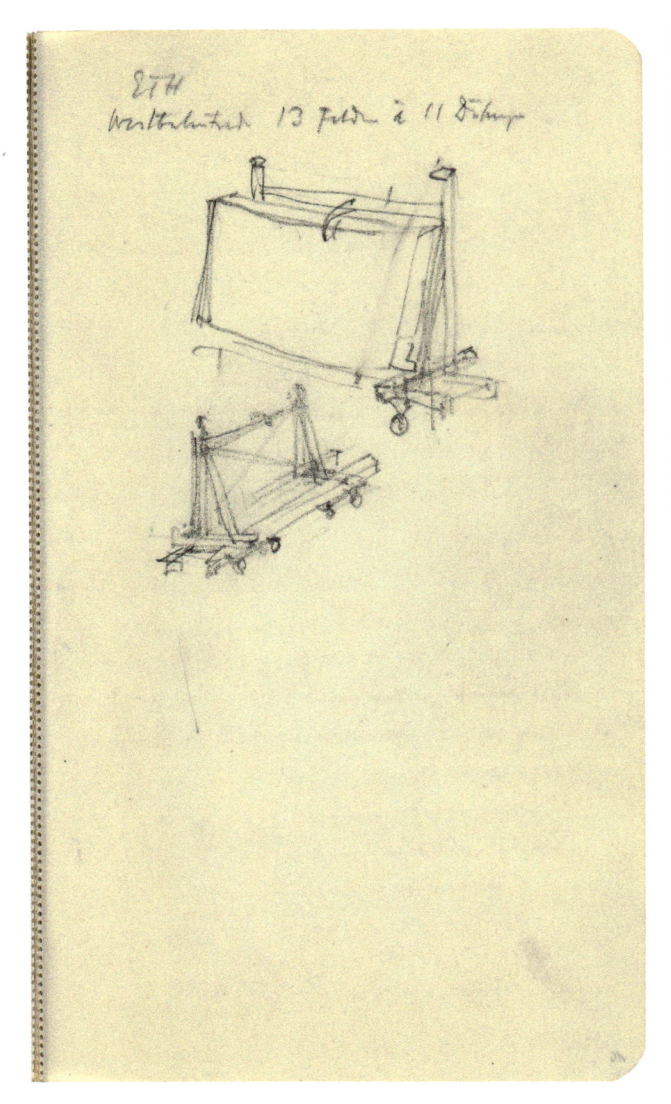

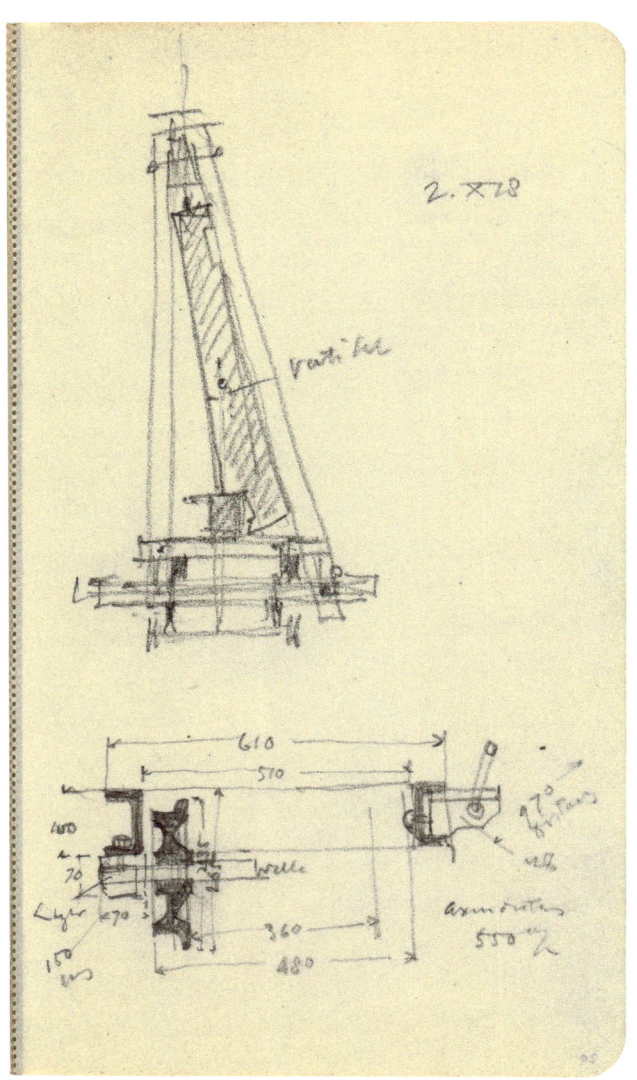

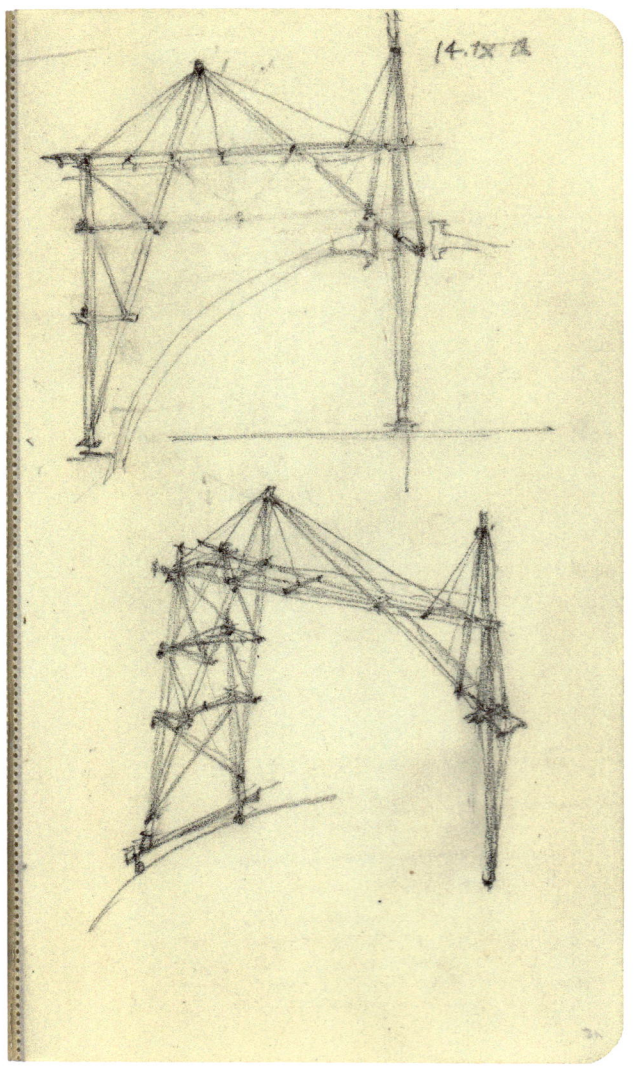

SKIZZE EINES TRANSPORTWAGENS
⅔ der Originalgröße

22-305-4-1-53-16 / gta Archiv / ETH Zürich (Nachlass Gustav Gull).
Skizze von Gustav Gull in Bleistift auf Papier. 20,8 × 12,5 cm.

SKIZZE EINES TRANSPORTWAGENS
⅔ der Originalgröße

22-305-4-1-53-20 / gta Archiv / ETH Zürich (Nachlass Gustav Gull).
Skizze von Gustav Gull (2. Oktober 1918) in Bleistift auf Papier.
Beschriftungen und Bemaßungen in Bleistift. 20,8 × 12,5 cm.

ÜBERLEGUNGEN ZUM DREHKRAN
⅔ der Originalgröße

22-305-4-1-53-15 / gta Archiv / ETH Zürich (Nachlass Gustav Gull).
Skizze von Gustav Gull (14. September 1918) in Bleistift auf Papier.
20,8 × 12,5 cm.

»E.T.H. H.G. ZÜRICH. VERSETZGERÜST UND 4FACHER DREHKRAN FÜR DIE KUPPEL ÜBER DEM LESESAAL.«
Ohne Maßstab (Original 1 : 50)

22-01-FX-24-7N / gta Archiv / ETH Zürich (Nachlass Gustav Gull).
Zeichnung in schwarzer Tusche auf Transparentpapier; mit grauer Kreide koloriert. Beschriftung und Bemaßung in schwarzer Tusche. 100,6 × 81,6 cm.

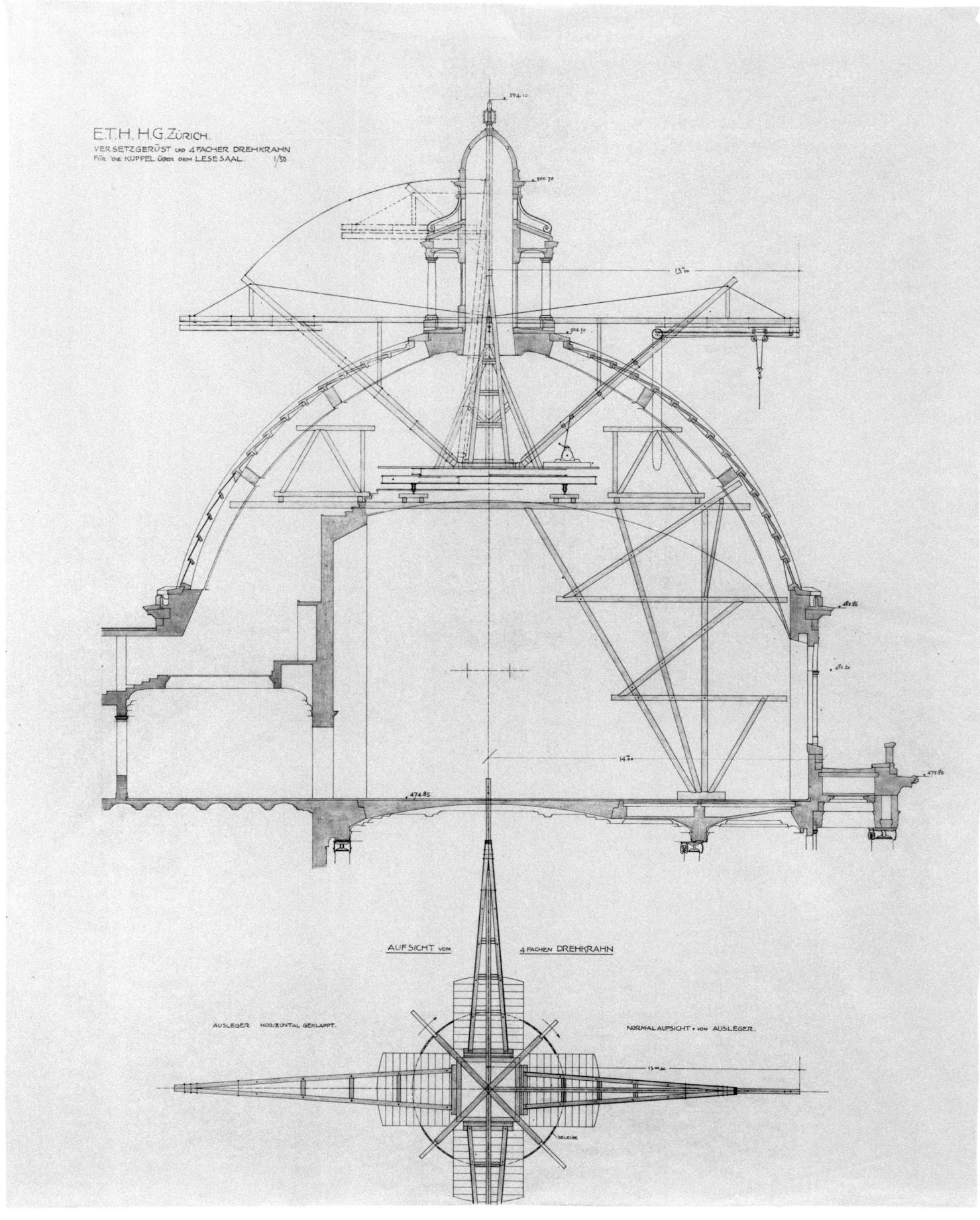

In der Festschrift zum 75jährigen Jubiläum der ETH publizierte Gull eine Baubeschreibung, in der die Kuppelkonstruktion eingehend besprochen ist (Gull, Gustav: Baubericht, in: Eidgenössische Technische Hochschule (Hg.): Festschrift zum 75jährigen Bestehen der Eidgenössischen Technischen Hochschule in Zürich. Zürich 1930, S. 58–95). Wichtig war Gull die Feststellung, dass alle Einzelheiten der Kuppel »mit Ausnahme des horizontalen Ringverbandes« im Voraus hergestellt wurden. Er betonte, dass nach einem »Modell immer 24 gleiche Stücke gemacht werden konnten« (S. 77). Eine Reihe von Handskizzen illustriert, wie der Architekt sich den Transport der Teile auf der Baustelle dachte. In Gulls Skizzenbuch finden sich auch räumliche Skizzen zu einem vierarmigen Drehkran, der in seiner Ausladung »sukzessive dem Gang der Arbeit angepasst werden konnte« (ebd.). Der eigens konstruierte Rollwagen half, »Platten und Rippendeckel […] in den künftigen Lesesaal« zu transportieren (ebd.). Von dort aus wurden sie mit dem Kran versetzt. In großartigen Fotografien der Baustelle wurde der Prozess der Kuppelkonstruktion festgehalten, sie belegen auch die Funktionsweise des Krans. Die hier gezeigte Schnittzeichnung lässt vermuten, dass dessen bewegliche Basis auf einer provisorisch errichteten Plattform der Innenkuppel aufgesetzt war. Die Schildwand zum Lesesaal sollte als Auflager benutzt werden.

E.T.H. Hauptgebäude
Rundbau.

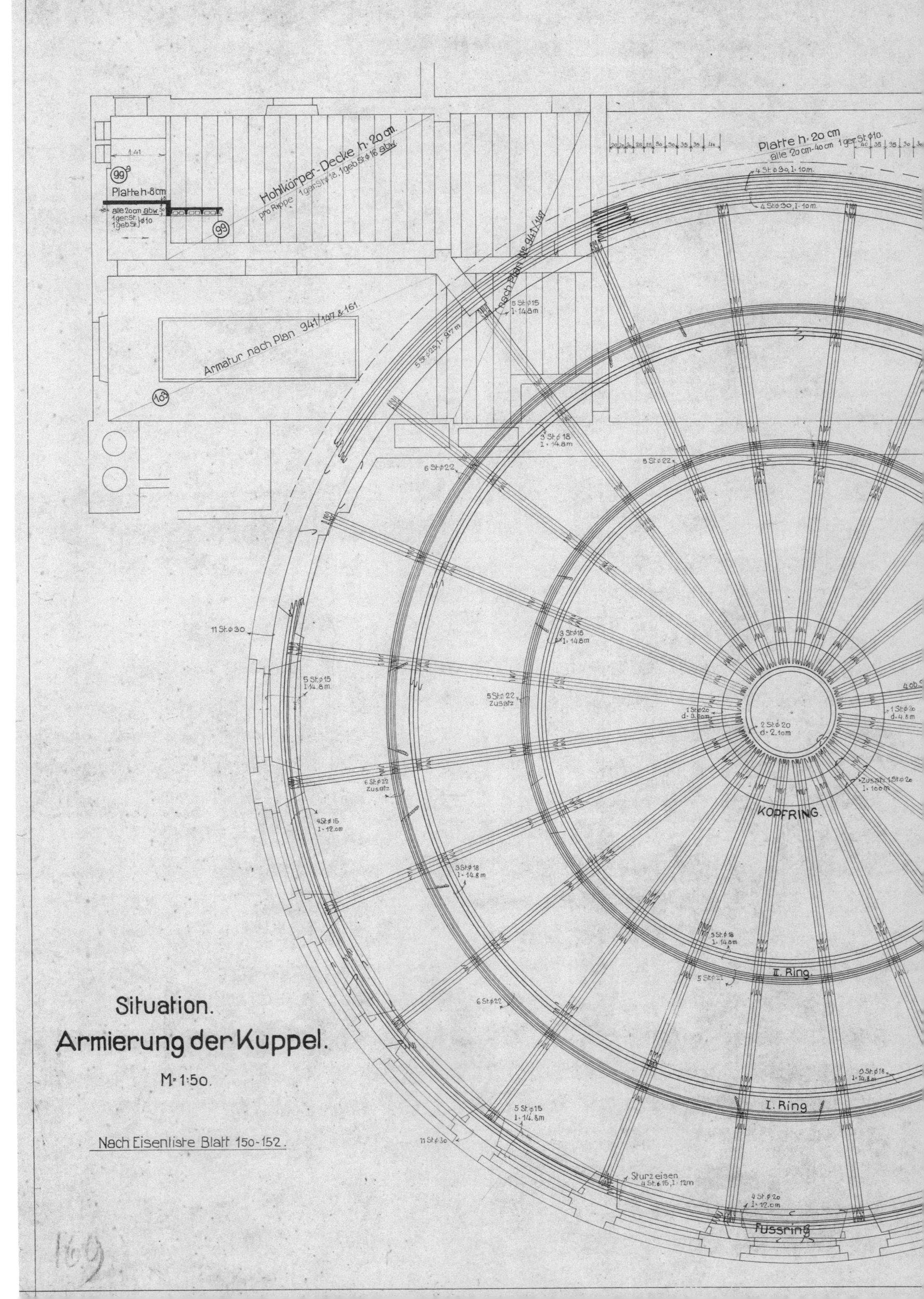

Situation.
Armierung der Kuppel.

M = 1:50.

Nach Eisenliste Blatt 150-152.

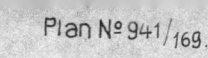

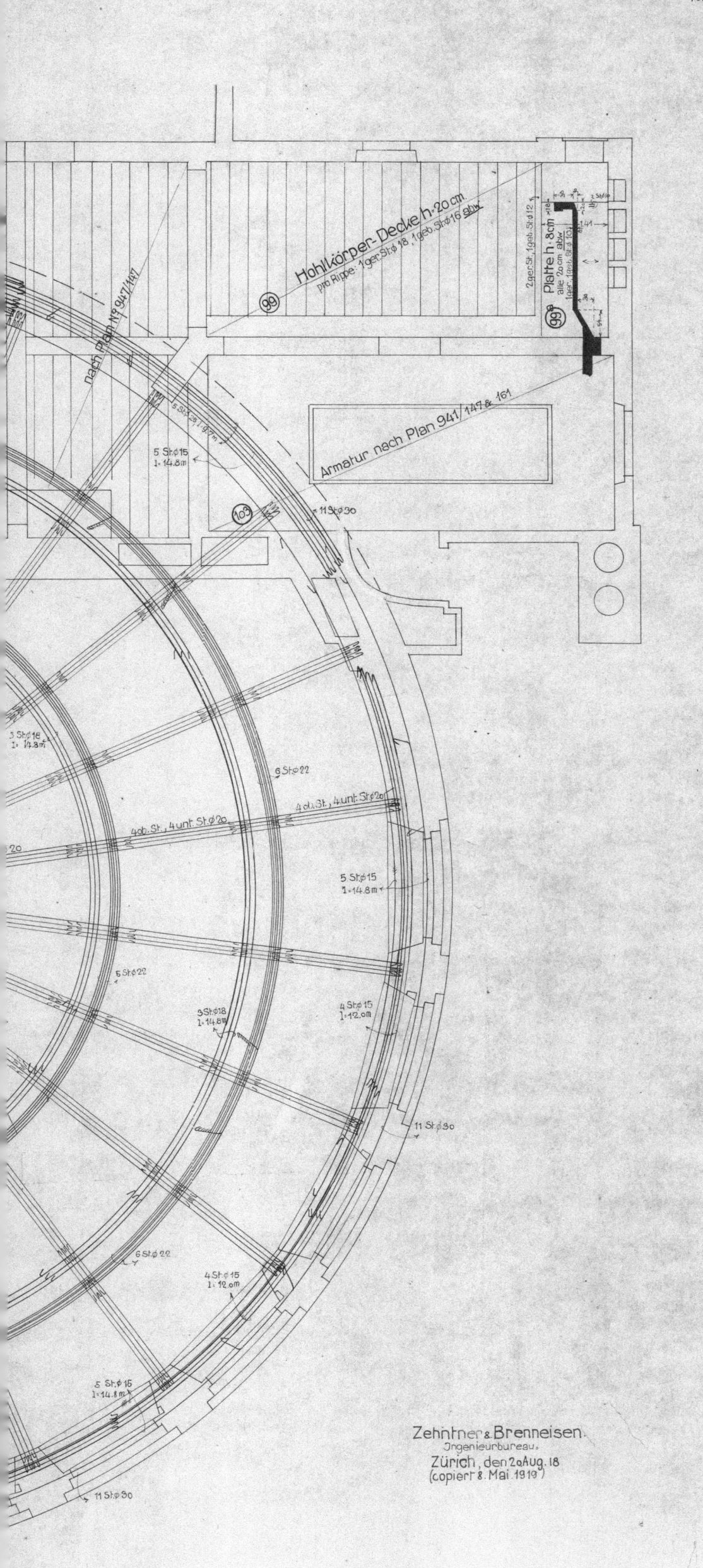

»SITUATION. ARMIERUNG DER KUPPEL.«
Maßstab 1 : 100 (Original 1 : 50)

22-305-1-483 (Ausschnitt) / gta Archiv / ETH Zürich (Nachlass Gustav Gull).
Zehntner & Brenneisen, 20. August 1918 / 8. Mai 1919. Pause auf Papier.
69,0 x 79,5 cm.

In einer Reihe von Ingenieurplänen der Firma Zehntner & Brenneisen sind Bewehrungspläne für die Armierung der 24 Bogenrippen und der horizontalen Ringe (Fußring, zwei Zwischenringe und ein die Laterne tragender Kopfring) erhalten.

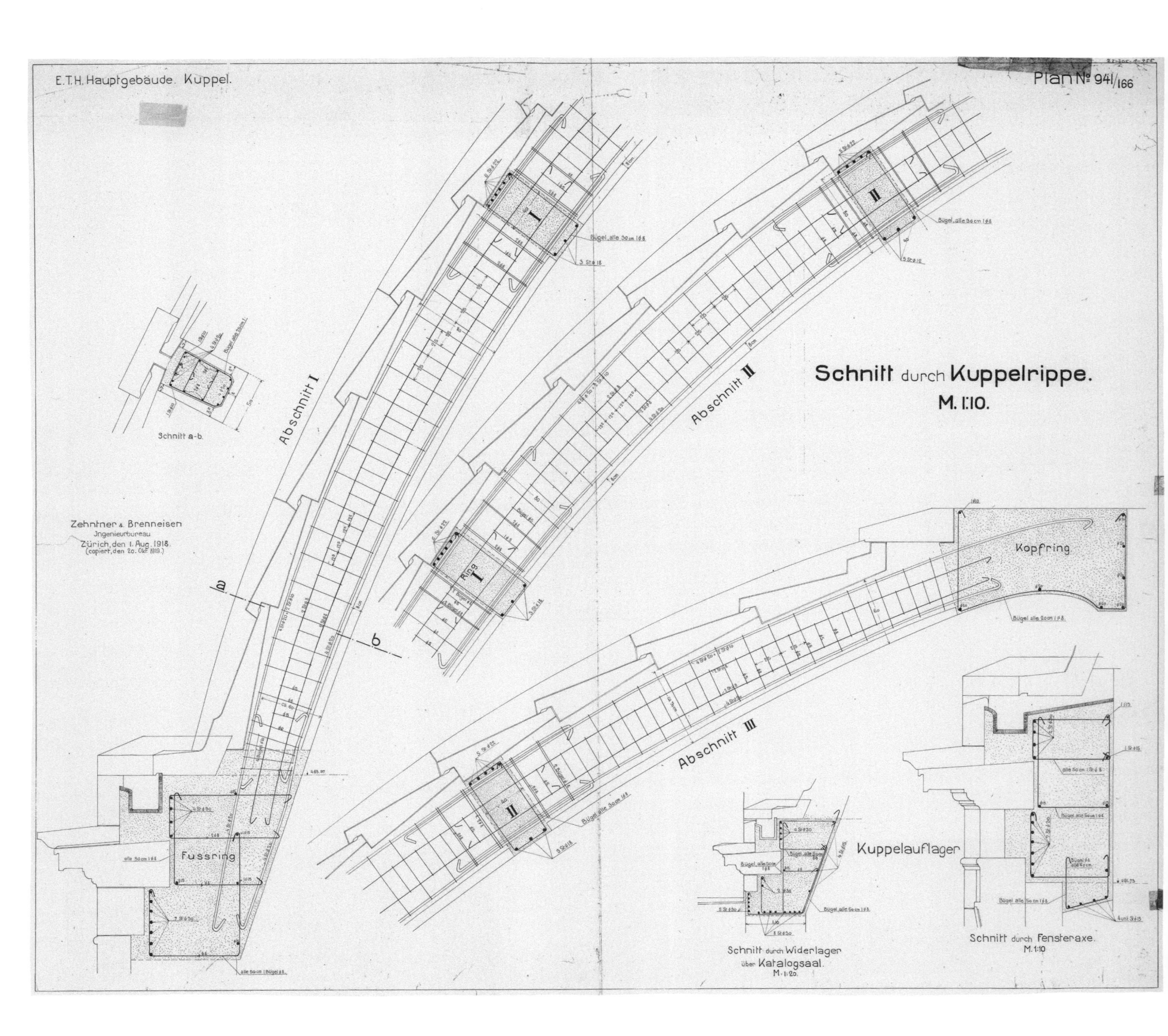

»E.T.H. HAUPTGEBÄUDE KUPPEL.
SCHNITT DURCH KUPPELRIPPE.«
Maßstab 1 : 80 / 1 : 40 (Original 1 : 20 / 1 : 10)

22-305-1-755 / gta Archiv / ETH Zürich (Nachlass Gustav Gull).
Zehntner & Brenneisen, 1. August 1918 / 20. Oktober 1919. Pause auf Papier.
82,0 x 100,5 cm.

»GRUNDRISS ÜBER DACHSTOCK.«
Maßstab 1 : 100 (Original 1 : 50)

22-305-1-479 / gta Archiv / ETH Zürich (Nachlass Gustav Gull).
Pause auf Papier. 20,8 x 42,4 cm.

»E.T.H. HAUPTGEBÄUDE. MITTELBAU.
KONSTRUKTION ÜBER DEM KATALOG-
SAAL ZUR AUFNAHME DER KUPPELRIPPE.«
Maßstab 1 : 80 / 1 : 200 (Original 1 : 20 / 1 : 50)

22-305-1-713 / gta Archiv / ETH Zürich (Nachlass Gustav Gull).
Zehntner & Brenneisen, 24. Juli 1918 / 3. Mai 1919. Pause auf Papier.
61,0 x 77,5 cm.

Ein Schnitt durch die Bogenrippen der Kuppel zeigt die Lage der Bewehrungen, aus heutiger Sicht vergleichsweise sparsame Eiseneinlagen der Ringe und Auflager. Auf der Innenseite des Baus musste die Auflagersituation der Kuppel gesondert gelöst werden, da die Dächer der zentralen Halle in die Konstruktion einbinden und über dem Katalogsaal (der rückseitig zur Schildwand des großen Lesesaals angeordnet wurde) ein Oberlicht konstruiert werden sollte. Die Ingenieure lösten die Fußpunkte mit zwei radial gestellten Auflagern.

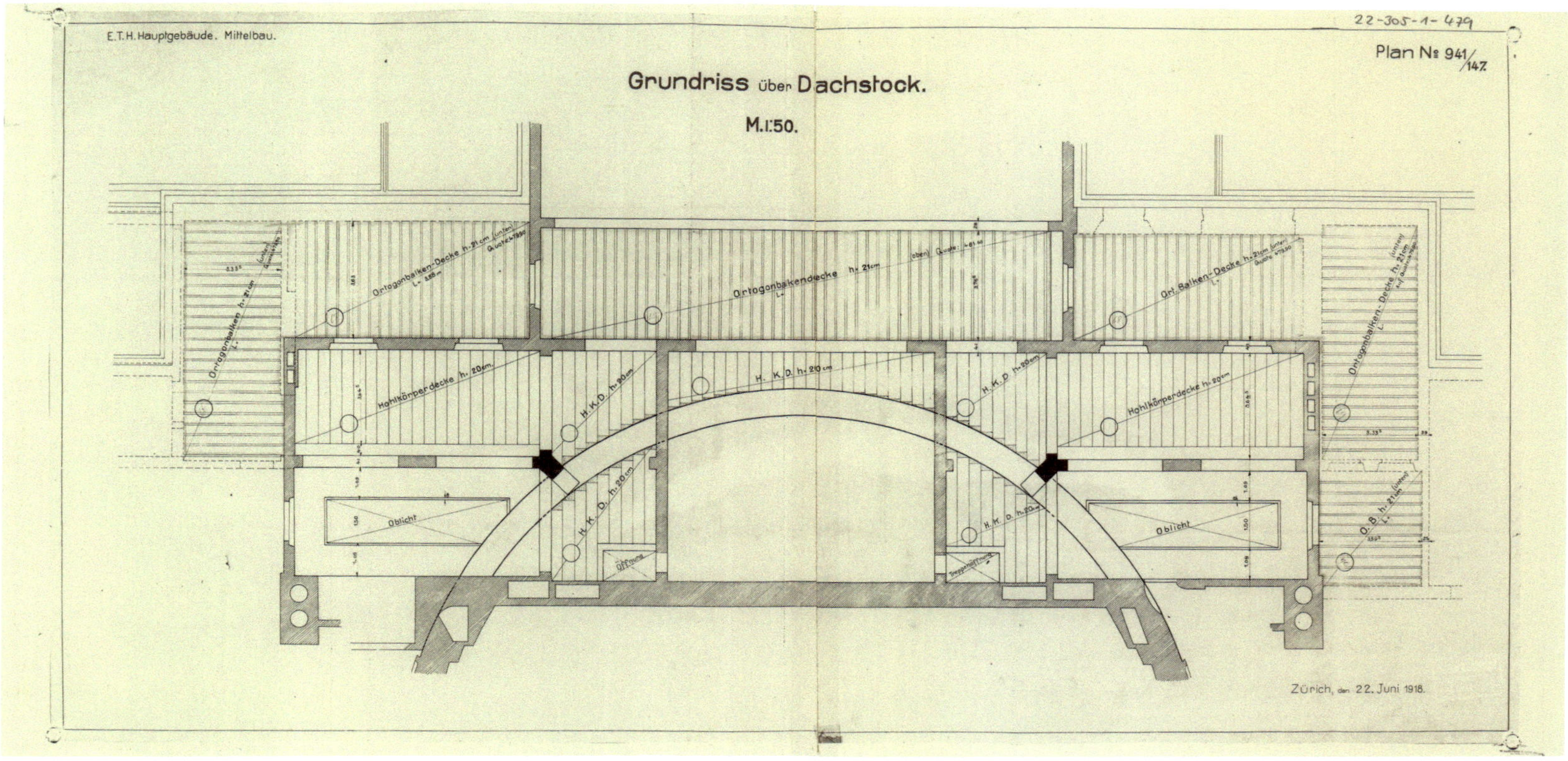
E.T.H. Hauptgebäude. Mittelbau.
22-305-1-479
Plan № 941/147
Grundriss über Dachstock.
M.1:50.
Oblicht
Zürich, den 22. Juni 1918.

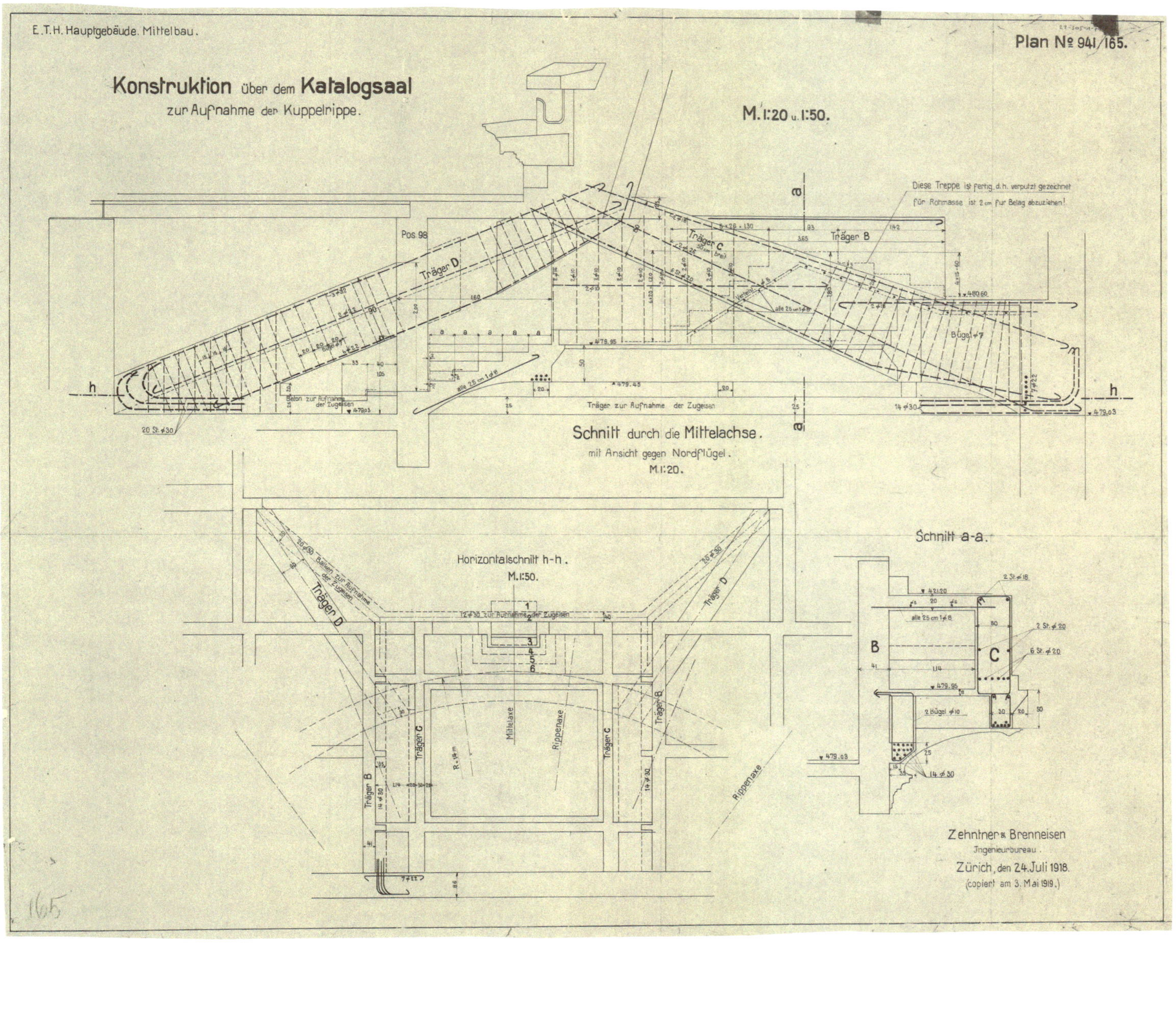
E.T.H. Hauptgebäude. Mittelbau.
Plan № 941/165.
Konstruktion über dem Katalogsaal
zur Aufnahme der Kuppelrippe.
M.1:20 u. 1:50.
Diese Treppe ist fertig, d.h. verputzt gezeichnet
Für Rohmasse ist 2 cm für Belag abzuziehen!
Träger D
Träger C
Träger B
Pos. 98
Träger zur Aufnahme der Zugeisen
Schnitt durch die Mittelachse.
mit Ansicht gegen Nordflügel.
M.1:20.
Horizontalschnitt h-h.
M.1:50.
Schnitt a-a.
Mittelaxe
Rippenaxe
Zehntner & Brenneisen
Ingenieurbureau
Zürich, den 24. Juli 1918.
(copiert am 3. Mai 1919.)
165

122.

125.

141.

ABBRUCH DES ALTEN OST-MITTELBAUS UND ERRICHTUNG DER GRUNDMAUERN DER ROTUNDE

22-01-FX-1-77N, 22-01-FX-1-80N, 22-01-FX-1-95N, 22-01-FX-1-118N / gta Archiv / ETH Zürich (Nachlass Gustav Gull), Fotograf unbekannt, 1916.

Der ambitionierte Rück- und Neubau des Hauptgebäudes wurde von Gustav Gull in einer aufwendigen Fotodokumentation auf großformatigen Glasplattennegativen festgehalten, die uns über die Großbaustelle des Jahrhundertbeginns informiert. Nachdem das Chemiegebäude und der Antikensaal abgebrochen waren, wurde der Rückbau beim östlichen Mittelrisalit fortgeführt, hierzu wurden Förderbänder und Gerüste errichtet. Auf den Fotos ist auch sichtbar, wie ein fahrbarer Hebekran auf Schienen rund um die neue Rotundenkonstruktion bewegt wurde. Auf der Baustelle lagern Steinmaterialien der abgerissenen Wände. Im rechten Foto sind die hölzernen Lehrbögen für die Deckenkonstruktion der Brunnenhalle bereits aufgerichtet, die Außenwände entstehen im Sockelbereich aus Natursteinquadern, die von Gull neu eingesetzten Betonwerksteine werden wie ein Quaderbau geschichtet.

ROTUNDE MIT VORHOF AN DER RÄMISTRASSE

Ans_06680 / ETH-Bibliothek Zürich, Bildarchiv. Fotografie von Heinrich Wolf-Bender, 1918/19.

Für die Fassade des neues Ostflügels orientierte sich Gull an den Konzepten des Vorgängerbaus. Er wird später auch die komplette Außenhaut des Semperbaus durch neue Kunstwerksteine ersetzen; dort stellen die Kunststeinquader noch weitgehend das verlorene Original nach, hier im neuen Flügel finden sich homogenere Oberflächenmuster. Das aufgehende Mauerwerk besteht aus Betonwerkstein, dessen Rezeptur (Sande, Bindemittel und Pigmente) überliefert ist, die kolossalen Säulen sind ebenfalls aus Kunststeinquadern geschichtet. Im Katalog der Firma Robert Aebi & Co, Zürich (*Werkzeuge und Maschinen für den Eisenbahn-, Strassen-, Hoch- und Tiefbau sowie verwandte Industrien*, 1912/13) sind »Fahrbare eiserne Versetz-Krane [...] zum Versetzen von Werksteinen und zur Beförderung von Baumaterialien« beschrieben: »Der mittelst des Laufrades durch Hand- oder Kraftbetrieb auf der Schiene verschiebbare Gerüstmast trägt an seinem oberen Ende den drehbaren Ausleger, von dem das Hubseil nach der Winde geführt ist.« Das Kransystem konnte eine Höhe von bis zu 30 Meter erreichen und verfügte über eine Tragkraft von maximal 5 Tonnen (S. 55–56). Der hier eingesetzte Drehkran gehörte der Firma Fietz & Leuthold.

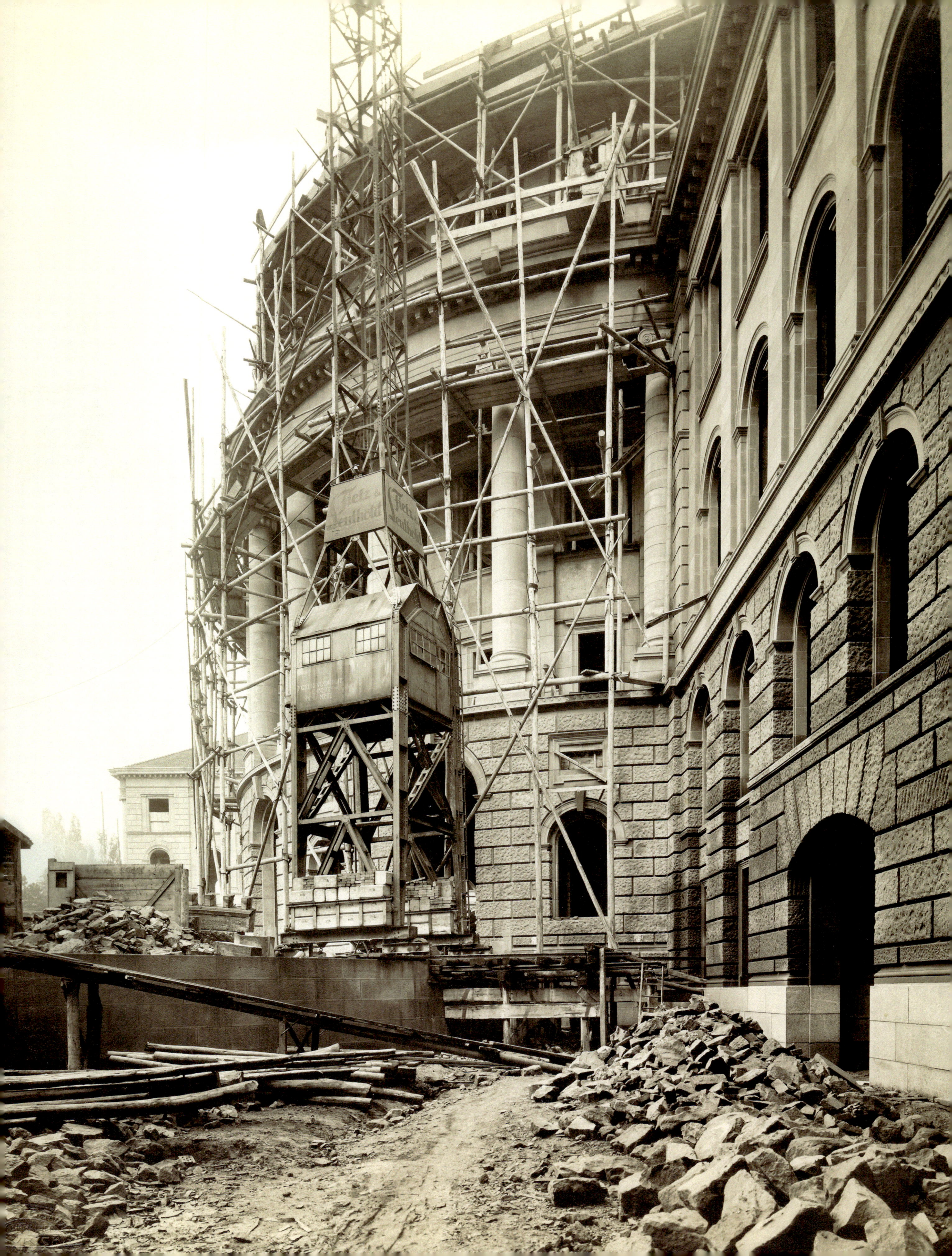
Fietz & Leuthold
Fietz & Leuthold

VERSETZEN DER KUPPELPLATTEN

22-01-F-Bs-50N / gta Archiv / ETH Zürich (Nachlass Gustav Gull).
Fotograf unbekannt, November/Dezember 1918.

22-01-F-Bs-46N / gta Archiv / ETH Zürich (Nachlass Gustav Gull).
Fotografie von Heinrich Wolf-Bender, Oktober/November 1918.

Die Krananlage aus Holz, die die Aufrichtung der Betonkuppel ermöglichte, passte sich dem Baustellenverlauf durch unterschiedliche Auskragungen an; während der Bauzeit der unteren Ringe und Rippen griffen die Ausleger weit nach außen, für die oberen Radien waren sie steiler gestellt.

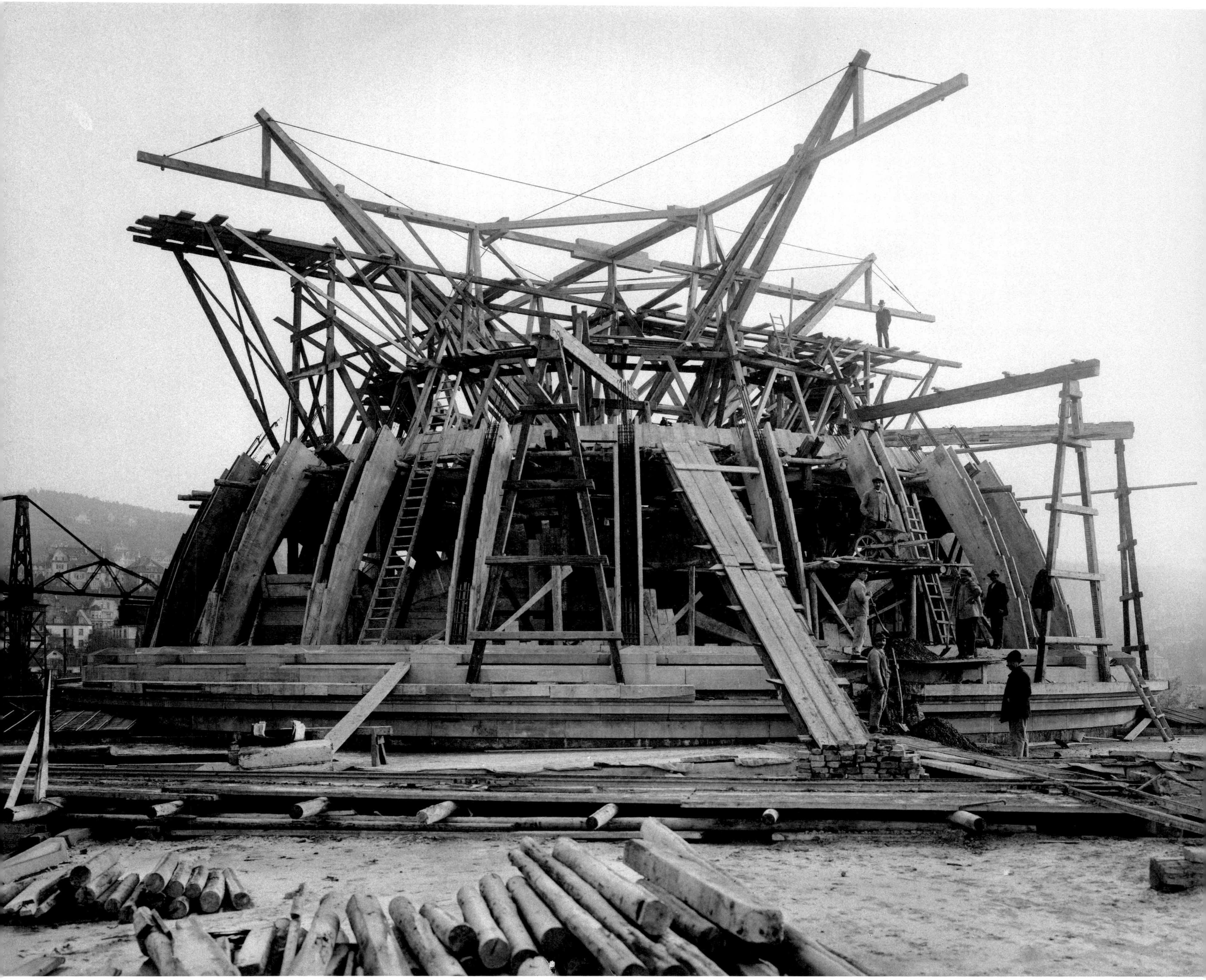

AUFRICHTUNG DER KUPPEL

22-01-F-Bs-48N, 22-01-F-Bs-49N, 22-01-F-Bs-59N, 22-01-F-Bs-54N / gta Archiv / ETH Zürich (Nachlass Gustav Gull).
Fotograf unbekannt, Oktober 1918 – April 1919.

Die Aufrichtung der großen Kuppel erfolgte ab September 1918, der Schlussstein der Kuppellaterne wurde am 19. April 1919 versetzt. Die Bogenrippen wurden in mehreren Abschnitten konstruiert, die Aussparungen zwischen den vorfabrizierten dünnen Betonwangen wurden im Inneren armiert und anschließend vergossen.

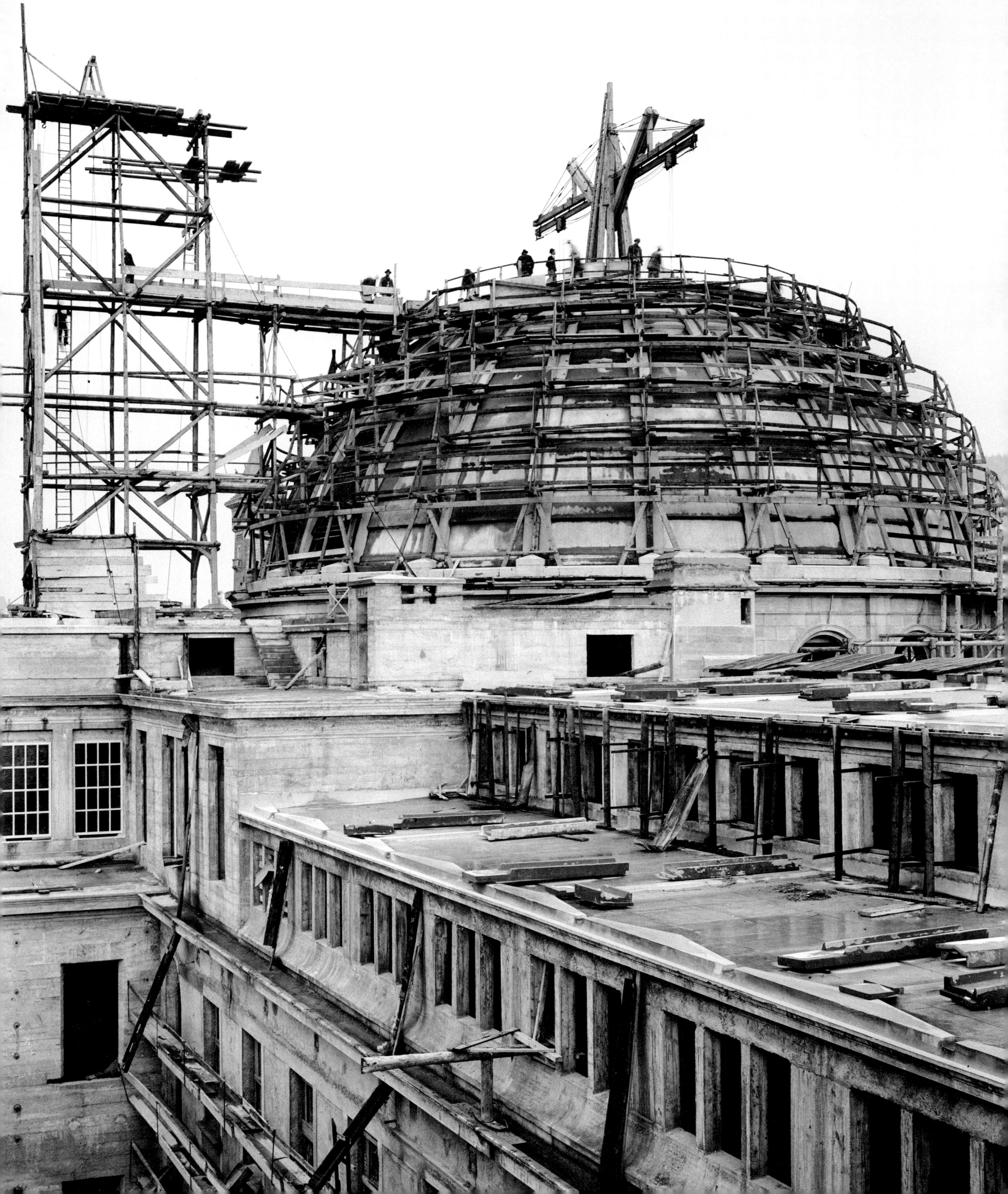

FABRIKATION DER TRAGRIPPEN, PLATTEN UND RIPPENDECKEL IM 1. UND 2. STOCK DES ANBAUS

22-01-F-Bs-81N, 22-01-F-Bs-84N, 22-01-F-Bs-83N / gta Archiv / ETH Zürich (Nachlass Gustav Gull). Fotograf unbekannt, 1918.

TRANSPORT DER PLATTEN AUF DEN DAFÜR KONSTRUIERTEN ROLLWAGEN

Ans_06689 / ETH-Bibliothek Zürich, Bildarchiv.
Fotografie von Heinrich Wolf-Bender, November 1918.

Die Herstellung der Betonteile geschah in den seit kurzem fertig gestellten Obergeschossräumen des Gullschen Neubaus. Auf den Fotografien sind die neu betonierten Deckenkonstruktionen sichtbar, zugemauerte Fensteröffnungen der jetzt im Inneren liegenden ehemaligen Ostfassade des Semperbaus und Überlichtfelder der neu entstandenen Bibliotheksräume in den Kniestöcken. Die Schalungen wurden mehrfach verwendet, Gull sprach in seinem Baubericht von der Wichtigkeit »genügender Feuchtlagerung« (*Festschrift* S. 77). Die Tragrippen wurden aus jeweils drei Stücken zusammengesetzt – »als oben offene Eisenbetonhohlkörper von ca. 8 cm Wandstärke« (ebd.).

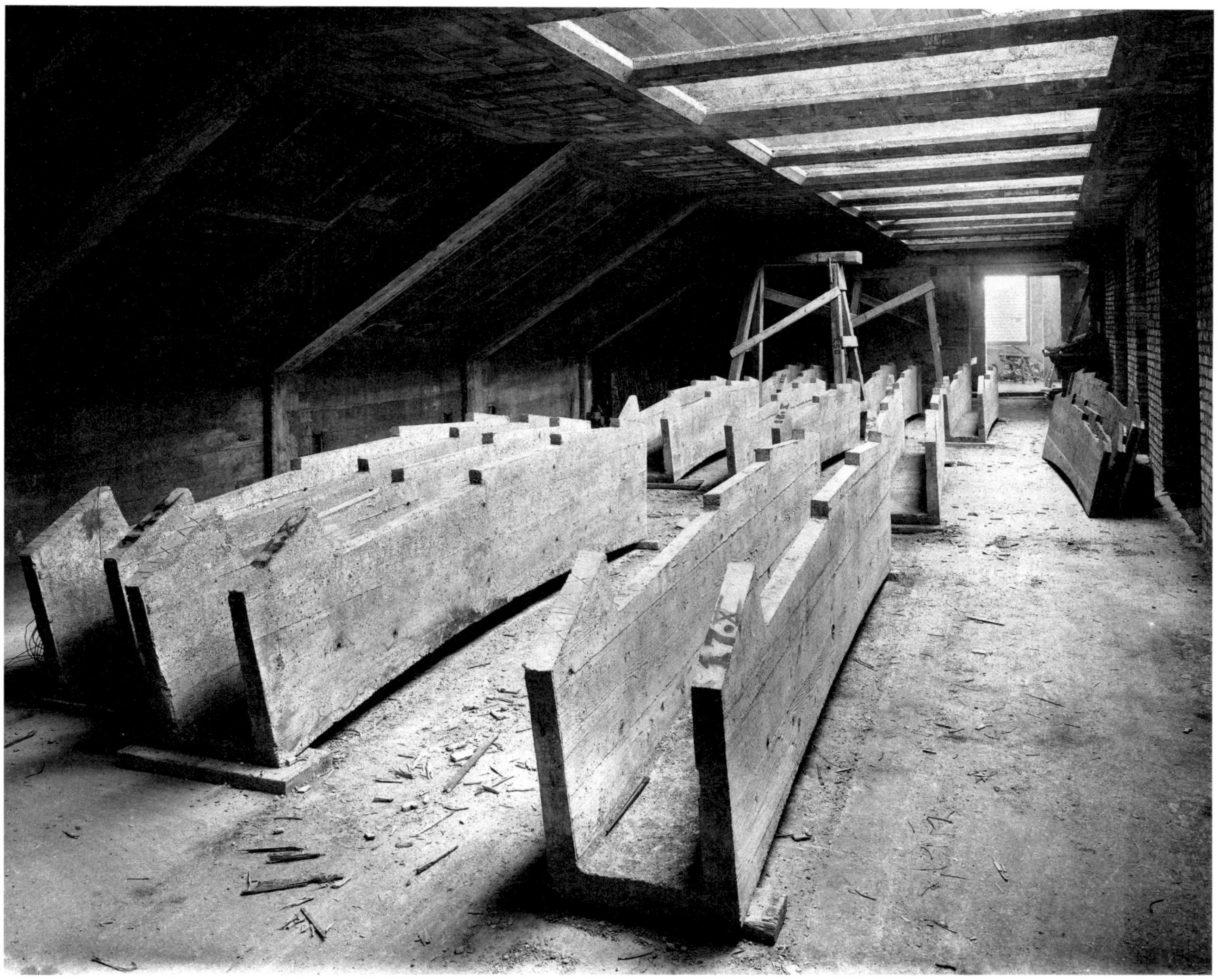

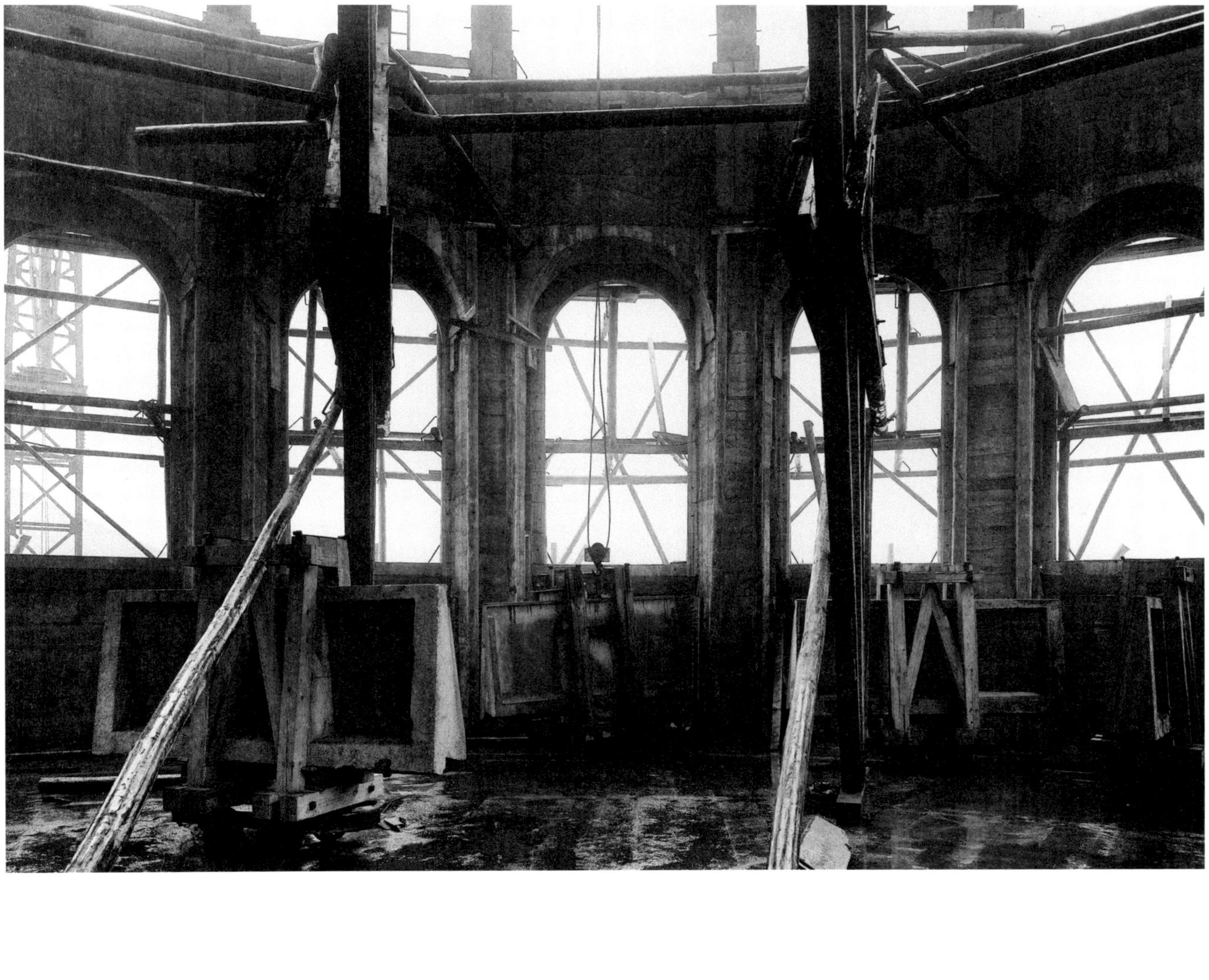

SCHALUNG DES TREPPENAUFGANGS ZUR KUPPELLATERNE

22-01-F-Bs-80 / gta Archiv / ETH Zürich (Nachlass Gustav Gull).
Fotografie von Heinrich Wolf-Bender, 11. September 1919.

ZWISCHENRAUM ZWISCHEN INNENSCHALE UND AUSSENKUPPEL MIT ABGEHÄNGTER MONIER-KONSTRUKTION

Ans_06692 / ETH-Bibliothek Zürich, Bildarchiv.
Fotografie von Victorine von Gonzenbach, 1936.

INNENGERÜST DER KUPPEL

22-01-F-Bs-79N / gta Archiv / ETH Zürich (Nachlass Gustav Gull).
Fotograf unbekannt, 1918.

Der Kuppelbau Gulls war immer als zweischalige Konstruktion geplant, als Rippenkuppel sollte er stets nur gegen außen in Erscheinung treten. Die Laterne im Zentrum war über den Zwischenraum zwischen Innenschale und Außenkuppel zugänglich, das große Bild dokumentiert die Innengerüste. Gull betont in späteren Berichten die leichte Konstruktionsweise der Gerüste der Kuppel im Gegensatz zum Verfahren beim Bau des darunter liegenden Auditorium Maximum. Die Betonkonstruktion der oberen Kuppel blieb in der Untersicht roh, die leicht betonierte Wölbschale der Decke des Lesesaals war an Drähten von der Hauptkuppel abgehängt. Gull schreibt, sie sei in »Monierkonstruktion mit doppelter Isolierung durch Hohlziegelschicht und Zellen mit Torfmullfüllung erstellt und in den Fussring der massiven Schutzkuppel eingespannt« (*Festschrift* S. 77). Nach Erhärten des Zementmörtels sei die Konstruktion selbsttragend.

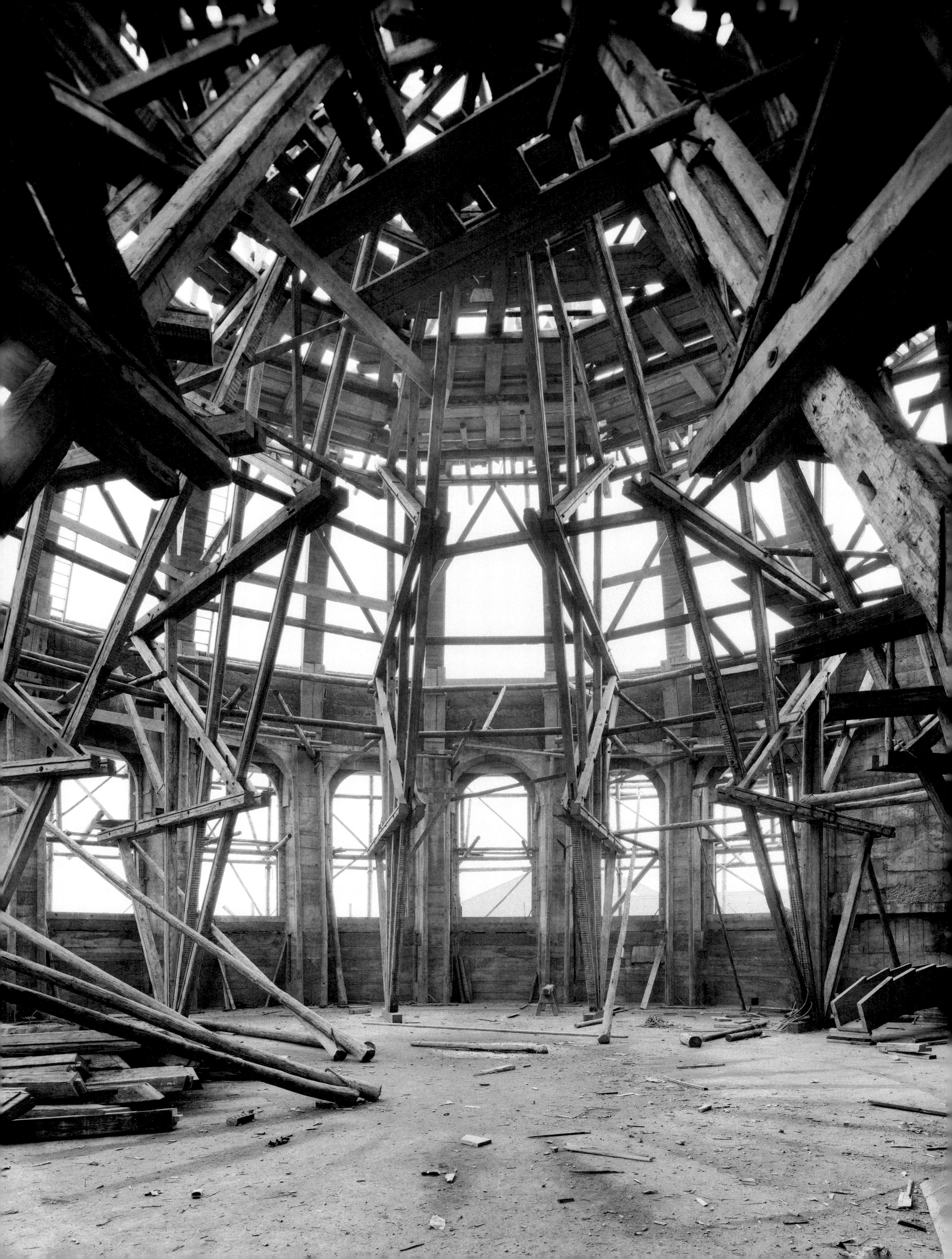

LESESAAL NACH DER FERTIGSTELLUNG

Ans_00899, Ans_03620, Ans_01699, Ans_01145 / ETH-Bibliothek Zürich, Bildarchiv. Fotograf unbekannt, nach 1922.

Die Idee einer zentralen Bibliothek hängt mit dem stürmischen Ausbau der Hochschulen in der zweiten Hälfte des 19. Jahrhunderts zusammen. Seit den 1840er Jahren entstanden eigenständige Bibliotheksbauten, schon früh etwa die Bibliothek Theophil Hansens in Athen. Gulls Bibliothek unter der Kuppel ist für das Polytechnikum die neue Hauptbibliothek, prominent in der Mitte des neuen Baus gelegen, über dem Auditorium Maximum. Die Lampenschirme der Tischlampen waren eigens so gefertigt, dass jeder Platz blendfreies Licht von links erhielt. In der Mitte der Stirnwand lag der verglaste Schalter der Bücherausgabe.

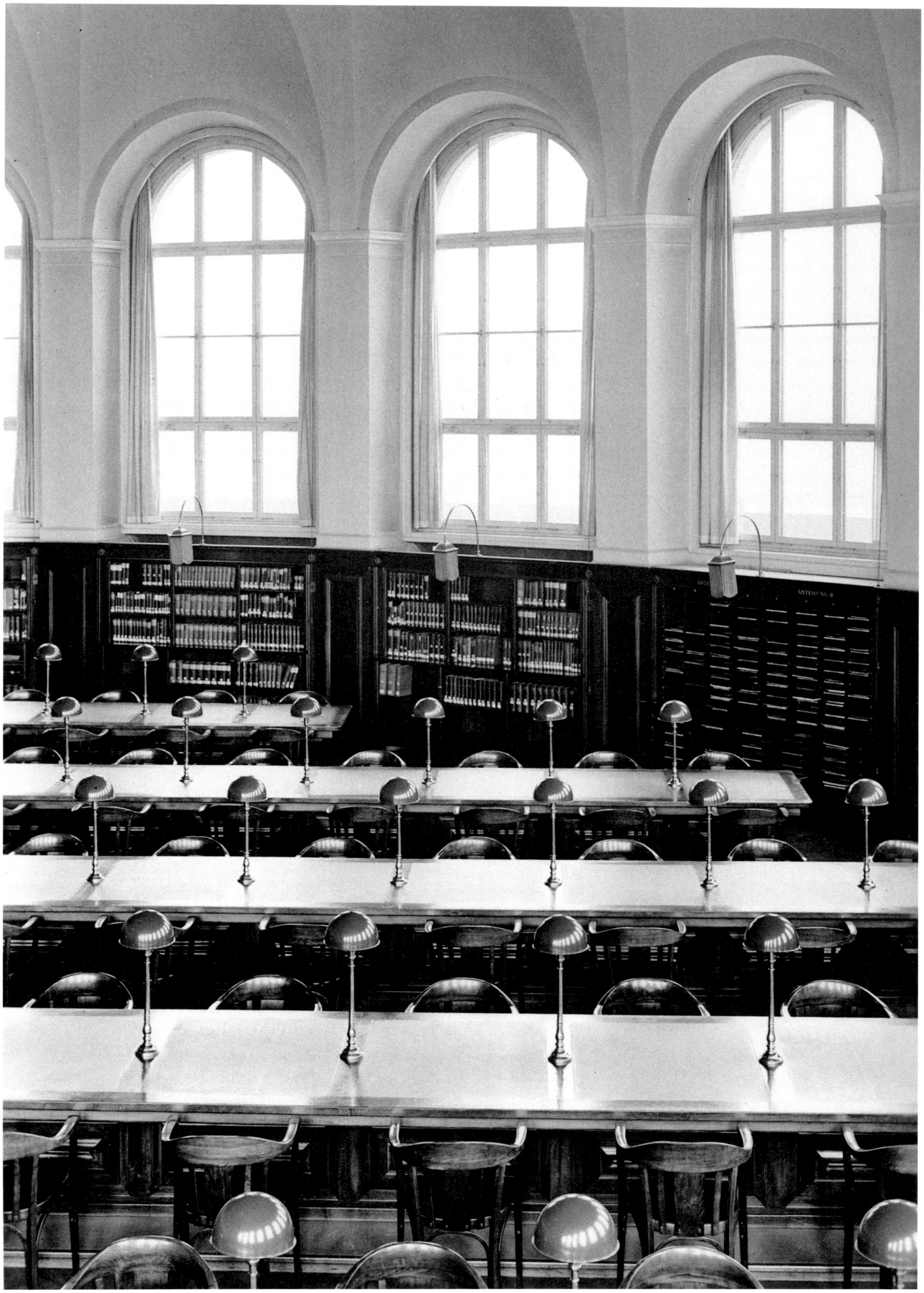

16639

**MOBILE REGALE MIT DIREKT ZUGÄNG-
LICHEN NACHSCHLAGEWERKEN UND
ZEITSCHRIFTEN**

Ans_01153, Ans_01701 / ETH-Bibliothek Zürich, Bildarchiv.
Fotograf unbekannt, nach 1922.

**LESESAAL MIT NATÜRLICHER BELICH-
TUNG DURCH GROSSE BOGENFENSTER**

Ans_00938 / ETH-Bibliothek Zürich, Bildarchiv.
Fotograf unbekannt, nach 1922.

LESESAAL DER HAUPTBIBLIOTHEK

Ans_01156 / ETH-Bibliothek Zürich, Bildarchiv.
Fotograf unbekannt, 1929.

Die »indirekte allgemeine Beleuchtung des Saales« (*Festschrift* S. 76) erfolgte durch eine einzige, zentral aufgehängte Lampe, die die Decke anstrahlte. Die neuen technischen Lösungen für Heizungsanlagen, Belüftung und Beleuchtung von Schulbauten wurden um die Jahrhundertwende vor allem über Bände des *Handbuchs der Architektur* prominent verbreitet. Unter dem Titel *Fortschritte auf dem Gebiete der Architektur* brachte ein Ergänzungsheft zum Thema Hochschulen (Universitäten und Technische Hochschulen) »mit besonderer Berücksichtigung der indirecten Beleuchtung von Hör- und Zeichensälen« im Jahr 1895 Beispiele für Oberlichtreflektoren, Bogenlichtlampen und andere »Deckenlicht-Einrichtungen mit reflectirenden Saalumschließungen« (Schmitt, Eduard: Naturwissenschaftliche Institute der Hochschulen und verwandte Anlagen [Fortschritte auf dem Gebiete der Architektur. Ergänzungshefte zum Handbuch der Architektur, Bd. 7]. Darmstadt 1895, S. 25–34). Die ambitioniert geplante malerische Ausstattung von Decke und Schildwand wurde leider nicht ausgeführt.

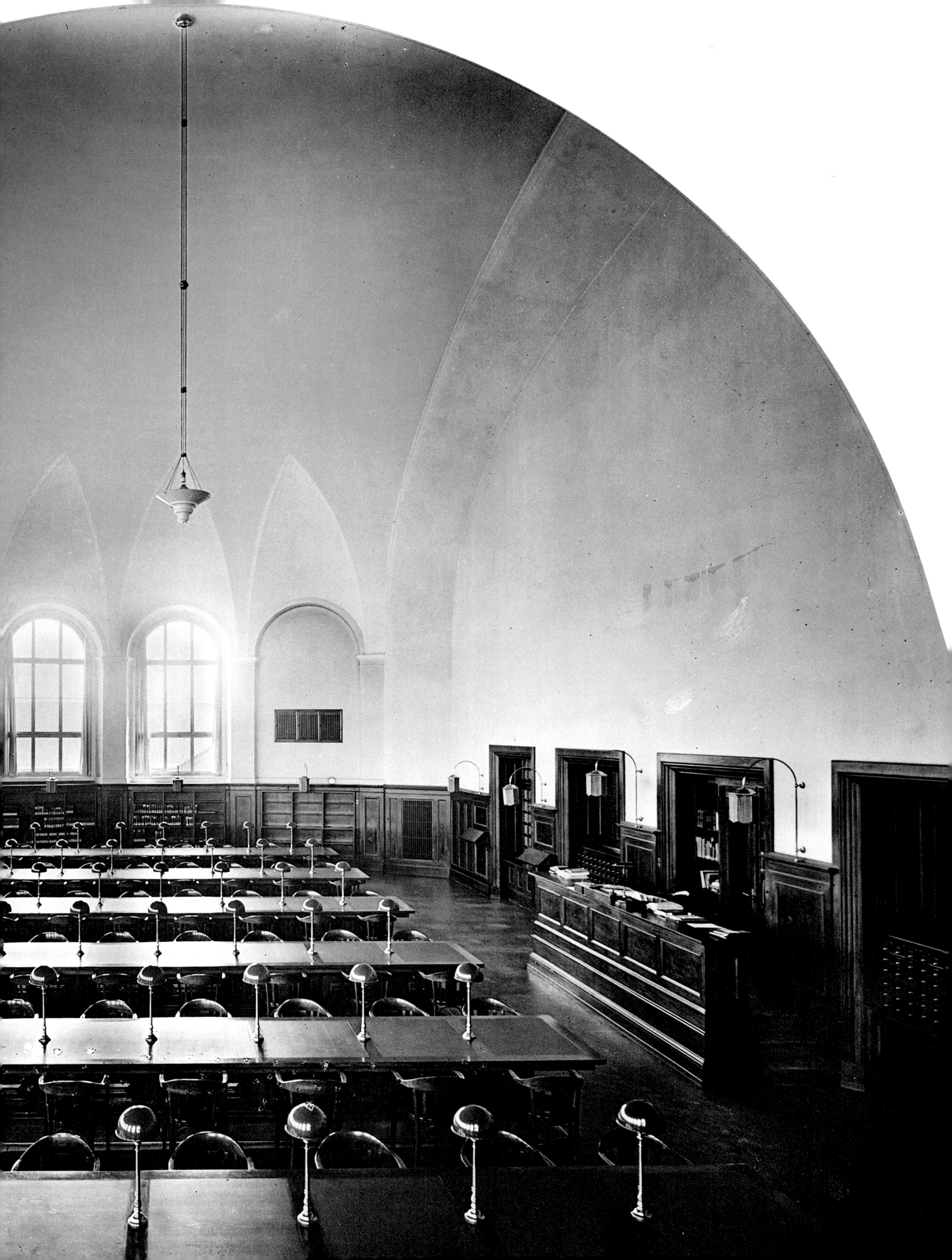

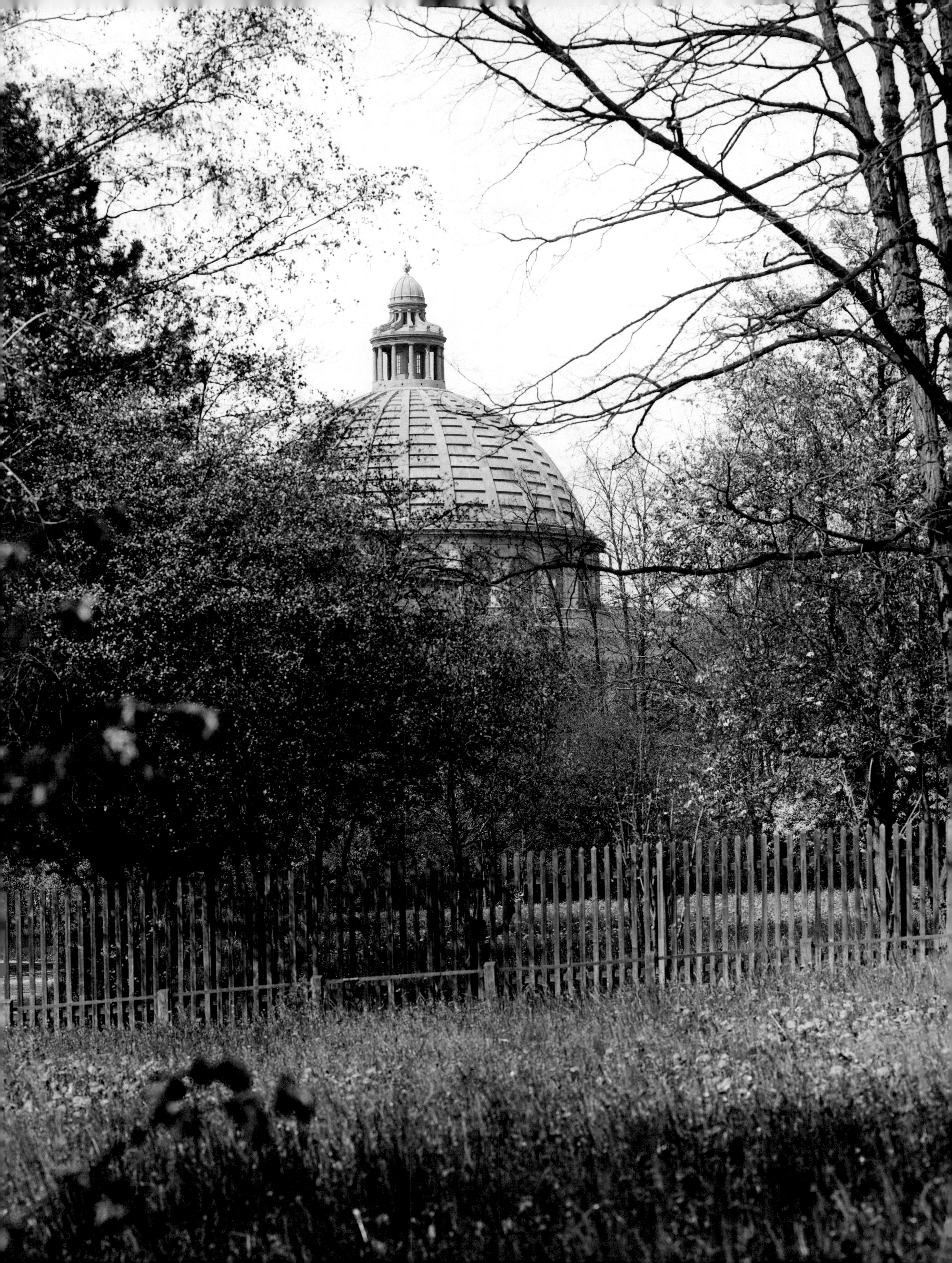

**BETONKUPPEL VOR EINDECKUNG MIT
ZIEGELN SEPTEMBER BIS OKTOBER 1920**

22-01-F-Bs-61N / gta Archiv / ETH Zurich (Nachlass Gustav Gull).
Fotograf unbekannt, 24. September 1920.

**BLICK AUF DIE OFFENE BETON-
STRUKTUR DER KUPPEL**

Ans_00737 / ETH-Bibliothek Zurich, Bildarchiv.
Fotograf unbekannt, 1919/20.

**RECHTS DIE EINGEDECKTE KUPPEL,
LINKS KARL MOSERS KOLLEGIEN-
GEBÄUDE DER UNIVERSITÄT ZÜRICH**

22-01-F-AuG-21N / gta Archiv / ETH Zurich (Nachlass Gustav Gull).
Fotograf unbekannt, nach 1920.

Nur wenige Bilder der fertig gestellten Rotunde zeigen die offene Betonkuppel, wie sie von Gustav Gull gedacht war. Die Konstruktion wurde mit einer Ziegelhaut bedeckt, nachdem sich herausgestellt hatte, dass sie nicht wasserdicht war. Auch zeigte sich Gull überrascht von der prägnanten Erscheinung der exponierten Konstruktion.

»ZÜRICH MIT EIDG. TECHN. HOCHSCHULE U. UNIVERSITÄT«

Ans_03096 / ETH-Bibliothek Zürich, Bildarchiv.
Fotograf unbekannt, nach 1920.

Der architektonische Ausdruck der Rotunde war immerhin so stark, dass die Rämistrassenfront zum neuen Identifikationsbild der Schule wurde. Eine Postkarte mit dem Blick vom Lindenhof zeigt freilich, dass die volumetrische Fügung von Sempers Horizontalbau und Gulls Kuppelbau nicht wirklich gelang. Auch das Aufbrechen der Ziegelhaut durch Glasfelder für die Belichtung des Katalogsaals war keine überzeugende Lösung.

...ich mit Eidg. techn. Hochschule u. Universität

6.12/16

23.7 x 30.8

Auditorium Maximum

Gull betitelte seinen 1909 verfassten Wettbewerbsbeitrag zu »Um- und Neubauten für die Polytechnische Schule in Zürich« mit »Auditorium Maximum«. Obwohl im Wettbewerbsprogramm ein Auditorium dieser Größe nicht vorgesehen war, glaubte Gull die »Zweckmässigkeit eines grossen für ca. 500 Zuhörer berechneten Auditoriums […] nicht begründen zu müssen« und verwies auf die in jüngster Zeit bei größeren Hochschulen erstellten Auditorien, denen die »höchste eidg. Lehranstalt« in nichts nachstehen sollte.[1] Das große Auditorium unterstreicht Gulls Strategie der städtebaulichen Neuorientierung des Baus mit einer neuen Schaufassade entlang der Rämistrasse: »Was für die Westfront die Aula, ist für die Ostfront das ›Auditorium Maximum‹.«[2]

Gulls Wettbewerbsbeitrag zeigt das Auditorium noch im dritten Obergeschoss unter der Kuppel, den großen Lesesaal der Bibliothek in der Beletage. In der Überarbeitung wurden die beiden Räume vertauscht, das Auditorium rückte näher an das Erdgeschoss, die Bibliothek nutzte nun die Räumlichkeiten unter dem Dach für Magazine. Zwei symmetrische seitliche Zugänge erschlossen das Auditorium direkt von der zentralen Halle, zwei weitere führten in den Säulenumgang mit einer zentralen Treppe, über die man den oberen Rang des Auditoriums erreichen konnte. Halbrunde Tribünenanordnung und eine mittige Rednerbühne erinnern an ein antikes Theater oder Bouleuterion. Die zehn Sitzreihen des unteren Ranges waren leicht geschweift, die zur Fassade leicht ansteigende Galerie des oberen Ranges umfasste acht weitere Sitzreihen, insgesamt bot der Saal Platz für 644 Zuhörer.[3]

Eine reich verzierte ionische Kolossalordnung mit zwei Pilastern und zwölf kannelierten Säulen trug die Decke, große Rundbogenfenster gaben den Blick auf das Säulenrund der Fassade frei. Die Stirnwand hinter dem Rednerpult war aufwendig geschmückt: Sieben Medaillons in den Wandfeldern wurden von Bildhauer Hans Gisler gestaltet,[4] der in den 1920er Jahren vom Berner Maler Rudolf Münger gefertigte Fries unter dem Deckenarchitrav zeigt die Huldigung der Pallas Athene und bezieht sich auf den nicht ausgeführten Fries in der Semperaula. Münger malte die Motive in Temperafarben auf Leinwand, der farbige Schmuck setzte sich von der zurückhaltenden Gestaltung des übrigen Saals ab, der in einem »hellen zarten, durch sparsame unaufdringliche Vergoldungen leicht aufgehöhten Rehbraunton« gehalten war.[5]

Gull setzte zeitgenössische Konstruktionen und typische Materialien seiner Zeit ein, die Betonkonstruktionen im Inneren wurden nicht sichtbar gelassen, sondern in der Regel mit Putz und Holzausbauten verkleidet. Die Betondecke des Auditorium Maximum trägt den Boden des darüber liegenden Lesesaals; nach dem Ausschalen wurde eine Kassettendecke aus Gips-Hartstuck an der Rohdecke montiert,[6] ihre kräftige Gliederung begünstigte wesentlich die »gute Akustik des Saales«.[7] Kapitelle, Basen und Schäfte der Säulen (inklusive Entasis) wurden in vereinfachter Form bereits in Beton gegossen, Voluten und Kanneluren später in Stuck appliziert und gefasst.

Zu Beginn der 1970er Jahre entfernte Alfred Roth sämtliche Ausbauten des Auditoriums, er ersetzte die inneren Stützen und mauerte die Fensteröffnungen zu – lediglich in Zwischendecken finden sich noch Reste von Stuckarbeiten der Gullzeit. Der festliche Versammlungsraum wurde zum ›modernen‹ Hörsaal mit Kunstlicht, neuer mechanischer Belüftung und rein funktionaler Raumhülle.[8]

1 »Konkurrenz Projekt für das Eidg. Polytechnikum. Erlaeuterungsbericht und tabellarische Zusammenstellungen der Raumflaechen«, Gustav Gull, 1909, S. 4–5 (Bundesarchiv Bern, CH-BAR#E3240A#1000/745#40*, Az. 2–05).

2 Ebd.

3 Gull, Gustav: Baubericht, in: Eidgenössische Technische Hochschule (Hg.): Festschrift zum 75jährigen Bestehen der Eidgenössischen Technischen Hochschule in Zürich. Zürich 1930, S. 58–95, hier S. 70, 74.

4 Neben den Medaillons im Auditorium Maximum führte der in Zollikon ansässige Gisler (1889–1969) auch den Quellwasserbrunnen mit Flachrelief an der Rämistrasse aus. Zwischen 1947 und 1959 war Gisler außerordentlicher Professor für Modellieren und Figurenzeichnen an der ETH Zürich.

5 Gull 1930 (wie Anm. 3), S. 74–75.

6 Die Stuckaturen, Maler- und Vergoldungsarbeiten im Auditorium Maximum und die Kassettendecke in der großen Halle wurden durch die Berner Firma Ernst Haberer & Cie. ausgeführt.

7 Gull 1930 (wie Anm. 3), S. 75.

8 Siehe dazu *Die Purifizierung der großen Räume*, S. 568–619.

1 Wie für den großen Lesesaal plante Gustav Gull auch im Auditorium Maximum von Beginn an eine noble Ausstattung mit weißgoldenen Architekturelementen, die Sempers Lösungen für die Aula in monumentaler Weise fortschreiben wollten. Kannelierte Säulen und Wandpfeiler trugen vergoldete ionische Kapitelle, die Säulenbasen zeigten ebenfalls Metallfarben. Eine frühe perspektivische Skizze ist in hellen Gelb- und Elfenbeintönen aquarelliert, die Stirnwand hat noch keinen Bildschmuck in der Frieszone. (gta Archiv / ETH Zürich)

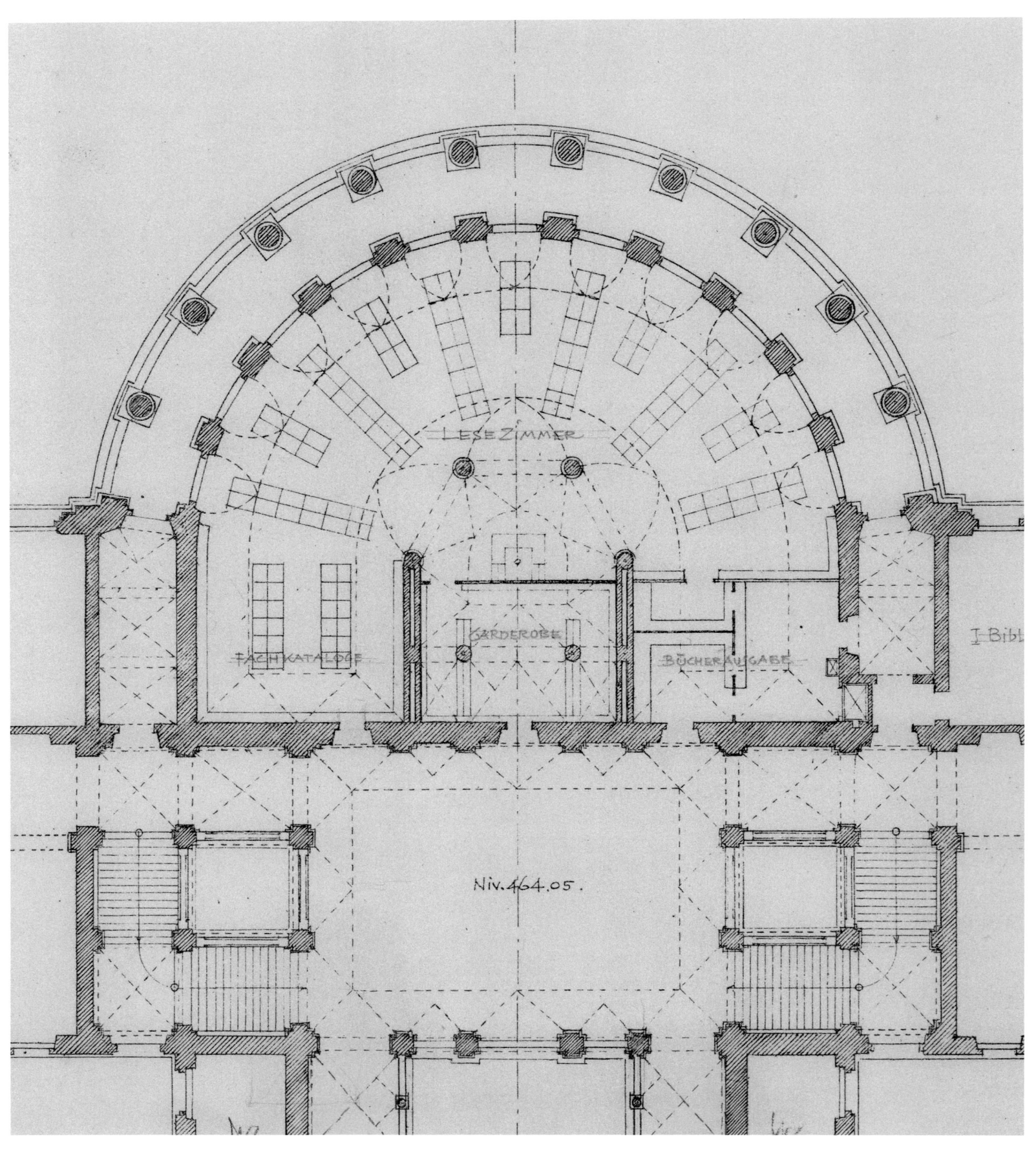

»EIDGEN. TECHNISCHE HOCHSCHULE,
ZÜRICH. HAUPTGEBÄUDE. I. STOCK«
Maßstab 1 : 200 (Original 1 : 200)

22-305-1-167 (Ausschnitt) / gta Archiv / ETH Zürich (Nachlass Gustav Gull).
Signatur Gustav Gull, Februar 1915. Pause auf Papier. Beschriftungen in
Bleistift. 72,5 x 89,0 cm.

»EIDG. TECHN. HOCHSCHULE ZÜRICH.
HAUPTGEBÄUDE. GRUNDRISS VOM
I. STOCK«
Maßstab 1 : 200 (Original 1 : 200)

22-305-1-183 (Ausschnitt) / gta Archiv / ETH Zürich (Nachlass Gustav Gull).
Signatur Gustav Gull, September 1924 / Mai 1928. Pause auf Papier.
80,0 x 101,0 cm.

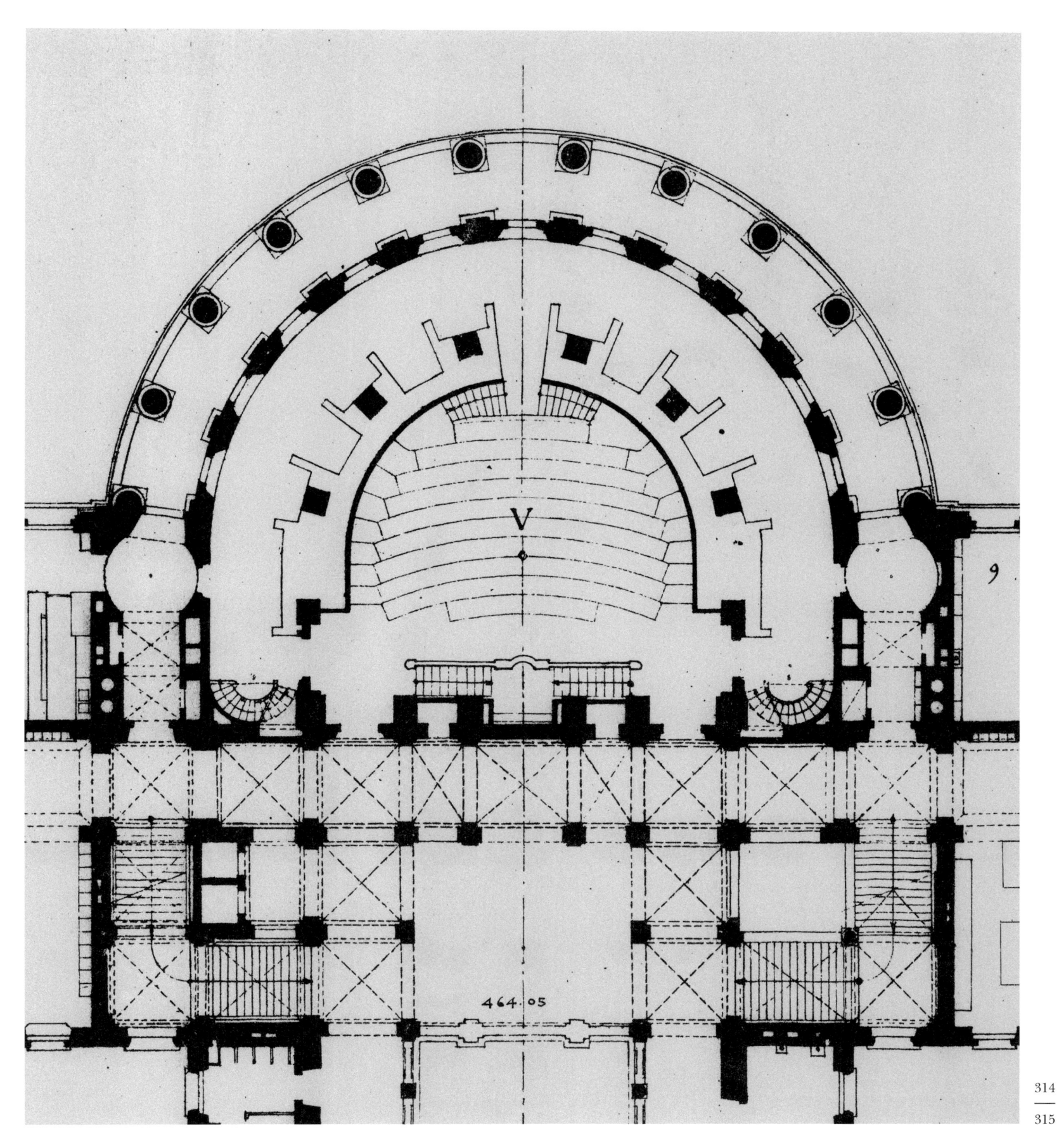

Zum Zeitpunkt des Wettbewerbs waren der große Lesesaal der Hauptbibliothek und das Bibliotheksgeschoss noch auf der Beletage angesiedelt. Wohl aufgrund der Anordnung der Magazine wurde diese Überlegung aufgegeben, Gulls (im Wettbewerbsprogramm gar nicht vorgesehenes) Auditorium Maximum trat an die Stelle der Bibliothek. Auch die Dimensionen der Podeste und Galerien der zentralen Haupthalle wurden korrigiert – jetzt schlossen gestaffelte, nach oben sich ausweitende Bogenstellungen die Haupthalle ab.

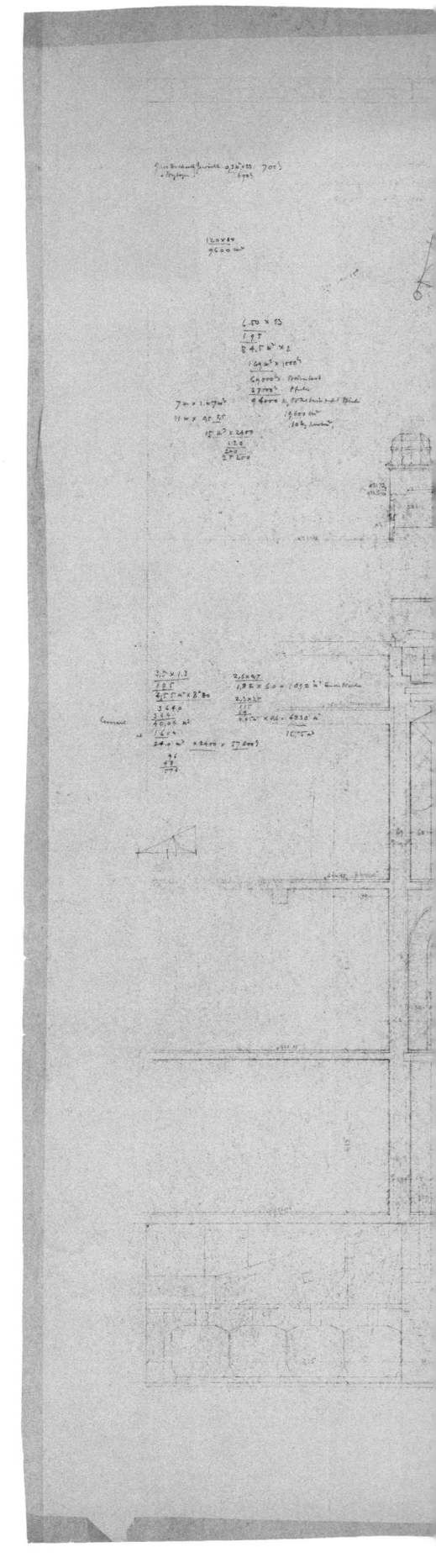

»E.T.H. AUDIT MAX«
Ohne Maßstab

22-305-6-12-15 / gta Archiv / ETH Zürich (Nachlass Gustav Gull).
Zeichnung von Gustav Gull in Bleistift auf Papier. 24,8 x 16,0 cm.

»HAUPTGEBÄUDE DER E.T.H. ZÜRICH.
SCHNITT DURCH RUNDBAU«
Maßstab 1 : 200 (Original 1 : 50)

22-305-1-324 / gta Archiv / ETH Zürich (Nachlass Gustav Gull).
Pause auf Papier. 96,5 x 116,5 cm.

Ein Werkschnitt der großen Rotundensäle im Maßstab 1 : 50 gibt Ansichten der geraden Stirnwände auf der Westseite. Die Wandgliederung des Lesesaals unter der Kuppel ist noch nicht ausgearbeitet, Innen- und Außenkuppel sind aber bereits detailliert. Am weitesten ausgeführt ist die Stirnwand des Auditoriums. Die Wand ist jetzt durch kolossale Pilaster ionischer Ordnung gegliedert. Im Zentrum, wie in der Aula, eine von zwei Seiten zugängliche Rednerbühne, flankiert von großen Zugangstüren, die direkt in den Saal führen. Eine Schildwand trennt die kreisförmig angeordneten Sitzreihen des unteren Zentrums von den Reihen auf den Emporen. Offenbar hat Gull die Anbringung einer großen Orgel vorgeschlagen, die freilich nicht gebaut wurde.

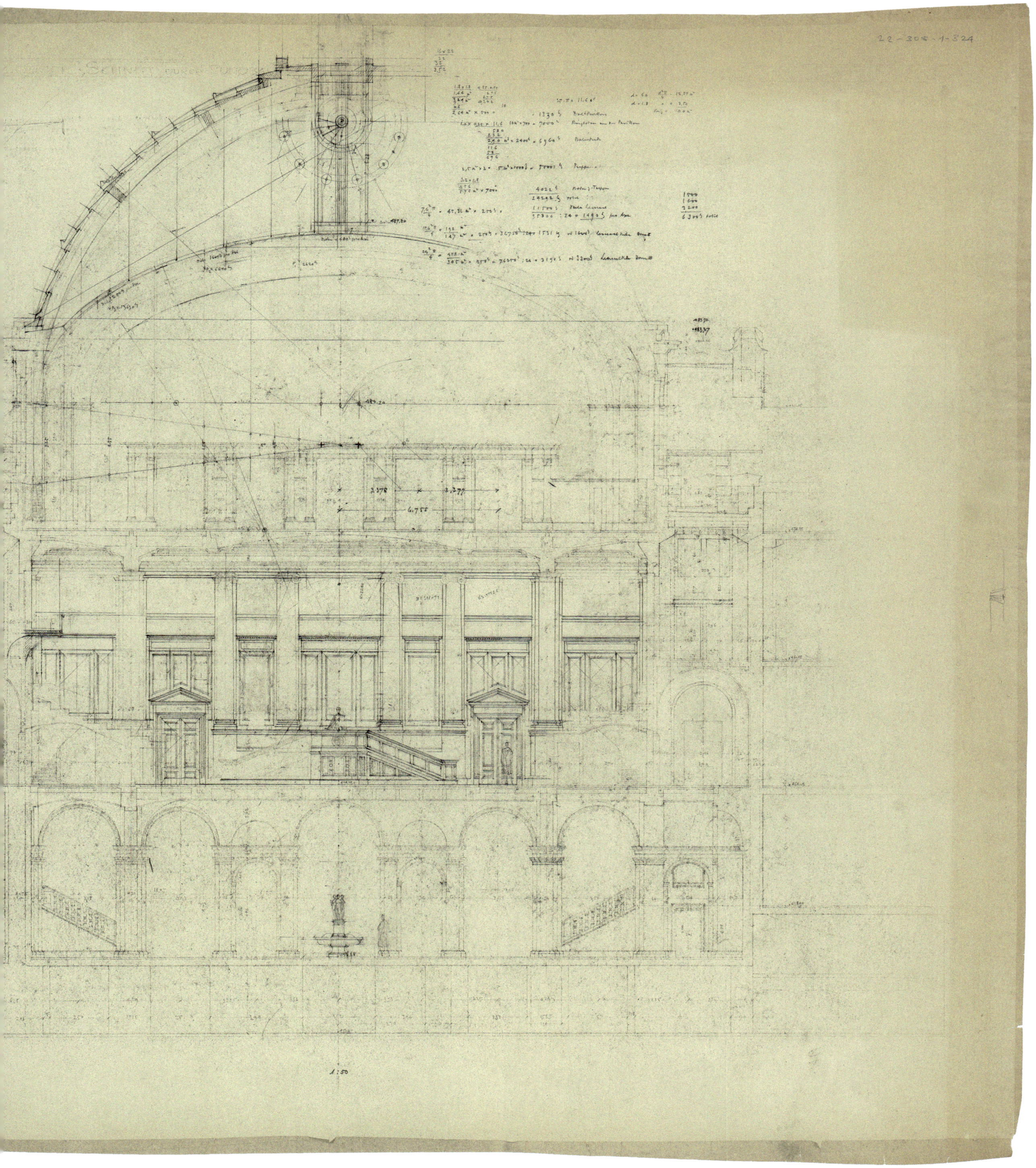

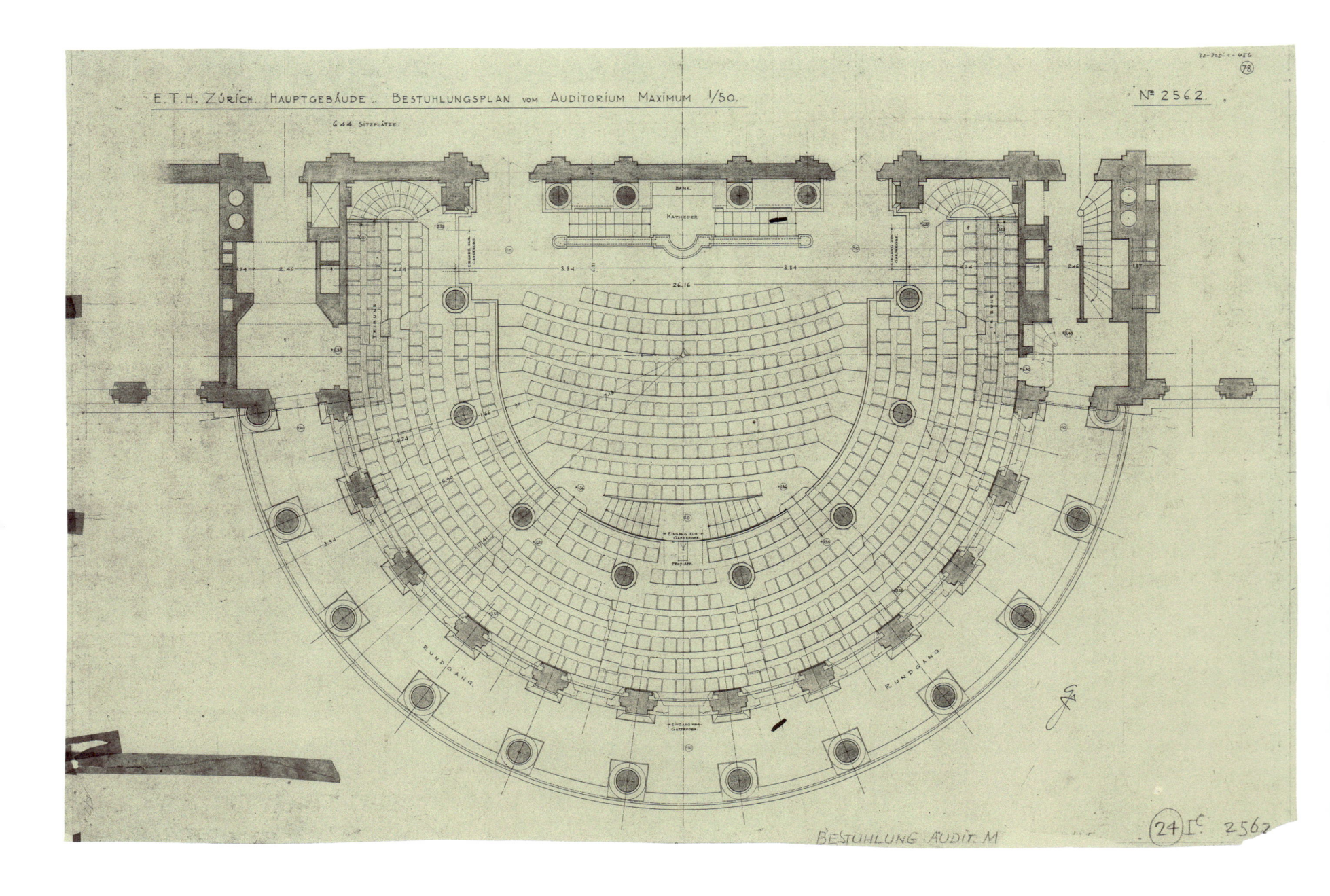

»E.T.H. ZÜRICH. HAUPTGEBÄUDE.
BESTUHLUNGSPLAN VOM AUDITORIUM
MAXIMUM«
Maßstab 1 : 200 (Original 1 : 50)

22-305-1-456 / gta Archiv / ETH Zürich (Nachlass Gustav Gull).
Signatur Gustav Gull. Pause auf Papier. 61,8 x 95,5 cm.

»HAUPTGEBÄUDE DER E.T.H. ZÜRICH.
DECKE VOM AUDITORIUM MAXIMUM«
Maßstab 1 : 200 (Original 1 : 50)

22-305-1-463 / gta Archiv / ETH Zürich (Nachlass Gustav Gull).
Signatur Gustav Gull. Pause auf Papier. 57,3 x 70,0 cm.

Die Treppen zu den oberen Rängen des Auditoriums waren über einen Umgangskorridor erschlossen, der wiederum direkten Zugang zu der umlaufenden Terrasse ermöglichte. Eine Werkzeichnung der Decke gibt Schnitte und Untersicht der Betonkonstruktion, die sehr flach zwischen den Halbkreis der Säulen gespannt ist.

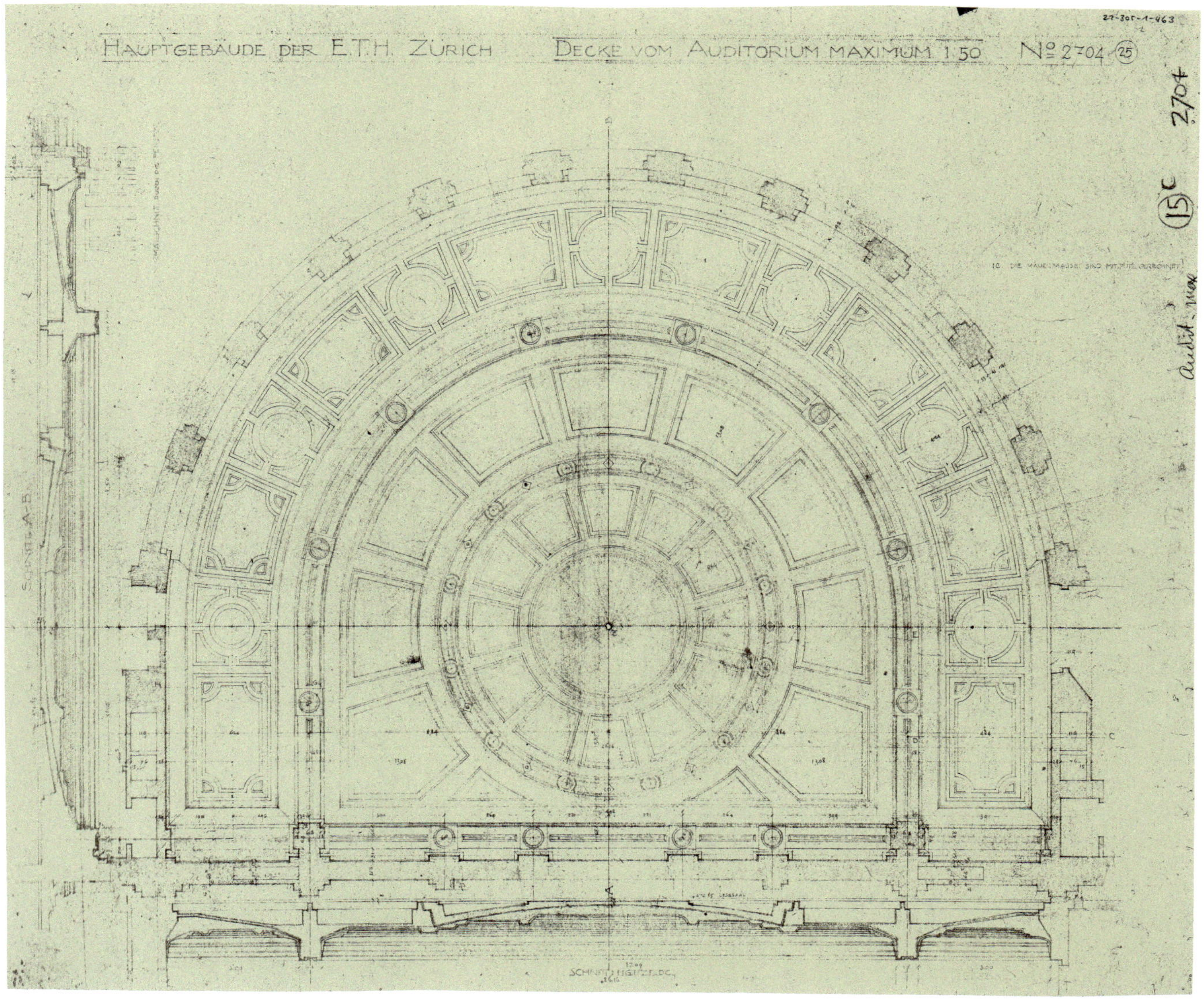

HAUPTGEBÄUDE DER E.T.H. ZÜRICH
DECKE VOM AUDITORIUM MAXIMUM 1:50
No 2704 (25)
2704
15c

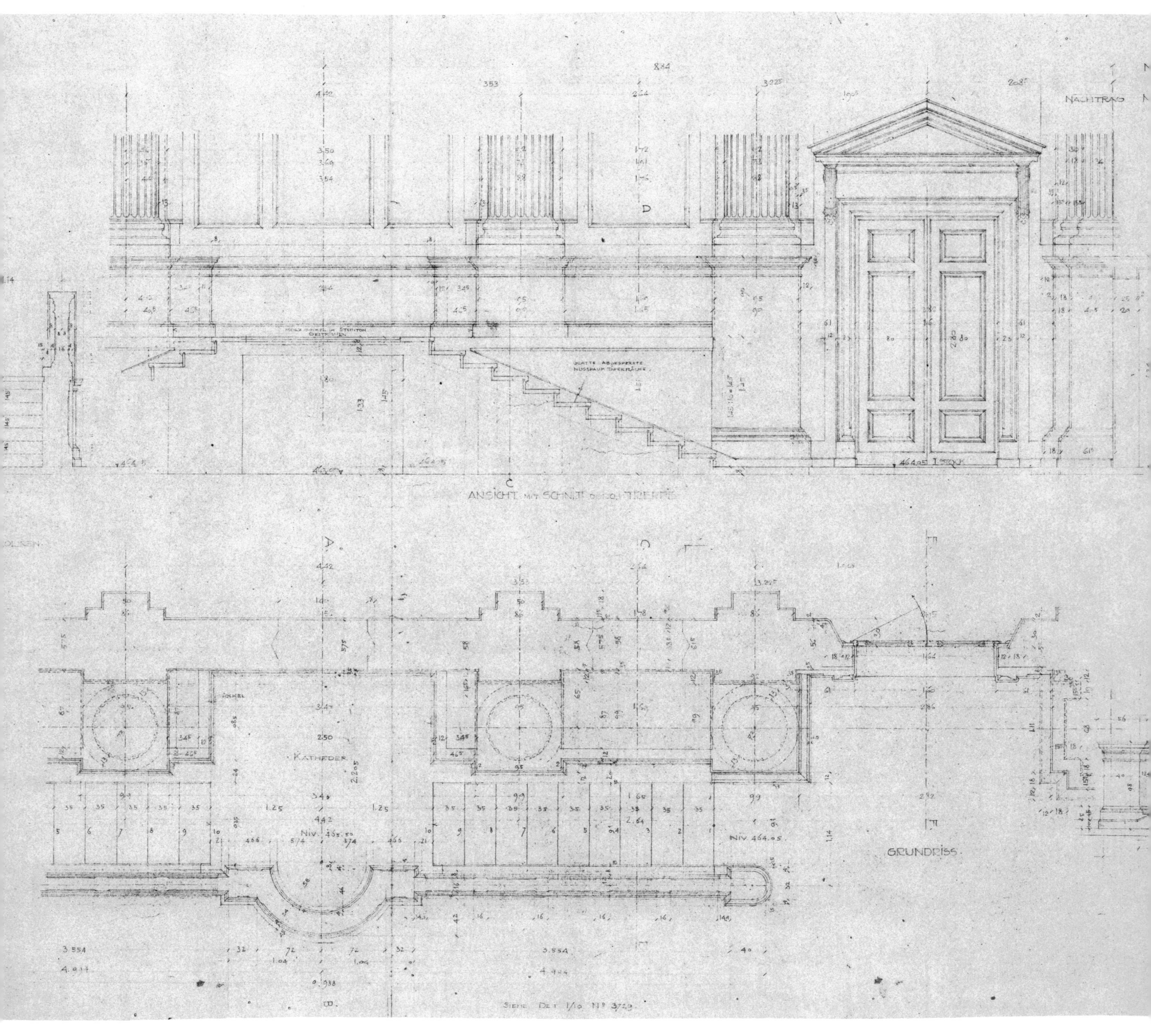

»HAUPTGEBÄUDE DER E.T.H. ZÜRICH.
RUNDBAU. AUDITORIUM-MAXIMUM.
BETONARBEITEN DER MAUER GEGEN
DAS VESTIBULE. SCHREINERARBEIT
DES KATHEDERS«
Maßstab 1 : 50 (Original 1 : 20)

22-305-1-691 (Ausschnitt) / gta Archiv / ETH Zürich (Nachlass Gustav Gull).
Signatur Gustav Gull. Pause auf Papier. 56,5 x 133,0 cm.

»E.T.H. - H.G. RUNDBAU. FASSADE 14.
BALUSTRADE I STOCK / FASSADEN 11
UND 17. BALUSTRADEN I STOCK.«
Maßstab 1 : 50 (Original 1 : 20)

22-305-1-890 / gta Archiv / ETH Zürich (Nachlass Gustav Gull).
Signatur Gustav Gull. Pause auf Papier. 58,5 x 41,5 cm.

Werkpläne für den Ausbau des Auditorium
Maximum entstanden im Maßstab 1 : 20 in Bleistift. Ausschnitte einer Serie von Details von
Säulenbasen, Entasis, Balustraden und Schreinerkonstruktionen geben Zeugnis der fabelhaften Beherrschung klassischen Architekturvokabulars und des Wissens um Profildetails.

E.T.H.-H.G. Rundbau Fassade 14. Balustrade I Stock. 1:20.
Hiezu Detail N°

Ansicht.   Schnitt.

NB. Die Masse sind am Bau zu
nehmen und vom Unternehmer
genau zu kontrollieren.
Die Fugen sind abzuziehen.

E.T.H.-H.G. Fassaden 11 und 17. Balustraden I Stock. 1:20.   N° 3018.
Hiezu Detail N° 3007.

Vorderansicht der Balustrade. 1:20.
5 Axen.   Schnitt.

Grundriss (Deckplattenaufsicht)   ohne Deckplatte.

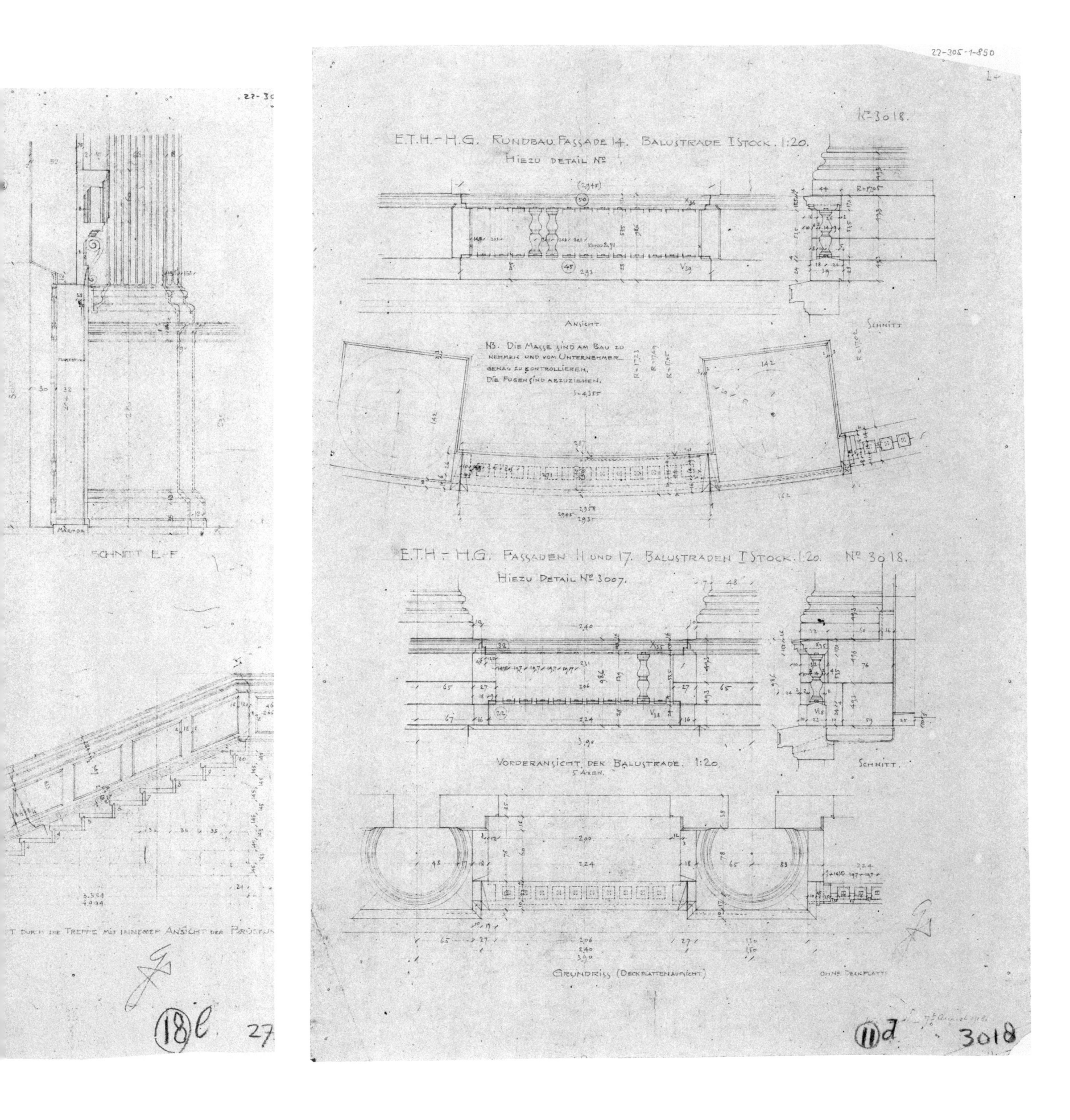

Schnitt E-F.

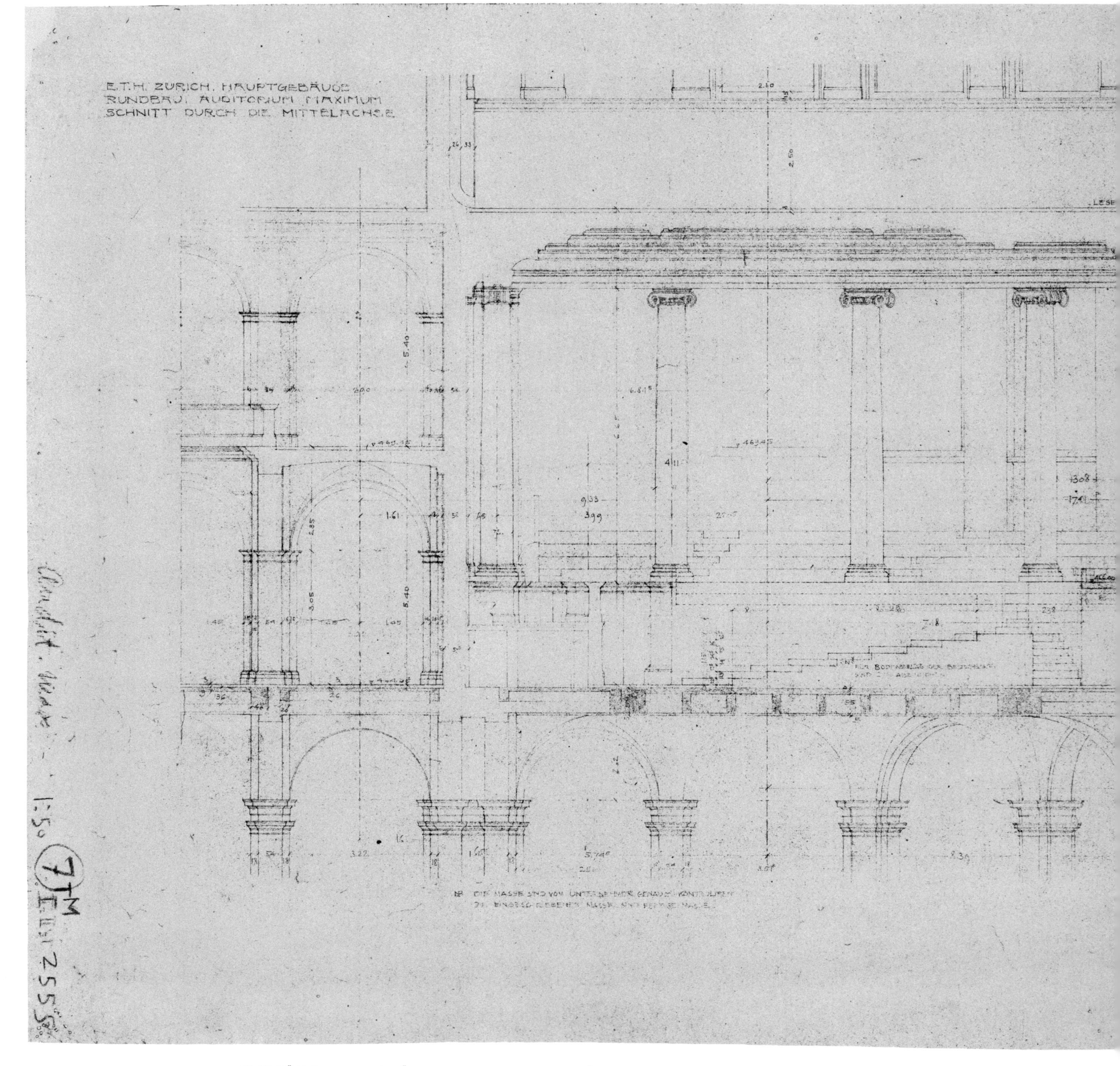

»E.T.H. ZÜRICH. HAUPTGEBÄUDE. RUND-
BAU. AUDITORIUM MAXIMUM. SCHNITT
DURCH DIE MITTELACHSE«
Maßstab 1 : 100 (Original 1 : 50)

22-305-1-594-0 / gta Archiv / ETH Zürich (Nachlass Gustav Gull).
Signatur Gustav Gull. Pause auf Papier. 47,3 x 75,8 cm.

»E.T.H – H.G. SÄULEN IM AUDITORIUM
MAXIMUM«
Maßstab 1 : 25 (Original 1 : 10)

22-305-1-727 (Ausschnitt) / gta Archiv / ETH Zürich (Nachlass Gustav Gull).
Signatur Gustav Gull. Pause auf Papier. 92,5 x 30,5 cm.

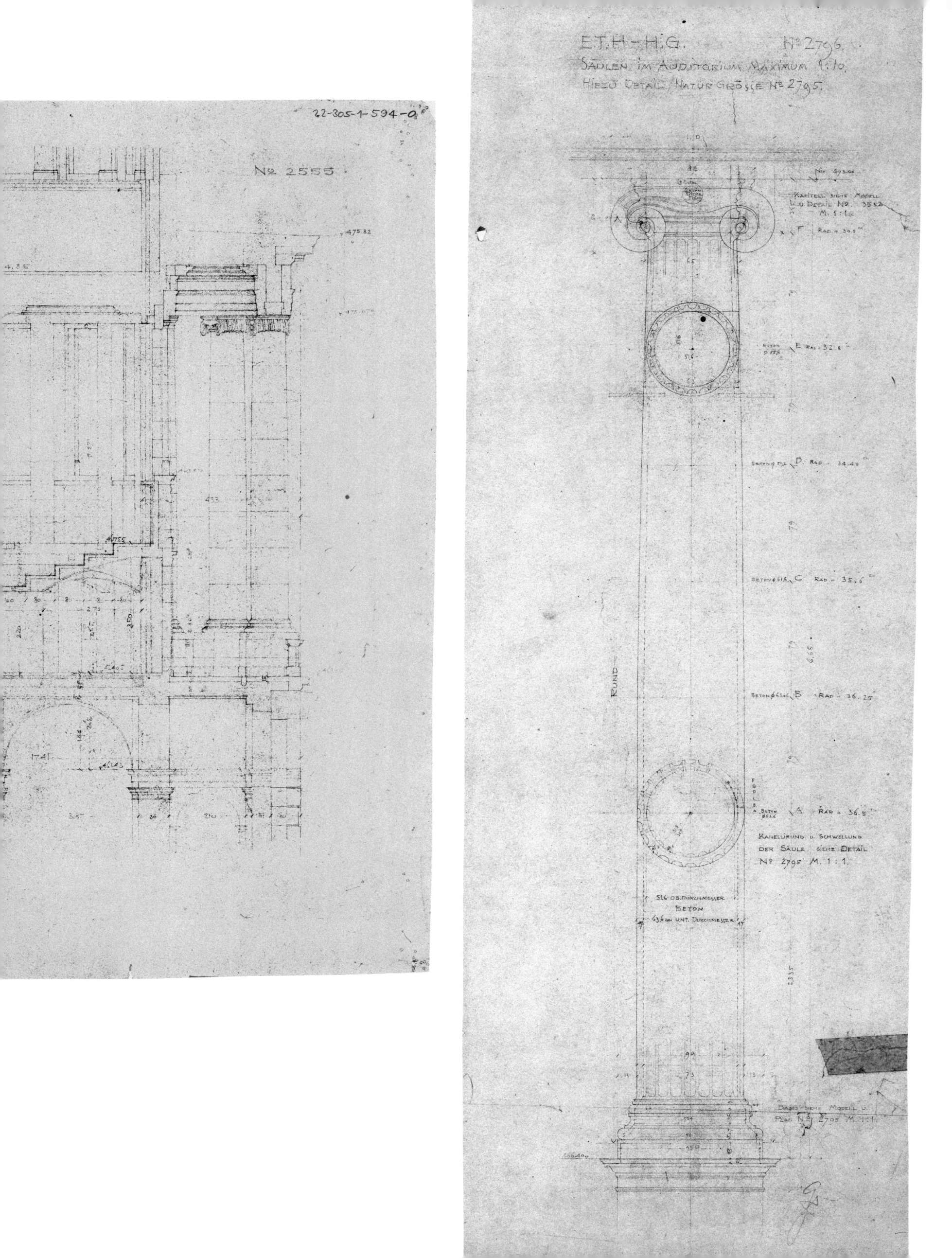

E.T.H. – H.G.   Nº 2796
Säulen im Auditorium Maximum 1:10.
Hiezu Detail Natur Grösse Nº 2795.

E.T.H. Hauptgebäude.

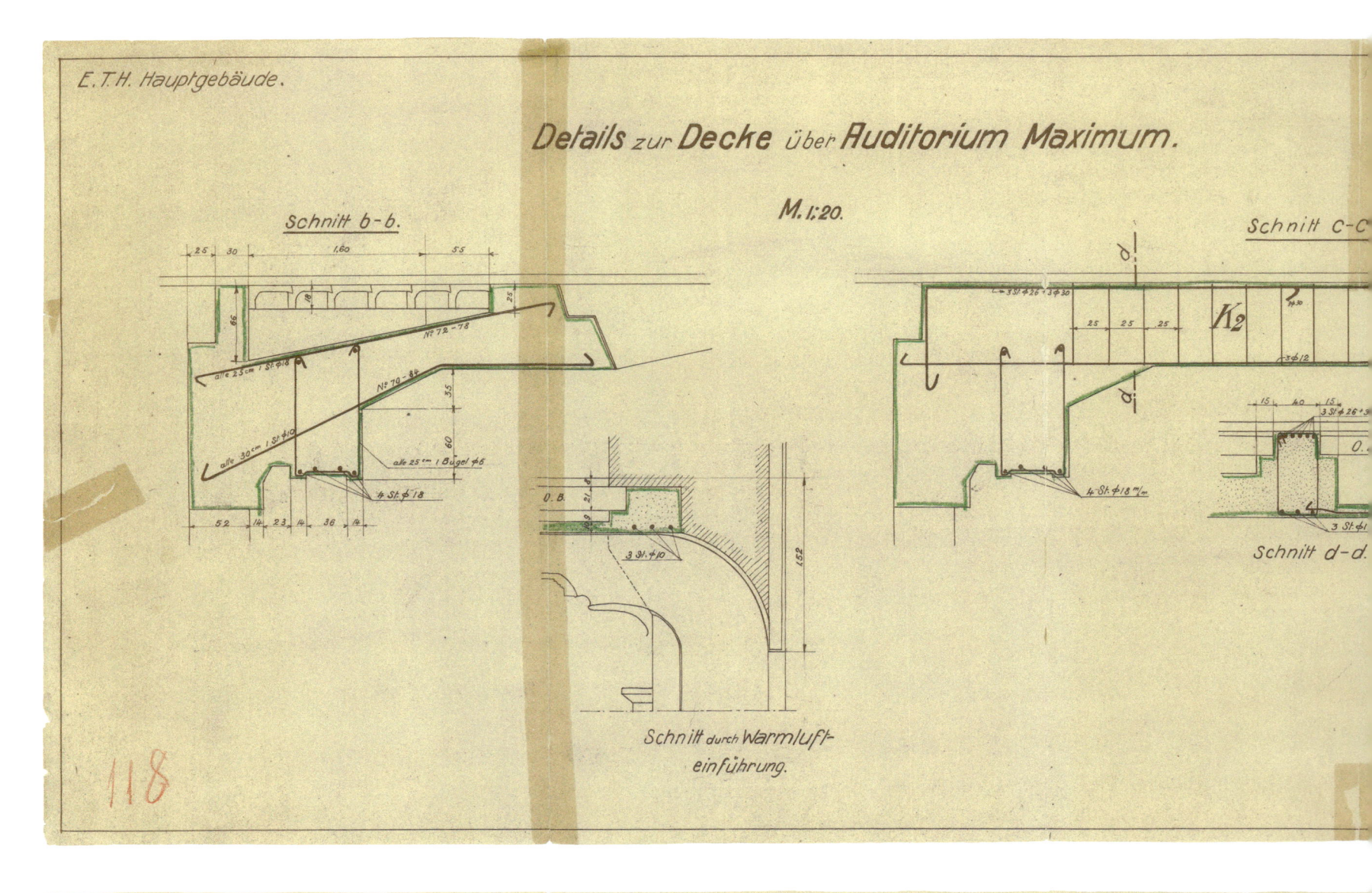

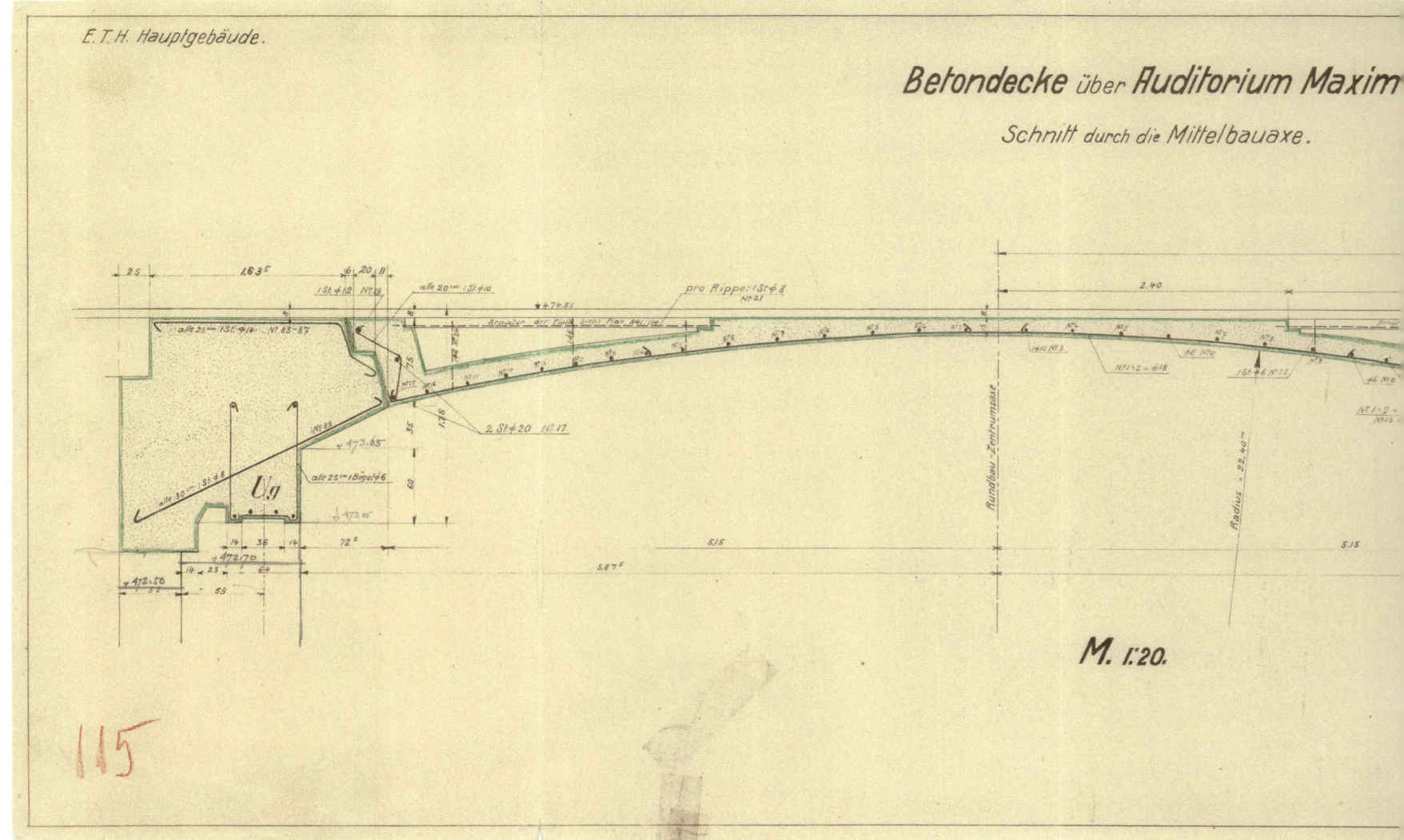

Details zur Decke über Auditorium Maximum.

M. 1:20.

Schnitt b-b.

Schnitt c-c

Schnitt durch Warmluft-einführung.

Schnitt d-d.

118

E.T.H. Hauptgebäude.

Betondecke über Auditorium Maximum

Schnitt durch die Mittelbauaxe.

M. 1:20.

115

»DETAILS ZUR DECKE ÜBER AUDITORIUM
MAXIMUM.«
Maßstab 1 : 50 (Original 1 : 20)

22-305-1-702 / gta Archiv / ETH Zürich (Nachlass Gustav Gull).
Stempel Zehntner & Brenneisen Ingenieurbureau, 12. Januar 1918. Pause
auf Papier. 35,0 x 70,5 cm.

»BETONDECKE ÜBER AUDITORIUM
MAXIMUM. SCHNITT DURCH DIE
MITTELBAUAXE.«
Maßstab 1 : 50 (Original 1 : 20)

22-305-1-703 / gta Archiv / ETH Zürich (Nachlass Gustav Gull).
Stempel Zehntner & Brenneisen Ingenieurbureau, 31. Dezember 1917.
Pause auf Papier. 34,7 x 115,0 cm.

Gull erwähnt in seinem Baubericht einen
»Wald von hölzernen Stützen«, der für die Einschalung der Betonkonstruktion über dem
Auditorium Maximum notwendig gewesen sei.
Die Ingenieurpläne der Firma Zehntner &
Brenneisen belegen freilich eine außerordentlich elegante und in der Dimension minimierte Betondecke. Ein mittleres Element ist
durch Fugen von den auskragenden Seitendecken getrennt.

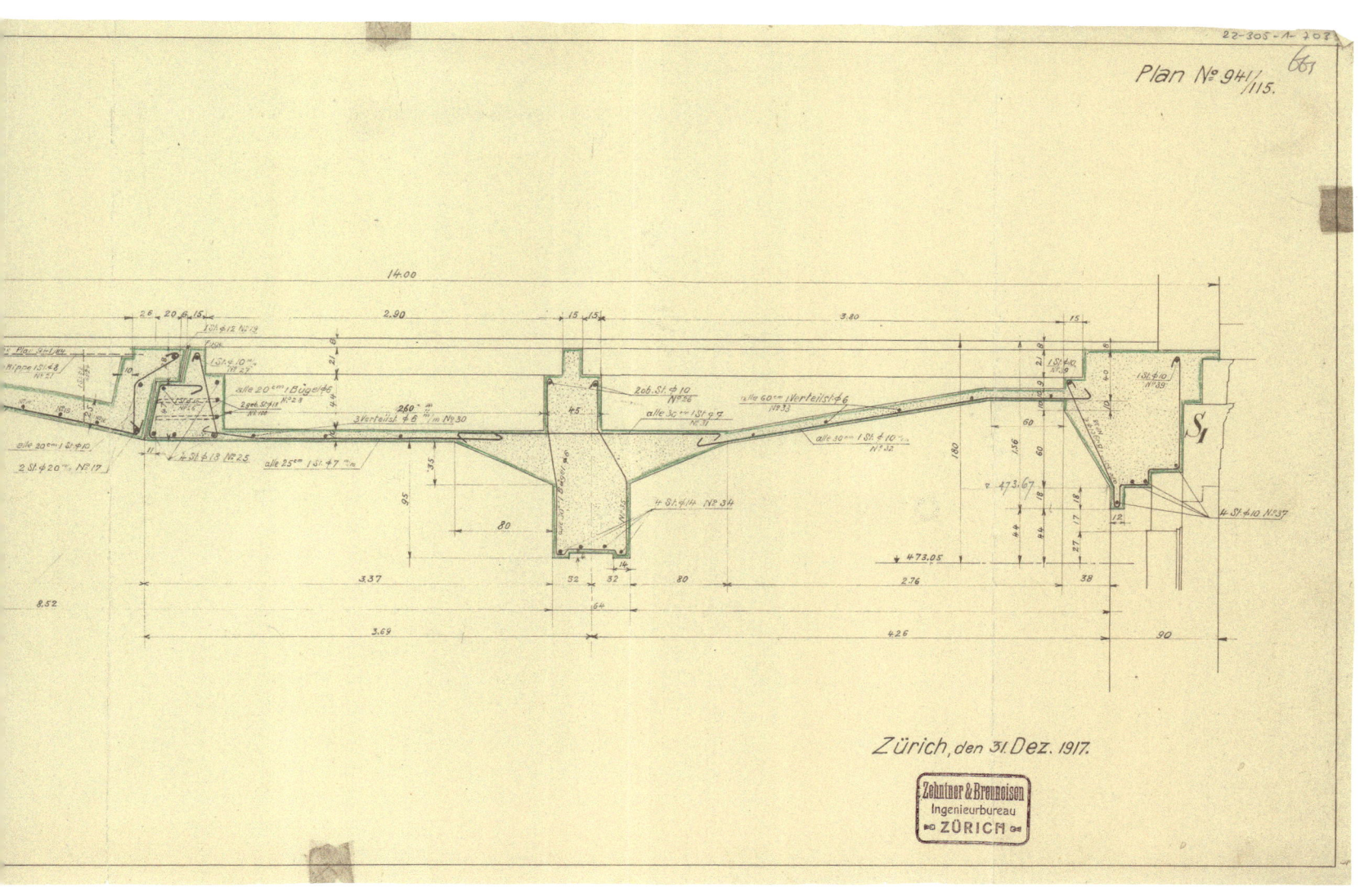

E.T.H. Hauptgebäude.

Arm. Betondecke über Auditorium Maximum.
Grundriss.
M. 1:20.

Balken N₀ 18-43 · N₀ 21 (h=21ᶜᵐ)
  "   N₀ 44-46 · N₀ 18 (h=18ᶜᵐ)

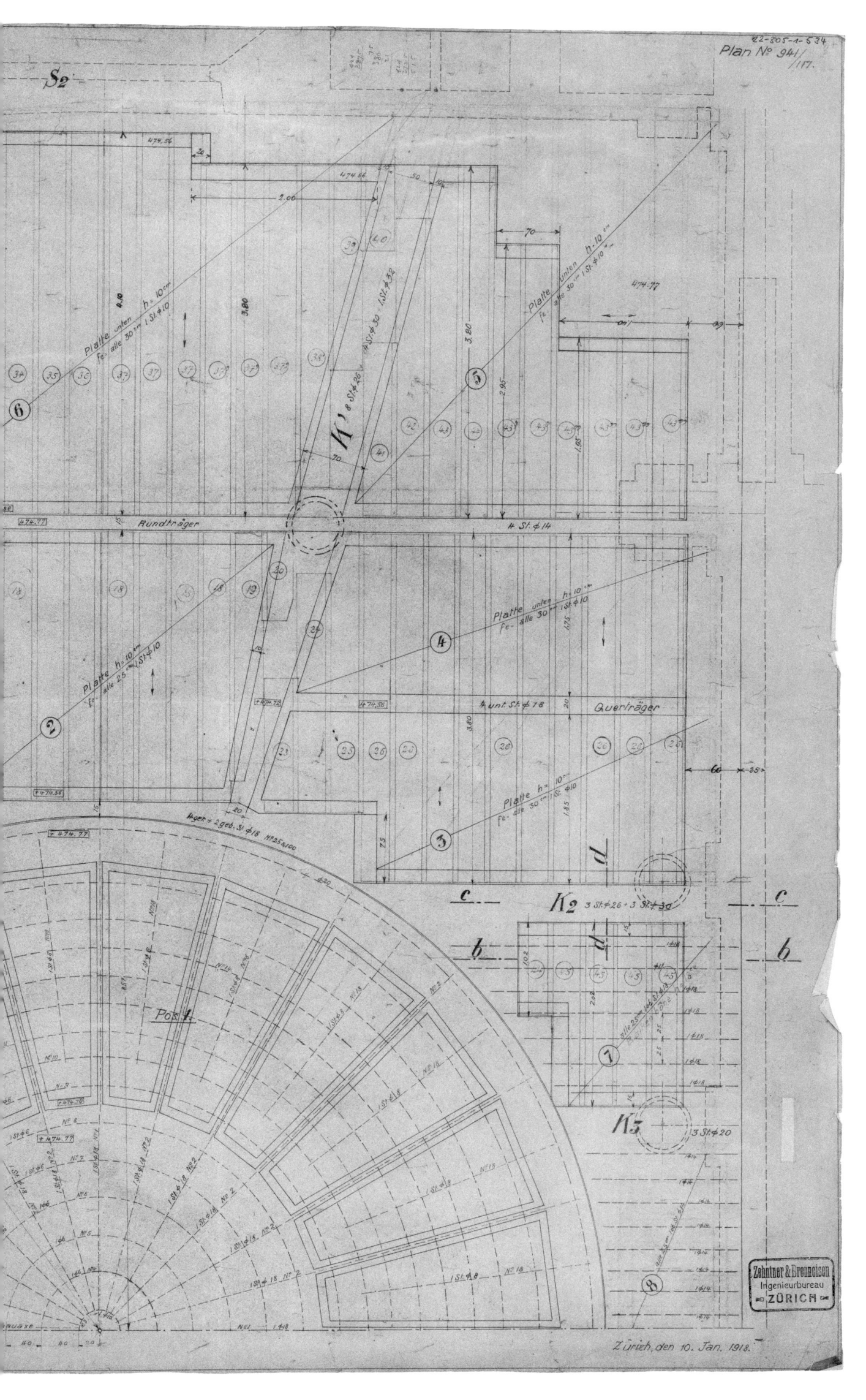

»ARM. BETONDECKE ÜBER AUDITORIUM
MAXIMUM. GRUNDRISS.«
Maßstab 1 : 50 (Original 1 : 20)

22-305-1-534 / gta Archiv / ETH Zürich (Nachlass Gustav Gull).
Stempel Zehntner & Brenneisen Ingenieurbureau, 10. Januar 1918.
Pause auf Papier. 72,0 x 109,0 cm.

Die armierte Betondecke über dem Auditorium Maximum wurde von der Ingenieurfirma als Plattenbalkenkonstruktion mit Hohlkörper-Fertigteilen geplant.

DECKENKONSTRUKTION ÜBER DER BRUNNENHALLE

22-01-FX-2-18N, 22-01-FX-2-17N, 22-01-FX-2-22N, 22-01-FX-9-3N / gta Archiv / ETH Zurich (Nachlass Gustav Gull). Fotograf unbekannt, 1917.

Die Deckenkonstruktionen der großen Räume der Rotunde differieren über die Geschosse: Während die Decke der umlaufenden Felder über der Brunnenhalle auf am Ort betonierten schweren Bogenstrukturen liegt, werden die Konstruktionen nach oben hin leichter. Das zentrale Halbrund über der Brunnenhalle wurde als kassettierte armierte Betondecke gegossen.

9.2.17.

**BETONSTRUKTUREN DER BRUNNEN-
HALLE VOR UND NACH DEM ÜBERZUG
MIT KUNSTSTEIN**

22-01-F-In-1N, 22-01-F-In-6N, 22-01-F-Bs-76N / gta Archiv / ETH Zürich (Nachlass Gustav Gull). Fotograf unbekannt, nach 1917.

Die Fotografie der ausgeschalten Betonstrukturen der Brunnenhalle zeigt die horizontalen Schichtungen der Gussabschnitte und gibt so Zeugnis vom Bauvorgang. Die Oberflächen wurden mit einem zementgebundenen Kunststeinüberzug veredelt, der wiederum handwerklich bearbeitet wurde. Die Profile sind in der Betonstruktur bereits grob angelegt und wurden vermutlich über Profilschablonen gezogen (Details des Vorgangs zum »Ausziehen der Gesimse« beschreibt beispielsweise Otto Warth in Breymanns *Baukonstruktionslehre* von 1896, S. 397–400). Gull plante ursprünglich, die Nischen der Halle mit einer Reihe von Statuen auf Postamenten zu schmücken. Die Ausführung unterblieb, nur die Fußbodenflächen sind mit kleinformatigen Fliesenmosaikbändern geschmückt.

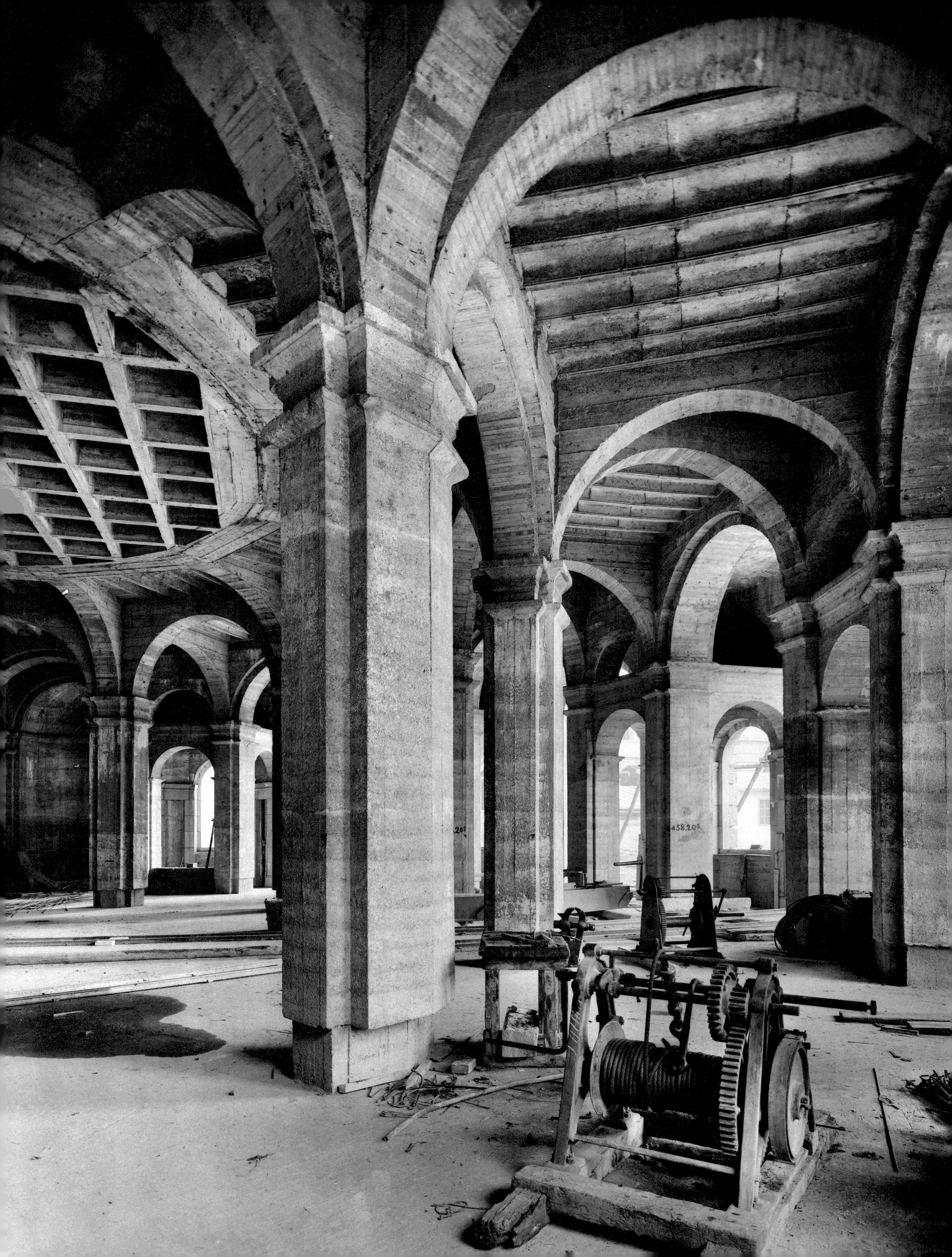

ERRICHTUNG DES NEUEN MITTELBAUS UND DER ROTUNDE

22-01-FX-17-1N, 22-01-FX-19-2N, 22-01-FX-11-8N, 22-01-FX-2-5N, 22-01-FX-11-3N, 22-01-FX-14-6N, 22-01-FX-15-3N, 22-01-FX-14-2N / gta Archiv / ETH Zurich (Nachlass Gustav Gull). Fotograf unbekannt, 1917.

Der Bau der Rotunde, des neuen Treppenhauses und der Mittelhalle bedingte den Abriss des Mittelbaus des Semperschen Osttrakts. Auf den Fotografien sind die Stirnseiten von dessen fragmentierten Seitenflügeln zu sehen.

Für den Betoniervorgang der Innensäulen des Auditorium Maximum wurden halbrunde Schalungselemente gefertigt. Offenbar wurden die Innensäulen am Stück betoniert und nicht aus Einzelquadern geschichtet wie die äußeren Säulen der Rotunde.

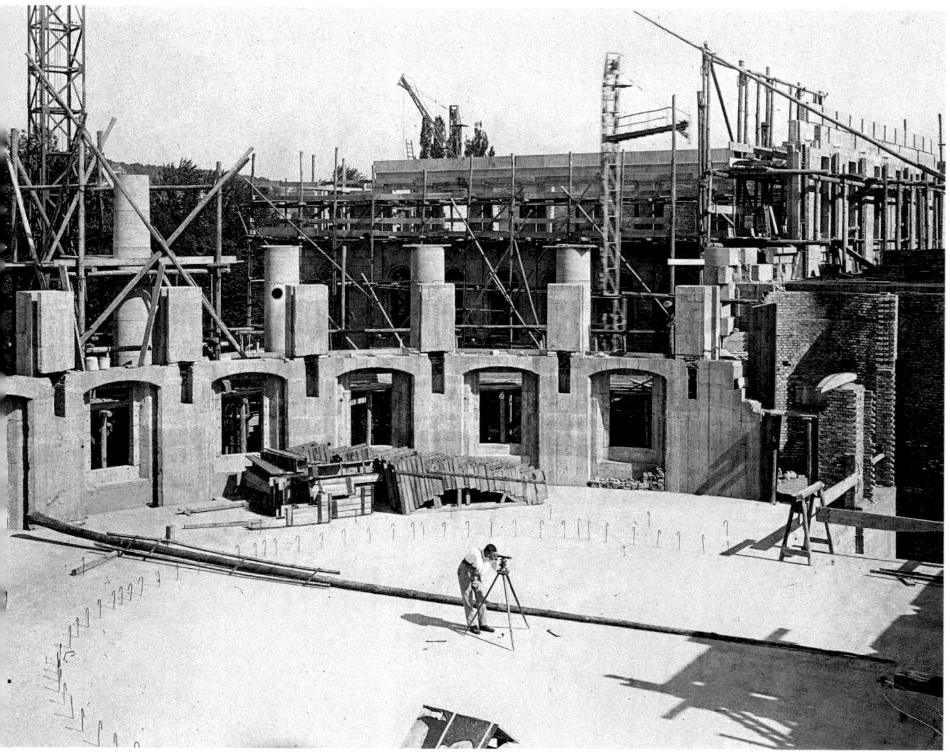
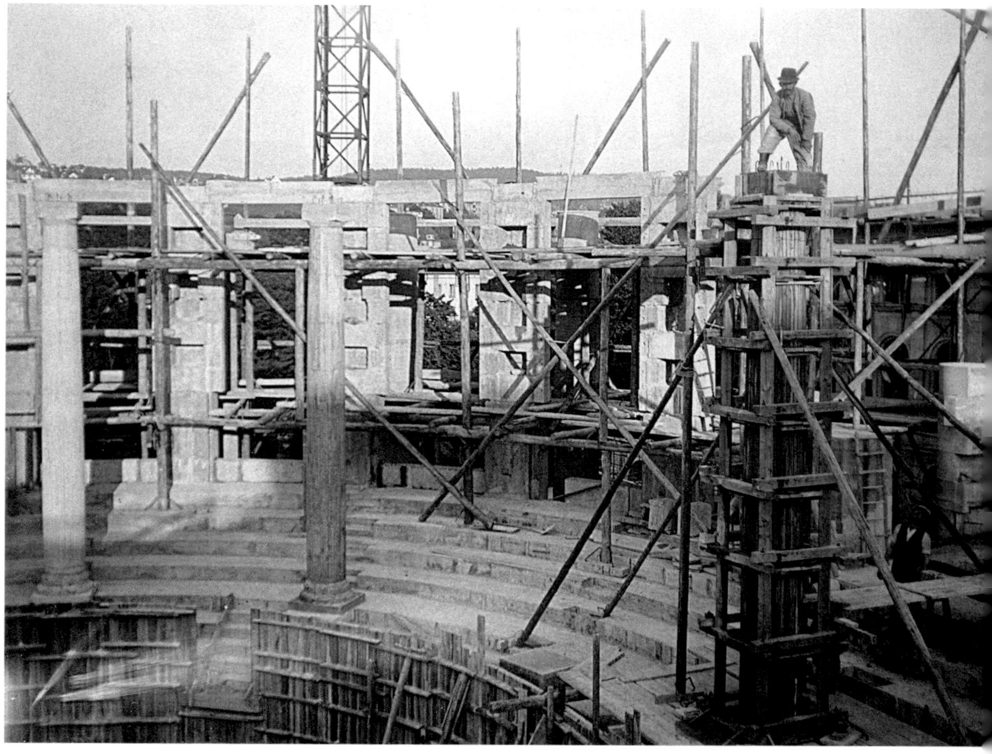
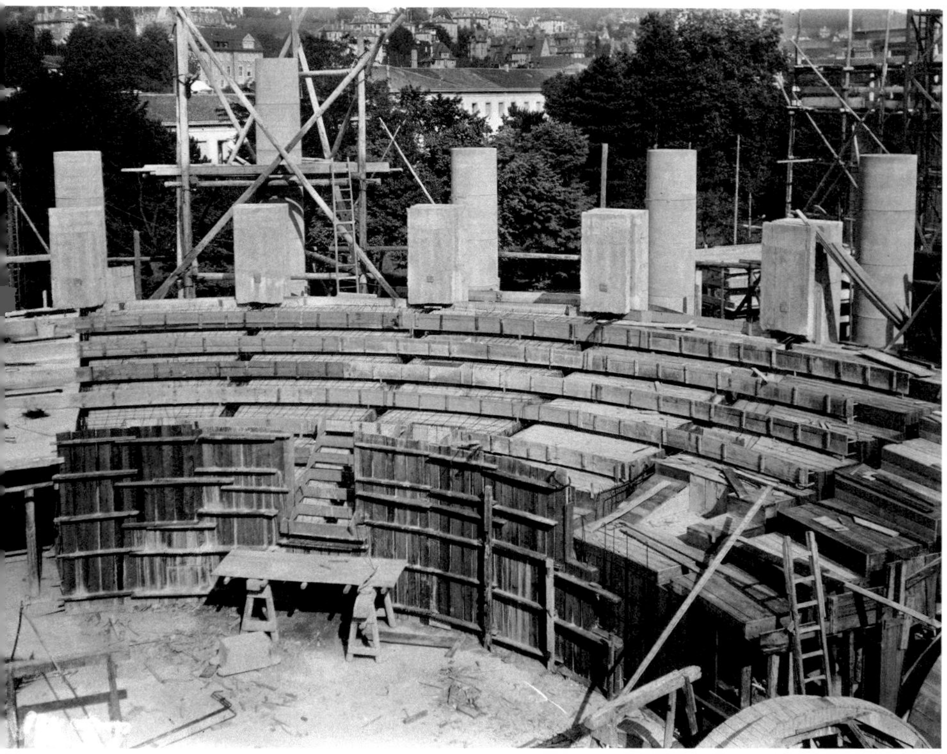
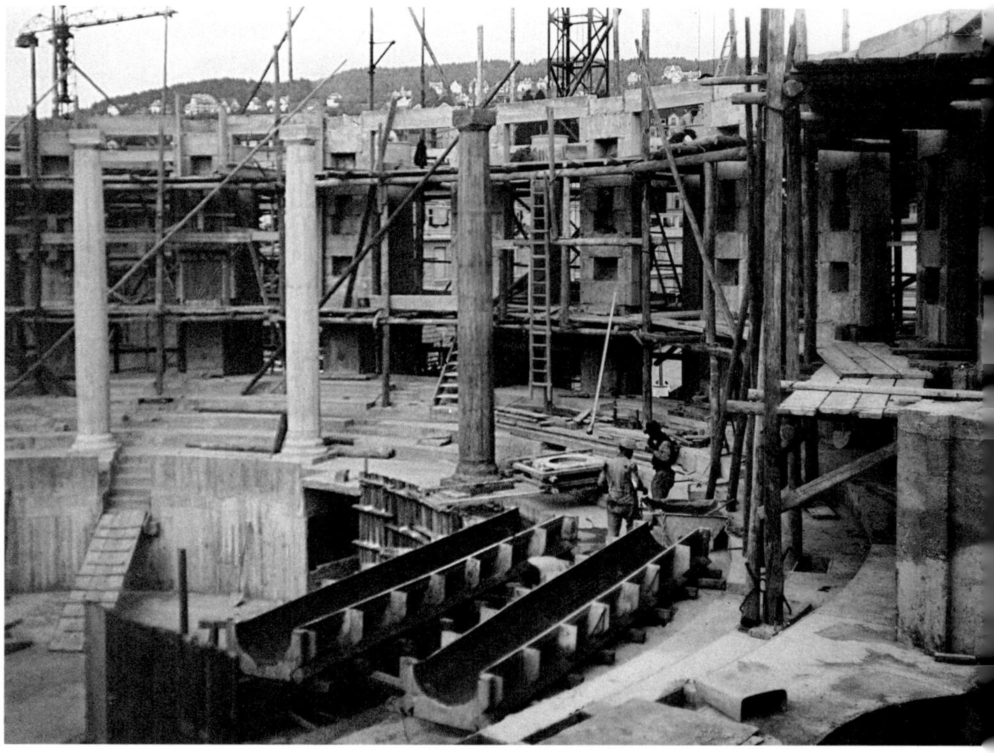

STAHLEINLAGEN IN DER DECKE ÜBER
DEM AUDITORIUM MAXIMUM

22-01-F-Bs-37N, 22-01-FX-2-9N / gta Archiv / ETH Zürich (Nachlass Gustav
Gull). Fotograf unbekannt, Frühjahr 1918.

VERLEGUNG VON HORIZONTALEN
»ORTOGON«-BALKEN ALS BODENTRÄGER
DES LESESAALS NACH DEM BETONIEREN
DER RIPPEN

22-01-FX-4-2N, 22-01-FX-5-3N / gta Archiv / ETH Zürich (Nachlass Gustav
Gull). Fotograf unbekannt, 26. April / 3. Mai 1918.

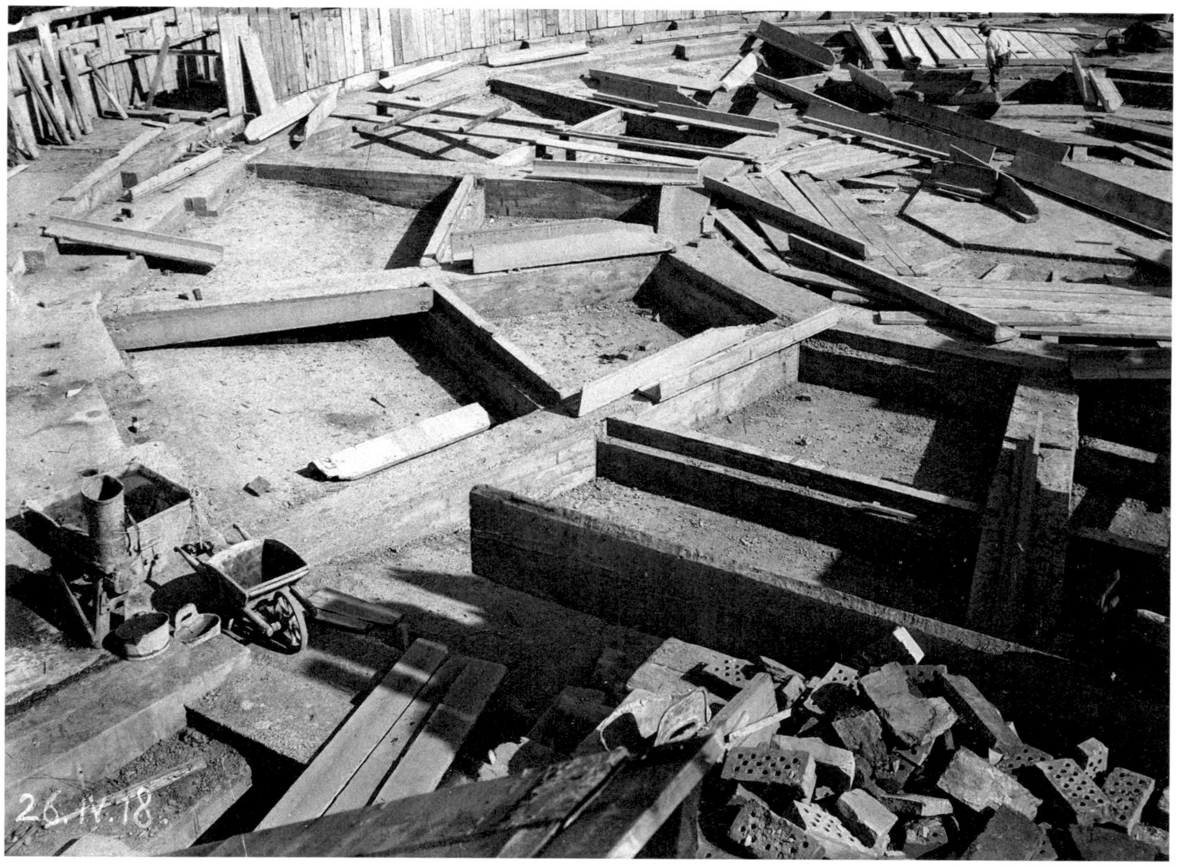
26.IV.18.

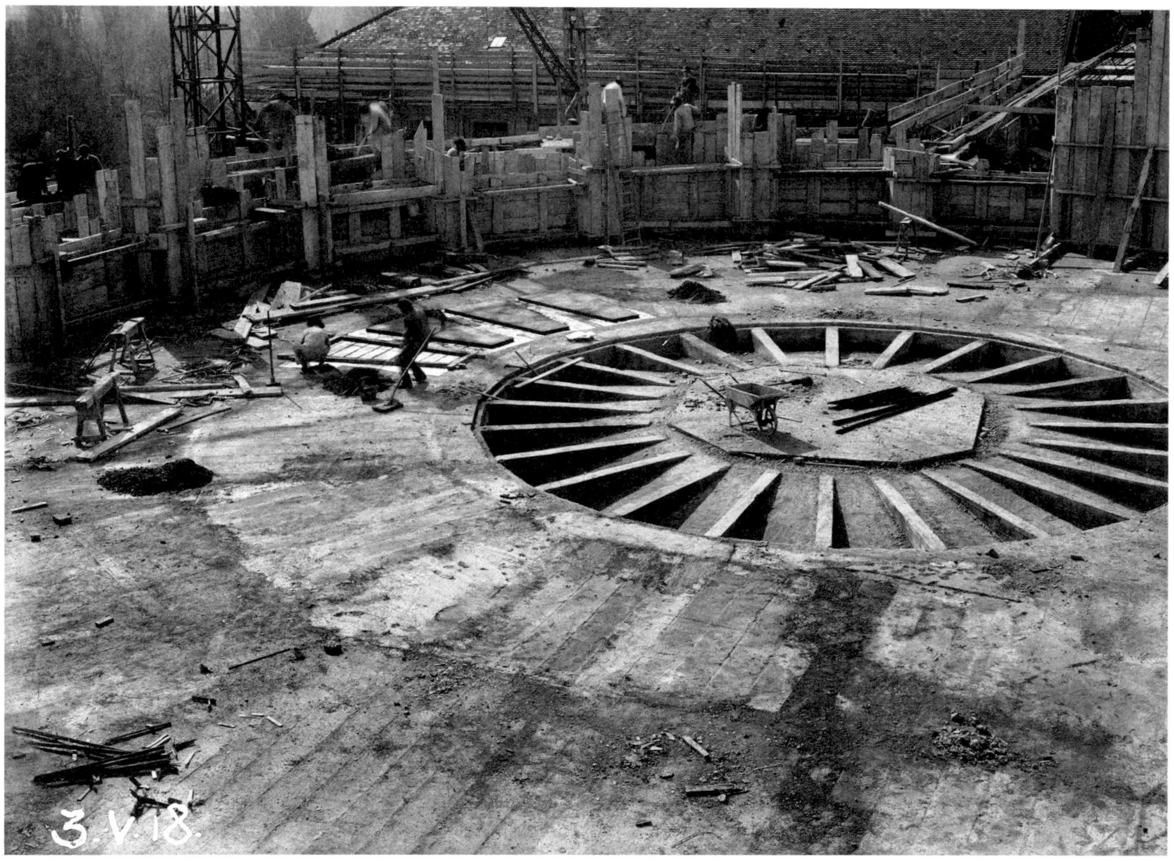
3.V.18.

DAS AUDITORIUM MAXIMUM ALS BETONROHBAU UND VERKLEIDET MIT PUTZ, HOLZ UND RABITZ

22-01-F-Bs-72N, 22-01-F-Bs-73N, 22-01-F-Bs-77N, 22-01-F-In-70N / gta Archiv / ETH Zurich (Nachlass Gustav Gull). Fotograf unbekannt, 1918/19.

Betonrohbaustrukturen des Auditorium Maximum. Die Wände, Decken und Säulen wurden nach dem Betoniervorgang mit profilierten Putzoberflächen überzogen, der untere Garderobengang erhielt Rabitzdecken, die Wandbereiche sind holzverkleidet.

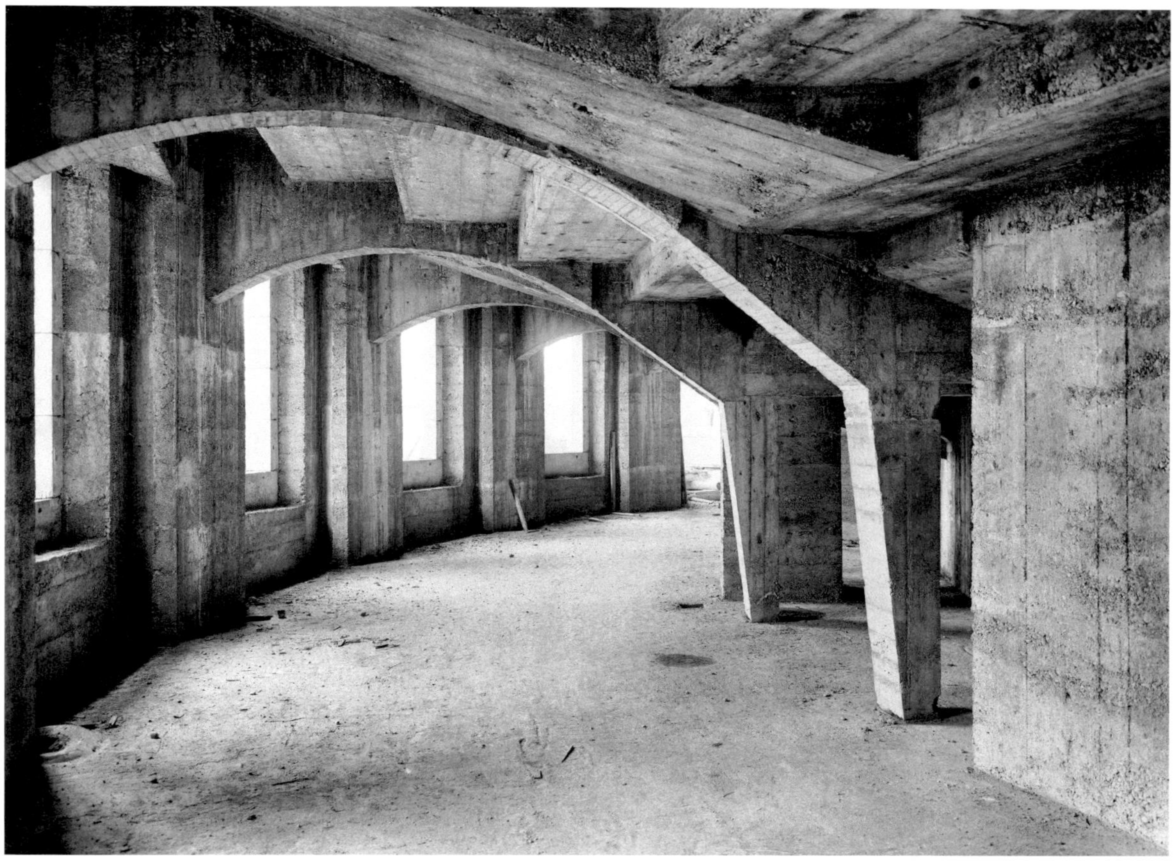

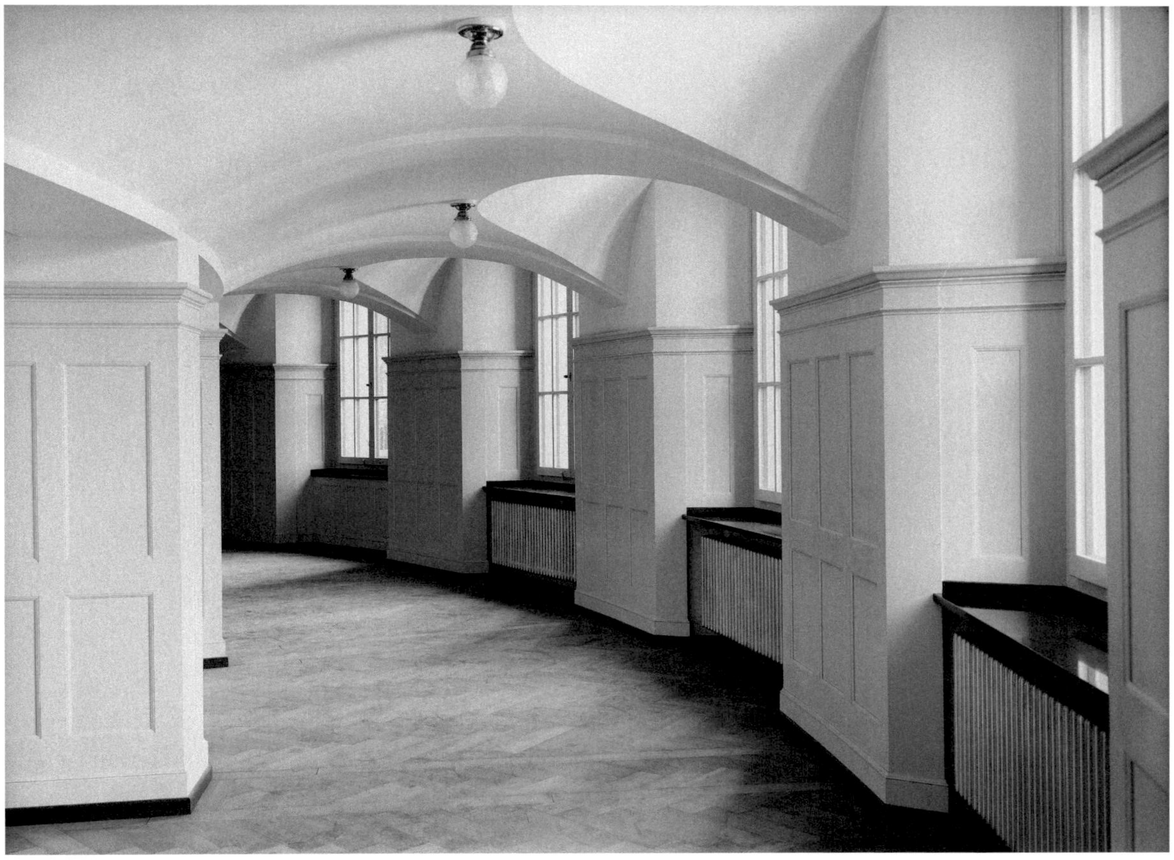

DAS AUDITORIUM MAXIMUM WÄHREND EINER VERANSTALTUNG

Ans_03615 / ETH-Bibliothek Zürich, Bildarchiv.
Fotograf unbekannt, nach 1925.

STIRNWAND DES AUDITORIUM MAXIMUM VOR ANBRINGUNG DES FRIESES VON RUDOLF MÜNGER

22-01-F-In-46N / gta Archiv / ETH Zürich (Nachlass Gustav Gull).
Fotograf unbekannt, vor 1925.

AUDITORIUM MIT DARSTELLUNG DER HULDIGUNG DER PALLAS ATHENE IM FRIES

Ans_02509 / ETH-Bibliothek Zürich, Bildarchiv.
Fotograf unbekannt, nach 1925.

Die Frieszone an der Stirnwand wurde mit einem Bildzyklus von Rudolf Münger geschmückt, einem Festzug zum Olymp zur Huldigung der Pallas Athene. Er wurde im Atelier auf Leinwand gemalt und anschließend am fertigen Bau angebracht.

Von links oben nach rechts unten:

»VOLK DER TRITONEN UND MEERWEIB-
LEIN BRINGEN DEN BRAUNEN FISCHERN
GABEN DER TIEFE«

»FISCHER, BAUERN, ARBEITER AUF DEM
WEG ZUM OLYMP/ATHENA«

»GABEN DES BEZWUNGENEN WASSERS
UND DER BEHERRSCHTEN ERDE«

»ATHENA MIT AUSGEBREITETEN HÄN-
DEN. DANEBEN DIE HEROLDINNEN DER
BEIDEN ZÜGE MIT WEIHEGABEN. LINKS
MEERESGOTT, RECHTS HIMMELSGOTT«

»MENSCHEN MIT GESCHENKEN DER GE-
BÄNDIGTEN ELEMENTE FEUER UND LUFT
AUF DEM WEG ZUM OLYMP/ATHENA«

»KINDER DER HEILIGEN FLAMME, KÜNST-
LER, LIEBENDE, SCHÖPFER, TRÄGER DER
HEILIGEN FLAMME«

»GÖTTER DER LUFT«

22-01-F-In-47N, 22-01-F-In-48N, 22-01-F-In-49N, 22-01-F-In-50N,
22-01-F-In-51N, 22-01-F-In-52N , 22-01-F-In-53N / gta Archiv / ETH Zürich
(Nachlass Gustav Gull). Fotograf unbekannt, undatiert.

Aufnahmen von Rudolf Müngers Festzug zum Olymp (1923–25), im Zentrum des Frieses die Göttin der Wissenschaft, Athene. Drei Tafeln des Müngerschen Frieses sind heute im Büro des Präsidenten der ETH untergebracht, der Verbleib der übrigen ist ungeklärt.

DAS AUSGEBAUTE AUDITORIUM MAXIMUM

Ans_03605 / ETH-Bibliothek Zürich, Bildarchiv.
Fotograf unbekannt, nach 1920.

Von den großartigen lichten Strukturen des Auditorium Maximum blieben nur Fragmente der Deckenuntersichten in den Zwischenräumen der neuen Klimaanlage der 1970er Jahre erhalten. Sie zeigen, wie qualitätvoll Profildetails und Vergoldungen der Oberflächen waren. Nach dem Umbau durch Alfred Roth besitzt das Auditorium eine vergleichbare Sitzplatzanzahl, die Fenster gingen verloren.

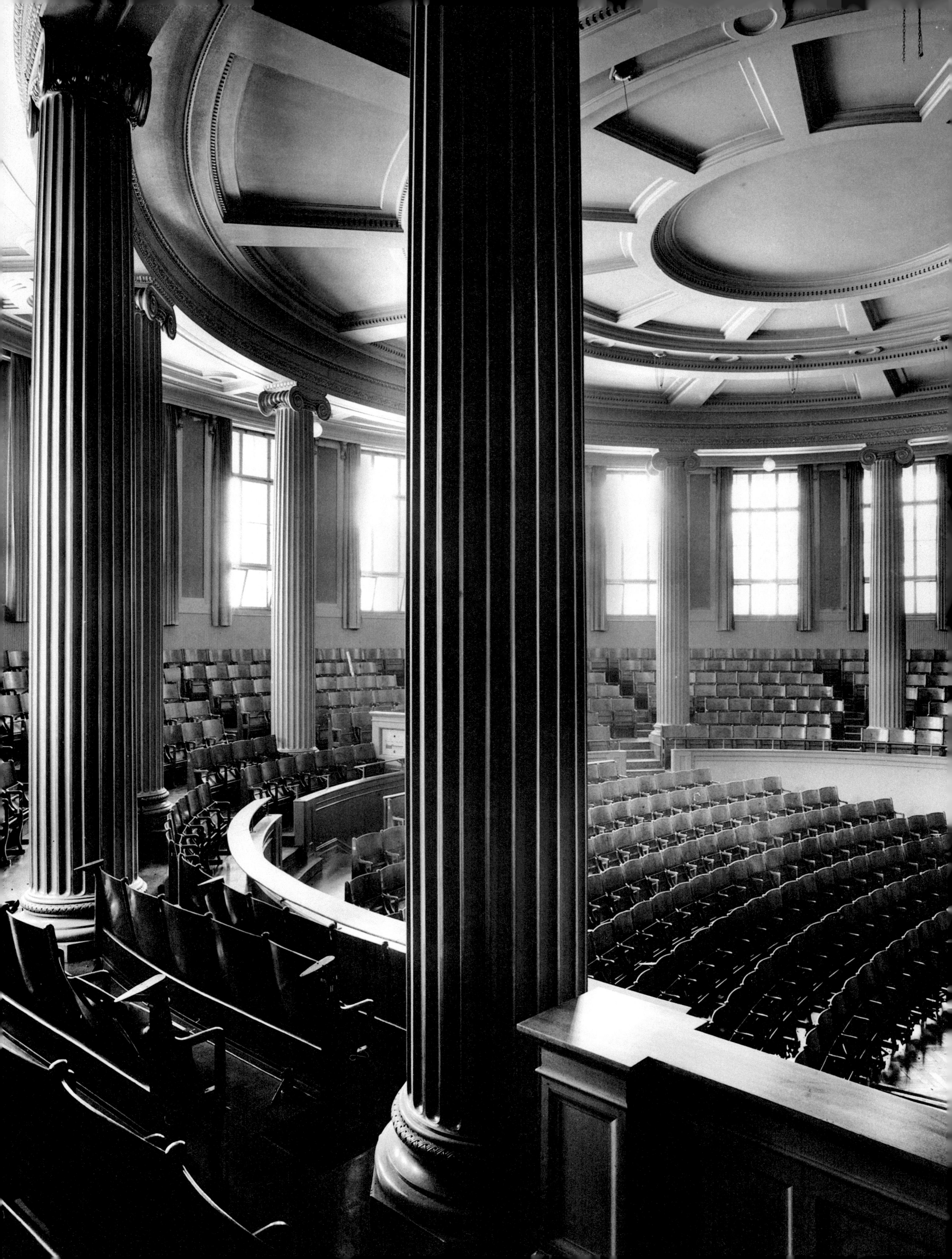

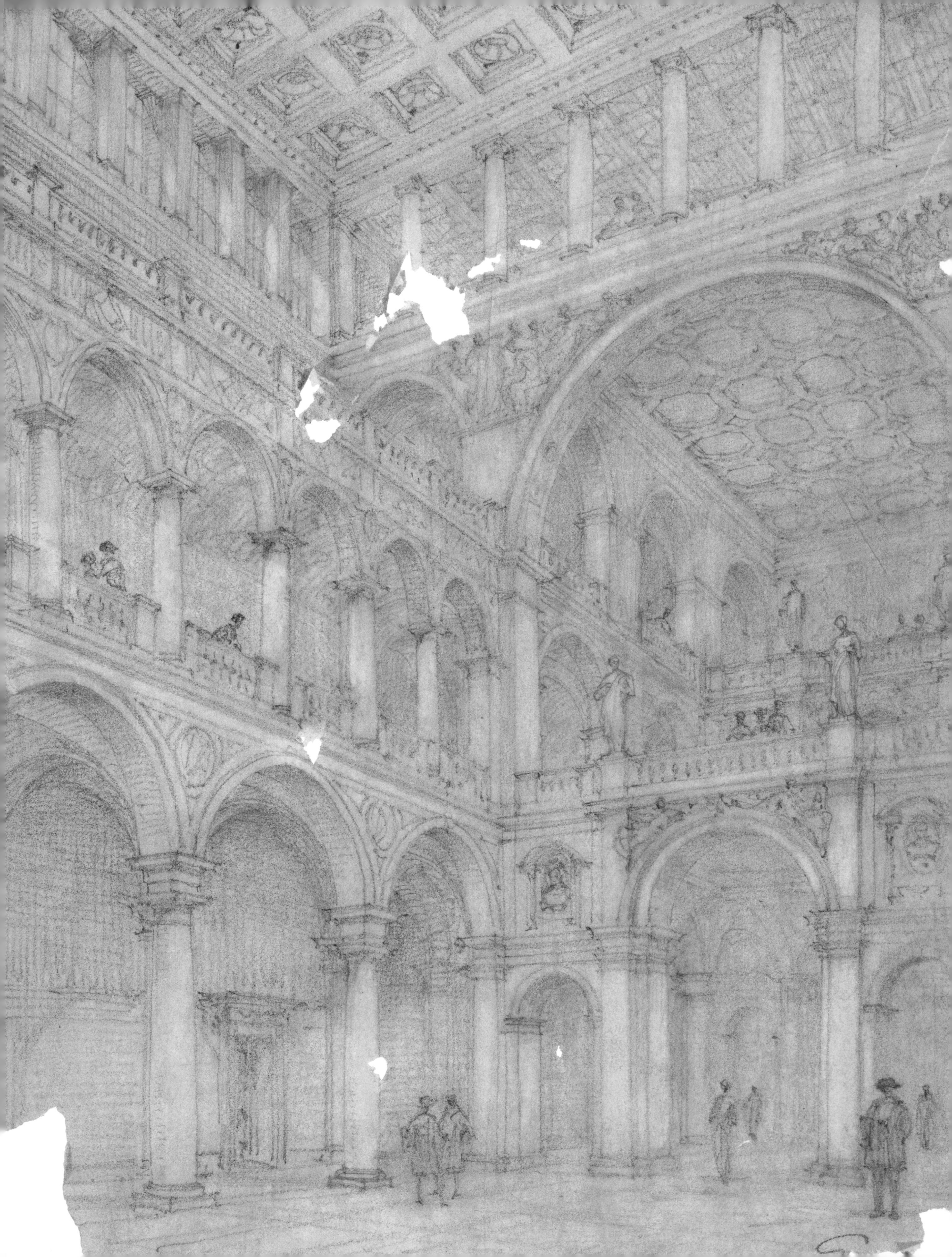

Das Zentrum des Baus wird dreigeschossig

<< PERSPEKTIVE DER ZENTRALEN HALLE
Ohne Maßstab

22-305-6-11-51 / gta Archiv / ETH Zürich (Nachlass Gustav Gull).
Zeichnung von Gustav Gull in Bleistift auf Papier. 30,2 x 21,1 cm.

Eine dreischiffige Halle erschließt nach dem Umbau Gustav Gulls die zentralen Raumfolgen des Hauptgebäudes, die neuen halbrunden Auditorien und die großen Räume der Rotunde. Sie verknüpft den bergseitigen Bau mit Sempers Vestibülen und Haupttreppenhäusern der Stadtseite. Gestaffelte Triumphbogenmotive betonen die Schmalseiten, reicher Figurenschmuck auf Postamenten ist geplant. Der Grundtypus des Semperschen Antikensaals wird in kräftigeren Architekturformen im Erdgeschoss zitiert, Gulls berühmte Perspektive zeigt aber auch, dass ihm eher römische und frühchristliche Baukonzepte vorbildhaft waren als Bauten der Renaissance. Die Grabungen Roms kannte Gull von seinen in wunderbaren Skizzenbüchern dokumentierten Reisen, die zeitgenössischen Publikationen von Choisy über Viollet-le-Duc bis zu Josef Durms *Baukunst der Römer* waren ihm sicherlich vertraut.

ZEICHNERISCHE ÜBERLEGUNGEN
ZUM TREPPENAUFGANG
Ohne Maßstab

22-305-6-11-3 / gta Archiv / ETH Zürich (Nachlass Gustav Gull).
Zeichnung von Gustav Gull in Bleistift auf Papier. 21,0 x 12,0 cm.

STUDIE ZUM TREPPENAUFGANG
ZUR AULA
½ der Originalgröße

22-305-6-11-6 / gta Archiv / ETH Zürich (Nachlass Gustav Gull).
Zeichnung von Gustav Gull in Bleistift auf Papier. 23,5 x 32,0 cm.

SKIZZE DER ZENTRALHALLE, BLICK
RICHTUNG OSTEN
½ der Originalgröße

22-305-6-11-7 / gta Archiv / ETH Zürich (Nachlass Gustav Gull).
Zeichnung von Gustav Gull in Bleistift auf Papier. 31,5 x 25,0 cm.

Eine Reihe früher perspektivischer Zeichnungen demonstriert sorgfältige Überlegungen zur Raumwirkung der geplanten großen Halle und zu Anschlüssen von Treppen, Podesten und Umgängen. Skizzenhafte Darstellungen des Figurenschmucks und Überlegungen zu ornamentalen Wandfassungen belegen, dass Gull sehr früh über eine künstlerische Ausstattung nachdachte, der ausgeführte Bau blieb weitgehend ohne Skulpturenschmuck.

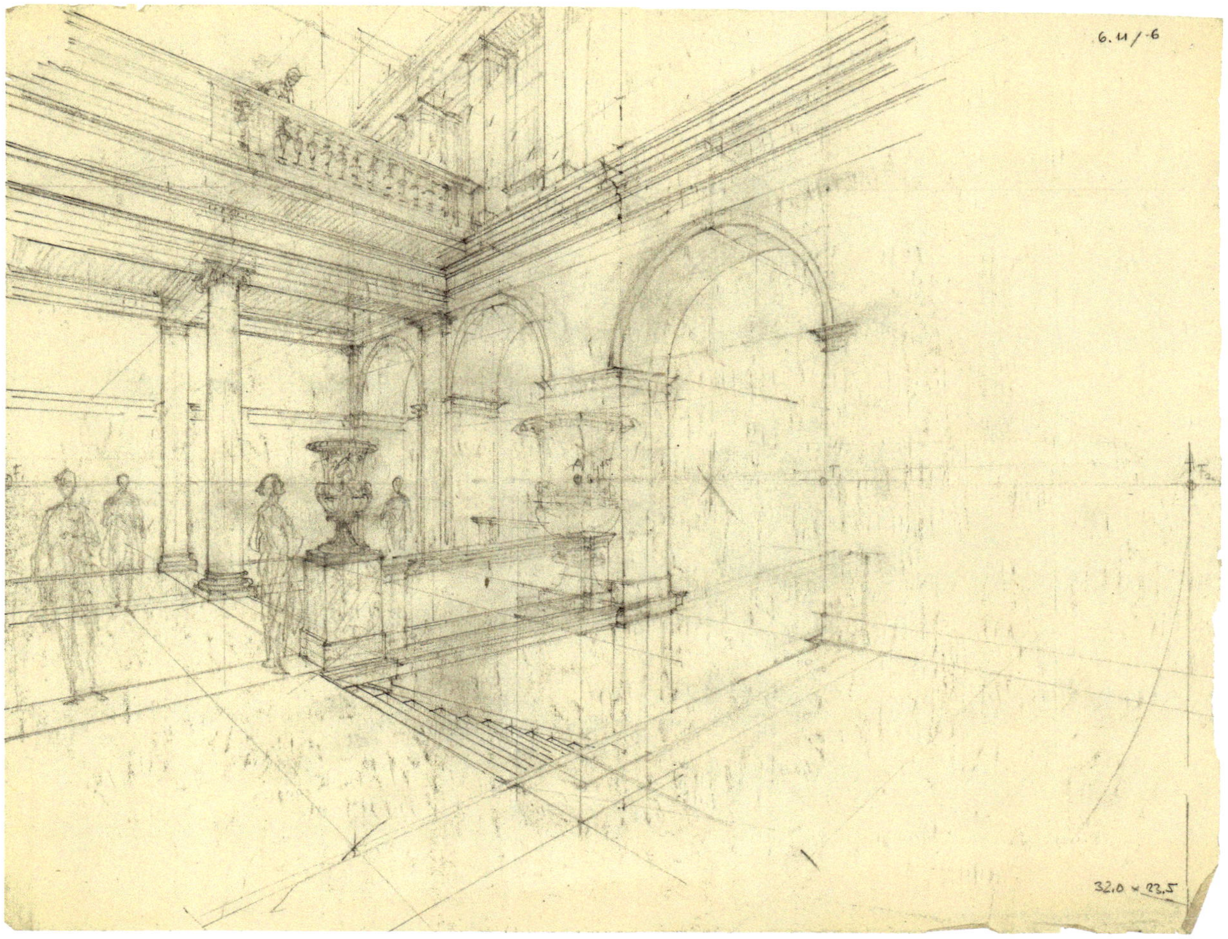
6.11/-6
32.0 × 23.5

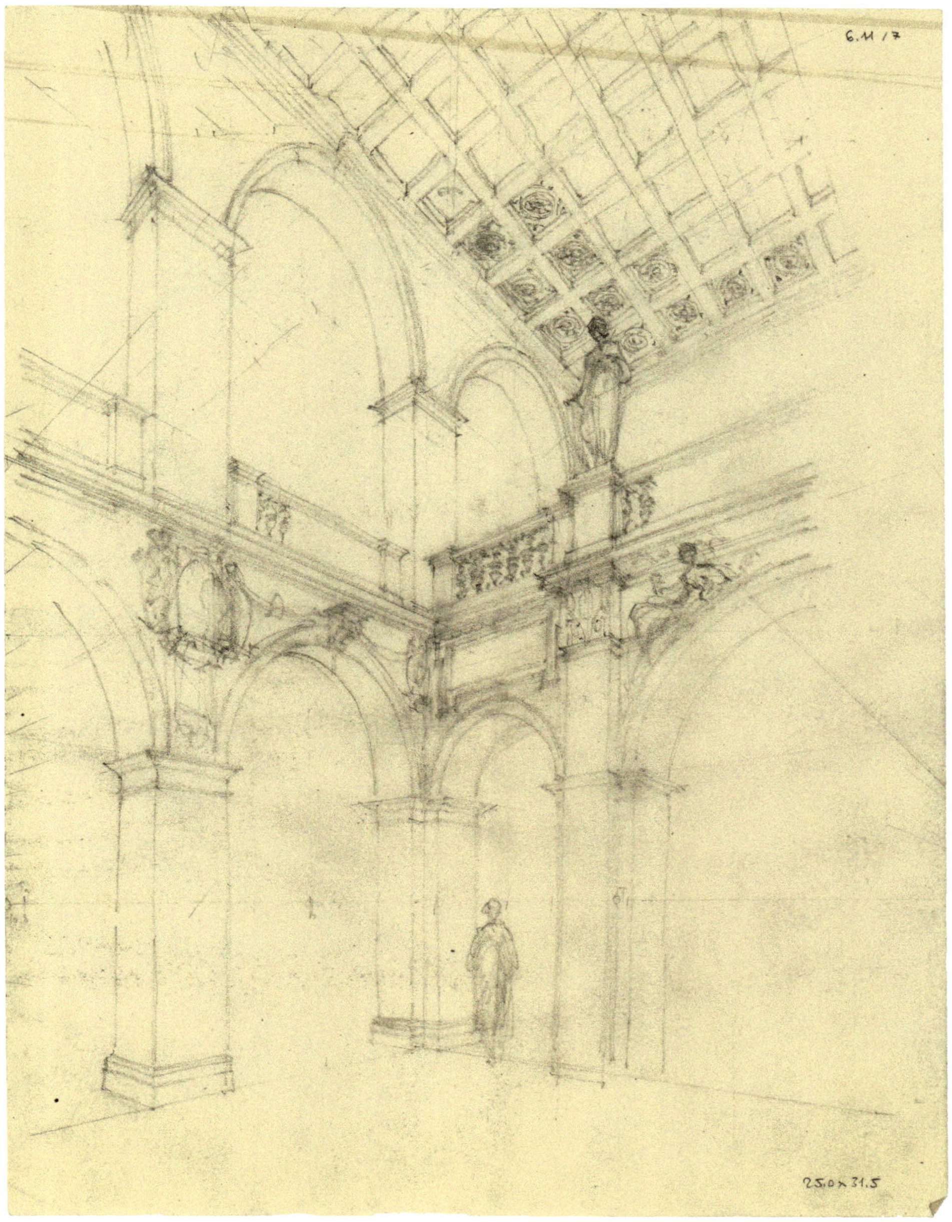
6.11/7
25.0 × 31.5

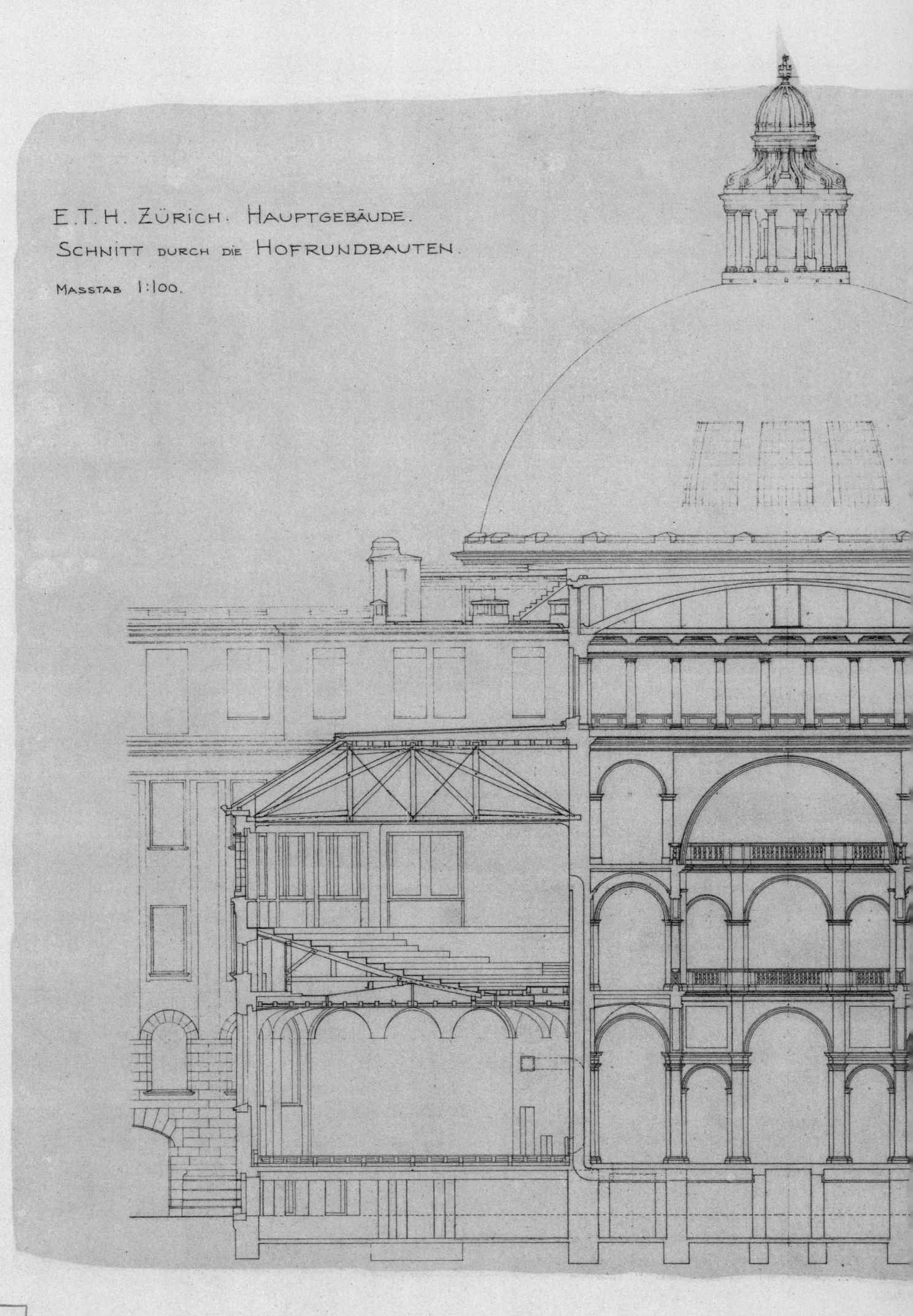

E.T.H. ZÜRICH. HAUPTGEBÄUDE.
SCHNITT DURCH DIE HOFRUNDBAUTEN.

MASSTAB 1:100.

Plan N° 96
Datum :
Gezeichnet :
Eidg. Bauinspektion Zürich

»E.T.H. ZÜRICH. HAUPTGEBÄUDE.
SCHNITT DURCH DIE HOFRUNDBAUTEN.«
Maßstab 1 : 200 (Original 1 : 100)

22-305-1-305 / gta Archiv / ETH Zürich (Nachlass Gustav Gull).
Signatur Gustav Gull. Pause auf Papier. 66,0 x 86,0 cm.

Große Schnittzeichnungen im Maßstab 1 : 100 entstanden in den ersten beiden Jahrzehnten des 20. Jahrhunderts bereits auf pausfähigen und durchsichtigen Papieren: So konnten Konstruktionszeichnungen übereinander gelegt und durchgezeichnet, Niveaus verglichen und Pläne vervielfältigt werden. Eine Schnittzeichnung »durch die Hofrundbauten« belegt Überlegungen zur Lastabtragung – die Decke über der Halle besteht in der Untersicht aus gegossenen Kassetten, ein flaches Bogentragwerk in einem darüber liegenden niedrigen Hohlraum trägt über Zugeisen die Aufhängung. Die Außenansicht der Kuppel entspricht bereits dem realisierten Entwurf, zu sehen sind auch die drei Dachfenster in der Kuppelschale, die das Oberlicht des Katalogzimmers belichteten.

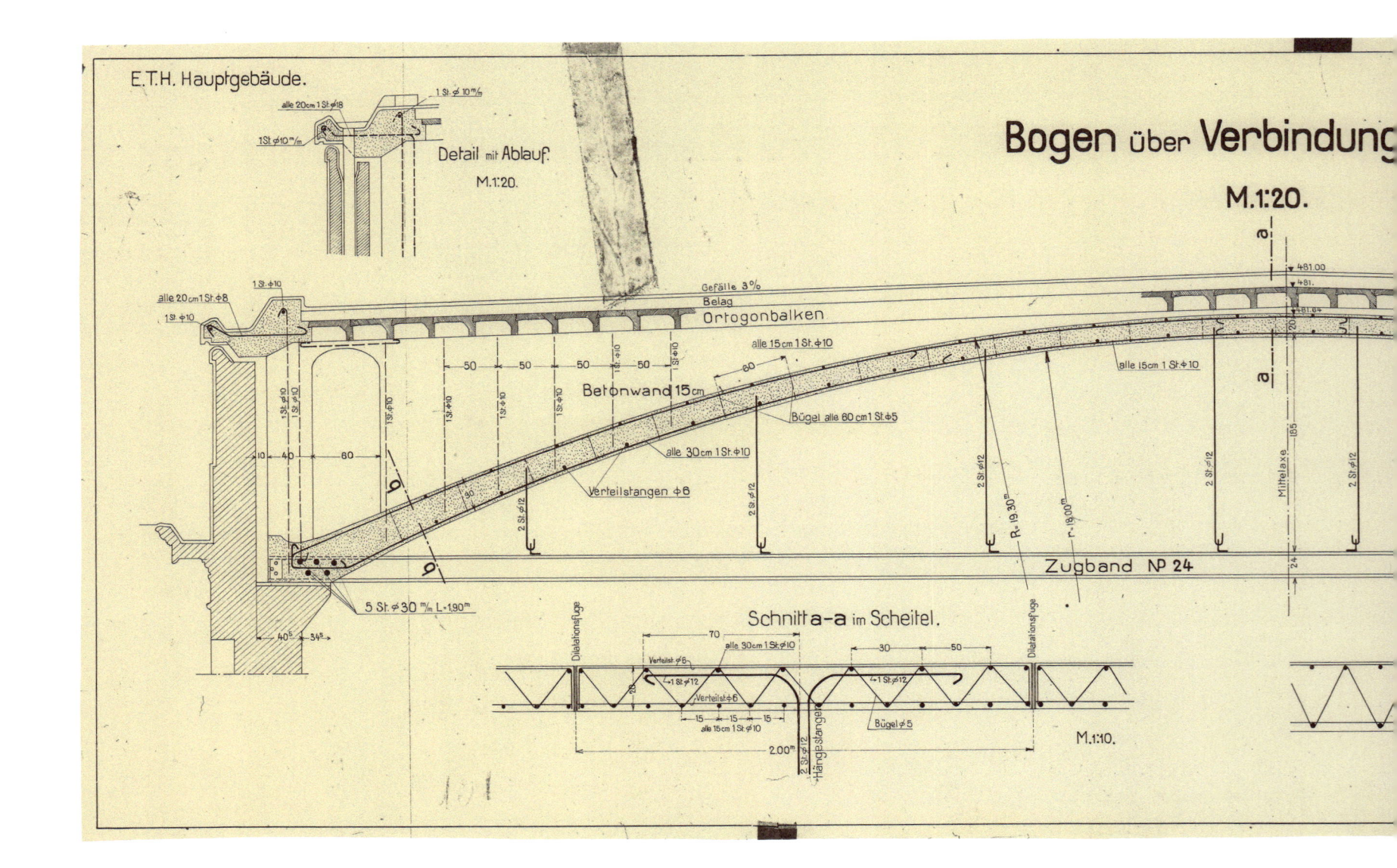

»E.T.H. HAUPTGEBÄUDE. BOGEN ÜBER VERBINDUNGSBAU.«
Maßstab 1 : 50 (Original 1 : 20)

22-305-1-712 / gta Archiv / ETH Zürich (Nachlass Gustav Gull).
Stempel Zehntner & Brenneisen Ingenieurbureau, 15. Oktober 1917.
Pause auf Papier. 34,5 × 105,0 cm.

Die Baufirma Zehntner & Brenneisen detaillierte die Ingenieurkonstruktion, ein Plan vom 15. Oktober 1917 gibt Einzelheiten (die der Ausführung weitgehend entsprechen): Die 17,29 m überspannende Decke wurde als flaches Tonnengewölbe aus Stahlbeton mit 20 cm Scheitelstärke und NP-24-Zugbändern zur Aufnahme des Horizontalschubs konstruiert. Die Zugbänder folgen dem Zwei-Meter-Raster der Fensterachsen, ebenso die betonierten Tragrippen oberhalb des Gewölbes, die die horizontalen »Ortogon«-Balken der Dachterrasse aufnehmen. Darauf liegt eine Gartenkiesbetonlage mit »Vallanda«-Überzug, der den begehbaren Boden der Dachterrasse bildet. Die Untersicht besteht aus einer Kassettendecke aus Hartstuck, deren einzelne, 2 m² große Felder vorfabriziert und an den horizontalen Zugbändern abgehängt wurden (*Festschrift* S. 78–79).

Plan N° 941/101.

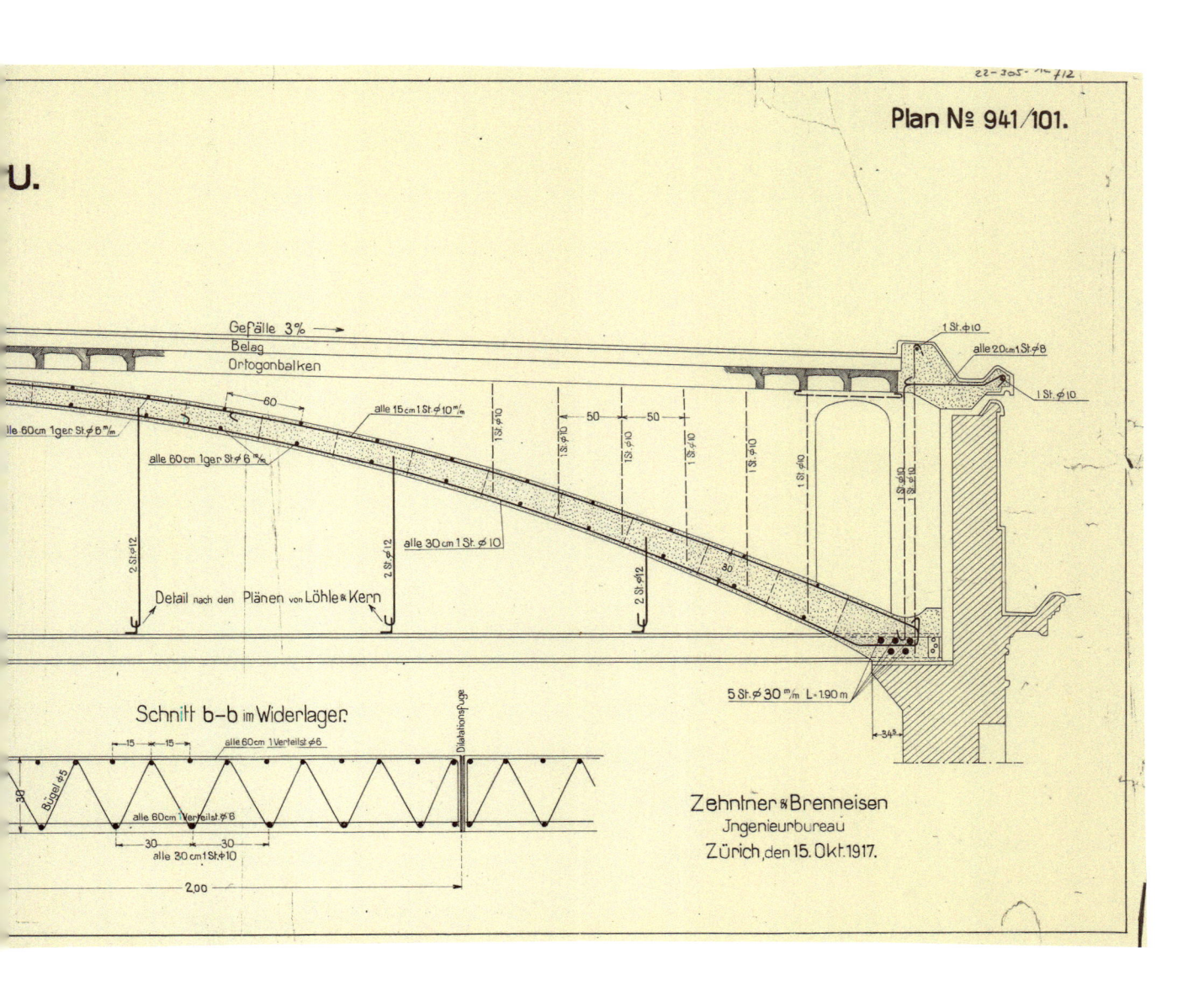

U.

Gefälle 3%
Belag
Ortogonbalken

alle 60 cm 1 ger St ⌀ 6 m/m
alle 60 cm 1 ger St ⌀ 6 m/m
alle 15 cm 1 St ⌀ 10 m/m
alle 30 cm 1 St ⌀ 10
2 St ⌀ 12
2 St ⌀ 12
2 St ⌀ 12

1 St ⌀ 10
alle 20 cm 1 St ⌀ 8
1 St ⌀ 10

Detail nach den Plänen von Löhle & Kern

5 St ⌀ 30 m/m L = 1.90 m

Schnitt b–b im Widerlager.

Bügel ⌀ 5
alle 60 cm 1 Verteilst ⌀ 6
alle 60 cm 1 Verteilst ⌀ 6
alle 30 cm 1 St ⌀ 10

Dilatationsfuge

2.00

Zehntner & Brenneisen
Jngenieurbureau
Zürich, den 15. Okt. 1917.

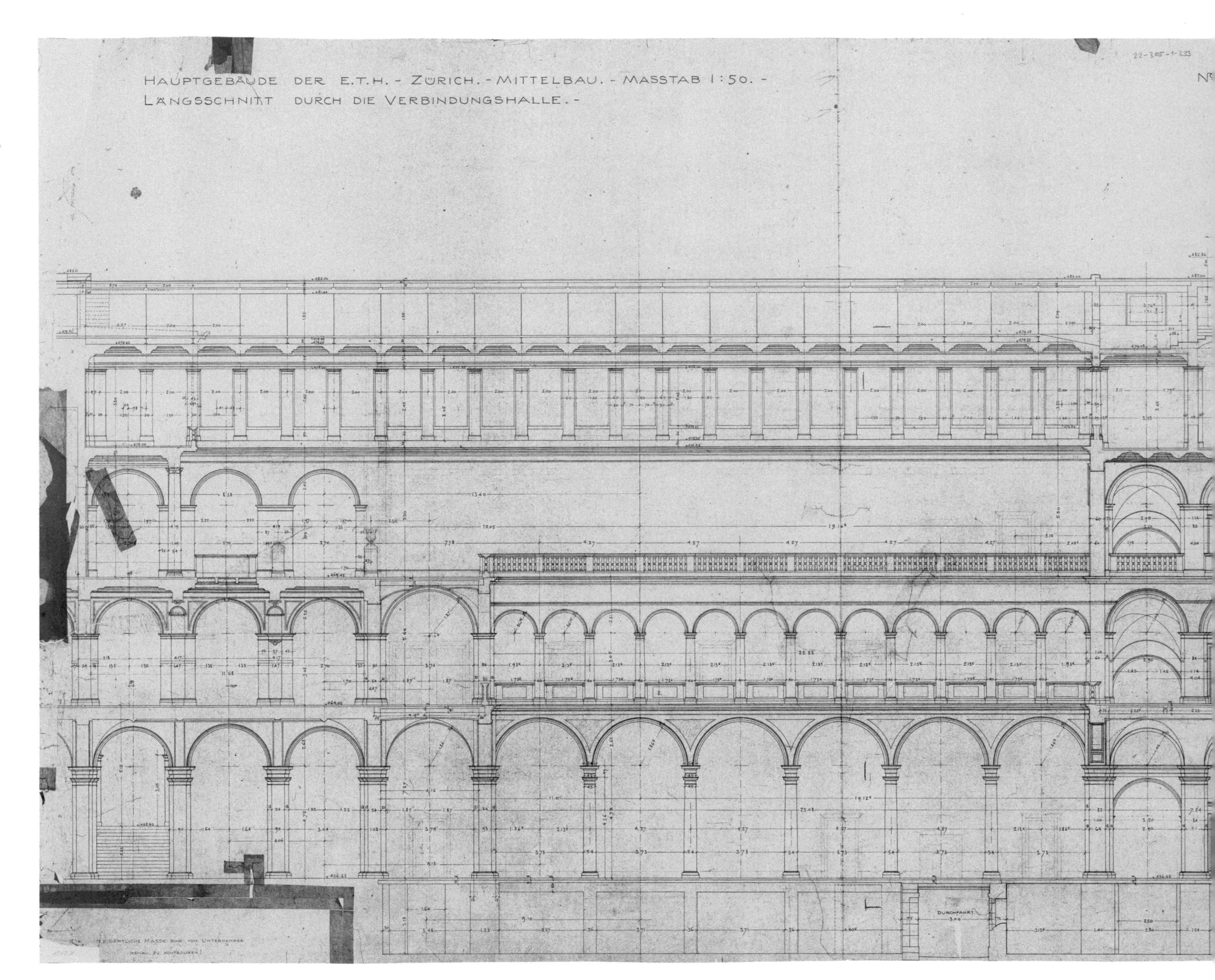

»HAUPTGEBÄUDE DER E.T.H. ZÜRICH.
MITTELBAU. LÄNGSSCHNITT DURCH DIE
VERBINDUNGSHALLE.«
Maßstab 1 : 200 (Original 1 : 50)

»E.T.H.-HAUPTGEBÄUDE. SCHNITTE
DURCH DAS TREPPENHAUS IM WEST-
MITTELBAU. NACH WESTEN GESEHEN«
Maßstab 1 : 200 (Original 1 : 50)

22-305-1-333 / gta Archiv / ETH Zürich (Nachlass Gustav Gull).
Pause auf Papier. 77,5 x 136,0 cm.

22-305-1-330 / gta Archiv / ETH Zürich (Nachlass Gustav Gull).
Signatur Gustav Gull. Pause auf Papier. 76,3 x 70,2 cm.

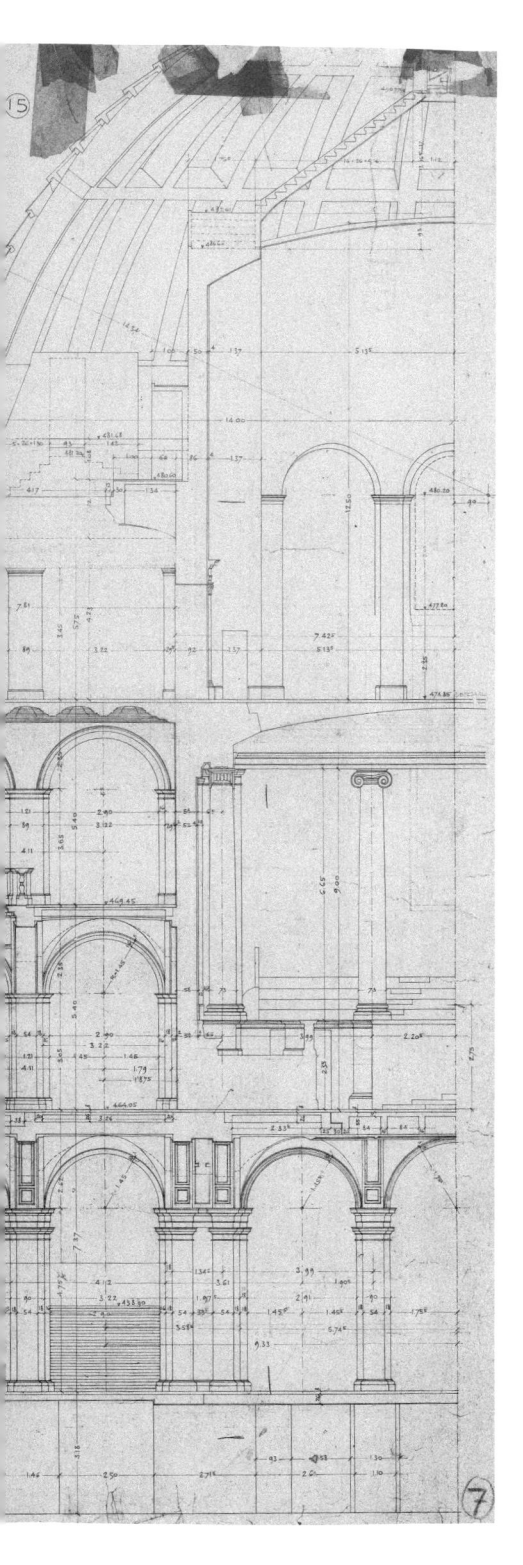

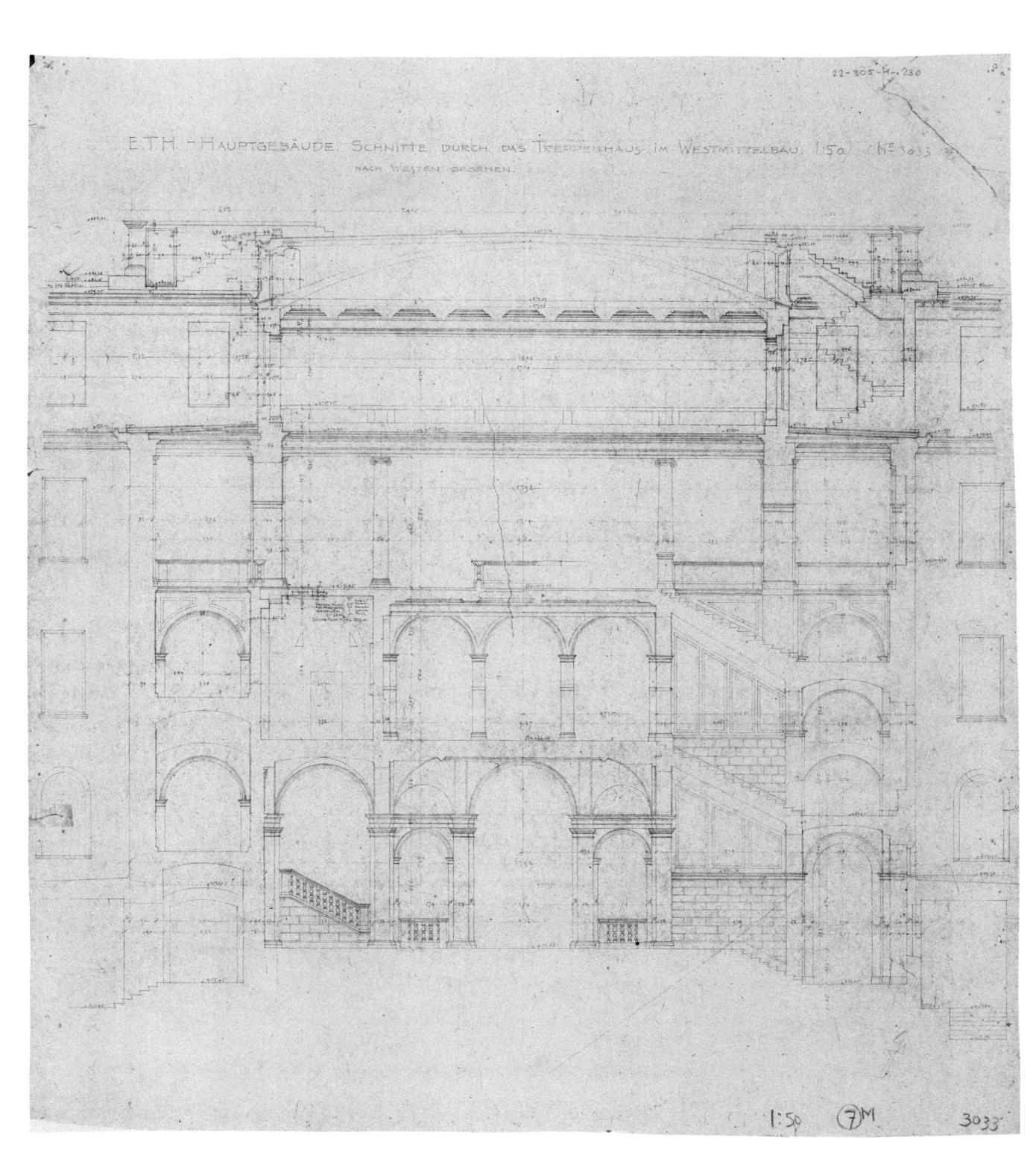

Die Werkplanung für den Gesamtbau bestand aus sorgfältig vermaßten Bleistiftplänen im Maßstab 1 : 50, hier zwei Lichtpausen von Schnitten durch die neue Mittelachse des Hauptgebäudes, längs zur Hanglinie und quer durch die große Halle. Im Längsschnitt ist links im Semperschen Treppenhaus noch die Deckenöffnung zwischen erstem und zweitem Obergeschoss sichtbar, ganz rechts der Anschnitt der inneren Kuppelschale über dem Bibliothekslesesaal. Der Querschnitt gibt den Blick nach Westen, zum von Semper übernommenen Treppenhaus und auf die Aula.

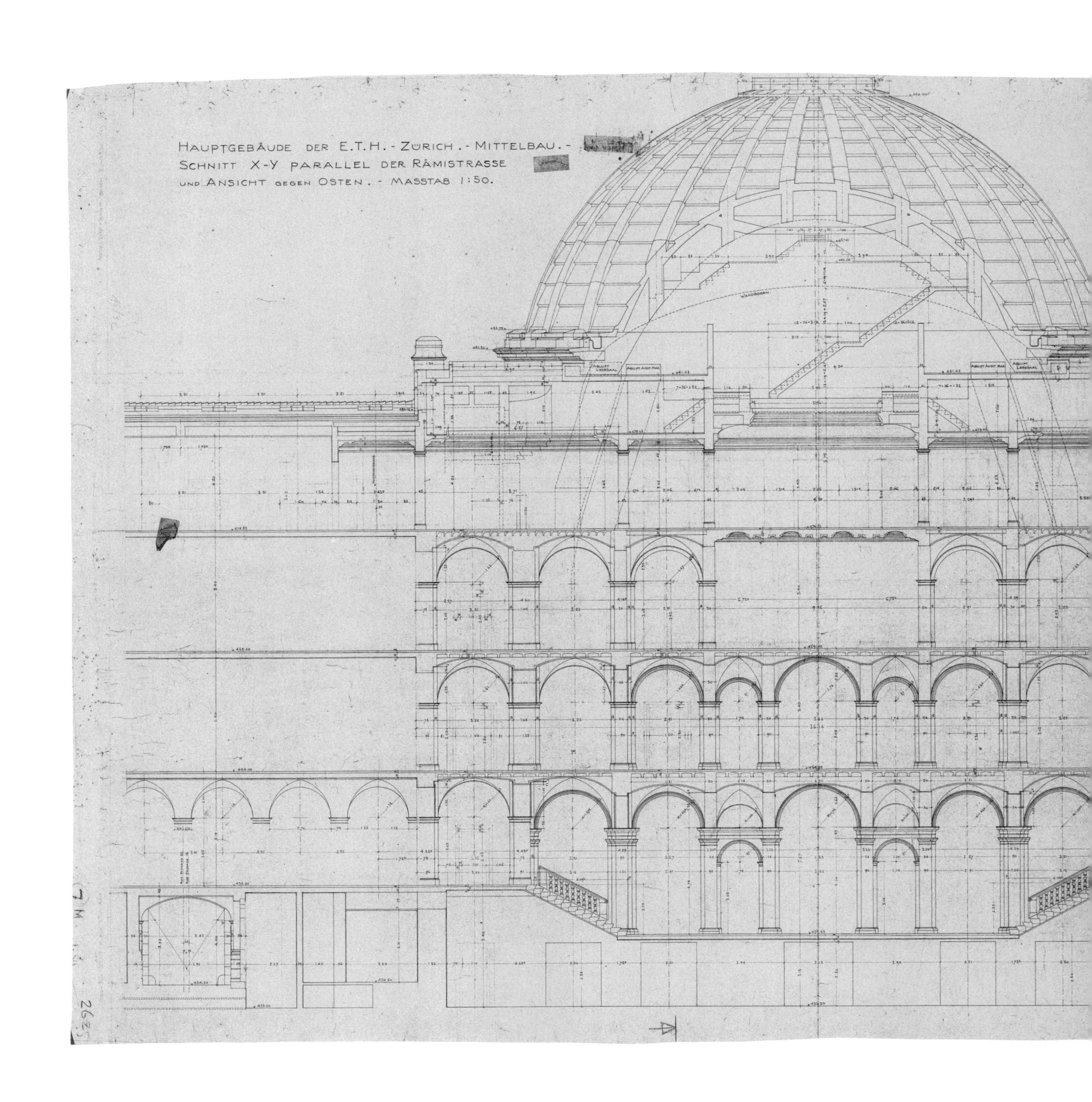

HAUPTGEBÄUDE DER E.T.H. - ZÜRICH. - MITTELBAU. -
SCHNITT X-Y PARALLEL DER RÄMISTRASSE
UND ANSICHT GEGEN OSTEN. - MASSTAB 1:50.

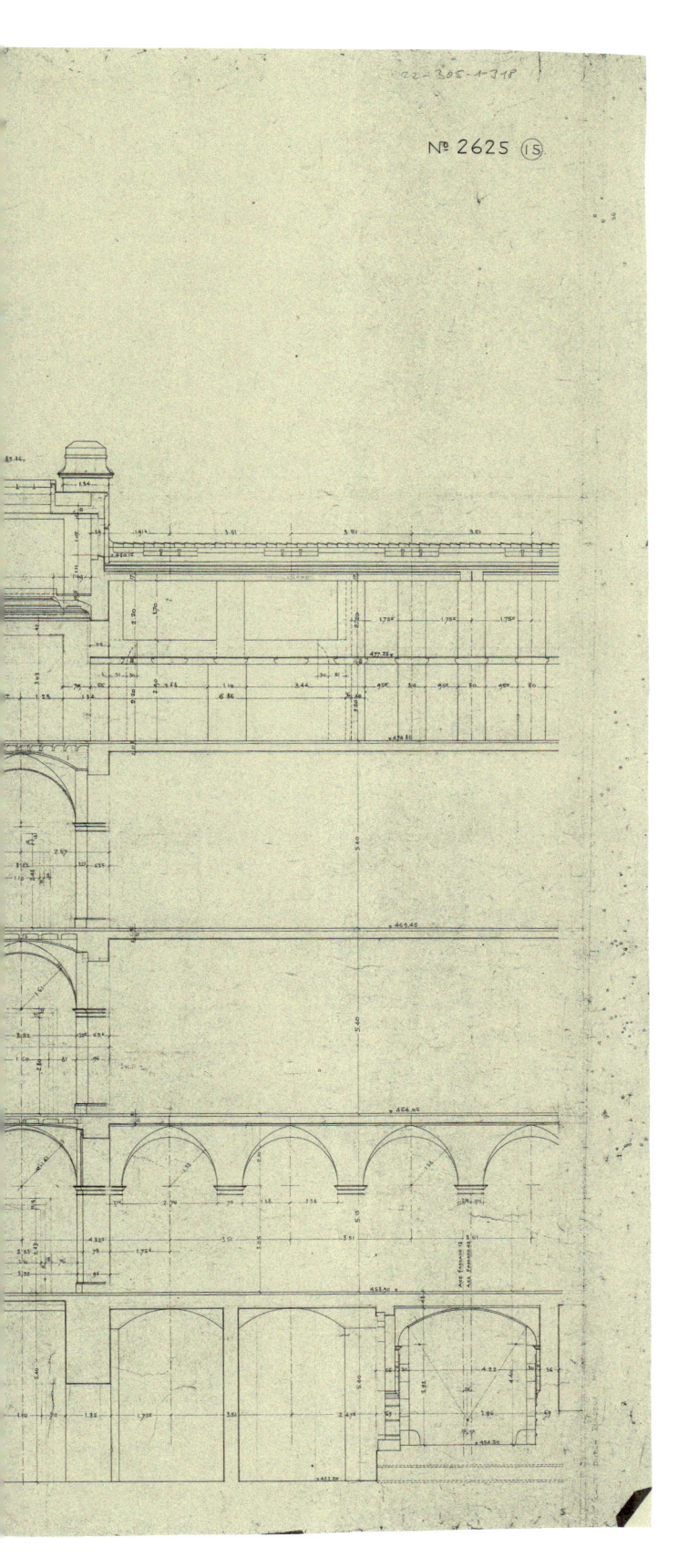

»HAUPTGEBÄUDE DER E.T.H. ZÜRICH.
MITTELBAU. SCHNITT X–Y PARALLEL DER
RÄMISTRASSE UND ANSICHT GEGEN
OSTEN.«
Maßstab 1 : 200 (Original 1 : 50)

22-305-1-318 / gta Archiv / ETH Zürich (Nachlass Gustav Gull).
Pause auf Papier: 85,5 x 134,0 cm.

Ein Schnitt durch die neuen Treppen auf der Bergseite des Baus: Der Plan »parallel der Rämistrasse« zeigt eine Teilansicht der jetzt kassettiert geplanten großen Hauptkuppel über der Rotunde, in der Schnittlinie die (gläserne) Decke über dem Katalogsaal und darunter die kleinere kassettierte Flachdecke vor dem Auditorium Maximum. Der Ostflügel besitzt jetzt, Kellergeschosse und die Halbgeschosse im Dach zur Südseite eingerechnet, sechs Geschossebenen. Für die Drahtgewebekonstruktionen der Deckengewölbe sind im Plan Radien vermerkt; da der Bau wegen des Altbestands unregelmäßig war, differieren die Maße.

»HAUPTGEBÄUDE DER E.T.H. ZÜRICH.
MITTELBAU. SCHNITT DURCH NÖRDL.
TREPPENHAUS.«
Maßstab 1 : 200 (Original 1 : 50)

22-305-1-325 / gta Archiv / ETH Zürich (Nachlass Gustav Gull).
Signatur Gustav Gull. Pause auf Papier. 91,0 x 66,3 cm.

»HAUPTGEBÄUDE DER E.T.H. ZÜRICH.
MITTELBAU. SCHNITTE DURCH NÖRD-
LICHES TREPPENHAUS.«
Maßstab 1 : 200 (Original 1 : 50)

22-305-1-338 / gta Archiv / ETH Zürich (Nachlass Gustav Gull).
Signatur Gustav Gull. Pause auf Papier. 79,0 x 106,0 cm.

Das nördliche Treppenhaus für Ostflügel und
bergseitige Rotunde ist hier detailliert: Die
Grundkonzeption entspricht dem Altbestand
Sempers zur Stadtseite, Gull verwendete aber
Stichkappen und verzogene Tonnenformen
für die Deckenabschlüsse. Die Treppen erhielten Licht von oben – im Bibliotheksgeschoss
waren Fenster angeordnet, auch blieb das
Auge der Treppenhäuser ohne Einbauten.

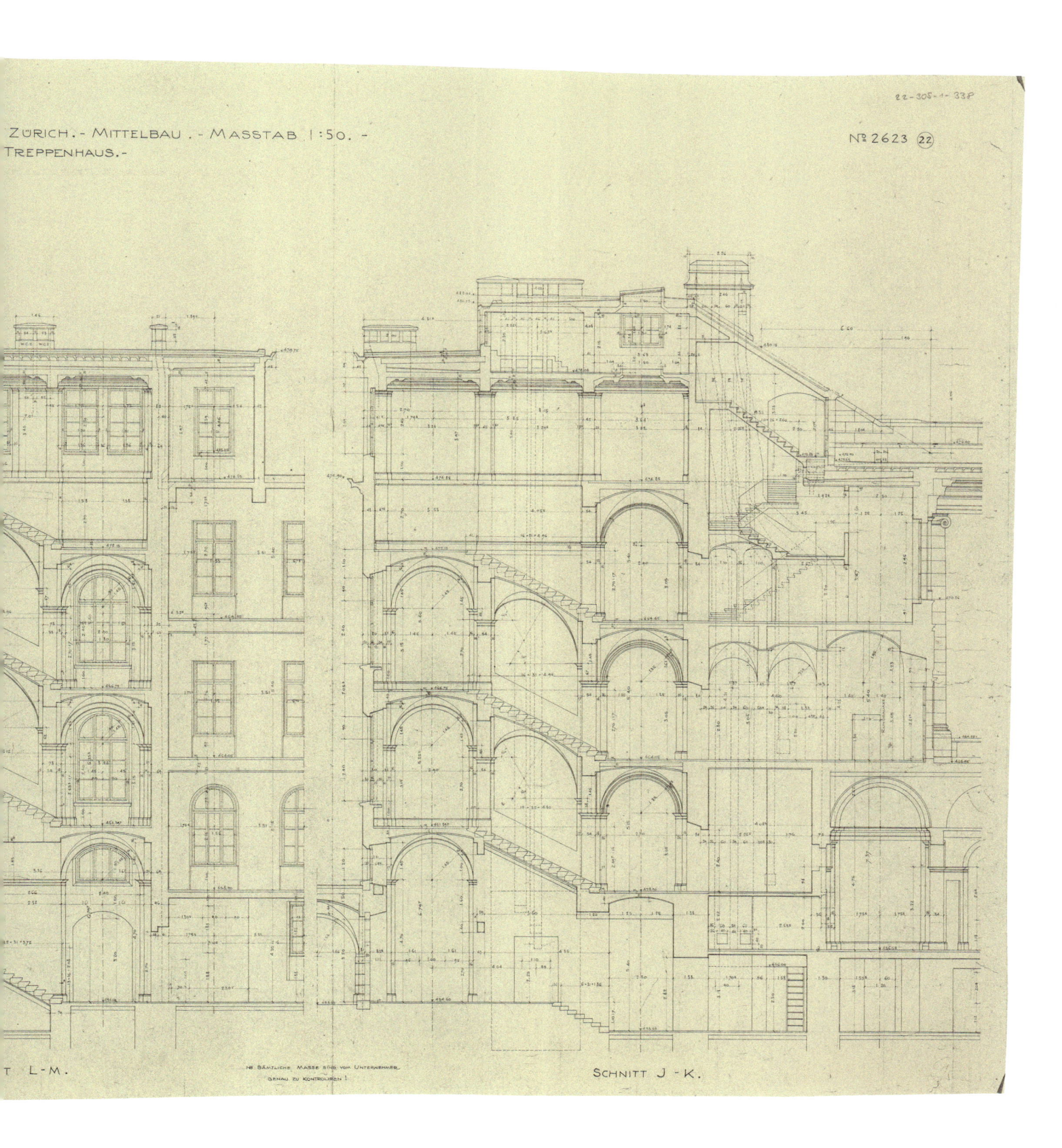

ZÜRICH.- MITTELBAU.- MASSTAB 1:50.-
TREPPENHAUS.-

N° 2623 ㉒

SCHNITT L-M.

SCHNITT J-K.

**»E.T.H. HAUPTGEBÄUDE. ZÜRICH. HOF-
RUNDBAU. DETAIL«**
Maßstab 1 : 100 (Original 1 : 20)

22-305-1-513 / gta Archiv / ETH Zürich (Nachlass Gustav Gull).
Signatur Gustav Gull. Pause auf Papier. 91,5 x 60,0 cm.

**»E.T.H. ZÜRICH HAUPTGEBÄUDE. LÄNGS-
SCHNITT DURCH DIE AUDITORIEN IM
HOFRUNDBAU«**
Maßstab 1 : 100 (Original 1 : 50)

22-305-1-598 / gta Archiv / ETH Zürich (Nachlass Gustav Gull).
Pause auf Papier. 50,5 x 67,0 cm.

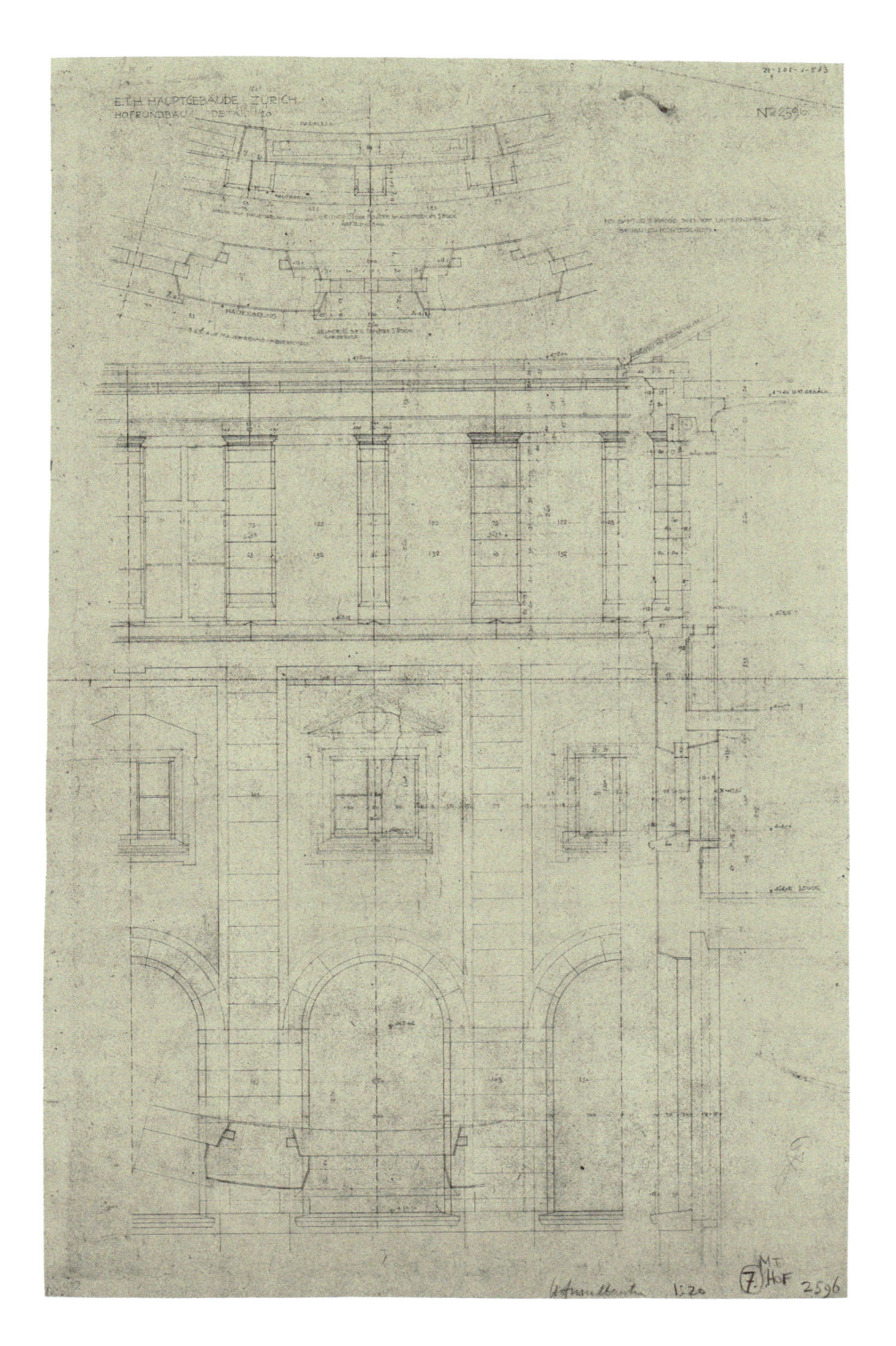

An die Langseite der ›Basilika‹ schließen sich in Gulls Planung vier halbrunde Auditorien an, Schnitte im Maßstab 1 : 20 und 1 : 50 geben die ansteigenden Sitzreihen wieder, große Fensterreihen belichten die Räume von den Höfen aus.

LANGSSCHNITT DURCH DEN SÜDFLÜGEL

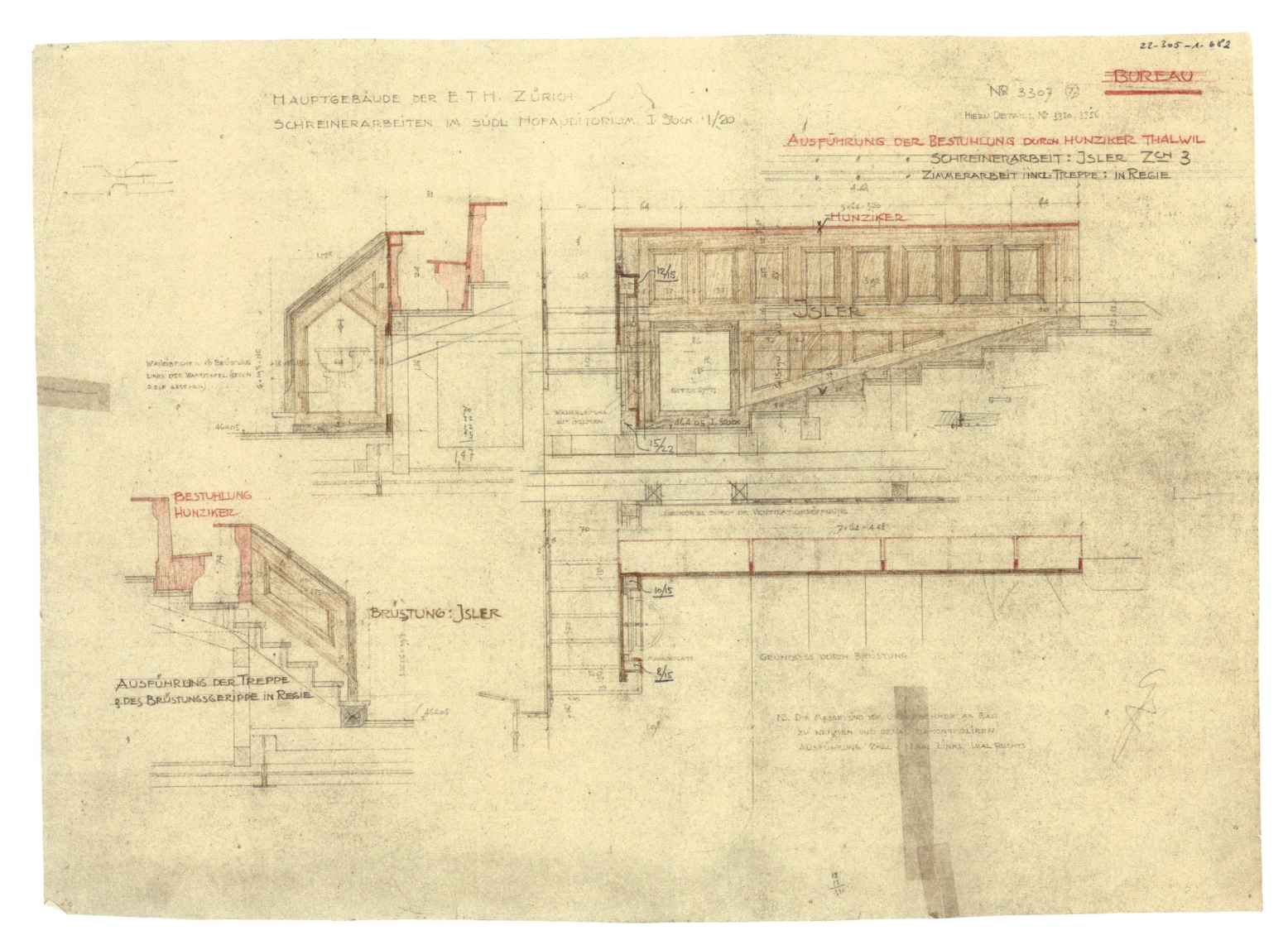

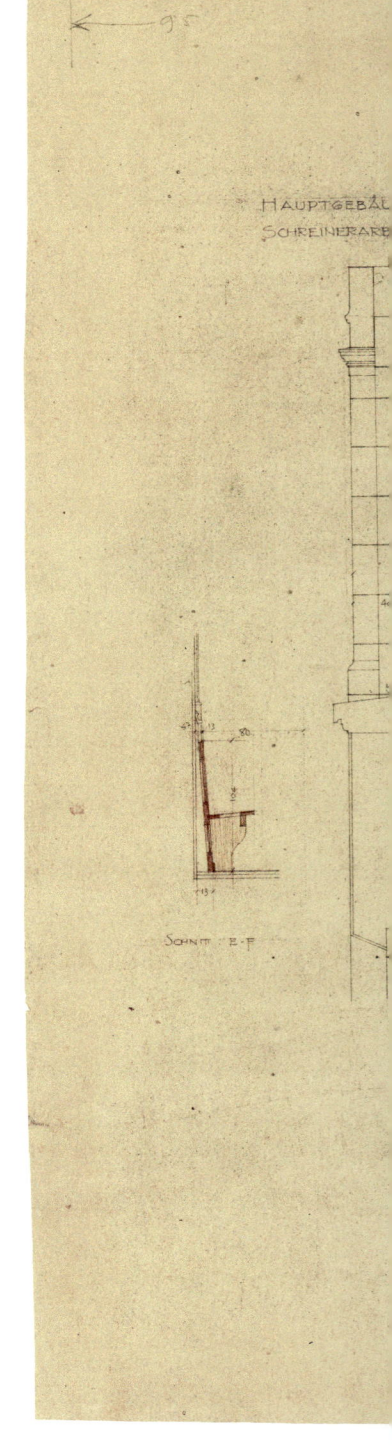

»HAUPTGEBÄUDE DER E.T.H. ZÜRICH.
SCHREINERARBEITEN IM SÜDL. HOF-
AUDITORIUM I STOCK«
⅓ der Originalgröße

22-305-1-682 / gta Archiv / ETH Zürich (Nachlass Gustav Gull).
Pause auf Karton; braun und rot koloriert. Beschriftung in brauner und roter
Kreide; Skizzen und zusätzliche Bemaßungen in Bleistift. 42,2 x 58,5 cm.

»HAUPTGEBÄUDE DER E.T.H. ZÜRICH.
SCHREINERARBEITEN IM SÜDL. HOF-
RUNDBAU. AUDITORIUM I STOCK.
FENSTERVERKLEIDUNG«
⅓ der Originalgröße

22-305-1-683 / gta Archiv / ETH Zürich (Nachlass Gustav Gull).
Pause auf Karton; mit brauner Kreide koloriert. Beschriftung in brauner
Kreide. 58,0 x 93,0 cm.

Die innere Ausstattung der neuen Auditorien
– heute leider vernichtet – war anspruchsvoll,
Holzverkleidungen gliederten das Halbrund
der Außenwände zwischen den Fenstern, Täfer
und Sitzmöbel waren sorgfältig, wenn auch zu-
rückhaltend, detailliert.

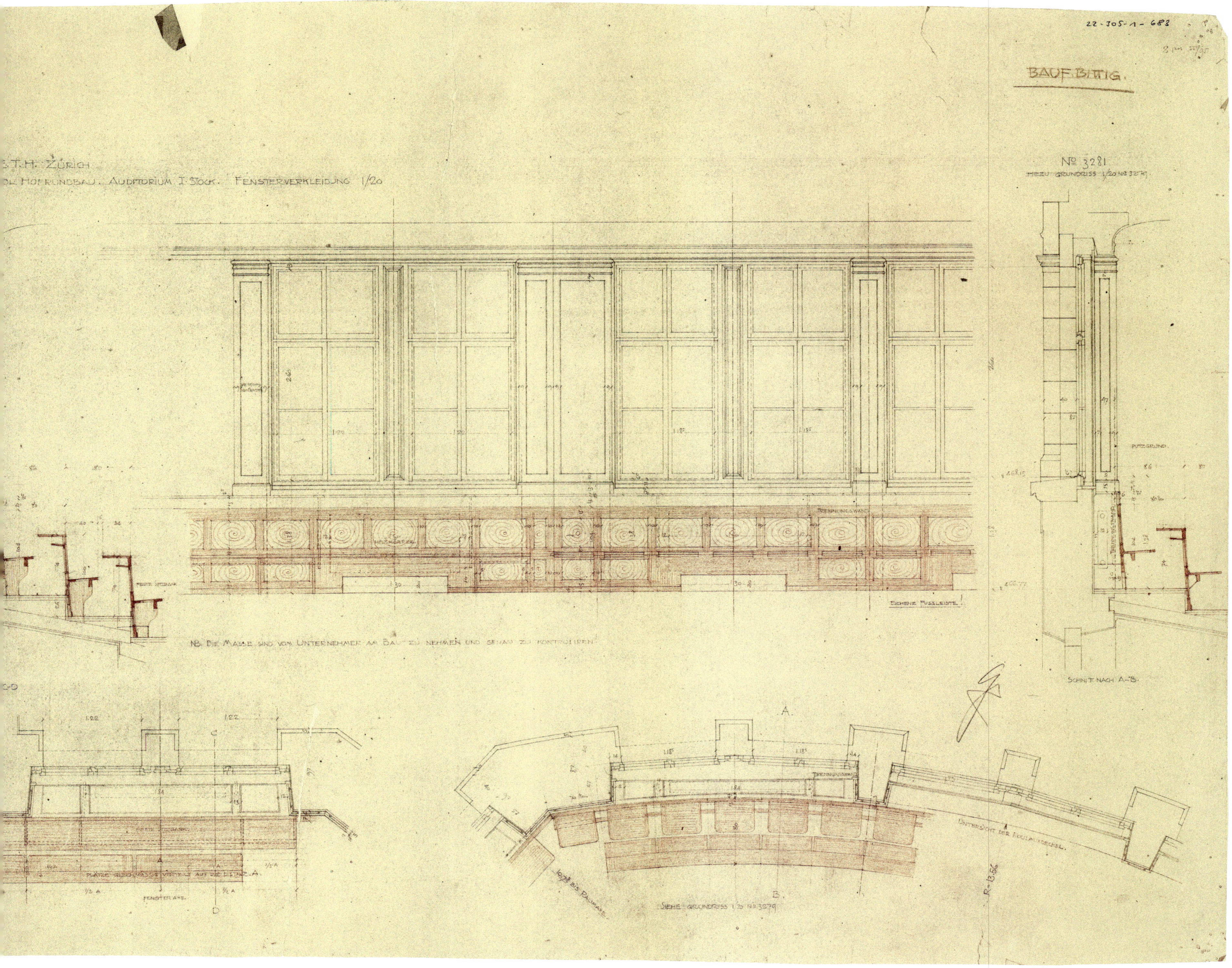
22-305-1-683
BAUF. BITTIG.
E.T.H. ZÜRICH
HOFRUNDBAU. AUDITORIUM I. STOCK. FENSTERVERKLEIDUNG 1/20
№ 3281
HIEZU GRUNDRISS 1/20 № 3270
EICHENE FUSSLEISTE
NB. DIE MASSE SIND VOM UNTERNEHMER AM BAU ZU NEHMEN UND GENAU ZU KONTROLLIEREN
SCHNITT NACH A–B.
SIEHE GRUNDRISS 1:20 № 3270
FENSTERACHSE

ENTWURF FÜR DIE DEKORATION DER GÄNGE IM ERSTEN OBERGESCHOSS
⅖ der Originalgröße

22-305-1-1151 / gta Archiv / ETH Zürich (Nachlass Gustav Gull). Malerei in Blau, Weiß, Gold, Grün, Rot und Violett auf Karton, weiß aufgehöht. 40,0 x 14,2 cm.

DURCHSTICHVORLAGE
⅖ der Originalgröße

22-305-1-1155 / gta Archiv / ETH Zürich (Nachlass Gustav Gull). Zeichnung in Bleistift und Kohle auf Papier. Blatt durchgestochen. 46,0 x 24,5 cm.

»E.T.H., I STOCK«
⅓ der Originalgröße

22-305-6-11-49 / gta Archiv / ETH Zürich (Nachlass Gustav Gull). Zeichnung von Gustav Gull in Bleistift auf Papier. 32,2 x 24,2 cm.

Die perspektivische Bleistiftskizze Gulls zeigt ein dekoriertes Gewölbe über einer Säulen- und Pilasterarchitektur, vielleicht eine frühe Vorüberlegung für die Situation der Wandelhalle vor den Auditorien, jedenfalls trägt das Blatt eine Aufschrift »ETH, I. Stock«. Ob die Netzstruktur auf der flach gebauten Tonne als Malerei gedacht war oder räumlich formuliert werden sollte, lässt sich aus der Zeichnung nicht ersehen. Die Rauten der Gewölbeuntersicht sind mit Ornamentmustern versehen, wie sie ähnlich in späteren (realisierten) Dekorationsvorschlägen Gulls auftauchen.

6.11/49

24.2 × 32.2

ABBRUCH DER ANTIKENHALLE

20-0300-F-Ost-7, 22-01-FX-1-48N, 22-01-FX-1-42N / gta Archiv / ETH Zürich (Nachlass Gustav Gull). Fotograf unbekannt, Februar/März 1916.

Sempers Antikenhalle besaß keine Unterkellerung. Die Wände und Stützen waren auf Einzelfundamenten gegründet, nur einige Kanäle für die Heizung lagen tiefer als die Bodenaufbauten. Beim Abbruch der Antikenhalle wurde das Dach erst belassen, während im Inneren bereits abgegraben wurde. Fotos dokumentieren aus Bruchstein gemauerte Punktfundamente unter den Säulenreihen, die Fundamentmauern der Außenwände sind während der Abrissarbeiten vom Hof aus zu sehen, Reste der Wände der Antikenhalle zeigen auf der Innenseite im Sockelbereich eine dunkle Farbfassung auf dem Putz, die Pfeilervorlagen sind heller.

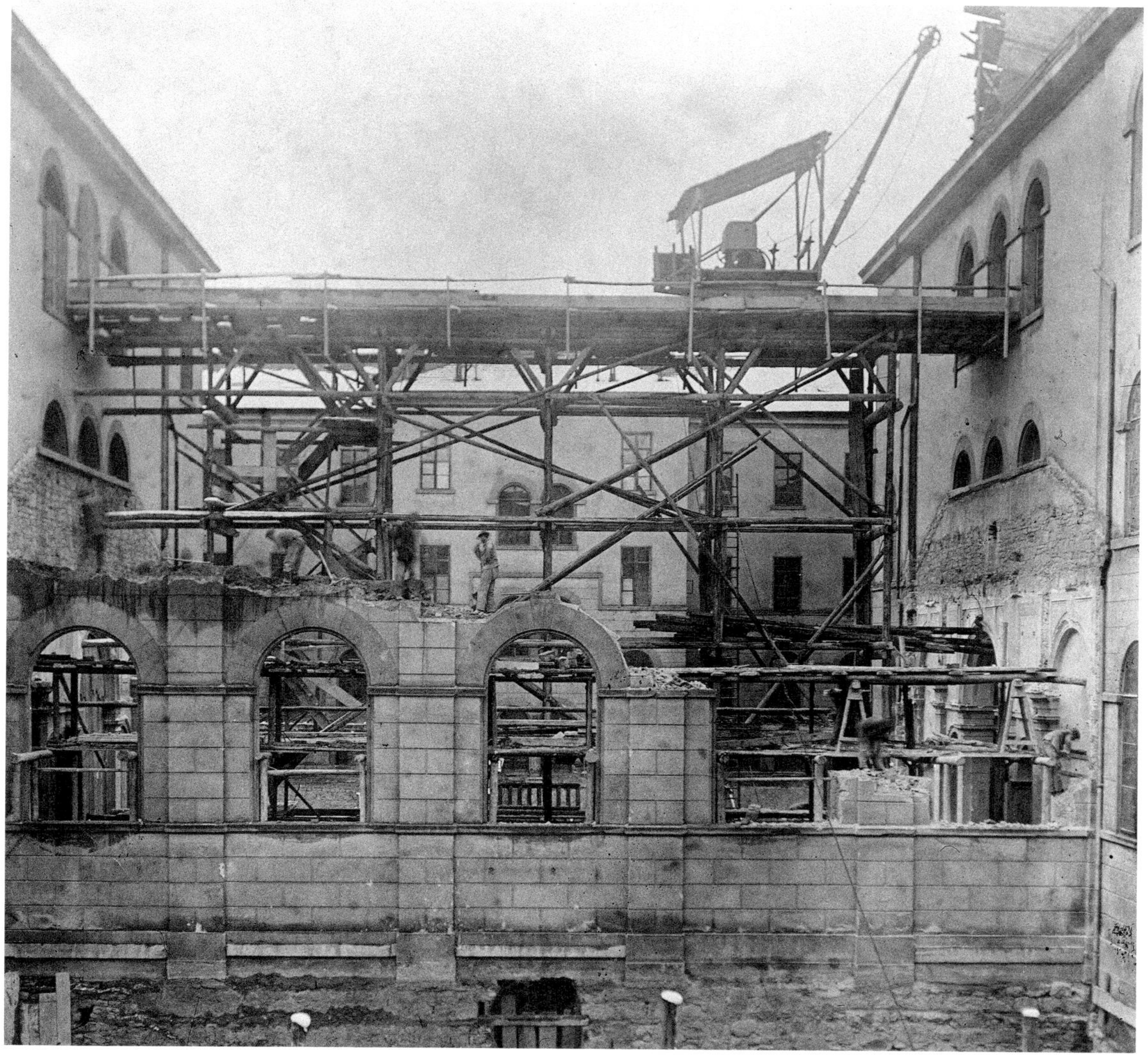

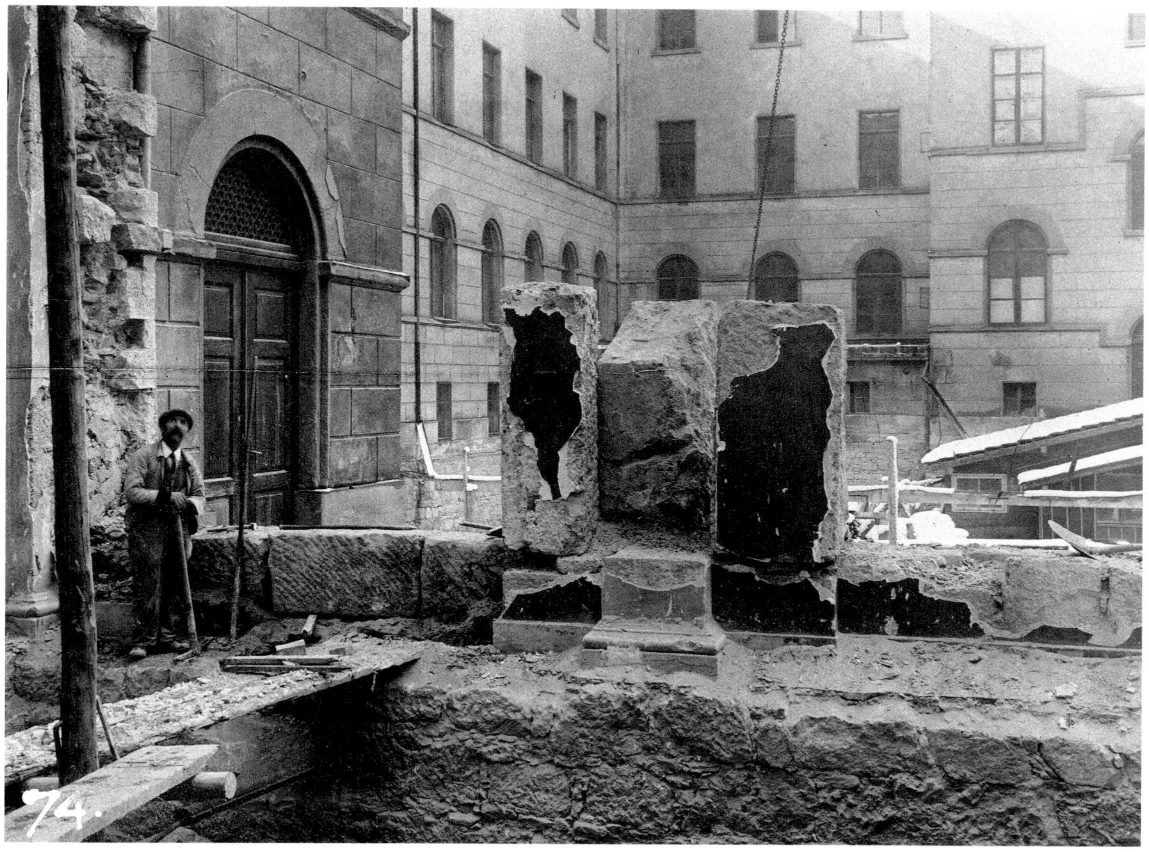
74.

ROHBAU DER DREIGESCHOSSIGEN MITTELHALLE

22-01-FX-5-5N, 22-01-FX-1-89N, 22-01-F-Bs-62N, 22-01-F-Bs-67N / gta Archiv / ETH Zürich (Nachlass Gustav Gull). Fotograf unbekannt, 1916–19.

Der Rohbau der Wände und Decken der neuen dreigeschossigen Mittelhalle ist betoniert, sogar die Säulenreihen der Umgänge sind inklusive Entasis aus Beton gegossen. Alle Teile wurden anschließend mit einem handwerklich überarbeiteten Zementmörtel überzogen, Profile und Gesimsdetails wahrscheinlich über Schablonen hergestellt. Die Fotos zeigen den Blick in die noch offene Deckenkonstruktion mit den horizontalen Zugbändern und den dünnen Eisen für die Abhängung der Kassettendecke.

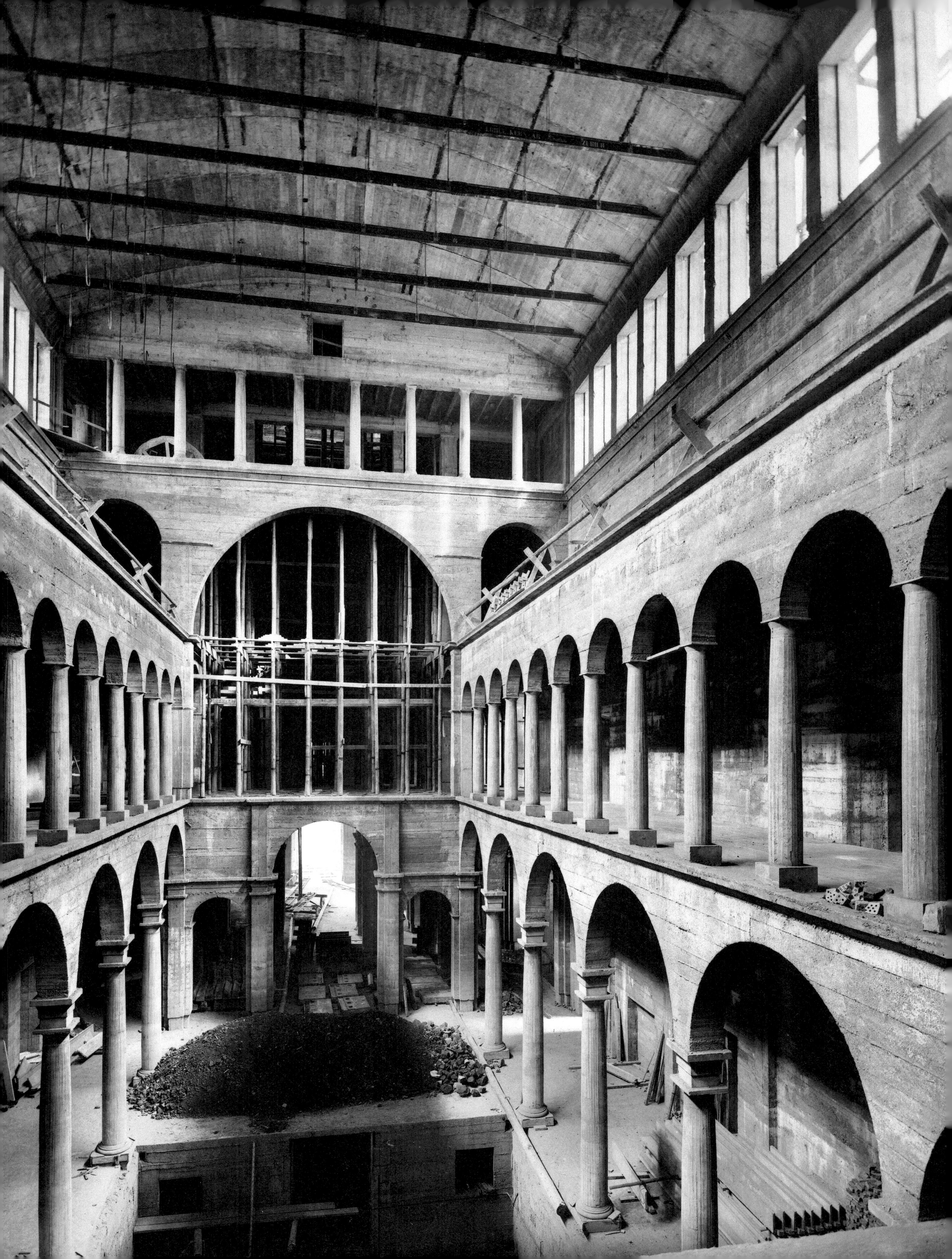

AUDITORIUM IM SÜDHOF

Ans_06683 / ETH-Bibliothek Zürich, Bildarchiv.
Fotografie von Heinrich Wolf-Bender, 1918.

4

DAS ÖSTLICHE TREPPENHAUS NACH DER FERTIGSTELLUNG

22-01-F-In-62N, 22-01-F-In-66N, 22-01-F-In-63N, 22-01-F-In-67N / gta Archiv / ETH Zürich (Nachlass Gustav Gull). Fotograf unbekannt, nach 1920.

DIE BÜSTEN VON GOTTFRIED SEMPER UND KARL CULMANN IN DER UHRENHALLE

22-01-F-In-37N / gta Archiv / ETH Zürich (Nachlass Gustav Gull). Fotograf unbekannt, nach 1920.

Die Treppen des neuen Ostflügels waren zum Zeitpunkt der Fertigstellung großzügig und lichterfüllt – Gull zitiert die Anlage der Treppenhäuser Sempers, bildet aber Decken, Wölbstrukturen und Baudetails etwas andersartig und einfacher aus. Auf den historischen Fotografien wird deutlich, wie eindrucksvoll die offenen, durchgehenden, natürlich belichteten Kerne der Umlauftreppen waren, in den Bodenbelägen zeichnen Fliesenmuster die Projektion der Gurtbögen nach. Die seitlichen Flure, die über einen ersten Treppenlauf erreicht werden, sind ebenfalls lichtdurchflutet, da sie direkt auf Raumzonen geöffnet sind, die Fenster zu den Höfen besitzen.

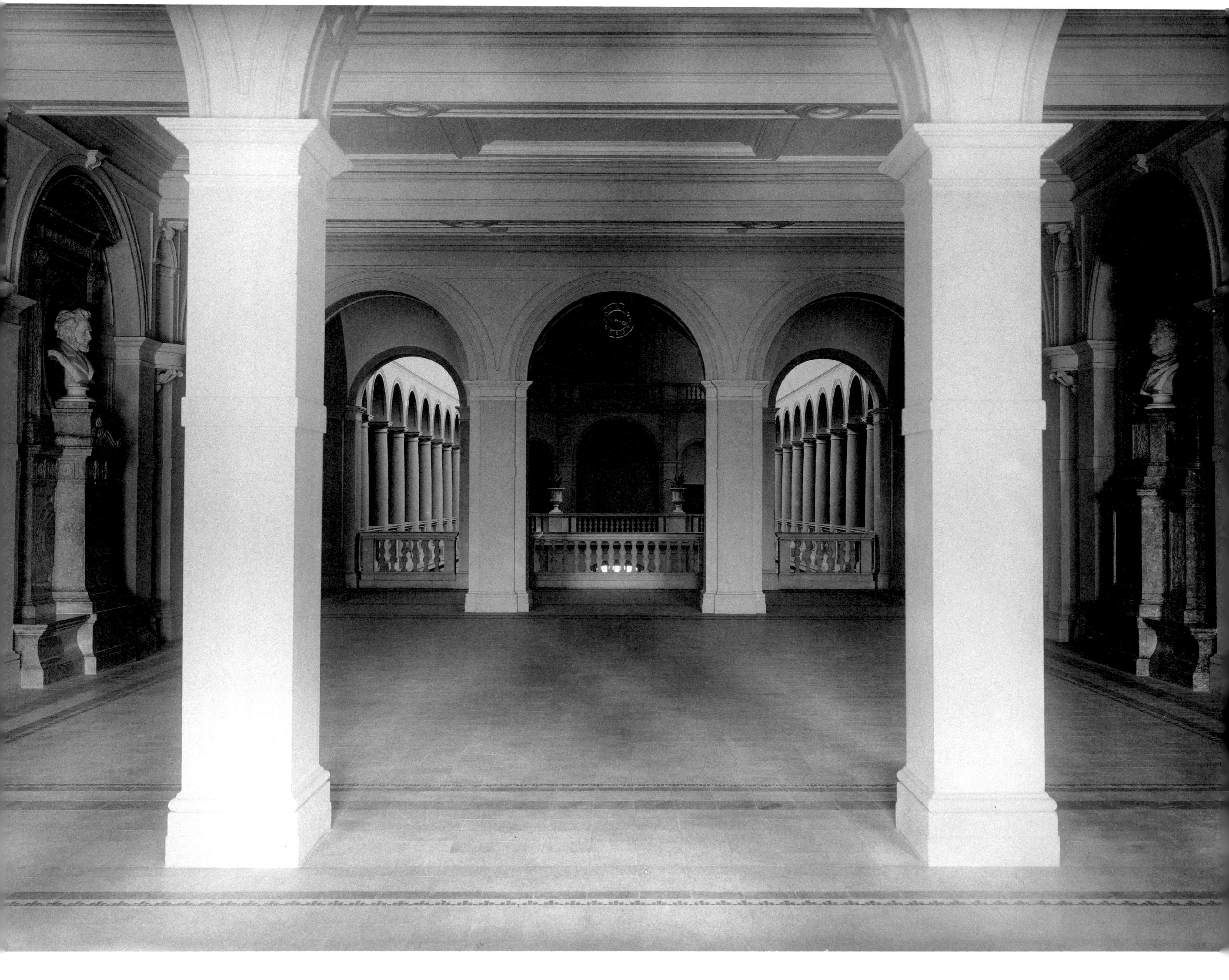

»ANSICHT DER STADT BASEL.«

Nordwand der Uhrenhalle, linkes Feld. Gemälde von Numa Donzé, 1928/29.
Fotografie von Dirk Altenkirch, Juni 2014.

»ANSICHT VON BERN.«

Nordwand der Uhrenhalle, rechtes Feld. Gemälde von Fred Stauffer, 1928.
Fotografie von Dirk Altenkirch, Juni 2014.

»LOCARNO MIT MADONNA DEL SASSO.«

Südwand der Uhrenhalle, linkes Feld. Gemälde von Pietro Chiesa, 1928.
Fotografie von Dirk Altenkirch, Juni 2014.

»GENF MIT ROUSSEAU-INSEL.«

Südwand der Uhrenhalle, rechtes Feld. Gemälde von Emile Bressler, 1928.
Fotografie von Dirk Altenkirch, Juni 2014.

Die vier Stadtbilder wurden 1928 mit Bundesbeitrag von den Städten gestiftet und in der Uhrenhalle im ersten Obergeschoss des westlichen Mittelbaus ausgeführt. Die Gemälde entstanden ohne die Mitwirkung Gustav Gulls, der ursprünglich eine einheitliche Dekoration mit figürlichen Darstellungen geplant hatte.

56 Zürich. Eidg. Technische Hochschule

AUSFÜHRUNG DES KLEINMOSAIKBODENS IN DER MITTELHALLE DURCH DIE FIRMA JEUCH, HUBER & CO.

22-01-F-Bs-70 / gta Archiv / ETH Zurich (Nachlass Gustav Gull).
Fotograf unbekannt, Juli 1920.

BLICK IN DIE MITTELHALLE RICHTUNG OSTEN

Ans_01123 / ETH-Bibliothek Zürich, Bildarchiv.
Fotografie von Wilhelm Pleyer, nach 1920.

GALERIE IM ERSTEN STOCK NACH DER FERTIGSTELLUNG

22-01-F-In-41N / gta Archiv / ETH Zurich (Nachlass Gustav Gull).
Fotograf unbekannt, nach 1920.

DIE GALERIE IN IHREM HEUTIGEN ZUSTAND

Fotografie von Dirk Altenkirch, 2014.

Der Rhythmus der Wandöffnungen in den Galerien des ersten Stocks hat sich durch die Hofumbauten der 1960er und 1970er Jahre nachteilig verändert, die Galerien selbst sind aber im Wesentlichen ohne große Eingriffe erhalten geblieben. Die kleinen Lampenfassungen stammen aus der Zeit Gulls.

VORRAUM DER AULA NACH DEM UMBAU
DURCH GUSTAV GULL

22-01-F-In-43N / gta Archiv / ETH Zürich (Nachlass Gustav Gull).
Fotograf unbekannt, nach 1920.

DER VORRAUM NACH DER VERÄNDE-
RUNG DER 1960ER UND 1970ER JAHRE

Fotografie von Dirk Altenkirch, 2014.

Der Vorraum der Aula wurde schon durch den Umbau Gustav Gulls verändert, war aber immerhin noch großzügig an die offenen Treppenräume des Gründungsbaus angeschlossen. Heute wird das Vestibül durch die geschlossenen Wandscheiben der Lifteinbauten verengt, zwei Säulen der ionischen Ordnung sind herausgenommen, sie flankieren nun das Denkmal Sempers auf der Nordterrasse. Die zentrale Halle wurde im Umbau der 1960er und 1970er Jahre auf beiden Seiten verkürzt, der Blick nach Westen zeigt eine neu eingefügte Galerie für das Bibliotheksgeschoss, je vier Fenster des Obergadens gingen hier verloren.

DIE MITTELHALLE NACH DER FERTIG-STELLUNG

22-01-F-In-20N / gta Archiv / ETH Zürich (Nachlass Gustav Gull).
Fotograf unbekannt, nach 1920.

DIE MITTELHALLE NACH DEN VERÄNDE-RUNGEN DER 1960ER UND 1970ER JAHRE

Fotografie von Dirk Altenkirch, 2014.

Die offene Säulenarkade vor dem Bibliothekssaal wurde von Alfred Roth durch Innenfenster verschlossen, an den Ecken ragen verglaste Balkone in den Luftraum, die Fenster des Obergadens führen nicht mehr direkt zum Himmel.

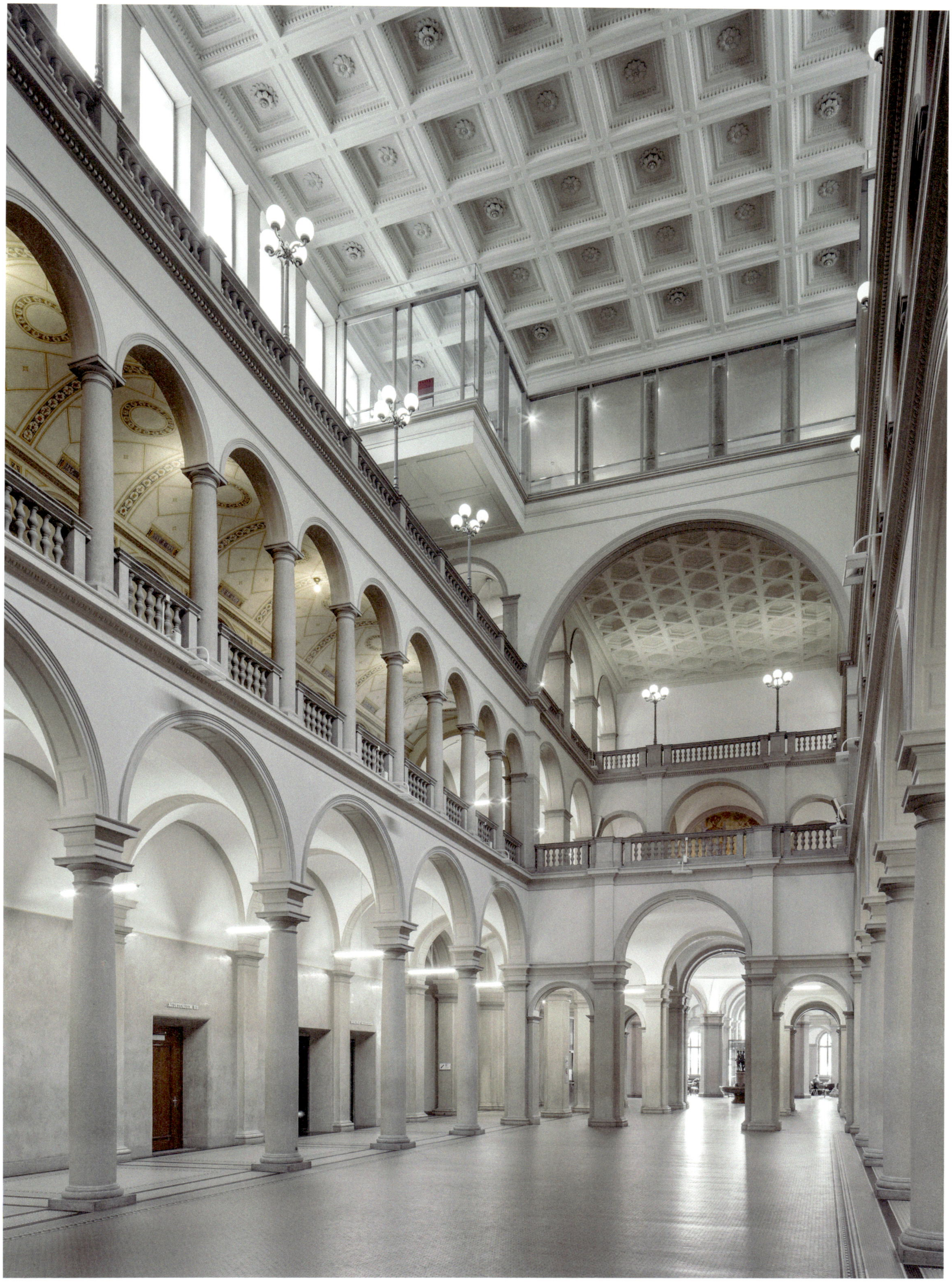

Treppenhaus Seitenflügel.
30.VIII.74.

Ausrichtung nach Nordosten: Flügelbauten und Säulenhof

E.T.H.
TREPPENHAUS
IM SÜDOST-NORDOST FLÜGEL

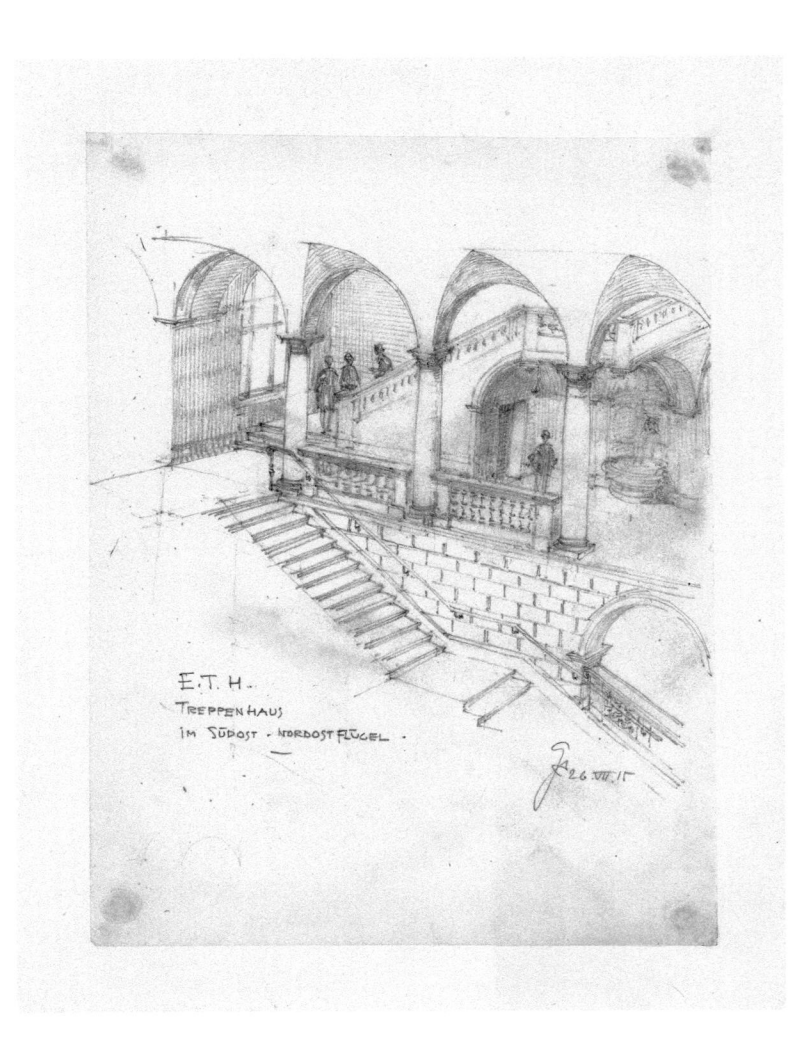

E.T.H. Ecke im Vestibül
T. II Stock
Nord-Seitflügel

E.T.H.
Vestibül T Stock

« »TREPPENHAUS SEITENFLÜGEL.«
Abbildung in Originalgröße

22-305-6-11-23 / gta Archiv / ETH Zürich (Nachlass Gustav Gull). Zeichnung von Gustav Gull (30. August 1914) in Bleistift auf Transparentpapier. Blatt auf Karton aufgezogen. 31,7 x 24,0 cm.

Die Weiterverwendung der vier Flügel des Semperbaus bestimmte auch die Niveaus der Rotunde und der neuen Flügel zur Bergseite hin. Der Hochpunkt des Geländes liegt an dessen Nordostecke, Tannenstrasse und Rämistrasse fallen von hier aus nach Westen und Süden ab; zwischen dem Eingang des Hauptgebäudes an der Rämistrasse und der Polyterrasse im Westen liegt rund ein halbes Geschoss Höhenunterschied. Mit den neuen Flügeln am Rämihof musste Gustav Gull an die bestehenden Flurniveaus anschließen, aber auch das Gefälle der Rämistrasse aufnehmen. Die Unterschiede der Zugangshöhen mussten einerseits baukörperlich gelöst werden, andererseits durch unterschiedlich lange Eingangstreppen an den Stirnseiten der Flügel. Der Zugang zur Rotunde sollte möglichst ›eben‹ erfolgen, deshalb wurde ihr ein terrassenartiges Plateau als gegenläufiges Halbrund zwischen Loggien vorgelagert, die vor die Flügel gesetzt sind. Die Loggien vermitteln die Niveauunterschiede zur Straße, nach innen geben sie Ausblicke auf tiefer gelegte Hofräume, die die eingetieften Sockelgeschosse der Flügelbauten erschließen. In vielfältigen Skizzen studierte der Architekt Anschlüsse und Wirkung der neu zu konzipierenden Treppen: Er überlegte, wie sie an die bereits bestehende Fassadenordnung anschließen könnten, wie die Treppenhäuser für Besucher selbstverständlich auffindbar sein würden oder auch, wie Wendepodeste ausgeformt werden könnten. Die perspektivische Skizze vom 30. August 1914 dokumentiert eine schließlich verworfene Überlegung. Mit den Treppenläufen wurden regelmäßig auch Wölbstrukturen der Decken untersucht, eine Reihe von Skizzen der Jahre 1914 und 1915 illustriert freie Varianten für Kappen, flache Deckenspiegel und Sterngewölbeformen.

»E.T.H. TREPPENHAUS IM SÜDOST. NORDOSTFLÜGEL.«
⅕ der Originalgröße

22-305-6-11-24 (Ausschnitt) / gta Archiv / ETH Zürich (Nachlass Gustav Gull). Zeichnung von Gustav Gull (26. Juli 1915) in Bleistift auf Transparentpapier. Blatt auf Karton aufgezogen. 31,6 x 24,8 cm.

»E.T.H. ECKE IM VESTIBULE. I. II. STOCK. NORD- SÜDFLÜGEL«
⅕ der Originalgröße

22-305-6-11-44 (Ausschnitt) / gta Archiv / ETH Zürich (Nachlass Gustav Gull). Zeichnung von Gustav Gull (7. August 1916) in Bleistift auf Transparentpapier. Blatt auf Karton aufgezogen. 32,2 x 25,0 cm.

»E.T.H VESTIBULE I. STOCK«
Ohne Maßstab

22-305-6-11-42 (Ausschnitt) / gta Archiv / ETH Zürich (Nachlass Gustav Gull). Zeichnung von Gustav Gull in Bleistift auf Transparentpapier. Blatt auf Karton aufgezogen. 24,0 x 32,2 cm.

»ETH«
Ohne Maßstab

22-305-6-11-1 (Ausschnitt) / gta Archiv / ETH Zürich (Nachlass Gustav Gull). Zeichnung von Gustav Gull (11. Juli 1915) in Bleistift auf Transparentpapier. Blatt auf Karton aufgezogen. 30,0 x 22,5 cm.

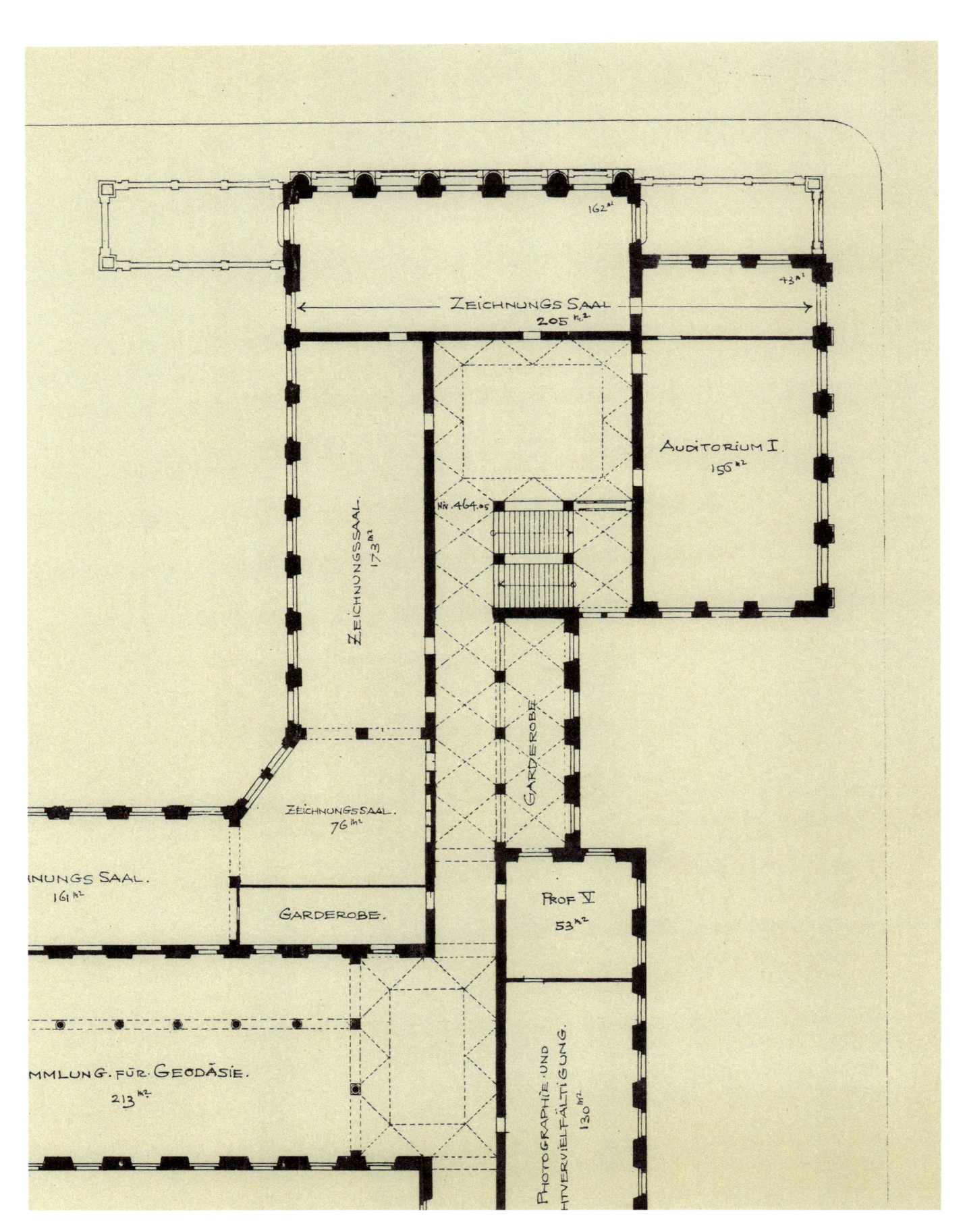

»EIDGEN. TECHNISCHE HOCHSCHULE
IN ZÜRICH. I. STOCK«
Ohne Maßstab (Original 1:200)

22-305-1-166 (Ausschnitt) / gta Archiv / ETH Zurich (Nachlass Gustav Gull).
Signatur Gustav Gull. Pause auf Karton. 72,5 x 101,0 cm.

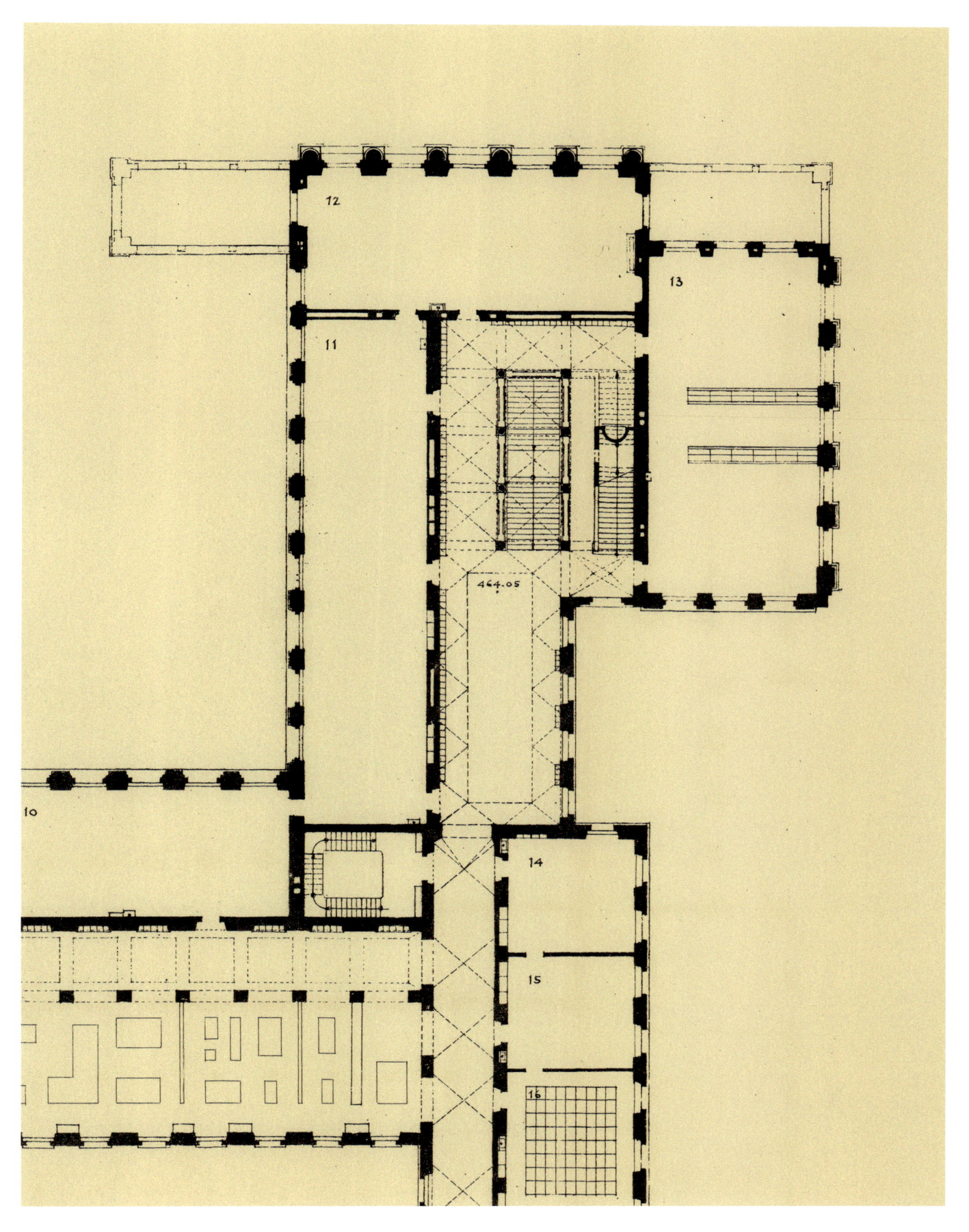

»EIDG. TECHN. HOCHSCHULE ZÜRICH.
HAUPTGEBÄUDE. GRUNDRISS VOM
I. STOCK.«
Ohne Maßstab (Original 1 : 200)

22-305-1-183 (Ausschnitt) / gta Archiv / ETH Zürich (Nachlass Gustav Gull).
Signatur Gustav Gull, September 1924 / Mai 1928. Pause auf Karton.
80,0 x 101,0 cm.

Die Grundrisse der Flügelbauten zur Rämistrasse waren bereits im Stadium des Wettbewerbs im Wesentlichen festgelegt (auch die vorgelagerten Loggien), die Richtung der neuen Erschließungstreppen wurde allerdings verändert, in der Ausführung sind die Treppenläufe senkrecht zum Hang angeordnet.

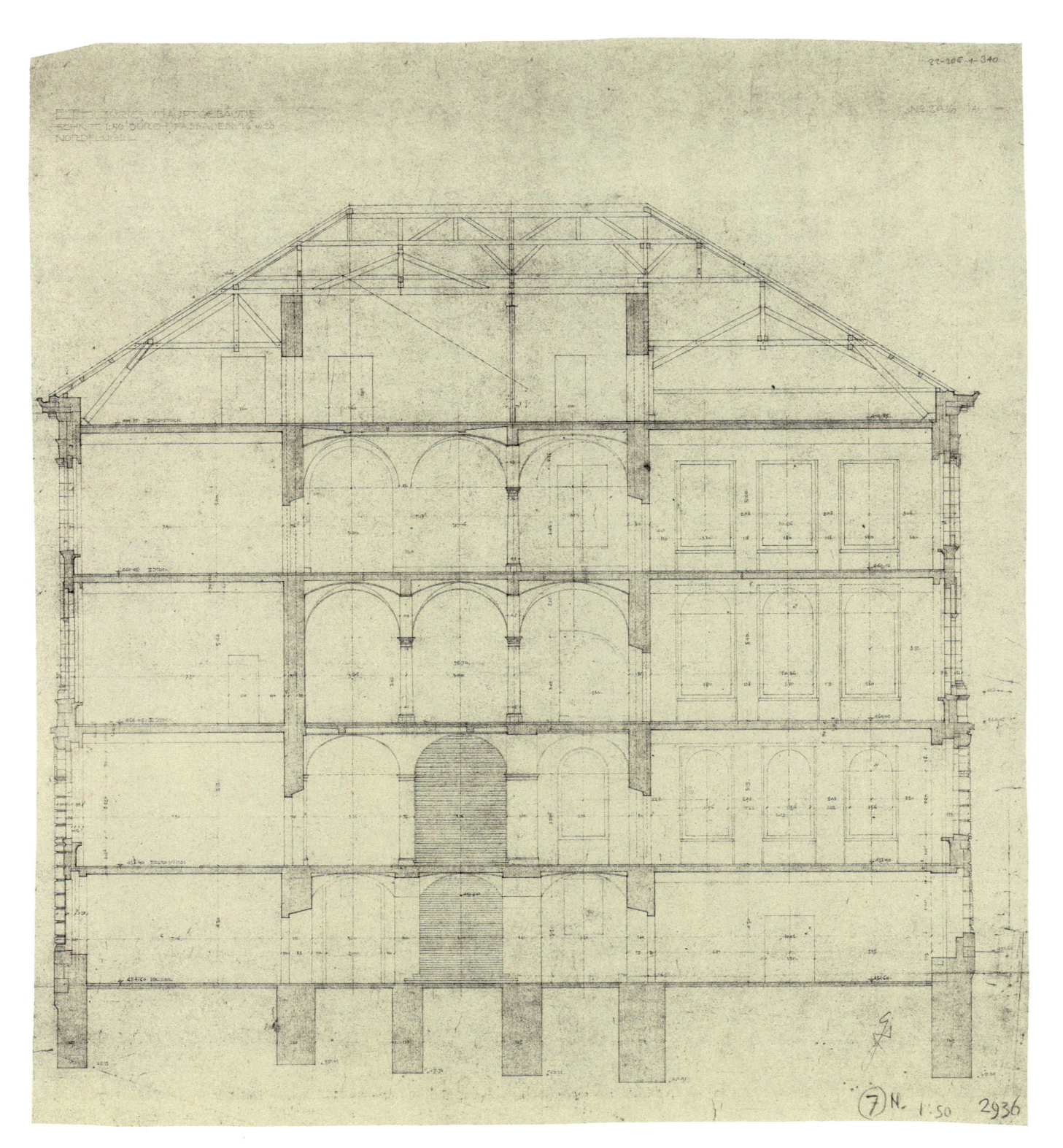

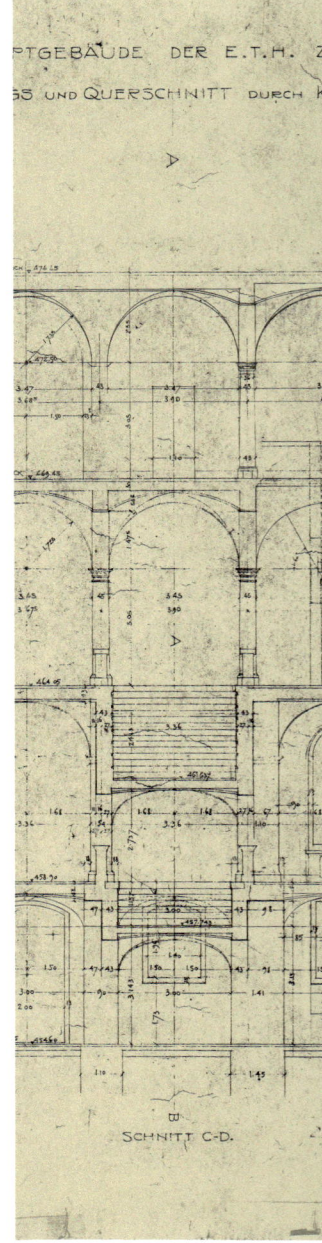

»E.T.H. ZÜRICH HAUPTGEBÄUDE.
SCHNITT 1:50 DURCH FASSADEN 16 U. 20.
NORDFLÜGEL«
Maßstab 1 : 200 (Original 1 : 50)

22-305-1-340 / gta Archiv / ETH Zürich (Nachlass Gustav Gull).
Signatur Gustav Gull. Pause auf Papier. 77,7 × 72,0 cm.

»HAUPTGEBÄUDE DER E.T.H. ZÜRICH.
NORDOSTFLÜGEL. LÄNGS UND QUER-
SCHNITT DURCH KORRIDOR«
Maßstab 1 : 200 (Original 1 : 50)

22-305-1-339 (Ausschnitt) / gta Archiv / ETH Zürich (Nachlass Gustav Gull).
Signatur Gustav Gull. Pause auf Papier. 67,0 × 125,0 cm.

Die neuen Flügel zur Rämistrasse besitzen mit dem gut belichteten Sockelgeschoss vier Hauptgeschosse, an den Fassaden werden je zwei davon optisch verknüpft: die beiden unteren durch rustiziertes Quadermauerwerk, die beiden oberen durch eine zweigeschossige Wandpfeilerarchitektur, die mit der Kolossalordnung der Rotunde korrespondiert.

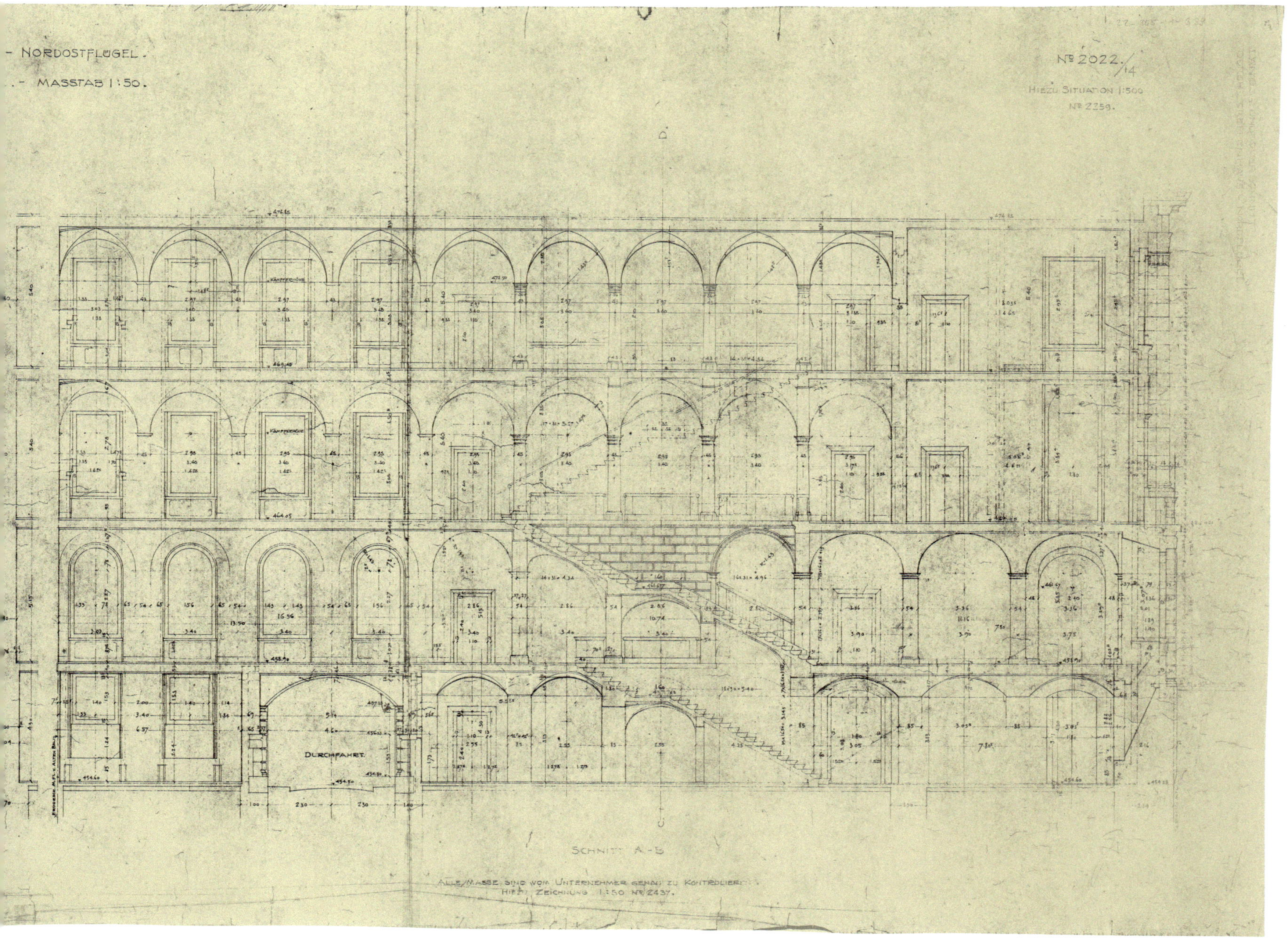
- NORDOSTFLÜGEL ·
.- MASSTAB 1:50.
Nº 2022./14
HIEZU SITUATION 1:500
Nº 2239.
DURCHFAHRT
SCHNITT A-B
ALLE MASSE SIND VOM UNTERNEHMER GENAU ZU KONTROLLIEREN.
HIEZU ZEICHNUNG 1:50 Nº 2437.

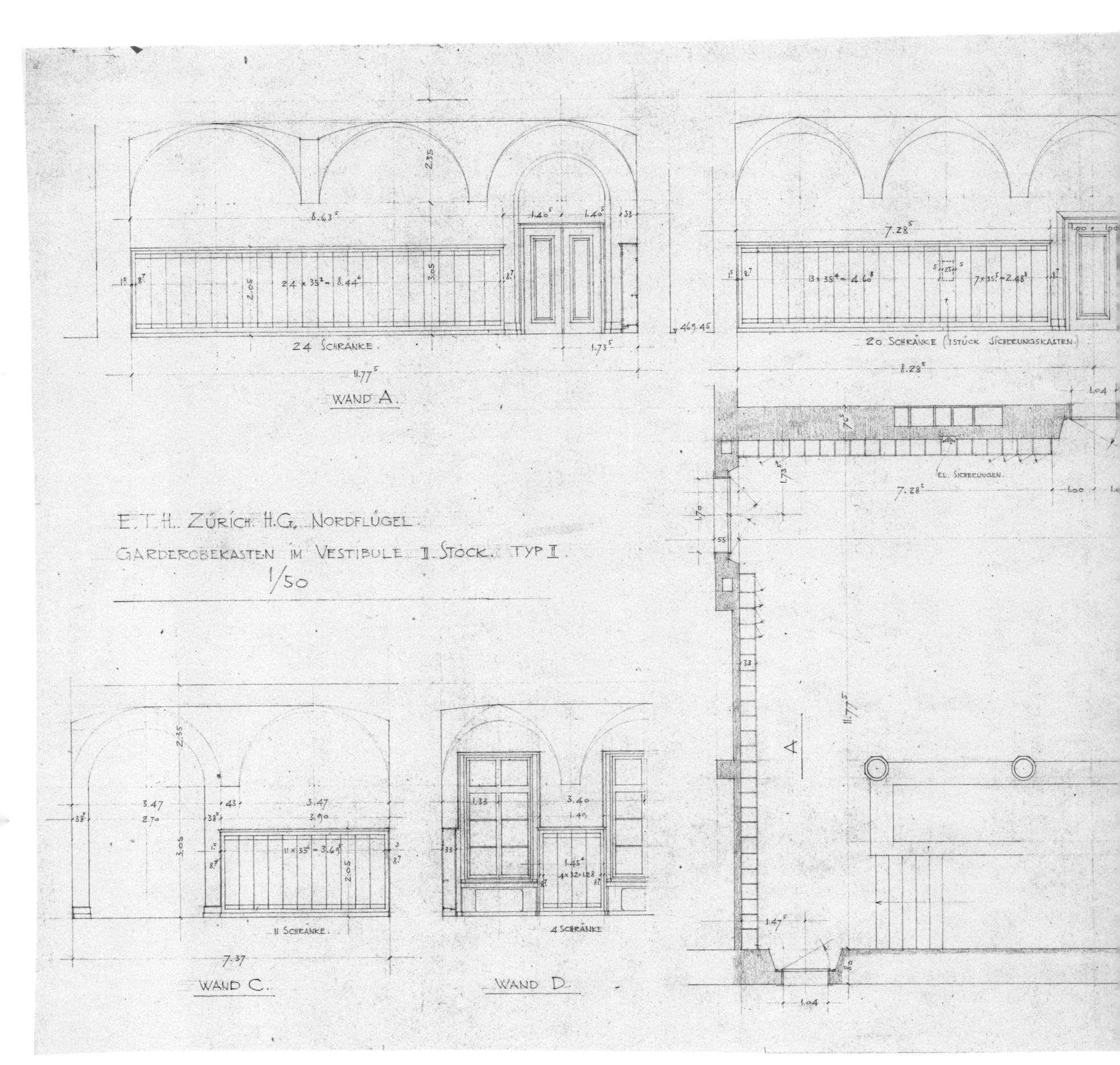

»E.T.H. ZÜRICH. H.G. NORDFLÜGEL. GARDEROBEKASTEN IM VESTIBULE II. STOCK. TYP II.«
Maßstab 1 : 100 (Original 1 : 50)

22-305-1-852 / gta Archiv / ETH Zürich (Nachlass Gustav Gull).
Signatur Gustav Gull. Pause auf Papier. 47,0 x 103,5 cm.

Das architektonische Zentrum der Flügelbauten bilden repräsentative Treppenläufe; um ein langrechteckiges Vestibül liegen oblonge Großräume für Zeichensäle und Auditorien. Gull gliederte die Wandflächen mit rhythmisch gesetzten Türöffnungen, dazwischen Garderobenschränke in Holz. Stichkappen schneiden in die Decken, über den Schränken bleibt Platz für Wandbilder.

N° 3659.
Hiezu 1/20 3669, 1/1 3667.

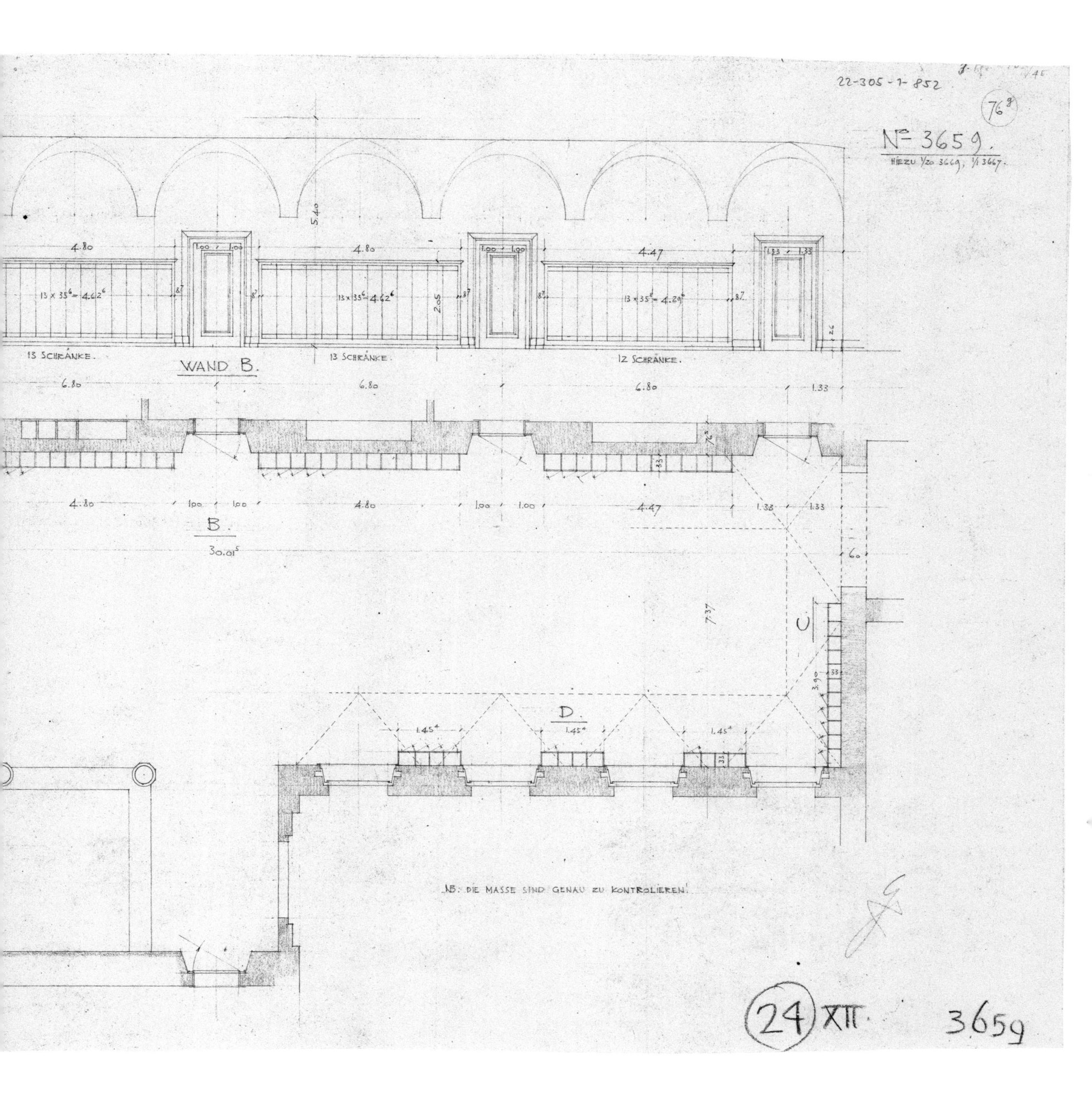

13 × 35 = 4.62 13 × 35 = 4.62 13 × 35 = 4.29

13 SCHRÄNKE.   13 SCHRÄNKE.   12 SCHRÄNKE.

WAND B.

B.
30.01

D.
1.45

NB: DIE MASSE SIND GENAU ZU KONTROLIEREN.

24 XII   3659

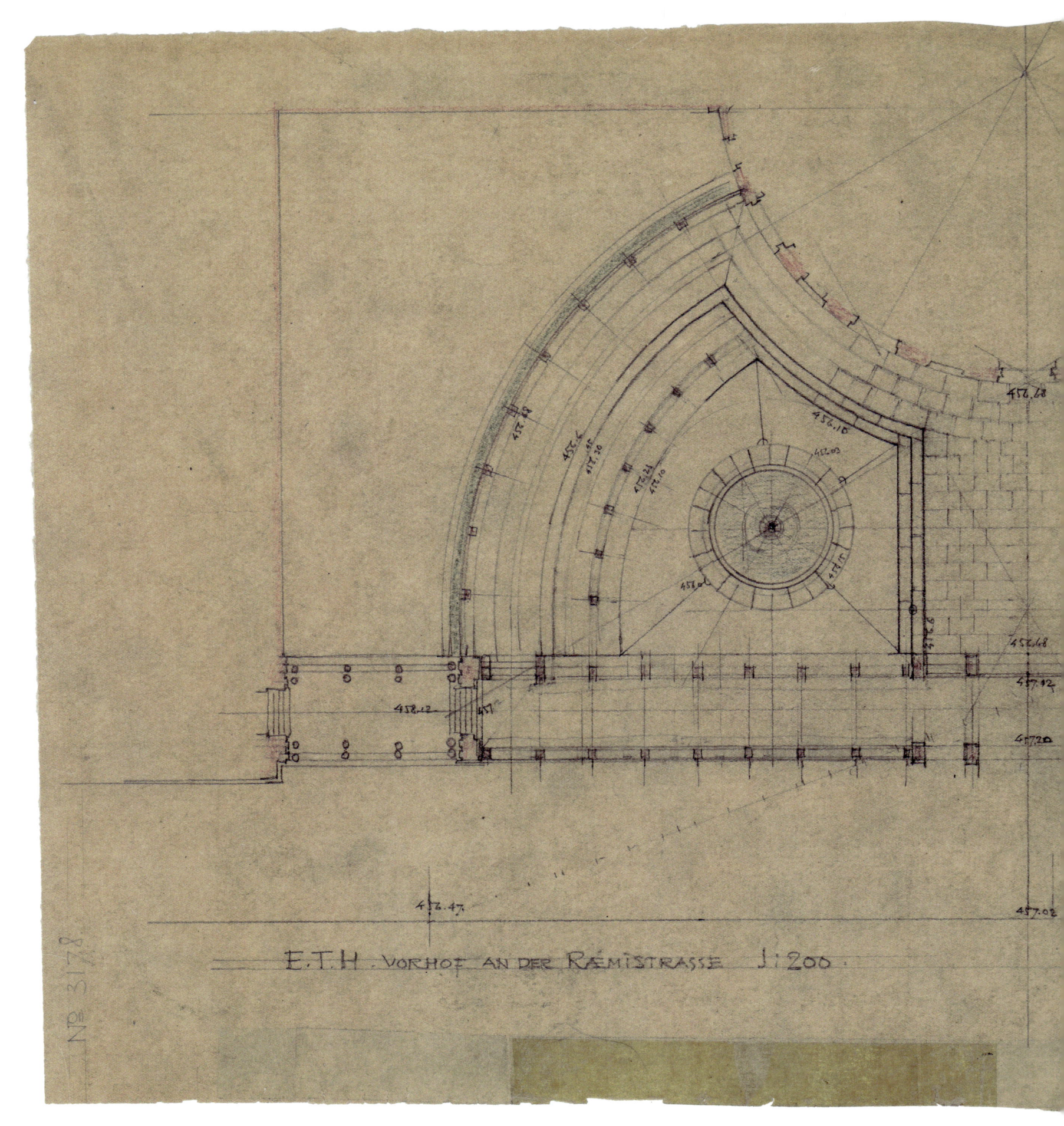

»E.T.H. VORHOF AN DER RAEMISTRASSE«
Maßstab 1 : 250 (Original 1 : 200)

22-305-1-412 / gta Archiv / ETH Zürich (Nachlass Gustav Gull).
Signatur Gustav Gull, 18. Mai 1919. Zeichnung in Bleistift auf Karton; mit
blauer, grüner und roter Kreide koloriert. Vorzeichnungen, Beschriftung
und Bemaßung in Bleistift. 30,5 x 55,5 cm.

Der Vorhof an der Rämistrasse war in den frühen Modellstudien stets durch eine – wenn auch niedrige – Mauer vom Gehweg getrennt, Gull überlegte auch Varianten für Torbauten und barock anmutende Ziergitter. Ein Plan im Maßstab 1 : 200 verbindet die Loggien mit einer Arkadenarchitektur, Brunnen bilden die Mitte eingetiefter Hofbereiche.

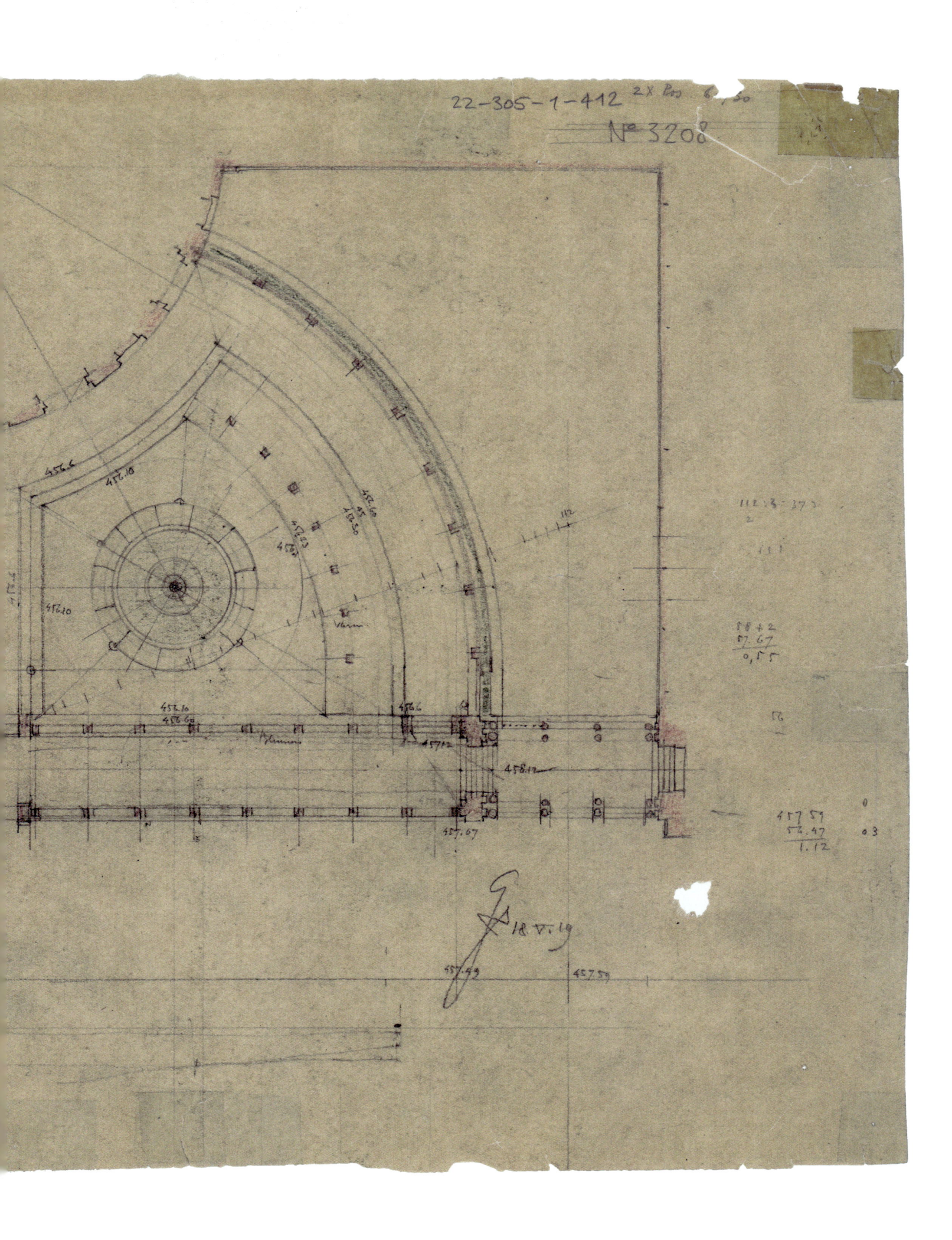

22-305-1-412
N° 3208

BAUSTELLENFOTO DER FLÜGEL-ANBAUTEN

22-01-FX-17-3N / gta Archiv / ETH Zürich (Nachlass Gustav Gull).
Fotograf unbekannt, 27. März 1917.

LUFTAUFNAHME DES FERTIG GESTELLTEN ANBAUS

Ans_00168 / ETH-Bibliothek Zürich, Bildarchiv.
Fotograf unbekannt, 1931.

BLICK VOM OFFENEN HOF ZUR RÄMISTRASSE

22-01-F-Aut-17 / gta Archiv / ETH Zürich (Nachlass Gustav Gull).
Fotograf unbekannt, nach 1920.

BLICK VOM ABGESENKTEN HOF DURCH EINE DER LOGGIEN

22-01-F-Aut-29N / gta Archiv / ETH Zürich (Nachlass Gustav Gull).
Fotograf unbekannt, nach 1920.

Die dreiachsigen Loggien zwischen Flügelbauten und Halbrundplateau waren notwendig, um den direkten Blick in die etwas eingetieften Hofbereiche zu verstellen, die Fotos der Bauzeit und kurz nach der Fertigstellung der Flügel machen deutlich, wie gut proportioniert die Hofräume zur Gebäudeseite hin waren. Auf dem Luftbild ist zu erkennen, dass Gull zunächst Gussglasdeckenbereiche (aus Glasbausteinen, in Beton vergossen) entlang des Dachfirstes des neuen Ostflügels anordnete, Reste dieser Decken sind noch heute unter den Dachkonstruktionen erhalten.

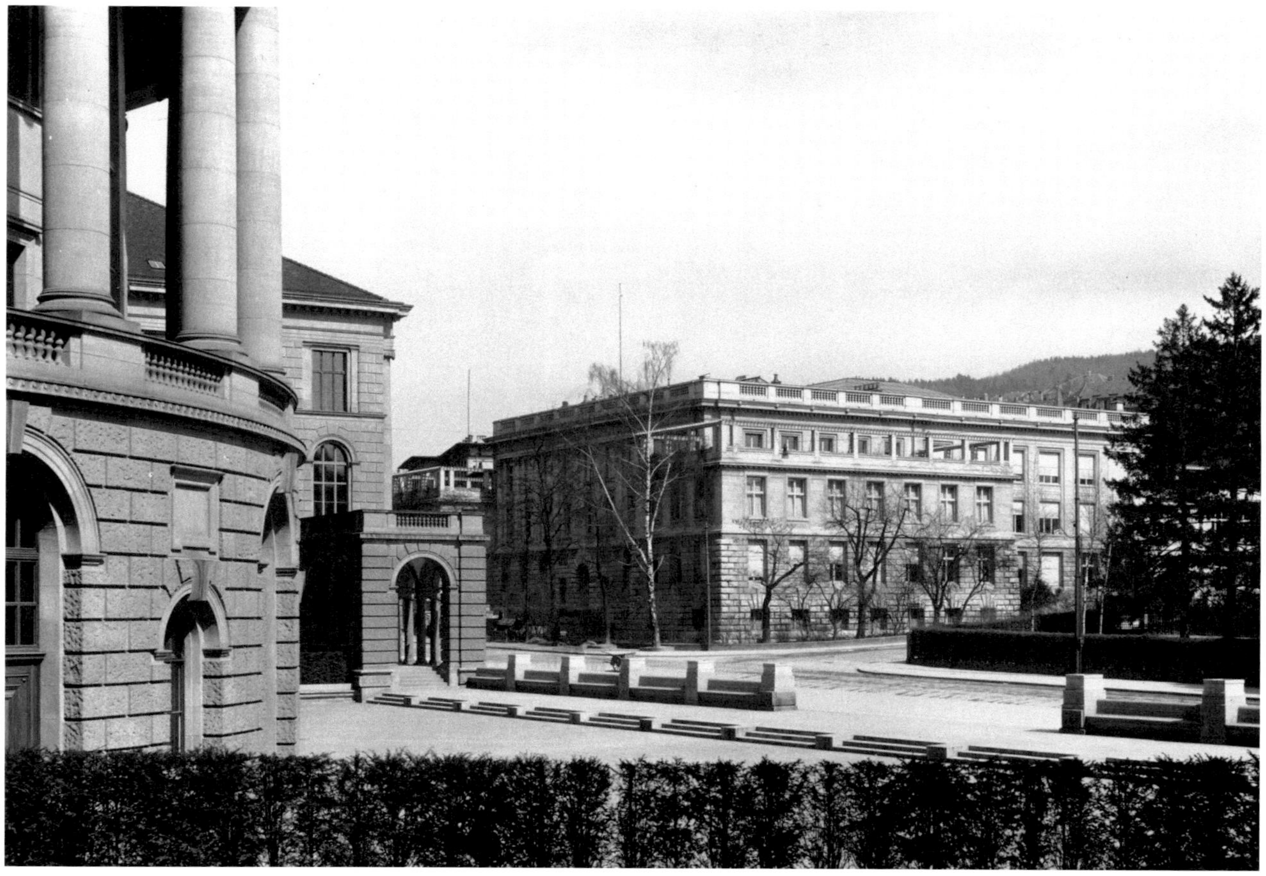

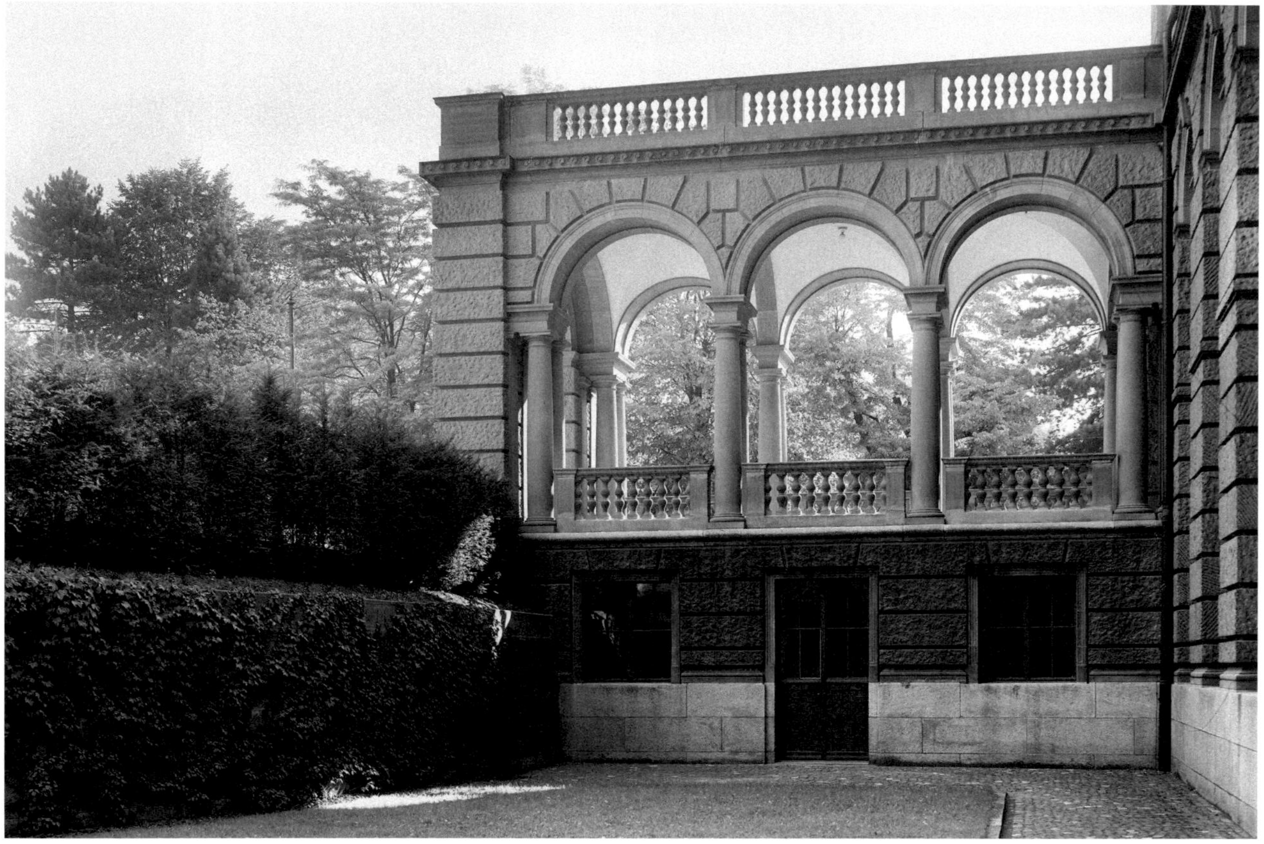

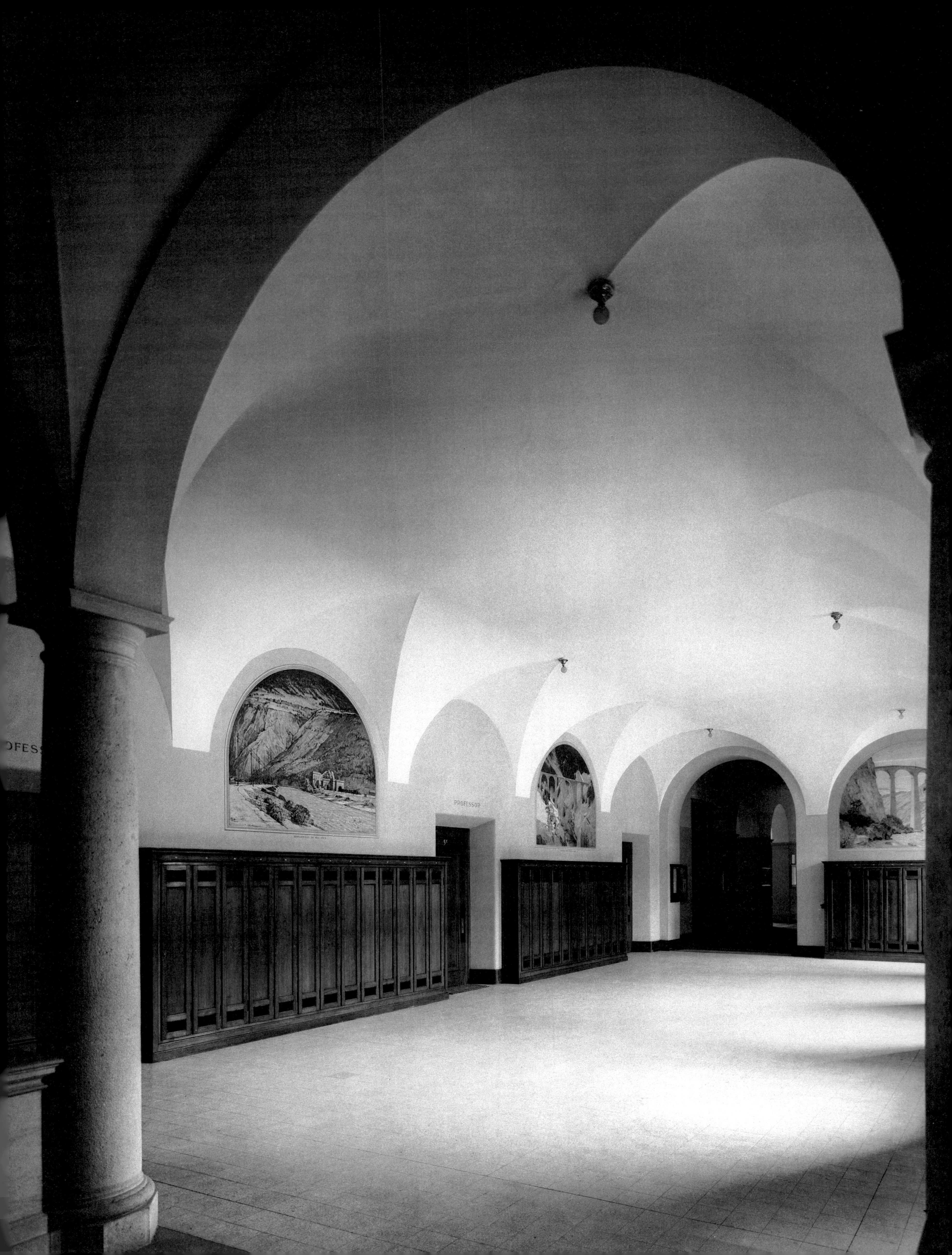
PROFESSOR

TREPPENHAUS DER NEUEN FLÜGEL-BAUTEN

22-01-F-In-71N, 22-01-FX-24-6N, 22-01-F-In-E8N / gta Archiv / ETH Zürich (Nachlass Gustav Gull). Fotograf unbekannt, undatiert.

Wie in der zentralen Halle sind auch in den neuen Flügeln Pfeiler- und Deckenkonstruktionen aus Ortbeton und Halbfertigteilen (Hohldeckenelementen), Gewölbeflächen wurden als Rabitzkonstruktionen untergehängt und Profile stuckiert. Die Treppenstufen bestehen aus Naturstein, Geländer und Oberflächen der Säulen sind aus zementgebundenem Kunststein hergestellt.

»SCHWEIZ. LOKOMOTIV- UND MASCHI-
NENFABRIK WINTERTHUR. MONTAGE-
HALLE.«

22-01-F-In-77 / gta Archiv / ETH Zürich (Nachlass Gustav Gull).
Fresko von Wilhelm Ludwig Lehmann, 1927. Fotograf unbekannt, undatiert.

»HEBERLEIN & CO A.G. WATTWIL.
BLEICHEREI, FÄRBEREI, DRUCKEREI«

22-01-F-In-76 / gta Archiv / ETH Zürich (Nachlass Gustav Gull).
Fresko von Wilhelm Ludwig Lehmann, 1923. Fotograf unbekannt, undatiert.

LANDWASSERVIADUKT IN FILISUR

22-01-F-In-72 / gta Archiv / ETH Zürich (Nachlass Gustav Gull).
Fresko von Wilhelm Ludwig Lehmann, 1922. Fotograf unbekannt, undatiert.

ERDGESCHOSS, NÖRDLICHES VESTIBÜL
Pont de Zähringen, Fribourg (gestiftet von der Direction des travaux publics), gemalt von L. Vonlanthen aus Neuchâtel, fertig gestellt Januar 1926.

I. STOCK, NÖRDLICHES VESTIBÜL
Landwasserviadukt in Filisur (Direktion der Rhätischen Bahnen), Prof. W. L. Lehmann, August 1922. **Simplon-Tunnelportal in Brig** (Oberingenieur Rothpletz), W. Hummel aus Zürich, Oktober 1922. **Wiesener Viadukt** (Direktion der Rhätischen Bahnen), Prof. W. L. Lehmann, April 1923. **Nouveau Viaduct de Grandfey, Fribourg** (General-Direktion der Schweizerischen Bundesbahnen), L. Vonlanthen, März 1927. **Straßenbrücke über die Aare bei Bürenlauf, Aargau** (Gesellschaft Schweizerischen Brückenbaues), Prof. W. L. Lehmann, März 1927.

I. STOCK, SÜDLICHES VESTIBÜL
Färberei Weidmann & Cie. in Thalwil (A. Weidmann & Cie.), Prof. W. L. Lehmann, August 1921. **Ritomsee, oberhalb Piotta** (General-Direktion der Schweizerischen Bundesbahnen), Prof. W. L. Lehmann, September 1924. **Staumauer der Barberine im Bau** (General-Direktion der Schweizerischen Bundesbahnen), Prof. W. L. Lehmann, September 1924. **Gotthardbahn bei Giornico** (General-Direktion der Schweizerischen Bundesbahnen), Prof. W. L. Lehmann, September 1924. **Stanzerei in Schönenwerd** (Bally Schuhfabriken A.-G.), Prof. W. L. Lehmann, Januar 1927.

II. STOCK, NÖRDLICHES VESTIBÜL
Chemische Fabrik in Uetikon (Gebr. Schnorf), Prof. W. L. Lehmann, März 1922. **Bleicherei, Färberei und Druckerei in Wattwil** (Heberlein & Cie. A.-G.), Prof. W. L. Lehmann, August 1923. **Fabrik in Chippis** (Aluminium-Industrie A.-G. Schaffhausen), Prof. W. L. Lehmann, Dezember 1923. **Staumauer im Schräh des Kraftwerkes Wäggital** (Stadt Zürich und A.-G. Nordostschweizerische Kraftwerke), Prof. W. L. Lehmann, April 1925. **Stauwerk im Kraftwerk Eglisau** (A.-G. Nordostschweizerische Kraftwerke), Prof. W. L. Lehmann, August 1925. **Fabrikanlage in Basel** (Gesellschaft für chemische Industrie), Burkhard Mangold aus Basel, Oktober 1925. **Kraftwerk Mühleberg** (Bernische Kraftwerke A.-G.), Adolf Tièche aus Bern, September 1927.

II. STOCK, SÜDLICHES VESTIBÜL
Chemische Fabrik in Basel (Sandoz), Prof. W. L. Lehmann, März 1926. **Stahlwerk in Gerlafingen** (Gesellschaft der von Rollschen Eisenwerke), Prof. W. L. Lehmann, Juli 1927. **Montagehalle in Winterthur** (Schweizerische Lokomotiv- und Maschinenfabrik), Prof. W. L. Lehmann, Juli 1927. **Feierabend im Walzwerk Gerlafingen** (Prof. W. L. Lehmann), Prof. W. L. Lehmann, März 1928. **Montagehalle für Dieselmotoren in Winterthur** (Gebr. Sulzer A.-G.), Prof. W. L. Lehmann, September 1928. **Halle für Großmaschinenbau** (Maschinenfabrik Oerlikon), Prof. W. L. Lehmann, August 1929. **Zementfabrik in Unterterzen** (Schweizerische Zementindustrie A.-G.), Prof. W. L. Lehmann, April 1930.

»CHEMISCHE FABRIK UETIKON«

22-01-F-In-73N / gta Archiv / ETH Zürich (Nachlass Gustav Gull).
Fresko von Wilhelm Ludwig Lehmann, 1922. Fotograf unbekannt, undatiert.

»FÄRBEREI A. WEIDMANN A.-G. THALWIL«

22-01-F-In-75N / gta Archiv / ETH Zürich (Nachlass Gustav Gull).
Fresko von Wilhelm Ludwig Lehmann, 1921. Fotograf unbekannt, undatiert.

In Serien von Wandbildern wird in den Vestibülen der Flügelbauten der Triumph des polytechnischen Ingenieurbaus verherrlicht. Sie entstanden noch nicht bauzeitlich, sondern wurden nach und nach über Stiftungen komplettiert. Es finden sich Darstellungen von Staumauern, Fabriken, Eisenbahnviadukten, Seilbahnen und Brückenbauwerken.

VESTIBÜL DES ERSTEN STOCKS IM SÜDLICHEN FLÜGELBAU IN URSPRÜNGLICHER ERSCHEINUNG

22-01-F-ln-74 / gta Archiv / ETH Zürich (Nachlass Gustav Gull).
Fotograf unbekannt, nach 1920.

HEUTIGER ZUSTAND NACH ENTFERNUNG DER HÄLFTE DER GARDEROBENSCHRÄNKE

Fotografie von Dirk Altenkirch, 2014.

Die elektrische Beleuchtung der Jahre um 1920 war sparsam, das historische Bild zeigt auch ein sehr schönes Möbel aus Holz vor einer leider verlorenen Reihe von Garderobenschränken. Die Laibungen der Fenster zeigten ursprünglich ebenfalls die Oberfläche des Holzes, Schrankreihen waren auch entlang der Außenwand angebracht, symmetrisch zur Innenwand.

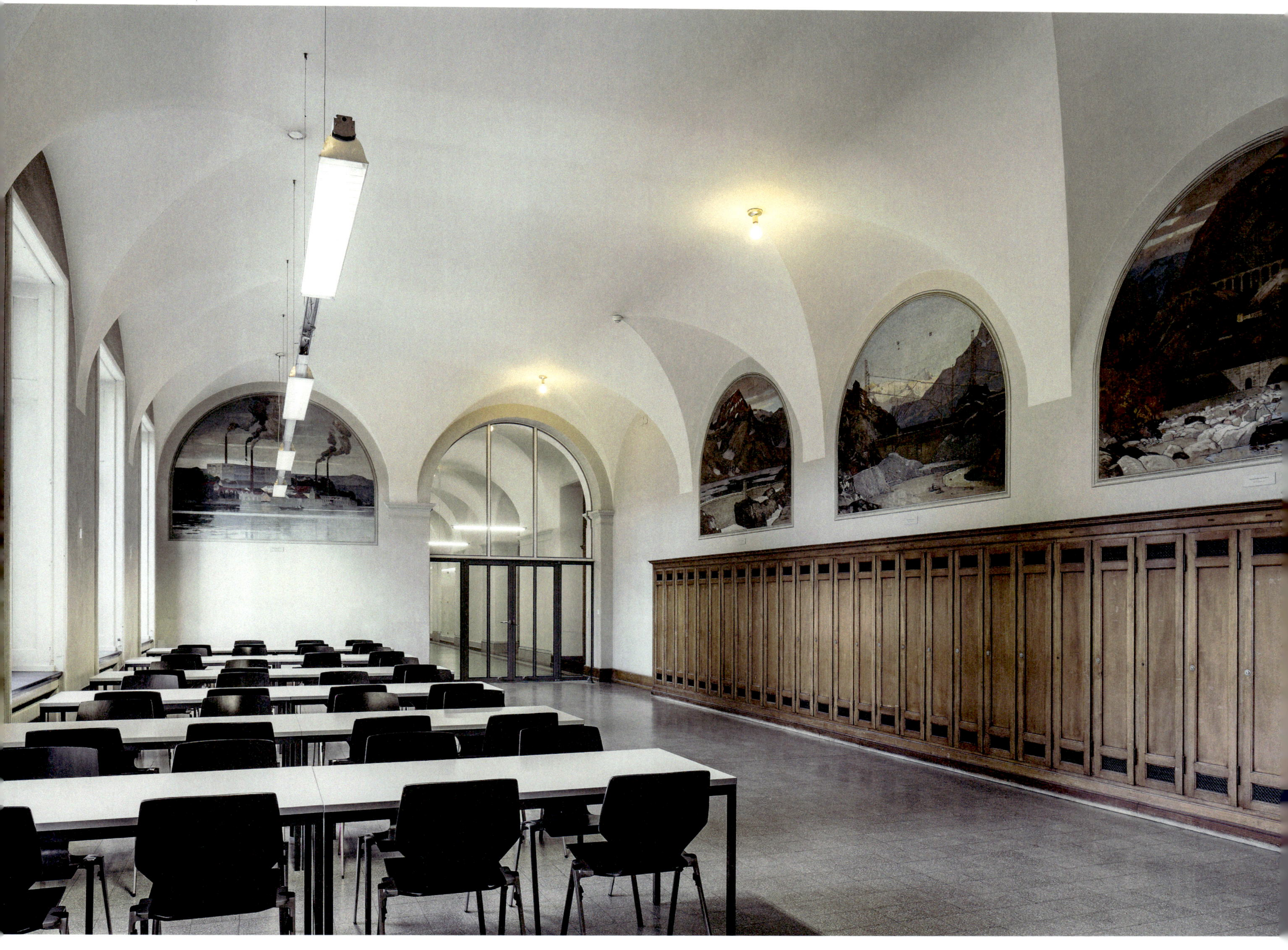

Erschienen im
Hirmer Verlag GmbH
Nymphenburger Straße 84
D–80636 München

Uta Hassler & Korbinian Kainz

© 2016, Institut für Denkmalpflege
und Bauforschung (IDB) der ETH Zürich,
Prof. Dr.-Ing. Uta Hassler und Hirmer
Verlag GmbH

www.hirmerverlag.de

ISBN 978-3-7774-2609-9